Studies in Talmudic Logic
Volume 4

Temporal Logic in the Talmud

This book studies Talmudic temporal logic and compares it with the logic of time in contemporary law. Following a general introduction about the logical handling of time, the book examines several key Talmudic debates involving time. The book finds that we need multi-dimensional temporal models with backward causation and parallel histories.

It seems that two major issues are involved:
1. Actions conditional about future actions (Tenayim), connecting with backward causality;
2. Actions involving entities defined using future events (Breira), connecting with ideas from quantum mechanics.

The book concludes with a general comparative discussion of the handling of time in general law and in the Talmud.

Volume 1
Non-Deductive Inferences in the Talmud
Michael Abraham, Dov Gabbay and Uri Schild

Volume 2
The Textual Inference Rules Klal uPrat. How the Talmud Defines Sets
Michael Abraham, Dov Gabbay, Gabriel Hazut, Yosef E. Maruvka, and Uri Schild

Volume 3
Talmudic Deontic Logic
Michael Abraham, Dov Gabbay and Uri Schild

Volume 4
Temporal Logic in the Talmud
Michael Abraham, Israel Belfer, Dov Gabbay and Uri Schild

Studies in Talmudic Logic
Series Editors
Michael Abraham, Dov Gabbay, and Uri Schild   dov.gabbay@kcl.ac.uk

Temporal Logic in the Talmud

Michael Abraham
Israel Belfer
Dov Gabbay
and
Uri J. Schild*

Bar Ilan University
*and Ashkelon Academic College

ISBN 978-1-84890-023-3

College Publications
Scientific Director: Dov Gabbay
Managing Director: Jane Spurr
Department of Computer Science
King's College London, Strand, London WC2R 2LS, UK

http://www.collegepublications.co.uk

Printed by Lightning Source, Milton Keynes, UK

Contrary to Time Conditionals in Talmudic Logic

M. ABRAHAM, D. GABBAY, U. SCHILD

ABSTRACT. We consider conditionals of the form $A \Rightarrow B$ where A depends on the future and B on the present and past. We examine models for such conditional arising in Talmudic legal cases. We call such conditionals Contrary to Time (CTT) conditionals.

We also consider, in a continuation paper, lack of clarity in actions arising from assertions of the form $B((ix)A(x))$ where A depends on the future and B on the present.

Three main aspects will be investigated:

1. Inverse causality from future to past, where a future condition can influence a legal event in the past (this is a man made causality).

2. The status of identification of entities in the present using definite descriptions involving the future.

3. Processes which create reality via legal decisions and norms.

We shall see that we need a new temporal logic, which we call Talmudic Temporal Logic (**TTL**) with linear open advancing future and parallel changing past, based on two parameters for time.

1 Introduction and motivation

We motivate our system through some typical example and then we present a two dimensional temporal logic to represent them. We continue with some real examples from the Talmud.

EXAMPLE 1 (Sale of a company). Consider the following scenario for the sale of a company: Smith sells his business to Jones on 1 January 2010. The exact amount for the sale (say x) will be determined by the company's performance during 2010. So x is defined to have value on 1 January 2010 according to the profits and growth as announced and calculated on 31 December 2010 for the period 1 January–31 December 2010. Say if growth and profits exceed 10%, the price is $x = k$ pounds, otherwise $x = 0.8k$ pounds. Such conditions are common in business.

We have to be careful here to distinguish whether the agreement is that the purchase price is $0.8k$ and an additional $0.2k$ is paid if performance exceeds 10% or whether the performance determines the purchase price retrospectively in time. The difference may matter for the purpose of taxation.

Smith and Jones agree that if growth is less than 1% then the sale is off, i.e. the question of whether on 1 January 2010 the company is sold or not depends on future performance. If the performance is low, then there is no sale.

REMARK 2 (Discussion of Example 1). We need to address the following in view of Example 1

1. Adequate logical language to describe such phenomena, and all relevant distinctions. We call this area Contrary to Time (CTT) conditionals.

2. Identify exactly our intuitions and options for evaluating such cases.

3. See what extensions to the language in (1) are needed to model legal rulings for such cases. (This item will become clearer later in Section 3.)

There are definitely legal points which need to be clarified for this case; for example, we may ask who owns and runs the company during the year 2010? Suppose we agree that Smith continues to run the company. Suppose Mr Smith is negligent in running the company during 2010 and as a result of his mismanagement the company incurs serious losses. Can Mr Jones ask for compensation? The loss of a good company he bought? Smith can claim that there was no sale! However, had the company been sold outright on 1 January 2010 and Mr Smith was just acting as interim director, then certainly he would have been found negligent and been asked to pay compensation!

Let us compare the above sale example with a different example.

EXAMPLE 3 (The Princess's Marriage). The King of a certain kingdom has a beautiful daughter ready to be married. To find her a husband, her father made a call to all young princes from other kingdoms to come and compete for her hand in marriage. Many came. The King said that the bravest prince who wins the test shall marry her. The test is to overcome and kill the big monster known to reside in the mountains. Some princes said that perhaps they are not qualified in bravery for such a competition. They asked "can other members of their family do the killing for them"? The King agreed that if a brother or father of the candidate does the job and slays the monster then the candidate wins.

The King was very careful in setting up this competition. He made each candidate give his daughter a ring and sign a copy of a proper set of marriage papers with the condition that the marriage becomes immediately valid if the candidate slays the monster in the future.

The candidates went to the mountains looking for the monster. Many perished in the mountains, and many were killed by the monster. Eventually one of them came back after many months with the head of the slain monster. This candidate (actually it was the brother of the candidate which qualified the candidate) now claimed the validity of the marriage and declared himself married to the princess from day 1! He was told that during all these months the princess fell ill and died!

The prince said that he is now a widower, since the marriage was valid retrospectively, and that he inherits all the princess's estates.

There are questions to be clarified about this story.

1. What is the status of the princess before the monster is slain? I.e. from the time she signed the marriage papers until the time someone killed the monster?

2. What is the status of the princess in the period if no one slays the monster? (All candidates perished.)

3. What is the status of the princess in the period if two princes cooperated and slay the monster? (The princes may have been in a position where they had to cooperate to survive an attack by the monster.) Who is married to the princess now? None?

4. If the princess died in the period, should not the deal be immediately cancelled?

Clearly we need a formal language to talk about such examples and represent what is involved.

Let us tentatively write

$\alpha(x) = x$ is a prince qualified to compete for the princess.

$\beta(x, y) = y$ is a brother or father of x

$\varphi(t, x, m) = x$ kills the monster at time t.

$\Psi(s, x, y) = x$ marries y at time s.

EXAMPLE 4 (Insurance example). We now give a common day to day example of insurance. A car policy can be viewed as a temporal statement of the form:

$\mathbb{P}$: car stolen $\Rightarrow$ we pay

where by 'stolen' we mean any other damage as well.

The policy has validity of 12 months, say 1.1.2010–31.12.2010. Let us represent this by

$$[1.1.2010\text{–}21.12.2010] : \mathbb{P}$$

During January 2011, the policy needs to be renewed. The usual practice is that the policy can be renewed any time in January 2011 and the validity of the renewal policy would be from 1.1.2011–31.12.2011. So assume that the date of renewal (i.e. payment for the year 2011) is 20 January 2011. What is the situation of insurance coverage on 15 January 2011?

Assume the customer had no intention of renewing his policy. So he was not going to pay anything during January 2011. Then on 15 January 2011, the car was stolen. He needs to hurry and pay the premium by 31 January 2011 and his car will be insured on 15 January 2011. The insurance company cannot say that he paid because the car was stolen and otherwise he would not have paid. This is irrelevant.

So we see again we have three periods here, as in Figure 1.

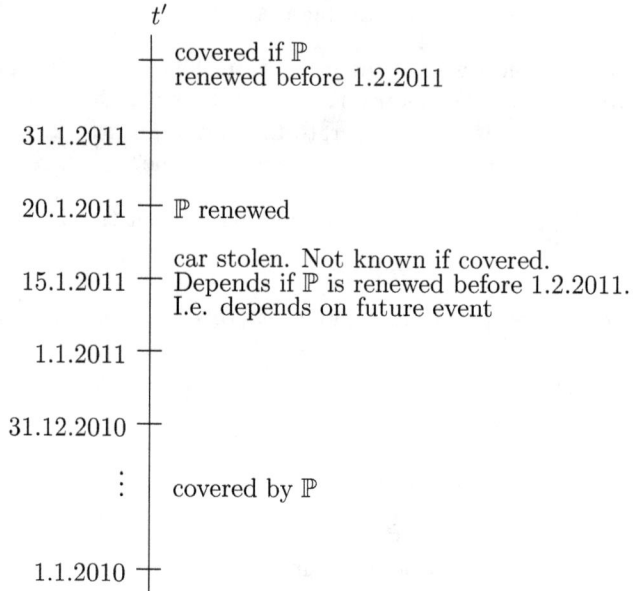

Figure 1.

2   Language for contrary to time with examples

2.1   Choice of language

There are in the literature two main options here:

1. Semantically based languages where we have a flow of time with branching future and a temporal language to talk about it. This we call **Traditional Temporal Logic**.

   There are many variations of such systems, depending on the flow of time, the operators used and the number of time indices used.

2. A syntactically based language where the future does not exist yet and we only have various syntactical formulas talking about it. The future formulas can be made true by our actions but there is no future (branching or not) in which they can be semantically evaluated.

   A future statement of temporal logic can be understood in two ways: the declarative way, that of describing the future as a temporal extension; and the imperative way, that of making sure that the future will happen the way we want it. Since the future has not yet happened, we have a language which can be both declarative and imperative. This we call **Executable Temporal Logic**.

Our own new TTL will emerge as a new third approach, capable of handling backwards causality in time. It is a completely new approach, but can be viewed as some sort of a variation of the executable family.

We now give more details on (1) and (2) above.

Traditional Temporal Logic

When deciding on how to model temporal phenomena, the first step is to decide on the flow of time. In most applications time is taken to be acyclic (non circular) with the past linear (no ambiguity or branching of the past) but with the future being branching to allow for the fact that the future is not determined.

We start with a flow of time $(T, <)$, T is the set of moments of time and $<$ is the earlier later relation. We have that $(T, <)$ satisfies the following axioms.

1. $<$ is transitive and irreflexive.

2. For every t, the set $T_{<t}$ is linearly ordered by $<$

$$T_{<t} = \{x | x \leq t\}.$$

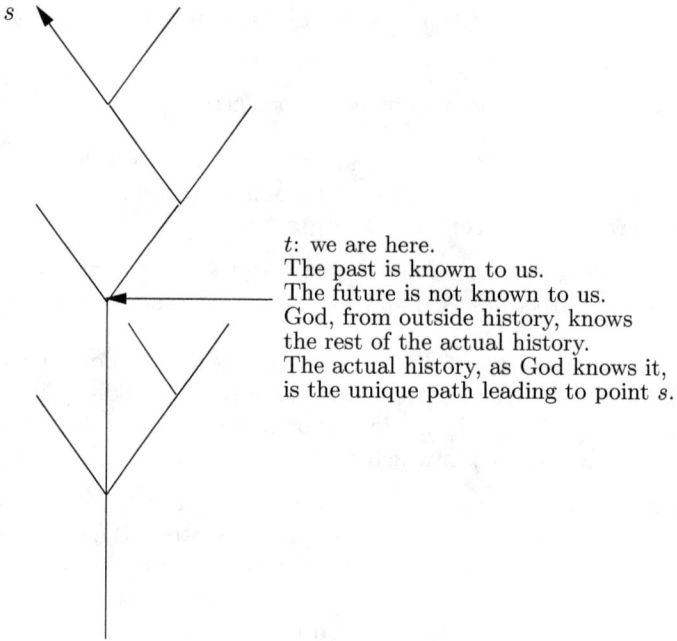

t: we are here.
The past is known to us.
The future is not known to us.
God, from outside history, knows
the rest of the actual history.
The actual history, as God knows it,
is the unique path leading to point s.

Figure 2.

Figure 2 shows that $(T, <)$ can be a tree, branching into the future with linear past.

Additional axioms on $(T, <)$ are needed to ensure the tree property. For our purpose, we need not insist on trees.

There are two points of view we can adopt when considering the flow of time.

1. The external view, where we stand outside time and look at the entire history like God viewing the history beneath us. In this case there is no fundamental difference between future and past. There is only one actual real linear flow of time , the real history as it happened, and if we have a branching flow then the real history must be marked in the flow as what actually happened. See Figure 2.

2. The internal view, where we see ourselves as ordinary mortals residing at some point in history, and the future is truly branching, because it has not happened yet, and all we have is our linear past.

Once we decide on how we view history , we need a language to talk about it. Again we have two options:

OPTION 1: Use a global language to talk about time in absolute sense. This is like using a global clock dates and saying for example

> In the year 701 BC , Sennacherib king of Assyria attacked all the fortified cities of Judah and captured them

OPTION 2: We use temporal markers relative to where we are (e.g. tomorrow, yesterday, when we got married) or markers of any kind. This is how the Bible does it:

> Kings 18:13-15 In the fourteenth year of King Hezekiahs reign, Sennacherib king of Assyria attacked all the fortified cities of Judah and captured them. So Hezekiah king of Judah sent this message to the king of Assyria at Lachish: I have done wrong. Withdraw from me, and I will pay whatever you demand of me. The king of Assyria exacted from Hezekiah king of Judah three hundred talents of silver and thirty talents of gold. So Hezekiah gave him all the silver that was found in the temple of the LORD and in the treasuries of the royal palace.

OPTION 3: Use a mixed approach, as may be convenient for the application at hand.

We shall use Option 3.

We consider a two sorted predicate logic with atoms of the form

$$P(t, x_1, \ldots, x_n).$$

The first coordinate variable t is a time variable ranging over $(T, <)$. The other variables $x_1, \ldots, x_n$, range over a variable domain D_t. We consider such $P(t, x_1, \ldots, x_n)$ as facts. We can quantify over t and x_i, and write formulas like

$$\forall x \varphi(t, x) \text{ for } \forall t \varphi(t, x).$$

It may be the case that some atomic predicates are independent of time. In this case we write $\alpha(x_1, \ldots, x_n)$ without a time variable and understand that they are either true for all time or are false for all time. So if $\forall t P(t, x) \vee \forall t \neg P(t, x)$ holds we can write it as $P(x)$.

We allow for the *Iota* operator $(ix)\varphi(x)$ and the $(it)\varphi(t)$, meaning

"the unique x (or t) such that $\varphi(x)$ (or $\varphi(t)$) holds."

Iota can be used only when such a unique element can be proved or assumed to exist.[1]

Let the above language be called temporal **L**. It is a two sorted language. The atomic wffs of **L** are either $P(t, x_1, \ldots, x_n)$ or $t < s$.

L is closed under the classical connectives and the quantifiers $\forall t$ and $\forall x$, and the *Iota* operator $(ix)\varphi(x)$.

A model for **L** is a flow of time $(T, <)$ and a classical domain D_t associated with each $t \in T$.

We have an assignment h giving for each atom P a set of tuples $(t, x_1, \ldots, x_n)$ where $x_i \in D_t, i = 1, \ldots, n$.

For simplicity, let us assume that $D_t = D$ for all t. This assumption simplifies the model because we do not have to deal with $\varphi(t, x)$, when $x \notin D_t$. Of course, in real life, people are born and die and the domain changes. But also in real life we talk about dead people and yet unborn children and we refer to them and interact with "them" and do things with them and so we can allow for a predicate $\lambda(t, x)$, saying x is alive in time t. So x can be either live or a dead person or a person to be born.

Our basic statements have the form

$$s : \varphi(t_1, \ldots, t_k, x_i, \ldots, x_k).$$

reading

at time s $\varphi(t_1, \ldots, t_k, x_1, \ldots, x_k)$ is claimed to hold.

φ a complex formula, e.g.

$$\varphi = P_1(t_1, x_1) \wedge P_2(t_2, x_2).$$

This gives rise to a two dimensional logic.

Note that we use two indices for time. The t_1, t_2 time indices are according to Option 1 and the s index which is the second dimension, is according to Option 2.

---

[1]We can formulate a formal language for the Iota based on the temporal logic of the current paper enriched with the Iota symbol. We shall have to allow for $(ix)\phi(t, x)$ and for $(it)\phi(t, x)$ to be formed independently of any semantical condition. This means that we have to give denotation to these expressions also in the case where there exists more than one element satisfying ϕ and for the case where there exists no element satisfying ϕ.

There are several options in the literature of what to assign to the Iota expression in such cases, but as far as we know, there is no discussion in the context of temporal logic. The classical options are to make the Iota expression undefined or to assign an arbitrary element to it. In temporal logic it is better to view the Iota elements as a non existent free element which may come into existence, should a unique element show up.

There is no need for us to pursue this course of action. It is too complex. Our continuation paper [5] avoids the use of the Iota by using quantum superposition models.

Time s, the second dimension, is where we are (Option 2) and from time s, we are talking like gods (Option 1) about other times t_i.

First note that we have to assume that for atomic sentences, all observers at s agree on the past. Thus to express this formally we need to make the assignment h depend on s. Thus $h_s(P)$ gives a set of tuples $(t, x_1, \ldots, x_n)$ meaning

According to s, $P(t, x_1, \ldots, x_n)$ holds.

Our condition becomes

- $(t, x_1, \ldots, x_n) \in h_s(P)$ and $s \leq s' \Rightarrow (t, x_1, \ldots, x_n) \in h_{s'}(P)$.

h_s may not agree on future predictions.

So if $s < s' < t$ we may have

$$(t, x_1, \ldots, x_n) \in h_s(P) \text{ but}$$
$$(t, x_1, \ldots, x_n) \notin h_{s'}(P).$$

Executable temporal logic

This is best explained with an example.

EXAMPLE 5 (Simplified Payroll). Mrs. Smith is running a babysitter service. She has a list of reliable teenagers who can take on a babysitting job. A customer interested in a babysitter would call Mrs. Smith and give the date on which the babysitter is needed. Mrs. Smith calls a teenager employee of hers and arranges for the job. She may need to call several of her teenagers until she finds one who accepts. The customer pays Mrs. Smith and Mrs. Smith pays the teenager. The rate is £10 per night unless the job requires overtime (after midnight) in which case it jumps to £15. Mrs. Smith uses a program to handle her business. The predicates involved are the following:

$A(x)$ x is asked to babysit
$B(x)$ x does a babysitting job
$M(x)$ x works after midnight
$P(x, y)$ x is paid y pounds.

In this setup, $B(x)$ and $M(x)$ are controlled mainly by the environment and $A(x)$ and $P(x, y)$ are controlled by the program. We get a temporal model by recording the history of what happens with the above predicates. Mrs. Smith laid out the following (partial) specification:

1. Babysitters are not allowed to take jobs three nights in a row, or two nights in a row if the first night involved overtime.

$$7 \quad \sim A(J), \sim (J), \sim M(J)$$
$$6 \quad A(J), B(J), M(J)$$
$$5 \quad A(J), B(J), M(J)$$
$$4 \quad \sim A(J), B(J), \sim M(J)$$
$$3 \quad A(J), B(J), M(J)$$
$$2 \quad A(J), B(J), M(J)$$
$$1 \quad A(J), B(J), \sim M(J)$$

Figure 3. A model for Janet

2. Priority in calling is given to babysitters who were not called before as many times as others.

3. Payment should be made the next day after a job is done.

Figure 3 is an example of a partial model of what has happened to a babysitter called Janet (note that time is discrete and flows upwards). We have a record of the past activity. The future is open ended but we read the future specifiation as instructions to us to execute the appropriate actions which make it true. If we always succeed then we get a temporal flow which satisfies the specification in the traditional sense.

In any case we get a traditional model. This model may or may not satisfy the specification. In general we would like to be able to write down the specification in an intuitive temporal language (or even English) and have it automatically transformed into an executable program, telling us what to do day by day.

2.2 Examples

We now give some examples of the use of time in the Talmud, both for this paper and its continuation paper [5]. Since the papers are related, it is good to get an overall sense now of what is happening.

EXAMPLE 6. Consider:

s: x enters the room at t.

written

$$s : E(t, x, \text{ room}).$$

Reading: At time s, it is said that the element x entered the room at time t. we distinguish two cases:

Case 1 $t \leq s$. This is a statement about the present or the past. It has no prediction.

Case 2 $t > s$. This is a statement about the future.

We may use, at time s, the statement $E(t, x, \text{ room})$ to identify a person at time s and say something about this person.

We can say

> s: the person x who (will enter) entered the room at time t, is now (at time s) in prison.

Using the *Iota* symbol, we write

$$s : P(s, (ix)E(t, x, \text{ room}))$$

To be able to say that and use the *Iota* symbol we need the condition that exactly one person entered the room at time t.

If $t > s$, we are identifying the person by what is going to happen to him. So at time $s, s < t$ we cannot yet be sure whom we are talking about. We can only be sure at time $s < t$ that exactly one person will enter the room at time t. We are saying at time s that whoever this person is, he is the one we are talking about.

Some people may take the view that identifying x by a future event at time t is not acceptable for some purposes (e.g. legal inheritance documents, etc). The Talmudic approach to such examples will be addressed in detail in [5].

EXAMPLE 7. Consider the following contract $\Psi(s, a, y)$, between individual a and individual y. Assume this document is put forward for legal approval at time s. The contract has the form $s : \Psi(s, a, y)$. It is a contract at time s between a and y. The content of the contract is spelled out by Ψ. y is a variable for an individual to be identified as follows:

$$y \in Y = \{y | \alpha(s, a, y)\}.$$

$\alpha(s, a, y)$ is a predicate identifying a set of ys. If α is timeless and does not depend on s, then we write $\alpha(a, y)$.

Furthermore from among this set of ys we further identify those ys which stand in relation β to a specific z_0. If this relationship depends on s we write $\beta(s, z_0, y)$ If this relationship is timeless we write $\beta(z_0, y)$. This z_0 is identified by future time t, i.e. $z_0 = (iz)\varphi(t, a, z)$. Let us assume that both α and β are timeless. So we have altogether

$$\alpha(a, y) \wedge \beta((iz)\varphi(t, a, z_0, y).$$

It may be that α and β and φ depend on other elements $b_1, \ldots, b_k$, with possibly $b_1 = a$. In such a case we write $\alpha(s, b_i, y)$ and we write $\beta(s, b_i, z, y)$, and also $\varphi(t, b_i, y)$.

The Talmud uses $\alpha, \beta, \varphi, \psi$ in two main forms:

1. **Conditional form**

$$s : \varphi(t, b_i, y_0) \Rightarrow \Psi(s, b_i, y_0)$$
and
$$s : \neg\varphi(t, b_i, y_0) \Rightarrow \neg\Psi(s, b_i, y_0)$$

where $t > s$ and where y_0 is a certain named individual and where $\Rightarrow$ is a possibly nonclassical strict or resource implication or an intuitionistic constructive implication. We require $\Rightarrow$ to satisfy modus ponens

$$A, A \Rightarrow B \vdash B$$

In Hebrew the name for this is "Tenai", meaning "condition".

2. **Choice form**
   (In Hebrew the name is "Breira", meaning "choice".)

   The form is

$$\Psi(s, b_i, y) \equiv \alpha(b_i, y) \wedge \beta(b_i, y, (iz)\varphi(t, b_i, z))$$

where y is a variable, $t > s$ and the predicate $\varphi(t, b_i, z)$ defines a unique z at time t, unique because $\exists! z \varphi$ is assumed to hold, or hoped that it will hold!

So what is happening here is that $a = b_1$ says I want to enter in contraction relation with an element $y \in Y$.

The identity of this element is determined by φ. β says what is the nature of the relationship that a enters with each possible y.

Both β and φ may depend on additional elements b_i which may include $b_1 = a$ or not, i.e. we have $\varphi(t, b_i, z)$ and $\beta(z, b_i, y)$. For the purposes of comparison, note that if the conditional is expressed in classical logic we get
Classical logic conditional:

$$\Psi(s, b_i, y_0) \equiv \varphi(t, b_i, y_0).$$

Parameters of importance here are the following:

(a) does Y allow for more than one element?

(b) Is $t > s$ or $t \leq s$? How is t defined? It may be defined or specified as $s : \gamma(t, x_i)$ in which case is there a unique t_0 known at s or only known at some later t, $s < t < t_0$?

(c) Is a one of the b_i?

Here is an example:

EXAMPLE 8. a says "I will sell to one of my cousins either my Montblanc pen or my Parker pen".

The pen I sell depends on the cousin and on a third party b. There are two cousins John and Mary. If I sell to cousin John, it will be the Parker pen. If I sell to cousin Mary then which pen I sell depends on party b. The dependence on b is whether b wins the election tomorrow. The cousin of choice for sale is the one who calls me first tomorrow to ask about the sale. Here $\alpha(a, h)$ is

"y is cousin to a" (i.e. $y = $ John or $y = $ Mary).

$\beta(z, y)$ is

"a sells Montblanc to z if b wins and $z = $ Mary and a sells Parker to z if z is cousin John".

Further detailed discussion of problem arising from actions involving elements identified by future properties of future actions is done in our continuation paper [5].

3   The legal decision functional $\mathbb{H}$

In Section 2 we used temporal logic built up from classical logic with variables and constants over time. We use $<$ for the earlier–later relation and form atomic predicates of the form

$$P(t, x_1, \ldots, x_n)$$

where t is time and x_i are individuals in the domain. We consider $P(t, x_1, \ldots, x_n)$ as facts. We ask that $<$ is linear acyclic in the past and branching in the future.

So $<$ is transitive and irreflexive, and anti-symmetric.

This makes it tree like.

The basic logical unit is

$$s : A(t_i, x_j)$$

reading:

at time s the statement $A(t_i, x_j)$ is considered to hold true.

This reflects the view that we reside within history and not outside it, and at each moment of time s, we have our views about both the future and the present and past!

So to give examples:

John gave Mary the book at time t stated at time s is translated
as

$$s : G(t, J, M, \text{ book})$$

The linearity of the past implies that there is only one version of history at
any time r and they all agree.

$$r : G(t, J, M, \text{ book})$$

for $r > t$ implies that for any $r' \geq r$, also $r' : G(t, J, M, \text{ book})$.
    Let $(ix)\varphi(x)$ be definite description operator

"The x such that uniquely $\varphi(x)$ holds of x".

Then we can say at time s:

John bought at time s the book he gave to Mary at time t.

$$s : \text{Buy}(s, J, (ix)G(t, J, M, x))$$

The above can be problematic if we have $s < r < t$.
Today we say:

John bought yesterday the book he is going to give to Mary
tomorrow.

If John took three books yesterday from the bookshop, paid for one only,
promised to look at the books, make a decision and return two tomorrow
after he gives one to Mary, then we are not able to identify which book he
actually bought yesterday until tomorrow.
    So we have

$$r : \text{Buy}(s, J(ix)(G(t, J, M, x)).$$

If $r < s$ or $r < t$ we have a problem.
    This problem is legal.

1. One might adopt the view that there is no sale at time s until John
   gives his chosen book to Mary at time $t, s < t$.

2. One might adopt the view that there is a sale of a book at time s, but
   the identity of the book is not known until time $t > s$.

3. One might take a "quantum view" and say that there is a sale of all
   three books at time s (like a superposition in quantum mechanics)
   and that two of them are returned at time $t > s$.

4. One may take the view that you cannot make a sale in this way and that a specific book needs to be put on record as sold at time s and that if John wants to give a different book to Mary at time $t > s$, then the record will show that he exchanged the book that he bought at time s for another book.

The differences between these views may have consequences for taxation. Say, for example, the payment of VAT.

If t is much later than s, then the question of how many books were sold at s becomes relevant to the bookshops VAT report.

The seller may adopt option 1 — no sale, while the VAT people may adopt option 3 and claim VAT for three books.[2]

Let us be more formal now: At time r, the statements $A(t_i, x_j)$ are descriptive. They say what happens to x_j, t_i over time. $A(t_i, x_j)$ can be written as a Boolean combination of pure sentences of the form

$$A_k^{>r}, A_k^{=r}, A_k^{<r}, k = 1, 2, \ldots$$

where $A_k^{>r}$ talks *only* about the future time (of r) and $A^{<r}$ talks only about the past of r and $A^{=r}$ talks only about time r.

We also have normative sentences, like

> Does Mr Jones own the company on 2 January 2010, having bought it on 1 January 2010, but with a condition that the sale is off if the company incurs losses during 2010?

We need a meta predicate (or a functional) which normatively declares what Mr Jones can and cannot do.

The normative sentences are needed because much of our day-to-day reality is man (legally and normatively) made. It is not just facts but agreed statutes.

Let $\mathbb{H}$ be such a predicate. Let $\mathbf{e}_1, \ldots, \mathbf{e}_m$ be possible normative states which various formulas can be said to be in. Thus at each time s, we can look at statements of the form $s : B(t_i, x_j)$, where t_i are maybe past or future to s, and where B needs a normative decision. We can write:

$$s' : \bigwedge_k A_k(t_i^k, x_j^k) \rightarrow \mathbb{H}^{s'}(s : B(t_i, x_j)) = \mathbf{e}_m.$$

Note that the predicate $\mathbb{H}$ is in an Option 1 language talking about both dimensions. $\mathbb{H}$ is indexed by a third dimension.

---

[2] In the UK you pay VAT the minute you issue an invoice. The way businesses go around this rule they send a "reminder" and write on it in bold letters "This is not a VAT invoice". I am always tempted not to pay, claiming I have never been sent an invoice!

Formal definitions will need to be given in a later section.

EXAMPLE 9. Time is today.

A = yesterday Smith bought a company from Jones under the condition that if tomorrow the shares are down from today, the sale is off.

B = we ask: can Jones sign contracts for the company without the consent of Smith?

$\mathbb{H}$ might say **yes, no, indeterminate**. So we write

$$\text{today} : A \to \mathbb{H}^{\text{today}}(B) = \textbf{no}.$$

4 Talmudic examples (both for this paper and its continuation [5])

We now give some examples from the Talmud.

EXAMPLE 10 (Sale of property). A man a sells his property to a buyer b on the condition that when he (the seller) has more money, he can buy the property back from b. The ruling is that the sale and the condition are valid and if b refuses to sell the property back to a then the sale is annulled from the start. (Origin of ruling: *Shulchan Aruch, Choshen Mishpat*, section 182:512.)

EXAMPLE 11 (Divorce variations). The following examples illustrate possible logical connections between the original action and the condition it relies on

1. **Physically possible but legally forbidden condition**
   A man a signs divorce paper to his wife b on the conditions that she has sex with another man c.

   The ruling is that if she does have sex with c then the divorce is valid.

   Note that there is a fine point here. It is sinful to have sex with c while she is married to a and therefore she cannot fulfil the condition without initially sinning. Once she has sex with c then she is retrospectively divorced and therefore there is no sin.

   Compare with Example 13 below. (Origin and ruling in *Jerusalem Talmud and Shulhan Aruch, Even Ha-ezer*, 153-518.)

2. **Legally impossible condition**
   In *Gittin* 84–1, there is a variation of the above example, where a gives divorce to his wife on the condition that she marries c (rather than the condition of having sex with c). In this case the ruling is that she can get married to c and the marriage is legal.[3]

---

[3]In practice such condition is not allowed because it looks like legalised wife swapping.

The puzzling question arises that when she wants to marry c, the condition is not fulfilled yet and so she is still married to her husband a and so she cannot have a legally valid marriage to c. So how can she ever fulfill the condition? And why the ruling is that she can marry c?

The answer is that the condition itself, because of the above considerations, is not legally consistent and so she was originally divorced without (the legally inconsistent) condition.

Thus if an action is taken with an inconsistent condition it is deemed that the action was taken without that condition , as opposed to ruling that no action is taken (because there is something wrong with the condition).

3. **Logically looping condition**
   In *Gittin* 83–1 we have the example that a divorces his wife on the condition that she does not marry c.[4]

   As long as the woman does not marry c, her divorce from a is valid and she is divorced and can marry anyone she wants. If she marries c however, she violates the condition and therefore her divorce from a is not valid retrospectively, and so she is still married to a. But then, if this is the case, her marriage to c is not valid because she is still married to a!

   But if her marriage to c is not valid then she has not violated the condition of her divorce from a, and therefore she is indeed divorced and therefore her marriage to c is valid, etc., etc., and we are in a loop!

4. **Condition that one of the partners dies**
   These are cases where a gives divorce to b on the condition that x dies, where x is one of $\{a, b\}$.

   Such circumstances arise when for example a is a soldier who might die in battle and would like to ensure that in the event of his death, his wife b is retrospectively free from the time he has left for the battle. This was the custom in Biblical times, as reported in *Shabat* 56-1 The case where the condition is the death of the wife is in *Yoma* 13-1.

   In both cases the ruling is that the divorce is valid

   There is also a lengthy detailed discussion of such cases in *Gittin* 72-1 and in *Kidushin* 60-1.

---

[4] c may have been b's "friend", and the husband insisted on this condition.

In this discussion there is a need to clarify whether some specific "conditions" fall under the case of backwards causality conditional actions or cases of the use of the Iota operator.

In Biblical times it was possible to marry more than one wife. To divorce a wife one has to write divorce papers specifically intended for the wife to be divorced. One cannot fill out ready made divorce forms. So the example 12 below contains a doubt arising from a future condition which is used to identify the wife.

EXAMPLE 12. At time s, a writes divorce papers intended for his wife Rachel. He has two wives, both named Rachel, and he says he will decide which one to give it to tomorrow. He makes his decision dependent on one of the following:

1. stock market goes strictly up or not, or

2. whether he plays chess tomorrow, or

3. whether Rachel wears brown shoes tomorrow.

Let $A = a$ writes at time s divorce papers for wife $(ix)(B_k(s+1, x, a))$ where $k = 1, 2, 3$ according to the three cases above.

Question. Are the divorce papers valid?

Analysis. B_1 is a clear cut definition identifying which one of the two Rachels is meant in the document, but the defining predicate depends on the future. The future is not dependent on him.

B_2 is like B_1 except that the future is also dependent on him. He can play or not play chess under normal circumstances.

B_3 may not even be a legitimate definition of both wives wearing brown shoes or neither.

Furthermore, today, as far as we know, any one of the two Rachels may end up divorced!

There is some degree of indeterminacy.

We can have a policy in such cases. The following are some options:

1. To be valid at r $(ix)B(t, x, a)$ must depend only on the present or past of r, i.e. $(t \le r)$.

2. We do not mind about B as long as it is objective (a not in B).

3. We don't mind at all. Any B will do.

4. Any of the above cases (1)–(3) makes the answer to the question doubtful. So we do not know (we are in doubt) whether the divorce paper is valid. However, we can be strict and say that we deem it that there is no divorce in any other context where the question of Rachel's divorce is involved.

So Rachel is not considered divorced because of the doubt but she is not available to a Cohen[5] either, because we deem Rachel as divorced for that context, again because of the doubt.

5   Introducing temporal Talmudic logic (TTL)

In this section we discuss our advancing future–changing past model, capable of handling conditionals.

We begin with methodological remarks, on how we discovered Talmudic Temporal Logic. There are many examples and discussions in the Talmud about various cases of conditional actions and various legal rulings about them. This is our body of evidence. We were looking for a temporal model which can accommodate and explain all the different approaches and views of the Talmudic scholars discussing and ruling about all of these examples. What we call **TTL** is the simplest such model which can do the job.

What do we mean by a logical model? One's immediate reaction might be just to give syntax and semantics for the appropriate language and define logical consequence using the semantics. However, this is not sufficient for two reasons:

1. The Talmudic data by nature is a body of arguments, counter arguments and debates and so we would expect modelling using a proof theoretical and arugmentation system which can also model the way the debates are executed.

2. The nature of the temporal examples, as we shall see below, involves alternative histories which then disappear as time goes on, and so even if we give a many dimensional parallel histories semantic model, the natural way of defining a semantic consequence will be too weak to reflect what is really happening unless we are able to add to the language syntactical constructs explicitly talking about alternative histories. Such constructs, however, are not present in the Talmud.

In this section we introduce **TTL** using modern examples. The next section will present **TTL** as a formal logic and later we show how this model

---

[5] A Cohen cannot marry a divorced woman, only a widow. So if Rachel's husband dies, is she deemed for the purpose of marrying a Cohen as already divorced, or just a widow?

explains Talmudic examples. A very detailed discussion can be found in our companion book [4].

We now need to clarify some concepts. Consider the following statements.

1. The vase is broken into two pieces.

2. Mary is married.

3. John's income is from employment on a sea-faring ship. (Therefore is tax free!)

Statement 1 is a physical statement. It is not a legal or social convention statement. One has a bit of leeway in understanding what "two pieces"means and if one piece is very small we might say that the vase is "chipped", not broken. We might even argue, in the case of a slightly bigger piece, whether we can still say "chipped", or say "broken". The difference may be important for insurance purposes. Do we replace the vase or do we fix it? It may even be the case that the insurers stipulate that "broken" means, as far as they are concerned, broken into 3 pieces or more, but now we are into the legal domain.

Statement 2 is a statement of legal and social agreement. Society and the law allows for a marriage action $\mathbf{a}$ to take place, provided certain preconditions $\mathbb{C}_\mathbf{a}$ do hold and the result of which we get the truth of the legal predicate x is *married to* y. x *is married* is $\exists y(x$ *is married* to $y)$.

Being a legal predicate, the marriage status can be changed by a divorce action $\mathbf{b}$. Again, given preconditions $\mathbb{C}_\mathbf{b}$ we can make true the predicate x *Divorce* y. We have that if x *Divorce* y holds at time t, then $\neg(x$ *is married to* $y)$ holds at t.

This is different from "broken" predicate. No action can "$\neg$ break". We can "glue" the pieces but what we get is "broken but glued" or "broken (leg) but healed", etc.

Statement 3 is also a legal statement. Here one can legally change the meaning of "employment on a ship". In fact the British definition included working on an oil rig. To increase taxation the government changed the meaning into "moving ship", thus excluding oil rigs.

Such a move can cause a lot of resentment because it involves backward taxation as Figure 4 shows

The British tax system would claim that this is not backwards legislation as the tax assessment is done at $t_2 + 1$. However, for the legislation not to be backwards one should adopt the meaning of "ship" as it was at $[t_1, t_2]$ for the purpose of tax paid at $t_2 + 1$ on the period $[t_1, t_2]$.

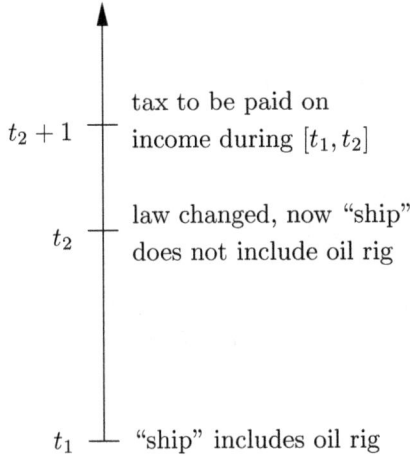

Figure 4.

We understand that countries like Austria, never legislate backwards. It is taboo! So the new definition of "ship" will be applied only to employment after t_2!

Let us summarise what we need for our logic. We need to allow for time dependent predicates of legal and social nature generated by actions. We write them as follows:

- $t \vDash P(x_1, \ldots, x_n)$ if action **a** is taken by $x_1, \ldots, x_n$ at time t satisfying the pre-conditions $\mathbb{C}_{\mathbf{a}}$.

- $t \vDash \neg P(x_1, \ldots, x_n)$ if either no action **a** was taken in the past or a cancelling action **b** was taken at t, with preconditions $\mathbb{C}_{\mathbf{b}}$.

It is with this sort of predicates we want to present our logic **TTL**.

EXAMPLE 13. Two security agents meet in a bar having a beer and discussing their profession. Say Microsoft chief security officer **m** and Google chief security officer **g**. **m** boasts to **g** that his methods are impregnable. **g** admits **m** is good but not perfect. **m** challenges **g**. He says:

> I have a laptop in my office which is security protected. I shall clear the disk drive and leave it on the internet. At 18.00 hours it will be security protected and I shall call you and give you this laptop to be immediately yours on the condition that you break into it within 30 minutes.

m cautions **g** that he had better not trip any alarms because it is illegal to hack into the system.[6]

We have here three periods of time

1. Before 18.00

2. From 18.00 to 18.30.

3. After 18.30

During period 2 it is not clear who owns the laptop.

After 3, the situation clarifies. There are two approaches of how to model the situation.

1. *The Fisher approach*[7]

   From 18.00–18.30 we have two parallel histories. One in which the laptop belongs to **m** and **g** is unable to hack into it and second in whch the laptop belongs to **g** (from18.00) and **g** was able to hack into it. At 18.30 we know which history is real. At period 3, after 18.30, there is only one history.

   Note that according to Fisher, no crime has been committed by **g**. Even if he managed to hack into the laptop, this made the laptop his from 18.00 and there is no crime to hack into one's own laptop.

   Furthermore, even if **m** dies between 18.00 and 18.30, the deal is on — nothing changes!

   Also if **m** changes his mind at 18.15, he cannot cancel the deal. Ownership of the laptop has already been (conditionally) transferred at 18.00!

2. *The Shkop approach*[8]

   This view says that the deal is completed and actually executed at 18.30. Hence

   (a) **g** commits a crime in hacking into the laptop because at the time of hacking the laptop was not yet his.

---

[6] According to British law **m**, by making the offer to **g** is already giving him permission to hack into the laptop.

We can change the example a bit. **m** sells the laptop to **a**. **a** makes the condition that if anyone hacks into it between 18.00–18.30 then the deal is off. Now **m** gives the laptop to **g** under the condition that **g** hacks into it between 18.00–18.30. Now **g** would commit a crime.

[7] Rabbi Shlomo Fisher, 1932–.

[8] Rabbi Shimon Shkop, 1869–1939.

(b) If **m** dies at 18.15 or changes his mind and cancels, then the deal is off as he (**m**) is not there to execute the deal at 18.30.

How do we model Shkop's view? We need dual time t and τ:

$$\begin{aligned} t &= 18.00, \ldots, 18.15, \ldots, 18.30, \ldots, 19.00 \\ \tau &= \text{simulated time in minutes.} \\ &\quad \text{We start at } \tau = 0 \text{ at } t = 18.00, \text{continue to } \tau = 30 \text{ at} \\ &\quad t = 18.30 \text{ and immediately go back to } t = 18.00,^{9} \\ &\quad \text{At } \tau = 30 \ \mathbf{m} \text{ and } \mathbf{g} \text{ complete the deal, then carry on to} \\ &\quad t = 18.30, \tau = 60 \text{ and continue to eternity with } t \text{ and } \tau. \end{aligned}$$

Think of it as that both **m** and **g** jumping instantly back from time $t = 18.30$ to $t = 18.00$ using a time machine and completing the deal. Their personal time is τ. They live through history again and are back at $t = 18.30$ with their personal time τ being 60 minutes.

With τ, we remember that crime was committed at $\tau = 30$. If **m** dies at 18.15 then he cannot go back at 18.30 ($\tau = 30$) to the beginning ($t = 18.00, \tau = 30$), to complete the deal.

REMARK 14 (Semantic discussion of the Fisher approach). Let us appreciate the difficulties in modelling the Fisher approach. The Fisher view gives rise to a temporal history without memory. If you go with time to infinity then there is only one linear past without any memory that it could have been otherwise. It cannot be modelled by branching time with one infinite branch being the real history because it allows for memory of alternatives.

EXAMPLE 15 (Iterated conditions). Once we allow conditional legal actions of the form **a** at t conditional on **b** at $t + s$, we should be able to iterate. Figure 5 shows such a case.

The story is as follows: John gives Mary a pen to be her property immediately at time t on the condition that she buys some shares at time $t + s$. At time $t+s$ Mary approaches Terry who has shares and he is willing to sell Mary his shares to be hers immediately on the condition that Mary does his garden on $t + s + r$.

The first comment we make is that we consider we have two actions here:

1. Action **a** starting at time $x = t$ with condition at time $x + s$.

2. Action **b** starting at time $y = t + s$ with condition at time $y + r$.

[9] At $\tau = 30$ there is a discontinuous jump from $t = 18.30$ back to $t = 18.00$.

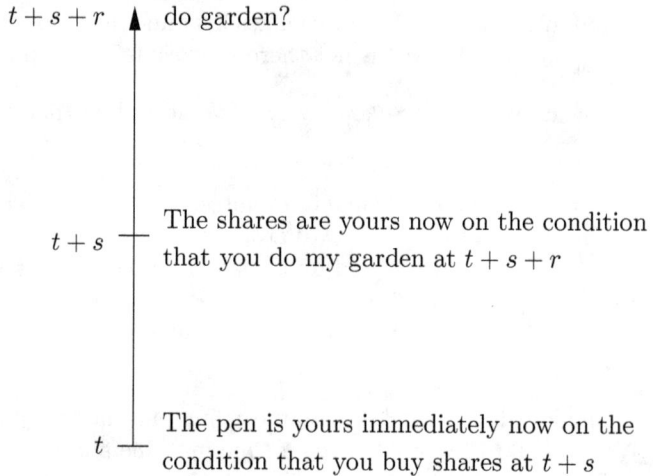

$t + s + r$ do garden?

$t + s$ The shares are yours now on the condition that you do my garden at $t + s + r$

t The pen is yours immediately now on the condition that you buy shares at $t + s$

Figure 5.

According to Fisher we have two conditional actions which are chained by making basically $y = x + s$.

According to Shkop, we also have two actions which are chained by making $y = x + s$. However according to Shkop the actions retain their identity as distinct actions in the sense that each action has its own τ. So action **a** has τ and action **b** has τ'.

According to Fisher, we have two parallel histories. See Figures 6, 7.

The real history is decided on time $t + s + r$.

According to Shkop, Figure 5 turns into Figure 8 as follows.

We start with action **a** at t and $\tau = 0$. At $t + s$ we have $\tau = s$. We want to jump back using our time machine and be again at t but with $\tau = s$. We ask ourselves: where are the shares? Do we have them at time $t + s$ (with $\tau = s$)? Can we jump back? Is the matter of the shares decided at $t + s$ so that we can jump back and conclude the deal if Mary bought the shares or cancel it if Mary does not have the shares? The answer is that we don't know yet, it depends on action **b**. Well, we have the shares but on the condition of Mary doing the garden at $t + s + r$.

OK then. We cannot jump back with τ at $\tau = s$, because we have to wait for action **b** to play itself out with its own τ'.

So action **a** does not jump back to t, action **a** has to wait for action **b**. So both action **a** and action **b** proceed together to time $t + s + r$.

So now $\tau = s + r$ and $\tau' = r$ and both actions are sitting at time $t + s + r$. Action **a** is waiting for action **b** to jump with its τ' back to time $t + r$

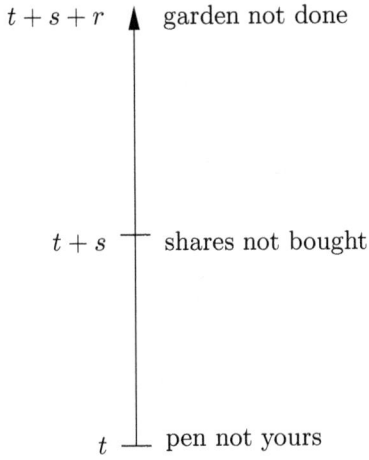

Figure 6.

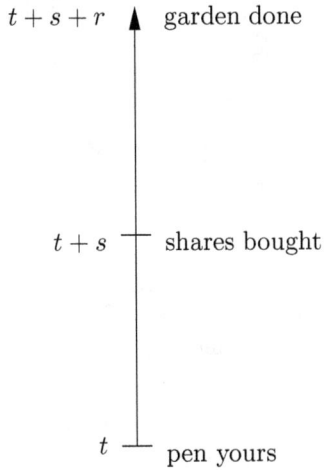

Figure 7.

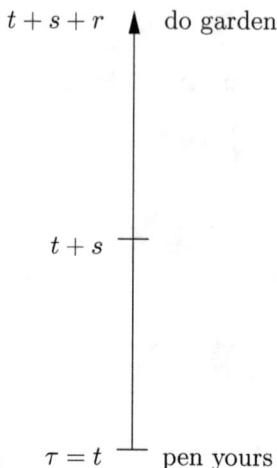

Figure 8.

and decide the matter of whether Mary buying the shares is successful. So τ' jumps back to time $t + r$ and decides the matter of Mary's owning the shares (depending on her doing the garden at time $t + s + r$) and then τ' goes back to time $t + s + r$. By this time $\tau' = 2r$. While τ' was jumping back τ was sitting at $t + s + r$, with $\tau = s + r$, waiting for an answer from **b**. The changes in τ' have nothing to do with τ. It is an internal action **b** simulation.

Once action **a** gets an answer from **b** it jumps back to time t, decides whether the pen belongs to Mary and proceeds back to time $t + s$. At this time $\tau = (s + r) + s$. Now it is known whether the condition **b** holds so τ jumps back to t and proceeds straight back to $t + s + r$. By this time $\tau = (s + r) + (2s + r) = 3s + 2r$.

Notice that in this case action **a** is equivalent to a new action **a'** comprised of the giving of pen at time t on the condition of buying shares at $t + s$ with a final decision time of doing the garden on $t + s + r$.

The following is the scenario for action **a'**.

The τ count starts with $\tau = 0$ at at t! See Figure 8.

The situation clarifies and the deal is executed on time $t + s + r$ with $\tau = s + r$. At that time we go back to t to execute the deal and $\tau = s + r$ carries on through history again back to time $t + s$ where another jump back is done to time t and then we go straight to time $t + s + r$ with $\tau = (s + r) + (2s + r) = 3s + 2r$.

EXAMPLE 16 (Logical loop). Let us analyse now case 4 of example 11.

> Time $t = 0$: a gives divorce to b on the condition that she never marries c
> Time $t = s$: [b has married c before time s] or [b has not married c before time s]

Analysis according to Fisher:
We have two parallel histories beginning at $t = 0$ and ending at $t = s$. At $t = s$ a decision is made as to which history is real.

History 1:
[At $t = 0$, b is divorced from a] and [at $t = s$, b has not married c before time s]
History 2:
[At $t = 0$, b is not divorced from a] and [at $t = s$, b has married c before time s].

Obviously History 2 is legally inconsistent and therefore History 1 prevails.

Analysis according to Shkop:
Start at $t = 0$ and $\tau = 0$. Continue to $t = s$ and $\tau = s$.

Case 1:
If b has not married c up to s then carry on with t and τ to $s + 1$ and repeat the case analysis.
Case 2:
If b has indeed married c then assume s is the first time this is done.
Jump back to $t = 0$ and $\tau = s$ and cancel the divorce.
Continue forward from this point (i.e. $t = 0$ and $\tau = s$) and reach any $t = r$ and $\tau = s + r$ for any r. b can never marry anybody at $\tau = s + r$ since she is already married to a since $\tau = s$.

EXAMPLE 17 (Two actions). Let us have two actions. One giving the laptop at $t = 18.00$ and the other giving the pen also at $t = 18.00$. What do we do?

We need two τ counts. One for the laptop, τ_1 and one for the pen, τ_2. In fact, during a normal history with many actions and many chains, we have as many τs counting simulated time.

REMARK 18 (Analysis of chains). We now want to analyse Example 15 and prepare ourselves for Example 20.

Let us start with action **b** of Example 15. This action starts at an abstract time y (which was instantiated as $y = t + s$) trying to make the predicate $P_b =$ "Mary owns shares" true at y.

The truth value of the predicate was not clarified until time $y + r$. At this time the final predicate Q_b = "Mary doing the garden" was the one whose truth value clarified the status of the starting predicate P_b.

Taken in the abstract, the relevant parameters of action **b** are as follows:

1. Starting time y

2. Predicate involved is P_b

3. Stretch of the action, namely the duration until the predicate Q_b is to be determined, is r (i.e. it goes from y to $y + r$)

4. The final predicate which clarifies the state of the predicate $Q'_b = Q_b$, at the same time $y + r$.

Let us now do a similar analysis for action **a**.

1. Starting time is x

2. Predicate involved is P_a, ("Pen belongs to Mary at time x")

3. Stretch is s, with predicate Q_a at time $x + s$

4. The final predicate which clarifies the status of Q_a is $Q'_a = Q_a$ also at time $x + s$.

How do we make a chain of these two abstract actions? We equate the final predicate of **a** with the initial predicate of **b** and say at what time. In example 15 we did the following:

1. Let $Q'_a = P_b$

2. For the time let Equation (x, y) be: $y = x + s$

This chaining resulted in a new action, which we called **a'**:

1. Starting time is x

2. $P_{a'} = P_a$

3. Stretch is s with $Q_a = P_b$

4. Final predicate Q'_a is Q_b at time $x + s + r$.

Note that we could have chosen a different equation for the combination of **a** and **b**, we could have chosen $y = x + s - 1$. In this case we would have got a new action, say **a''** with stretch $s + r - 1$.

In practice, when combining actions such as **a** and **b**, one does not write any equation between x and y. When x and y are realised in a real time model, they get specific time values, and the equation is determined automatically. Example 20 below is such an example.

The exact formal definitions of action combination is worked out in Section 6.

REMARK 19. Note that we are dealing here with a single condition $Q_\mathbf{a}$ for the action **a**. In other words the conditional is of the form:

- $P_\mathbf{a}$ now at time t, on the condition that $Q_\mathbf{a}$ later at time $t + s$.

For example

- The pen is yours immediately now at time t, on the condition that you buy shares at $t + s$.

We have only one atomic condition and no more. So we are not addressing multiple conditions of the form:

- $P_\mathbf{a}$ now at time t, on the condition that for $i = 1, \ldots, k$ we have $Q_{(i, \mathbf{a})}$ holds later at time $t + s_i$.

For example we are not dealing with:

- The pen is yours immediately now at time t, on the condition that you buy shares at $t + s$ and put your computer on Ebay at $t + r$.

There is no technical difficulty in addressing multiple conditions, it is just that such examples do not appear in the Talmud in this form.

The Talmud can have conditions of the form:

- The pen is yours immediately now at time t, on the condition that you DO Not sell your shares BEFORE time $t + s$.

This has the formal form:

- $\neg P_\mathbf{a}$ now at time t, on the condition that $Q_\mathbf{a}$ holds at a time r such that $t < r < t + s$

or equivalently

- P_a now at time t, on the condition that $Q_\mathbf{a}$ holds at all times r such that $t < r < t + s$.

$t + s + r$ — garden done

pen yours $t + s + \frac{r}{2}$ —

$t + s$ — shares bought conditional on garden done

t — pen yours conditional on shares bought

laptop yours on
condition pen is $t - 1$ —
yours at $t + s + \frac{r}{2}$

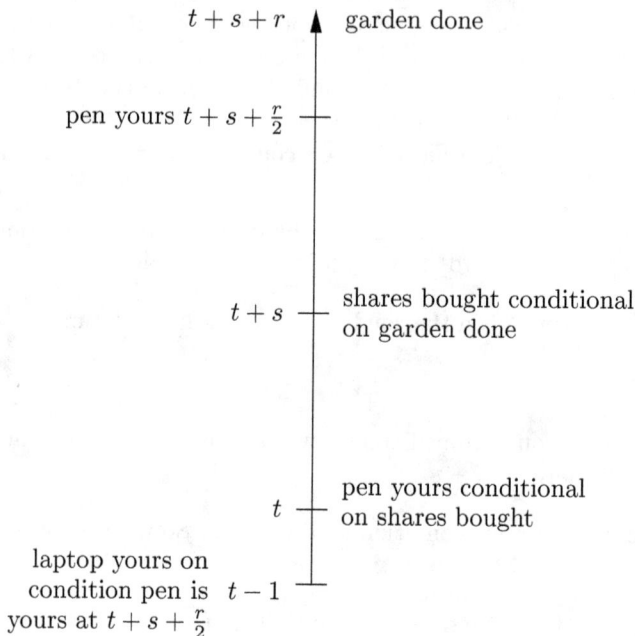

Figure 9. Right hand side = pen ownership conditions; left hand side = laptop ownership conditions

We may have some difficulties with chaining such conditions. Obviously we have no problems chaining if maintaining that $Q_{\mathbf{a}}$ holds at all times r such that $t < r < t + s$ is enabled by some condition $\mathbf{b}$ executed after time s. However what if for each $r, t < r < s$ we need to promise a separate condition $\mathbf{b}(r)$ to ensure that $Q_{\mathbf{a}}$ holds at r?

This would fall under item (2) of Definition 25 below.

EXAMPLE 20 (Cross chain dependency). We start with the chain action of Figure 7. This is the chain action discussed already in Example 15 and Remark 18. We now want to chain into it a new action $\mathbf{c}$.

The laptop is yours at $t - 1$ provided the pen is yours at $t + s + \frac{r}{2}$ (of Figure 7).

We have two actions here to be synchronised. See Figure 9.

We start counting $\tau_1 = 0$ at $t - 1$. We get to time $t + s + \frac{r}{2}$ with $\tau_1 = 1 + s + \frac{r}{2}$ and ask " Is the pen yours?".

Well, at this time there is the τ_2 counting of the pen. τ_2 counting at $t + s + \frac{r}{2}$ is at $\tau_2 = s + \frac{r}{2}$. We have to wait another $\frac{r}{2}$ for τ_2 to get to $s + r$

and τ_1 to get to $1 + s + r$. The real time is now $t + s + r$. Then τ_2 has to go back to t to complete the pen deal and advance back to time $t + s$, double back to t and then proceed to $t + s + r$. This takes $\tau_2 = 3s + 2r$ minutes.

Note that τ_1 does not change, it does not care what τ_2 does. So τ_1 is equal $(1 + s + r)$. When τ_2 reaches time $t + s + r$ it "informs" τ_1 that the pen deal is done. Now τ_1 jumps back to $t - 1$ to complete his deal. The jumping is from real time point $t + s + r$. τ_1 advances another simulated time from $t - 1$ $t + s + \frac{r}{2}$ where the deal is supposed to be done and then jump back to t to clinch the deal and then proceed straight to $t + s + r$ because the real time $t + s + r$ is where τ_1 is. He can now confirm the deal is done. This brings us to

$$\begin{aligned} \tau_1 &= (1 + s + r) + (1 + s + \tfrac{r}{2}) + (1 + s + r) \\ &= 3 + 3s + \tfrac{5}{2}r. \end{aligned}$$

Note that $\tau_2 = 3s + 2r$ as calculated in Example 15.[10]

From $t + s + r$ real time τ_1 and τ_2 continue to tick.

EXAMPLE 21 (Contrary to duties in the Talmud). These have been analysed in [7, 8]. Some of them are temporal, what we called Type CTD III.

You should not steal, and if you did steal, you have an obligation to return or pay for the stolen object. If you do return the stolen object, the violation is cancelled retrospectively. This is why the Talmud does not recommend immediate punishment for stealing because the action might be cancelled retrospectively in the future by returning the object.

We make two relevant comments here.

1. In the case of stealing, Rabbi Shkop agrees with the Fisher model. So his Shkop model applies only to conditional actions and not to Contrary to Duties.

2. Since the stealing can be cancelled retrospectively in the future, one might adopt the view of habitually stealing objects and then cancelling the action by returning the objects stolen, and so he has no sin, but lots of "temporarily stolen" objects, which he returns again and again.

   This is reminiscent of the case where a person has no income and no tax to pay, because he only borrows the money at the beginning of a tax year to return it at the end of the tax year, only to immediately borrow it again at the beginning of the next tax year.

   There is an extensive discussion in the Talmud of how to deal with such cases.

---

[10]Note that what we call τ_2 here is called τ in Example 15, it is the τ of action $\mathbf{a}'$ at that example.

6 Talmudic temporal logic

We begin with the definition of Talmudic action system. In order to present it properly, let us start with existing simple action systems of artificial intelligence.

In ordinary artificial intelligence an action for a certain language **L** has the form $\mathbf{a} = (\alpha_{\mathbf{a}}, \beta_{\mathbf{a}})$, where $\alpha_{\mathbf{a}}$ is the precondition of the action and $\beta_{\mathbf{a}}$ is the post condition of the action, $\alpha_{\mathbf{a}}$ and $\beta_{\mathbf{a}}$ are in the language **L**.

We can be more specific about this form. Let t be a moment of time (in which the action takes place) and let $x_1, \ldots, x_n$ be the individuals involved in the action. We can write $\alpha(x_1, \ldots, x_n), \beta(x_1, \ldots, x_n)$ as the preconditions and post condition of the action and write $\mathbf{a}(x_1, \ldots, x_n)$ to indicate that the action **a** involves the individuals $x_1, \ldots, x_n$.

We can now write $\mathbf{Exec}(t, \mathbf{a})$ to indicate that the action **a** was executed at time t.

In ordinary AI there are no backward causal actions and so all we have is the above. We can specialise it a bit, like asking that $\beta_{\mathbf{a}}$ be an atomic predicate.

Note that the preconditions and post-conditions are not time dependent.

DEFINITION 22 (Classical action temporal logic).

1. The language of classical action temporal logic has the following components:

   1.1. Variables and constants for time points $t_1, t_2, \ldots, \mathbf{t}_1, \mathbf{t}_2, \ldots$

   1.2. Variables and constants for domain elements, $x_1, x_2, \ldots, \mathbf{d}_1, \mathbf{d}_2, \ldots$

   1.3. The classical connectives and quantifiers for two sorted logic.

   1.4. A set of n-place action names with domain variables or constants of the form $\mathbf{a}(x_1, \ldots, x_n)$

   1.5. A unary existence predicate $E(x)$, x domain variable.

   1.6. An execution predicate of the form $\mathbf{Exec}(t, \mathbf{a}(x_1, \ldots, x_n))$.

   1.7. The earlier–later predicate $t < s$ for time variables.

   1.8. n-place atomic time + domain predicates $P(t, x_1, \ldots, x_n)$ with t time variable and x_i domain variables.

   1.9. We define traditionally the usual notion of a time domain formula $\varphi(t_1, \ldots, t_k, x_1, \ldots, x_n)$ using the atomic predicates in 1.5, 1.6, 1.7, 1.8 and the connectives and quantifiers in 1.3.

   1.10. We associate with each action $\mathbf{a}(x_1, \ldots, x_n)$ two formulas $\alpha_{\mathbf{a}}(t, x_1, \ldots, x_n)$ and $\beta_{\mathbf{a}}(t, x_1, \ldots, x_n)$ as defined in 1.9. We assume $\beta_{\mathbf{a}}(t, x_1, \ldots, x_n)$ is atomic as defined in 1.8. The variables in $\alpha_{\mathbf{a}}$ and $\beta_{\mathbf{a}}$

are as indicated. We call $\alpha_\mathbf{a}$ the precondition for $\mathbf{Exec}(t, \mathbf{a}(x_1, \ldots, x_n))$ and $\beta_\mathbf{a}$ the post-condition. Note that $\alpha_\mathbf{a}, \beta_\mathbf{a}$ and $\mathbf{Exec}$ have the same variables $(t, x_1, \ldots, x_n)$.

2. A model $\mathbf{m}$ has the form $\mathbf{m} = (T, <, \mathbb{A}, D, h)$ where $(T, <)$ is a flow of time, say linear flow, $\mathbb{A}$ is the set of actions and D is a domain of elements. $T, \mathbb{A}$ and D are pairwise disjoint. h is an assignment giving to each n-place predicate P a subset $h(P) \subseteq T \times D^n$. For each n-place action $\mathbf{a}(x_1, \ldots, x_n)$ and each $d_1, \ldots, d_n \in D$ and each $t \in T$ we have $h(\mathbf{Exec}(t, \mathbf{a}(d_1, \ldots, d_n))) \in \{0, 1\}$.

The truth value of a wff $\varphi(x_1, \ldots, x_n)$ is defined by induction in the traditional manner.

$$\begin{array}{lll} \mathbf{m} & \vDash & P(t, x_1, \ldots, x_n) \text{ iff } (t, x_1, \ldots, x_n) \in h(P) \\ \mathbf{m} & \vDash & \mathbf{Exec}(t, \mathbf{a}(x_1, \ldots, x_n)) \text{ iff } h(\mathbf{Exec}(t, \mathbf{a}(x_1, \ldots, x_n))) = 1 \\ \mathbf{m} & \vDash & \text{the connectives and quantifiers in the traditional manner} \end{array}$$

We require some integrity constraints to hold, for example

- $\mathbf{m} \vDash \mathbf{Exec}(t, \mathbf{a}(x_1, \ldots, x_n)) \to \alpha_\mathbf{a}(t, x_1, \ldots, x_n) \wedge \beta_\mathbf{a}(t, x_1, \ldots, x_n)$

- $\mathbf{m} \vDash \beta_\mathbf{a}(t, x_1, \ldots, x_n)$ iff $\exists s \le t[\mathbf{m} \vDash \mathbf{Exec}(s, \mathbf{a}(x_1, \ldots, x_n))$ and for all $u, s \le u \le t$ and all $\mathbf{b} \in \mathbb{A}$ such that $\beta_\mathbf{b} = \neg\beta_\mathbf{a}$ we have $\mathbf{m} \nvDash \mathbf{Exec}(u, \mathbf{b}(x_1, \ldots, x_n))$

- Note that the pre-conditions of actions do not change with time. So, for example, if a foreign language is requied for a PhD it is always a requirement.

EXAMPLE 23 (Conditional actions). Now that we have a more exact formalism for actions, let us reconsider the examples of Section 5. Consider Example 13. We have to specify more precisely the pre-conditions and post-conditions of each action.

1. *Action x gives laptop ownership to y.*
   Preconditions:

   - x owns the laptop

   - y is allowed to own the laptop

   - a document is written transferring ownership

   - x and y exist and sign document

Postconditions

- x does not own the laptop
- y owns the laptop
- document exists

2. *Action y hacks into x's laptop undetected.*
   Preconditions:

   - laptop exists
   - y exists

Postconditions:

- y logged onto laptop
- no alarms triggered.

In the Shkop model of the conditional of Example 13, we said that at time 18.30 both agents **m** and **g** go back in time to 18.00 and conclude the deal. The question is which of the pre-conditions of the action of "give laptop ownership" we require to hold at 18.30?

Obviously **m** and **g** need to exist at 18.30.[11] Do we also require that the document exists? What if at 18.15 the document was destroyed? Well, this depends on the legal system. In the Talmud, for example, to have an effective divorce agreement, the document must exist! Another question is do we need the original document, or can a new one be drawn at 18.15 if the original one was destroyed? Obviously we need to specify, when we make a conditional of the form

Action **a** at t if Action **b** at $t + s$

which pre-conditions of Action **a** should hold at $t + s$ before we "jump" back (in the Shkop model).

For this reason we present the pre-conditions of any action **a** as a pair of formulas

$$\mathbb{C}_{\mathbf{a}} = (\alpha_{\mathbf{a}}, \gamma_{\mathbf{a}})$$

Both have to hold in order for the action to be executed. However, $\gamma_{\mathbf{a}}$ is the one that passes on to the future if we make **a** conditional on some future **b**. So for example in the laptop case,

---

[11] Note that in the case that one of them dies exactly at 18.30, this still counts as "existing" at 18.30, for the purpose of the model. This follows from Talmudic rulings in such cases. So, according to Shkop, the Talmud requires them to exist at all moments of time up to but not necessarily including the end time 18.30.

$\alpha_{\mathbf{a}} =$ document signed and exists, x owns the laptop and y allowed to own laptop

and

$\gamma_{\mathbf{a}} =$ x and y exist.

REMARK 24.

1. It stands to reason to say that all pre-conditions of actions **a** are always pure and unconditional. Otherwise we put them as conditionals for **a** itself. So to make it clear, if the ownership of the laptop by **m** is itself conditional on **c**, then **m** can give the laptop to **g** only if he makes the action conditional on the condition **c** as well as any other conditions he may wish to add.

2. We have seen in Examples 10 and 13 that preconditions of actions can be ignored and the results of the illegal action can be used for backwards causality. Also not all the postconditions of the action need to be recorded but only those relevant to the backwards causality. Therefore the facts of interest to our models are

   - whether an action can be executed, legally or not
   - what post conditions are relevant
   - what preconditions can, if not satisfied, block the execution of the action.

3. We can also assume that the "condition" is a state caused by some action. It could be a state of "being married to c" caused by the action of conducting the marriage ceremony, in which case if the woman is already married to a with a different from c, and so the action has no consequence. It could also be the state of "having executed a marraige ceremony with c" in which case the state is achieved by the action, even if the woman is already married to a.

DEFINITION 25 (Linear chain of conditional actions, preliminary version).

1. *Level 0 (no condition) actions*
   These have the form $\mathbf{a}(\mathbb{C}_{\mathbf{a}}, \beta_{\mathbf{a}})$ where $\mathbb{C}_{\mathbf{a}} = (\alpha_{\mathbf{a}}, \gamma_{\mathbf{a}})$ are the pre-conditions and $\beta_{\mathbf{a}}$ is the post-condition. We assume that if **a** is used in conditionalised form then $\alpha_{\mathbf{a}}, \gamma_{\mathbf{a}}$ will be required to hold at different times, as discussed in (2) below.
   Level (1) actions
   These have the form

a at t if **b** at all u such that $t < u \leq s$ and $\varphi(t, s, u)$,
where **a** and **b** are level (0) actions and where t, s are temporal constants $t < s$ and φ a temporal statement about the interval $[t, s]$. We allow for s to be infinity $s = \infty$. For example $\varphi(t, s, u) \equiv (s = u)$ or $\varphi(t, s, u) \equiv (t < u \leq s)$ or $\varphi(t, s, u) \equiv (t < u)$.
Level $(n + 1)$ actions
These have the form
a at t if **b** at all u such that $\varphi(t, s, u)$
where **a** is a level one action and **b** is level $(n + 1)$ action.

The above defines simple linear chains.

2. *General inductive clause*
   The general definition is as follows:

   Let **a** and **b** be any conditional action already defined, then:

   a at t if **b** at all u such that $t < u \leq s$ and $\varphi(t, s, u)$
   is also an action where $t < s$

7   Conclusion

We introduced in this paper the Talmudic Temporal Logic, capable of modelling the Talmudic examples. The logic was motivated and introduced semantically. We are not going to develop its formal properties, proof theory, completeness, its relation to other logics, etc., etc. This is the subject for another, pure logic paper and is not essential for modelling the Talmud.

Note however that Talmudic reasoning does "export" to general logic new ideas about temporal causality.

Some of our examples in this paper dealt with entities defined using the future. These are dealt with in our continuation paper [5]. We shall see that, again, the Talmud exports to general logic a new type of public announcement logic with quantum superposition semantics.

Acknowledgements

We are grateful to A. Avron and N. Dershowitz for critical comments.

BIBLIOGRAPHY

[1] Dov Gabbay. The declarative past and imperative future: executable temporal logic for the interactive systems. In *Proc. Temporal Logic in Specification, LNCS 398*, pp. 409–448, Springer-Verlag, 1987.

[2] D. M. Gabbay *et al. Temporal Logic: Mathematical Foundations and Computational Aspects, Volume 1*, Oxford University Press, 1994.

[3] D. M. Gabbay *et al. Temporal Logic: Mathematical Foundations and Computational Aspects, Volume 2*, Oxford University Press, 2000.

[4] M. Abraham, D. Gabbay and U. Schild. *Talmudic Temporal Logic*. College Publications, 2011.

[5] M. Abraham, D. Gabbay and U. Schild. *Future Oriented Determination of Ethics in Talmudic Logic*.

[6] J. Broersen, A. Herzig and N. Troquard. From coalition logic to STIT. *Electronic Notes in Theoretical Computer Science*, 157, 23–35, 2006.

[7] M. Abraham, D. Gabbay and U. Schild. Obligations and prohibitions in Talmudic deontic logic. In *DEON 2010, LNAI 6181*, G. Governatori and G. Sartor, eds., pp. 166–178, 2010.

[8] M. Abraham, D. Gabbay and U. Schild. Obligations and prohibitions in Talmudic deontic logic. Expanded Journal version of [7]. To appear in *Journal of AI and Law*, special issue DEON 2010, 2011.

Future Oriented Determination of Entities in Talmudic Logic[0]

M. ABRAHAM, I. BELFER, D. M.GABBAY AND U. SCHILD

ABSTRACT. Ordinary dynamic action logics deal with states and actions upon states. The actions can be deterministic or non-deterministic, but it is always assumed that the possible results of the actions are clear cut.

Talmudic logic deals with actions (usually legally meaningful actions which can change the legal status of an entity) which may be not clear cut and need clarifications.

The clarification is modelled by public announcement which comes at a later time after the action has taken place.

The model is further complicated by the need to know what is the status of formulas at a time before the results of the action is clarified, as we do not know at which state we are in. Talmudic logic treats such states much like the quantum superposition of states and when clarification is available we get a collapse onto a pure state.

The Talmudic lack of clarity of actions arises from applying an action to entities defined using the future, like the statement of a dying man on his death bed:

Let the man who will win the jackpot in the lottery next week be the sole heir in my will now

We need to wait a week for the situation to clarify.

There is also the problem of legal backwards causality, as this man, if indeed he exists, unaware of his possible good fortune, may have himself meanwhile donated all his property to a charity. Does his donation include this unknown inheritance?

This paper will offer a model and a logic which can represent faithully the Talmudic reasoning in these matters.

We shall also see that we get new types of public announcement and quantum action logics.

[0]This paper is a continuation of our paper [1].

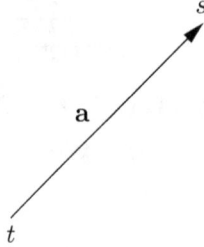

Figure 1.

1   Introduction

The Talmudic logic we are going to construct is comprised of several components, some known to us already and some are new. The Talmudic system is then used to model certain aspects of reasoning in the Talmud.

The fragments of the logics we are going to use to combine and construct our final Talmudic logic system are as follows:

1. Some aspects of modal **K** action logic.

2. Some aspects of public announcement logic.

3. Some aspects of the logic of time.

4. Some aspects of quantum superposition and collapse.

We begin by explaining the effects of these components.

Imagine a modal S5 logic of the form $(S, t)^1$, where S is the set of possible worlds and $t \in S$ is the actual world. Suppose we perform an action **a** in the world t which moves us from the world t to the world s where s is the world where the post condition of the action holds. Schematically we have Figure 1.

The model after the action is (S, s). To be specific, consider a model $\mathbf{m}_t$ with three element domain $D = \{a, b, c\}$ and a unary predicate $\lambda x P(x)$. Assume that

$$\mathbf{m}_t \models \neg P(a) \wedge \neg P(b) \wedge \neg P(c).$$

The action **a** is to make P hold for exactly one of the elements.

---

[1]We use the letter "t" for the actual world, even though it is usually reserved for time points. In our intended models (after actions are clarified) time is linear and discrete and time points are the results of the application of linear sequences of actions, and so the worlds are the times. See Definition 14

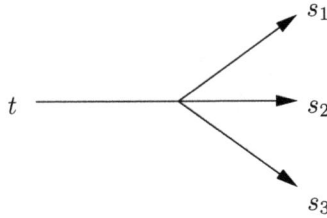

Figure 2.

So if we describe the action **a** as

$$\text{execute “}\exists! x P(x)\text{”}$$

then it is non-deterministic and can have three outcomes:

$$\begin{aligned} s_1 &\models P(a) \wedge \neg P(b) \wedge \neg P(c) \\ s_2 &\models \neg P(a) \wedge P(b) \wedge \neg P(c) \\ s_3 &\models \neg P(a) \wedge \neg P(b) \wedge P(c) \end{aligned}$$

If we must have perfect clarity we must execute one of the options above, i.e.

either execute "$P(a)$"
or execute "$P(b)$"
or execute "$P(c)$"

So far we have a very simple action logic, where actions **a** performed in one world t take us to a clear cut unique world **s**.

Let us now complicate the situation. Suppose the action was done in such a way that it is not clear whether the result is world s_1 or s_2 or s_3. We represent this situation in Figure 2.[2]

We are not necessarily saying that the action is non-deterministic and allows for several possible outcomes (with some probability) as they do in Agent Theory and Dynamic Logic. We are thinking that perhaps it wasn't

[2]Let us be more specific here. Suppose I ask my agent, (from Mrs Renton matrimonial services) to go and arrange for my engagement to one of the three candidates $\{a, b, c\}$. I leave it to my agent to decide who is most suitable. The interview is scheduled for Monday. In this case one of them is engaged to me on Monday, though I may not know which one it is until the following Friday. Another possible scenario is that I give my agent a ring and ask him to arrange for my engagement to one of $\{a, b, c\}$ on Monday. The agent gives the ring to all three of them and says he will inform them later which one he chooses. In this case on Monday one of them is engaged but for each one of $\{a, b, c\}$ we cannot say she is engaged.

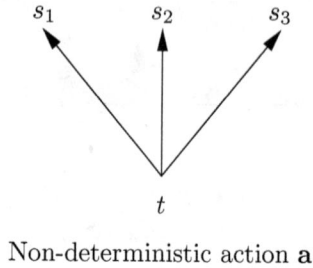

Non-deterministic action **a**

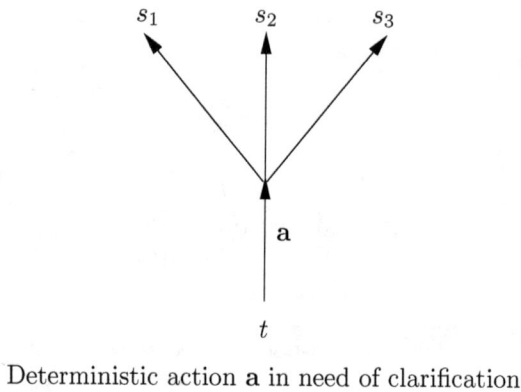

Deterministic action **a** in need of clarification

Figure 3.

clear exactly what happened or that the action was interrupted or any other reason for us to have to wait until the matter clarifies.

This is why we use special notation, see Figure 3.

So we expect a clarification, a public announcement, telling us where we are.

Figure 4 describes the situation all in terms of public announcement.

In Figure 4, the arrows are schematic, they do not take time. In the Talmud, the models are temporal and the arrows take time. Figure 5 shows what happens in time in the Talmud.

To make the example real, suppose an American billionaire is an admirer of three football players, a, b and c. He writes a will at time 1 leaving one of them exactly as his sole heir. In ten days time they are all going to play in a football match. The one who scores most goals is the heir. If two or three score the same number of goals a lottery is used to choose the heir. There is some lack of clarity in the will which clarifies at time 10.

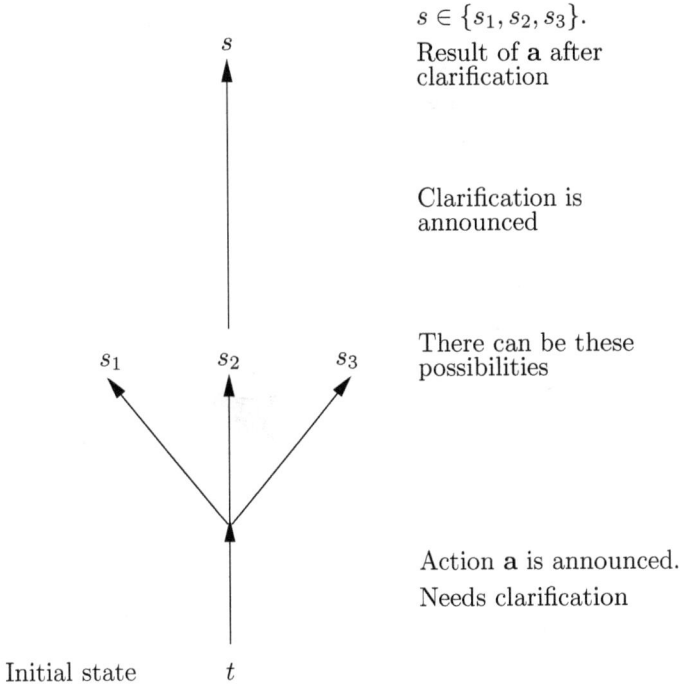

$s \in \{s_1, s_2, s_3\}$.
Result of **a** after clarification
s
Clarification is announced
There can be these possibilities
s_1
s_2
s_3
Action **a** is announced.
Needs clarification
t

Figure 4.

In this case our predicate is $P(x) =$ "x is the sole heir".

So the clarification takes time and it is at this point that the temporal aspect comes in.

We need to address the following problems.

1. Analyse the nature of the (Talmudic) action which can give rise to the lack of clarity at time 1.

   1.1 Identify parameters in the action which cause the lack of clarity.

   1.2 Determine what are the possible results of this lack of clarity.

   By possible results we mean that if action **a** is applied to model $\mathbf{m}_t$ and action **a** has component α causing lack of clarity, what is the list of possible models $\mathbf{m}^{\alpha}_{s_1}, \ldots, \mathbf{m}^{\alpha}_{s_n}$ which can result.

   We await clarificiation as to which $\mathbf{m}^{\alpha}_{s_i}$ does result. Note that in Figure 5 the possible results of action **a** on $\mathbf{m}_0$ are $\mathbf{m}_1$ or $\mathbf{m}_2$ or $\mathbf{m}_3$. These are all classical models. The Talmud allows (because

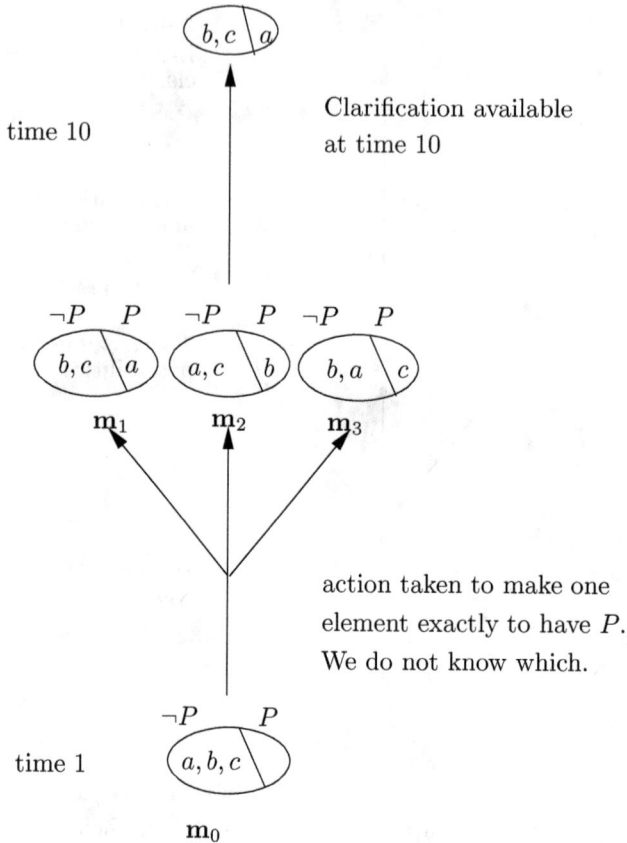

Figure 5.

of the lack of clarity) additional models which are some sort of quantum superposition models,[3] which are different from the

___

[3]It should be noted that the quantum superposition is itself the model here — and not a logicized form of quantum mechanics as attempted in some forms of "quantum logic". For a survey of attempts at conveying the logical form of a quantum-mechanical state (physical, mathematical) or logicize vagueness and fuzzyness, C.f Maria Luisa Dalla Chiara, Roberto Giuntini and Miklos Redei, "The History of Quantum Logic", *Handbook of the History of Logic. Volume 8* (Editors) Dov M. Gabbay and John Woods, Elsevier 2007, pp. 205-283. The Superposition principle is what makes the Hilbert spaces and their subsets into (quantum mechanically) more than classical (p. 207). Quantum mechanics deals with different sorts of fuzziness, the "sharp kind" —— where "events are sharp, while all semantic uncertainties are due to the logical incompleteness of the individual concepts, that correspond to pure states of quantum objects." (such as determination of

classical models. So we will have to define some new Talmudic models of our logic.

1.3 We ask: can the situation be clarified? Do we treat these "unclear" actions as a new type of actions, and a new type of action logic?

Furthermore, if we have new superposition models, how does the old action **a** apply to the new model?

2. Once we have clarity at time 10, do we apply it backwards from time 1?

If not, what is the status (where are we? at which world? at which model?) at times 2 to 9?

We can see that we need to develop at least 3 new logics, maybe 4 logics.

(a) A modal public announcement logic where the identity of the actual world has several options and the public announcement narrows down these options or moves the actual world to a new set of options.

(b) A temporal logic where one can move from time t to time $t+1$ by taking an action.

(c) A combination of the two models where the need for public announcement logic arises from lack of clarity in the action at time t which is clarified by public announcement at a future time.

(d) A new type of classical Talmudic logic.

We can tell you now that in the Talmud the lack of clarity in actions comes from using the future to identify the elements to which the action is applied. So we need a Talmudic theory of individual objects.

Thus Talmudic law has inherent situations of vagueness and under-determination, emerging from a role a contingent future plays in the very definition of Halakhic states.[4]

Hamlet's height — p. 245) and an "unsharp" vagueness where the predicate itself is not well defined (the honor of Brutus).

[4]Within deliberations of the jurisprudential system of Halacha, Halakhic State may refer to a state of affairs in a civil, economic (*Mamonot*) or criminal law (*Nefashot*). It can also denote an evoked condition of ritual impurity(*Tumah*) or the status of a sacrificial animal (*Korban*), agronomical produce with an intermediary status between personal and consecrated property (*Trumot U'Maasrot*). All of these realms of Halacha and more have a possibility-spectrum within them, and the Halakhic state is normally the result of human action taken, or an evolved physical situation, with a predefined Halakhic meaning

(e) We need a model of backwards causality, as the future identifi-
cation of such entitites has influence into the past, see [1].

So our logic will have four components put together as required by the
Talmud.

We shall see further that the Talmud puts in some significant twists!

EXAMPLE 1 (Bookstore). John calls a bookstore and buys a book. He
tells the owner I want to give one of these three translations of the Bible as
a Bar-Mizva present to my nephew. I don't care which one, maybe b_1, b_2 or
b_3. Here is my Visa number, you choose the book and wrap it up nicely.

Scenario 1

The bookshop puts aside copy b_1 to be posted to John. In this case $\text{Sold}(b_1)$
holds.

Scenario 2

The bookshop does not put a copy aside. Next day someone comes to the
shop personally and buys a copy. He is given b_1. Again some other guy
buys another copy, he is given b_2. At this moment, copy b_3 is the copy that
was sold to John. So according to this scenario, at the beginning, we have
that a book was sold to John but not any specific book b_i, we cannot say
that b_i was the book which was sold to John.

Now the situation can get more complicated legally. Suppose the shop
is burnt down. The owner claims from the insurance the value of the three
books. According to Scenario 1, the insurance company might say that book
b_1 belongs to John and he should claim from his own insurance. According
to Scenario 2, we may take a different view.

We can turn this problem round.

Suppose one book is damaged. Can the bookstore sell the other two
books for immediate cash and tell John "Sorry, your book was damaged,
please wait for a replcement"?

The story can be significantly changed if John buys shares in the shop.
The shop has the only three surviving copies of the original first print of
the Bible. In this case, he owns part of every book, or perhaps one of the
books, without clear specification which one.

Talmudic law deals with such temporal legal complicated scenarios and
to model such scenarios, we need a temporal logic with what we call the

---

attached to them. In short — a Halakhic state denotes the definition, the status of an
object, person or occurrence in accordance with Halacha as it pertains to personal, public,
secular and religious laws (all falling under different purviews of Halakha). A popular
term in the modern Yeshiva (the Brisk-Yeshiva style of learning), is Chalut, sometimes
pronounced *Chalus* or *Chalos* — literally "aplication", short for "application of a law".

Talmudic classical models and Talmudic public announcement logic.

Summary

The situation in Figure 4 arises in the Talmud when an action is taken relating to an individual x whose identity is determined at a future time. Therefore

1. Start with a model t

2. Action **a** is performed on the x such that $\varphi(x)$ is true in the future.

3. Therefore action **a** is not completely clear. We need to wait until the identity of x is revealed in time. The possibilities are s_1, s_2, s_3.

4. This is the clarification we are waiting for. We are, of course, in difficulty in the interim period until the clarification is revealed. We stress again that the action takes place at time t with the intention that its effect takes place immediately at t. The action needs to be clarified so we wait. When clarified, we still want the result of the action to take place at the original time t!

5. When the identity is revealed, we find ourselves in some further difficulty, to be explained later.

2 Talmudic classical models and Talmudic public announcement frames

We saw in the previous section that there can be a lack of clarity about the result of applying an action to a classical model. We presented schematically this lack of clarity in Figure 5.

Classical model theory can handle the fine distinctions required by Figure 5.

Our starting model is model $\mathbf{m}_0$ in Figure 5 and after action **a** we move to a triple option

$$\{\mathbf{m}_1, \mathbf{m}_2, \mathbf{m}_3\}.$$

Thus we can say that an extended classical model is a set of several classical models, i.e. an S5 modal model.

The Talmud looks at additional options for a model, call it a "Quantum" model $\mathbf{m}_4^Q$, where the predicate P is spread over the vector element (a, b, c). So in this model we have

$(*)$ $\qquad\qquad \neg P(a) \wedge \neg P(b) \wedge \neg P(c) \wedge P(a, b, c)^5$

---

[5]The predicate P is one place, the vector element (a, b, c) is a single element, so we

We say "Quantum" because this possibility is actually identical to the quantum superposition idea.

We therefore need to do two things:

1. increase our stock of basic models;

2. Specify how our old actions apply to the new models of (1).

Let us allow for products of models.

Consider a model

$$\mathbf{n} = \mathbf{m}_1 \times \mathbf{m}_2 \times \mathbf{m}_3.$$

The elements of $\mathbf{n}$ are vectors (x, y, z), x from $\mathbf{m}_1, y \in \mathbf{m}_2$ and $z \in \mathbf{m}_3$. We identify the old elements a, b, c as the diagonal (pure state) vectors

$$\begin{aligned} \bar{a} &= (a, a, a) \\ \bar{b} &= (b, b, b) \\ \bar{c} &= (c, c, c) \end{aligned}$$

take the element

$$\bar{x} = (x_1, x_2, x_3)$$

Let $\|\mathbf{n}\|_i = \mathbf{m}_i$, the ith component of $\mathbf{n}$. Similalry $\|\bar{x}\|_i = x_i$. We can define

$$\mathbf{n} \vDash P(\bar{x}) \text{ iff for all } i \text{ we have } \|\mathbf{n}\}_i \vDash \|x\|_i.$$

So, for example, we have

$$\mathbf{m}_1 \times \mathbf{m}_2 \times \mathbf{m}_3 \vDash P(a, b, c)$$

but

$$\mathbf{m}_1 \times \mathbf{m}_2 \times \mathbf{m}_3 \vDash \neg P(a, a, a) \wedge \neg P(b, b, b) \wedge \neg P(c, c, c).$$

This is an "implementation" of (*) above.

Note that the product is ordered. a is chosen from $\mathbf{m}_1$, b from $\mathbf{m}_2$ and c from $\mathbf{m}_3$, i.e. each x is chosen from the model where $P(x)$ is made true.

We can now replace Figure 5 by Figure 6.[6]

We can therefore give the following definition:

DEFINITION 2 (Talmudic classical models).

---

should write

$$P((a, b, c)).$$

We abuse notation and write

$$P(a, b, c).$$

[6]Note that according to Remark 11 below, we shall take $\mathbf{m}_0$ here and not $\mathbf{n}_0$ as in this figure. The two are equivalent.

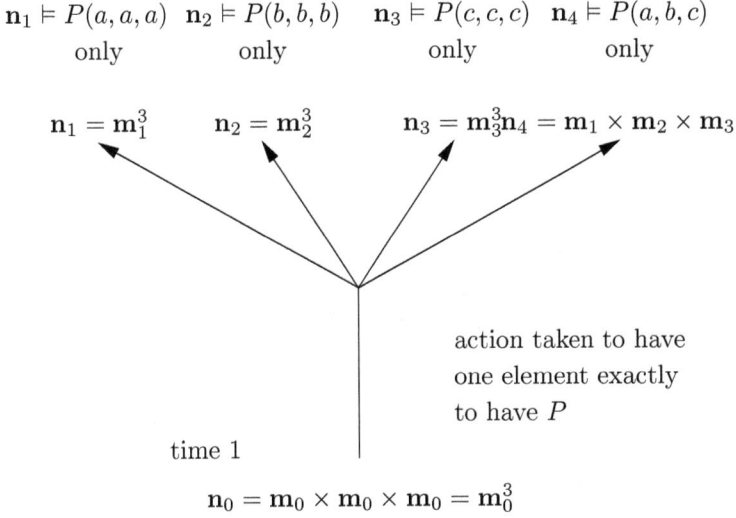

$$\mathbf{n}_1 \vDash P(a,a,a) \quad \mathbf{n}_2 \vDash P(b,b,b) \quad \mathbf{n}_3 \vDash P(c,c,c) \quad \mathbf{n}_4 \vDash P(a,b,c)$$

$$\text{only} \qquad\qquad \text{only} \qquad\qquad \text{only} \qquad\qquad \text{only}$$

$$\mathbf{n}_1 = \mathbf{m}_1^3 \qquad \mathbf{n}_2 = \mathbf{m}_2^3 \qquad\qquad \mathbf{n}_3 = \mathbf{m}_3^3 \mathbf{n}_4 = \mathbf{m}_1 \times \mathbf{m}_2 \times \mathbf{m}_3$$

action taken to have
one element exactly
to have P

time 1

$$\mathbf{n}_0 = \mathbf{m}_0 \times \mathbf{m}_0 \times \mathbf{m}_0 = \mathbf{m}_0^3$$

Figure 6.

1. Let $\mathbf{m}_i$ be a classical model over the same domain D for the same language $\mathbf{L}$.

2. A basic Talmudic model for $\mathbf{L}$ is any product $\mathbf{n} = \prod_{i=1}^{n} \mathbf{m}_i$ over the domain D^n. Define satisfaction by

$$\mathbf{n} \vDash \varphi(\bar{x}) \text{ iff for all } i\ \mathbf{m}_i \vDash \varphi(x_i), \text{ where } \bar{x} = (x_1, \ldots, x_m).$$

An ordinary classical model $\mathbf{m}$ over domain D can be identified with any $\mathbf{m}^n$ over D^n with $a \in D$ identified with $\bar{a} = (a, \ldots, a) \in D^n$.

DEFINITION 3 (Talmudic $\mathbf{K}$ frame). A Talmudic $\mathbf{K}$ frame has the form $(S, \mathcal{R}, \mathbb{P})$ where

1. $S \neq \varnothing$ is a set of possible worlds

2. $\mathcal{R}$ is a multi-valued accessibility relation of the form $x\mathcal{R}\{x_1, \ldots, x_n\}$, reading: one of x_i is accessible to x but we do not know which one and we await a public announcement clarification.

   Thus $\mathcal{R} \subseteq S \times S^*$ where S^* is the set of all finite subsets of S.

3. $\mathbb{P}$ is a set of public announcements of the form

$$\alpha = (x, \{x_1, \ldots, x_n\}, y), y \in \{x_1, \ldots, x_n\}$$

where

$$(x, \{x_1, \ldots, x_n\}) \in \mathcal{R}$$

reading:

I hereby announce that y is the element accessible to x.

Given α, let $\|\alpha\|$ be $(x, \{x_1, \ldots, x_n\})$.

The above is a deterministic public announcement, because it chooses exactly one $y \in \{x_1, \ldots, x_n\}$. The public announcement can be non-deterministic if it chooses a subset Y of $\{x_1, \ldots, x_n\}$. It therefore has the form $\alpha = (x, \{x_1, \ldots, x_n\}, Y)$, Y is a subset of $\{x_1, \ldots, x_n\}$. We allow Y to be empty.

4. For a given α and $\mathcal{R}$, let $\mathcal{R}_\alpha$ be

$$\mathcal{R}_\alpha = (\mathcal{R} - \|\alpha\|) \cup \{(x, Y)\}$$

where $\alpha = (x, \{x_1, \ldots, x_n\}, Y)$.

5. Let $\bar{t} = (t_1, \ldots, t_n)$ be a sequence of points in S. We define by induction the notion of $\bar{t}$ being a legitimate sequence from t_1 to t_n.

   5.1. (t_1, t_2) is a legitimate sequence if for some $T_2 \subseteq S$ we have $(t_1, T_2) \in \mathcal{R}$ and $t_2 \in T_2$.

   5.2. $(t_1, \ldots, t_{n+1})$ is a legitimate sequence if (t_1, t_2) and $(t_2, \ldots, t_{n+1})$ are legitimate.

6. A legitimate sequence $(t_1, \ldots, t_m)$ is said to be *clarified* if $(t_i, \{t_{i+1}\}) \in \mathcal{R}$, for $i = 1, \ldots, n - 1$.

7. Let $\alpha_1, \ldots, \alpha_k$ be public anouncment from $\mathbb{P}$. Let $\bar{t} = (t_1, \ldots, t_n)$ be a legitimate sequence from t_1 to t_n. We say that $\alpha_1, \ldots, \alpha_k$ clarify $\bar{t}$ if $\bar{t}$ is clarified in $\mathcal{R}_{\alpha_1, \ldots, \alpha_n}$.

DEFINITION 4 (Talmudic **K** models). We can derive Talmudic **K** models from Talmudic **K** frames of Definition 3 as follows:

1. Let the set of possible worlds S^* be the set of all legitimate sequences of the frame.

2. Let the accessibility relation R^*, which is dependent on $\mathcal{R}$, be defined by $\bar{t} R_{\mathcal{R}}^* \bar{t}'$ iff for some s in S we have $\bar{t} = (t_1, \ldots, t_n)$ and $\bar{t} = (t_1, \ldots, t_n, s)$.

3. Let h be an assignment to the atoms and let $[N]$ be a necessity operator and A a formula.

   Define
   $[N]A$ holds at x in (S^*, R^*) iff for all y such that $xR^*_{\mathcal{R}}y$, we have that A holds at y.

4. Let $\alpha = (x, \{x_1, \ldots, x_n\}, Y)$ be a public announcement, define
   $[\alpha]A$ holds in (S^*, R^*) at x iff [(If x is a legitimate sequence in (S, R_α) then A holds at x in $(S^*, R^*_{(\mathcal{R}_\alpha)})$.

REMARK 5. Note that Definition 4 is not adequate for the purpose of modelling Talmudic behaviour. The problem is with clause 4. Suppose we have a legitimate sequence $\bar{t} = (t_1, \ldots, t_n)$ and assume that t_2 is taken from the set $T_2 = \{t_2, s\}$ such that $(t_1, T_2) \in \mathcal{R}$. Further suppose that it is clarified that the correct new state after t_1 should be s. Clause 4 does not apply to this public announcement because $\bar{t}$ *is no longer a legitimate sequence. So we do not have a semantics for this case.*

We must provide a new legitimate sequence to replace $\bar{t}$.

So what is this new legitimate sequence?

The answer is not clear because we cannot say the obvious, namely that it is $\bar{t}' = (t_1, s, t_3, \ldots, t_n)$, because this $\bar{t}'$ may not be a legitimate sequence.

Since a legitimate sequence indicates a possible world where we are at a certain time, then if the public announcement clarification literally cancels that sequence, we need to know where we are going to be after the announcement!

This question still needs still to be addressed. We shall do this in Section 4 leading to Definition 14 and we shall further give full discussion and comparison in Section 5

REMARK 6. We quickly compare our Talmudic public announcement models frames with the traditional one. See [2, Chapter 4]. A more detailed comparison and discussion is done in Section 5.

1. Traditional public announcement logic operates as follows. We have a modal **K** model (S, R, t) and we are at node t. We announce a wff φ such that $t \vDash \varphi$. We move to the new model $(S_\varphi = \{s | s \vDash \varphi\}, R, t)$.[7]

2. Talmudic public announcment logic we have $(S, \mathcal{R}, t)$. We announce α and we move to $(S, \mathcal{R}_\alpha, t)$.

3. In traditional (say constant domains) public announcement logics the models $\mathbf{m}_t$ associated with t are classical models.

---

[7] If φ is announced and it is not true at t then we do nothing.

4. In Talmudic public announcement logic the models $\mathbf{n}_t$ associated with t are products, as in Definition 2.

Furthermore, the assignment is not arbitrary but respects the geometry of $(S, \mathcal{R})$ the details of what this means to be defined later.

DEFINITION 7.

1. Let $(S, \mathcal{R}, \mathbb{P})$ be a deterministic Talmudic **K** frame. A subset $\mathbb{P}_0 \subseteq \mathbb{P}$ is said to be consistent if for no $\alpha, \beta \in \mathbb{P}_0$ do we have

$$\alpha = \{x, \{x_1, \ldots, x_n\}, y) \text{ and}$$
$$\beta = (x, \{x_1, \ldots, x_n\}, z\} \text{ and } y \neq z.$$

2. Let $\mathbb{P}_0$ be consistent, then define $\mathcal{R}_{\mathbb{P}_0}$ to be

$$\mathcal{R}_{\mathbb{P}_0} = \mathcal{R} - \{\|\alpha\| \mid \alpha \in \mathbb{P}_0\} \cup \{(x, y) \mid (x, \{x_1, \ldots, x_n\}, y) \in \mathbb{P}_0\}.$$

Note that in the above we abuse notation and identify (x, y) with $(x, \{y\})$.

3. $\mathbb{P}$ is said to be a properly clarifying set iff for every maximal consistent subset $\mathbb{P}' \subseteq \mathbb{P}$ we have that $\mathcal{R}_{\mathbb{P}'}$ is a binary relation

$$\mathcal{R}_{\mathbb{P}'} \subseteq S \times S.$$

3 Introducing Talmudic temporal public announcement logic

We now introduce time into our models. Our concept of time is discrete and time ticks discretely as we move from one state to another by executing some action. So Figure 7 is a classic discrete flow of time

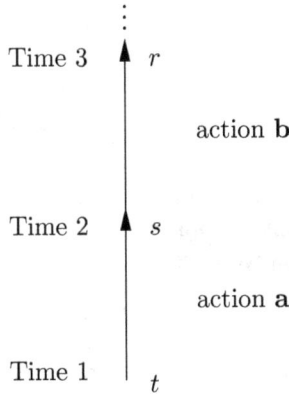

Figure 7.

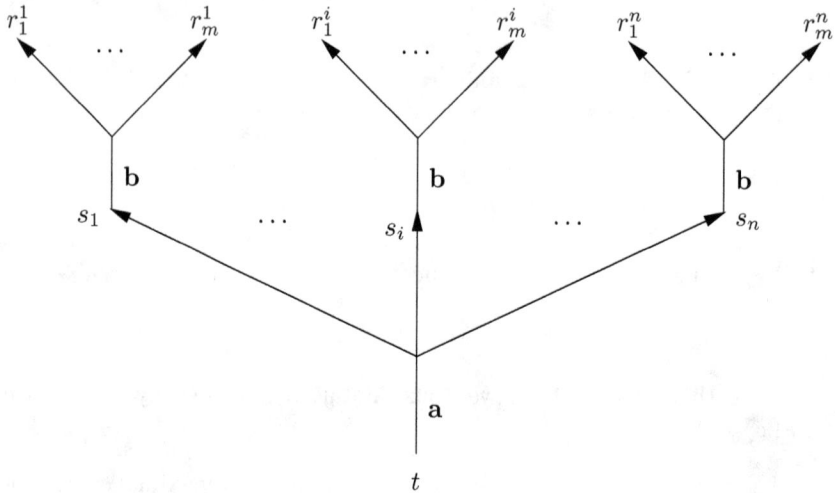

Figure 8.

The problem arises when the actions involve the need for clarification. Then we get Figure 8.

Note that in Figure 8 we move from t to s by executing action **a**. Now because of lack of clarity about action **a**, we might end up at states $s_1, \ldots, s_n$. We now apply action **b**. We therefore must apply **b** to each of the states $s_1, \ldots, s_n$. We thus get the possible states $r_1^i, \ldots, r_m^i$. Note that the same action **b** is applied to each option $s_1, \ldots, s_n$ and that the resulting split is to m options for each s_i (i.e. m depends on **b** only and not on i). This is a design assumption motivated by the Talmud and not by any technical reason!

Also note that our system must tell us how to apply **b** to cases where the models at state s_i are new superposition models.

EXAMPLE 8 (How to apply actions to superposition models). Let us go and take another look at Figure 6. Suppose we have another predicate $\lambda x P_1(x)$, which we want to apply to one of the elements in $\{a, b, c\}$. Suppose in the initial model $\mathbf{m}_0$ we have

$$\neg P_1(a) \wedge \neg P_1(b) \wedge \neg P_1(c).$$

We can easily apply first say $P(a)$ and then go on and apply say $P_1(b)$. The result is the model with

$$\neg P_1(a) \wedge P_1(b) \wedge \neg P_1(c) \wedge P(a) \wedge \neg P(b) \wedge \neg P(c).$$

Now if the P-application is not clear, then we get the four options of Figure 6. We now want to apply the $P_1(b)$ action. Since we have four optional models $\mathbf{n}_1, \mathbf{n}_2, \mathbf{n}_3$ and $\mathbf{n}_4$, we will have to say that we apply $P_1(b)$ to each one of them. What we do in the case of $\mathbf{n}_1$–$\mathbf{n}_3$ is clear. We apply $P_1(b, b, b)$ to each. But what do we do in the case of $\mathbf{n}_4$? Well, you may think what is the problem? In $\mathbf{n}_4$ let us apply $\mathbf{b}$ and have

$$P(a, b, c) \wedge P_1(b, b, b).$$

This formulation might be sufficient, but now suppose that we have the integrity constraint

(IC) $\neg \exists x [P(x) \wedge P_1(x)]$.

Now in this case we cannot apply $P_1(b, b, b)$ to $\mathbf{n}_2$. But can we apply it to $\mathbf{n}_4$?

Does $P(a, b, c) \wedge P_1(b, b, b)$ violate the integrity constraint?

We can say no, (a, b, c) and (b, b, b) are not the same x or we can say that the property P is superimposed also on b in (a, b, c) and therefore we adopt the view that we cannot apply $P_1(b)$.

The Talmud will choose the option depending on the meaning of P and P_1.

We can say do not apply $P_1(b)$. We can also say apply $P_1(b)$ and retract if the clarificiation for P chooses $P(b)$.

We shall see how the Talmud deals with these cases in a later section.

Our formalism must be able to deal with these options.

DEFINITION 9. Let $(S, \mathcal{R}, \mathbb{P}, t)$ be a model

1. The model is said to be discrete linear if for any $s \in S$ ther exists a unique $T \subseteq S$ such that $(s, T) \in \mathcal{R}$.

2. t is said to be a root point (starting point) if for every $s \in S$, there exists a unique legitimate chain from t to s.

3. The model is potentially linear if for every maximal consistent $\mathbb{P}' \subseteq \mathbb{P}$, $\mathcal{R}_{\mathbb{P}'}$ is a discrete linear chain with t as its first element.

DEFINITION 10 (Embedding of Talmudic models). Let $\mathbf{n}$ be a classical Talmudic model of the form $\mathbf{n} = \prod_{i=1}^{r} \mathbf{m}_i$, where each $\mathbf{m}_i$ is an ordinary classical model for the same language based on the same domain D.

Let $\mathbf{n}_1, \dots, \mathbf{n}_k$ be k such models, i.e. $\mathbf{n}_j = \prod_{i=1}^{r} \mathbf{m}_i^j$, where each $\mathbf{m}_i^j$ is a classical model based on the same domain D. Note the "r" is fixed for all models. We define the diagonal embedding of $\mathbf{n}$ into $\mathbf{n}^* = \prod_{j=1}^{k} \mathbf{n}_j$.

1. Each element $\bar{a}$ in the domain of $\mathbf{n}$ is mapped onto $(\bar{a}, \ldots, \bar{a})$ in $\mathbf{n}^*$.

    We also have $\mathbf{n}^* \vDash \varphi(\bar{x})$ iff for each $j, \mathbf{n}_j \vDash \varphi(\|\bar{x}_j\|)$.

REMARK 11. Consider again Figure 6. In this figure $\mathbf{n}_0 = \mathbf{m}_0^3$ is embedded into $\mathbf{n}_1, \ldots, \mathbf{n}_4$. If we were to conform to what is suggested in Definition 10, we would take $\mathbf{m}_0$ in the figure and not $\mathbf{m}_0^3$. This simplifies the presentation and complexity of our models. Note that $\mathbf{m}_0$ and $\mathbf{m}_0^3$ are basically the same model since satisfaction is achieved coordinatewise!

DEFINITION 12 (Connection between models). Assume $(x, \{x_1, \ldots, x_n\}) \in \mathcal{R}$ and assume $\mathbf{m}_x^0$ is a Talmudic classical model associated with x. Let D_x be its domain. We now say what models we associate with $x_1, \ldots, x_n$. We need to assume an action $\mathbf{a}$ which when applied to $\mathbf{m}_x$ yields k possible outcomes

$$\mathbf{m}_x^1, \ldots, \mathbf{m}_x^k.$$

Let $\mathbf{n}$ be any product

$$\mathbf{n} = \prod_{j=1}^{k} \mathbf{n}_i$$

where $\mathbf{n}_i \in \{\mathbf{m}_x^1, \ldots, \mathbf{m}_x^k\}$ and let $z \in \{x_1, \ldots, x_n\}$.

Then we can take the model $\mathbf{n}$ to be the model at z, i.e. $\mathbf{m}_z = \mathrm{def}.\mathbf{n}$.

Clearly we can embed $\mathbf{m}_x$ into $\mathbf{m}_z$ as in Definition 10.

EXAMPLE 13 (Talmudic views). We are now ready to list the Talmudic opinions about the situation in Figures 5 and 6. Think of the action as legally endowing entity x with the legal status $\lambda x P(x)$. The action was not clear and the available options for clarification are $\mathbf{n}_1, \ldots, \mathbf{n}_4$.

The simplest story we can give is that we want to confer status P now at time 1 on the x such that $x \in \{a, b, c\}$ and x wins the race to take place at time 7.

Obviously we need to wait for time 7 to clarify the situation. Meanwhile, the following can happen:

1. Nothing happens at time 7.

2. a wins at time 7.

3. b wins at time 7.

4. c wins at time 7.

5. a dies at time 2.

6. a and b die before time 5.

Obviously from the logical point of view we get lack of clarity[8] because we define at time $t = 1$ an entity using the Iota $ix\varphi(x)$, where φ is a predicate dependent on time 7.

Formally we have

$$(\sharp) \qquad [y \in \{a, b, c\} \wedge [y = ix\varphi(7, x)] \rightarrow P(1, y)$$

The question is: Do we accept such definitions?

These are called *Breira* (*choice*)[9] in the Talmud.

We have the following Talmudic positions

1. We do not accept such definitions. Nothing happens. Reject i.e., making such a conditional proposition is not logically coherent and carries no sense.

2. We do not accept such definitions but nevertheless something does happen. We move to the quantum model $\mathbf{n}_4$ *immediately* from time 2, and even at time 7 if a specific y is found, we still remain with model $\mathbf{n}_4$.

   Of course, if say c dies at time 2 then from time 3 the superposition may be on $\{a, b\}$ only, but not necessarily. For example if it is not clarified to which of $\{a, b, c\}$ I am married, then if c dies then I may be considered a widower, so the superposition (a, b, c) still continues. In the case of the book shop with the three books, it is possible that one book is burnt and destroyed and nevertheless it is the one which was sold. So legally it is still there for insurance claims etc. In fact, in legal and every day life elements never die, we still talk about them. In the UK it is possible for parents to register their unborn child to Beavers (the youngest age group in the Scouting movement) on the expectation of the child's coming existence.

---

[8]This problematic feature of future indeterminates has been recognised in classical aristotelian logic and was treated along the lines of binary truth values that apply to all times. cf: J.L. Ackrill (Translator), Aristotle's Categories and De Interpretatione, Oxford University Press, London 1963. In pp. 140-142 the different explanations for the status of the predicate of a future (and later past) event in Aristotelian logic.

[9]Breira (literaly 'determination'/'resolution') is an underdetermined or uniquely future-oriented choice defining a Halakhic state, that differs from a regular condition (Tenai). Breira is chiefly discussed in Trachtate Gittin 25a, 74a concerning divorce law, and Trachtate Eruvin 37b regarding definitions of extended 'personal space' in holidays (allowing for motion beyond the default degrees of freedom). A more involved case appears in Trachtate beitza 10a, in the context of deciding on a specific fowl for the holiday feast. For a treatment of classic logical attributes of Breira, cf: Hirsch, Eli. "Rashi's view of the Open Future: Indeterminateness and Bivalence", in Oxford Studies in Metaphysics (Oxford University Press, 2006).

To be quite clear, this position says that even when there is clarity at time 7 that $P(a)$ should hold, we still stick with the quantum superposition $P(a, b, c)$. So if at time 8 we want to execute $P_1(b)$, with the constraints

$$\neg\exists x(P(x) \wedge P_1(x))$$

we still reject the action because the superposition on b remains. See Example 8.

3. We do accept such definitions. We wait for time 7 for clarification to find the y (if it exists) and $P(y)$ holds from time 1.

4. We accept the definition, however the clarification is effective only from time 7. At the intermediate times, times 2–6, the model is the quantum superposition model $\mathbf{n}_4$. Again if c dies the superposition is reduced. Even after time 7 when we look back and ask what model was at time 2? We will say $\mathbf{n}_4$.

5. We accept the definition and the clarification is backward causal, i.e. once clarified it investigates a Halakhic state that starts from time 1.

What is the difference between (3) and (5)?

Suppose at time 6 we cancel the practice of conferring $\lambda x P(x)$ on people. According to (3), y already got $P(y)$ except that we had to wait for time 7 to clarify who y is.

According to (5), the action takes place at time 7, when we know who y is, and the action is conferred backwards in time. Since at time 6 we cancelled this practice, $P(y)$ will not happen!

Note that using the terminology and model in [1], (3) is the Rabbi Fisher approach, while (5) is the Rabbi Shkop approach. See Example 13 of [1].

4 Propositional Talmudic public announcement logic TPK

We now introduce propositional public announcement logic based on **K** inspired by the Talmud. We first need to motivate the formal design of the system.

4.1 Motivation

Consider a state t at time 1. To have a concrete example, assume John owns a certain book. John performs an action **a** depending on the future. He gives the book either to Tracy or to Mary, provided that next week, at time 7, a coin is fipped. If it lands heads then the book is Mary's (action $\mathbf{a}_1$ at state s_1) and if lands tails, then it is Tracy's (action $\mathbf{a}_2$ at state s_2).

Now consider another action:

$\mathbf{b}$ = Tracy writes her name in the book.

Its precondition is that α = Tracy owns the book.
  Its postcondition is

$$\beta = \text{Tracy's name is in the book.}$$

The question is: Can Tracy perform action $\mathbf{b}$ at time 2?
  Well, if at time 7 Tracy wins, then the action $\mathbf{b}$ at time 2 is OK, but if not then the precondition of the action is not fulfilled and so $\mathbf{b}$ cannot be performed. However, at time 2 we do not know who owns the book. So one of two scenarioes can be allowed to happen at time 2:

1. $\mathbf{b}$ is not allowed to be executed.

2. $\mathbf{b}$ is tolerated, i.e. it can be executed anyway and a risk is taken.[10]

Note that no matter what the policy is, it is a symmetrical policy, as Figure 9 shows, with respect to states $\{s_1, s_2\}$.

1. Either $\mathbf{b}$ cannot be executed, neither at s_1 nor at s_2; or

2. $\mathbf{b}$ is tolerated both at s_1 and at s_2.

The important feature of Figure 9 is that action

$$\mathbf{b} = \text{Tracy writes her name on book}$$

is tolerated even if its precondition does not hold. This is because the states $\{s_1, s_2\}$ are regarded as some sort of superposition single entangled state $s_1 \times s_2$. So either $\mathbf{b}$ can be applied to all of them or to none of them.
  The technical importance of this observation can be seen in Figure 10.
  In Figure 10 the two actions $\mathbf{a}$ and $\mathbf{b}$ are not clear and require clarification. $\mathbf{a}$ can be $\mathbf{a}_1$ or $\mathbf{a}_2$ and $\mathbf{b}$ can be $\mathbf{b}_1$ or $\mathbf{b}_2$. Suppose Tracy uses disappearing ink which holds for a maximum of 3 days. So there are two possibilities:

1. Tracy's name is permanently on the book.

2. Tracy's name is not permanently on the book.

---

[10]The Talmud deals with situations like this, where there is a doubt. The Bible requires us to be strict and so we should not tolerate Tracy writing her name on the book. The situation of flipping a coin is not under her control. Suppose for comparison that the book is given to Tracy on condition that at time 7 she cleans her flat, and if she does not do so then the book goes to Mary. Tracy can argue at time 2 that she is in control and at time 7 she will indeed clean her flat. So her action at time 2 of writing her name in the book, may be tolerated.

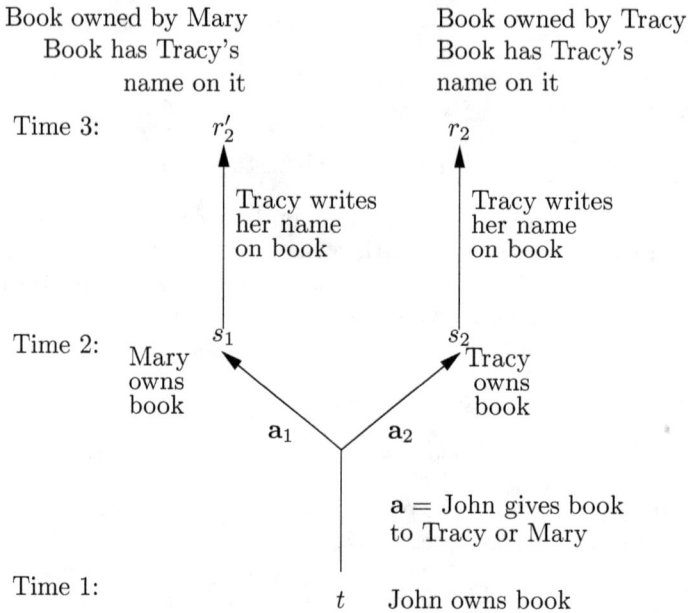

Book owned by Mary   Book owned by Tracy
   Book has Tracy's   Book has Tracy's
     name on it   name on it

Time 3: r_2' r_2

                    Tracy writes   Tracy writes
                    her name   her name
                    on book   on book

Time 2: s_1 s_2
           Mary   Tracy
           owns   owns
           book   book
                    $\mathbf{a}_1$ $\mathbf{a}_2$

                                   $\mathbf{a} =$ John gives book
                                   to Tracy or Mary

Time 1: t John owns book

Figure 9.

Suppose at time 7 we discover that Mary is the owner. This is the public announcement. Suppose that at time 7 we are at node x, because we chose the path $(t, \mathbf{a}_2, s_2, \mathbf{b}_2, r_2, \ldots, x)$ at our own best guess and risk.

The public announcement says we should have gone to $(t, \mathbf{a}_1, s_1, \ldots)$. So where are we now? We are not at x. If we allow for $\mathbf{b}$ to be executed at s_1 as well as at s_2, with the same possible options, then we can continue the same continuation path from s_1.

To do this we must pair the unclear states r_1, r_2 which are the result of the lack of clarity when $\mathbf{b}$ is executed on s_1 with r_1' and r_2', which are the result of $\mathbf{b}$ executed at s_2.

We can thus continue

$$(t, \mathbf{a}_2, s_1, \mathbf{b}_2, r_2', \ldots, y)^{11}$$

So what are the formal assumptions we need on our formal modelling?

1. Any action $\mathbf{a}$ has the lack of clarity that it might be $\mathbf{a}_1, \ldots, \mathbf{a}_k$. When in state t we perform action $\mathbf{a}$, then we might be in any of the states $s_1(t, \mathbf{a}_1), \ldots, s_k(t, \mathbf{a}_k)$.

---

[11] Note that we can use simpler notation. The points in Figure 10 can be identified by

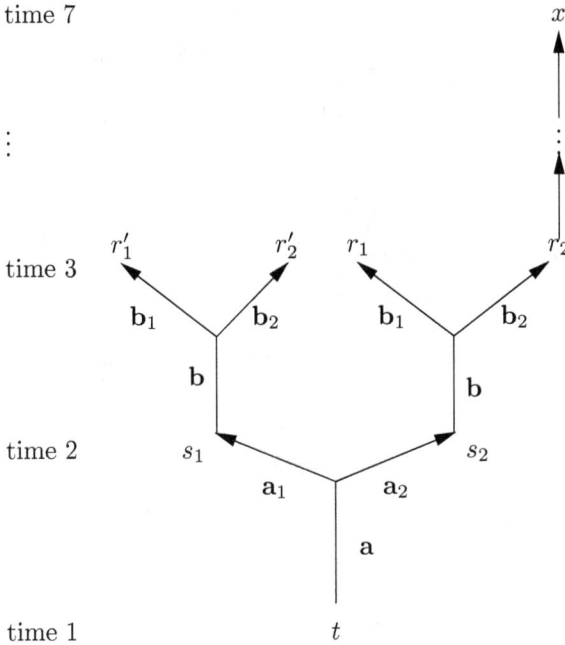

Figure 10.

2. Any other unclear action $\mathbf{b}$, which might be $\mathbf{b}_1, \ldots, \mathbf{b}_m$ can be applied to any of $s_i(t, \mathbf{a}_i)$ resulting in $r_j(s_i(t, \mathbf{a}_i), \mathbf{b}_j)$ $1 \le j \le n$.

   The number of outcomes m is fixed and depends on $\mathbf{b}$ only, and not on $s_i(t, \mathbf{a}_i)$.

3. The m outcomes for each $s_i(t, \mathbf{a}_i)$ are matched and the listing indicates the matching. Thus for each $1 \le j \le n$ $r_j(s_1(t, \mathbf{a}_1), r_j(s_2(t, \mathbf{a}_2), \ldots,$ $r_j(s_k(t, \mathbf{a}_k))$ are matched because they are all obtained by the application of action $\mathbf{b}_j$.

---

the actions leading to them. Thus we can write

$$\begin{aligned}
s_1 &= t\mathbf{a}_1 \\
s_2 &= t\mathbf{a}_2 \\
r_1 &= t\mathbf{a}_2\mathbf{b}_1 \\
r_2 &= t\mathbf{a}_2\mathbf{b}_2 \\
r_1' &= t\mathbf{a}_1\mathbf{b}_1 \\
r_2' &= t\mathbf{a}_1\mathbf{b}_2.
\end{aligned}$$

We shall use this notation in Section 4.2.

Note that two matched states need not be the same. In Figure 9, r_1 is matched to r'_2, but in r_2 Tracy owns the book and in r'_2, Mary owns the book. The states are matched because both are the result of the action **b** of Tracy writing her name on the book in permanent ink.

The notation we use is

$$(t, \mathbf{a}_i, s_i, \mathbf{b}_j, r_j, \ldots)$$

4.2 Preliminary formal discussion

We now semi-formally motivate and explain our system. Let **A** be a set of actions. Let s_0 be an initial state. If the actions are all deterministic then we can move from state to state by applying the actions. The following is a simple run:

$$s_0\mathbf{a}\mathbf{a}'\mathbf{a}'' \ldots$$

The state arising from $_0$ after the application of action **a** is $s_1 = (s_0\mathbf{a})$, etc, etc.

Actually what we have here is a deterministic automaton, where the states are sequences of actions applied to s_0 and the alphabet are the actions.

Now assume that the actions $\mathbf{a} \in \mathbf{A}$ have some ambiguity to be clarified at a later stage (i.e. after more actions are applied). So applying **a** could be any of $\mathbf{a}_1, \ldots, \mathbf{a}_{\mathbf{k}(\mathbf{a})}$, where $\lambda\mathbf{x}\mathbf{k}(\mathbf{x})$ gives us the number of possibilities for **x**.

Then when we apply say $s_0\mathbf{a}\mathbf{a}'\mathbf{a}''$ we can get any one of the states

$$\{s_0\mathbf{a}_i\mathbf{a}'_j\mathbf{a}''_r\}$$

where $1 \leq i \leq k(\mathbf{a}), 1 \leq j \leq k(\mathbf{a}')$ and $1 \leq r \leq k(\mathbf{a}'')$.

If at this point there is a public announcement that **a** is indeed $\mathbf{a}_1$, then part of the ambiguity is resolved and our options are now

$$\{s_0\mathbf{a}_1\mathbf{a}'_j\mathbf{a}'_r\}$$

We are now ready to define the model. We do this in stages.

1. A model has the form $(S, \mathbf{A}, s_0, \rho, h)$ where **A** is a set of actions and S is a set of elements of the form

   $$\alpha = (s_0\mathbf{a}^1_{j1}\mathbf{a}^2_{j2} \ldots \mathbf{a}^m_{jm})$$

   where $1 \leq j_i \leq k(\mathbf{a}^i), \mathbf{a}^i \in \mathbf{A}$ and $1 \leq \mathbf{k}(\mathbf{a}^i)$.

   We also allow for $\alpha = (s_0)$.

2. Let R_1 be the relation $\alpha R_1 \beta$ iff $\beta = \alpha * (\mathbf{a}_j)$ for some $a \in \mathbf{A}$ and $j \leq \mathbf{k}(\mathbf{a})$. Let R be the transitive closure of R_1.

3. We need the notion of a node x is at a distance n from (s_0).

   - (s_0) is at a distance 0 from itself.
   - If α is at a distance n from (s_0) then $\alpha * (\mathbf{a})$ is at a distance $n+1$.
   - The distance is actually the time, since we are applying the actions in sequence, one after the other.

4. We now define ρ. Let $\alpha = \beta * (\mathbf{b}_j) * \gamma$ where we have that $\mathbf{b}_j$ is one option from among $\{\mathbf{b}_1, \ldots, \mathbf{b}_{\mathbf{k(b)}}\}$.

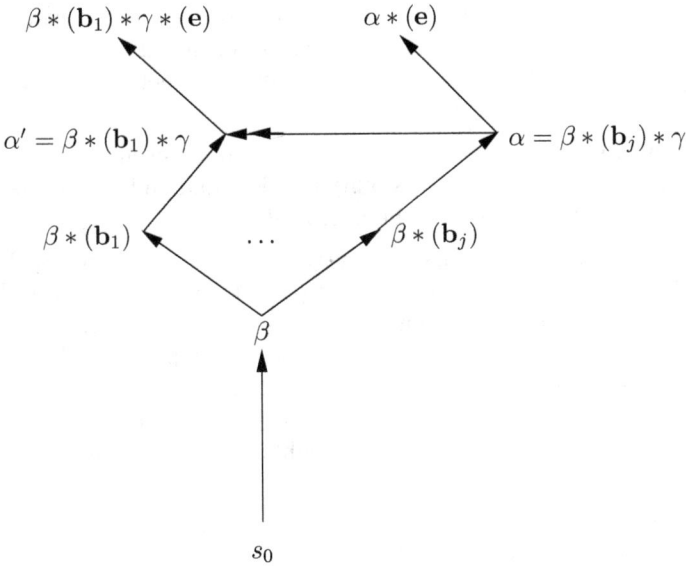

$\beta * (\mathbf{b}_1) * \gamma * (\mathbf{e})$ $\alpha * (\mathbf{e})$

$\alpha' = \beta * (\mathbf{b}_1) * \gamma$ $\alpha = \beta * (\mathbf{b}_j) * \gamma$

$\beta * (\mathbf{b}_1)$ $\ldots$ $\beta * (\mathbf{b}_j)$

β

s_0

Figure 11.

We are at point $\alpha = \beta * (\mathbf{b}_j) * \gamma$. At this point there is a public announcement that the correct meaning of action $\mathbf{b}$ taken at the β level was $\mathbf{b}_1$ and not $\mathbf{b}_j$. So we actually should have been at $\beta * (\mathbf{b}_1)$ and subsequent actions γ would bring us to $\beta * (\mathbf{b}_1) * \gamma$.

Now suppose we take action $\mathbf{e}$ and apply to our current state. Without the public announcement we move to $\beta * (\mathbf{b}_j) * \gamma * (\mathbf{e})$.

However, the public announcement says we should be at $\alpha' = \beta * (\mathbf{b}_1) * \gamma$ and so we should move to $\alpha' * (\mathbf{e}) = \beta * (\mathbf{b}_1) * \gamma * (\mathbf{e})$.

Thus the effect of the public announceent at α is to send us to $\alpha' * (\mathbf{e})$ which is $\beta * (\mathbf{b}_1) * \gamma * (\mathbf{e})$.

We draw the function ρ as in Figure 11. Ordinary arrows $\rightarrow$ indicate R and double arrows $\twoheadrightarrow$ indicate ρ.

The relation ρ between α and α', identifies the public announcement uniquely. Note that α and α' are at the same distance from (s_0).

Actually there is a problem. What if the public announcement says that actually $\mathbf{b}_j$ was the correct choice? How do we express that? We will have to let ρ take us to $\beta * (\mathbf{b}_j)$. The perceptive reader might ask, why not be consistent and let ρ take us to $\beta * (\mathbf{b}_1)$ in all cases and the case where $\mathbf{b}_1 = \mathbf{b}_j$ will sort itself automatically?

The problem with that is that we need to identify where we are going to be when we apply the next action $\mathbf{e}$, in our example we need to identify $\beta * (\mathbf{b}_1) * \gamma * (\mathbf{e})$. We are using ρ to help us so we let ρ point to $\beta * (\mathbf{b}_1) * \gamma$.[12]

The very next paragraph does public announcement without action symbols, using just accessibility relation, and and the problem of identifying where we should be is crucial.

Let us now look at this differently. Assume $x\rho y$. Since (S, R) is a tree, let z be the unique maximal first point below both x and y. Note that if y itself is below x then z is the predecessor of y. Let u be the next point in the direction of x and v the next point in the direction of y. Again note that if y is below x then $u = v = y$. Then the public announcement at x says that u is clarified and really should be v. Again, if y is below x then the public announcement says that u was the correct choice.

We can write the public announcement in the form $x\rho y$ and we identify the point z as its *target base*.

Figure 12 describes the situation.

Note that whenever $x\rho y$ holds and x is at distance n from the root s_0, then y is at distance $n + 1$, unless y is below x.

Note that Figure 12 clarifies a further point. In this figure there is another public announcement namely $w\rho w'$. This one says that z

---

[12]The pure minded reader may object to our approach. He will say that we can still identify where to go. Let ρ take us to the point $\beta * (\mathbf{b}_1)$, which is the conceptually correct clarification point. We now know two points

(a) where we are, namely $\alpha = \beta * (\mathbf{b}_j) * \gamma$

(b) the clarified action $\alpha = \beta * (\mathbf{b}_1)$.

From the above two items we can identify γ and go to $\alpha' = \beta * (\mathbf{b}_1) * \gamma$.

This is true but only because points are identified by sequences of actions. We do not have this luxury in the general case.

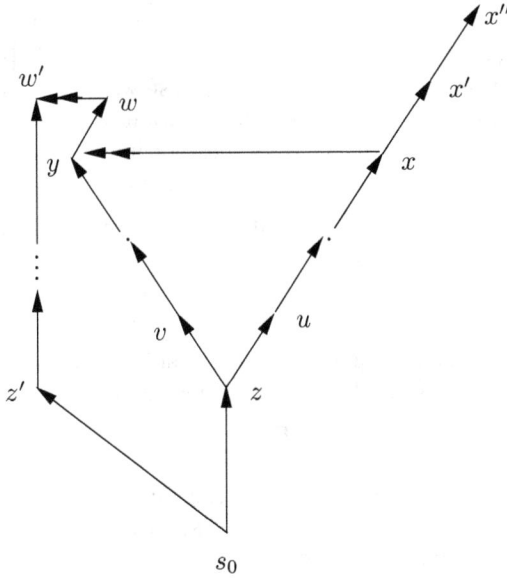

Figure 12.

should have been z'. Note that the public announcements need not come in the same order as the order of the ambiguities. (z, z') came before (u, v) but was clarified after. This can be a bit problematic because once we go through z' we do not pass through z any more. So we had better require that the clarifications come in order. In the notation where points are described by actions as in Figure 11, the order is not important and is not confusing because it is the actions that are clarified.

Note also that if we have another public annuncement sending say w' to an extension of x' of x (i.e. $w'\rho x'$) then a previous public announcement will be reversed.

We can require coherence and stability and not allow such reversals!

5. We have one more point to discuss. Imagine we have had a clarification as in Figure 12, where we had $x\rho y$. Take the branch of history from z to x. This is not the real history because we are moving to point y.

However this history is real past for anyone living along the path from z to x.

To make it real to the reader assume the action taken at z was the marriage of John and Mary using a priest who has been ambiguously ordained. John and Mary continued as a married couple from z up to x when it was announced that the priest was not properly ordained and therefore the marriage is null. So John and Mary move to point y and their history (path z to y) does not include marriage. We must allow them to remember as part of their past also the path z to x.

Thus when we create a temporal model out of R and ρ, we must take the above into account!

4.3   Formal TPK

In view of the discussion in the previous two subsections, we are now ready to present our Talmudic public announcement logic.

DEFINITION 14 (Deterministic **TPK** model).

1. A deterministic **TPK** model has the form $(S, R_1, R, \rho, s_0, h)$ where (S, R_1, s_0) is a tree with root s_0 and successor relation R_1 and where R is the transitive closure of R_1.

2. ρ is a functional relation satisfying the following properties

    2.1. $\forall xyz(x\rho y \wedge x\rho z \rightarrow y = z)$[13]

    2.2. If $x\rho y \rightarrow y \neq s_0$.

    2.3. $x\rho y \wedge \neg yRx \wedge y \neq x \rightarrow D(y) = D(x)$, where D is the distance from the root, $D(s_0) = 0$ and whenever uR_1v then $D(v) = D(u)$.

    2.4. Let $x \in S$ and let zRx. We say the successors of z are publicly clarified to be v, where zR_1v holds, if we have $x\rho y$, with vRy.

       We require the property of coherence:

       - If $\{zR_1v_1$ and zR_1v_2 and [z is publicly clarified at x_1 to be v_1] and [z is publicly clarified at x_2 to be v_2]$\}$ then $v_1 = v_2$.

    2.5. Let z be any point, then there exists an x, such that zRx and the successors of z are publicly clarified at x.

    2.6. Since every z has a unique successor which is publicly clarified at some point, this means that there exists a path $\pi = (s_0, s_1, \ldots)$ such that for every $0 \leq i$, s_{i+1} is the uniquely clarified successor of s_i. Note that this is why we call the model deterministic.

---

[13] 1. There may be no z such that $x\rho z$.

   2. This condition is for deterministic actions only, otherwise ρ is just a binary relation.

2.7. Note that if we define, for x in S, the set T_x to be $\{y|xR_1y\}$ and let $\mathcal{R}$ be defined as the set of all pairs (x, T_x), we get a frame in the sense of Definition 3. We can also define the public announcements correctly from ρ using item 2.4.

3. We now define a temporal relation $<$ on the model. We use the notion of legitimate sequence of worlds

   3.1. (s_0) is a legitimate sequence.

   3.2. Assume $(s_0, \ldots, s_n)$ is a legitimate sequence leading to s_n.
   Case 1. $\neg\exists x[s_n\rho x]$.
   In this case let w be any point such that s_nR_1w, then $(s_0, \ldots, s_n, w)$ is a legitimate sequence.
   Case 2. For some y we have $(s_n\rho y \wedge \neg yRs_n)$.
   In this case let w be any point such that yR_1w, then $(s_1, \ldots, s_n, w)$ is a legitimate sequence.
   Case 3. For some y $s_n\rho y \wedge yRs_n$.
   Then this case is like Case 1.

   3.3. Define $x < y$ iff there exists a legitimate sequence $(s_0, \ldots, s_i, x, s_{i+2}, \ldots, y)$.

EXAMPLE 15. In Figure 12 we have $z < x < w$.

REMARK 16. To obtain a non-deterministic model we allow ρ in Definition 14 to be a general binary relation. To explain how this works consider Figure 13. The points y_1, y_2 and x are at distance m from t and they are all on different paths separating at z.

The points x and y_3 are also at distance m but they are on paths separating at t. So the path $s_0, \ldots, z, \ldots, u, \ldots, t, s, \ldots, x)$ made a choice of u over v_1 and v_2 and s over r.

If we let $x\rho y_3$ we are saying r is a correct non-deterministic choice and if we let $x\rho y_1 \wedge x\rho y_2$ we are saying that v_1 and v_2 are the right non-deterministic choice.

Note that by saying $x\rho y_3$ we are also implying that u is a correct non-deterministic choice, because only through u can we get to r.

However, we can also take the view that $x\rho y_3$ says that only as long as we can go through u, then r is the correct choice.

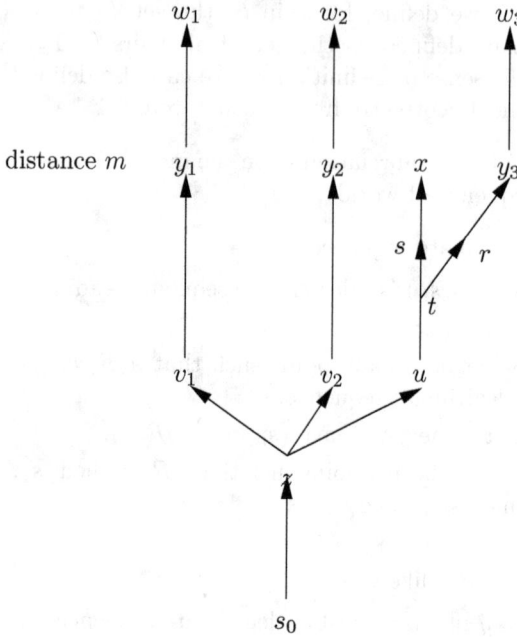

Figure 13.

5 Discussion and Comparison with traditional public announcement logic

REMARK 17. We begin by comparing Definitions 3 and 4 and Remark 5 with Definition 14.

Consider the following Figure 14. Ignore the double arrows, and consider only single arrows.

The arrows represent the relation R_1 for the set of nodes S.

Define the relation $\mathcal{R}$ (according to Definition 3) as follows:

$$t \ \mathcal{R} \ \{z_1, z_2\}$$
$$z_1 \ \mathcal{R} \ \{y, y_1\}$$
$$z_1 \ \mathcal{R} \ \{s_1, s_2, x\}$$
$$x \ \mathcal{R} \ \{w\}$$
$$y \ \mathcal{R} \ \{w'\}$$

We used the obvious recipe

$(*)$ $\alpha \ \mathcal{R} \ \{\beta | \alpha R_1 \beta\}$

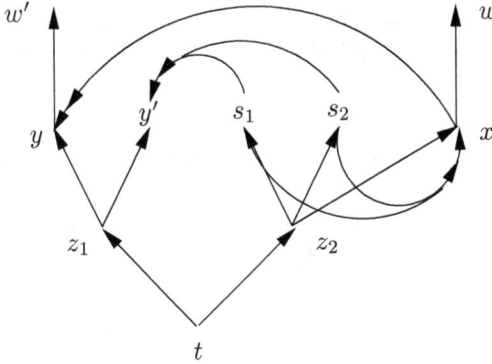

Figure 14.

Consider the following public announcements in the sense of Definition 3:

(a_1) $(t, \{z_1, z_2\}, z_1)$

(a_2) $(z_1, \{y, y'\}, y)$

(a_3) $(z_2, \{s_1, s_2, x\}, x)$.

We now have a model frame in the sense of Definition 3. To turn this into a proper model we need to say what are the worlds and which worlds we assign to atoms. Let us do that. The worlds are the legitimate sequences, which are really the points in the graph, because the graph is a tree. This is in full agreement with Definition 4.

Now assume we live at the world s_1.

Our public announcements establish that the real sequence is (t, z_1, y, w'). So where does s_1 collapse to?

Obviously, if we have all the public announcements (a_1)–(a_3), then s_1 collapses to y. However, if we only have (a_1), then where does s_1 go to? (The other public announcements (a_2)–(a_3) may come later.) So our model lacks full information. This is what we have already remarked in Remark 5. Now consider the double arrows $s_1 \twoheadrightarrow y', s_2 \twoheadrightarrow y', x \twoheadrightarrow y$. These double arrows, when read according to Definition 14, all express the public announcement (a_1), but they also say more than that, they also say where s_1, s_2 and x are supposed to go to, in the event that public announcement (a_1) is put forward! There are provisions in Definition 14 (items 2.3 and 2.4) which ensure that this extra information does not contradict itself.

Furthermore, the double arrows also tell us at what time and place the public announcement is made. So the possible additional double arrow

$s \twoheadrightarrow w'$ for example (which is not shown in Figure 14) not only tells us the public announcement (a_1) and where w is to go to (to w') but it also tells us that (a_1) was announced at time 4 (4 is the distance of w from the origin t.

REMARK 18. We now compare in more detail the Talmudic public announcement logic with the traditional one.

Assume we have modal operators $\Box_\varphi$ for φ a wff and $\Box_\alpha$ for α a nondeterministic public announcement statement in the sense of Definition 3. We have, in a model (S, R, t).

- $t \vDash \Box_\varphi A$ iff If $t \vDash \varphi$ (i.e. $t \in S_\varphi$) then $t \vDash A$ in the model $(S_\varphi, R \upharpoonright S_\varphi, t)$ where $S_\varphi = \{x | x \vDash \varphi\}$.

  For comparison we have according to Definition 3

- $t \vDash \Box_\alpha A$ iff If t is a legitimate sequence in $(S, \mathcal{R}_\alpha)$ then $t \vDash A$ in $(S, \mathcal{R}_\alpha, t)$.

Both definitions move from a larger model (S, R) to a smaller model either made smaller by φ or by α.

So if we allow for any subset $T \subseteq S$ to be definable by a formula φ, the two definitions are the same.

In both cases the public announcement is metalevel and outside the model and we require that the point of evaluation t is not destroyed by the public announcement.

The refinement of Definition 14 is different

1. It is object level
2. It ties the announcment to a time and place.
3. It allows for the evaluation world to be destroyed by the announcement and displaces us and sends us to another world.
4. It has a backward effect in that it allows us to define $<$ as in Definition 14, item (3).

BIBLIOGRAPHY

[1] M. Abraham, D. Gabbay and U. Schild. *Contrary to Time Conditionals in Talmudic Logic*. This volume.

[2] H. P. van Ditmarsch, W. van der Hoek and B. P. Kooi. *Dynamic Epistemic Logic*, Volume 337 of *Synthese Library*. Springer, 2007.

[3] Erwin Schr¨inger. *The Present Situation In Quantum Mechanics*, translator: John D. Trimmer. *Proceedings of the American Philosophical Society*, **124**:323-38. Reprint J. A. Wheeler and W. H. Zurek, eds., *Quantum Theory and Measurement*, Part 1, section I.11, Princeton University Press, New Jersey, 1983. See also article on Schroedinger's cat in *Wikipedia* `http://en.wikipedia.org/wiki/Schroedinger's_cat`

מחקרים בלוגיקה תלמודית
כרך ד

לוגיקות זמן בחשיבה התלמודית

בספר זה אנחנו בוחנים את לוגיקת הזמן בתלמוד, ומשווים אותה לנעשה
בספרות המשפטית. לאחר מבוא כללי לגבי הזמן והבעיות הקשורות בו, אנו
עוברים לדיון בסוגיות תלמודיות שונות. בתוך הדברים אנו נזקקים למודלים
שונים של חזרה בזמן בפיסיקה ובמשפט (ומראים שהגדרה מדויקת שלה
זוקקת שני צירי זמן שונים), ועולמות מקבילים. מתברר שסוגיית תנאים,
לפחות לפי חלק מהשיטות, עוסקת בחזרה בזמן, ונוגעת בעולמות מושגיים
של תורת היחסות. לעומת זאת, סוגיית ברירה נוגעת בשאלה של החלת
חלויות על יישות לא מוגדרת (ולא בהכרח בבעיית הזמן), מה שמוליך אותנו
לרעיונות שלקוחים מתורת הקוונטים. כמו כן, נדונות בספר כמה סוגיות
תלמודיות אחרות שעוסקות בנושא הזמן. אנו מסיימים בסקירה אודות יחסו
של המשפט הכללי לשאלת הזמן בכמה הקשרים, ומתוך כך להבדלים
עקרוניים בינו לבין הגישות ההלכתיות ביחס לחשיבה מושגית ואונטולוגית
בכלל.

לוגיקה דאונטית לאור התלמוד
מיכאל אברהם, דב גבאי ואורי שילד

לוגיקות זמן בחשיבה התלמודית
מיכאל אברהם, דב גבאי ואורי שילד

מחקרים בלוגיקה תלמודית
עורכי הסדרה:
מיכאל אברהם, דב גבאי ואורי שילד
dov.gabbay@kcl.ac.uk

לוגיקות זמן בחשיבה התלמודית

מיכאל אברהם

ישראל בלפר

דב גבאי

ואורי שילד*

אוניברסיטה בר אילן

*והמכללה האקדמית אשקלון

ISBN 978-1-84890-023-3

College Publications
Scientific Director: Dov Gabbay
Managing Director: Jane Spurr
Department of Computer Science
King's College London, Strand, London WC2R 2LS, UK

http://www.collegepublications.co.uk

Printed by Lightning Source, Milton Keynes, UK

1

הקדמה כללית

ספר זה הוא הרביעי בסדרה 'מחקרים בלוגיקה תלמודית'. שני הספרים הראשונים בסדרה עסקו בהבנה לוגית של מידות הדרש, השלישי עסק בלוגיקה דאונטית לאור ההלכה, והספר הנוכחי עוסק בלוגיקה של ציר הזמן והסיבתיות בהלכה. סדרת הספרים הזו מציגה את פירותיו של המחקר שנעשה במסגרת קבוצת הלוגיקה התלמודית באוניברסיטת בר-אילן, ובו שותפים אנשי לוגיקה, בינה מלאכותית, תלמוד ופילוסופיה.

שאלת הכיווניות של ציר הזמן, בה עוסק ספר זה, עולה בסוגיות רבות ברחבי התלמוד. הידועות שבהן הן סוגיות שעוסקות בתנאים וב'ברירה', אך כפי שנראה בהמשך, ישנן סוגיות תלמודיות נוספות שנוגעות בנושא זה מזוויות שונות. יתר על כן, אנחנו נראה כי כלל לא ברור שסוגיית 'ברירה' אכן נוגעת בשאלת ציר הזמן, ולפחות לפי גישות מסויימות היא עוסקת בבעייה שונה לגמרי.

בתלמוד ומפרשיו קיימות מחלוקות לא מעטות בנושאים אלו, מהן עקרוניות ובסיסיות ומהן עוסקות בפרטים שונים. מטרתנו כאן היא בעיקר להבהיר את ההיבטים של לוגיקת הזמן שמופיעים בסוגיות אלו, ולא תמיד נתייחס לשאר ההיבטים. אנו נראה שלא תמיד המושגים עצמם מוגדרים בצורה ברורה, והדבר מפריע ללומדים להבין את התפיסות ההלכתיות לגביהם.

בספר זה נערוך הקבלות לשתי התורות הפיסיקליות החשובות של המאה העשרים: תורת היחסות שעוסקת במושג הזמן, ותורת הקוונטים שעוסקת

בהיקבעות ואי וודאות. כפי שנראה בחלק השני, הטיפול הלוגי בתנאים זוקק
התייחסות לפורמליזם דומה לזה של תורת היחסות (סיבתיות, שני צירי זמן,
חזרה אחורה בזמן וכדו'). בחלק הרביעי ניווכח שהטיפול הלוגי בברירה
זוקק התייחסות לתורת הקוונטים (סופרפוזיציה, קריסה קוונטית אי
וודאות וכדו'). כדרכנו בספרים הקודמים, גם כאן ניזקק להשוואות
משפטיות, אך כאן נראה בצורה המובהקת והברורה ביותר שהמשפט בן
זמננו אינו נוטה לחשיבה לוגית מושגית. הדבר ישפוך אור על העובדה אותה
פגשנו גם בספרים הקודמים בסדרת 'לוגיקה תלמודית', שקשה מאד ליישם
לגבי המשפט את הניתוחים הלוגיים נוסח אלה שנעשים בסדרה שלנו בכלל,
ובספר הנוכחי בפרט.

מבנה הספר הוא כדלהלן. החלק הראשון שלו מציג זוויות מבוא שתהיינה
נחוצות להבנת ניתוח הסוגיות התלמודיות שייעשה בהמשך. הפרק הראשון
עוסק בבירור לוגי-פילוסופי-מושגי לגבי ציר הזמן והקדימה הזמנית. הפרק
השני בוחן את היחס בין כיוונו של ציר הזמן לבין סיבתיות. הפרק השלישי
דן ביחס המורכב בין זמן, סיבתיות וחופש הבחירה. הפרק הרביעי מבחין בין
שני מישורי דיון : אפיסטמולוגי ומטפיסי.

החלק השני של הספר יעסוק במושג התנאי, שהוא מושג הלכתי-משפטי
יסודי, שמביא לידי ביטוי שאלות של היפוך הכיווניות של הסיבתיות ושל
ציר הזמן. בחלק השלישי נבחן סוגיות נוספות שקשורות לכאורה לציר הזמן,
ונראה שחלק מהן לא באמת קשורות לכך. בחלק הרביעי נעסוק בדין
'ברירה', ובתוך כך נבחן את ההבדלים בין ברירה לבין תנאי. החלק החמישי
שמסיים את הספר, יעסוק בהיבטים של לוגיקת זמן במשפט הכללי, בתורת
המשפט, ובהגות המשפטית. אנו נבחן שם את הדומה והשונה בין המשפט
הכללי לבין התמונה ההלכתית שתוארה בחלקים הקודמים.

3

תוכן העניינים

חלק אנגלי:

1. Contrary to Time Conditionals in Talmudic Logic
2. Future Oriented Determination of Entities in Tamudic Logic

חלק ראשון
על ציר הזמן, סיבתיות ובחירה

חלק זה עוסק בשאלות של זמן, לוגיקה וסיבתיות. מטרתו להציע את
המסגרת הפילוסופית והלוגית לניתוח שייעשה בחלקים הבאים. אנו נציג בו
את מושגי היסוד ואת ההבחנות הבסיסיות שיעלו בחלקים הבאים.
חלק מהדיונים הפילוסופיים והלוגיים, עשויים להיראות לקורא מנותקים
מההקשר ההלכתי. אולם בחלקים הבאים של הספר נראה שרובם ככולם
יהיו חשובים להבנת הקביעות והשיטות ההלכתיות השונות בסוגיות עצמן,
ושהבנתם עשויה לפזר עמימויות רווחות שמערפלות ומבלבלות את הלומדים
בסוגיות אלו.

פרק ראשון

כמה צירי זמן ישנם?[1]

ציר הזמן

הזמן כיישות וכמושג הוא חמקמק וקשה מאד להגדרה.[2] את כל מה שסביבנו אנחנו רואים במונחי זמן, אך הזמן עצמו חומק כל העת מהגדרה ותפיסה. התהיות הפילוסופיות אודות הזמן החלו כבר בעת העתיקה, ויש להן ביטוי גם בספרות ההלכתית והמטא-הלכתית.[3] אולם במאה העשרים התרחשה מהפיכה יסודית ביחסנו לסוגיות הזמן: הזמן הפסיק להיות נחלתו הבלעדית של עולם הפילוסופיה, והחל להעסיק גם את הפיסיקאים, ולאחר מכן גם חוקרים מדיסציפלינות נוספות.

---

[1] מבוא לנושא הזמן בהיסטוריה של המדעים והרעיונות מובא בספרו של שמואל סמבורסקי, **הטבע ורוח האדם**, מוסד ביאליק, ירושלים תשנ"ג, בפרק העשירי – "צלו של החולף ועובר: מושגי הזמן במרוצת הדורות" עמ' 219-236. בנושא הזמן והתודעה האנושית, מומלץ ספרו הקריא והמאלף של אבשלום אליצור, **זמן ותודעה – תהיות חדשות על חידות עתיקות**, האוניברסיטה המשודרת, משרד בטחון, ישראל 1994. ההתייחסויות לאבשלום אליצור (בעיקר בפרק הנוכחי), הן לספר הזה.

[2] לסקירה מושגית נגישה ומועילה של הזמן בפילוסופיה, מומלץ להכיר את הערך "זמן" באנציקלופדיה לפילוסופיה של אוניברסיטת סטנפורד:

Markosian, Ned, "Time", *The Stanford Encyclopedia of Philosoph*y (Winter 2010 Edition), Edward N. Zalta (ed.), URL = <http://plato.stanford.edu/archives/win2010/entries/time>.

[3] ישנם כמה מאמרים מפורטים שעוסקים בתמונת הזמן ההלכתית. ראה שני מאמריו של הרב מנחם מנדל כשר, 'מושג הזמן בתורה, בספרי חז"ל והראשונים', **תלפיות**, שנה ה חוברת ג-ד, עמ' 799-829, וכן בספרו **מפענח צפונות** על משנת הרוגצ'ובר (רבי יוסף רוזין מרוגאטשוב), מכון צפנת פענח, ירושלים תשלו, בהקדמה לפרק השלישי העוסק בזמן. כמו כן, ראה במאמריו של הרב משה אביגדור עמיאל, 'מושג הזמן בהלכה', **סיני**, חוברת מג-מד, ובכמה פרקים מספריו, **המידות לחקר ההלכה ודרכי משה**. ראה גם במאמר **מידה טובה** לפרשת בלק, תשס"ז (דיון בשאלה האם הזמן מורכב מרגעים בדידים).

הצד השווה למקורות הללו שעניינם בשאלות עתיקות (האם הזמן קיים, האם הוא מורכב מחלקים וכדו'), והטיפול בהן הוא בכלים של הפילוסופיה העתיקה, אם בכלל. יישום של כלים אנליטיים מודרניים לגבי השאלות הללו עשוי להאיר אותן באור מחודש (ואולי להבהיר את חוסר הפשר של כמה מהן). כאן לא נעסוק בכך, אלא עד כמה שניזקק לזה בניתוח ההלכתי והמטא-הלכתי שלנו. עניינו בספר זה הוא בעיקר בשאלת הכיווניות של ציר הזמן.

הסימטריה בזמן של התהליכים הפיסיקליים המיקרוסקופיים

בעולם הפיסיקלי מקובל שישנה סימטריה של תהליכים ביחס לציר הזמן, כלומר בין תנועה קדימה לתנועה אחורה.[4] הטענה הזו נשמעת מפתיעה, ולכן נבהיר אותה יותר. אם היה כיוון מועדף לציר הזמן מבחינת חוקי הפיסיקה, אזי התבוננות בסרט היתה מעלה מייד האם הוא מוקרן מהסוף או מההתחלה. אם התהליך היה מתאים לחוקי הפיסיקה (=תהליך פיסיקלי תקני) אז ההקרנה היא מההתחלה, ואם התהליך אינו תואם אז ההקרנה היא מהסוף. אך מתברר שאם נסריט תהליך פיסיקלי כלשהו שמתאים לחוקי הפיסיקה המיקרוסקופית, ונקרין את הסרט מהסוף להתחלה, נקבל שוב תהליך פיסיקלי תקני (כלומר שמתאים לחוקים הללו). לשון אחר, התבוננות בסרט כזה לעולם לא תוכל להראות לנו האם הוא הולך מהסוף להתחלה או להיפך. זוהי תכונה של כל חוקי הפיסיקה המיקרוסקופיים הידועים לנו.

אמנם אפילו במישור הפיסיקלי המיקרוסקופי, ישנם תהליכים שקשורים לחלקיקי K-meson שהתגלו כאסימטריים בזמן.[5] זוהי שבירה מאד חריגה של סימטריית הזמן, שכן היא מופיעה בהקשר של חוקי הפיסיקה

---

[4] כאשר מדברים על סימטריה של מערכת כלשהי, הכוונה היא ששינוי כלשהו במערכת אינו משנה את התוצאה. לדוגמא, סימטריית סיבוב משמעה שסיבוב המערכת מותיר אותה לאחר הסיבוב במצב זהה לזה שלפניו. סימטריה בזמן עבור המודל הניוטוני של המכניקה, משמעה שגם אם משנים את כיוון זרימת הזמן במשוואות הן נותרות ללא שינוי.

[5] ראה אליצור, עמ' 66-67. האסימטריה הזו היא מורכבת. מדובר כאן על סימטריה המורכבת משילוב של היפוך ציר הזמן (T), התצורה המרחבית (C) והחלפת חומר באנטי-חומר (P). למרות הציפיה ששלושת החילופים האלה גם יחד לא ישנו את המצב הפיסיקלי (זוהי ההנחה בדבר סימטריית CPT של הפיסיקה), התגלה בסופו של דבר חוסר סימטריה בסיסי בפליטה רדיואקטיבית של חלקיקי היסוד.

המחקר פורסם בשנת 1964, על ידי Val Logsdon Fitch, James Watson Cronin, והם קיבלו על כך את פרס נובל בפיסיקה בשנת 1980. ועדת הפרס הגדירה כך את משמעות עבודתם:

"for the discovery of violations of fundamental symmetry principles in the decay of neutral K-mesons"

המחקר מתועד באופן בהיר באתר פרס הנובל:

/http://nobelprize.org/nobel_prizes/physics/laureates/1980

המיקרוסקופיים. אך דרך כלל תהליכים אלו הם סימטריים, וזה מה שנניח מכאן והלאה.

האסימטריה של ציר הזמן בהקשרים אחרים

אולם מתברר שבכמה וכמה הקשרים הסרט בכל זאת אינו סימטרי, והתבוננות בו עשויה ללמד אותנו האם הוא מוקרן קדימה או אחורה. חלק מההקשרים הללו הם פיסיקליים, אך ישנם כמובן גם אחרים.

מן המפורסמות הוא, שכאשר עוברים מהמיקרוסקופי אל המאקרוסקופי (=מה שקרוי אצל פיסיקאים 'הגבול התרמודינאמי'), מתרחשת שבירה דרמטית של הסימטריה הזמנית. כדי להבין זאת, ניטול דוגמא נפוצה מעולם הפיסיקה. יש לנו מיכל שמרוכזת בו כמות גדולה של מולקולות גז, אשר מוחזקות בבלון קטן בפינה הצפון מזרחית העליונה של המיכל. לאחר זמן נפוצץ את הבלון. ברגע הפיצוץ כל הגז עדיין יהיה מרוכז באותה פינה של המיכל, אך מייד לאחר מכן הוא יתחיל להתפזר באופן שווה בכל הנפח של המיכל, וזה יהיה מצבו הסופי. הוא לעולם לא ישוב למצב בו הוא מרוכז כולו באחת הפינות של המיכל. אם כן, התהליך של גז מפוזר שמתקבץ פתאום לפינה אחת אינו מתאים לחוקי הפיסיקה. אם נסריט את הסרט של התפשטות הגז במיכל באופן הפוך, כל צופה יבחין מייד שהתהליך שמתרחש מול עיניו אינו הגיוני (לא מתאים לחוקי הפיסיקה). אנו נבין מתוך התמונה שהסרט מוקרן מהסוף להתחלה.

נראה כעת דוגמא אחרת, והפעם מחיי היומיום. אנו מתבוננים בסרט שמתאר נפילה של עציץ מגג בניין, והתנפצות שלו על הקרקע. כעת חשבו על הקרנה הפוכה של הסרט הזה, בה שברי העציץ נאספים ומתרוממים לגג הבניין, ושם נוצר עציץ שלם. אנו נראה מייד שיש כאן תהליך לא הגיוני, ולכן ברור יהיה לכל צופה שיש כאן הקרנה הפוכה בזמן. אם כן, גם התהליך הזה אינו הפיך בזמן.

אלו הן שתי הדגמות לעובדה שעל אף שכל חוקי הפיסיקה המיקרוסקופית הם הפיכים ביחס לציר הזמן, תהליכים מאקרוסקופיים, שמתרחשים בדרך

כלל בטמפרטורה שאינה 0, אינם בהכרח הפיכים. למעשה, החוק השני של התרמודינמיקה (=הפיסיקה בנוכחות חום, או בטמפרטורה שאינה 0) קובע שישנו כיוון הכרחי להתקדמות הזמן, כך שבתהליך סגור (בלי השפעות חיצוניות) כמות אי הסדר (=האנטרופיה) במערכת לעולם גדלה (נכון יותר: לעולם אינה קטנה). עציץ מנופץ הוא מצב פחות מסודר מאשר עציץ צבעוני שניצב לו בשלווה על גג הבית. גז שמפולג באופן אחיד בכל המיכל גם הוא מצב פחות 'מסודר'[6] מאשר גז שמרוכז בקצה כלשהו של המיכל.

דוגמא נוספת היא משוואות מקסוול, אשר מתארות את השדות האלקטרומגנטיים. גם משוואות אלו הן סימטריות בזמן (כמו כל חוקי הפיסיקה המיקרוסקופית). ובכל זאת, אנחנו יודעים היטב שקרני האור יוצאות מהמנורה לאחר הדלקתה, אבל תהליך שבו יש קרני אור שחוזרות ומתכנסות אל המנורה ייראה לנו בלתי אפשרי (מנורה אינה פועלת בטמפרטורה 0, כלומר זהו תהליך שיש לו היבטים תרמודינמיים). גם היקום שלנו הולך ומתפשט עם הזמן, כלומר מתנהג באופן כיווני בזמן (בגלל אי ההבחנה בזה איינשטיין הכניס את הקבוע הקוסמולוגי למשוואות שלו). הוא הדין לקריסה גרביטציונית שיוצרת חור שחור, שגם היא אסימטרית במובהק. עד כאן לגבי צירי זמן וחץ הזמן בהקשר הפיסיקלי.

בפרקים ו'-ז' של ספרו, אבשלום אליצור עומד על כך שאסימטריה של ציר הזמן מצויה בכמה וכמה הקשרים נוספים.

ציר אסימטריה נוסף ביחס לזמן הוא הגוף שלנו. ילדים גדלים ונעשים מבוגרים, אך לעולם לא קורה ההיפך. אם היינו רואים סרט שבו מבוגר הופך להיות ילד, הדבר היה נראה לנו לא תקני (=לא מתאים לחוקי הביולוגיה/פיסיולוגיה). הסרט ההפוך אינו מציג תהליך שמתאים לחוקי הטבע. ניתן להעלות כאן גם את התהליך האבולוציוני, שבו הפרימיטיבי

---

[6] אולי יהיה ברור יותר אם נאמר: 'פחות מיוחד', או 'מכיל פחות מידע'. במאה ה-19 היה מקובל לתאר את האנטרופיה במונחים מקרוסקופיים של תורת החום. המודל המתמטי של המכניקה הסטטיסטית מציג את האנטרופיה כמספר התצורות המיקרוסקופיות שמתאימות לתכונה מקרוסקופית נתונה, כלומר מספר האפשריות של פילוג החלקיקים במערכת. מצב שבו כל החלקיקים מפוזרים במרחב באופן אחיד מתאים להרבה יותר אפשרויות מיקרוסקופיות מאשר מצב בו כולם מרוכזים בפינה אחת של המיכל.

הולך ומשתכלל עם הזמן, ולא נסוג אחורה. כל אלו הם חיצי זמן ביולוגיים, ולכן המסקנה היא שהביולוגיה גם היא אסימטרית בזמן.

דוגמא נוספת, יסודית יותר, היא תחושתנו הסובייקטיבית שמבחינה בזרימה[7] של הזמן מהעבר לעתיד. התחושה הזו היא אסימטרית בעליל. אנחנו לא אדישים לאמירות בדבר השפעה מהעתיד לעבר. באופן כלשהו, גם אם לא קורה מאומה, מבחינתנו הזמן ממשיך כל העת לזרום קדימה, ואף אחד לא יכול לעצור אותו. יתר על כן, אנחנו זוכרים רק את העבר, אבל העתיד לוט בערפל מבחינתנו. אנחנו מצויים כל העת ב'עכשיו' כלשהו, שמתקדם מהעבר אל העתיד. כל העת נכבשים נתחים נוספים של העתיד והופכים לעבר. זהו חץ הזמן הפסיכולוגי.

כחלק מחץ הזמן הפסיכולוגי ההכרה והחשיבה שלנו מכוננות את מושג הסיבתיות, ורואות בזמן מרכיב מהותי בתוכו. סיבתיות מתארת יחס זמני בין אירוע הסיבה לאירוע המסובב, וההנחה היא שהסיבה לעולם קודמת בזמן למסובב (ראה על כך עוד להלן).

היחס בין צירי הזמן הללו: יש רק ציר זמן אחד

ראינו כמה הקשרים שבהם מופיע ציר הזמן, ולפעמים הוא מופיע בצורות שונות (סימטרי או אסימטרי). השערה ראשונה שעולה על הדעת היא שמדובר בכמה צירי זמן, והמשותף להם הוא רק השם שלהם. בעצם אלו מושגים שונים, ומשום מה לכולם אנחנו קוראים 'זמן'.

אמנם ישנם הגורסים שניתן להעמיד כמה מחיצי הזמן הללו על אחרים, כגון החץ הפסיכולוגי על זה הביולוגי, או החץ הביולוגי על התרמודינמי.[8] הדבר תלוי בהשקפת העולם שלנו לגבי הויטליזם בביולוגיה ולגבי הדואליזם בבעיית הגוף והנפש, ולנושא זה לא ניכנס כאן. דוגמא נוספת לכך היא

---

[7] השימוש בתיאורי "זרימה" לגבי הזמן נתפס על ידי רבים כמטפורי בלבד (ולכן לא לשווא הוא מופיע אצלנו לראשונה בהקשר של חץ הזמן הפסיכולוגי). בהמשך הפרק נדון בשאלה זו (בסעיף הפרדוכס של זרימת הזמן).

[8] להסבר של התפיסות השונות מנקודת מבט פיסיקלית, ראה ספרו של בריאן גרין, **מארג היקום**, תרגם מאנגלית עמנואל לוטס, בהוצאת מטר, 2006.

11

שיטתו של דייויד יום[9], שהוזכרה לעיל בסוף הפסקה האחרונה, לפיה ציר הזמן הסיבתי הוא נגזרת של ציר הזמן הפסיכולוגי.

לצרכינו כאן נסתפק בכך שאנחנו נוטים לזהות את חיצי הזמן הללו זה עם זה, והתכונות השונות שלהם מהוות בעייה שאנחנו עדיין מחפשים לה פתרון. גם בתוך עולמו של הפיסיקאי ישנה בעייה כזו. מחד, הזמן שמשתקף בתהליכים המיקרוסקופיים הוא הפיך, ומאידך בתהליכים המקרוסקופיים זהו זמן כיווני (לא הפיך). אף אחד אינו מציע לפתור את הבעייה הזו בכך שנאמץ הנחה לפיה מדובר בשני 'זמנים' שונים, ויש כאן רק שיתוף השם. פיסיקאים מנסים ליישב בין שתי התופעות הללו בצורות שונות, אבל לענייננו די בכך שהתפיסה היא שהזמן – זה הנחווה בקנה מידה יום-יומי וגם הזמן הפיסיקלי – הוא אחד ויחיד, וההקשרים השונים בהם הוא מופיע הם שיוצרים את ההבדל בתכונותיו. לשון אחר, לא מדובר כאן *בתכונות של הזמן* אלא *בהקשרים* בהם הוא מופיע. מנקודת מבט זו, השאלה היא האם הפיסיקה היא הפיכה או לא, ולא האם הזמן הוא הפיך או לא. הוא הדין לגבי הביולוגיה, או הפסיכולוגיה.

על קאנט והטרנסצנדנטליות: האם הזמן קיים?

ומה על הזמן כשלעצמו? החץ הפסיכולוגי גורם לנו להתייחס אליו כזורם לעולם קדימה. אך האם לא מדובר כאן בתחושה סובייקטיבית גרידא? אולי האסימטריה אינה אלא תוצא מלאכותי של תודעתנו (בדומה לטענתו של דייויד יום שהוזכרה למעלה)?[10] ניתן אולי לשאול זאת בצורה יותר דרמטית: האם בכלל הזמן הוא משהו שקיים באופן כלשהו בעולם כשלעצמו, או שמא כל עצמו של הזמן אינו אלא צורת התייחסות שלנו לעולם? אולי בעולם

[9] על הסיבתיות במשנתו של יום, ראה דייויד יום, **מסכת טבע האדם** (תרגם: יוסף אור), מאגנס, 1942 (הדפסה שמינית 2001), בעיקר בפרק י"ב - "על אומדנות הסיבות", עמ' 180 - 208. ראה גם:

T.L. Beauchamp & A. Rosenberg, *Hume and the Problem of Causation* (New York: OUP, 1981).

[10] כמובן שגם זה טעון הסבר, כיצד התודעה שלנו יוצרת תחושת זמן אסימטרית אם אין לכך מקור העולם האובייקטיבי עצמו?! כאן לא נעסוק בכך.

כשלעצמו אין בכלל דבר כזה זמן, והכל הוא תולדה של מבנה ההכרה והתודעה שלנו?

הפילוסוף הגרמני, עמנואל קאנט, ראה את החלל והזמן כקטגוריות טרנסצנדנטליות, כלומר כצורות תפיסה סובייקטיביות שכפויות עלינו מבפנים, ולא כיישים ממשיים שקיימים בעולם עצמו. מבחינתו, החלל והזמן הם רק צורות תפיסה של הכרת (ותודעת) האדם, אך הם לא קיימים מחוצה לו.

כאנקדוטה, נביא כאן השלכה מעניינת (ושגויה. ראה להלן) של תורתו זו של קאנט, אותה הציג הרב שם טוב גפן, בספרו **הממדים, הנבואה, האדמתנות**.[11] רש״ט טוען שם את הטענה הבאה: אם אכן צודק קאנט, והזמן הוא רק צורת התייחסות והכרה אנושית, אזי אין משמעות לשאלה כמה זמן קיים העולם. לפני היות אדם על הארץ לא היתה קיימת הקטגוריה של הזמן (שהרי זוהי רק צורת הכרה אנושית), ולכן מעצם ההגדרה של הזמן עולה כי גיל העולם הוא כגילו של האדם, ולא יותר.[12] הוא טוען שההתחבטות התיאולוגית בדבר הקונפליקט בין המסורת הדתית לבין המדע אודות גיל העולם באה כאן על פתרונה באופן מושלם. כאמור, להלן נראה שטיעון זה הוא שגוי.

השלכה הלכתית: האם ההלכה היא קאנטיאנית?

אין כאן המקום לדון בהרחבה בבעיה הפילוסופית הרחבה יותר של תפיסת עולם הלכתית לעומת זו הקנטיאנית[13], אך נביא כאן ראיה אחת לכך

---

[11] יצא לאור במהדורה מחודשת, הוצאת מוסד הרב קוק, ירושלים 2007.

[12] יש דמיון בין טיעון זה לבין השאלה הצינית (שהוצגה כחלק מהביקורת על פשר קופנהגן לתורת הקוונטים, שיוצג בקצרה להלן בחלק הרביעי) של איינשטיין את ידידו בוהר: ״האם לדעתך הירח איננו שם כשאף אחד לא מסתכל עליו?״ ראה על כך בספר המדעי-פופולרי:
F. David Peat ,*Einstein's moon: Bell's theorem and the curious quest for quantum reality*, Contemporary Books 1990.165-168 בעמ׳
להסבר מפורט יותר על פשר קופנהגן למיכניקת הקוונטים, ראו יואב בן-דב , **תורת הקוונטים - מציאות ומסתורין**, סדרת ״מה?-דע!״, דביר 1997, בעיקר בפרק א.

[13] לעיון במסגרת הכללית של ההשוואה וההנגדה בין היהדות ההלכתית ובין ההגות של קאנט (וממשיכיו הניאוקנטיאניים כגון הרמן כהן), ראו בספרו של הרב סולובייצ׳יק:

שהתמונה אותה מניחה ההלכה בנוגע לאובייקטים הלכתיים והאופן בו הם מתייחסים למציאות, כנראה[14] איננה קאנטיאנית. ההלכה מבחינה בין שתי צורות ליצור איסור נדר על חפץ מסויים: עיקר הנדר והתפסה. עיקר הנדר הוא אמירה על חפץ כלשהו שהוא אסור עלינו בנדר (או קונם). אמירה כזו מחילה איסור על החפץ, וכעת אסור ליהנות ממנו. התפסה היא העברת חלות איסור מחפץ שבו כבר יש איסור מהסוג של נדר (כמו נדר או קדושה וכדו׳) לחפץ אחר, וזוהי דרך שנייה להחיל איסור נדר על חפץ. בדרך השנייה ניתן להעביר קדושה שחלה על עצם אחד (=׳דבר הנדור׳, בלשון הגמרא) לעצם אחר. והנה הגמרא במסכת שבועות כ ע״א[15] דנה על התפסה בנדר ובשבועה, ואומרת כך:

איזה איסר האמור בתורה? האומר: הרי עלי שלא אוכל בשר ושלא אשתה יין כיום שמת בו אביו, כיום שמת בו פלוני, כיום שנהרג בו גדליה בן אחיקם, כיום שראה ירושלים בחורבנה - אסור; ואמר שמואל: והוא שנדור ובא מאותו היום; בשלמא לאביי, מדמתפיס בנדר נדר - מתפיס בשבועה שבועה, אלא לרבא קשיא! אמר לך רבא, תריץ ואימא הכי: איזהו איסר נדר האמור בתורה? האומר: הרי עלי שלא אוכל בשר ושלא אשתה יין כיום שמת בו אביו, כיום שנהרג בו פלוני. ואמר שמואל: והוא שנדור ובא מאותו היום; מאי טעמא? אמר קרא (במדבר ל): איש כי ידור נדר לה׳, עד שידור

Rabbi Joseph B. Soloveitchik, *The Halakhic Mind – An essay on Jewish tradition and modern thought*, Seth Press, (distributed by Free Press), New York 1986.

בעיקר בעמ׳ 49 (ובהערה 63 שם) – בנוגע לייחודיות של תפיסת הזמן הדתית לעומת זו המדעית והפילוסופית, ובעמ׳ 85 ואילך לגבי המעמד והפוטנציאל הפילוסופי של העיון ההלכתי. כמו כן ראה דב שוורץ, **הגותו הפילוסופית של הרב סולובייצ׳יק, איש ההלכה: דת או הלכה**, הוצאת אוניברסיטת בר אילן רמת גן תשסד, כרך א פרק רביעי (עמ׳ 93-107).

[14] על ביקורתו של הגרי״ד סולובייצ׳יק על האובייקטיביזציה של מושגים במעבר משלב עיון מחשבתי אחד לשני, ראה מאמרו של משה מאיר, ״בין הגותו של הרמן כהן ובין האורתודוקסיה״, בתוך: **רב בעולם החדש: עיונים בהשפעתו של הרב יוסף דוב סולובייצ׳יק על תרבות, על חינוך ועל מחשבה יהודית**, (עורכים אבינועם רוזנק, נפתלי רוטנברג), מכון ון ליר, הוצאת מגנס ירושלים תשע״א, עמ׳ 88.

[15] ראה גם מקבילה בנדרים יב ע״א.

בדבר הנדור. כיום שמת בו אביו. פשיטא! כיום שנהרג בו גדליה בן אחיקם איצטריך ליה, סלקא דעתך אמינא: כיון דכי לא נדר נמי אסור, כי נדר נמי לא הויא עליה איסור, והאי לאו מיתפיס בנדר הוא, קמ"ל.

יש כאן מחלוקת לגבי התפסה בשבועה ובנדר. רבא כותב שהתפסה לא מועילה, ולכן הוא מעמיד את דברי התנא בברייתא שלא עסק בהתפסה אלא בעיקר נדר. מהי ההבחנה בין שני אלו? על כך כותב רש"י שם:

תריץ ואימא כו' - כלומר האי תנא לאו במתפיס בנדר איירי אלא בעיקר נדר איירי ואשמעינן שאינו חייב בנדר אא"כ פירשהו ואח"כ תלאו בדבר הנידר עליו כבר כדיליף לה ואזיל מקרא וה"ק איזהו איסור נדר אבל מיתפיס בנדר לאו נדר הוא וה"ד מיתפיס כגון שלא פירש הרי עלי שלא אוכל בשר ושלא אשתה יין אלא אמר הרי עלי יום זה כיום שמת בו אביו כיום שראה את ירושלים בחורבנה.

התפסה היא החלת איסור נדר על יום זה כיום אסור אחר. הזכרנו את הפירוש המקובל בראשונים לגבי התפסה, לפיו המקור שממנו שואבים את האיסור חייב להיות חפץ קונקרטי שחלה עליו חלות איסור. מהו החפץ האסור במקרה שנדון כאן? היום שמת בו אביו, או היום שמת בו גדליה בן אחיקם. בהתפסה אנחנו מעבירים את חלות האיסור מהיום ההוא ליום הזה. הרי לנו שבתמונה ההלכתית יום הוא סוג של חפץ שרובץ עליו איסור.[16] אם אכן ההלכה רואה את הזמן כסוג של יש מופשט, ולא כצורת התייחסות כפי שראה אותו קאנט, אזי האפשרות להתייחס לצירי הזמן השונים כשונים זה מזה הופכת להיות בלתי סבירה. אם הזמן היה רק צורת התייחסות שלנו, היה מקום לומר שהזמן הפסיכולוגי הוא התייחסות בהקשר הפסיכולוגי,

---

[16] מדברי רש"י בתחילת הסוגיא משמע שהחפץ האסור שממנו שואבים את האיסור הוא חתיכות הבשר ביום האסור. אך זוהי עמדה בעייתית מאד, שכן על בשר כזה כלל לא רובצת חלות איסור, משתי סיבות: 1. מפני שהאיסור חולף עם חלוף היום, וכמה אחרונים כתבו שאיסורים זמניים הם איסורי 'גברא' ולא איסורי 'חפצא' (ראה ר' יוסף ענגיל, **אתוון דאורייתא** כלל י, ועוד). 2. מפני שההבנה באיסור אכילה בתעניות היא שזוהי חובת תענית על האדם ('גברא') ולא איסור בחפץ עצמו ('חפצא').

והזמן התרמודינמי הוא התייחסות שלנו לתרמודינמיקה וכדו'. אך אם הזמן הוא יש קיים, ולא רק צורת התייחסות, אזי סביר הרבה יותר שכל צירי הזמן הם בעצם ציר זמן אחד, ותכונותיהם השונות נובעות מההקשרים בהם הם מופיעים, ולא מכך שמדובר במושגים שונים.

המסקנה העולה מכאן היא, כפי שכבר טענו למעלה, שאי ההפיכות היא תכונה של ההקשר, התרמודינאמיקה, הביולוגיה, או הפסיכולוגיה, ולא של הזמן עצמו. לדוגמא, ההפיכות של הזמן הפיסיקלי היא תכונה של הפיסיקה המיקרוסקופית ולא של הזמן הפיסיקלי.

ומה תכונת הכיווניות של הזמן עצמו? היה מקום לומר שהזמן כשלעצמו אינו כיווני, והכיווניות בתחומים השונים מוכנסת על ידי החוקים הספציפיים ששולטים עליהם. אך אינטואיטיבית סביר יותר לומר שהזמן עצמו הוא אכן כיווני, כלומר זורם מהעתיד לעבר. הסימטריה שמאפיינת את הפיסיקה המיקרוסקופית היא תכונה של חוקי הפיסיקה ולא של הזמן. החוקים הללו קובעים שאם נסריט הפוך תהליך מיקרוסקופי נקבל תהליך אחר שגם הוא מתאים לחוקי הפיסיקה. זו אינה תכונה של הזמן אלא של החוקים. לדוגמא, אם החוקים תלויים בריבוע הזמן ולא בזמן עצמו, אזי התהליכים שנגזרים מהם הם סימטריים.[17]

הפרדוכס של זרימת הזמן

כאשר אנחנו מדברים על אי הפיכות של ציר הזמן עצמו (ולא אי הפיכות של חוקי הטבע), מתעוררת בעייה פילוסופית לא פשוטה. אי הפיכות של הזמן (להבדיל מאי הפיכות של הפיסיקה או הפסיכולוגיה, כלומר של האירועים שמתרחשים בזמן), מניחה שישנה כיווניות לזרימת הזמן. וברובד היסודי יותר היא מניחה שישנה זרימה של הזמן לכיוון מסויים (=קדימה). ההפיכות, לעומת זאת, מניחה שאין כיוון מוגדר לזרימה הזו, אבל גם היא

---

[17] הניסוח למעלה אינו מדוייק, והוא שימש אותנו להדגמה בלבד. ניסוח מדוייק יותר הוא שחוקי הפיסיקה המיקרוסקופית תלויים בנגזרת השנייה לפי הזמן, ולכן התהליכים הנגזרים מהם הם סימטריים.

מדברת על זרימה של הזמן. אך למה בדיוק הכוונה כאשר אנחנו אומרים 'זרימה של הזמן'?

כדי להבין טוב יותר את הבעייה, נגדיר זרימה של אירועים או התרחשויות שונות על גבי ציר הזמן. לדוגמא, גוף שיש לו מהירות, משנה את מקומו על פני ציר הזמן. המיקום שלו משתנה עם הזמן, כלומר זורם על פני ציר הזמן. ובצורה קונקרטית יותר, בזמן t_1 הוא נמצא במיקום x_1, ובזמן t_2 הוא נמצא במקום x_2. אם ישנה תכונה כלשהי של הגוף שמשתנה עם הזמן, אנחנו מתכוונים לומר שבזמן t_1 יש לו תכונה A ובזמן t_2 יש לו את התכונה B (שיכולה להיות שונה מ-A. לדוגמא, הגודל שלו משתנה, או הצבע, או הטמפרטורה וכדו'). זהו תיאור כללי ומופשט של שינוי של משהו על פני ציר הזמן.

אך לפי ההגדרה הזו למה בדיוק אנחנו מתכוונים כאשר אנחנו אומרים שהזמן עצמו זורם? כוונתנו לומר שהזמן משתנה במובן כלשהו. אך משתנה על פני מה? האם גם הוא זורם על פני ציר הזמן? אם זוהי הכוונה, אז התכונות A ו-B בהגדרה המופשטת שלמעלה מיתרגמות לזמנים. אם כן, זרימה של הזמן מקבלת את המשמעות הבאה: בזמן t_1 הזמן הוא T_1 ובזמן t_2 הזמן הוא T_2. אבל משפט כזה הוא או טריביאלי (אם נזהה את t_1 עם T_1 ואת t_2 עם T_2), או חסר משמעות (אם הזהויות הללו לא מתקיימות).

בעיה דומה מתעוררת לגבי זרימה אחורה בזמן. בפרק החמישי נראה שזוהי בעיה דומה למדי. גם כאן מופיעה הבעייה של זהות בין t_i לבין T_i שאינה מתקיימת. לכאורה כל הדיבורים על כיווניות של הזמן, או על זרימה של הזמן, הם או חסרי משמעות או טריביאליים.

הטיעון של ריצ'רד טיילור: שקילות הזמן והמרחב

הבעייה אותה הצגנו למעלה היא שזרימת הזמן כרוכה בפרדוכס, שכן אין לזמן על פני מה לזרום. כל מה שזורם עושה זאת על פני ציר הזמן, אם כן, על

פני מה זורם הזמן עצמו? הוא אינו זורם על פני ציר הזמן, שכן זה מוליך לאבסורדים. אז על פני מה הוא כן זורם?

ריצ׳רד טיילור, בפרק השביעי של ספרו, **מטפיזיקה**,[18] כאשר הוא דן ביחס בין הזמן למרחב, מציע הצעה מעניינת: הזמן זורם על פני המרחב. טיילור דן בתחושה (האשלייתית לטענתו) שישנה אסימטריה בין הזמן למרחב, שכן הזמן כל העת זורם והמרחב הוא סטטי. הוא טוען שהמרחב והזמן הם בעלי אותו אופי בדיוק, ומציע את המבחן הבא שיראה זאת: כל משפט שניתן לנסח לגבי הזמן ניתן להחליף בו את מושגי הזמן במושגי מרחב ולהיפך ולקבל משפט סביר ועקבי. לדוגמא, המשפט שהבאנו למעלה: בזמן t_1 העצם נמצא במיקום x_1, ובזמן t_2 הוא נמצא במקום x_2, מתאר שינוי מקום על פני ציר הזמן (=גוף בעל מהירות). ניתן להחליף בו את מושגי הזמן במושגי מקום ולהיפך, והמשפט שיתקבל הוא תקני באותה מידה: במיקום x_1 העצם נמצא בזמן t_1, ובמקום x_2 הוא נמצא בזמן t_2. כאן הזמן זורם על פני המרחב, והתהליך המתקבל הוא סביר באותה מידה. בעצם זה אותו תהליך עצמו, של שינוי מקום על פני הזמן, והשאלה היא רק מיהו בעינינו המשתנה הבלתי תלוי ומיהו המשתנה התלוי. זו רק שאלה של צורת ההתייחסות שלנו לתהליך של מהירות ושינויי מיקום. ניתן לראות זאת כשינוי מקום על פני ציר הזמן, וניתן לראות זאת כשינוי זמן על פני ציר המקום. העובדה שהתיאור השני נראה לנו מלאכותי היא כנראה רק עניין של הרגל.

ובכל זאת, שני צירי זמן!

אך על אף הכל קשה להתעלם מהתחושה האינטואיטיבית שלנו, שהזמן זורם והמרחב הוא סטטי. גם אם המלאכותיות של התיאור השני היא תוצאה של הרגל, כפי שטוען טיילור, ההרגל הזה עצמו אומר שלפחות במישור הפסיכולוגי ישנה אצלנו אסימטריה בין הזמן למקום: לזמן יש כיווניות ולמקום לא. הזמן זורם והמקום הוא סטטי.

---

[18] ריצ׳רד טיילור, **מטפיזיקה** (תרגמה: יעל כהן), הוצאת אדם, אוניברסיטה חופשית, 1983.

כדי להסביר את התחושה הזו, הציעו הורוביץ, ארשנסקי ואליצור,[19] את
ההיפותזה בדבר שני צירי זמן, האחד סטטי והשני דינמי, כך שהאחד זורם
על פני השני.[20] משמעות הדבר היא שהתחושה שלנו בדבר הזרימה של הזמן
מלמדת אותנו שלפחות בתודעה שלנו יש שני צירי זמן שונים, ותחושת
הכיווניות נוצרת מתוך כך שאחד מהם זורם על פני השני. נעיר כי למסקנה
דומה מגיע כבר בתחילת המאה ה-20 הפילוסוף הסקוטי מקטגרט.[21]
ומכאן שגם אם צודק טיילור בטיעונו שהוצג למעלה, הסימטריה בין הזמן
למרחב קיימת רק כאשר אנו מתייחסים לציר זמן אחד, שאם בכלל הוא
יכול לזרום זה אך ורק על פני המרחב. אך בתמונה בה ישנם שני צירי זמן,
האסימטריה בעינה עומדת. הזמן t זורם על פני הזמן τ (וממסקנתנו למעלה
עולה שהזרימה הזו היא לעולם קדימה), ואילו המרחב הוא סטטי ביחס
אליו. זהו הפשר לאסימטריה בין הזמן למרחב.

השלכות: שיכתוב ההיסטוריה

המסקנה אליה הגענו, לפיה ישנם שני צירי זמן שאחד מהם זורם על פני
השני, מאפשרת לנו להבין ולבטא כמה דברים שלא ניתן לבטא אותם
בתמונה בה יש רק ציר זמן אחד. נדגים זאת דרך טיעונו של ר' שם טוב גפן,
שהוזכר לעיל.

---

[19] ראה:
L. P. Horwitz, R. I. Arshansky and A. C. Elitzur, On the Two Aspects of Time: The Distinction and Its Implications, *Foundations of Physics*, 18, 12 (1988): pp. 1159-1193.
[20] בתורת היחסות הפרטית מגדירים את האינטרוול τ שהוא בעל מימדים של זמן, בנוסף לזמן הסטנדרטי t. בדרך כלל פיסיקאים אינם מתייחסים לאינטרוול כזמן, על אף שיש לו מימדים של זמן. הצעתם של הורוביץ, ארשנסקי ואליצור, היא שמדובר כאן בציר זמן נוסף, סטטי באופיו, שהזמן הסטנדרטי t זורם על פניו. ראה גם בספרו הנ"ל של אליצור, בפרק ח, ובמאמרו של מיכאל אברהם, 'חצו של זנון והפיסיקה המודרנית', **עיון** מו, תשרי תשנ"ח, עמ' 425, שניהם עומדים על הקשר למחלוקת בין איינשטיין לברגסון אודות טיבו של הזמן. בסוף הפרק החמישי נעמוד על היבט נוסף של הצעה זו של הורוביץ ועמיתיו, לגבי אירועים של חזרה אחורה בזמן.
[21] עוד על כך במאמרו הנ"ל של מיכאל אברהם, חצו של זנון, תשנ"ח.

רש"ט טען שאין משמעות לשאלות אודות גיל העולם, שכן ב'משקפיים'
קנטיאניות הזמן אינו אלא צורת הסתכלות של האדם, ולכן אין משמעות
לדיבורים על זמן לפני היות אדם על פני האדמה. לשיטתו גיל העולם, מעצם
הגדרת הזמן, הוא בדיוק כגילו של האדם. מה היה 'לפני כן'? המונח 'לפני'
אינו קיים בשלב זה של ההיסטוריה, שכן הוא שייך לספירה של המונחים
הזמניים, ואלו נולדו עם ציר הזמן שנולד עם האדם. הדבר דומה לטענתם
של פיסיקאים, שאין כל משמעות לדבר על מה שקרה לפני המפץ הגדול, שכן
הזמן עצמו נברא רק בעת המפץ.

אך בטיעונו של הרש"ט ישנה הנחה מוטעית. למעשה, הזמן הוא צורת
התבוננות של האדם הספציפי, ולכן מבחינתו לא היתה צריכה להיות
משמעות לטענות זמניות לפני לידתו. אמנם זוהי צורת הסתכלות של כל
אדם, אבל מכיון שהיא סובייקטיבית, ואינה קיימת בעולם כשלעצמו, אזי
הזמן במערכת ההתייחסות של ראובן קיים רק מאז שראובן נמצא על פני
האדמה. האם ראובן אינו יכול לשאול מתי נולד אביו? לכאורה, לפי טיעונו
של רש"ט שאלה זו היא חסרת משמעות, שכן מדובר על אירוע שאירע לפני
שראובן נולד, אבל המונח 'לפני' בשפה שלו עדיין לא יכול לחול על אירועים
כאלה.

השגיאה כאן היא שגם אם צודק קאנט, והזמן הוא אכן רק צורת הסתכלות
של האדם (למעלה ראינו שההלכה אינה רואה זאת כך), עדיין ניתן לדבר על
אירועים שהתרחשו לפני שנולדתי. במשקפיים הנוכחיות שלי היום אני
מתאר זאת כ'לפני' שנולדתי. זוהי השפה שלי היום, אבל אין כל מניעה
להשתמש בה כלפי אירועים מהעבר. המשקפיים והשפה הם חדשים, אך
מדוע ייבצר ממני להשתמש בהם כלפי אירועים שהתרחשו קודם לידתם?!

יש לשים לב שלגבי המפץ הגדול המצב הוא שונה. לפחות לפי
האינטרפרטציה הפיסיקלית הרווחת, הזמן עצמו נולד עם המפץ, כלומר
הציר שאליו אנחנו מתייחסים (יהא סובייקטיבי, כדעת קאנט, או לא)

מתחיל עם המפץ[22]. טענות אודות מה שהתרחש לפני המפץ אינם קבילות, שכן גם הציר הסובייקטיבי נולד במפץ. הציר שמשמש אותנו בשפה שלנו הוא ציר שמתחיל ברגע המפץ הגדול, ולכן אין משמעות לדבר על סדר זמנים לפני המפץ. כאן אין טעות לוגית, גם אם בהחלט ניתן להתווכח על האינטרפרטציה הפיסיקלית הזו כשלעצמה.

מהי משמעות הדברים? אם נתבונן על ציר הזמן נראה שלפי ההנחה הקנטיאנית לפני שנולד האדם לא היה זמן. לא נכון היה לדבר על סדר זמנים באותה עת. אך לאחר שהאדם נולד נוצרה האפשרות לראות אחרת את העבר. כעת ניתן לדבר על סדר זמנים, אבל לא רק לגבי אירועים שמתרחשים עכשיו, אלא גם לגבי אירועים מן העבר הרחוק שפעם לא ניתן היה לדבר עליהם במונחים כאלו. אנחנו סורקים מחדש נקודות על ציר הזמן שכבר חלפו, או חולפים על פניהן מחדש. במצב כזה לכל נקודה על ציר הזמן יש כפל משמעות: הנקודה כפי שהיא נראית ממבט של מי שנמצא בה עצמה, ואותה נקודה כפי שהיא נראית ממבטו של מי שנמצא שנים רבות אחריה. במקרה זה, מי שנמצא בנקודה הזו עצמה, לא יכול לדבר עליה במונחי זמן, אבל מי שנולד מיליוני שנים אחריה יכול לשוב ולדבר במונחי זמן על אותה נקודה בעבר. בעצם משמעות העניין היא שיש כאן שני צירי זמן, או ציר זמן דו-מימדי, בדומה למה שפגשנו למעלה.

במינוח אחר ניתן לומר שמה שמתרחש כאן הוא בעצם שיכתוב של ההיסטוריה. כידוע, במאה העשרים, בעידן הקומוניסטי, ההיסטוריה בבריה״מ הוצגה מנקודת המבט של השליט הנוכחי. בכל עת שעלה שליט חדש, ההיסטוריה נצבעה ותוארה מחדש, בהתאמה לאג׳נדה ולאינטרסים שלו. במציאות כזו, אירוע שהתרחש בעבר, כגון המצאת מנוע הקיטור המודרני במאה ה-18, מתוארת בכמה צורות שונות. במאה ה-18 היא תוארה באופן שג׳יימס ואט הוא שהמציא (או שיכלל) את מנוע הקיטור. לעומת

---

[22] בחרנו כאן בתיאור פשטני כאילו הזמן *מתחיל* בייחודיות. בתיאור של תורת הכבידה הקוונטית יכול המרחב-זמן להיות תחום וסופי וחסר גבולות של ייחודיות. ראו סטיבן הוקינג, **קיצור תולדות הזמן**, (תרגום, עמנואל לוטס), ספריית מעריב 1989 תל אביב עמ׳ 131.

זאת, במאה העשרים יכול להיווצר תיאור לפיו סטלין, או בוגוליובוב, הוא שהמציא את סוג המנוע הזה. כידוע, בבריה״מ כל משפט מתמטי שהתגלה במערב קיבל שם והיסטוריה חדשים, והוצג כהמצאה סובייטית. כדי לתאר מציאות כזו לא די לנו בציר זמן אחד[23], שהרי כדי לדבר על המצאת מנוע הקיטור עלינו לציין לא רק את זמן האירוע, אלא גם את הזמן שממנו אנחנו מביטים אל האירוע הזה. מה שקרה במאה ה-18 הוא פונקציה של שני צירי זמן, ולכן בשפה של לוגיקת הזמן המודרנית נאמר כי נדרש כאן זמן דו-מימדי (או שני צירי זמן).

אך בל נטעה, כפל הזמנים אינו תמיד תוצא מלאכותי של תעלולי תעמולה קומוניסטיים. ישנם מצבים שבהם כל שפה תידרש לזמן דו-מימדי (או שני צירי זמן). ראינו למעלה את התחושה של חלוף הזמן, שמבוססת גם היא על כפל צירי הזמן. עוד ראינו בטיעונו של רש״ט, שגם שם נדרש כפל צירי זמן, שכן ההתבוננות על אירוע בזמן עבר תלויה גם במשקפיים אותם חובש המתבונן בהווה. אך ישנם גם הקשרים נוספים, קונוונציונליים יותר. נביא כאן רק דוגמא הלכתית/משפטית אחת.

ראובן נותן עכשיו במתנה לשמעון את החפץ A, אך המתנה מותנית בכך ששמעון יעשה X בעוד שבוע. כל עוד שמעון לא עשה X, המתנה אינה שייכת לו. אך מעת ששמעון יעשה את המעשה X, המתנה תהיה של שמעון כבר מעכשיו. אם כן, הרגע הנוכחי יכול להיות מתואר משתי זוויות מבט: מי שנמצא ברגע הזה עצמו, סובר ש-A אינו שייך לשמעון ברגע זה. אך לאחר שבוע, משהתברר ששמעון עשה את המעשה הדרוש X, המציאות משתנה רטרואקטיבית, ו-A כבר שייך לשמעון החל מרגע הנתינה. גם כאן אותו רגע עצמו נשפט משתי זוויות מבט, ויש כאן מעין שיכתוב של ההיסטוריה.

ישנן כאן כמה זוויות והבחנות נוספות שדורשות הבהרה וחידוד, ואנו נרחיב עוד בנקודה החשובה הזו להלן בפרק הרביעי.

---

23 כמובן שבדוגמא זו מדובר בזמן היסטורי ולא בתודעת זמן פרטית, והיא משמשת כמקבילה בקנה מידה גדול.

התיאור המתמטי של כפילות צירי הזמן

ראינו שלפחות בהקשרים משפטיים נדרשים לנו שני צירי זמן, או ציר זמן דו-ממדי. נראה כעת כיצד ניתן לטפל במצב כזה בפורמליזם מתמטי-לוגי.

כאשר יש לנו טענה שתלויה בזמן, אנו מציגים זאת באמצעות פונקציה שהזמן הוא אחד המשתנים הבלתי תלויים שלה: $f(x,t)$. משמעותה של פונקציה כזו יכולה להיות משהו כמו: קורה משהו (=f) לגורם x בזמן t. ויותר קונקרטי: ראובן (=x) נעשה חולה (=f) בזמן t.

בדוגמא שנדונה לעיל, עסקנו בנתינת מתנה. במתנה רגילה (כלומר שניתנת ללא מגבלה של תנאי), הפונקציה $f(a,x,t)$ טוענת את הטענה הבאה: בזמן t האדם x קיבל את a במתנה. לחילופין, ניתן לדבר על התוצאה: בזמן t החפץ a שייך לאדם x. כאן הפוקנציה f מוגדרת כקביעת בעלות: x הוא בעלים על a בזמן t.

כעת נחשוב על המצב המורכב יותר שתואר בדוגמא למעלה. המתנה ניתנה בזמן t_0 בתנאי כלשהו, שאמור להתבצע בזמן מאוחר יותר t_1 (בדוגמא הקודמת: שבוע אחרי זמן הנתינה). כעת נשאל את עצמנו האם החפץ שייך לאדם x בזמן t כלשהו? התשובה אינה חד משמעית. הדבר תלוי האם פעולת התנאי אכן בוצעה או לא. כאשר $t= t_0$, כלומר אנחנו מתעניינים בבעלות על החפץ בזמן הנתינה, אזי נכון לומר שהחפץ עדיין לא שייך לראובן, שכן עדיין לא בוצע התנאי. בזמן מאוחר יותר המצב אינו משתנה, עד זמן ביצוע התנאי, t_1. אם התנאי אכן קויים אז החפץ שייך לראובן. אולם אם התנאי נקבע כך שהוא חל רטרואקטיבית (ראה על כך בחלק הבא) אזי כפי שראינו הוא משכתב את ההיסטוריה, והחפץ שייך לראובן כבר מרגע הנתינה t_0.

23

אם כן, התשובה לשאלה האם ברגע t כלשהו החפץ שייך לראובן תלויה לא רק ברגע t בו אנו עוסקים, אלא גם ברגע בו אנחנו שואלים את השאלה. אם אני נמצא בין t_0 לבין t_1 אזי התשובה היא שלילית. אבל אם אני נמצא אחרי t_1, התשובה (לגבי הרגע t) הופכת להיות חיובית. כלומר לגבי אותו רגע עצמו יש שתי תשובות נורמטיביות שונות, שתלויות בזמן בו שואלים את השאלה. במצב כזה לא די לנו בציר זמן אחד כדי לתאר את המצב המשפטי-הלכתי, ונחוצים לנו שני צירי זמן שונים: הציר של האירועים עצמם (על איזה רגע שאלנו את השאלה) והציר של השיפוט הנורמטיבי לגביהם (באיזה רגע שאלנו את השאלה). במינוח מתמטי אנו אומרים שהזמן כאן הוא דו-ממדי. במקרה כזה הפונקציה מקבלת את הצורה $f(a,B,x,t,t')$, שמשמעותה היא הבאה: ברגע t' ניתן לקבוע שהחפץ a שייך ל-x בזמן t, אם קויים התנאי B. לגבי הדוגמא מלמעלה, הפונקציה הזו מוגדרת באופן הבא: עבור זמנים שלפני הנתינה ($t<t_0$) בכל מקרה $f=0$ (כלומר החפץ a לא שייך ל-x). אנו עוסקים רק בזמנים t מרגע הנתינה והלאה. עבור זמנים אלו התשובה תלויה ברגע בו נשאלת השאלה (t'). לכן מה שמקבלים הוא:

- $t_0 < t' < t_1$: $f= (0,?)^{24}$ עבור כל $t>t_0$.

- $t'>t_1$: אם $B=1$ אז $f=1$ עבור כל $t>t_0$. ואם $B=0$, אזי $f=0$ עבור כל t.

זוהי ההצגה המתמטית של ציר זמן דו-ממדי, כלומר של שיכתוב ההיסטוריה. נראה שלפעמים יותר קשה להציג ולהבין באופן שיטתי ומדוייק את שכתוב ההיסטוריה מאשר לבצע אותו. נעיר כי בפרק החמישי נראה שוב את הכפילות של צירי הזמן מזווית נוספת.

---

24 הסימון הזה מבטא שתי אפשרויות: או שערך הפונקציה אינו ידוע, שכן לא ידוע האם התנאי התקיים או לא. ויש אפשרות לטעון שהערך הוא 0, שכן כל עוד לא ידוע שהתנאי התקיים החפץ אינו שייך למקבל.

פרק שני

על סיבתיות, לוגיקה וזמן

מבוא

בפרק הקודם עמדנו על כמה אספקטים יסודיים ביחס לזמן ולצירים שונים של הזמן. בפרק זה נעסוק בקשר בין זמן לסיבתיות, ובין שני אלו ללוגיקה.

הקשר בין זמן לסיבתיות

הקשר בין סיבתיות לזמן הוא מושכל ראשון, מאז ומעולם. ההנחה הפשוטה היא שסיבה לעולם צריכה להופיע לפני המסובב, ובודאי שהיא אינה יכולה להופיע אחריו. בין פיסיקאים, כאשר אומרים שיש יחס של סיבתיות בין אירוע א' לב', בדרך כלל המשמעות אינה אלא שא' קודם בזמן לב' (או במונחים החלל-זמניים של תורת היחסות: שב' נמצא בתוך קונוס האור של א', כלומר יכול להיות מושפע ממנו[25]). דייויד יום זיהה בין שני הביטויים הללו אפילו ברמה המושגית, כלומר לדעתו סיבתיות אינה אלא קדימה זמנית הכרחית, ותו לא. כפי שנראה להלן, הרכיב של הגרימה אינו קיים במשנת הסיבתיות שלו, ובודאי שהוא אינו רכיב הכרחי בהגדרת היחס הסיבתי.

בפיסיקה המודרנית יש המשתעשעים ברעיונות של סיבתיות הפוכה, כלומר סיבה שמאוחרת למסובב. אמנם עקרון הסיבתיות אוסר זאת, אך בתורת הקוונטים ישנם מכניזמים שלכאורה מאפשרים את הדבר.[26] במאה השנים

---

[25] להסבר של המושגים ראו יואב בן-דב **פיסיקה – תורות ומושגים**, הוצאת משרד הבטחון האוניברסיטה המשודרת 1991, פרק 10 – "סרגלים ושעונים".

[26] במכניקת הקוונטים יש קשר בין נושא הסיבתיות והלוקליות (המקומיות) של תהליכים. על זמן וסיבתיות בהקשר של הפיסיקה של המאה העשרים בכללה (תורת הקוונטים ותורת היחסות), ראו שחר דולב, "מה יילד יום? הרהורים על טבע הזמן בפיסיקה של המאה העשרים ואחת", בתוך: **הזמן: מבט מהפסיכואנליזה וממקום אחר**, עורכת: אמיליה פרוני, מכון ון-ליר והוצאת הקיבוץ המאוחד, ירושלים 2004, בעיקר בפרק ג (על זמן במכניקת

האחרונות מתנהל על כך ויכוח ער בין פיסיקאים כמו גם בין פילוסופים.
נציין כי כאשר מדברים על הפיכות בזמן (רוורסיביליות) של תהליכים
פיסיקליים, אין הכוונה לטעון שהסיבה מופיעה אחרי המסובב, אלא שאם
אירוע א׳ יכול להופיע לפני אירוע ב׳ (להיות סיבתו), אזי לפי חוקי הפיסיקה
(בטמפרטורה 0) לעולם אפשרי גם התהליך שבו אירוע ב׳ מופיע לפני אירוע
א׳.

מסתבר שבהתרחשות בה א׳ קודם לב׳ אנו נגדיר את א׳ כסיבה ואת ב׳
כמסובב, ובהתרחשות שבה ב׳ קודם לא׳ אנו נגדיר את ב׳ כסיבה ואת א׳
כמסובב. התוצאה היא שאם חוקי הפיסיקה המיקרוסקופית מרשים שא׳
יהיה סיבתו של ב׳ אזי הם בהכרח מרשים גם שב׳ יהיה סיבתו של א׳.[27]
השאלה מה זה אומר על יחס הגרימה בין שני האירועים אינה פשוטה, שכן
הגרימה היא יחס כיווני, ולכן קשה לקבל מונחים של גרימה שהיא סימטרית
בזמן. אולם כאשר מנטרלים את רכיב הגרימה מהיחס הסיבתי, ומעמידים
את היחס הזה על קדימה זמנית בלבד, הקביעה הזו אינה כה מוזרה כפי
שהיא נשמעת. ובאמת בפיסיקה לא מופיע באופן מפורש יחס סיבתי בין
אירועים. היא עוסקת בתיאור תהליכים על פני ציר הזמן, ולא בהגדרת יחסי
הגרימה ביניהם.

עד כאן לגבי עולם העובדות הפיסיקליות. לעומת זאת, בהקשרים
נורמטיביים אנו מוצאים כמה וכמה מכניזמים שנראים כאילו פועלת בהם
סיבתיות מהופכת, מהעתיד לעבר. הדברים אמורים במערכות משפטיות,
הלכתיות, ואולי גם מוסריות. דוגמא בולטת היא המכניזם המשפטי של
תנאי רטרואקטיבי, שהובאה לעיל. השאלה היא האם תיתכן סיבתיות כזו

קוונטים) ובפרק ט (סיבתיות במכניקת קוונטים). לעיון נוסף בנושא הסיבתיות והזמן
בתורת הקוונטים ראו גם :
L.S. Schulman, *Time's Arrows and Quantum Measurement,* Cambridge Univ. Press, Cambridge, 1997

[27] ראה למשל :
William R. Wharton, *Understanding Time and Causality is the key to understanding Quantum Mechanics*; URL: http://xxx.lanl.gov/abs/quant-ph/0310131

מחוץ לעולם הפיסיקה, ומה משמעות הדבר? ביסוד הדברים עומדת השאלה מהי הלוגיקה ששולטת על מכניזמים כאלה.

בהקשר ההלכתי עסק בנושא זה פרופ' קופל רבינוביץ, במאמרו בנושא הברירה.[28] מסקנתו היא שאין הבדל בין החשיבה ההלכתית לזו המדעית, וגם המכניזמים שנראים כאילו יש בהם סיבתיות הפוכה, אינם באמת כאלה. וכך הוא כותב:[29]

> ***בתחום זה, עולם ההלכה שונה עקרונית מעולם המדע בשלשה היבטים.***
>
> ***ההיבט האחד, במדע מבחן האמת והשקר של העולם האידאלי הוא התנהגות העולם המעשי ואילו בעולם ההלכה המצב הפוך, הדין של מצב הלכתי מעשי נבחן ונקבע ע"י המצב ההלכתי האידאלי.***
>
> ***ההיבט השני, בעולם ההלכה על פי רוב האקויולנט למספר האלמנטים של האוכלוסיה הקובע לצורך הדין הוא קטן ביותר ולכן לכל אלמנט יש השפעה ניכרת על האוכלוסיה כמכלול ולא ניתן להזניחה.[30] החוק הסטטיסטי המתקבל לגבי אוכלוסיה קטנה יהיה אפוא בעל סטיות גדולות.***
>
> ***ההיבט השלישי, בעולם ההלכה פרמטרים רבים הקובעים את הדין קשורים לדברים סוביקטיביים ולגדלים לא מדידים כגון רצון, בחירה, ידיעה וכיו"ב, פרמטרים אלה עשויים להשתנות ללא חוקיות במשך הזמן, לכן לא ניתן להפעיל את עקרון התכליתיות בהווה ולצפות להתנהגות מוגדרת בעתיד.***

---

[28] קופל רבינוביץ, "החשיבה המדעית, החשיבה ההלכתית ודין ברירה", **בד"ד** 4, חורף תשנ"ז

[29] קופל רבינוביץ תשנ"ז, שם, עמ' 29 ואילך.

[30] באוכלוסית עיר גדולה אנו מוצאים גם השפעה על הדין. לדוגמא, נהג אמבולנס (במדה ואין מספיק תורנים ו/או אמבולנסים) חוזר בשבת לאחר הובלת חולה לביה"ח לתחנתו בגלל הסיכוי כי חולה נוסף שיש בו סכנה יזדקק לו.

מסיבות אלה, יש לטפל בעולם ההלכה עפ"י עקרון הסיבתיות בו הסיבה קודמת לתוצאתה.[31] לכן, חוזרת השאלה לגבי הדין של אלו הסוברים כי יש ברירה והסוברים איגלאי מילתא למפרע כיצד המעשה בעתיד ואשר איננו יודעים אותו היום בודאות או בכלל אינו ידוע לנו עתה גורם לתוצאה בהווה.

על מנת לשמר את העקרון של קדימות הסבה בזמן למסובב הימנה, חייבים להניח שלש הנחות.

- לא המעשה העתידי הוא הסבה שתוצאותה הוא הדין בהווה.

- אי ידיעת הסבה אין משמעותה כי לא קימת סבה.

- הסבה נמצאת כבר עתה והיא הגורמת לתוצאה הבאה בעקבותיה.

מכאן, כדי לשמר את קדימות הסבה לתוצאתה, אפשר לראות את הסבה במציאות בכח הקימת כבר בהווה בין אם יש לנו ידיעה מלאה או חלקית עליה ובין אם אין לנו עליה כל ידיעה בכלל. בצורה זו קימת סיבתיות ישרה ולא הפוכה...

מכאן הוא מתחיל לתאר את המכניזמים ההלכתיים באופן שיתאים לתפיסה הפיסיקליסטית של ההלכה, לפיה גם בעולם ההלכתי-משפטי הסיבה לעולם קודמת למסובב.

כפי שנראה בהמשך דברינו, תמונה זו אינה עומדת במבחן העובדות ההלכתיות. אנו נוכיח כי ההלכה מכירה בסיבתיות הפוכה, כלומר בהשפעה אחורה בציר הזמן. יתר על כן, כפי שנראה אין אפילו מחלוקת לגבי האפשרות הזו. הבעייתיות במושג 'ברירה' אותו מזכיר רבינוביץ היא שונה לגמרי. כדי לתאר ולהסביר זאת דרושה לוגיקה שיכולה לטפל במכניזמים כאלה. בהמשך הספר אנו נציג לוגיקה כזו, ונסביר באמצעותה את מכלול

---

[31] הרב נחום אליעזר רבינוביץ בהקדמה לפירושו **יד פשוטה** ליד החזקה של הרמב"ם על הלכות תשובה (הוצאת מעליות, מהדורה שלישית עמ' ב') מתיחס לחד כיווניות הזמן וכי הסבה תמיד קודמת לתוצאתה. אם היה עולם בו הזמן פועל גם בכוון הפוך, אזי הסבה בעולמנו היתה הופכת בעולם האחר למסובב, והמסובב היה הופך לסבה. לפיכך בעולם בו הזמן פועל בכיוון הפוך לא היה קיים עקרון הבחירה החפשית. בחירה זו היתה הופכת למסובב. נימוק זה תקף רק על בסיס ההנחה כי הסבה תמיד קודמת למסובב.

התופעות ההלכתיות הללו. אך עלינו להקדים כאן ניתוח קצר של היחס הסיבתי עצמו, ושל יחסו למושגי זמן.

שלושת הרכיבים של היחס הסיבתי

ליחס הסיבתי יש כמה פנים,[32] ובעצם ניתן לומר שהוא מורכב מכמה רכיבים. כפי שנראה בהמשך דברינו, אי הבחנה ביניהם עשויה להוליך לאי הבנות חמורות ביחס למושגי הסיבתיות והזמן עצמם. נציג כעת שלושה רכיבים כאלו: זמני, לוגי ופיסיקלי.

- **הרכיב הזמני**. ראשית, אנחנו מניחים בדרך כלל שהסיבה אמורה להיות קודמת בזמן למסובב. זהו רכיב הזמן, שכפי שכבר ראינו נחשב כרכיב מהותי של היחס הסיבתי.
- **הרכיב הלוגי**. שנית, בין הסיבה למסובב קיים גם יחס לוגי, שכן הסיבה היא תנאי (במובן הלוגי) למסובב. מהי משמעות היחס הזה? ניתן לומר שאם התקיימה הסיבה בהכרח יתקיים גם המסובב (לא ייתכן מצב שהסיבה התרחשה והמסובב – לא). כלומר היחס הלוגי בין הסיבה למסובב הוא יחס של תנאי מספיק.

  השאלה האם מדובר בתנאי שהוא גם הכרחי, או בתנאי מספיק בלבד, שנויה במחלוקת בין פילוסופים.[33] יש מהם שטוענים כי מדובר בתנאי הכרחי ומספיק, כלומר שבכל פעם שהתרחש המסובב ברור שהיתה גם הסיבה. במילים אחרות: לא ייתכן שתהיה סיבה

---

[32] לסקירה של מרכיבי הסיבתיות על נציגיהם השונים והיישומים המושגיים, ראו בערך "זמן" באנציקלופדיה לפילוסופיה של אוניברסיטת סטנפורד:
Dowe, Phil, "Causal Processes", *The Stanford Encyclopedia of Philosophy (Fall 2008 Edition)*, Edward N. Zalta (ed.), URL = <http://plato.stanford.edu/archives/fall2008/entries/causation-process/>.

[33] ראה על כך בספרו של יובל שטייניץ, **עץ הדעת**, דביר 1994, בחלק השני, ובביליוגרפיה שמובאת שם. טיעונו של שטייניץ לטובת העמדה של חוסר ההכרחיות יידון להלן.

29

אחרת שמחוללת את המסובב, אלא סיבה חייבת להיות יחידה. לעומתם, יש הגורסים כי היחס הלוגי אינו צריך להיות הכרחי אלא רק מספיק. ייתכן מצב בו שתי סיבות שונות גורמות לאותו מסובב. מחלוקת זו תידון מעט להלן.

יהא טיבו של היחס הלוגי אשר יהיה, בכל מקרה מדובר כאן בתיאור פנומנולוגי, ולא פיסיקלי. הטענה היא חיצונית לאירועים, ואינה קשורה ליחס המהותי ביניהם. היחס הלוגי טוען טענה מהטיפוס: אם התקיים אירוע א' מתקיים גם אירוע ב'. הוא אינו נוגע בשאלה האם יש קשר תוכני בין האירועים, כלומר האם א' גרם/חולל את ב'.

- **הרכיב הפיסיקלי.** ישנו רכיב שלישי של היחס הסיבתי, שהוא פיסיקלי באופיו. בין הסיבה למסובב יש קשר של גרימה. כלומר הסיבה לא רק מופיעה לפני המסובב, ולא רק מהווה תנאי לוגי אליו (שבלעדיה הוא לא היה מתרחש), אלא היא גם זו שמחוללת/גורמת אותו. ישנו קשר מהותי-תוכני (של אינטראקציה פיסיקלית) ביניהם.

הערעור על הרכיב הזמני

רבים מערערים על ההנחה שהיחס הסיבתי מניח קדימה זמנית של הסיבה למסובב, מכוח הסימטריה הזמנית של הפיסיקה. מכיון שחוקי הפיסיקה אינה מבחינים בין זמן שנע קדימה או אחורה, טוענים המערערים, לא ייתכן שנגדיר סיבתיות על בסיס הנחה של סדר זמני (שהסיבה בהכרח קודמת למסובב). הטיעון הזה כל כך רווח, ויש לו כמה השלכות על מה שיבוא בהמשך, שמצאנו לנכון להקדיש לו את הפרק החמישי.

הערעור של יום על הרכיב הפיסיקלי

במאה ה-18 הציע הפילוסוף הבריטי דייויד יום ניתוח של היחס הסיבתי. כפי שנראה, הניתוח שלו משפיע מאד על החשיבה המדעית עד ימינו, ולכן יש בנותן טעם לעמוד עליו כאן בקצרה.

יום טען כי הרכיב הפיסיקלי (של הגרימה) אינו אלא אשלייה סובייקטיבית שלנו. טענתו היתה שהיחס הסיבתי אינו אלא קדימה זמנית הכרחית, ותו לא. במונחים שלנו נאמר שיום קיבל את הרכיבים הזמני (=הקדימה) והלוגי (=ההכרחיות), אך דחה את הרכיב הפיסיקלי (=הגרימה).

טענתו של יום קשורה למשנתו האמפיריציסטית-ספקנית, שכן הוא אינו מוכן לקבל טענות או עובדות שבהן לא צפינו באופן ישיר. יום טוען שהיחס הסיבתי אינו תוצאה של תצפית, ולכן איננו יכולים לקבל אותו. כאשר אנחנו צופים בשני אירועים שיש ביניהם יחס סיבתי, מה שאנחנו רואים הוא התרחשות של אירוע א׳, ומייד אחריה התרחשות של אירוע ב׳ (יחס זמני: הקדימה). אנחנו גם רואים שזה חוזר על עצמו בכל פעם, כלומר שתמיד כאשר מתרחש א׳ מייד אחר כך מתרחש גם ב׳ (יחס לוגי: ההכרחיות). את יחס הגרימה (הפיסיקלי) ביניהם לא ניתן לראות בתצפית ישירה, ולכן לשיטתו זוהי הגדרה סובייקטיבית שלנו, אך לא טענה על המציאות עצמה. במציאות אין לנו אינדיקציה לקיומו של יחס פיסיקלי בין הסיבה למסובב, אלא אך ורק ליחס לוגי-זמני, ותו לא.

כפי שכבר הזכרנו, הפיסיקה המודרנית בדרך כלל מאמצת את התמונה היומיאנית של הסיבתיות. יתר על כן, הערעור שהוצג בסעיף הקודם, מכוח הסימטריה של משוואות הפיסיקה, מבוסס גם הוא על התעלמות מהגורם הפיסיקלי. כפי שראינו בתמונה ההיא אין זכר לגרימה, וליחס של גרימה בין אירועים, ורק בגלל זה ניתן היהי להעלות על הדעת יחס סיבתיות סימטרי, קדימה ואחורה בזמן.

בכל אופן, כפי שהזכרנו כבר למעלה, כאשר פיסיקאים מדברים על יחס סיבתי (causal relation) כוונתם *לקדימה זמנית*, אך לא בהכרח *לגרימה*. למרבה האירוניה, דווקא הפיסיקה אימצה את התמונה לפיה היחס הסיבתי

אינו כולל רכיב פיסיקלי. הסיבה לכך היא שהמשוואות של חוקי הפיסיקה והפתרונות, באמת אינם מכילים מרכיב של גרימה. הפיסיקה כלל אינה יודעת לתאר זאת (ראה על כך בתחילת הסעיף הקודם).

על הסינכרוניות: קורלציות לא סיבתיות[34]

בסעיף זה נראה את טיעונו של יום משתי זוויות נוספות, שאמנם נוגעות יותר לרכיב הזמני. הדוגמה ראשונה אותה נביא לקוחה מספרו של הלוגיקן האמריקני ריימונד סמוליאן, **שתיקת הטאו**, והיא עוסקת באסטרולוגיה.[35] אסטרולוגים נשאלים פעמים רבות איך יכול כוכב, הנמצא במרחק עצום של שנות אור רבות מאיתנו, להשפיע על חיינו. הדבר סותר את עקרונות הפיסיקה, שכן ישנה מגבלה על מהירות האור, ואם שינוי בכוכב משפיע בצורה כלשהי על חיינו, השינוי הזה היה צריך להתרחש הרבה לפני שנולדנו. אלו הן מתקפות על האסטרולוגיה מכוח עקרון הסיבתיות.

בדרך כלל האסטרולוגים, לפחות אלו שטורחים להתייחס לקשיים החמורים שמעורר התחום הזה, נותנים הסברים מעורפלים (בחזות אמפירית לכאורה), ולפעמים אף אוויליים ממש. כאשר אדם רציונלי בוחן את רוב ההסברים המוצעים לתקפותה של האסטרולוגיה, הוא נוטה לדחות אותם על הסף, ובזאת הוא דוחה את התיאוריה האסטרולוגית עצמה. אולם, כפי שנראה כאן, מסקנה זו אינה הכרחית. העובדה שההסברים אינם משכנעים, אין בה כשלעצמה כדי לדחות את העובדות. אין כוונתי כאן לאפשרות שאולי יש הסבר שאותו לא מצאנו, אלא לאפשרות אחרת לגמרי אותה מציע סמוליאן.

---

[34] ראה על כך בספרו של מיכאל אברהם, **את אשר ישנו ואשר איננו**, הוצאת תם וספריית בית אל, כפר חסידים 2005, בהערה 36, ובשער הרביעי כולו שעוסק ב׳התאמות גלובליות׳ בין מישורי הסבר מקבילים.

[35] ריימונד סמוליאן, **שתיקת הטאו**, תרגם: עופר שור, מודן, תל-אביב תשנ״ח. ראה שם בפרק 38, העוסק באסטרולוגיה.

סמוליאן מציע תיאוריה מבית מדרשו של הפסיכולוג קרל יונג, המכונה *סינכרוניות*.[36] הכוכבים אינם משפיעים עליי, אבל מסיבה כלשהי ישנו מיתאם בין המבנה של הכוכבים ברקיע בעת לידתי לבין ההיסטוריה שתהיה לי. המיתאם יכול לנבוע למשל מכך שישנו מישהו אשר דואג להתאמה כזו בו-זמנית, ומיתאם כזה באמת קורה ללא כל השפעה הדדית. אגב, תיאורטית ייתכן כי אין אף אחד אשר דואג להתאמה כזו בכל רגע, אלא שישנם תהליכים מקבילים בשמים ובארץ אשר התרחשותם מתנהלת על ידי חוקים אקויוולנטיים, ולכן ההתאמה נשמרת כל העת. מכניזם כזה אינו חשוף למתקפות הסיבתיות שתוארו לעיל.

סמוליאן מביא שם סיפור על חכם זן אשר היה שקוע בהרהוריו, ופתאום חש בסכנה, והסתובב. הוא ראה מאחוריו רק את משרתו הנער, ותו לא. לבסוף התברר כי הנער אכן חשב באותו זמן בדיוק על האפשרות לדקור את מורו בחרב, ועל כך שלמרות מיומנותו המעולה של המורה הוא לא יוכל להתגונן במקרה כזה.

ההסבר אותו מציע סמוליאן, אשר אינו מקבל את האפשרות שניתן לקרוא מחשבות, הוא כי אותו אירוע אשר גרם לנער לחשוב את מחשבתו באותו רגע הוא שגרם גם למורה להרגיש פתאום סכנה. האירוע יכול היה להתרחש קודם, או באותו רגע, אבל זהו גורם שלישי, אשר יצר התאמה ביניהם. שוב אין מחשבתו של הנער סיבה להרגשתו של המורה, אלא ישנה התאמה מסיבה חיצונית כלשהי. סיבה זו יכולה להתרחש באותו זמן (ואז עדיין צריך להיות יחס סיבתי בין שני האירועים, שהרי שניהם בתוך קונוס האור של

[36] הפיסיקאי וולפגנג פאולי תרם רבות לפיתוח המושג של סינכרוניות במערכת הארכיטיפים של יונג והתכתב עמו בנושא. ראה:
Atom and Archetype, The Pauli/Jung Letters , 1932–1958 [Pauli, Wolfgang; Jung, C.G.] ed. C.A. Meier. Princeton, New Jersey: Princeton University Press, 2001.

אירוע הסיבה), או שהסיבה היא חוקים מקבילים ששולטים על שני האירועים באופן בלתי תלוי.[37]

המסקנה היא כי גם אם איננו יכולים להצביע על מנגנון השפעה בין שתי מערכות תואמות, אין בכך בהכרח כדי לדחות את הטענה שהן תואמות. ייתכן שההתאמה מושגת ללא כל מנגנון השפעה ישיר בין שתיהן. אמנם העמדה של תיאור זה על נס אקראי אינה סבירה (אם כי, היא אפשרית באופן עקרוני), אולם יתכן שההתאמה נוצרת במכוון, ולא במקרה, על ידי גורם אשר מתאם כל הזמן את פעולותיהן של שתי המערכות, או על ידי כך שחוקיהן הם אקוויוולנטיים.[38]

הדוגמה השנייה אותה נביא מתוארת בספרו של ארתור קסטלר,[39] אשר דן בהרחבה בתיאוריה הסינכרונית של הפסיכולוג קרל יונג עם הפיסיקאי הנודע, חתן פרס נובל, וולפגנג פאולי (קדם להם ביולוג אוסטרי בשם פאול קמרר, מחסידיו האחרונים של הלמרקיזם, שהיתה לו השפעה רבה על מחשבתו של יונג).

קמרר ייחס משמעות לצירופי מקרים. הוא ערך רישום מדוקדק, אשר מויין בקפדנות לסוגים שונים, של צירופי מקרים שאירעו לו מגיל עשרים עד ארבעים. טענתו הכללית של קמרר היתה כי ישנה משיכה בין אירועים דומים במובנים כלשהם (אותם הוא ממיין שם) על ציר הזמן. צירופי המקרים בהם אנו נתקלים ישירות הם רק קצה הקרחון של תופעת טבע רחבת היקף של הימשכות אירועים דומים להיות סמוכים זה לזה על ציר

---

[37] בעניין זה כדאי לראות את משל השעונים של לייבניץ, (גוטפריד וילהלם לייבניץ, **השיטה החדשה וכתבים אחרים על תורת המונדות**, תרגם: יוסף אור, הוצאת מאגנס ירושלים 1931, הדפסה רביעית 2001). הוא מציע שם שלושה מכניזמים שונים להתאמה בין שני שעונים סינכרוניים: 1. שעון א' משפיע על שעון ב'. 2. שעון ב' משפיע על א'. 3. יש גורם שלישי שמשפיע על שניהם. ראה בספרו של מיכאל אברהם, **שתי עגלות וכדור פורח**, הוצאת תם, כפר חסידים 2007 (מהדורה שניה ומתוקנת), עמ' 44 ואילך, שם האפשרות השלישית מורחבת לשתי תת-האפשרויות המתוארות כאן.

[38] אין בכוונתנו להגן כאן על האסטרולוגיה, אלא רק להצביע על האפשרות התיאורטית שלא לדחות את טענותיה עקב חוסר יכולת להצביע על מנגנון השפעה ישיר בין הכוכבים לבינינו.

[39] **האומנם צירוף מקרים - הפאראפסיכולוגיה לאור הפיסיקה החדשה**, ספרית אפקים, עם עובד, תל אביב, תשל"ה. ראה שם בעיקר בפרק השלישי, הדן בסדרות סינכרוניות.

הזמן. הוא מדמה זאת לכוח הגרביטציה המושך מסות זו לזו, וטוען כי ישנה משיכה דומה גם בין אירועים דומים.

יונג ופאולי טענו כי ההסברים הסיבתיים מהווים רק חלק קטן מהבנת אופני פעולתו של הטבע, וההסברים הסינכרוניים מהווים מנגנונים שאינם פחות חשובים להבנה כזו. חלק מן האירועים מתרחשים בגלל סיבות, וחלק אחר – בגלל מה שהם 'משיכה סינכרונית'.

חשוב להדגיש כי הביטוי *משיכה* מזכיר כוח פיסיקלי, אולם זוהי רק פראזה. ישנו כאן תיאור שאיננו סיבתי כלל וכלל. למעשה, זהו מנגנון אלטרנטיבי לעקרון הסיבתיות. העובדה שאנו שבויים בחשיבה הסיבתית היא אשר משכה את פאולי, יונג וקמרר, לתיאורים דמויי סיבתיות.[40]

קסטלר עצמו מעיר שם על דמיון בין ה'משיכה' הזו לבין עיקרון אחר של פאולי, והפעם בפיסיקה. פאולי ידוע בעיקר בזכות עקרון האיסור שלו (=עיקרון פאולי), הקובע כי בסוגים ידועים של חלקיקים (המכונים *פרמיונים*, על שם הפיסיקאי אנריקו פרמי) שני חלקיקים אינם יכולים להיות בדיוק באותו מצב קוונטי עצמו. לעקרון האיסור של פאולי אין כל הסבר מנגנוני, כלומר אין כוח אשר דואג לכך שתהיה דחייה של החלקיקים מאותו מצב. זהו עיקרון אד-הוק, ועל כן הוא דומה מאוד למשיכה שבין אירועים דומים בתיאוריה הסינכרונית של פאולי.

הרכיב הלוגי: 'פרדוכס ההתנעה'

עד כאן עסקנו ברכיב הפיסיקלי של מושג הסיבתיות. הרכיב השני בתמונת הסיבתיות, זה הלוגי, עורר גם הוא דיונים בין פילוסופים. כבר הזכרנו שפילוסופים אנליטיים דנו בשאלה האם הסיבה היא תנאי הכרחי ומספיק (=אם ורק אם) למסובב, או שמא היא תנאי מספיק (=אם) בלבד. נעיר כי

---

[40] קסטלר מתאר שם שהפילוסוף והמתמטיקאי אלפרד נורת' וויטהד ביקר אותם קשות על חוסר העקביות הזה. שיטתו של וויטהד בנושא מובאת בספרו:
Alfred North Whitehead, *Process and Reality. An Essay in Cosmology*, New York: Free Press, 1978.

כולם מסכימים שסיבה אינה יכולה להיות תנאי הכרחי בלבד למסובב. זה לא מתאים לאינטואיציות שלנו לגבי מושג הסיבה.

והנה, שטייניץ בדיון על הסיבתיות שנערך בחלק השני של ספרו **עץ הדעת**, מציע את 'פרדוכס ההתנעה' כטיעון לוגי שמוכיח את העמדה שהסיבה יכולה גם להיות תנאי מספיק בלבד (=כלומר לא תנאי הכרחי).

פרדוכס ההתנעה של שטייניץ בנוי כך. לתנאי לוגי הכרחי ומספיק יש שתי תכונות:

1. סימטריות. אם A הוא תנאי הכרחי ומספיק ל-B, פירוש הדבר הוא שגם B הוא תנאי הכרחי ומספיק ל-A. בשפה הלוגית, תנאי הכרחי ומספיק הוא 'אם ורק אם' (גרירה דו-כיוונית).[41]

2. יחידאיות. תנאי הכרחי ומספיק הוא לעולם יחיד. אין שני אירועים שכל אחד מהם הוא תנאי הכרחי ומספיק לאותה תוצאה.[42]

כעת טוען שטייניץ את הטענה הבאה. נתבונן על שרשרת סיבתית פשוטה של שלושה שלבים, שבה A הוא סיבתו של B, ו-B הוא סיבתו של C. כעת נניח את הפרשנות ההכרחית ומספיקה לרכיב הלוגי של הסיבתיות. מפרשנות זו עולה שאם A הוא סיבתו של B, אז הוא תנאי הכרחי ומספיק אליו. בנוסף, אם B הוא סיבתו של C אז B הוא תנאי הכרחי ומספיק ל-C. אלא שמהתוצאה השנייה עולה שגם C הוא תנאי הכרחי ומספיק ל-B (בגלל הסימטריות הלוגית של היחס הכרחי ומספיק – תכונה 1 דלעיל).

---

[41] ניתן לראות זאת באופן הבא. נניח ש-A הוא תנאי הכרחי ומספיק ל-B. מכאן עולה שגם B הוא תנאי הכרחי ל-A (כלומר שאם A אז בהכרח B), שהרי אין A בלי B. מאידך, B הוא גם תנאי מספיק ל-A, כלומר בהינתן B חייב להיות שיהיה גם A. כי אם לא יהיה A אז ברור שגם לא יהיה B (שהרי לפי ההנחה A הוא תנאי הכרחי ומספיק עבורו).

[42] ההוכחה לכך היא פשוטה מאד. נניח ש-A ו-B כל אחד מהם תנאי הכרחי ומספיק ל-C. פירוש הדבר הוא שאם מתקיים A ולא מתקיים B צריך להתקיים C (שהרי A הוא תנאי הכרחי ומספיק אליו). מאידך, אם C התקיים, אז בהכרח היה גם B, שהרי B הוא גם תנאי הכרחי ל-C (כלומר שבלעדיו C לא מתרחש). זה כמובן סותר את ההנחה ש-A ללא B מהווה תנאי הכרחי ומספיק ל-C.

יוצא, אם כן, שגם A וגם C הם תנאים הכרחיים ומספיקים ל-B. אך זה לא ייתכן (בגלל תכונת היחידאיות – 2 דלעיל). המסקנה שעולה מכאן היא שכל שרשרת סיבתית היא לכל היותר בעלת שתי חוליות, כלומר לא תיתכן שרשרת שבנויה מיותר מצעד סיבתי אחד (לא ייתכן שתהיה שרשרת בה A הוא סיבתו של B וזה מהווה סיבה ל-C).

אבל זה לא ייתכן כמובן, שכן זה אומר שהשרשרת הסיבתית לעולם לא יכולה להתקדם הלאה. ומכאן עולה שלפחות חצי מהאירועים בעולם מתרחשים ללא סיבות שקדמו להם, מה שמנוגד לעקרון הסיבתיות (שדברים לא מתרחשים ללא סיבה).

מכאן מוכח, אליבא דשטייניץ, שעלינו לוותר על ההנחה שהסיבה היא תנאי הכרחי ומספיק למסובב. כפי שהזכרנו, תיאור של סיבה כתנאי הכרחי ולא מספיק לא עונה לתוכן היחס הסיבתי, ולכן המסקנה היא שהסיבה יכולה להיות תנאי מספיק (ולא הכרחי) למסובב.

היכן הטעות? על לוגיקה וזמן

אך טיעונו של שטייניץ הוא שגוי, וניתן לראות זאת אפריורי משתי זוויות:

- ראשית, הטיעון הזה מוציא מסקנה על העולם מתוך טיעון לוגי גרידא (הוא דומה ל'ראיה האונטולוגית' לקיומו של אלוקים, שבוקרה קשות על כך). מתוך שיקול לוגי גרידא אנחנו לומדים משהו על אירועים בעולם, וזה לא ייתכן. מעיון לוגי גרידא לא ניתן לגזור את המסקנה העובדתית שלכל התרחשות יש יותר מסיבה אפשרית אחת.

- אינטואיטיבית, הרי אין כל ספק ששרשרת של שלושה אירועים ביחס סיבתי בין זה לזה היא אפשרית, ובזה כמובן צודק שטייניץ. מאידך, אין גם כל מניעה פיסיקלית לכך שאירוע A יהיה סיבתו היחידה של B, ובו בזמן ש-B יהיה סיבתו היחידה של C. האם יש מגבלה על חוקי הפיסיקה, שקובעת שלא תיתכן שרשרת של שלושה

אירועים שכל אחד מהם הוא סיבה יחידה לבא אחריו? ברור שלא. אם כך, התמונה שמציג שטייניץ אינה מתארת אל נכון את העולם (וזה לא מפתיע, שהרי היא נסמכת על שיקול אפריורי, ומתעלמת מאינטואיציות בסיסיות).

עד כאן העלינו טיעונים מדוע הטיעון של שטייניץ לא יכול להיות נכון. אבל עדיין עלינו לברר היכן טמונה הטעות בהיסק שלו? לכאורה כל צעד בשיקול הזה נראה סביר והגיוני (ואפילו הכרחי).

הטעות בטיעונו של שטייניץ היא התעלמות מאוסף הרכיבים עליהם הצבענו למעלה, שמכוננים כולם יחד את היחס הסיבתי. פרדוכס ההתנעה מתעלם מהרכיב הזמני ומהרכיב הפיסיקלי של היחס הסיבתי, ומתייחס לסיבתיות כאילו היא אינה אלא יחס בעל רכיב לוגי בלבד.

תנאי לוגי הכרחי ומספיק הוא אכן יחיד. כלומר אם A הוא תנאי לוגי הכרחי ומספיק ל-B אזי גם B הוא תנאי לוגי הכרחי ומספיק, ולכן גם יחיד, ל-A. אך כפי שראינו היחס הסיבתי מכיל עוד רכיבים, בנוסף לרכיב הלוגי. כעת נוכל לראות מדוע הטיעון הזה הוא כושל. לשם כך נגדיר, רק לצורך הדיון, את היחס הסיבתי באופן ההכרחי ומספיק, ונראה שהטיעון של שטייניץ אינו מצליח להפריך אותו. אין בכוונתנו לטעון שזו אכן ההגדרה הנכונה, אלא רק להראות שהיא הגדרה אפשרית, והטיעון של שטייניץ אינו מפריך אותה. על כן אנחנו מאמצים אותה כאן רק לצורך הדיון.

מהתיאור בסעיפים הקודמים עולה כי הגדרת היחס הסיבתי שאנחנו מציעים היא הבאה: A הוא סיבתו של B, אם ורק אם מתקיימים המאפיינים הבאים:

1. הזמני: A קודם ל-B בזמן.
2. הלוגי: התרחשותו של A הכרחית ומספיקה להתרחשותו של B.
3. הפיסיקלי: A הוא הגורם שמחולל את B במובן הפיסיקלי.

אם נחזור כעת על השיקול של שטייניץ, נראה שהוא נופל מייד. היחס הזה בין A ל-B אינו סימטרי, על אף הסימטריה של הרכיב הלוגי של היחס הזה.

כלומר אם A הוא סיבתו של B במשמעות הזו, אזי B בהכרח אינו סיבתו של A. ניתן לראות זאת דרך הרכיב הזמני, או הפיסיקלי. הרי אם A הוא סיבתו של B, אזי A קודם בזמן ל-B, ולכן ברור ש-B אינו קודם בזמן ל-A. אם כן, B אינו יכול להיות סיבתו של A. לגבי הרכיב הפיסיקלי התמונה מעט מורכבת יותר, שכן עקרונית ניתן היה להעלות על הדעת (אם כי זה בלתי סביר) ששניהם יהיו סיבות מחוללות, אחד לגבי חברו. אבל הרכיב הזמני שובר בוודאות את הסימטריה הזו.

האל-זמניות של הלוגיקה

אלא שכעת מתעוררת השאלה ההפוכה. אם אכן המסקנה לפיה היחס הסיבתי אינו סימטרי היא נכונה, כלומר הטענה ש-A הוא סיבתו של B אינה שקולה לטענה ש-B הוא סיבתו של A, אזי נשברת גם הסימטריה של היחס הלוגי בין A ל-B. הרי אחד המאפיינים של היחס הסיבתי בין A ל-B הוא ש-A מהווה תנאי לוגי הכרחי ומספיק ל-B. אך מהסימטריה של היחס הלוגי עולה שגם B הוא תנאי לוגי הכרחי ומספיק ל-A. אמנם נכון הוא ש-B אינו סיבתו של A, שכן הוא אינו קודם לו בזמן, אבל היחס הלוגי ביניהם נותר סימטרי.

כעת נחשוב על אירוע Z שהוא סיבתו של A. משמעות הדבר היא שמתקיימים שלושת רכיבי היחס הסיבתי ביניהם, כלומר: Z קודם בזמן ל-A, והוא גם מחולל פיסיקלית את A, וכמובן הוא גם מהווה תנאי הכרחי ומספיק ל-A.

אלא שכעת מתעורר הקושי מחדש: בתמונה שהתקבלה יוצא שגם Z וגם B הם תנאים הכרחיים ומספיקים ל-A, וזה לא יכול להיות, שכן תנאי לוגי הכרחי ומספיק הוא יחידאי. כפי שראינו בתכונה 2 דלעיל, במישור הלוגי

תנאי הכרחי ומספיק הוא לעולם יחיד. אם כן, לכאורה הטיעון של שטייניץ הוא בכל זאת נכון.

אך קושי זה מבוסס גם הוא על טעות, ובעצם זוהי אותה הטעות שבלבלה אותנו גם למעלה. גם כאן יש חוסר הבחנה בין הרכיבים הלוגיים והזמניים של היחס הסיבתי. לפי הפרשנות ההכרחית ומספיקה לסיבתיות, עלינו לומר במקרה כזה שהתנאי ההכרחי ומספיק לאירוע A הוא הצירוף של B ו-Z גם יחד. במילים אחרות: בכל פעם שיהיה Z ואחריו B יהיה ביניהם A. ולהיפך: בכל פעם שיתרחש A יהיה לפניו Z ואחריו B.

אך כפי שראינו, העובדה שהתנאי ההכרחי ומספיק ל-A הוא Z ו-B אין פירושה ש-B חייב לקדום לו בזמן, או להיות סיבתו. הוא תנאי אליו רק במובן הלוגי, כלומר שתמיד כשזה מתרחש גם אלו מתרחשים, ולהיפך.

היחס הזמני ביניהם הוא כמו שתואר בשרשרת: Z ואחריו A ולבסוף B.

אנו רואים שיחסים סיבתיים כפופים לציר הזמן, כלומר היחס הסיבתי בין A ל-B פירושו ש-A קודם ל-B בזמן, אבל היחסים הלוגיים אינם כפופים לציר הזמן. העובדה ש-B הוא תנאי הכרחי ומספיק ל-A אין פירושה שהוא קודם לו בזמן. משמעות הדבר היא שהסיבתיות קשורה לזמן רק דרך הרכיב הזמני (ואולי גם הפיסיקלי) שלה, אבל לא דרך הרכיב הלוגי שלה.

בניסוח כללי יותר ניתן לומר זאת כך: *הלוגיקה אדישה לזמן*. ציר הזמן אינו רלוונטי במישור הלוגי, ופירוש הדבר הוא שיחסים לוגיים יכולים לפעול הפוך לכיוונו של ציר הזמן. זוהי טענה חשובה מאד להבנת הסוגיות בהן נעסוק, והיא תמשיך להידון בתחילת הפרק הבא.

פרק שלישי

על דטרמיניזם ובחירה

מבוא

בפרק השני הצגנו תמונה שיטתית של הסיבתיות, וראינו שהיא מורכבת משלושה רכיבים: הלוגי הזמני והפיסיקלי. הסברנו מדוע הרכיב הלוגי הוא בלתי תלוי ברכיב הזמני, והראינו כיצד הבחנה זו מפזרת את הערפל ביחס לכמה סוגיות פילוסופיות. בתחילת הפרק הזה נציג השלכה נוספת של ההבחנה הזו, ולאחר מכן נמשיך לדון בסוגיית חופש הבחירה, ובקשר בינה לבין כל הנאמר כאן.

הטיעון של הדטרמיניזם הלוגי[43]

הדטרמיניזם גורס שכל דבר שמתרחש בעולם הוא הכרחי. מצב העניינים ההיסטורי עד הרגע הנתון קובע בצורה חד ערכית את כל מה שיתרחש בכל הרגעים הבאים. ובצורה אחרת: כל מה שמתרחש, לא יכול היה להתרחש אחרת. בין היתר, המסקנה היא שלאדם אין בחירה חופשית. הדוגלים בחופש הבחירה (שמכונים בפילוסופיה 'ליברטריאנים') כופרים בדטרמיניזם, אך בדרך כלל זה נעשה רק ביחס להכרעות של בני אדם. הטבע הדומם והחי הוא דטרמיניסטי גם לשיטת רוב הליברטריאנים.

בדרך כלל, הטיעונים לטובת הדטרמיניזם מבוססים על שיקולי סיבתיות. אם התרחשותה של הסיבה היא מספיקה להתרחשות המסובב, אזי בהינתן מצב נתון כלשהו הנגזרות הסיבתיות שלו נקבעות באופן חד ערכי. מאידך, אם נאמץ את עקרון הסיבתיות לפיו לכל התרחשות יש סיבה, אזי האירוע שמתרחש כעת נגרם תמיד על ידי אירוע קודם (או מצב העניינים ברגעים

---

[43] ראה:

B. Russell, 'On the Notion of Cause', *Proceedings of the Aristotelian Society*, New Series, Vol. 13 (1912 - 1913), pp. 1-26.

ראה גם אצל טיילור, **מטפיסיקה**, פרק 6, עמ' 102-85.

הקודמים). הצירוף של שתי הטענות הללו מוליך לכאורה לתמונה דטרמיניסטית. כאן אין בכוונתנו לעסוק בדטרמיניזם, אלא רק לבחון טיעון לוגי ייחודי שהועלה בכדי להוכיח אותו, שמכונה 'הדטרמיניזם הלוגי'.

הדטרמיניזם הלוגי הוא טיעון שמנסה להוכיח את הדטרמיניזם בלי להיזקק לשאלת הסיבתיות, אלא באופן לוגי צרוף. גם כאן, כמו שראינו למעלה (עמ' 37-39) לגבי הטיעון של שטייניץ, עלינו להסב את תשומת לב הקורא לכך שאפריורי הטיעון הזה לא יכול להיות נכון, שכן הוא מוכיח עובדות על העולם באמצעות שיקולים לוגיים אפריוריים. הוא מתייחס לציר הזמן באמצעים לוגיים, מה שסותר את ההבחנה שהצגנו בסוף הסעיף הקודם. אך על אף שהשיקולים הללו מראים שהטיעון הזה לא יכול להיות תקף, קשה למדיי לראות היכן טמון הכשל. כפי שנראה כעת, גם בעניין זה המצב דומה לפרדוכס ההתנעה של שטייניץ: הכשל של הדטרמיניזם הלוגי טמון גם הוא בערבוב בין לוגיקה לזמן, ופתרונו הוא התובנה אודות אדישותה של הלוגיקה לציר הזמן.

הטיעון של הדטרמיניסט הלוגי בנוי באופן הבא. לשאלה (האריסטוטלית[44]) 'האם יהיה קרב ימי מחר?', יש אך ורק תשובה נכונה אחת. אמנם כעת אנחנו לא יודעים מהי התשובה הנכונה לשאלה זו, אך ברור שהתשובה היא אחת משתיים: 'כן', או 'לא'. נניח לדוגמא שהתשובה הנכונה היא 'כן', אזי התשובה הזו נכונה כבר היום. אמנם היום אנחנו עדיין איננו יודעים אותה, אך באופן עקרוני היא נכונה כבר כעת. מחר, כאשר ניווכח לראות האם התרחש קרב ימי או לא, או אז יצטרף גם המידע הזה למכלול הידיעות שלנו. ערך האמת של המשפט לא ישתנה רטרואקטיבית, ורק ידיעתנו אודותיו היא שמשתנה למפרע.

אם כן, התשובה לשאלה 'האם יתרחש קרב ימי מחר' קיימת כבר היום, אלא שאנחנו איננו יודעים אותה. נניח כעת שבפועל התרחש קרב ימי ביום ד'.

___

[44] השאלה מופיעה בספרו של אריסטו De Interpretatione, בפרק התשיעי. על הטיעון ומסגרתו הפילוסופית ראו ענת בילצקי, "'הקרב הימי'" של אריסטו: סתירה בין תאוריות, עבודה לשם קבלת תואר שני, אוניברסיטת תל אביב 1981.

משמעות הדבר היא שכבר ביום ג׳ המשפט ׳ביום ד׳ יתרחש קרב ימי׳ היה נכון. אלא שאם זה כך, אז לא ייתכן שביום ד׳ לא יתרחש קרב ימי, שהרי אם הוא לא יתרחש זה יסתור את ערך האמת של המשפט, שקיים כבר ביום ג׳. מכאן מוכיח הדטרמיניסט הלוגי את העמדה הדטרמיניסטית, לפיה מה שמתרחש מתרחש בהכרח (כלומר לא יכול היה להתרחש אחרת). האירועים ביום ד׳ נקבעו כבר ביום ג׳, ובעצם היו קבועים מאז ומעולם.

הפתרון: אדישותה של הלוגיקה לציר הזמן

כאמור, הטיעון הזה לא יכול להיות נכון, אבל עדיין עלינו להראות היכן טמון בו הכשל. טעותו של הדטרמיניסט הלוגי היא בהנחתו שהערך הלוגי של משפט אינו יכול להיקבע אחורה בזמן, מהעתיד לעבר. הצמדת ערך לוגי למשפט אינה אירוע פיסיקלי, ולכן היא אינה מוגבלת על ידי חוקי הסיבתיות, ועל ידי הכיווניות של ציר הזמן. לכן בהקשר הלוגי ה׳סיבה׳ (במובן הלוגי) יכולה לקדום למסובב. אם אכן יתרחש קרב ימי מחר, הדבר יקבע את ערך האמת של הטענה הזו על ׳כן׳, אך הקביעה הזו תחול למפרע כבר מאתמול. בדומה לזה, אם לא יתרחש מחר קרב ימי, זה יקבע את הערך ׳לא׳ כבר מהיום. כלומר ההתרחשות מחר קובעת את ערך האמת של משפטים כבר היום. זה פועל אחורה בזמן.

המסקנה היא שאמנם ערך האמת הלוגי של טענה אינו משתנה עם הזמן, כלומר הוא אל-זמני, אבל הדבר אינו גורר בהכרח את הדטרמיניזם. שתי האפשרויות פתוחות בפני כל אדם, ועדיין כשיבחר באחת מהן הוא יקבע ערך אמת מסויים לטענה, שיחול רטרואקטיבית. העובדה שערך האמת של הטענה נכון כבר ביום ג׳ אינה אומרת בהכרח שהאירועים ביום ד׳ קבועים מראש. ערך האמת נקבע למפרע על ידי האירועים שבעתיד. זוהי ׳סיבתיות׳ הפוכה, כלומר סוג של סיבתיות שפועלת בניגוד לכיוונו של חץ הזמן.

נקודת המוקד של הפתרון לחידת הדטרמיניזם הלוגי היא שערך האמת של טענה הוא תכונה לוגית ולא עובדה פיסיקלית, וככזו אין כל מניעה שהיא תיקבע אחורה בזמן, מהעתיד לעבר. עקרון הסיבתיות שקובע את קדימת

43

הסיבה למסובב נוגע לאירועים פיסיקליים, אך לא למישור הלוגי. המונח 'סיבתיות' שהשתמשנו בו בהקשר זה אינו מדוייק. הקשר בין התרחשות האירוע לבין ערך האמת של הטענה אינה בהכרח קשר סיבתי, לפחות לא במשמעות הפיסיקלית של המונח 'סיבתיות'.

אנו נוכחים שוב לראות שהלוגיקה אינה כפופה לכיווניות של ציר הזמן. גם למעלה ראינו ששני הרכיבים הללו של היחס הסיבתי הם בלתי תלויים: היחס הלוגי הוא אל-זמני, והיחס הזמני אינו קשור ללוגיקה. לעומת זאת, הסיבתיות מורכבת הן מרכיב זמני והן מרכיב לוגי (שהוא אל-זמני), ולכן היא כן צמודה לכיוונו של ציר הזמן (דרך הרכיב הזמני שלה).

ערך אמת ומידע

ראינו כי העובדה שברגע מסויים יש לטענה כלשהי ערך אמת כזה או אחר, אינה אומרת שהמידע הזה כבר קיים באותו רגע. הצמדת ערך אמת היא קביעה מופשטת לגמרי. המידע עדיין לא קיים, שכן המידע הוא פונקציה של הזמן, אבל ערך האמת של טענה הוא על-זמני (ובעצם אל-זמני).

ובשפה אחרת, היחס בין ערך האמת הלוגי של הטענה לבין התוכן שלה הוא כיווני: ערך האמת של טענה אינו קובע את ההתרחשויות העובדתיות המתוארות בה. כיוון ההשפעה הוא הפוך, מן המציאות לערך הלוגי, גם אם הערך הלוגי קודם בזמן להתרחשות המציאותית. כפי שראינו, אירוע פיסיקלי שמתרחש ביום ד' קובע ערך אמת של טענה שקיים גם ביום ג'.

אנחנו נוכחים לראות שערך האמת הלוגי אינו קובע מאומה. הלוגיקה אינה קשורה למציאות, ואלו שני צירים שקופים זה לזה, שאין השקה ביניהם. הערבוב בין מונחים לוגיים לבין מונחים של מידע הוא שיוצר את הבעייה של הדטרמיניזם הלוגי. והפתרון לבעייה הוא שעל אף שערך האמת הלוגי קיים כבר ביום ג', המידע באמת לא קיים לפני ביצוע המעשה, כלומר לפני יום ד'. בניגוד לערך האמת הלוגי, המידע לעולם נוצר על ידי ההתרחשות שהוא מתאר, ולכן לעולם הוא מצוי בעולם אך ורק אחריה. ערך האמת הלוגי יכול להיקבע אחורה בזמן, כלומר יכול 'להימצא' לפני המציאות שהטענה

מתארת. הסיבה לכך היא שאפיון לוגי אינו 'נמצא' בשום מובן שהוא. ערך לוגי אינו עובדה. זו אינה מציאות, אלא רק צורת תיאור או התייחסות שלנו למציאות, או בעצם לטענות אודות המציאות. רק המציאות כפופה לכיווניות של ציר הזמן, אך לא הלוגיקה.

הערה על הלוגיקה התלת-ערכית של לוקשביץ

יאן לוקשביץ (Jan Łukasiewicz) היה לוגיקן פולני ידוע, אשר הציע[45] שמשפטים אודות העתיד צריכים להישפט בלוגיקה תלת-ערכית, ולא בלוגיקה הבינארית הרגילה. משפט כמו 'כעת זורחת השמש', או 'אתמול שתיתי קפה', הוא אמיתי או שקרי. הוא אמור להישפט בלוגיקה בינארית, שיש בה שני ערכי אמת: 'אמת', או 'שקר'. לעומת זאת, הטענה 'מחר יהיה קרב ימי' חייב להישפט במסגרת לוגית תלת-ערכית, מפני שאם היינו שופטים אותו בלוגיקה בינארית, הדבר היה קובע את ההתרחשות העתידית עצמה. אם המשפט הזה הוא נכון אז מחר חייב להתרחש קרב ימי, ולהיפך. לכן על כורחנו, טוען לוקשביץ, יש להצמיד למשפט אודות העתיד ערך אמת שלישי: 'לא ידוע' (או 'אפשרי' – קונטינגנטי).[46]

לאור דברינו עד כאן ברור שהשיקול הזה הוא שגוי. אנחנו בהחלט יכולים לשפוט טענות עתידיות במונחים בינאריים, שכן כפי שראינו קביעת ערך אמת אינה קובעת את העתיד. האמירה שערך האמת של המשפט הוא 'אמת' או 'שקר' אינה אומרת שהתוכן של הטענה נקבע מראש, כלומר זה אינו מביע דטרמיניזם. ישנה כאן הנחה מובלעת של הדטרמיניזם הלוגי שמערבב בין לוגיקה למידע.

[45] במקור ב-1920. המאמר תורגם לאחר מכן לאנגלית. ראה:
Lukasiewicz Jan., 'Philosophical Remarks on Many-Valued Systems of Propositional bgic', in: S. McCall (ed.) *Polish Logic 1920-1939*, Clarendon Press, Oxford 1967, pp. 40-65

[46] בניסוח אחר לוקשביץ טוען שאם היינו יכולים לומר על הטענה 'מחר יתרחש קרב ימי' שהיא נכונה או שקרית, פירוש הדבר הוא שאנחנו יודעים משהו על העתיד. אבל אי אפשר לדעת מאומה על העתיד, ולכן חייב להיות ערך אמת שלישי שיוצמד לטענה הזו. זוהי זווית אחרת של טענת הדטרמיניזם הלוגי שנדונה למעלה.

הצד השני של המטבע: חופש הבחירה

ראינו שאין קשר בין מידע לבין תכונות לוגיות. לפי תורת היחסות מידע יכול לעבור לכל היותר במהירות האור, ובודאי לא אחורה בזמן. אבל ערכי אמת לוגיים של טענות, כמו תכונות לוגיות ויחסים לוגיים אינם כפופים למגבלות הללו, ולכן הם יכולים לפעול אחורה בזמן.

אמנם התמונה הזו קשורה לשאלת הדטרמיניזם בכלל (גם אם הטיעון הלוגי לטובתו אינו נכון). לפי התפיסה הדטרמיניסטית כל אירוע בעולם מוכתב על ידי העבר, ובעצם המידע עליו כבר קיים בפוטנציה בכל זמן בעבר. ייתכן שאף אחד לא יודע ולא יידע אותו, אך הוא קיים כמידע (ולא רק כערך לוגי של טענה). לדוגמא, אם מחר יהיה קרב ימי, אזי המידע על כך קיים כבר היום, שכן עיבוד של המידע שקיים היום ייתן לנו את התוצאה שהקרב הימי אכן יתרחש מחר.

בהקשרים פיסיקליים התמונה הזו היא מוסכמת למדיי (למעט אולי בתורת הקוונטים, אך לא ניכנס לזה כעת). אך ביחס לבחירות של אדם היא בהחלט שנויה במחלוקת. הליברטריאנים סוברים שלגבי פעולות שנגזרות מבחירה של אדם לא נכון לומר שהמידע אודותיהן קיים כבר בעבר. למעשה, זו בדיוק משמעותה של ההשקפה שדוגלת בחופש הבחירה (הליברטריאניזם).

מהי בחירה חופשית?

ניתן להדגים את המשמעות של ליברטריאניזם, כלומר האמונה הדוגלת בבחירה חופשית, דרך שלושה מודלים של בחירות פוליטיות.

א. המודל הראשון הוא בחירות לנשיאות בסוריה. כל אזרח נכנס לקלפי ובוחר באופן חופשי בפתק מתוך הפתקים המונחים שם, ומשלשל אותו לתיבת הקלפי. מי שנבחר הוא מי שרוב הפתקים נושאים את שמו. הבעייה היחידה היא שבקלפי הסורית לעולם יש רק פתק אחד: אסאד.

החופש כאן הוא מדומה, שכן אמנם אין מי שמכתיב לאדם בכוח איזה פתק לשלשל לתיבה, אבל הנסיבות מכתיבות זאת. המודל הזה מקביל לתפיסה

הדטרמיניסטית, שגורסת כי גם אם יש לנו אשלייה של חופש בחירה ושליטה על מעשינו, בסופו של דבר הנסיבות (החיצוניות לנו, או הפנימיות בנפשנו פנימה) מכתיבות את מה שנבחר לעשות.

ב. המודל השני הוא בחירות בשווייץ. גם שם כל אזרח נכנס לקלפי, ובוחר באופן חופשי אחד מהפתקים המרובים שנמצאים שם. נבחר לנשיאות מי שרוב הפתקים בתיבה נושאים את שמו. לכאורה כאן החופש הוא אמיתי, שכן גם הנסיבות פתוחות. החופש אינו רק אשלייה בעלמא. ובכל זאת, הבחירות הללו אינן מייצגות נאמנה את חופש הבחירה של האדם. הסיבה לכך היא שבשווייץ (הוירטואלית) אין שום בעייה שדורשת פתרון. אין שום משמעות לאדם שייבחר, שכן האג׳נדות השונות אינן חשובות. כשאין בעיות לפתור – זהותו של העומד בראש אינה משנה מאומה. אין מחיר שנשלם על בחירה לא נכונה, וגם אין שכר על בחירה נכונה.

נמצאנו למדים שהמודל של הבחירות בשווייץ גם הוא מדומה. בעצם יש כאן אינדטרמיניזם, כלומר ניתן היה לעשות הגרלה ולבחור את העומד בראש באופן שרירותי. בתהליך אינדטרמיניסטי, המידע אינו קיים לפני ההתרחשות. אף אחד לא יודע את תוצאות ההגרלה לפני שהיא מבוצעת, ואם היא הוגנת אזי התוצאות כלל אינן קבועות מראש. כלומר לא רק שאף אחד לא יודע את המידע, המידע כלל אינו קיים. זו משמעותו של אינדטרמיניזם.

הבעייה היא שלמעט תורת הקוונטים (וגם שם זה שנוי עדיין במחלוקת), לא מוכר בעולם שלנו תהליך שהוא באמת אינדטרמיניסטי. גם הגרלות שמבוצעות על ידי הטלת מטבע או קוביה, אינן נסמכות על תהליכים אינדטרמיניסטיים. אם נדע את כל הנתונים הפיסיקליים לגבי המטבע או הקוביה (כיוון הרוח, עוצמה וכיוון של הזריקה הראשונית, משקל וצורה מדוייקת, צפיפות האויר וכדו׳), נוכל לדעת בוודאות מה תהיה תוצאת ההגרלה. האקראיות כאן היא מדומה, שכן מדובר במצב דטרמיניסטי (=שהתוצאה נקבעת על ידי הנסיבות של האירוע) לחלוטין, אלא שהוא מורכב. המורכבות היא שגורמת לנו לטפל במצבים כאלה בכלים של חישוב

סטטיטסי, אך אין לטעות ולראות כאן אקראיות אמיתית. לכן גם הבחירות בשווייץ שימשו אותנו כאן להציג את המכניזם האינדטרמיניסטי, אך בפועל מדובר בתהליכים דטרמיניסטיים לגמרי.

זו גם הסיבה העיקרית לכך שיש הממאנים לקבל את התזה הליברטריאנית. הם אינם מכירים תהליכים שאינם דטרמיניסטיים, ולכן גם האדם שהוא חלק מהעולם הפיסיקלי אינו יכול, לדעתם, להיחלץ מהכפיפות לחוקי הטבע הדטרמיניסטיים. עקרון הסיבתיות, לפיו לכל אירוע בעולם שלנו יש סיבה, הוא שעומד ביסוד ההשקפה הדטרמיניסטית (המכונה לעיתים "פילוסופיה מכניסטית").

ג. המודל השלישי הוא בחירות בישראל. כאן מתרחש הכל כמו בסוריה ובשווייץ. אלא שכן יש כמה פתקים שונים, שלא כמו בסוריה. ויש כאן גם בעיות דחופות שמחכות לפתרונן, שלא כמו בשווייץ. זהו המודל הנכון ביותר לליברטריאניזם.

מה מאפיין אותו? שיש כמה תוצאות אפשריות. שהמידע על התוצאות כלל לא קיים לפני הבחירה עצמה. ושיש שיקול דעת אנושי שגורם לנו להחליט לכאן או לכאן. בניגוד לתהליך אינדטרמיניסטי (כמו שתופסים בדרך כלל הטלה של קוביה), או הבחירות בשווייץ, שם לא מעורב שיקול דעת (כי כשאין בעיות לפתור אין טעם להפעיל את שיקול הדעת. דה-פקטו, מדובר בהגרלה).

אם מקבלים את ההשקפה הליברטריאניסטית, פירוש הדבר הוא שיש חריג אחד ויחיד לעקרון הסיבתיות, והוא שיקול הדעת האנושי. המכניזם היחיד בעולם שמצליח ליצור מידע חדש שכלל לא היה קיים קודם לכן (שכן התוצאה של הבחירה אינה תולדה הכרחית של הנסיבות ששררו קודם לכן), הוא שיקול הדעת האנושי, כלומר הבחירה החופשית. האדם הבוחר פועל לא מתוך סיבה אלא מתוך שיקול דעת ולמען תכלית. ומחמת היעדר הסיבה, ברור שגם המידע אודות העתיד אינו קיים כעת.

המסקנה היא שהמשמעות העיקרית של ההשקפה הדוגלת בחופש הבחירה היא סיוג של עקרון הסיבתיות. לענייננו, המשמעות היא שמדובר בהיווצרות

של מידע חדש שלא היה קיים קודם לכן. זו תוצאה חשובה, שאנו נראה כמה השלכות הלכתיות שלה בחלקים הבאים.

שאלת הידיעה האלוקית וחופש הבחירה

כדי לחדד את ההבחנה הזו, נעיין בקצרה בשאלת חופש הבחירה והידיעה האלוקית. הסתירה הזו שעמדו עליה כמה מהראשונים (ראה הל׳ תשובה לרמב״ם פ״ה ה״ה, ועוד הרבה), מבוססת על שלושה רכיבים משלושה עולמות מושגיים שונים: 1. תכונות האלוקים: יש ידיעה אלוקית מלאה על כל מה שמתרחש (כי הקב״ה הוא כל יכול). 2. תכונות האדם: יש לאדם בחירה חופשית בין אפשרויות שונות. 3. היחס הזמני: הידיעה האלוקית על מעשה האדם קיימת גם לפני הרגע שהוא בוחר בפועל. אם האלוקים היה יודע את כל מעשי האדם, אבל המידע הזה לא היה קיים לפני פעולתו של האדם, לא היה מתעורר הקושי.

נציין כי התשובות לשאלה זו לא תמיד מתייחסות באמת אליה. ניתן לתאר את מכלול התשובה לשאלה, דרך שלושת הרכיבים שהוצגו למעלה. כל תשובה עוסקת באחד מהם.

הסוג הראשון של התשובות נתלה ברכיב הכל היכולת של הקב״ה. אלו טוענים שהקב״ה הוא כל יכול ולכן אין מניעה שהוא ישיג ויידע את המידע עוד לפני היווצרותו.

אלא שתשובה כזו מתייחסת לשאלה שונה: כיצד הקב״ה משיג את המידע על העתיד? זוהי שאלה שנוגעת לכל יכולתו של הקב״ה (הנחה 1). אך שאלת הידיעה וחופש הבחירה היא שאלה שונה: בהינתן שהקב״ה השיג את המידע בצורה כלשהי, כיצד ייתכן שעדיין האדם חופשי לבחור בכל אחת מהדרכים שבפניו? הבסיס לקושי הוא ההנחה שהאדם לא יכול לבחור באפשרות שתהפוך את המידע האלוהי לשגוי, שכן גורם כל יכול יודע את הדברים לאשורם ואין לו ידיעות שגויות.

סוג שני של תשובות נתלה ביחס הזמני. ישנם טענות שציר הזמן אינו רלוונטי ביחס לקב״ה, הוא מעל הזמן, ולכן אין אפשרות לנסח טענות

שכוללות זמן שעוסקות בו. התשובה הזו אינה ברורה כשלעצמה (דומה כי הוא מבוססת על ערפול מושגי), אך אין צורך להיכנס לכך שכן גם היא לא עונה על השאלה. השאלה עוסקת בתפיסתנו את הקב״ה, ולא בו עצמו. ומכיון שאנחנו כן כפופים לשיקולי זמן אין דרך לתפוס באופן קוהרנטי את הקב״ה, אם אנחנו מתעקשים לכלול בתפיסה הזו את הכל יכולת והקדימה הזמנית וחופש הבחירה. גם אם הוא חופשי משאלות אלו, אנחנו לא חופשיים מהן. לשון אחר: משהו חייב להשתנות בתפיסת האלוקות שלנו, גם אם לא בו עצמו. התפיסות שלנו מכילות סתירה פנימית, ולכן לא ניתן לאחוז בהן.

חשוב להבחין בין אי ידיעה ואי הבנה של הקב״ה ושל פעולותיו, לבין סתירה פנימית בתמונה שלנו אודותיהן. המקרה הראשון הוא רווח, ואין שום בעייה עקרונית לגביו. גם מי שלא מבין מדוע חשוב להניח תפילין, יכול להניח שהוא לא מבין את כל השיקולים האלוקיים, ולהישאר מחוייב למצווה הזו. אבל אם אדם מחזיק בתפיסות שמבחינתו הן סתירה פנימית ברמה הלוגית, הוא לא יכול להשלים עם זה. משמעותה של סתירה היא שכאשר אני אומר שאני מקבל את עיקרון א׳ (=חופש הבחירה) וזה סותר את עיקרון ב (=ידיעת הקב״ה מראש), אזי אין לי אפשרות להחזיק בשני העקרונות הללו גם יחד. אם אימצתי את עיקרון א׳ פירוש הדבר הוא שדחיתי את ב׳, ולהיפך.[47]

יש סוג שלישי של פתרונות, שגורס כי אין סתירה לוגית אמיתית בין שתי האמונות הללו (ידיעת האלוקים מראש וחופש הבחירה), ולכן אנחנו יכולים לאחוז בשתיהן. יהודית רונן, במאמרה ׳הכל צפוי והרשות נתונה׳,[48] מציעה

---

[47] ראה בספרו של מיכאל אברהם, **שתי עגלות וכדור פורח**, בשער השנים-עשר ובהארה 38 שם.

[48] בתוך האסופה, **בין דת למוסר**, דניאל סטטמן ואבי שגיא (עורכים), אוניברסיטת בר-אילן, תשנ״ד, עמ׳ 43-35.

50

ניתוח כזה. הטיעון שלה נזקק למושגים מודאליים בסיסיים (הכרחי, אפשרי וכדו')[49], ונגדיר אותם תוך כדי הדיון.

הפסוק 'משה הוא רווק' מוצרן כך:

(1) A

הפסוק 'הכרחי לוגית שמשה הוא רווק' מוצרן כך:

(2) □ A

מאחר שמשה הוא באמת רווק, הרי שפסוק (1) הוא אמיתי. לעומת זאת, פסוק (2) אינו אמיתי, שכן פסוק (1) הוא קונטינגנטי, כלומר הוא נכון אך לא בהכרח. ייתכן מצב אחר בו משה לא יהיה רווק. אם כן, פסוק (2) טוען טענה שקרית.

הפסוק 'משה אינו נשוי' מוצרן כך:

(3) B

הפסוק 'הכרחי שמשה אינו נשוי' מוצרן כך:

(4) □ B

ניתוח צמד הפסוקים הללו דומה לצמד הקודם. משה שהוא רווק לפי מצב העניינים בעולם, הוא כמובן לא נשוי. לכן פסוק (3) הוא אמיתי. מה שאין כן לגבי פסוק (4), שהוא שקרי, כי מצב עניינים זה אינו הכרחי. ייתכן מצב בו משה יהיה נשוי (ואז הוא כמובן גם לא יהיה רווק).

נעיין כעת בפסוק: 'אם משה רווק אז משה אינו נשוי'. הוא מוצרן:

(5) A → B

פסוק זה הוא אמיתי בהכרח. אם משה רווק אזי בהכרח הוא גם אינו נשוי. אם כן, הפסוק 'הכרחי שאם משה רווק אז משה אינו נשוי', הוא אמיתי. הצרנתו היא:

(6) □ (A → B)

[49] ראה בספר השלישי בסדרה שלנו, **לוגיקה דאונטית לאור התלמוד**, מיכאל אברהם, דב גבאי ואורי שילד, college publications, לונדון 2010. שם עסקנו בקצרה גם בלוגיקה מודאלית ובמושגים מודאליים.

לעומת זאת, הפסוק 'אם משה רווק אז הכרחי שמשה אינו נשוי', שהצרנתו היא:

$$(7)\ A \rightarrow \Box B$$

הוא שקרי (שכן הרישא שלו אמיתית והסיפא שקרית. ראה בספר השלישי, בהסבר על טבלת האמת של הגרירה).[50]

כעת ניתן פשר אחר לפסוקים הללו (כלומר נציב תוכן אחר במשתנים הפסוקיים). A יהיה 'אלוקים יודע שאבחר X'. B יהיה 'אני אבחר ב-X'. מה שעולה מאותו ניתוח עצמו הוא שאמנם פסוק (6) הוא אמיתי, כלומר 'הכרחי שאם אלוקים יודע שאבחר X אז אבחר X'. אבל פסוק (7) הוא שקרי, הוי אומר: ידיעתו של אלוקים אינה גוררת שהבחירה שלי ב-X היא הכרחית (כלומר שלא יכולתי לעשות אחרת).

אבל היעדר בחירה חופשית פירושו שבהכרח אבחר X (כלומר שאני מוכרח לבחור X), ולא עצם העובדה שאבחר X. ומכאן שאין סתירה בין ידיעת הקב"ה לבין חופש הבחירה שלי.

לכאורה הטיעון הזה מוכיח בצורה חד משמעית שאין סתירה לוגית בין ידיעת האלוקים לבין חופש הבחירה. כך אכן עולה מהערת הראב"ד בהל' תשובה פ"ה ה"ה, שם הוא אומר שידיעת הקב"ה היא כידיעת האצטגנינים, שיודעים מראש את מה שיקרה.

אולם אם הטיעון הזה הוא באמת תקף לוגית, אזי לעולם ישנה כאן הנחת המבוקש. התקפות הלוגית פירושה שהמסקנה של הטיעון (שאין סתירה בין שני העקרונות) טמונה בצורה כלשהי בהנחותיו. היכן בדיוק המסקנה הזו חבויה בהנחות הטיעון?

---

[50] הערה: בשפת היומיום, באומרנו: 'אם משה רווק אז הכרחי שמשה איננו נשוי', המשמעות הלוגית של הדברים היא המשפט (6), ולא המשפט (7). המונח 'הכרחי' במשפט (6) עוסק במילה 'אזי' ולא במשפט 'משה איננו נשוי' (כלומר הנביעה היא ההכרחית כאן, ולא המסקנה עצמה).

לפי הנחתה של רונן, הפסוק (5) נכון בהכרח גם לפי הפשר החדש שניתן ל-A ו-B. יש לשים לב שהאמיתיות וההכרחיות של הפסוק הזה (כלומר האמיתיות (5) ושל (6)) אינן אמיתות לוגיות. הן נובעות ממשמעות המושגים המעורבים בפסוקים הללו ולא מהמבנה שלהם בעצמו. לשון אחר: זוהי לוגיקה תוכנית (כלומר שיקול שמבוסס על התכנים של המושגים 'נשוי' ו'לא רווק', או של המושגים 'ידיעה אלוקית' ו'בחירה חופשית') ולא על לוגיקה פורמלית (כלומר על צורת הטענות בלבד).

השאלה היא האם נכון לדמות את הדוגמא של רווק-נשוי לדוגמא של ידיעה-בחירה. הנחתה של יהודית רונן היא שכן, כלומר שהפסוק (6) גם בפשר החדש שלו הוא אמיתי. מדוע? היא עצמה מסבירה זאת בכך ש-B נובע מ-A מעצם הגדרת המושג 'ידיעה'. אבל הרי על כך גופא ניטש הויכוח. אלו שטוענים שאין בחירה או שאין ידיעה, כלומר שיש סתירה בין הרעיונות הללו, סוברים שהעובדה שהקב"ה יודע מראש פירושה הוא שאין בחירה חופשית, ולכן לא נכון לשים בסיפא (B) את הפשר 'אני אבחר חופשית ב-X' אלא אולי את הפשר 'אני אעשה X', וזה משהו אחר לגמרי. לחילופין, ניתן לומר שהקב"ה יודע שאבחר X אבל אני לא אבחר X, כי הוא טועה (שכן אי אפשר לדעת מראש מה שאדם בוחר).

באופן שלישי ניתן לומר שאמנם ידיעה אנושית אין פירושה מעשה הכרחי, אבל ידיעה א-להית בהחלט כן. מכיון שידיעת הקב"ה היא הכרחית, אין אצלו ממדים קונטינגנטיים (שמושפעים מהסביבה), לכן ברור שאם הוא יודע משהו לא ייתכן שהמשהו הזה לא יקרה. אם כן, משמעות המושג 'ידיעה' כאן אינה כידיעה האנושית (שהיא קונטינגנטית, ולכן אינה סותרת את חופש הבחירה), אלא ידיעה אחרת (שהיא הכרחית, ולכן היא סותרת את האפשרות לבחור לעשות אחרת). כלומר אמיתותו של המשפט הזה תלויה בהאמנות הפילוסופיות שלי.

אמנם נכון שהנחת המבוקש כאן היא סבירה, שכן מטרתה לא להוכיח משהו אלא להראות את אפשריותו. הטענה היא שהאמונה בידיעה מראש ביחד עם

בחירה חופשית היא קוהרנטית, ולכן די בכך שמראים כי אימוץ של שתי ההנחות הללו בו-זמנית אינו מוליך לסתירה.

בעיה נוספת שישנה כאן היא הנחת מבוקש אחרת. למעשה, ההנחה התיאולוגית של העמדה המנוגדת היא שאם הא-ל יודע שאבחר X אז הכרחי הוא שאבחר X. כלומר הפסוק (7) הוא פסוק אמיתי לפי הנחתם. מה טוענת יהודית רונן כנגדם? שבעצם הפסוק הזה אינו נכון, אלא רק הפסוק (6). אבל על כך גופא הויכוח. השאלה שבויכוח היא מה מחייבת ידיעת האלוקים, האם את המעשה או את הכרחיות המעשה. לשון אחר: הם טוענים שפסוק (7) הוא שיוצא מהגדרת המושגים, ולא הפסוק (6).

נכון שמבחינה לוגית אפשר להגדיר תזה כמו שלה, אבל אליבא דמתנגדיה זה לא נכון מבחינת התכנים המעורבים. רונן עצמה מסבירה שמה שעומד בשורש הויכוח הוא האם הבחירה בעתיד יכולה לקבוע את הידיעה בעבר (סיבתיות הפוכה בזמן) או לא. אבל הויכוח הזה נותר בעינו גם אחרי הטיעון הזה. מה שיש כאן הוא הצרנה שמסייעת לכל אחד להבין את מה שהוא מאמין בו.

טיעון לוגי לעולם לא מוסיף מידע, או משנה עמדה כשלעצמו. גם ההצרנה אינה מוסיפה מאומה לטיעונים אלא רק מבהירה ומחדדת אותם. מזווית אחרת, נאמר כי אמנם ישנה כאן הוכחה שהסתירה בין הידיעה הא-להית לבין חופש הבחירה אינה במישור הלוגי (כלומר במישור הלוגי שתי הטענות הללו אינם סותרות), אבל עדיין ייתכן שישנה ביניהן סתירה תוכנית, ובודאי סתירה פיסיקלית (עובדתית).

בשולי הדברים נאמר כי בזה גופא נחלקו הרמב״ם והראב״ד בפ״ה מהל׳ תשובה. הראב״ד מדבר על ידיעה כידיעת האיצטגנינים, כלומר על צפייה לעתיד שאינה מכריחה את ההווה, והרמב״ם טוען שיש כאן סתירה, כלומר שהידיעה מראש כן סותרת את חופש הבחירה. לפי הראב״ד הידיעה אינה מכתיבה את הכרחיות העתיד, ואילו הרמב״ם טוען שכן.

להלן נראה עמדות הגורסות שהקב״ה אינו יודע את העתיד להיות (אלא את הצפוי על פי דרך הטבע, כעין השערה אופטימלית), שכן הדבר אינו מתיישב עם ההנחה הליברטריאנית.[51] נראה כעת את המשמעות הלוגית של הדברים במסגרת הטיעון של רונן.

בניתוח של רונן ההנחה היתה שהמשפט $\Box B$ הוא לא נכון (כלומר שיש בחירה, ולא הכרחי שנעשה X). בנוסף, היא הראתה שממשמעות המושג 'ידיעה' עולה ההנחה: $A \rightarrow B$ ואולי אפילו $\Box(A \rightarrow B)$, אבל לא $A \rightarrow \Box B$ (שהוא שקרי, כי הרישא אמיתית והסיפא שקרית).

לעומת זאת, בתמונה (של **השל״ה** והרמב״ם) שהקב״ה אינו יודע את העתיד להיבחר ההנחה היא הפוכה. ממשמעות המונח 'ידיעה' (לפחות ביחס לאלוקים) הם גוזרים: $A \rightarrow \Box B$, ולכן אם A נכון אז בהכרח עולה $\Box B$. והטיעון שלהם לגבי אי ידיעה של הקב״ה הוא הכיוון ההפוך (זהו ההיסק המכונה 'שלילת הסיפא'):

הנחה א: $A \rightarrow \Box B$

הנחה ב: $\sim\Box B$

מסקנה: $\sim A$

גם זו כמובן עמדה עקבית לגמרי.

אנו רואים שאין הוכחה לשום כיוון. כל אחת מהעמדות היא עקבית כשלעצמה, והויכוח נותר במישור הפילוסופי ולא במישור הלוגי. הויכוח הוא מהי ההנחה הנכונה (מבחינה פילוסופית), האם ידיעת הקב״ה מכריחה את המעשה או את הכרחיות המעשה. בשפה הלוגית, השאלה היא האם ההנחה הנכונה היא: $A \rightarrow \Box B$, כפי שסבר הרמב״ם, או ההנחה: $A \rightarrow B$, כפי שסבר הראב״ד. שניהם מסכימים להנחה הנוספת: $\sim\Box B$, ולכן המסקנות

[51] **השל״ה**, שדבריו יובאו להלן, אף מציג זאת כתיאור של מסקנת הרמב״ם. כלומר יש כאן מחלוקת בין הרמב״ם לראב״ד בשאלה האם הסתירה בין הידיעה לחופש הבחירה היא אמיתית או לא. מה שרונן עשתה הוא לכל היותר הצרנה של עמדת הראב״ד, אבל אין כאן שום הוכחה נגד עמדת הרמב״ם.

שלהם הן הפוכות (הראב״ד מסיק ש-A אפשרי, ולכן גם נכון. ואילו הרמב״ם מסיק A~).

תפיסה סטטית של הזמן: הויכוח בין איינשטיין לברגסון[52]

תמונה דטרמיניסטית רואה את ציר הזמן באופן סטטי יותר. שום דבר לא באמת נולד או נוצר, אלא יש תהליך ארוך של הוצאה מהכוח אל הפועל. לעומת זאת, בתמונה ליברטריאנית הזמן הוא דינאמי יותר, זורם. ובאמת כבר בפרק הראשון עמדנו על האינטואיציה שחשה בזרימה של הזמן, כלומר בדינאמיות שלו.

ההסבר שמציע הראב״ד לקושיית הרמב״ם, כמו גם ההצרנה של יהודית רונן, מבטאים תפיסה סטטית של ציר הזמן. התמונה אותה הם מציעים היא כאילו יש כאן מרחב שלם של חלל-זמני שפרוס בפנינו, ואנחנו יכולים להתמקד בכל רגע ו/או מקום שנרצה מתוכו. לכן הקב״ה יכול לצפות היום בכל רגע זמן בעתיד, ולדעת מה יתרחש שם, בלי להפריע לחופש הבחירה שלנו בהווה.

תמונה דומה עולה מתיאורו של ריצ׳רד טיילור, שהוצג למעלה בפרק הראשון. שם ראינו שהזמן והמרחב הם שני צירים בעלי מאפיינים שקולים לגמרי, וניתן להחליף כל ביטוי חללי בזמני ולהיפך ולקבל משפט תקין בשפה שלנו. זה מצביע על כך שהדינאמיות של הזמן היא מדומה, ובעצם הוא סטטי לגמרי, בדיוק כמו המרחב. למעלה ראינו את הטיעון נגד תחושת הדינאמיות של הזמן, מתוך ההגדרה של המושג ׳זרימה׳ (שאין לזמן על פני מה לחלוף, שהרי הוא לא יכול לחלוף על פני הזמן, כמו שאנחנו מגדירים זרימה של כל דבר. הפתרון שהוצע שם היה הנחת קיומם של שני צירי זמן).

ההשראה לתיאור הזה מצויה בתורת היחסות של איינשטיין. בתורה זו, החלל-זמן מוצג כמערכת קואורדינטות ארבע מימדית שמבוססת על ארבעה צירים בלתי תלויים (שלושה מרחביים ואחד זמני. זהו המרחב החלל-זמני

---

[52] ראה על כך במאמרו של מיכאל אברהם, ״חצו של זנון והפיסיקה המודרנית״, **עיון** מו, תשרי תשנ״ח, עמ׳ 425. שם מובאות גם השלכות נוספות של הדיונים על מהות הזמן, כמו גם חלק מהסוגיות שנדונו בפרקים הקודמים.

של מינקובסקי). איינשטיין מיאן להבחין בין הזמן למרחב, וראה בזמן ציר מרחבי סטטי לכל דבר, וכך גם מתייחסת אליו תורת היחסות.

אחד הביטויים הבוטים לתפיסה זו הוא מכתב התנחומים ששלח איינשטיין למשפחת באסו (Besso) ידידו מהפוליטכניון השווייצרי, לאחר שהלה נפטר מן העולם. איינשטיין כתב שם:

כעת הוא עזב את העולם המוזר הזה קצת לפני. אין בכך כל משמעות. אנשים כמונו, אשר מאמינים בפיסיקה, יודעים כי ההפרדה בין העבר, ההווה והעתיד, אינה אלא אשליה עיקשת.[53]

משמעות הדברים היא שמותו של באסו בתאריך זה וזה הוא עובדה נכונה, והיא היתה נכונה תמיד. שום דבר לא השתנה כשבסו נפטר בתאריך X, שהרי הקביעה שבסו הוא מת בתאריך X היתה נכונה גם עשר או אלף שנים קודם לכן. זוהי הסתכלות על ציר הזמן כאילו הוא כולו מונח לפנינו באופן סטטי, ושום דבר לא באמת משנה. כל השאלה היא על איזה מהרגעים אנחנו מתמקדים.

מבחינת תורת היחסות, התמונה היסודית עליה אנו מתבוננים היא 'קו עולם', כלומר גרף שלם של מיקום וזמן (=מסלול) של הגוף. אנו לא דנים במיקומו ברגע נתון, אלא בקו העולם שלו, כלומר במכלול החלל-זמני שלו. ההתייחסות הדינאמית של הזמן רואה את הרגע והמקום המסויים כאירוע היסודי, ואילו תורת היחסות רואה את קו העולם כאלמנט היסודי. הוא מונח וקיים שם תמיד, ואנחנו יכולים להתמקד ברגע זה או אחר. זה לא שהרגע ההוא 'הגיע', או 'נולד', שהרי הוא היה שם מאז ומעולם. אנחנו כרגע מתמקדים בו.

אחד ממגיניה הבולטים של התפיסה הגורסת זרימה של הזמן (זמן יוצר, או "זמן משך") היה הפילוסוף היהודי צרפתי אנרי ברגסון. בספרו **משך**

---

53 ראה:

Freeman Dyson, *Science and the Search for God: Disturbing the Universe*, New York : Lantern Books, 2003, p. 24

וסימולטניות,[54] הוא מתפלמס עם איינשטיין על משמעותה של תורת היחסות. רבים מאשימים אותו בכך שלא היה לו הידע המתמטי והפיסיקלי המתאים, ולכן הספר נחשב על ידי רבים כרצוף טעויות. בעברית ניתן לראות משהו מתפיסתו בספרו, **ההתפתחות היוצרת**.[55]

אמנם נכון שבויכוח הזה לא היה לברגסון שום סיכוי מול איינשטיין, אך תפיסת הזמן שלו אינה בהכרח שגויה. להיפך, רוב הפילוסופים סוברים שדווקא הוא צדק במישור הפילוסופי, גם אם תורת היחסות משתמשת בתמונה אחרת של הזמן. להלן נראה השלכה הלכתית של תפיסת הזמן הזו.

ויתור על הנחת הידיעה האלוקית

עד כאן ראינו שפתרון לבעיית הידיעה האלוקית וחופש הבחירה כרוך בראייה סטטית של ציר הזמן. אמנם יש כמה מפרשים שמדבריהם עולה שהקושי הוא כה מהותי עד שהם מוצאים לנכון לוותר על ההנחה שהקב״ה יודע את מה שהאדם עתיד לבחור (ראה **של״ה** בהקדמת ספרו, בחלק 'בית הבחירה', ובדברי בעל **אור החיים** פ״ו מבראשית).

הנימוק שלהם מבוסס על המסקנה אליה הגענו לעיל. אם אכן בחירות של אדם מייצרות מידע חדש, כלומר המידע הזה אינו קיים לפני שהאדם בחר, אזי גם הקב״ה אינו יכול לדעת מידע שאינו קיים. הטענה היא שהקב״ה אינו יכול לדעת מידע שאינו קיים, בדיוק כמו שהוא לא יכול ליצור משולש עגול. הביטוי 'לדעת מידע לא קיים' הוא אוקסימורון, ולכן זה אינו חיסרון בכל-יכולתו של הקב״ה.

דוגמא לכך, מביא הפילוסוף האמריקאי ריצ׳רד טיילור, בספרו **מטפיזיקה**. טיילור טוען שהטענה הדטרמיניסטית אינה צריכה להיתלות בשאלה האם אלוקים יודע את המידע מראש, אלא בשאלה האם המידע קיים מראש. גם

---

[54] H. Bergson, *Duration and Simultaneity*, Trans. L. Jacobson. With Introduction by H. Dingle. (Indianapolis: Bobbs-Merill, 1965).

[55] תרגם: יוסף אור, הוצאת מגנס, ירושלים 1978.

אם אף אחד לא יודע אותו, אם המידע קיים אז זה קובע בהכרח את ההתרחשויות העתידיות.

אנחנו נרצה להסיק מכאן לאידך גיסא, שאם המידע לא קיים, אז גם אלוהים לא יכול לדעת אותו.

טיילור מחדד את טענתו על ידי סיפורו של אוסמו. אוסמו היה מורה בעיירה אמריקאית קטנה. יום אחד הוא נקלע לספריה בעירו, והוא נתקל באקראי בספר שקרוי 'סיפורו של אוסמו'. מתוך סקרנות הוא מתחיל לקרוא בספר, שפותח במשפט "אוסמו נולד בבי"ח X בתאריך Y בשעה Z, להוריו אליזבת וסטיב". משום מה, הנתונים זהים לגמרי לאלו שלו עצמו. הוא ממשיך לקרוא בסקרנות, ומגלה לתדהמתו שהסיפור הוא תולדות חייו שלו בדיוק גמור, עד הפרט האחרון. לאחר שהוא מסיים את תולדותיו בכיתה א', בתיכון ובאוניברסיטה, הוא מגיע לכך שאוסמו מתחיל ללמד בביה"ס על שם פרנקלין בעירו. לאחר מכן הוא מגיע לפרק קי"ט של הספר, ובו מסופר כיצד אוסמו נכנס לספרייה בעירו ומתחיל לקרוא את הספר 'סיפורו של אוסמו'. כעת הוא נעשה עצבני, ואחוז אימה הוא מדפדף לפרק הבא כדי לראות מה עתיד לבוא עליו, ושם מתואר (איך לא?) שלאחר שבוע אוסמו נספה בתאונת מטוס בשדה התעופה של ניו יורק. אוסמו היה אכן צריך לטוס באותו יום לניו-יורק, אך מאחר שהוא קרא את הסיפור, הוא מחליט לשנות את היעד ולטוס לפילדלפיה. לאחר ההמראה, באמצע הדרך, מתחילה סופה, והטייס החליט לשנות את כיוון הטיסה ולנחות במקום אחר. אוסמו נאבק בטייס כדי למנוע את הדבר, והמאבק הזה עצמו ריסק את המטוס ב...שדה התעופה של ניו-יורק, כמובן.

מה שהסיפור הזה מתאר הוא את התמונה הדטרמיניסטית. סופו של אוסמו קבוע מראש, ואין במה שהוא יעשה בכדי לשנות זאת. לפעמים הידיעה שלו והניסיון לשנות את התוצאה הם גופם יביאו להתממשות ה'נבואות' שבספר, בבחינת "ממך אליך אברח". זה במישור של הדטרמיניזם כשלעצמו.

אך עניינו כאן אינו בסיפור הבדיוני הזה כשלעצמו. אנו נשאל כעת את עצמנו, האם המצב היה שונה אם אוסמו לא היה נכנס לספריה, או שהוא לא

היה קורא את הספר? האם במקרה כזה ההתרחשויות העתידיות היו פתוחות (כלומר לא קבועות מראש)? התשובה לכך היא כמובן היא שלילית. בהנחה שהמידע בספר הזה הוא אמין, ושהוא מונח בספריה (או בכל מקום אחר), אזי גם אם אף אחד לא יקרא את הספר, וגם אם המידע קיים אבל אף אחד לא כתב אותו בספר ואף אחד לא יודע אותו, המסקנה היא עדיין שאירוע ההתרסקות אכן יתרחש. הידיעה בפועל של המידע על ידי גורם כלשהו אינה חשובה לבעיה, אלא אך ורק עצם קיומו של המידע. אם המידע קיים, אזי העתיד קבוע מראש, בלי קשר לשאלה האם מישהו יודע את המידע הזה או לא.

בעל **האוה״ח** בפ״ו מבראשית, מציע פתרון לדילמת הידיעה האלוקית וחופש הבחירה בטענה שהקב״ה מנע מעצמו את המידע העתידי כדי להותיר בידינו חופש בחירה. כעת נוכל לראות שהצעה זו לא באמת פותרת את הבעייה. כל עוד המידע קיים העתיד קבוע מראש, בין אם הקב״ה יודע אותו ובין אם לאו. גם אם הוא יעצום עיניים (=לא יקרא את הספר), האירועים כפויים להתרחש כפי שכתוב בספר.

נראה סביר יותר לומר (ואולי זו גם היתה כוונתו) שהקב״ה לא רק מנע מעצמו לדעת את המידע, אלא הוא מנע מהמידע להיות קיים. מניעת קיומו של המידע, אינה אלא האמירה שהוא נתן לנו חופש בחירה. כפי שראינו, בחירה חופשית פירושה שלפני אקט הבחירה המידע כלל אינו קיים. לכן יש לאדם את החופש לבחור בכל אחת מהאפשרויות.

כעת נוכל להבין (טיילור אינו עוסק בהיבט המנוגד הזה של הבעייה) שאם אכן המידע על פעולה של בחירה כלל לא קיים לפני ביצוע הפעולה, אזי גם הקב״ה בכבודו ובעצמו אינו יכול לדעת אותו. הדרך היחידה שעומדת בפניו לדעת את העתיד, ובכך לקבוע את העתיד להתרחש, היא ליטול מאיתנו את הבחירה בנקודה זו.

מה לגבי אירועים פיסיקליים רגילים, שאינם תלויים בבחירה חופשית? האם לגביהם המידע קיים? האם במישור הפיסיקלי אלוקים כן יכול לדעת מה יתרחש בעתיד? מסתבר מאד שכן. כפי שראינו, יש הבדל בין אקט של בחירה

לבין אירוע פיסיקלי רגיל. באירוע פיסיקלי רגיל, ההנחה היא שהמידע כבר קיים, שכן אירועים פיסיקליים הם דטרמיניסטיים, ונגזרים מהנסיבות ששוררות באותו מקום וזמן. הגזירה הזו באה לידי ביטוי בחוקי הטבע. כפי שאמר לפלס, בהינתן יכולת עיבוד חזקה מספיק – למשל אם ייתנו לנו מחשב מספיק חזק נוכל לחשב את כל מה שיתרחש בעולם במישור הפיסיקלי (ואנחנו מוסיפים: למעט בחירות של בני אדם). אך אקט של בחירה יוצר מידע חדש, כזה שלא היה קיים קודם לכן. כאן אפילו הקב״ה עצמו אינו יכול לדעת אותו, מפני שהבעייה אינה נעוצה בפעולת המחשב או תכונותיו אלא בכך שלא ניתן לדעת מידע שעדיין אינו קיים. זו אינה שאלה חישובית, אלא בעייה מהותית. הקב״ה גם אינו יכול לחשב את זווית הראש של עיגול, מפני שלעיגול אין זווית ראש.

נשוב כעת לשאלת הערך הלוגי של טענות, ויחסה לשאלת המידע. משמעות הדברים היא שאם המידע קיים מראש, חופש הבחירה אינו אפשרי. ישנה סתירה בין מידע לבין בחירה, שכן המידע קובע חד ערכית את ההתרחשות בפועל. אם אני יודע את המשפט ׳מחר יתרחש קרב ימי׳ והידע הזה הוא אמין, אזי עובדתית מחר חייב להתרחש קרב ימי. לעומת זאת, אם ערך האמת של המשפט ׳מחר יתרחש קרב ימי׳ קיים כבר כיום, זה עוד לא אומר שמחר חייב או לא חייב להתרחש קרב ימי. כאן העובדות עדיין פתוחות. טענתו של **השל״ה** ואולי גם של בעל **אוה״ח**, היא שלפני בחירה חופשית המידע לא קיים, גם אם ערך האמת הלוגי של הטענה כבר קיים.

לכן גם תהליכים של צבירת מידע לא יכולים להתבצע רטרואקטיבית על פני ציר הזמן. גם לאחר שהאירוע התרחש והמידע נוצר, אין זה אומר שהמידע היה קיים בעבר, שאם לא כן האירוע לא נעשה מתוך חופש בחירה. אבל לגבי ערך האמת הלוגי של טענות, כפי שראינו, זה כן נכון. שם האירוע העתידי יכול ׳לגרום׳ לערך האמת להיקבע בעבר, כפי שראינו בדיון על הדטרמיניזם הלוגי. כלומר מידע כפוף לכיווניות של ציר הזמן, שלא כמו ערכים לוגיים של טענות.

הערה: על נבואה וראיית העתיד

אם הקב"ה אינו יכול לצפות בחירות של בני אדם, אזי נביאים בני תמותה ודאי אינם יכולים לעשות זאת. אך אנחנו מוצאים במקומות רבים נבואות שחוזות את העתיד. למעשה, מקובל שזוהי גופא מהותו של נביא, או של נבואה, שהוא יכול לחזות את העתיד. הטענה שהקב"ה מגלה לו את מה שעתיד להתרחש אינה מסייעת לנו, שכן כפי שראינו גם הקב"ה אינו יכול לדעת מידע שאינו קיים. כיצד, אם כן, עלינו להתייחס לנבואות? נבחן זאת על מקרה טיפוסי אחד, המדרש אודות הריגת המצרי על ידי משה.

בפרשת שמות התורה מספרת (שמות ב, יב):

וַיִּפֶן כֹּה וָכֹה וַיַּרְא כִּי אֵין אִישׁ וַיַּךְ אֶת הַמִּצְרִי וַיִּטְמְנֵהוּ בַּחוֹל:

ועל כך מביא רש"י פירוש מן המדרש:

וירא כי אין איש - עתיד לצאת ממנו שיתגייר:

כלומר משה ראה שלא עתיד לצאת ממנו אדם חיובי (נכון יותר: יהודי), ולכן החליט להרוג אותו. הבעייה הראשונה שעולה כאן היא הבעייה המשפטית-מוסרית: כיצד הורגים אדם לפי איכות הצאצאים שייצאו ממנו?[56] בעייה נוספת היא הבעייה הלוגית: כיצד משה יודע אילו צאצאים ייצאו מאותו מצרי? בעייה שלישית היא חופש הבחירה של אותו מצרי: כיצד ניתן לדעת על בחירות עתידיות של אדם כלשהו? מדוע לא לאפשר לו לחזור בתשובה ולהפוך לאדם טוב, או ליהודי כשר?

לכאורה מדובר כאן בנבואה. משה יודע את העתיד בכוח היכולת הנבואית שלו. אך מבט נוסף מראה לנו שידיעה כזו אודות העתיד כל אחד מאיתנו יכול היה לדעת: ברור שלא ייצא ממנו אף אחד שיתגייר, שהרי הוא עתיד למות בתוך רגע. אדם מת אינו יכול להוליד ילדים כלשהם, לא כאלה שיתגיירו ולא אחרים.

אם אכן היינו עוסקים כאן בגלגול אחורה של ציר הזמן, אזי ידיעת העתיד היא טריביאלית. מי שניצב בהווה יכול לדעת בוודאות את העתיד, שכן

---

[56] ניתן היה ליישב שבאמת הוא היה חייב מיתה, אך צאצאים חיוביים היו גורמים למשה לחוס עליו. ועדיין הדברים קשים.

במקרה זה מדובר בתוצאה דטרמיניסטית של הנסיבות בהווה (אדם מת לא יכול להוליד ילדים).

אבל ברור שכאן לא מדובר בזה. הרי משה התבונן על עתיד היפותטי: מה יקרה עם צאצאיו בהנחה שהוא כן יישאר בחיים. זהו לא עתיד ריאלי, שהרי העתיד הזה לא התממש לעולם. הוא מת ולכן לא נולדו לו ילדים, ובודאי שלא ייתכן שייוולד לו צאצא שיתגייר. ההתבוננות של משה רבנו כאן היתה על ההווה, ולא על העתיד: מה יכול לצאת מאחד כזה אם אשאיר אותו בחיים. התשובה היתה: מאומה, ולכן הוא החליט להרוג אותו. הוא הרג אותו בגלל מצבו שלו, ולא בגלל צאצאיו. הצאצאים הם רק מדד שמבטא את מצבו הרוחני של אותו מצרי ברגע זה. אדם במצב כזה לא יוכל להוליד ילדים חיוביים, אלא אם הוא ישתנה לגמרי. אבל אנחנו דנים את האדם 'באשר הוא שם' (ראה רש"י בראשית כא, יז), כלומר לפי מצבו בהווה, ולכן משה דן אותו למיתה על פי מצבו, ולא כפי שניתן היה לחשוב שהוא דן אותו על פי העתיד.

בעל **השל"ה** שם טוען שזהו בניין אב לכל הנבואות. נביא לעולם מתבונן בהווה, ובמה שטמון במעמקיו. הוא לא רואה את העתיד, שכן גם הוא לא יכול לדעת מידע שעדיין אינו קיים. הוא מעריך את העתיד לאור ההווה. יכולתו של נביא (ועוד יותר של הקב"ה) היא להבין את ההווה עד הסוף, לאו המידע שקיים כעת. אם בעתיד יהיה שינוי כתוצאה ממידע חדש שייווצר (מעשה של בחירה), זהו פרמטר שאף אחד אינו יכול לדעת עליו מאומה, ולכן גם לא שופטים על פיו.

הניתוח הזה מורה לנו שההווה אינו מכיל מידע ממשי על העתיד. לכל היותר ניתן להעריך הערכה כלשהי מה צפוי להתרחש בעתיד. הקב"ה והנביא שניזון ממנו, יכולים להעריך הערכה בצורה הטובה ביותר, אבל גם היא לא וודאית, שכן היא מבוססת אך ורק על המידע שקיים בהווה. האדם יכול לבחור אחרת, כלומר ליצור מידע חדש, ובכך לשנות את ההיסטוריה.

שוב אנחנו רואים שערך לוגי של טענה עתידית קיים כבר בהווה, אבל לא המידע עצמו. לפי זה נראה שאם מדובר באירועים פיסיקליים לגבי העתיד,

63

יש מקום לנבואה ולידיעה אלוקית לגביהם. המידע שם קיים כבר כעת, שכן מדובר בתהליכים דטרמיניסטיים, ולא בבחירה חופשית.

סיבתיות הפוכה במישור הנורמטיבי

עד כאן ראינו שהלוגיקה יכולה לפעול אחורה בזמן, אך מידע לא יכול לזרום אחורה בזמן, וסיבה אינה יכולה להתרחש אחרי המסובב שלה. האם בספירה הנורמטיבית, המשפטית, המוסרית, או ההלכתית, כן יכולות להיות השפעות הפוכות על ציר הזמן? כלומר האם בהקשרים נורמטיביים יכול להיות מצב שסיבה תגרום למסובב שקודם לה בזמן? זהו בעצם נושא הספר שלנו, כאשר אנחנו מתמקדים בעיקר בהקשרים ההלכתיים והמשפטיים. לפני שנעבור לסוגיות עצמן, עלינו להציג עוד הבחנה יסודית אחת, ובה עוסק הפרק הבא.

פרק רביעי

היפוך אונטולוגי ואפיסטמולוגי של ציר הזמן

מבוא

בפרקים הקודמים עסקנו בצירי הזמן, בסיבתיות ובחופש הבחירה, והתחלנו לדון בהיפוכים אפשריים ובלתי אפשריים בציר הזמן. ראינו שהתנייה במובן הלוגי יכולה להיעשות גם בכיוון הפוך מכיוון הזרימה הרגיל של ציר הזמן, אך יצירת מידע והשפעה סיבתית – לא. לפני שנעבור לחלקים הבאים של הספר, ובהם דיונים הלכתיים ומשפטיים שעוסקים בהיפוכים כאלה, נסיים את החלק הנוכחי בפרק שמציג כמה דרגות שונות של היפוך. בכל הקשר בו נעסוק בהמשך הספר יהיה עלינו לזכור באיזו רמת היפוך מדובר.

הקדמה: אונטולוגיה ואפיסטמולוגיה

אונטולוגיה היא תורת היש. זהו תחום בפילוסופיה (או במטפיסיקה) שעוסק בשאלה מה ישנו, מהם סוגי הישים השונים, וכדו׳. שאלות אלו נוגעות למה שקיים במציאות.

אפיסטמולוגיה היא תורת ההכרה, ועניינה הוא בצורות והאופנים בהם אנחנו מכירים ותופסים את המציאות שבפנינו. לפעמים ישנן תופעות שהן תוצאה של המציאות עצמה, אך לעיתים אנו עוסקים בצורות ההכרה שלנו את המציאות, ולא בה עצמה. ההבחנה בין שני אלו (מה מהדברים הוא תולדה של המציאות עצמה ומה תולדה של צורות ואופני ההכרה שלנו) היא אחת הסוגיות החשובות ביותר באפיסטמולוגיה.

על רקע זה, ניתן להבחין בין סיבתיות הפוכה במובן האפיסטמולוגי לבין סיבתיות הפוכה במובן האונטולוגי. בהקשר האפיסטמולוגי, אנחנו מדברים על מידע שנחשף עם הזמן, ומברר למפרע את המציאות בעבר. במצב זה, המידע כשלעצמו היה קיים גם בעבר, אבל הוא הגיע לידיעתנו רק כעת. לכן ההיפוך הזה הוא אפיסטמולוגי ולא אונטולוגי.

בהקשר האונטולוגי אנחנו מדברים על השפעה ממשית של מידע שנוצר כעת אחורה בזמן. זהו סיבתיות הפוכה, של מידע או של אירועים, ולא רק התוודעות מפרע למידע שהיה כבר קיים גם בעבר.
כעת נבחין בין ארבעה הקשרים שונים שבהם מופיע היפוך סיבתי, או דמוי סיבתיות, על ציר הזמן.

הקשר ראשון: מידע שכבר קיים אך עדיין אינו ידוע

ניטול דוגמא, שתבהיר את ההקשר הזה. אדם מגרש אישה בתנאי שבנם מת. הם עדיין לא יודעים זאת, אך לאחר שבוע מתברר להם שבנם כבר היה מת באותה שעה בה ניתן הגט. תמונה כזו אינה מכונה אצלנו סיבתיות הפוכה, שכן מות הילד קדם לגירושין. מה שהתאחר הוא ההתוודעות למידע, שכן זה הובא לידיעתם מאוחר יותר. שום דבר לא השתנה במציאות עצמה, ולכן אין כאן היפוך אונטולוגי. אך המידע שבידיהם אכן התברר בעתיד ונסוב על העבר. ניתן לומר שיש כאן היפוך אפיסטמולוגי (פעולה נגד כיוונו של ציר הזמן במישור של הכרת המציאות ולא במציאות עצמה).

הקשר שני: מחלוקת האם המידע קיים

ישנם מקרים עדינים יותר, שגם הם נראים אפיסטמולוגיים. לדוגמא, הגמרא בגיטין כה (שנעסוק בה בהרחבה להלן בחלק הרביעי) מתארת מצב בו יעקב נשוי לרחל ולאה. ביום א' הוא מחליט לגרש אחת מהן (בגלל שאין לו כסף לפרנס את שתיהן, או מפני שיצא חוק שאוסר ביגמיה). הוא לא מצליח להחליט איזו משתיהן לגרש, ולכן הוא מחליט על מעין הגרלה: הוא כותב באותו יום (יום א') גט, וממען אותו לאותה אישה שתצא בפתח תחילה מחר בבוקר (כלומר בבוקר יום ב'). ייתכן ששתי הנשים כלל אינן יודעות מכל העניין. והנה, ביום ב' בבוקר יוצאת לאה ראשונה מהפתח, ובכך מתברר שהיא היתה זו שלשמה נכתב אתמול הגט. האם יש כאן סיבתיות הפוכה? יש מקום לומר שלא, שכן היציאה בפתח לא היתה הגורם לגירושין, אלא האינדיקציה שמבררת לנו את המידע לגבי זהותה של זו שלשמה נכתב הגט

אתמול. נעיר כי מקרה זה מסווג בגמרא שם כשייך לסוגיית 'ברירה', והגמרא מבחינה בינו לבין מנגנון של תנאי (נתינת גט ללאה בתנאי שהיא תצא בפתח תחילה. ראה על כך להלן בחלק הרביעי).

במקרה שתואר בסעיף הקודם המידע כבר היה קיים ברגע הגירושין, אלא שבני הזוג לא ידעו אותו עדיין. לעומת זאת, במקרה הזה המידע עצמו לא היה קיים ברגע כתיבת הגט, אלא נוצר מאוחר יותר. כלומר כאן יש משהו שפועל אחורה בזמן, ולא מדובר רק באיחור של הידיעה/ההכרה הסובייקטיבית של בני אדם.

מאידך, הרי מדובר בפעולה פיסית רגילה (יציאה מהפתח לפני רחל), שאינה בהכרח תולדה של בחירה (בודאי לא מודעת) של לאה. הדבר נוגע כמובן לשאלת הדטרמיניזם. אם אנחנו אוחזים בעמדה דטרמיניסטית, ניתן אולי לומר שהמידע כן קיים כבר ברגע הראשון, אלא שאנחנו עדיין לא יודעים אותו. במינוח תלמודי ניתן לומר ש'כלפי שמיא גליא'[57] שאישה X תצא בפתח תחילה. עמדה ליברטריאנית יכולה לראות זאת אחרת.

אמנם אם היה מדובר על ירידת גשמים מחר, כאן כפי שראינו לכולי עלמא ההתרחשות היא דטרמיניסטית, כלומר נקבעת על פי הנסיבות ששררו בעבר. האם זה שונה ממקרה של פעולה של אדם? ומה בדבר פעולות לא בחיריות (לפחות לא במודעות להשלכותיה של הפעולה הננקטת - כמו יציאה בפתח), האם יש להבחין בינן לבין פעולות בחיריות (כמו גירושין בתנאי 'על מנת שתתני לי 100 ש"ח', שזו ודאי פעולה שנעשית מתוך הכרעה ובחירה מודעת של האישה)? בזאת עוסק הסעיף הבא.

הקשר שלישי: האירוע העתידי הוא אירוע של בחירה חופשית

אם עמדתנו אינה דטרמיניסטית, אלא ליברטריאנית, עדיין יש הבדל בין תליית הדבר באירוע עתידי של בחירה לבין תלייה באירוע פיסיקלי עתידי. כפי שראינו בפרק הקודם, אירוע פיסיקלי שאינו תלוי בבחירה כנראה

---

[57] או במינוח הסכולסטי - sub specie aeternitatis

מוכתב מראש על ידי הנסיבות, שכן הטבע הפיסיקלי הוא דטרמיניסטי. לכן יש מקום לומר שהמידע לגביו קיים כבר כעת. לעומת זאת, ראינו שם שאירוע של בחירה הוא אירוע שבו נוצרת האינפורמציה ברגע הבחירה יש מאין. כאן אין מקום לדבר על מידע שהיה קיים והתגלה מאוחר יותר, אלא ברור שהמידע נוצר ברגע המאוחר.

אם כן, כאשר אדם ייתן גט לאשתו ויתלה זאת בפעולה שהיא תבצע מבחירתה (כמו מתן 100 ש"ח), ולא באירוע סתמי, יש מקום לומר שכאן המידע לא קיים לכל הדעות, ולכן אם תנאי כזה אכן יכול לפעול אזי יש כאן דוגמא שבה מידע שנוצר בעתיד משפיע על העבר.

כאן פגשנו קטגוריה שלישית: החלת חלות כעת שתלויה באירוע עתידי שכרוך בבחירה. במצב כזה המידע כלל לא קיים בהווה, אלא נוצר בעתיד, אך הוא משפיע על העבר. זוהי סיבתיות הפוכה במובן האונטולוגי (ולא רק במובן האפיסטמולוגי).

נעיר כי ההבחנה בין שני ההקשרים האחרונים תעלה רק בחלק הרביעי (ביחס לסוגיית ברירה). לגבי שאר הסוגיות אנו לא מוצאים הבחנה בין שני ההקשרים הללו.

הקשר רביעי: סיבתיות מהופכת

בכל שלושת ההקשרים הללו, האירוע שבו תלינו את החלות אינו הגורם הסיבתי שלה. זהו רק אירוע שמברר או קובע על מה חלה החלות, והאם היא חלה. במקרה בו אדם נותן גט לאישה ותולה אותו באירוע עתידי כלשהו, מסתבר שהאירוע העתידי אינו הגורם לחלות הגירושין (להלן בחלק השני נראה שיש מחלוקת בנקודה זו). האירוע העתידי רק מברר האם ועל מי תחול החלות הזו. הגורם לחלות הגירושין הוא מתן הגט, וזה נעשה כעת. כפי שראינו בפרק השני, כשאין יחס של גרימה בין האירועים לא ניתן לראות את האחד כסיבתו של השני, ולכל היותר מדובר כאן בתנאי במובן הלוגי. היחס בין האירוע העתידי לבין חלות הגירושין אינו מכיל רכיב זמני (שהרי הסיבה מאוחרת למסובב), ולא רכיב פיסיקלי של גרימה (שהרי האירוע העתידי אינו

הגורם שמחולל את הגירושין), אלא לכל היותר רכיב לוגי: האירוע העתידי הוא תנאי, במובן הלוגי, לחלות הגירושין. יחס שמכיל רק את המרכיב הלוגי אינו יכול להיקרא יחס סיבתי, ולכן יש מקום לטענה שלא ניתן לראות במצב כזה סיבתיות הפוכה.

הבעייתיות בכל המקרים הללו היא שהחלות מוחלת על עצם או מצב שאינו מבורר (או כלפינו – כלומר שלנו חסר המידע, או אפילו אובייקטיבית – שהמידע כלל לא קיים בעולם)? אך אין כאן סיבתיות שפועלת במהופך לכיוונו של ציר הזמן.

אולם ישנם מצבים מסוג רביעי, שבהם כן מופיעה סיבתיות מהופכת. אלו הם מקרים שבהם ישנה ממש גרימה הפוכה, ואותם ניתן לכנות לכל הדעות 'סיבתיות הפוכה', גם במובן האונטולוגי. במקרים אלו הסיבה לחלות נוצרת אחרי החלות עצמה (=התוצאה), והיא זו שגורמת לה ומחוללת אותה. במצבים כאלה קיים הרכיב הלוגי, שכן האירוע העתידי הוא תנאי להחלת החלות כעת. קיים הרכיב ה'פיסיקלי' של הגרימה, שכן האירוע העתידי מחולל סיבתית את החלת החלות כעת. ולא קיים הרכיב הזמני, שכן הסיבה מופיעה אחרי המסובב.

בפרק השני ראינו שמושג הסיבה מכיל שלושה רכיבים: הפיסיקלי (הגרימה), הלוגי (ההתנייה) והזמני (שהסיבה קודמת למסובב). לכאורה, כאשר אנחנו מדברים על סיבתיות מהופכת חסר הרכיב הזמני, ולכן אין לדבר כאן על יחס סיבתי.

ובכל זאת, לצורך הדיון כאן אנו מכניסים גם את המצב הזה תחת הכותרת 'סיבתיות', ומכנים אותו 'סיבתיות מהופכת', על אף היעדרו של הרכיב הזמני. זהו גופא הדיון שלנו: האם תיתכן סיבתיות מהופכת במישור הנורמטיבי (להבדיל מהפיסיקלי), כלומר האם סיבה נורמטיבית (האירוע שמחולל את התוצאה) יכולה להופיע אחרי המסובב שלה (התוצאה עצמה)? אם אכן הדבר אפשרי, אזי יש להוציא מהגדרת המושג 'סיבה' את המרכיב הזמני, לפחות בהקשרים נורמטיביים (גם אם לא בהקשרים הפיסיקליים).

מהו ההבדל בין ההקשר הזה לבין קודמיו? כאן לא רק נוצר מידע שמברר מה באמת היה בעבר, או האם קרה משהו בעבר, אלא יש כאן סיבה שמחוללת את האירוע הנוכחי ונוצרת בזמן מאוחר לו. במקרים רבים פרשנות כזו לקביעות הלכתיות תלויה בדעות שונות בין המפרשים. ר' שמעון שקאפ, ב'קונטרס התנאים' שנדפס בסוף חידושיו למסכת גיטין, מוכיח שתנאים הם מכניזם כזה, ומביא לכך כמה ראיות. אנו נעסוק בדבריו בהרחבה בחלק הבא, וכאן נציג רק דוגמא אחת כדי להבהיר את הרעיון.

אדם נתן גט ללאה ביום א' בתנאי שלמחרת בבוקר היא תצא בפתח תחילה. להלכה ניתן לבטל את הגט הזה כל עוד לא אירע מעשה התנאי (כלומר לפני הבוקר של יום ב'). אם אכן מדובר כאן בבירור של מידע, אין סיבה להניח שניתן לבטל את הגט, שהרי הוא כבר ניתן והגירושין כבר חלו (הדבר דומה לביטול של גירושין לאחר ביצועם המלא). מה שחסר הוא רק ידיעה שלנו לגבי המצב, ולא סביר שחסר כזה מאפשר לשנות את הסטטוס ההלכתי. לא נראה שזה שונה מביטול גירושין לאחר ביצועם המלא, מה שכמובן אינו אפשרי. גם כאן הסיבה כבר נוצרה (=נתינת הגט), והמסובב (=הגירושין), שהוא תוצאה הכרחית של הסיבה, כבר התחולל.

אם אכן ניתן לבטל גט כזה במהלך יום א', זוהי אינדיקציה ברורה לכך שמדובר בסיבתיות אונטולוגית, כלומר שיציאת האישה בבוקר יום ב' היא הסיבה לחלות הגירושין ביום א', ולא רק תנאי עבורה. לכן כל עוד לא נוצרה הסיבה ניתן לבטל את המעשה, ולמנוע מהסיבה העתידית לפעול.

נביא דוגמא הלכתית מקבילה (ראה במשנה תחילת פ"ד במסכת בבא מציעא), שיכולה להיות קיימת גם במערכות משפטיות רגילות. ראובן מכר לשמעון ספר תמורת מאה ₪ בהקפה. האם ראובן, או שמעון, יכולים לבטל את המכירה לפני התשלום? על פי ההלכה – בהחלט לא. העסקה כבר הושלמה, שכן הסיבה שמחוללת את הקניין היתה העברת הספר לשמעון. כעת יש רק דרישה לתשלום שנגזרת מקניית הספר, ואם שמעון לא יקיים אותה ראובן יתבע אותו בבית הדין, אך הוא אינו יכול לבטל את העסקה.

לחילופין, מה הדין במקרה ששמעון שילם מראש, וראובן לא סיפק לו את הספר? במצב כזה, מעיקר הדין ניתן עדיין לבטל את העסקה, שכן להלכה התשלום אינו קונה את הספר (מעות אינן קונות), אלא רק העברתו הפיסית לידי הקונה. התשלום ניתן בתנאי שיימסר הספר, ולכן כל עוד הספר לא נמסר ניתן לבטל את העסקה.

בשני המקרים יש תלות של המצב העכשווי באירוע עתידי. אולם ההבדל בין שני המקרים הוא בשאלה האם האירוע העתידי הוא הסיבה שמחוללת את התוצאה המשפטית (קניית הספר על ידי שמעון), או שמא זוהי רק תוצאה נגזרת שלה. סיבות חייבות להתרחש לפני המסובבים, ולכן ההלכה לגבי חזרה מהמקח תהיה תלויה בשאלה האם סיבת הקניין כבר התרחשה או שעדיין לא. האסימטריה בין התשלום להעברת הספר נובעת מכך שהעברת הספר היא סיבה שמחוללת את הקניין ויוצרת בכך התחייבות על הכסף, ואילו מתן הכסף אינו סיבה שמחוללת את הקניין עבור הספר.

אם נסכם, במקרים הקודמים מה שנוצר מאוחר הוא מידע, ולא סיבה שגורמת לתוצאה ההלכתית. לעומת זאת, בקטגוריה האחרונה (הרביעית), מה שנוצר בעתיד הוא הסיבה שמחוללת את הגירושין. האירוע העתידי לא רק מברר למי הגט ניתן (כמו בדוגמא של היציאה בפתח), אלא היא מחוללת את הגירושין. לכן מדובר כאן בסיבתיות מהופכת.

היה מקום להגדיר את היציאה בפתח כתנאי לגירושין במובן הלוגי, ועדיין לטעון שכל עוד הגירושין לא חלו ניתן לבטל אותם. כלומר אין כאן בהכרח סיבתיות מהופכת במובן של גרימה מהעתיד לעבר. אך לאור מה שראינו בפרקים הקודמים טענה זו היא בלתי סבירה, שכן כפי שראינו הלוגיקה אינה כפופה לציר הזמן, ולכן העובדה שהתנאי הלוגי מקויים מאוחר יותר אינה יכולה לאפשר ביטול של הגט. תנאי לוגי שקויים ברגע כלשהו בעתיד אינו מחולל את הגירושין בעבר, אלא מגלה שהם חלו. כפי שראינו, הלוגיקה היא מעל הזמן. לכן ברור שיש כאן ממד כלשהו של גרימה סיבתית, ולכן מסקנתנו היא שמצב הלכתי כזה מלמד שתיתכן סיבתיות מהופכת

בהקשרים נורמטיביים, שלא כמו בהקשרים הפיסיקליים. אנו נעסוק בזה בהרחבה בחלקים הבאים של הספר.

דוגמא נוספת: התרת נדרים

על פי ההלכה, כאשר אדם נודר הוא חייב לקיים את שנדר. לדוגמא, אם אדם נודר שלא לאכול כיכר לחם כלשהי, אסור לו לאכול אותה. אבל אם הוא הולך לחכם והלה מתיר לו את הנדר – אזי האיסור מתבטל. ההתרה נעשית על ידי מציאת 'פתח', כלומר שיקול שמראה שהנודר לא חשב ברצינות על כל ההשלכות של הנדר, ולכן הוא לא התכוין מלכתחילה לנדור. מכאן נראה שההתרה היא רק בירור של מידע, שמראה לנו שהנדר מעולם לא חל, כלומר שהנדר נעשה בטעות. החכם הוא זה שבסמכותו לקבוע שזה אכן המצב, אבל הוא אינו מחולל את ההיתר של הנדר, אלא רק חושף אותו.

והנה, הגמרא במסכת נדרים דף נח-נט מתייחסת לנדרים כ'דבר שיש לו מתירין', כלומר כאיסור שהוא לזמן קצוב ויכול להיות מותר לאחר זמן מסויים, ולכן חלות עליו כל מיני חומרות (יש להחמיר בספקו, ואין לבטל אותו ברוב. לפי רוב המפרשים, הטעם לחומרות הללו הוא: עד שאתה אוכל באיסור, חכה ואכול אותו בהיתר). דוגמא לאיסור שיש לו מתירין הוא איסור מוקצה בשבת או ביו"ט, מפני שהוא מותר אחרי השבת או היו"ט. הסיבה ליישום הגדרה זו לגבי איסורי נדר היא שכפי שראינו כל אדם שנדר יכול ללכת לחכם ו'להישאל' על הנדר, ובכך החכם מבטל אותו. אם כן, איסור הנדר יש לו מתירין (על פי ההלכה די לנו באפשרות שהאיסור הזה יותר כדי להגדירו כדבר שיש לו מתירין. לא חייב להיות שבהכרח יהיה זמן שבו הוא מותר בפועל).

הרא"ש בפסקיו שם (פ"ו סי' ג) מביא ירושלמי שמקשה מדוע נדרים נחשבים כאיסור שזמנו קצוב, הרי אם החכם מבטל את הנדר זה מתרחש למפרע, ומתברר שמעולם הנדר לא חל? אם כן, זה אינו מצב שיש איסור על כיכר הלחם הזו, ואז מגיע רגע שממנו והלאה היא מותרת. כאן ההתרה מגלה שמעולם הכיכר לא היתה אסורה. דבר שיש לו מתירין הוא איסור שקיים

לזמן קצוב. אבל נדר, על הצד שהוא אכן חל, הוא איסור עולמי. ועל הצד שהוא לא חל (שהחכם מתיר אותו) הוא לעולם לא היה אסור.

את תשובתו מסביר ר' שמעון שקאפ (**שערי ישר**, שער ב פ"ט),[58] כך: השאלה של הירושלמי והרא"ש מבוססת על התפיסה המקובלת, לפיה החכם בהתרתו מברר את המידע שהנדר מעולם לא חל. עד עתה חיינו בטעות, וכעת התבררה לנו האמת. במינוח של הסעיף הקודם נוכל לומר שלפי תפיסה זו התרת נדרים היא היפוך אפיסטמולוגי, ולא אונטולוגי. מידע כלשהו שנעלם מאיתנו הגיע לידיעתנו, אבל במציאות (באונטולוגיה) לא התרחש מאומה בניגוד לכיוונו של ציר הזמן. לכן עולה כאן הקושי מדוע זה מוגדר כדבר שיש לו מתירין. אך ר' שמעון מסביר שלפי הרא"ש זו אינה התפיסה הנכונה בהתרת נדרים. ההתרה של החכם אינה רק מבררת מידע שהיה עלום מאיתנו, אלא היא בגדר סיבה שגורמת/מחוללת את ההיתר. כל עוד החכם לא התיר את הנדר הוא תקף באמת (ולא רק שאנחנו לא יודעים שהוא אינו תקף, והחכם מביא זאת לידיעתנו). ר' שמעון מסביר שההתרה עוקרת את הנדר, כלומר מחוללת את העקירה, ולא רק מבררת את המידע שהוא לא היה תקף מעולם. אם כן, זה אינו רק בירור של מידע (אפיסטמולוגי), אלא סיבה פועלת וגורמת לעקירת האיסור (במישור האונטולוגי, ובמקרה זה – הנורמטיבי). כאן ישנה דוגמא מובהקת נוספת למכניזם הלכתי של סיבתיות הפוכה במישור האונטולוגי, ולא רק האפיסטמולוגי.

מכניזם כזה נקרא אצל כמה מהאחרונים[59] 'מכאן ולהבא למפרע', שכן זהו מצב של שיכתוב ההיסטוריה: מכאן ולהבא המציאות בעבר היא אחרת. כבר ראינו בסוף הפרק הראשון מצבים בהם יש שיכתוב של ההיסטוריה, ועמדנו על כך שההצגה הלוגית שלהם דורשת שני צירי זמן, או זמן דו-ממדי. משמעות הדבר היא שהתשובה לשאלה האם יש חלות איסור תלויה בשני

---

[58] ראה גם שיעורי רבי שמואל (רוזובסקי), מכות, סי' תכ, והמקבילות שמובאות שם בהערות, ובהרחבה להלן בחלק השלישי.

[59] למשל ב**המידות לחקר ההלכה** כב. כמו כן בנוגע לדיני מיאון בחידושי ר' חיים הלוי, הלכות אישות ב-ט; **מלוא הרועים** מסכת יבמות יב; בדיני ביעור חמץ - **שאגת אריה** פא ד"ה ועוד.

זמנים שונים: הזמן בו מדובר (שלגביו נשאלת השאלה - t), והזמן בו השאלה הזו נשאלת ('t). כפי שנראה להלן זהו מאפיין של כל סיבתיות מהופכת.

הסטטוס בזמן הביניים

אחת השאלות המעניינות לגבי סיבתיות מהופכת היא מה הסטטוס המשפטי-הלכתי בזמן הביניים. אישה התגרשה בתנאי כלשהו. מהו מעמדה עד קיום התנאי? לדוגמא, הבעל נתן גט לאישתו בתנאי שהיא לא תשתה יין בתוך עשר השנים הבאות. היא הלכה ונישאה לאדם אחר, ונולדו להם ילדים. כעת חלפו שמונה שנים והיא רוצה לשתות יין. שתיית היין תבטל את הגירושין מהבעל הראשון, ובכך היא תהפוך את ילדיה רטרואקטיבית לממזרים, וכן את יחסיה עם הבעל השני ליחסים אסורים. השאלה הנשאלת כאן היא האם יש עליה איסור לשתות את היין?

כפי שנראה בחלק השני, יש מקורות והקשרים שבהם זמן הביניים מוגדר כמצב של ספק. אחרים מתייחסים למצב כזה כאילו היה שילוב של שני מצבים, ממש כמו בסופרפוזיציה קוונטית[60]: האישה היא מגורשת ונשואה בו-זמנית. כאן אנחנו נוגעים בשאלת הקוהרנטיות הלוגית של ההלכה (מבחינת חוק הסתירה וחוק השלישי הנמנע), שכן כפי שנראה מכאן סיבתיות הפוכה עשויה להוליך אותנו גם לסתירות לוגיות. מכאן ניתן לראות שכדי לאפשר סיבתיות הפוכה דרוש גם טיפול לוגי שונה לעקרונות ההלכה[61].

העבירה והאחריות הפלילית

הגמרא דנה בשאלה משיקה במסכת נדרים דף יד. ביום א' אדם נודר שהוא לא יישן היום אם הוא יישן מחר. ברור שאם הוא לא יישן מחר אין עליו איסור לישון היום. כעת עולה השאלה האם מותר לו לישון היום (כשהוא עדיין לא יודע מה יקרה מחר)? לכאורה כן. כעת נוסיף ונשאל: בהנחה שהוא

---

[60] בחלק הרביעי ניתן מבוא קצר למושגים במכניקת הקוונטים.

[61] ראה על כך במאמרו של מיכאל אברהם, "מהי חלות", **צהר** ב, ולהלן בחלק הבא.

ישן ביום א', האם מותר לו לישון למחרת? לכאורה גם כאן התשובה היא
חיובית, שהרי אין איסור לישון. אלא שהשינה של יום ב' תהפוך את השינה
של יום א', שבזמנה נעשתה בהיתר, למעשה אסור. האם תיתכן עבירה
רטרואקטיבית? האם המעשה העתידי הופך להיות אסור בעצמו, על אף
שמצד עצמו זהו מעשה מותר לגמרי?

במקרה של ממזרות ניתן לתאר סיטואציה קיצונית יותר. אישה התגרשה
בתנאי שלא תשתה יין במשך עשר שנים. היא נישאה ונולדו לה ילדים. ראינו
שעל פי ההלכה אם היא שותה יין בזמן הנקוב הגירושין שלה בטלים, וכך גם
נישואיה לשני, וילדיה מהשני הופכים גם הם לממזרים. השאלה היא האם
חל עליה איסור לשתות יין? שתיית היין היא פעולה מותרת, אלא שיש לה
השלכות בעייתיות. מבחינה הלכתית לא לגמרי ברור שיש במעשה שתיית
היין איסור. גם אם יש במעשה זה עבירה, אין ספק ששתיית היין לא
מאפשרת לנו להעניש אותה על עבירה זו.

כפי שנראה בחלק השני, ייתכן שהחזרה אחורה בזמן יכולה לנתק בין
השאלה העובדתית, האם נעברה עבירה, לשאלת האחריות הפלילית על
אותה עבירה. עבירה תהיה, ובכל זאת לאף אחד אין אחריות פלילית לעבירה
הזו.

כפל הזמן

אנו שבים כאן לדיון שנערך בפרק הראשון לגבי כפילות של צירי הזמן.
הזכרנו כאן שבהקשרים של 'מכאן ולהבא למפרע', בהם מופיע כעין שיכתוב
של ההיסטוריה נדרשים שני צירי זמן כדי לבטא את כל מה שדרוש.

אמנם לאור האמור בפרק זה, נוכל להבין שניתן לראות את הפונקציה
$f(a,B,x,t,t')$, שהוגדרה שם בשתי משמעויות שונות. אם מדובר על היפוך
הזמן בהקשר אונטולוגי, אזי הפונקציה הזו מתארת שינוי במצב ההלכתי
עצמו. העתיד עשוי לשנות את העבר, ואז לשאלה מהו הסטטוס ההלכתי
ברגע t ייתכנו שתי תשובות (תלוי מתי נשאלת השאלה). אולם אם מדובר

בהיפוך בהקשר אפיסטמולוגי, אזי הפונקציה הזו מתארת רק את המידע שמצוי ביד האדם ביחס למצב ההלכתי, ולא את המצב ההלכתי כשלעצמו. התשובות שהאדם יספק ביחס לשאלה ההלכתית אכן תשתנינה לפי הזמן בו הוא שואל את עצמו את השאלה, אבל הסטטוס ההלכתי כשלעצמו הוא חד ערכי, ובכל רגע זמן נתון יש לו תשובה הלכתית ברורה אחת (אלא שהאדם לא תמיד יודע אותה). אנו נשוב לשאלה זו בחלק הבא, כשנדון בדיני התנאים.

הקשר חמישי: אלימינציה כהיפוך זמני

כפי שנראה בחלק השלישי, ישנו בספרות ההלכתית עוד מובן אחד, נדיר יותר, להיפוכים זמניים, והוא אלימינציה. נבהיר זאת כעת דרך דוגמא (להרחבה, ראה להלן בפרק שבעה-עשר).

על פי ההלכה, ישנה חזקה (או רוב) שאישה בדרך כלל יולדת ילד בריא. לכן כאשר היא מעוברת ואנחנו מנסים להעריך האם העובר בשלב זה הוא בריא, ההנחה היא שכן. יש לכך השלכות, שכן אם אישה נותרת מעוברת ובעלה מת, עולה השאלה האם היא חייבת ייבום או שמותר לה להינשא ללא ייבום. אם הוולד הוא תקין אזי לבעל המת יש שם ושארית, ולכן אישתו אינה חייבת ייבום והיא מותרת להינשא לכל אחד. לעומת זאת, אם העובר שברחמה אינו תקין והוא עתיד להיוולד מת, היא חייבת ייבום כמו אישה שבעלה מת בלא ילדים.

מה יקרה להערכה הזו אם בסופו של דבר חיכינו וראינו שהוולד נפל (=נולד מת)? האם זה ישנה את ההערכה הקודמת שלנו לגביו? האם לאור המידע החדש שבידינו (שבסופו של דבר הוא נולד מת), משתנה ההערכה לגבי תקינותו ובריאותו גם בשלבים הקודמים? ישנה כאן כמובן אפשרות שהוולד היה בריא ושלם, ורק בשלב כלשהו של ההריון נוצר בו פגם שגרם למותו. במצב כזה עשויה להתעורר שאלה לגבי חיוב האם בייבום, שכן הבעל המת הותיר אחריו זרע של קיימא, גם אם בסוף הוולד הזה מת.

כפי שנראה, יש דעות בהלכה שכל עוד לא הוכח אחרת, ההנחה שרוב התינוקות נולדים בריאים ושלמים נותרת בעינה, ולכן גם וולד שנולד מת ההנחה לגביו היא שכל עוד הוא היה ברחם הוא היה בריא. לעומת זאת, ישנן דעות שאם מצוי בידינו מידע שהוא נולד מת, כעת המצב בעבר דורש הערכה מחדש[62]. מתוך מכלול העוברים שנולדים מתים לא בהכרח יש רוב שהם נוצרו ברחם בריאים ושלמים. אנחנו מדברים על הסתברות מותנה או על קבוצה חלקית בעלת מאפיינים מסויימים, ולא בהכרח נכון ליישם לגביה את כלי ההערכה שנכונים ביחס לכלל האוכלוסייה. זוהי בעצם אלימינציה (=בירור ופירוק של סיבות וגורמים) במובן מדעי.

כעת יש לשים לב שגם בהקשר זה, לפחות במובן מסויים, הלידה מגלה לנו משהו למפרע. לאחר שהוולד נולד מת, התברר לנו שההערכה על מצבו בעבר צריכה להשתנות. אמנם לא המציאות משתנה כאן, ואפילו לא הקביעה המשפטית כשלעצמה, אלא ההערכה הסטטיסטית שלנו את המציאות. אבל להערכה זו יש השלכות הלכתיות (למשל לגבי ייבום), ולכן האירוע העתידי מאיר את העבר באור שונה וגורם לתוצאות הלכתיות שונות. האלימינציה היא מובן חמישי של היפוך זמני בהלכה.

[62] לסקירת השיטות ההלכתיות ראה מאמרו של נריה גוטל, ״הפגות לאור ההלכה - פרק א: קריטריונים המכריעים מצב הוולד״, **ספר אסיא** ח׳, עמ׳ 225-250 (1995); **אסיא** מד, עמ׳ 5-30 (1988), בנוגע להגדרות למפרע של נפלים (בעיקר הערות 25, 63 חלק ז, *סימן נוסף*). כמו כן מאמרו "הפגות לאור ההלכה - פרק ב: שרשי הפסיקה ויסודותיה״, **ספר אסיא** ח׳, עמ׳ 251-294 (1995); אסיא נא-נב, עמ׳ 85-128 (1992).

פרק חמישי

מהי חזרה בזמן?

מבוא

הספר הזה דן בשאלה האם ייתכן היפוך של ציר הזמן במישור הנורמטיבי, וכיצד נראית הלוגיקה שלו. כשאלה זו קשורה בטבורה להגדרת המושג 'היפוך זמני', ולמגבלות שמוטלות עליו.

פרק זה, שמסיים את החלק הראשון של הספר, מכין את הקרקע לדיון בספר על ידי חידוד של משמעות ההיפוך של ציר הזמן. רבים טועים בהתייחסות למושג זה (בלי קשר לשאלה האם הוא אפשרי או לא, אלא ברמה המושגית), ולכן יש צורך להבהיר את המושגים.

הפרק הנוכחי עוסק בשאלות מופשטות כמו מסע אחורה בזמן, שכן הן שעומדות במוקד הבעייתיות של פיתוח לוגיקה הלכתית עבור תנאים, ולוגיקת זמן בכלל. ניתן לראות בפרק זה ערעור על הרכיב הזמני של הסיבתיות, כפי שהיא הוגדרה בפרק השני.

הפרק ייגע מעט בפיסיקה ויזדקק למעט הבנה מתמטית (אמנם לחלוטין בלי פורמליזם מתמטי), והקורא שמעוניין בכך יכול לדלג ישירות למסקנות שמוצגות בסיכום.

מדוע היפוך הזמן הוא בעייתי?

יש שרואים את עיקר הבעייתיות בהיפוך ציר הזמן ביחס לסיבתיות. כאשר אנחנו מאפשרים מסע אחורה בזמן, אדם יכול להגיע במסעו לרגע שבו היתה בר מצווה לסב סבו (הרבה לפני שהוא עצמו נולד), ואז להרוג אותו. בכך הוא מונע את הולדתו שלו עצמו. אלא שאם הוא לא נולד, אז מי חזר בזמן והרג את הסבא? ואם הסבא לא מת אז הוא קיים, ואז שוב יש מי שיחזור בזמן ויהרוג את הסבא, וחוזר חלילה.

הפרדוכס הזה נוצר כתוצאה מהפרת הסדר הזמני של היחס הסיבתי. הסבא הוא סיבה לקיומו של הנכד בעולם, ואם המסובב (=הנכד) מופיע או פועל לפני הסיבה שיצרה אותו, אזי הוא יכול למנוע את קיומה, ובכך לאיין גם את עצמו, וחוזר חלילה.

אך כפי שנראה כאן ישנה בעייתיות שהיא אולי יסודית יותר, והיא הבעייתיות המושגית. המושג 'חזרה אחורה בזמן' כשלעצמו אינו מוגדר כראוי, וזה מה שיוצר את הבעיות הלוגיות (להבדיל מאלו הפיסיקליות) שכרוכות במסע בזמן. ייתכן שזה גם מה שעומד ביסוד הבעייה הסיבתית שתוארה לעיל. שני סוגי הבעיות הללו עומדים בבסיס הבעייתיות בהיפוך אפיסטמולוגי ואונטולוגי של הזמן, כפי שהם הוגדרו בפרק הרביעי. סיבתיות הפוכה הזמן כרוכה בבעייה הראשונה, ואילו חזרה בזמן בלי השפעה סיבתית כרוכה בבעיה השנייה.

כאמור, הדיון בספר נסוב על היפוכי זמן במישור הנורמטיבי, אך כתנאי לפיתוח לוגיקה כזו הוא הגדרת עצם המושג 'חזרה בזמן' או 'היפוך בזמן' בכלל. אין לראות בדברים שיוצגו כאן משום אמירה שהיפוך כזה הוא אפשרי במישור הפיסיקלי. אנו משתמשים כאן בפיסיקה רק להגדרת המושגים הרלוונטיים בצורה יותר שיטתית.

הרחבת הטיעון של טיילור

בפרק הראשון הצגנו את הטיעון של טיילור, שמראה כי הזמן והמרחב הם שקולים, אין אסימטריה ביניהם. אליבא דטיילור, התחושה שהזמן משתנה, או זורם, והמרחב לא, היא אשלייה. טענתו היתה שניתן להחליף מושגים זמניים ומרחביים זה בזה בכל משפט שמנוסח כהלכה, ונקבל משפט תקני אחר. לדוגמא, כשגוף נע אנחנו מתייחסים לזה כאילו המיקום המרחבי שלו משתנה על פני ציר הזמן. אך באותה מידה ניתן להתייחס לכך כאילו העיתוי שלו זורם על פני המרחב: הוא נמצא בזמן t_1 במקום x_1, ולאחר שחלפו כמה מטרים והמיקום הגיע ל-x_2 (ציר המקום הוא המשתנה הבלתי תלוי

ב׳זרימה׳ הזו) הוא מגיע לזמן t_2. כלומר הזמן משתנה על פני המקום, והמקום הוא המשתנה הבלתי תלוי שזורם כל העת ו׳נושא על גביו׳ את הזמן. טיעון דומה לזה עולה כאשר דנים בסימטריה הזמנית של הפיסיקה, וביחסה לכיווניות הזמנית של הסיבתיות.
כפי שכבר הזכרנו, כל חוקי התנועה של הפיסיקה הם סימטריים בזמן, כלומר שאם נהפוך מסלול שזורם קדימה בזמן, ונסריט אותו בכיוון הפוך, נקבל סרט ובו תהליך פיסיקלי תקני (לא נוכל להבחין באיזה משני הסרטים הזמן זורם קדימה ובאיזה אחורה). נראה זאת על ידי דוגמא. נראה כעת את התיאור הפיסיקלי של התיאור של טיילור.

קינמטיקה של חלקיק נקודתי

נחשוב על חלקיק נקודתי בעל מסה נתונה. כל עוד לא פועל עליו שום כוח הוא נע בתנועה קצובה (כלומר במהירות קבועה) בקו ישר. ברגע שפועל עליו כוח הוא משנה את מהירותו (יש לו תאוצה שפרופורציונית לעוצמת הכוח, לפי החוק השני של ניוטון).
אם נתאר את המסלול של חלקיק כזה בגרף של מקום כנגד זמן, נקבל את הגרף הבא:

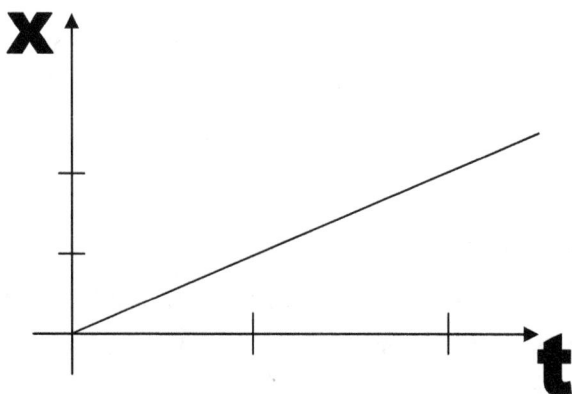

גרף 1

השיפוע של הגרף הוא מהירותו של החלקיק (המרחק שהוא עבר מחולק בזמן שחלף).
אם נצייר את מהירות החלקיק בפונקציה של הזמן, נקבל קו ישר בעל ערך קבוע, V=0.5 :

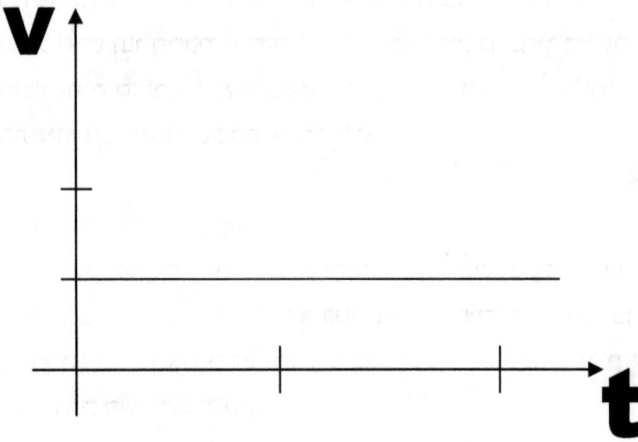

גרף 2

האם יש כיוון זמני לתהליך הפיסיקלי הזה? בהחלט לא. ניתן לקרוא את הגרף הזה בשתי צורות :

תנועה קדימה בזמן : בזמן t=1 החלקיק היה במקום x=0.5, ובזמן t=2 הוא התקדם למקום x=1 (זז ימינה).

תנועה אחורה בזמן : בזמן t=2 החלקיק נמצא במקום x=1, ובזמן t=1 הוא התקדם למקום x=0.5 (זז שמאלה). במקרה זה יש לשנות את סימנה של המהירות, והיא תהיה לכיוון המנוגד. המהירות תישאר בערך 0.5, אבל מכיון שהזמן שינה סימן (הוא זורם אחורה) גם שינוי המקום משנה סימן (הוא מתקדם שמאלה ולא ימינה).

81

אם כן, אנו רואים כאן ביטוי לסימטריה הזמנית של חוקי התנועה
הפיסיקליים. גם הפתרון (מסלול החלקיק) שומר על אותה סימטריה.
פיסיקאים נוהגים לתאר את התנועה של מערכת פיסיקלית (במקרה שלנו
החלקיק הנקודתי) במערכת צירים שונה, שקרויה 'מרחב הפאזה'. במערכת
זו, הצירים הם המיקום והמהירות של החלקיק בנקודת זמן נתונה. מציירים
זאת עבור כל נקודות הזמן, ומקבלים מסלול במרחב הפאזה, שבו הזמן הוא
פרמטר שמלווה את המסלול. במקרה של החלקיק שתואר למעלה מה
שמתקבל הוא:

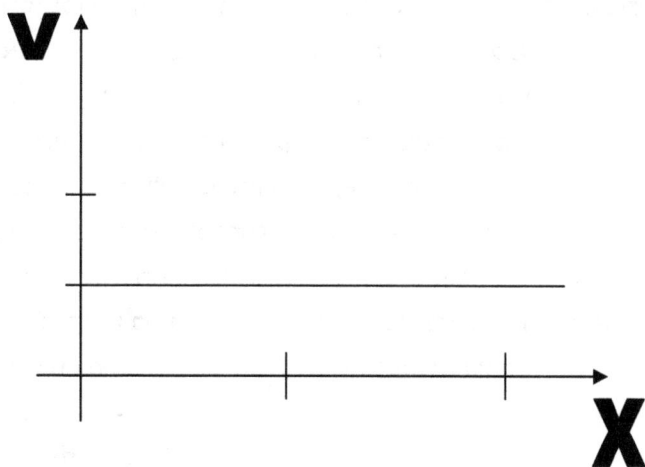

גרף 3

המסלול הזה משקף את העובדה שבכל המקומות מהירות החלקיק היא
זהה. כאמור, הזמן הוא פרמטר שמלווה את המסלול. לדוגמא, הנקודה
שמעל x=1 שייכת לזמן t=2 (כפי שניתן לראות מהגרפים למעלה).
כיצד באה לידי ביטוי הסימטריה לגבי כיווני הזמן בגרף הזה? השאלה היא
האם הזמן עולה ימינה או שמאלה. כלומר המסלול הוא אותו מסלול,
והפרמטר t שמלווה אותו זורם על פניו ימינה או שמאלה. במילים אחרות:

במסלול שבו הזמן זורם קדימה, החלקיק נמצא במקום נמוך ומתקדם עם הזמן ימינה (המיקום עולה). ובמסלול שבו הזמן זורם אחורה החלקיק מתחיל ממיקומים גבוהים ונע שמאלה (המיקום שלו יורד). ההבדל ביניהם הוא בתנאי ההתחלה של המערכת.

בעיית הסיבתיות

לכאורה הסימטריה הזו מצביעה על בעייתיות כלשהי ביחס לסיבתיות. אם חוקי התנועה הם סימטריים לתנועה בזמן, אז מדוע היחס הסיבתי שובר את הסימטריה הזו? מניין נובעת האסימטריה הזמנית של הסיבתיות?

אמנם חשוב להבין שכל התיאור עד כאן לא כלל יחס סיבתי כלשהו. מה שראינו הוא סדר של אירועים עוקבים. במינוח הזה, כל אירוע הוא מהירות ומיקום של החלקיק (=נקודה על המסלול במרחב הפאזה). ראינו שאם מסלול פיסיקלי שבו אירוע א (=מהירות ומיקום מסויימים) מופיע אחרי אירוע ב (מהירות ומיקום אחרים) הוא תקין (מתאים לחוקי הפיסיקה), אזי גם המסלול ההפוך בזמן (שבו אירוע ב מופיע אחרי אירוע א) הוא תקין. אולם היחס בין האירועים הוא יחס של עקיבה זמנית, ולא יחס סיבתי, ולכן אל לנו להתפלא שלא נוצרת כאן אסימטריה בין כיווני זמן שונים.

דינמיקה של חלקיק נקודתי

עד כאן עסקנו בקינמטיקה של החלקיק. מה קורה כאשר פועל עליו כוח? כאן אנחנו נכנסים למה שקרוי בפיסיקה 'הדינמיקה' של החלקיק. במקרה כזה נראה לכאורה שאמורה להיכנס כבר כיווניות זמנית, שכן בתמונה הזו ישנו כבר יחס סיבתי. הכוח הוא שמשפיע על מהירות החלקיק, כלומר הכוח הוא הסיבה ושינוי המהירות הוא המסובב. אם כן, השפעת הכוח חייבת להופיע רק בזמנים מאוחרים יותר מזמן פעולתו. לכן היינו מצפים שהגוף ישנה את מהירותו רק בזמנים שאחרי פעולת הכוח, ולא לפניו.

83

לצורך הפשטות, נניח שהכוח פועל על החלקיק במשך רגע זמן אחד (במינוח מתמטי זוהי פונקציית דלתא), וזה קורה בזמן t=1. הכוח הזה מוסיף לגוף מהירות של עוד 0.5, כך שמהירותו אחרי פעולת הכוח היא: V=1. במקרה זה, גרף המהירות יהיה:

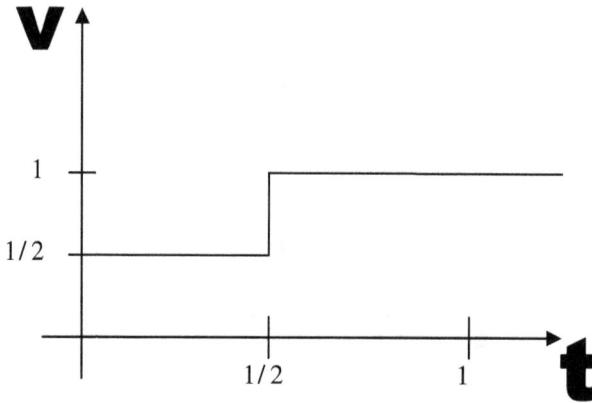

גרף 4

גרף המיקום במצב כזה יהיה (שינוי המהירות הוא שינוי של השיפוע):

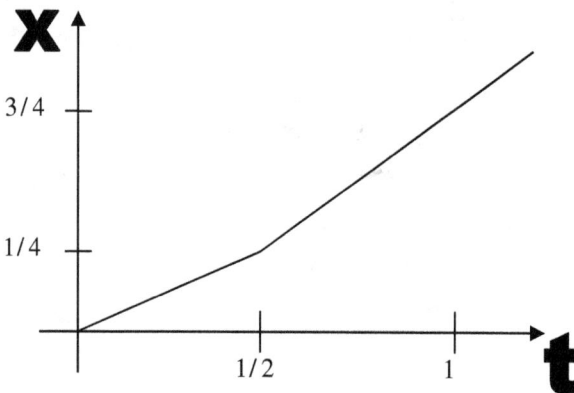

גרף 5

המסלול במרחב הפאזה[63] למצב זה הוא הבא:

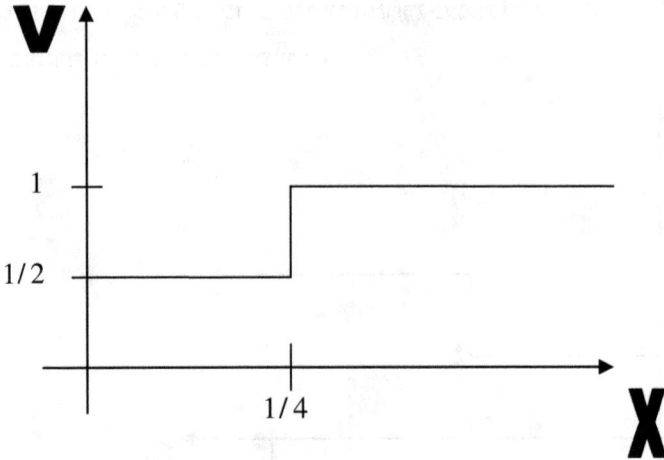

גרף 6

ננסה כעת לראות האם יש כאן כיווניות של ציר הזמן. לכאורה כן, שהרי
השינוי בין הגרפים מופיע רק בזמנים שמאוחרים לזמן פעולת הכוח (אחרי
t=1). אם הכוח היה משפיע אחורה בזמן, אזי המצב אחרי פעולת הכוח היה
זהה בשני הגרפים, ודווקא לפני פעולת הכוח היה מופיע שינוי.

ובכל זאת, התוצאה הזו היא מפתיעה, שהרי חוקי התנועה הם סימטריים
לכיוון הזמן, אז כיצד יכולה להיווצר תופעה ששוברת את הסימטריה הזו?
אנו נראה כעת שכל זה לא נכון. למרבה הפלא, גם הדינמיקה (תגובה לכוח)
היא סימטרית בזמן, כלומר היא יכולה להתרחש אחורה (כלומר שהכוח
ישנה את האירועים שלפני הופעתו, ויותיר בעינם את האירועים שאחריה).
כדי להבין זאת, עלינו לשים לב לנקודה עדינה, אך חשובה מאד לענייננו. זו
הנקודה שבגללה נכנסנו לסוגיות אלה.

---

[63] מרחב הפאזה מייצג את כל המצבים האפשריים של המערכת, במערכת קינמטית מדובר
בייצוג התכונות של תנע ומיקום.

הסימטריה של הדינמיקה

ניתן לראות גם את הגרפים 4-6 בצורה אחרת, ואז הם יתארו מסלול שמבטא השפעה אחורה בזמן.

כאשר התבוננו למעלה על גרף 4, הנחנו שהיה לנו חלקיק במקום $x=0$ בזמן $t=0$, ומהירותו ההתחלתית היתה $V=0.5$. הוא נע כל העת במהירות הזו, ופתאום פועל עליו כוח, וזה משנה את מהירותו, ולכן גם את קצב השינוי (השיפוע) של המיקום. לכן פירשנו זאת כהשפעה קדימה בזמן.

אבל אפשר לראות את אותו גרף עצמו בצורה שונה: החלקיק היה בזמן $t=3$ במקום $x=2.5$, ומהירותו היתה $V=1$. אנחנו זורמים עם הזמן אחורה, ופתאום מופיע כוח שדוחף את החלקיק ימינה, ולכן החלקיק מאיט את מהירותו ההתחלתית, ומתחיל לנוע במהירות $V=0.5$, עד שבזמן $t=0$ הוא מגיע למקום $x=0$, ומהירותו בכל הקטע השני היא $V=0.5$.

הרי לנו שהיה כאן חלקיק במהירות נתונה, אנחנו זורמים אחורה בזמן, וכשמגיע זמן מוקדם יותר, פועל כוח, וההשפעה מופיעה רק בזמנים שלפני פעולת הכוח (שאליהם אנחנו מגיעים לאחר מכן עם הזרימה אחורה בזמן).

ניתן לשאול כיצד אנחנו מכינים לניסוי הזה מראש (כלומר בזמן $t=-1$) חלקיק עם מהירות מסויימת בזמן $t=2$? זוהי רק בעייה טכנית, והתשובה עליה היא פשוטה מאד: אנחנו קובעים את מהירותו בזמן $t=0$ כך שהיא תגיע לערך הרצוי בזמן $t=2$.

אם כן, המסקנה היא שגם הדינמיקה היא סימטרית בזמן. כמו שהמסלולים עבור הקינמטיקה היו סימטריים, ויכלו להתפרש לשני כיווני הזרימה של הזמן, גם המסלולים עבור הדינמיקה הם בעלי אותה סימטריה. כוח יכול להשפיע בזמנים שמוקדמים להופעתו.

המסקנה עד כאן היא שגם השפעה סיבתית יכולה להתרחש אחורה בציר הזמן. לא רק סדרה של אירועים עוקבים (כמו במקרה הקינמטי), אלא גם

כוח שמחולל באופן סיבתי שינויים במהירות ומיקום החלקיק (המקרה הדינמי) יכול לעשות זאת אחורה בציר הזמן.

זוהי התמונה אותה תיאר ברטרנד ראסל במאמרו הידוע על הסיבתיות.[64] הוא טען שהסימטריה של חוקי התנועה הפיסיקליים ביחס לכיווני זרימת הזמן אינה גוררת בהכרח סימטריה של כיוון ההשפעה הסיבתי. מאידך, הוא טען, אין לנו מקור אחר שממנו אסימטריה כזו יכולה לצאת, ולכן הוא גזר מכאן שהסיבתיות היא פיקציה, שכן אין לה שום קשר לפיסיקה והיא אינה יכולה לנבוע משום מקור אחר. זהו צעד אחד יותר רחוק ממה שצעד דייויד יום, וקשה מאד לקבל זאת.

הערה כללית

ככלל, במערכת המושגים הפיסיקלית כשמדברים על סיבתיות, מתכוונים לקדימה בזמן ולתנאי לוגי. למרבה האירוניה, הפיסיקה אינה מדברת על הגרימה במובן שכינינו 'הרכיב הפיסיקלי'. כאשר יש משוואה בפיסיקה שקושרת גודל אחד לחברו היא לא קובעת מי מהם הוא הסיבה ומי המסובב. זה נותר לאינטרפרטציה של הקורא. בדרך כלל היחס בחוקי הפיסיקה הוא סימולטני, ולכן גם מימד הזמן לא נכנס להשפעה הסיבתית.

הסיבה (!) לכך היא שלמתמטיקה אין כלים שמצליחים ללכוד את היחס הסיבתי. היא יודעת לתאר סדר של זמנים, אבל אין כלי מתמטי שמביע יחס של גרימה סיבתית. לכן קשה מאד להצרין בלוגיקה את היחס הסיבתי, והויכוחים בנושא זה הם רבים וארוכים.

גם כאן אנחנו רואים שהפורמליזם המתמטי אינו מצליח להבהיר לנו את מושג הסיבה, והכנראה שהדבר נובע מהכשל הכללי של הפורמליזם המתמטי ביחס לגרימה סיבתית. אם היינו מוצאים הצרנה (=פורמליזציה)

---

[64] ראה במאמרו הנ"ל של ראסל B. Russell, 'On the Notion of Cause', **Proceedings of the Aristotelian Society**, New Series, Vol. 13 (1912 - 1913), pp. 1-26 שהוזכר בדיון על הדטרמיניזם הלוגי, לעיל בפרק השלישי על דטרמיניזם ובחירה, עמ' 42.

שתייצג באופן חד את היחס הסיבתי ייתכן שניתן היה להכניס את הגרימה לתוך הפיסיקה, ולא להשאיר אותה לתחום הפרשנות החוץ-פיסיקלי. למיטב שיפוטנו, הקשיים עליהם הצבענו עד כאן הם ביטוי לקושי היסודי הזה.

אז מהי בכל זאת הבעייה?

ובכל זאת, משהו בתיאור שלמעלה נראה לנו מלאכותי. הרי ברור לנו שהתיאור הראשון, שמתייחס לתהליכים כמתקדמים בזמן (ולא כנסוגים אחורה בזמן) הוא התיאור הנכון. יתר על כן, שני התיאורים הללו לא מתארים שני פתרונות שונים, אחד שזורם קדימה והשני שזורם אחורה, אלא שתי הסתכלויות על אותו פתרון עצמו. כלומר הזרימה אחורה בזמן כפי שהיא מוגדרת כאן היא פיקציה. בעצם אנחנו זורמים קדימה, אבל בוחרים להסתכל קודם על הזמנים המאוחרים ואח"כ על הזמנים המוקדמים. האירועים לא מתרחשים אחורנית בזמן, אלא רק הביטוי הלשוני יוצר מראית עין של הליכה אחורה בזמן. אנחנו פשוט מתארים קודם את המצב המאוחר ואחר כך את המצב המוקדם. אבל הסדר הזמני הוא בדיוק כמו בכיווניות מן העבר אל העתיד.

במובן הזה כל אחד מאיתנו יכול לחזור אחורה בזמן. נתבונן על התבגרות של ילד: בזמן $t=0$ הוא נולד. בזמן $t=13$ הוא בר מצווה. ובזמן $t=22$ הוא מתחתן. לכאורה הוא מתבגר קדימה בזמן. אבל את אותו תהליך עצמו ניתן גם לראות כחזרה אחורה בזמן. בזמן $t=22$ הוא מתחתן, לאחר מכן בזמן $t=13$ הוא נעשה בר מצווה, ו'לבסוף', בזמן $t=0$ הוא נולד. גם כאן זהו כמובן רק שינוי סמנטי של התיאור הקודם. השאלה כאן היא את מה אומרים או מתארים קודם, ולא מה קרה קודם.

ניתן לתאר זאת כך. כאשר אותו אדם יחזור בזמן אחורה לבר המצווה שלו, במשמעות הזאת, מה יהיה בזכרונו? האם הוא יזכור את החתונה שלו? אם הוא לא יזכור, אזי זהו קיפול של ציר הזמן שאינו מייצג חזרה אמיתית.

כשאנחנו מדברים על חזרה בזמן כוונתנו היא שאותו אדם יבקר בבר
המצווה שלו עצמו כאשר בזכרונו מצויים זכרונות מהחתונה שלו. אבל
בתיאורים שלמעלה זה כמובן לא יכול להתרחש, שכן אין כאן באמת חזרה
אחורה בזמן, אלא תיאור לשוני הפוך של התקדמות בזמן.

כדאי לשים לב לעוד נקודה. ברור שאותו ילד לא יכול לחזור אחורה לזמן
שטרם היוולדו. הוא רק יכול לתאר את התהליכים הרגילים שהוא עבר
בשפה הפוכה. בזמנים שהוא לא היה, הוא גם לא יוכל להיות. זוהי
אינדיקציה לכך שאין כאן חזרה אמיתית בזמן. האפשרות לחזור בזמן, גם
אם היא תיאורטית בלבד, צריכה להיות מוגדרת כך שניתן יהיה לחזור גם
לזמנים שבהם כלל לא חיינו. ושוב, מדובר על הגדרת המושג, לגבי האפשרות
הטכנית לעשות זאת, ייתכן שיש הבדל בין חזרה לזמן שלפני שנולדנו לבין
חזרה לזמן בו כבר היינו. זה לא אמור להשתקף בהגדרת המושגים.

במילים אחרות נאמר שהכיוון בו פירשנו את הגרפים שהוצגו למעלה, אינו
יוצא מהמשוואות. אנחנו מחליטים שסדר ההשפעה הסיבתית הוא משהו
שנקרא אצלנו זרימה קדימה של הזמן, ובוחרים תיאור שיהלום את
הקונוונציה הזו. אך זוהי בחירה שרירותית של תיאור, שאין לה משמעות
פיסיקלית. האירועים הפיסיקליים שמתרחשים בשני התיאורים הללו הם
זהים. בעצם אלו הן שתי שפות ולא שני תהליכים פיסיקליים שונים.

הבעיה: האם האירועים הם פונקציות של הזמן? רב ערכיות של ציר הזמן
הבעייה היסודית היא שכאשר אני אומר שאני נמצא בזמן t_2 המאוחר, ו'אחר
כך' אני מגיע לזמן t_1 המוקדם, עליי להגדיר באיזה מובן זה קורה 'אחר כך'.
באיזה מובן הזמן המוקדם t_1 מגיע 'אחרי' הזמן המאוחר t_2? הרי הזמן
המוקדם הוא מוקדם יותר ולא מאוחר יותר. אם כן, החזרה בזמן אינה אלא
תיאור הפוך של זרימתו הרגילה של הזמן, כפי שראינו עד כה. כדי להגדיר
נכון תהליך של חזרה בזמן, עלינו להבין דרך אלו משקפיים אנחנו מודדים
את ביטויי הקישור, כמו 'אחר כך' ו'לפני כן', במשפטים הקודמים?

כאשר אני אומר שאני חוזר בזמן, אני צריך להסביר באיזה מובן בר המצווה שלי מתרחשת 'אחרי' החתונה שלי. הרי על ציר הזמן היא התבצעה 9 שנים קודם. אז על איזה ציר זה קורה 'אחר כך'? בלי להגדיר את זה, כל הטענות על חזרה בזמן כלל אינן מוגדרות. ושוב, אין כוונתנו לומר שהן בלתי אפשריות טכנית, אלא שהן כלל אינן מוגדרות לוגית. לא ניתן לדבר עליהן, ואפילו לא לומר שהן בלתי אפשריות, שהרי כדי לומר ש-X הוא בלתי אפשרי אני חייב להגדיר ולהבין את X, ואז לטעון שהוא בלתי אפשרי. הבעייה שתיארנו כאן אינה שאי אפשר לחזור בזמן, אלא שהמושג 'חזרה בזמן' כלל אינו מוגדר.

במינוח אחר ניתן לומר זאת כך: הבעייתיות של חזרה אחורה בזמן אינה קשורה בהכרח לכיוון של ההשפעה הסיבתית. יש בעייה בעצם הפיכת כיוון הזרימה של ציר הזמן עצמו, גם בלי אירועים בעלי יחס סיבתי (כמו במקרה הקינמטי למעלה). הבעייה היא שאי אפשר להתייחס פעמיים לאותה נקודת זמן. עברתי את בר המצווה, הגעתי לחתונה, וכעת אני חוזר שוב לבר המצווה. ציר הזמן כאילו 'מתכופף' וחוזר ומתקפל אל עצמו. אני נמצא באותה נקודת זמן פעמיים: פעם בעת הבר מצווה, ובפעם השנייה אחרי החתונה. כיצד אפשר להימצא בבר המצווה שהתרחשה בגיל 13 כאשר אני עברתי את גיל 22?

בשפה מתמטית יותר, ניתן לומר שציר הזמן הוא משתנה בלתי תלוי של פונקציה. כל מה שמתרחש מתואר כפונקציה של ציר הזמן. לדוגמא, אני עובר בר מצווה בנקודת הזמן של גיל 13. אבל אם אני חוזר לאותה נקודת זמן פעם נוספת, אז באיזה מובן זו אותה נקודת זמן? האם באותה נקודת זמן היתה לי בר מצווה או לא? האירועים מפסיקים להיות 'פונקציה של הזמן', שכן בפונקציה המשתנה התלוי מוגדר בצורה חד משמעית על ידי המשתנה הבלתי תלוי. אם המשתנה הבלתי תלוי הוא הזמן t, אזי האירועים הם פונקציה שלו f(t). הפונקציה מקבלת נקודת זמן, ומוציאה כפלט את תיאור העולם והאירועים שמתרחשים באותה נקודת זמן (כמו בגרפים

דלעיל, שהציגו את המקום והמהירות בכל נקודת זמן). אם תינתן לי נקודת הזמן בה אנחנו מתעניינים, אני אוכל לתת את האירועים ואת העולם באותה נקודת זמן באמצעות הפונקציה f(t). אבל אם אפשר היה לחזור אחורה בציר הזמן ולהגיע שוב פעם לאותה נקודה, אזי אין כאן פונקציה. יהיו שני תיאורים שונים של העולם, ששניהם נכונים לגבי אותה נקודת זמן. לא די בידיעת הזמן כדי לקבוע מה קורה בעולם.

משמעות הדבר היא שהבעייתיות היסודית שכרוכה בחזרה אחורה בזמן אינה השאלה הסיבתית. עצם הקיפול של ציר הזמן יוצרת את הבעייה, וההיפוך של ההשפעה הסיבתית הוא רק ביטוי שלה. כאשר אנחנו מדברים על פרדוכס הריגת הסבא, הבעייה אינה שהפכנו את הסיבתיות, אלא שהיינו יכולים לחזור לאותה נקודת זמן פעם נוספת. פעם אחת הסבא עשה בר מצווה בנקודת הזמן הזו ונסע לביתו, ובפעם השנייה הסבא נרצח באותה נקודת זמן ולא חזר הביתה כלל (אלא נטמן בבית הקברות). אז מה באמת קרה באותה נקודת זמן? יש לשאלה זו שתי תשובות שונות, וזו הבעייה. הבעייה הסיבתית היא נגזרת של הבעייה הזו שרק מחדדת אותה.

ושוב, שני צירי זמן

המסקנה מכל האמור עד כאן היא שכדי לדבר על חזרה אחורה בזמן, עלינו להכניס ציר כלשהו שהוא בלתי תלוי בציר הזמן הרגיל. הציר הזה יגדיר באיזה מובן בר המצווה (שהיא מוקדמת בציר הזמן הרגיל) 'מאוחרת' לחתונה. לשון אחר: ציר זה הוא שיהיה אחראי על המונחים המקשרים במשפטים דלעיל. כאשר אנחנו אומרים שראובן חזר 'לאחר' חתונתו לזמן בו הוא חגג בר מצווה, כוונתנו לומר שבר המצווה אמנם התרחשה לפני החתונה בציר הזמן הרגיל. אבל יש ציר זמן אחר, שביחס אליו זה קרה אחר כך. ניתן לזהות את שני צירי הזמן הללו כך:

- יש ציר זמן פנימי שמלווה את האדם מבפנים (=הגיל שלו, מספר השנים שחלפו מאז היוולדו), והוא זורם תמיד קדימה. בציר הזה

הוא לעולם לא חוזר אחורה, וכל מה שקורה בעולם הוא פונקציה שלו. נסמן את הציר הזה באות היוונית τ (טאו).

- בנוסף יש את ציר הזמן הרגיל, החיצוני והאובייקטיבי, שבו קורים האירועים השונים בעולם ובחיינו. אותו נזמן באות t.

נראה כעת כיצד אנחנו מתארים חזרה בזמן באופן קוהרנטי. כאשר אדם נולד – ציר הזמן הפנימי שלו הוא $\tau=0$. השנה בעולם היא t=1971. נסמן זאת בצורה: $\{\tau = 0, \quad t = 1971\}$. לאחר 13 שנים הוא מגיע לבר מצווה, ואז הזמנים הם: $\{\tau = 13, \quad t = 1984\}$. לאחר עוד 9 שנים הוא מתחתן, ואז הזמנים הם: $\{\tau = 22, \quad t = 1993\}$. כעת הוא מחכה עוד שנתיים, וחוזר אחורה בזמן לתקופת בר המצווה שלו. מה שקורה כעת לפי התיאור שאנחנו מציעים הוא: $\{\tau = 24, \quad t = 1984\}$. הזמן הפנימי שלו התקדם עוד שנתיים, שהרי הוא לעולם לא חוזר אחורה (זהו הגיל ה'אמיתי' שלו). כל התהליכים הללו מתרחשים על פניו, והוא המשתנה הבלתי תלוי. אבל הזמן החיצוני הוא כמובן מה שאני נמצא בו אחרי המסע בזמן, ולכן בעצם חזרתי כאן אחת-עשרה שנה אחורה, לשנת 1984. מבחינת האירועים בעולם אנחנו נמצאים בשנת 1984, אבל הגיל הפנימי שלי הוא 24.

בשפה הזו נוכל לבטא כל רעיון שנוגע לחזרה בזמן והוא יהיה מוגדר היטב. זה כמובן לא אומר שהדבר אפשרי, אלא רק שיש ניסוח לוגי עקבי ומוגדר לשפה בה ניתן לנהל דיונים על נושאים אלו.

אם נחזור לתהליכים הפיסיקליים, כשנדבר על כך שהחלקיק זורם אחורה בזמן, פירוש הדבר הוא: החלקיק מגיע לזמן t שהוא מוקדם יותר כאשר τ שלו גבוה יותר. לעומת זאת, התקדמות קדימה היא הגדלת t יחד עם הגידול ב- τ.

כעת כל נקודת זמן היא חד ערכית, שכן כדי לדבר על אירועים בעולם עלינו לתת את שני הזמנים, ולא רק את t. בהינתן הערך של שני הזמנים, העולם והאירועים שמתרחשים בו הם חד ערכיים ומוגדרים היטב.

יתר על כן, ניתן כעת לתאר את היחס בין שני הזמנים בעצמו במבנה של פונקציה. כלומר המשתנה הבלתי תלוי שזורם כל העת קדימה הוא הביוגרפיה האישית (הגיל) שלנו, τ. כאשר אנחנו חוזרים אחורה בזמן פירוש הדבר הוא שגידול ב- τ גורר הקטנת t. אם כן יש לנו פונקציה אחת: (τ)t, שמתארת כיצד τ קובע את t. זוהי הפונקציה שקובעת את החזרה בזמן. אם יש חזרה בזמן, פירושו של דבר הוא שהפונקציה הזו יורדת בנקודה כלשהי.

במצב רגיל (בלי חזרה בזמן) צורת הפונקציה הזו היא:

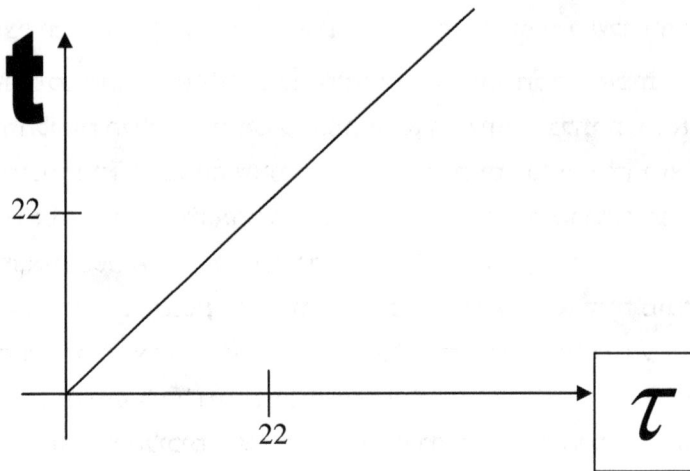

הזמן t והזמן τ זורמים בדיוק באותו קצב, ואם אחד הוא 13 שנים – כך יהיה גם השני.

לעומת זאת, במקרה בו יש חזרה בזמן (כמו בדוגמא שתיארנו למעלה, של חזרה אחרי החתונה לזמן בר המצווה), אנו מקבלים את הגרף:

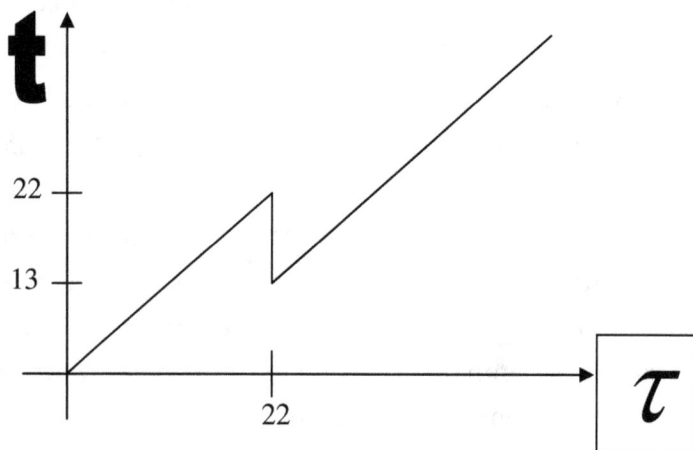

בזמן τ כלשהו (בדוגמא הנ״ל: 24 = τ, שנתיים אחרי החתונה) הזמן t יורד מערכו (שגם הוא היה 24) וחוזר לערך נמוך יותר (13, גיל בר המצווה), ומאז הוא ממשיך לזרום הלאה קדימה באותו קצב כמו τ.

חשוב להבין שבשני סוגי המקרים הללו, כל ערך של τ מגדיר בצורה חד ערכית מיהו t. כפי שהגדרנו למעלה, t הוא פונקציה של τ. לכן כשאנחנו יודעים את τ אנחנו יודעים את כל מה שקורה בעולם, שכפי שראינו הוא פונקציה של שני הזמנים הללו: $f(t, \tau)$. וליתר דיוק: $f[t(\tau), \tau]$.

כרגע גם אין כל מניעה לחזור אחורה לזמן שטרם נולדתי. אם החזרה בזמן היתה קיפול של ההיסטוריה כפי שהיא היתה, אזי לעולם קיפול כזה לא יוכל להביא אותנו למצב בו לא היינו בעבר. אבל כעת, מכיון שאנחנו לא לוקחים את ההיסטוריה כפי שהיא היתה ו׳מקפלים׳ אותה אחורה, אלא מקפלים את הפונקציה $t(\tau)$, אם כן, אין כל מניעה לחזור גם לזמן בעבר הרחוק. הזמן τ יתקדם קדימה עם הגיל שלי, אבל לאורכו אני עשוי לבקר במאה האחת-עשרה, או אפילו קודם.

בתיאור הזה אנחנו מדברים על חזרה לזמנים מוקדמים יותר, כאשר בזכרוננו מצויים אירועים מהעתיד. אנחנו חוזרים לבר המצווה של עצמנו,

אבל בניגוד לבר המצווה המקורית כעת יש לנו זכרונות מהחתונה שלנו. לכן זו אינה אותה נקודת זמן עצמה, אלא במובן חלקי (מההיבט החיצוני, ולא הפנימי). אנחנו חוזרים ב-t אבל לא ב- τ. זה בדיוק מה שהשתנה על ידי הכנסת ציר זמן נוסף לשפה בה אנו משתמשים בטיפול בבעיות הללו.

בחזרה לבעיית הסיבתיות ההפוכה

ראינו שההגדרה שהצענו פותרת את כל הבעיות המושגיות שמתעוררות מהמושג 'חזרה בזמן'. כעת המושגים מוגדרים היטב, ואנחנו יכולים לשאול את השאלות האחרות: האם זה אפשרי? האם תיתכן סיבתיות מהופכת? לדוגמא, אם אדם חוזר אחורה בזמן, האם האירוע מהעתיד יכול להשפיע על מה שהוא יעשה? ברור שלא תיתכן השפעה מהזמן $\{t = 1984 \;, \tau = 24\}$ לזמן $\{t = 1980 \;, \tau = 20\}$. לא תיתכן השפעה סיבתית כזו כי היא כלל לא מוגדרת (כפי שראינו למעלה). זהו הקיפול חסר המשמעות של ציר הזמן, אלא שהוא נעשה ביחד לשני צירי הזמן. כדי לפתור את הבעיות הללו הגדרנו את τ כזמן שזורם כל העת קדימה. לכן נוכל כעת לפחות לנסח את השאלה באופן קוהרנטי: האם ניתן להשפיע מהזמן $\{t = 1984 \;, \tau = 24\}$ לזמן $\{t = 1980 \;, \tau = 24\}$, או לזמן $\{t = 1980 \;, \tau = 26\}$. הראשונה היא השפעה מיידית (בזמן τ), והשנייה היא השפעה סיבתית קדימה (בזמן τ).

כעת, כאשר השאלה מוגדרת היטב, התשובה אליה מסורה למנדט של הפיסיקאים. כעת משהשפה קוהרנטית, התוצאה היא שאלה שבעובדה, האם ניתן או לא ניתן לחזור אחורה בזמן.

אבל אולי עוד לפני שאנחנו מגיעים לפיסיקה הניסיונית, יש לבחון האם על אף שהשפה מוגדרת היטב ברמה העקרונית, לא מתעוררים כאן בכל זאת פרדוכסים? המועמד הראשון הוא כמובן פרדוכס הריגת הסבא. אם אני חוזר אחורה בזמן והורג את סבי, האם זה יוצר חוסר קוהרנטיות במודל שלנו?

לפחות ברובד הפורמלי, ניתן לראות שהתשובה לכך היא שלילית. אין מניעה לדבר על השפעה סיבתית כזו, שכן שרשרת האירועים היא הבאה:

1. $\{t = 1930 \ , \tau = 0\}$ סבא שלי נולד.
2. $\{t = 1943 \ , \tau = 13\}$ לסבי יש בר מצווה.
3. $\{t = 1993 \ , \tau = 63\}$ אני נולד.
4. $\{t = 2006 \ , \tau = 76\}$ יש לי בר מצווה.
5. $\{t = 1943 \ , \tau = 80\}$ אני חוזר בזמן לבר המצווה של סבי והורג אותו. כל הנוכחים מוכים בתדהמה (שהרי ההזמנה שלהם נעשתה באופן תקף, בזמן שהסבא עוד היה חי, ולכן ברור שהם נוכחים במקום).
6. $\{t = 1944 \ , \tau = 81\}$ הסבא אינו קיים בעולם, והשאר כרגיל.

השאלה כעת היא האם יש נקודה בזמן (כלומר ב- t וב- τ) שבה המצב אינו חד ערכי? אם יש מצב כזה, אזי ההגדרה שלנו היא בעייתית, או לחילופין זה יהווה הוכחה בדרך השלילה לטענה שאכן לא ניתן לחזור אחורה בזמן (כי הטענה ההפוכה מובילה לפרדוכס).

התשובה היא שאין כל בעייה כזו. בכל נקודת זמן יש רק מצב אמיתי אחד, ולכן אין מניעה גם להרוג את הסבא. אמנם נכון שבזמן t=1990 יש רב ערכיות, שהרי הסבא עוד חי (הוא בן 60), אבל לאחר החזרה בזמן שלי אני הורג אותו ובאותה שנה עצמה, 1990, כשנבדוק נגלה שהוא מת. אבל שני האירועים הללו מתרחשים ב- τ שונה, ולכן מבחינתנו זו לא אותה נקודת זמן, ולכן זה לא פוגע בחד ערכיות של הפונקציה.

מה שנכון הוא שלאחר החזרה בזמן שלי, הסבא שלי מת, ולכן גם אני מת. כלומר החל מהזמן 80 = τ אני נעלם מהזירה (כי אם הסבא מת לפני חתונתו ולפני שהוא ילד ילדים, זה אומר שגם כל השרשרת שיצאה ממנו מתה). אם הייתי הורג אותו אחרי שהוא התחתן והוליד ילדים, המצב שהיה

נוצר הוא שהסבא מת אבל אני והוריי נותרים בחיים. אבל אז זה לא הייתי אני אלא מישהו אחר, ואז תעלה השאלה מנין הוא הגיע? לכן האינטרפרטציה הסבירה היא שבמצב כזה אני נעלם.

אם כן, התמונה היא עקבית וחפה מפרדוכסים. כל ההשפעות הן אך ורק פרוספקטיביות, כלומר מתבצעות קדימה בזמן, אלא שזה רק מבחינת הזמן τ. כלפי הזמן t אין הכרח שתהיה פרוספקטיביות, ושם מתבצעת החזרה.

אם כן, ברמה הלוגית המצב כעת מוגדר ועקבי לחלוטין. זה מאפשר לנו להעלות את השאלות ולא לשלול שום תשובה על הסף. לגבי השאלות המדעיות-מעשיות האם אכן זה אפשרי, על כך אמור לענות הפיסיקאי. אמנם נכון הוא שאם נדון בהקשר המשפטי/הלכתי/נורמטיבי, שם הדבר מסור להגדרת המערכת הנורמטיבית בה אנו עוסקים. הפיסיקה לא תקבע מה תהיה התשובה המשפטית או ההלכתית לשאלת ההשפעה אחורה בזמן.

ענייננו כאן הוא כמובן בהשפעה הפוכה במישור הנורמטיבי, ולצורך זה חשובה מאד ההגדרה הקוהרנטית של המושגים, ופחות חשובה השאלה הפיסיקלית.

בחלק השני, בפרק העוסק בהצרנה של תנאים, נחזור לשאלות אלו ונשתמש במודל אותו הצגנו כאן. אנחנו נראה שם שיש אירועים שיהיו תלויים בזמן t ואחרים יהיו תלויים בזמן τ. ההבחנות הללו תהיינה תלויות במודל המשפטי-הלכתי אותו מאמצים.

מודל אלטרנטיבי: עולמות/מסלולים מרובים

כאשר מדברים על חזרה אחורה בזמן, יש שמציעים צורת הסתכלות אחרת (שמקובלת כאינטרפרטציה לתורת הקוונטים): עולמות מרובים[65]. לפי ההסתכלות הזו העולם מתקדם כל העת קדימה בזמן בכמה וכמה מסלולים

[65] מדובר בפרשנות העולמות המרובים (many-worlds interpretation - MWI) אותה הציע יו אברט (Hugh Everett). ראו להלן בחלק הרביעי במבוא למכניקת הקוונטים, הסבר לתכונות נוגדות האינטואיציה של קריסת הסופרפוזיציה של פונקציית הגל. יואב בן דב, "קוונטים, עולמות ותודעה", **גלילאו** ינואר-פברואר 1996

97

מקבילים. בכל מסלול יש התרחשויות שונות: באחד הסבא חי בשני הוא
מת. באחד הלכתי למכולת ביום א' ובשני לא וכו'. חזרה אחורה בזמן הינה
פשוט בחירה מחדש במסלול המסויים של ההיסטוריה המסויימת בה האדם
נמצא ופועל.

לדוגמא, כאשר אדם חוזר אחורה בזמן עשרים שנה ומשנה משהו
בהיסטוריה של אותה עת, פירוש הדבר הוא שהוא עבר כעת למסלול בהווה,
אבל המסלול הזה הוא בעל היסטוריה שונה. אדם מחליט לחזור אחורה
בזמן לגיל בר המצווה, ולחגוג אותה באולם ב' ולא באולם א' כפי שהיא היתה
באמת. הוא בעצם לא חוזר אחורה בזמן, אלא עובר להווה על מסלול שונה,
שבהיסטוריה שלו מופיעה חגיגת בר המצווה של אותו אדם באולם ב'. כלומר
האדם באמת אינו יכול לשנות את העבר, ומה שהוא עושה זה לבחור הווה
שנמצא על מסלול שונה, או הווה עם היסטוריה שונה.

גם בתמונה זו דרושים שני פרמטרים. אלא שהפעם לא מדובר בשני זמנים,
אלא בזמן ובפרמטר שמגדיר מסלול. לצורך הדיון, נניח שכל העת העולם
מתקדם באוסף מסלולים אלטרנטיביים, שיסומנו באותיות a,b,c וכו'. מצבו
של האדם מוגדר על ידי פונקציה של הזמן (וכאן יש רק זמן אחד), אבל לכל
מסלול יש פונקציה שונה של הזמן (כי האירועים בו הם שונים). לכן מצבו
הנוכחי של אדם מוגדר על ידי פונקציה מהטיפוס: $f_i(t)$, היכן שהאינדכס i
יכול לקבל את הערכים ...a,b,c. שני הפרמטרים שמגדירים מצב הם הזמן
ואינדכס המסלול.

לדוגמא, ברגע נתון t=6 האדם עובר ממסלול a למסלול b, ובכך המצב שלו
בכל הזמנים מתואר כעת על ידי הפונקציה $f_b(t)$ במקום $f_a(t)$. הפונקציה
השנייה יכולה להיות שונה מהראשונה בכל הזמנים (בעבר או בעתיד), ולכן
בהחלט ייתכן שברגע t=6 הוא רואה את ההיסטוריה שעברה עליו בזמן t=2
באופן שונה ממה שהוא ראה קודם לכן. זהו שינוי דה-פקטו של ההיסטוריה.

אם במודל קודם היתה לנו פונקציה שהגדירה את 'קיפול הזמן' על ידי (τ)t,
כאן הפונקציה שיוצרת את המעברים היא i(t). זוהי הפונקציה שמגדירה את
המסלול עליו אני נמצא כפונקציה של הזמן. יש לשים לב שהזמן שמופיע כאן
הוא אותו זמן אוניברסלי של המודל, ואין צורך בעוד ציר זמן.

האם התיאורים הללו שקולים מבחינה מתמטית?
שקילות מבחינה מתמטית נבחנת דרך המדד הבא: נתאר אירוע שמתרחש
בתמונה א ונוכיח שניתן לתאר כל אירוע כזה באותה צורה בדיוק בתמונה ב,
ולהיפך. אם מתרחש אירוע של חזרה בזמן בתמונה שהצענו למעלה, ציר
הזמן מתקפל, והזמן t חוזר להיות 0, אף שהזמן τ ממשיך להתקדם. כעת
נמפה את הקטע של הזמן t מרגע הקיפול והלאה לעולם b, שגם בו הזמן
מתקדם מ-0 עד לרגע הקיפול. וכן להיפך, אם קורה מעבר לעולם אחר,
אנחנו ממפים את המסלול השני ומציבים אותו בהמשך למסלול הקודם,
כאשר הזמן הרציץ שלהם הוא τ.
לדוגמא, אם ההיסטוריה מתחילה ברגע t=0, וברגע t=6 יש קיפול אחורה.
נתאר כעת את מהלך האירועים בזמנים 0<t<6 בשתי התמונות:

F(t, τ) =	{	$f_a(t)$	$\tau < 6$
		$f_b(t)$	$\tau > 6$

רואים שמתקיימת כאן שקילות מתמטית מלאה בין שתי התמונות.

האם התיאורים הללו שקולים מבחינה סמנטית?

ומה לגבי השקילות הסמנטית? לפי האינטרפרטציה האינטואיטיבית שניתנת לכל אחת מהתמונות נוצר כאן הבדל. בתמונה של הזמן הדו-ממדי מדובר ביישות אחת ששומרת על זהותה (ה- τ מאפיין אדם מסויים, והולך איתו לכל מקום). בתמונה של המסלולים/עולמות המרובים, אין פרמטר ששומר על זהותו של האדם הפועל (agent). היכן תהיה השלכה להבדל הזה? אם נשאל את עצמנו כיצד אותו אדם רואה את העבר? בתמונה של הזמן הדו-ממדי האדם רואה את כל העבר שהוא עבר בפועל, והמעבר אינו מוחק מאומה. בתמונה של העולמות המרובים העבר נמחק ולא קיים יותר. מה שקיים כרגע הוא המסלול שבו הוא נמצא כרגע (כלומר רק המקטע השני על ציר ה- τ בתמונה הדו-ממדית).

בשפה אחרת נאמר שבתמונה הזו באמת אין חזרה אחורה בזמן. אדם לא יכול להימצא בזמן t=5 'אחרי' שהוא היה בזמן t=2. מה שהוא כן יכול לעשות הוא לשנות את העבר. בתמונה זו לא נשמר המימד הדיאכרוני של המעבר ממסלול למסלול, ואדם מחזיק בכל רגע בתמונה של המסלול בו הוא נמצא.

ההבדל העיקרי הוא שהקיפול בתמונה הדו-ממדית מתרחש בביוגרפיה של האדם הבודד. לעומת זאת, הקיפול בתמונה של המסלולים המרובים מתרחש במעבר בין ביוגרפיות. זהו קיפול בעולם ולא קיפול בביוגרפיה של האדם.

ניתן לראות את ההבדל הסמנטי בין התמונות דרך פרדוכס הריגת הסבא. בתמונה הדו-ממדית תיארנו את המצב היטב. כאשר אני הורג את הסבא שלי, אני עצמי (כמו גם אבי) נעלם. עד אז חייתי ובאתי ממנו, אבל כאשר τ נמצא אחרי הקיפול, חיי מגיעים באופן רציף לקיצם.

לעומת זאת, בתמונה של המסלולים המרובים, כאשר אדם עובר למסלול בו הסבא נהרג בגיל בר המצווה שלו, ברור שהאדם עצמו כלל לא נוצר בהיסטוריה של אותו עולם. יתר על כן, לא ברור מי היה זה שהרג את הסבא

ז"ל, שהרי הוא הגיח ממקום כלשהו ולא בא משום מקום, ומייד נעלם. קיומו הוא פונקציית דלתא של רגע אחד. בעצם משמעות הדבר היא שזהותו של האדם הפועל אינה נשמרת כאן. זה לא אדם מוגדר באופן ספציפי, וזה לא אותו אדם שעבר מעולם a לעולם b.

פירוש הדבר הוא שהתמונה הזו אינה שומרת את זהותו של האדם במעברים הללו, אלא משנה את העולם כשלעצמו מנקודת מבט כללית כלשהי, כביכול מכסאו של אלוקים. לא נשמרת כאן זהותו של האדם שעובר מעולם לעולם. אנחנו נראה את המשמעות המשפטית-הלכתית של הדברים בחלק השני של הספר.

הערה על המקורות הפיסיקליים של שתי התמונות

ההסתכלות המקובלת על הזמן במסגרת תורת היחסות, רואה את העולם כמערכת של קווי עולם. האירוע היסודי שאליו מתייחסים אינו אירוע שמתרחש בזמן ומקום מסויימים, אלא זוהי ביוגרפיה שלימה. חלקיק אינו נקודת מסה שנמצאת בכל רגע של זמן במקום נתון (שמשתנה עם הזמן), אלא תיאור של גרף המיקומים הכללי שלו בכל הזמנים, לדוגמא גרף 1 למעלה.[66] בפרק השלישי, שם עסקנו בתמונות הזמן של איינשטיין ושל ברגסון, הזכרנו את מכתב התנחומים ששלח איינשטיין למשפחתו של ידידו בסו, בו הוא כתב להם שמאז ומעולם היה נכון שבסו ימות בתאריך ובזמן בו הוא מת, ולכן לא קרה כעת שום דבר חדש. זהו ביטוי בוטה להסתכלות על המציאות כאוסף של קווי עולם, שבה הזמן אינו שונה מהותית מהמרחב (שניהם יחד מהווים מערכת צירים בתיאור קו העולם). בתמונה זו אין הבדל בין עבר הווה ועתיד.

זוהי תמונה מקבילה לתמונת העולמות המרובים שהצענו כאן. בתמונה זו יש מעבר בין מסלולים, אבל לא נשמרת זהות של אדם, אין אירועים רגעיים (אי אפשר להיות נוכח בעבר אלא לשנות את קו העולם כולו, כולל העבר).

---

[66] גם גרף 5 מתאר קו עולם של חלקיק, אבל מכיון שפועל שם כוח, מדובר כבר בתחום של תורת היחסות הכללית.

נציין כי בתורת הקוונטים מוצעות אינטרפרטציות דומות למה שמכונה שם 'קריסה של פונקציית הגל', כאשר היישות מקבלת לסירוגין מאפיינים של חלקיק ושל גל, והדבר משנה את קו העולם שלה כולו. היישות הזו נמצאת ביקום שונה, או עברה ליקום אחר בעת הקריסה. הדוגמא הנפוצה והידועה ביותר היא החתול של שרדינגר[67]. הטענה היא שעד פתיחת התיבה שבתוכה הוא רובץ הוא נמצא בסופרפוזיציה של שני מצבים: חי או מת. ולאחר הפתיחה הוא 'קורס' לאחד מהם. תיאור חלופי[68] של אותו המצב הוא מודל של שני יקומים שקיימים במקביל, ולאחר שמתבצע הניסוי (המעבר בזמן, או הקיפול) אנו בוחרים אחד מהם והאחרים נמחקים (לפחות נזנחים מבחינתנו). גם כאן יש מסלולים שקיימים במקביל, כמו קווי העולם בתורת היחסות, ואנחנו יכולים לשנות את העבר על ידי מעבר לאחד מהם שבו ההיסטוריה שונה מזו הקודמת. בחלק הרביעי בו נעסוק בסוגיית ברירה, נראה ביתר פירוט את התמונה הזו ואת ההקשר ההלכתי בו היא מופיעה.

לעומת זאת, בפרק הראשון הזכרנו את מאמרם של הורוביץ, אליצור וארשנסקי[69], בו הם מציעים אינטרפרטציה שונה לתורת היחסות. לפי התמונה שמוצעת על ידם, הזמן נתפס בצורה שדומה יותר לצורה הברגסונית. כזכור, ברגסון ראה את הזמן כזורם כל העת מהעבר לעתיד, ולכן התנגד להסתכלות הסטטית-גלובלית של תורת היחסות, שרואה את העולם כאוסף של קווי עולם. לפי ברגסון חייבת להיות משמעות גם לאירוע רגעי ומקומי, והאירוע הבא הוא המשך שלו. הוא מדבר על זמן ש"נמשך", לעומת הזמן הסטטי של תורת היחסות של איינשטיין.

הורוביץ ועמיתיו הראו שגם תמונה ברגסונית יכולה להתאים לתורת היחסות (האינטרפרטציה של איינשטיין אינה הכרחית), אך המחיר הוא שחייבים להגדיר ציר זמן נוסף, מה שכינינו כאן (בעקבותיהם) τ. למעלה הזכרנו את הטיעון שבעזרתו הם הסבירו שכפל צירי הזמן הזה מאפשר גם

---

[67] במבוא שניתן למכניקת הקוונטים, נתאר גם את חתולו בן האלמוות של שרדינגר.

[68] בהקשר של מכניקת הקוונטים מדובר בפרשנות העולמות המרובים, ראו להלן, שם.

[69] ראה לעיל, עמ' 20

לדבר על זרימה של הזמן (t), שכן הוא זורם על פני הציר היסודי יותר (τ). כאן אנחנו רואים שהוא גם מציע תמונה שונה, אינטואיטיבית יותר, של חזרה בזמן, שאת השלכותיה נראה בסוף החלק השני.

סיכום

ראינו[70] שדייויד יום ערער על הרכיב הפיסיקלי של הגדרת היחס הסיבתי. כאן הצגנו ערעור על הרכיב הזמני (שדורש שהסיבה תופיע לפני המסובב). ראינו שבתמונה המקובלת אין כל משמעות לדבר על חזרה אחורה בזמן, שכן הדבר כרוך בטענות מהטיפוס: אני אהיה בזמן t=2 (המוקדם), 'אחרי' שהייתי בזמן t=5 (המאוחר). שאלנו מהי המשמעות של המונח 'אחרי' במשפט הזה? כיצד זמן מוקדם יותר יכול להופיע 'אחרי' זמן מאוחר לו? באיזה מובן זה 'אחרי'? עמדנו על כך שהבעייתיות המושגית הזו היא שעומדת ביסוד הבעייתיות הסיבתית-פיסיקלית, וגם ביסוד הפרדוכסים שעולים בהקשר זה, כמו פרדוכס הריגת הסבא.
בסופו של דבר, הצענו שתי הגדרות:

- התמונה הדו-ממדית. כאשר עוסקים בהשפעה הפוכה בזמן מן ההכרח להגדיר שני זמנים שונים, האחד פנימי שמתקדם תמיד קדימה, שסומן באות היוונית τ, והשני חיצוני-אובייקטיבי, שסומן באות t, שלפחות באופן עקרוני יכול לזרום אחורה. במודל כזה ניתן לדבר באופן מוגדר וקוהרנטי על חזרה אחורה בזמן, שכן הזמן הפנימי הוא שמגדיר מה מגיע לפני או אחרי מה. כשאני אומר שהייתי בזמן t=5 'לפני' שהייתי בזמן t=2, כוונתי לומר שזה קרה מוקדם יותר מבחינת הזמן τ, על אף שבזמן t זה קרה מאוחר יותר.
- התמונה של העולמות/המסלולים המרובים. בתמונה זו באמת אין משמעות לדבר על חזרה 'אחורה' בזמן, שכן בכל מצב נתון יש

---

[70] לעיל בפרק השני על סיבתיות לוגיקה וזמן, עמ' 26

תמונה היסטורית אחת. אני לא נמצא בזמן המוקדם 'אחרי' שהייתי
במאוחר. מה שכן קורה הוא שאני יכול לצבוע את העבר בכל פעם
כרצוני. אני לא יכול להיות בעבר, אבל אני יכול לראות אותו בכל
פעם בצבע אחר, כאילו שבאופן פיקטיבי עברתי אותו. בכל מעבר של
מסלול אנחנו רואים את ההיסטוריה באופן שונה.

כאמור, השלכותיו של ההבדל בין התמונות תתבררנה בסוף החלק השני של
הספר.

חלק שני

התנאי בהלכה

חלק זה של הספר מתחיל את הדיון ההלכתי. אנו פותחים אותו בסוגיית תנאים משתי סיבות: 1. סוגיית תנאי עוסקת באופן המזוקק ביותר בשאלת ההיפוך הנורמטיבי של ציר הזמן והסיבתיות. כפי שנראה להלן, סוגיית ברירה (שתידון בחלק הבא) אינה בהכרח עוסקת בשאלה זו. 2. אפשרותם של תנאים בהלכה אינה שנויה במחלוקת ויש לה מקור ברור בתורה, מה שאי אפשר לומר לגבי דין ברירה (השנוי במחלוקת, ואין לו מקור ברור בתורה).

נציין כי החלק הזה לא ימצה את כל ענייני התנאים, שכן דבר זה היה דורש כמה וכמה ספרים מקיפים. אנו נציג את העקרונות (לפי ההבנות המקובלות), זאת כדי לבחון על בסיסם את הלוגיקה ההלכתית של הזמן. קביעות לא מעטות בדברינו אינן מוסכמות על כל המפרשים אלא מבטאות תפיסות מקובלות. די לנו בזה כדי להדגים את מה שברצוננו להראות.

לאחר שנציג את מושג התנאי בהלכה ובכלל, נפנה לכמה מודלים יסודיים שעולים בספרות ההלכתית עבורו. בחרנו להציג ארבעה מודלים, מפני שהמודלים הללו מבוססים על מודעות למכלול הבעיות, גם אלו המושגיות, שמעורר התנאי, ומנסים לענות עליהן. אנו נסקור את המודלים הללו, אך לא ניכנס למכלול הקשיים והמקורות שהוליכו אליהם, למעט אלו שיסייעו לנו להבהיר את התמונה הכללית.

נקדים ונאמר כי רוב המפרשים אינם עוסקים בשאלות הקונספטואליות שמעורר מושג התנאי, אלא מנסים להסביר מקורות שונים בתלמוד וליישב סתירות ביניהם. על כן בחרנו להציג בפרקים הבאים את התמונות של ר' אלחנן וסרמן, בעל **קובץ שיעורים (=קו"ש)**[71], ר' שלמה פישר (=רש"פ), בעל **בית ישי**[72], ור' שמעון שקאפ (=רש"ש) בעל **שערי יושר**[73], מפני שאחרונים אלו הציעו מכניזם מפורש וכללי לתנאים לאור מכלול הסוגיות, וגם מפני שכולם היו ערים ומודעים לקשיים הקונספטואליים שמעורר מושג התנאי, ובעצם קשיים אלו היו כנראה נקודת המוצא לדיון שלהם (ולא הסבר המקורות, כפי שמצוי בשאר המפרשים). כפי שנראה, ניתן למצוא בדבריהם רפלכסיות שמעידות על כך במפורש.

כפי שנראה, כל התמונות הללו אינן אלא פריסה רחבה יותר של שיטות שמצויות כבר בראשונים. התמונה שמציג רא"ו יסודה הוא בשיטת ר"י. התמונה של הרש"פ נעוצה בשיטת הרמב"ם והגאונים והראב"ד (ואולי גם ר"ת). התמונה של הרש"ש מבוססת על ראשונים אחרים (**בה"ג**, בעל **העיטור** ועוד). התמונה שנציג בסוף היא תמונה נוספת שמוצעת על ידינו.

כפי שנראה, כל התמונות הללו מציעות פתרונות שונים לקשיים אותם העלינו בפרק הקודם, ופורסות תמונה שיטתית מלאה של המכניזמים של התנאים בהלכה.

---

[71] הרב אלחנן בונם וסרמן, **קבץ שעורים שנאמרו בישיבה "אהל תורה" בברנוביץ**, ירושלים תשי"ט.

[72] הרב שלמה יהונתן יהודה פישר, **בית ישי : חידושים וביאורי סוגיות**, פרי דעת ירושלים תשס"ד.

[73] הרב שמעון יהודה בן יצחק שמואל שקופ, **שערי יושר: חקרי הלכות בדיני הספקות, רובא וחזקה ובדיני עדות**, ורשא בית הרי"ל הוטנער תרפ"ח (הוצאה שלישית - ניו יורק הועד להוצאת ספרי הגאון ר' שמעון, ירושלים דפוס למודי קרית נוער תשי"ט)

פרק שישי

התנאים בהלכה

מבוא: מהו תנאי?

תנאים קיימים בכל מערכת משפטית. מוסד התנאי משמש אותנו כדי לתלות חלות משפטית כלשהי באירוע עתידי. לדוגמא, ראובן רוצה לתת מתנה לשמעון אם הוא יינשא לבתו. הוא נותן לו את החפץ, ואומר לו שהחפץ קנוי לו בתנאי שיישא את בתו. כוונתו לומר שאם הנישואין לא ייצאו אל הפועל המתנה לא תחול והחפץ יהיה קניינו של ראובן. הוא הדין לגבי חלויות אחרות, כמו גירושין, קידושין, נדר וכדו'.

סוגי התנאים

אנו מבחינים בין כמה סוגי תנאים: 'תנאי מעכשיו' – הוא תנאי שהחלות שתלויה בו חלה מעכשיו (בדוגמא הקודמת: המתנה ניתנת מרגע זה, ולא רק מרגע הנישואין). 'תנאי להבא' – הוא תנאי שהחלות שתלויה בו חלה רק מעת קיום התנאי (בדוגמא הוקדמת: מרגע הנישואין).

בעולם המשפטי מבחינים בין תנאי מתלה לתנאי מפסיק: 'תנאי מתלה' – הוא תנאי שהחלות תלויה בקיומו. 'תנאי מבטל' – הוא תנאי שהחלות חלה בכל מקרה, אבל אם התנאי לא יתקיים היא תבוטל.

ישנה עמימות לא מעטה בפרשנות המשפטית של שני סוגי התנאים הללו, ויש הקושרים אותם להבחנה הקודמת. אך כפי שנראה קשר כזה אינו הכרחי כלל וכלל.

האירועים שבהם ניתן לתלות את החלות אינם מוגבלים. ניתן לתלות אותה בהסכמת אדם כלשהו, או באירוע פיסי כזה או אחר, או במעשה של אדם כלשהו (אחד משני הצדדים לעיסקה, או אדם אחר).

החלויות אותן ניתן לתלות בתנאי הן כן מוגבלות. מטבע הדברים אלו צריכות להיות חלויות שבכוחו של המחיל להחיל אותן. הגמרא בכתובות עד ע"א קובעת לגבי חליצה:

א"ל: בר בי רב, שפיר קא אמרת? מכדי כל תנאי מהיכא גמרינן? מתנאי בני גד ובני ראובן, תנאה דאפשר לקיומיה ע"י שליח כי התם - הוי תנאיה תנאה, דלא אפשר לקיומיה ע"י שליח כי התם - לא הוי תנאה.

הגמרא קובעת שחליצה אינה בשליחות, כלומר לא ניתן לעשות אותה על ידי שליח, וגוזרת מכאן שאי אפשר להתנות על חליצה (לומר שהוא חולץ לה בתנאי שהיא נותנת לו 200 זוז).

ומסבירים שם בעלי התוס' (ד"ה 'תנאי'):

וי"ל דהיינו טעמא דהואיל והמעשה כל כך בידו שיכול לקיימו ע"י שליח סברא הוא שיהא כמו כן בידו לשווי ביה תנאה אבל חליצה שאין בידו לקיימה ע"י שליח לא הוי בידו נמי למירמי ביה תנאה ואפילו לא יתקיים התנאי יהיה המעשה קיים.

ההסבר הוא שרק דברים שמצויים בסמכותו של האדם הוא יכול להתנות תנאי לגביהם. חליצה שאינה בסמכותו, והאינדיקציה היא שהוא לא יכול לעשות אותה על ידי שליח, גם לא ניתן להתנות עליה.

המקור מתנאי בני גד וראובן

כפי שכותבת הגמרא בכמה מקומות (ראה כתובות עד ע"א, וגיטין עה ע"א-ע"ב ועוד), המקור לדיני תנאים הוא מפרשת תנאי בני גד ובני ראובן, שם התנה עמם משה רבנו שהם יוכלו לקבל את נחתם מעבר הירדן המזרחי רק בתנאי שיעלו להילחם על ארץ ישראל עם שאר השבטים (ראה דיון מפורט בהמשך).

לדוגמא, בקטע שצוטט לעיל מסוגיית כתובות מצאנו את ההקדמה הבאה:

מכדי כל תנאי מהיכא גמרינן? מתנאי בני גד ובני ראובן...

המקור הראשוני לכך הוא במשנת קידושין סא ע"א, שם נחלקים תנאים
לגבי הדרישה לכפול את התנאי (לומר בפירוש מה יהיה אם התנאי יתקיים
ומה אם לא יתקיים):

**מתני'. ר' מאיר אומר: כל תנאי שאינו כתנאי בני גד ובני ראובן –
אינו תנאי, שנאמר: +במדבר לב+ ויאמר... אליהם אם יעברו בני
גד ובני ראובן, וכתיב: ואם לא יעברו חלוצים; רבי חנינא בן גמליאל
אומר: צריך הדבר לאומרו, שאלמלא כן, יש במשמע שאפי' בארץ
כנען לא ינחלו.**

ר"מ מסביר שכל תנאי צריך להיות כתנאי בני גד וראובן (שהיה כפול. ראה
להלן). רחב"ג חולק עליו, אבל בפשטות (וכך הן רוב הדעות) גם הוא מסכים
שפרשת בני גד היא המקור לדיני תנאים. המחלוקת היא רק בשאלה האם
ניתן ללמוד משם את דין תנאי כפול או לא.
אנו נשוב ללימוד מפרשת בני גד, לאחר שנציג את משפטי התנאי.

משפטי התנאי

מסוגיית תנאים בהלכה עולה שיש כמה דרישות שמוטלות על מי שמתנה
תנאי כלשהו, והן קרויות לפעמים 'משפטי התנאים'. הרמב"ם בתחילת פ"ו
מהל' אישות מסכם את הדרישות הללו:

**א. המקדש על תנאי אם נתקיים התנאי מקודשת ואם לא נתקיים
אינה מקודשת, בין שהיה התנאי מן האיש בין שהיה מן האשה,
וכל תנאי שבעולם בין בקידושין בין בגירושין בין במקח וממכר בין
בשאר דיני ממון צריך להיות בתנאי ארבעה דברים.**
**ב. ואלו הן הארבעה דברים של כל תנאי, שיהיה תנאי כפול,
ושיהיה הין שלו קודם ללאו, ושיהיה התנאי קודם למעשה,
ושיהיה התנאי דבר שאפשר לקיימו, ואם חסר התנאי אחד מהן
הרי התנאי בטל וכאלו אין שם תנאי כלל אלא תהיה זו מקודשת או
מגורשת ויתקיים המקח או המתנה מיד וכאלו לא התנה כלל
הואיל וחסר התנאי אחד מן הארבעה.**

הרמב״ם מביא כאן ארבעה משפטי תנאי:

א. <u>תנאי כפול</u>. כאשר אדם מתנה הוא חייב לומר בפירוש את שני צדדי העסקה: ״אם תינשא לבתי החפץ הזה ניתן לך, ואם לא תינשא לבתי הוא לא שלך״. אם אדם אומר רק ביטוי תנאי בלי לכפול אותו, כגון: ״החפץ ניתן לך בתנאי שתינשא לבתי״, התנאי בטל (להלן נראה מה משמעות הקביעה שהתנאי בטל).

בשני מקומות הגמרא קושרת את הדרישה לכפול את התנאי, בעיקרון הלוגי: ״מכלל הן אי אתה שומע לאו״. כמו בלוגיקה המקובלת, משפט גרירה כמו ״אם X אז Y״, אי אפשר לגזור ממנו את המשפט ״אם לא X אז לא Y״. לכן אם מישהו אומר ״החפץ הזה הוא שלך אם תינשא לבתי״, הדבר אינו גורר בהכרח את המשפט ההפוך ״אם לא תינשא לה החפץ לא יהיה שלך״.

אמנם רחב״ג, כמו עוד מחכמי התלמוד, חולקים על כך, שכן לדעתם זו רק תכונה לוגית פורמלית. בדיבור של בני אדם הגרירה הזו היא מובנת מאליה. כשאדם אומר ״אני נותן לך את X אם תעשה Y״, מובן מאליו שכוונתו היא שאם לא ייעשה Y הוא לא נותן את X.

נעיר כי כמה אחרונים[74] כבר ציינו שבדעת הרמב״ם ישנה סתירה בעניין זה[75]. מחד, ראינו למעלה שהוא פוסק כר״מ שדורש תנאי כפול. מאידך, הוא פוסק ״מכלל הן אתה שומע לאו״. עולה מכאן שלפחות לדעת הרמב״ם העיקרון של תנאי כפול אינו תלוי בעיקרון ״מכלל הן אי אתה שומע לאו״. האחרונים הסבירו שנחלקו בזה תנאים, ולר״מ תאני הכפול הוא בגלל העיקרון שמכלל הן אי אתה שומע לאו (ואז זה חל גם על תנאי ׳אם׳ וגם על תנאי ׳מעכשיו׳), אבל לרבנן שחולקים עליו זהו דין מדיני תנאי (ולכן הוא חל רק על תנאי ׳אם׳).

---

[74] ראה **הרב אלחנן וסרמן, קובץ שעורים (=קו״ש)** ב״ב סי׳ תלו-ז, ובח״ב סי׳ מב ועוד.
[75] ראה בהשגת הראב״ד להל׳ נדרים פ״א ה״כ.

אם כן, להלכה לדעתו גם פרט זה נלמד מתנאי בני גד וראובן כדרישה פורמלית מדיני תנאי (ולא בגלל ההיגיון הלוגי). אמנם ראינו למעלה שלומדים מתנאי בני גד רק פרטים הגיוניים, אבל גם אם לא מקבלים את ההכרח בסברא שמכלל הן אי אתה שומע לאו (שהרי הרמב"ם לא פסק כך), עדיין ברור שיש בזה היגיון כלשהו. ודי בזה כדי להפוך את הדרישה הזו לרלוונטית, וללמוד אותה מתנאי בני גד ובני ראובן.

ב. <u>הן קודם ללאו</u>. ההתנייה חייבת לפתוח באמירה לגבי הצד שהעסקה כן חלה, כמו שנוסח בסעיף הקודם. אם אדם יאמר: "אם לא תינשא לבתי החפץ לא שלך ואם תינשא הוא שלך", התנאי בטל.
המטרה של הדרישה הזו היא כנראה לחדד טוב יותר מה מטרתו של המתנה. האם הוא רוצה שיעברו את הירדן, או שמא הוא מנסה להתחמק מלתת להם את נחלת עבר הירדן המזרחי. ההן מגדיר את מטרת התנאי: מה אני (=המתנה) רוצה שייעשה. ראה הסבר דומה בסעיף הבא.

ג. <u>תנאי קודם למעשה</u>. בכל אחד משני חלקי התנאי צריך להיות סדר פנימי: קודם אמירת התנאי ורק אחר כך המעשה. כלומר אמירה שבה ההתנייה מקדימה את המעשה, כמו: "החפץ יהיה שלך אם תישא את בתי, ולא יהיה שלך אם לא תישא אותה", התנאי בטל. המעשה הוא העסקה שאותה רוצים להחיל (המתנה), והתנאי הוא האירוע שבו תולים את העסקה (נשיאת הבת).
נעיר כאן שהשאלה מהו התנאי ומהו המעשה אינה תמיד כה פשוטה. אפילו בדוגמא בה אנו משתמשים כאן, יכול מישהו לומר שהנישואין הם המעשה, שהרי זו העסקה שבה אני באמת מעוניין, ומתן החפץ הוא התנאי. אמנם מבחינת כוונת הצדדים ברור שלא זהו המצב. אבל יש מקרים אחרים שבהם הדבר כלל אינו ברור. מסתבר שזוהי גופא הסיבה לכך שצריך להקדים תנאי למעשה, כדי להבהיר מהו המעשה ומהו התנאי. מכאן העולה שהדרישה הזו

אינה דווקנית אלא שרירותית. לצורך כך יכולנו גם להשתמש בהסכם הפוך. אבל משנקבע הסדר הזה, הוא מחייב. אם הוא לא נשמר, התנאי בטל.

ישנם מקורות שמבינים שהדרישה שהתנאי יהיה קודם למעשה אינה נסובה על לשון ההתנייה אלא על ביצוע התנאי עצמה. כלומר פירוש הדרישה הזו הוא שקודם תתבצע ההתנייה ורק אחר כך יינתן החפץ. כך משתמע מלשון הרמב"ם.[76]

ההיגיון בדרישה כזו הוא ברור. אחרי שהחפץ ניתן כבר אי אפשר להתנות מאומה. כל עוצמתו של התנאי נובעת מכך שהוא קדם לביצוע המעשה, ולכן הוא קבע סייגים על המעשה. אחרי שהקניתי את החפץ, או גירשתי את האישה, המעשה כבר גמור ולא ניתן להתנות אותו בתנאי כלשהו. אחרי שמכרתי חפץ לפלוני, אני לא יכול פתאום לומר שהמכירה מותנית בכך שהוא יילך לירושלים מחר בבוקר. כעת החפץ כבר שלו, וכשאין בידי להקנות או לא להקנות את החפץ, אני גם לא יכול להגביל ולסייג את המכירה שלו (בדומה למה שראינו לגבי אפשר בשליח, שרק על מעשה שהוא בידי ובסמכותי אני יכול להתנות).

ד. <u>אפשר לקיימו</u>. אם אדם מתנה שהוא ייתן את החפץ לפלוני אם הוא יעלה לשמים, זהו תנאי שאי אפשר לקיימו. גם במקרה זה התנאי בטל.

מעבר לארבעת משפטי התנאי הללו, ישנן עוד שלוש דרישות נוספות שאותן הרמב"ם לא מביא כאן:

ה. <u>מתנה על מה שכתוב בתורה</u>. התנאי אינו יכול להיות שהחלות תחול שלא על פי ההלכה. כגון שאדם מתנה שהוא נזיר בתנאי שיהיה מותר בענבים, או לקדש אישה בתנאי שלא יהיה חייב לה את חיובי האישות (שאר כסות ועונה).

---

[76] פ"ו מאישות ה"ח ובתוס' כתובות נו. כמו כן ראה **קו"ש** כתובות סי' קעט, ועוד

113

אמנם בנקודה זו נחלקו ר"מ ור' יהודה, האם בדבר שבממון התנאי
קיים (ראה כתובות עה ע"א). ולהלכה פוסקים כר"י, שבדבר
שבממון אפשר להתנות על מה שכתוב בתורה.

הסתייגות נוספת שקיימת לפי רוב הפוסקים, שכדי שהתנאי יתבטל
צריך שהוא יופנה כלפי התורה ולא כלפי הצד השני לעסקה.
לדוגמא, אם אדם מתנה שהוא נותן הלוואה בתנאי שהשביעית לא
תשמט את החוב, התנאי בטל. הוא לא יכול להתנות בדבר שהוא נגד
דין התורה. אבל אם הוא מתנה שהוא מלווה לשמעון את הכסף
בתנאי ששמעון לא ישמט לו את החוב, התנאי קיים. במקרה זה
ההתנייה נאמרה כלפי שמעון. התנאי אינו עוקר דין תורה שכן החוב
לא נותר בעינו, אלא שראובן מבקש משמעון לפרוע את החוב שאינו
קיים (כלומר לתת לו מתנה). זוהי סוגיא סבוכה, ורבו בה הדעות
והפרשנויות, ואכ"מ.

ו.   אפשר בשליח. כפי שראינו בסוגיית כתובות פד ע"א, ניתן להתנות
רק על חלויות שניתנות להחלה על ידי שליח. כבר הסברנו זאת
לעיל.

ז.   תנאי סותר למעשה. כאשר ההתנייה סותרת את עצם החלות, גם אז
התנאי בטל. בסוגיית גיטין עה ע"א, מכנים זאת "תנאי בדבר אחד
ומעשה בדבר אחר". כאשר התנאי והמעשה הם באותו דבר עצמו,
אז התנאי בא לעקור את עצם המעשה שתלוי בו, ולכן התנאי בטל.
כפי שרואים בסוגיות גיטין, קידושין וכתובות, שהוזכרו לעיל, משפטי התנאי
הללו נלמדים מפרשת בני גד וראובן. המשפט אותו ציטטנו למעלה: "מכדי
כל תנאי מהיכא גמרינן? מתנאי בני גד ובני ראובן", משמש כפתיח לדון בכל
אחד ממשפטי התנאי.

פירוש הדבר הוא שהחידוש לגבי דין תנאי מקורו הוא בפרשת בני גד וראובן,
ולכן אנו נצמדים לצורת ההתנייה שמצאנו שם, ורק היא תוכל להיות תקפה
בהלכה. אבל ברור שלא נוכל ללמוד משם כל פרט, שהרי אף אחד לא מעלה
בדעתו שנדרוש ששמו של המתנה יהיה 'משה', או שהתניות חייבות להיות

רק לגבי בעלות על קרקע ומלחמות, או שניתן להתנות רק עם שבטים. אנו לומדים רק את משפטי התנאי שיש בהם היגיון משל עצמם. ביטוי בהיר לזה, ניתן למצוא באותו תוס׳ בכתובות עד ע״א שהובא למעלה, שדנים לגבי הדרישה שיהיה אפשר בשליחות:

תנאי דאפשר לקיומיה ע״י שליח כו׳ - וא״ת ומה סברא יש כאן דלא גמרינן מהתם אלא לענין מה שהוא סברא דהא לא ילפינן מהתם דלא מהני תנאי אלא בנתינת קרקע.

כלומר הנחת התוס׳ היא שרק דרישות הגיוניות ניתנות להילמד מתנאי בני גד וראובן, כפי שנתבאר למעלה.

כעת תוס׳ מציע את ההסבר שצוטט למעלה:

וי״ל דהיינו טעמא דהואיל והמעשה כל כך בידו שיכול לקיימו ע״י שליח סברא הוא שיהא כמו כן בידו לשוויי ביה תנאה אבל חליצה שאין בידו לקיימה ע״י שליח לא הוי בידו נמי למירמי ביה תנאה ואפילו לא יתקיים התנאי יהיה המעשה קיים.

ומכאן הם מסיקים:

ומשום הך סברא מודו כ״ע דבעינן שאפשר לקיימו ע״י שליח דומיא דבני גד ובני ראובן. אבל לענין תנאי כפול ולעניין תנאי ומעשה בב׳ דברים משמע במי שאחזו (גיטין עה.) דדוקא רבי מאיר אית ליה ולא רבנן, דלענין זה אין סברא כל כך ללמוד משם להכי פליגי עליה.

כלומר גם את המחלוקת בין רחב״ג לבין ר״מ במשנת קידושין שהובאה למעלה, תולים בעלי התוס׳ בשאלה האם הדרישה לתנאי כפול היא סבירה או לא. הם מוסיפים את האפשרות שגם כמה משאר משפטי התנאי נאמרו רק לדעת ר״מ, וכאן לא ניכנס לזה.

מהלך המו״מ של משה רבנו עם בני גד

כעת נוכל לגשת לפרק לב בחומש במדבר, שם התורה מתארת את המו״מ של בני ראובן גד וחצי המנשה עם משה רבנו. הם מבקשים ממנו שייתן להם

נחלה בעבר הירדן המזרחי, מפני שהקרקע שם מתאימה למקנה הרב שהיה להם. משה כועס עליהם מפני שהוא חושד בהם שהם רוצים להתחמק מהמלחמה על כיבוש ארץ ישראל.

המבקשים מרגיעים את משה ומבטיחים לו (פסוקים טז-יט):

וַיִּגְּשׁוּ אֵלָיו וַיֹּאמְרוּ גִּדְרֹת צֹאן נִבְנֶה לְמִקְנֵנוּ פֹּה וְעָרִים לְטַפֵּנוּ: וַאֲנַחְנוּ נֵחָלֵץ חֻשִׁים לִפְנֵי בְּנֵי יִשְׂרָאֵל עַד אֲשֶׁר אִם הֲבִיאֹנֻם אֶל מְקוֹמָם וְיָשַׁב טַפֵּנוּ בְּעָרֵי הַמִּבְצָר מִפְּנֵי יֹשְׁבֵי הָאָרֶץ: לֹא נָשׁוּב אֶל בָּתֵּינוּ עַד הִתְנַחֵל בְּנֵי יִשְׂרָאֵל אִישׁ נַחֲלָתוֹ: כִּי לֹא נִנְחַל אִתָּם מֵעֵבֶר לַיַּרְדֵּן וָהָלְאָה כִּי בָאָה נַחֲלָתֵנוּ אֵלֵינוּ מֵעֵבֶר הַיַּרְדֵּן מִזְרָחָה:

כעת משה משתכנע, והוא מתנה איתם תנאי (כ-כד):

וַיֹּאמֶר אֲלֵיהֶם מֹשֶׁה אִם תַּעֲשׂוּן אֶת הַדָּבָר הַזֶּה אִם תֵּחָלְצוּ לִפְנֵי יְקֹוָק לַמִּלְחָמָה: וְעָבַר לָכֶם כָּל חָלוּץ אֶת הַיַּרְדֵּן לִפְנֵי יְקֹוָק עַד הוֹרִישׁוֹ אֶת אֹיְבָיו מִפָּנָיו: וְנִכְבְּשָׁה הָאָרֶץ לִפְנֵי יְקֹוָק וְאַחַר תָּשֻׁבוּ וִהְיִיתֶם נְקִיִּים מֵיְקֹוָק וּמִיִּשְׂרָאֵל וְהָיְתָה הָאָרֶץ הַזֹּאת לָכֶם לַאֲחֻזָּה לִפְנֵי יְקֹוָק: וְאִם לֹא תַעֲשׂוּן כֵּן הִנֵּה חֲטָאתֶם לַיקֹוָק וּדְעוּ חַטַּאתְכֶם אֲשֶׁר תִּמְצָא אֶתְכֶם: בְּנוּ לָכֶם עָרִים לְטַפְּכֶם וּגְדֵרֹת לְצֹנַאֲכֶם וְהַיֹּצֵא מִפִּיכֶם תַּעֲשׂוּ:

כאן ישנה כפילות, שכן משה אינו מסתפק בקביעה שהנחלות הללו יינתנו להם רק אם הם יילחמו עם שאר העם על כיבוש ארץ ישראל. הוא מפרט מה יקרה אם הם יקיימו את התנאי ('אם תעשון') ומוסיף מה יקרה אם לאו ('ואם לא תעשון'). מכאן לומדים חז"ל את הדין שתנאי אינו תקף אם הוא לא כפול.

יתר על כן, יש לשים לב שגם ההן קודם כאן ללאו, והתנאי למעשה. ברור שמדובר בדבר שאפשר על ידי שליח ואפשר לקיימו, והוא גם לא התנייה על מה שכתוב בתורה. כלומר התנאי הזה עומד בכל משפטי התנאים. מאידך, הוא גם עוסק בבעלות על קרקע ובמלחמה, ואת זה ודאי לא לומדים כעיקרון כללי. כאמור, כל אחד ממשפטי התנאי צריך להיות לו היגיון כלשהו מצד עצמו.

כעת המבקשים מקבלים על עצמם את ההתנייה הזו (כה-כז):

וַיֹּאמֶר בְּנֵי גָד וּבְנֵי רְאוּבֵן אֶל מֹשֶׁה לֵאמֹר עֲבָדֶיךָ יַעֲשׂוּ כַּאֲשֶׁר אֲדֹנִי מְצַוֶּה: טַפֵּנוּ נָשֵׁינוּ מִקְנֵנוּ וְכָל בְּהֶמְתֵּנוּ יִהְיוּ שָׁם בְּעָרֵי הַגִּלְעָד: וַעֲבָדֶיךָ יַעַבְרוּ כָּל חֲלוּץ צָבָא לִפְנֵי יְקֹוָק לַמִּלְחָמָה כַּאֲשֶׁר אֲדֹנִי דֹּבֵר:

הניסוח הזה הוא ניסוח מקוצר (ללא כפילות), שכן זו אינה ההתנייה אלא רק הסכמה לתנאי שהתנה איתם משה.

כעת משה פונה אל בני ישראל ומודיע להם על הסיכום שנוצר לגבי העתיד (כח-ל):

וַיְצַו לָהֶם מֹשֶׁה אֵת אֶלְעָזָר הַכֹּהֵן וְאֵת יְהוֹשֻׁעַ בִּן נוּן וְאֶת רָאשֵׁי אֲבוֹת הַמַּטּוֹת לִבְנֵי יִשְׂרָאֵל: וַיֹּאמֶר מֹשֶׁה אֲלֵהֶם אִם יַעַבְרוּ בְנֵי גָד וּבְנֵי רְאוּבֵן אִתְּכֶם אֶת הַיַּרְדֵּן כָּל חָלוּץ לַמִּלְחָמָה לִפְנֵי יְקֹוָק וְנִכְבְּשָׁה הָאָרֶץ לִפְנֵיכֶם וּנְתַתֶּם לָהֶם אֶת אֶרֶץ הַגִּלְעָד לַאֲחֻזָּה: וְאִם לֹא יַעַבְרוּ חֲלוּצִים אִתְּכֶם וְנֹאחֲזוּ בְתֹכְכֶם בְּאֶרֶץ כְּנָעַן:

משה אינו מסתפק בנוסח מקוצר, שכן זהו ציטוט של ההתנייה עצמה. קודם היה רק הסכם מקדמי שקבע את תוכן התנאי, אבל כעת נאמרת התנייה במפורש והיא חלה בפועל ומחייבת מרגע זה. מסתבר שמשה הוא המתנה, ולא שהוא מצווה על ישראל שיתנו זאת איתם בעתיד.

לאחר מכן גם המבקשים מתחייבים:

וַיַּעֲנוּ בְנֵי גָד וּבְנֵי רְאוּבֵן לֵאמֹר אֵת אֲשֶׁר דִּבֶּר יְקֹוָק אֶל עֲבָדֶיךָ כֵּן נַעֲשֶׂה: נַחְנוּ נַעֲבֹר חֲלוּצִים לִפְנֵי יְקֹוָק אֶרֶץ כְּנָעַן וְאִתָּנוּ אֲחֻזַּת נַחֲלָתֵנוּ מֵעֵבֶר לַיַּרְדֵּן:

הנוסח כאן אינו כפול, אבל מסתבר שמדובר בתיאור מקוצר ולא בציטוט מלא של דבריהם. אמנם ייתכן שלאחר שמשה מתנה עימהם בלשון כפולה, מספיק שהם מסכימים לכך בכל לשון שעולה ממנה בבירור הסכמה כזו.

מייד לאחר מכן משה נותן להם את נחלתם, והם בונים בה מייד את עריהם (לג-מב):

וַיִּתֵּן לָהֶם מֹשֶׁה לִבְנֵי גָד וְלִבְנֵי רְאוּבֵן וְלַחֲצִי שֵׁבֶט מְנַשֶּׁה בֶן יוֹסֵף אֶת מַמְלֶכֶת סִיחֹן מֶלֶךְ הָאֱמֹרִי וְאֶת מַמְלֶכֶת עוֹג מֶלֶךְ הַבָּשָׁן הָאָרֶץ לְעָרֶיהָ

בִּגְבֻלֹת עָרֵי הָאָרֶץ סָבִיב: וַיִּבְנוּ בְנֵי גָד אֶת דִּיבֹן וְאֶת עֲטָרֹת וְאֵת עֲרֹעֵר: וְאֶת עַטְרֹת שׁוֹפָן וְאֶת יַעְזֵר וְיָגְבְּהָה: וְאֶת בֵּית נִמְרָה וְאֶת בֵּית הָרָן עָרֵי מִבְצָר וְגִדְרֹת צֹאן: וּבְנֵי רְאוּבֵן בָּנוּ אֶת חֶשְׁבּוֹן וְאֶת אֶלְעָלֵא וְאֵת קִרְיָתָיִם: וְאֶת נְבוֹ וְאֶת בַּעַל מְעוֹן מוּסַבֹּת שֵׁם וְאֶת שִׂבְמָה וַיִּקְרְאוּ בְשֵׁמֹת אֶת שְׁמוֹת הֶעָרִים אֲשֶׁר בָּנוּ: וַיֵּלְכוּ בְּנֵי מָכִיר בֶּן מְנַשֶּׁה גִּלְעָדָה וַיִּלְכְּדֻהָ וַיּוֹרֶשׁ אֶת הָאֱמֹרִי אֲשֶׁר בָּהּ: וַיִּתֵּן מֹשֶׁה אֶת הַגִּלְעָד לְמָכִיר בֶּן מְנַשֶּׁה וַיֵּשֶׁב בָּהּ: וְיָאִיר בֶּן מְנַשֶּׁה הָלַךְ וַיִּלְכֹּד אֶת חַוֹּתֵיהֶם וַיִּקְרָא אֶתְהֶן חַוֹּת יָאִיר: וְנֹבַח הָלַךְ וַיִּלְכֹּד אֶת קְנָת וְאֶת בְּנֹתֶיהָ וַיִּקְרָא לָה נֹבַח בִּשְׁמוֹ:

שני סוגי תנאי

יש לשים לב שבניית הערים, המתוארת בסוף הפרק, נעשית הרבה לפני הכניסה לארץ, כלומר עוד לפני שהתנאי ממומש. כיצד ניתן לבנות את הערים הללו אם עדיין לא קויים התנאי? כאן אנו רואים עיקרון הלכתי נוסף: תנאי יכול לפעול אחורה בזמן, כלומר אם שמעון ממלא את התנאי הוא זוכה בנכס כבר מרגע ההתנייה, ואם הוא לא ממלא את התנאי אזי הזכייה הזו בטלה למפרע.

חז״ל תולים את צורת ההתנייה בניסוח התנאי: כאשר המתנה משתמש בלשון ׳אם׳ (=אם תעשה כך וכך אני אתן לך את זה) אזי החלות תקפה מרגע מימוש התנאי (ולא למפרע). אך אם הוא מוסיף שהחלות תחול ׳מעכשיו׳, או אז ההקנאה או החלות תקפה למפרע.

וכך כותב הרמב״ם (פ״ו מהל׳ אישות, הט״ו-טז):

המקדש על תנאי כשיתקיים התנאי תהיה מקודשת משעה שנתקיים התנאי לא משעה שנתקדשה. כיצד האומר לאשה אם אתן ליך מאתים זוז בשנה זו הרי את מקודשת לי בדינר זה ואם לא אתן ליך לא תהי מקודשת ונתן הדינר לידה בניסן ונתן לה המאתים זוז שהתנה עמה באלול הרי זו מקודשת מאלול, לפיכך אם קדשה שני קודם שנתקיים התנאי של ראשון הרי זו מקודשת לשני, וכן

הדין בגיטין ובממונות בשעה שיתקיים התנאי הוא שיהיה גט או
יתקיים המקח או המתנה.

במה דברים אמורים בשהיה שם תנאי ולא אמר מעכשיו, אבל אם
אמר לה הרי את מקודשת לי מעכשיו בדינר זה אם אתן ליך
מאתים זוז ולאחר זמן נתן לה מאתים זוז הרי זו מקודשת למפרע
משעת הקידושין אע"פ שלא נעשה התנאי אלא לאחר זמן מרובה,
לפיכך אם קידשה אחר קודם שיעשה התנאי אינה מקודשת, וכן
הדין בגיטין ובממונות.

נציין כי לפי הרמב"ם (בסוף הי"ז שם) כאשר המתנה נוקט בלשון 'על מנת',
זה כמי שאמר 'מעכשיו' - הוא פוסק "כל האומר 'על מנת' כאומר 'מעכשיו'
דמי". [77]

שתי הסתייגויות

ישנן שתי הסתייגויות לדיני תנאים :

1. ישנן שיטות מעטות שכל דיני תנאים נאמרו רק ביחס לאישות ולא
   ביחס לממונות. הרמב"ם ורוב הפוסקים דוחים את הדעות הללו,
   שכן עיקר דיני תנאים נלמדים מתנאי בני גד וראובן שהיה תנאי
   בממון. וכך כותב הרמב"ם (שם, הי"ד) :

   יש מקצת גאונים אחרונים שאמרו שאין אדם צריך לכפול
   תנאו אלא בגיטין וקידושין בלבד אבל בדיני ממון אינו
   צריך לכפול.

   ואין ראוי לסמוך על דבר זה, שכפילת התנאי עם שאר
   הארבעה דברים מתנאי בני גד ובני ראובן למדו אותן
   חכמים (במדבר ל"ב) אם יעברו בני גד וכו' ואם לא יעברו
   ותנאי זה לא היה לא בגיטין ולא בקידושין, וכזה הורו
   גדולי הגאונים הראשונים וכן ראוי לעשות.

---

[77] ראה גיטין עה רע"ב ובמקבילות.

2. הרמב״ם פוסק, בעקבות הגאונים, שדיני תנאים נאמרו אך ורק בתנאי של ׳אם׳, ולא בתנאי של ׳על מנת׳ או ׳מעכשיו׳. וכך הוא כותב (שם, ה״ז-יח):

כל האומר מעכשיו אינו צריך לכפול תנאו ולא להקדים התנאי למעשה אלא אף על פי שהקדים המעשה תנאו קיים, אבל צריך להתנות בדבר שאפשר לקיימו, ואם התנה בדבר שאי אפשר לקיימו הרי זה כמפליג בדברים ואין שם תנאי, וכל האומר על מנת כאומר מעכשיו ואינו צריך לכפול התנאי ולא להקדימו למעשה.

כיצד האומר לאשה הרי את מקודשת לי על מנת שתתני לי מאתים זוז, הרי זה גיטיך על מנת שתתני לי מאתים זוז, הרי חצר זו נתונה לך במתנה על מנת שתתן לי מאתים זוז, הרי תנאו קיים ונתקדשה האשה או נתגרשה וזכה זה בחצר והם יתנו המאתים זוז, ואם לא נתנו לא תהיה זו מקודשת ולא תתגרש זו ולא יזכה זה בחצר, ואע״פ שלא כפל תנאו ואע״פ שהקדים המעשה לתנאי ונתן הקידושין או הגט בידה והחזיק זה בחצר ואחר כך השלים תנאו, שהרי כשיתקיים התנאי יזכה זה בחצר ותתקדש זו ותתגרש זו משעה ראשונה שבה נעשה המעשה כאילו לא היה שם תנאי כלל.

אם כן, כמעט כל משפטי התנאי שפורטו למעלה נסובים על תנאי ׳אם׳, ולא על תנאי ׳על מנת׳ או ׳מעכשיו׳. אמנם הדרישה שיהיה אפשר לקיימו והדרישה שלא תהיה התנייה נגד דין תורה קיימות גם לגבי סוגי התנאי הללו. מסתבר שדרישות אלו הן מהותיות, ולא רק דרישות פורמליות שנלמדות מתנאי בני גד, ולכן הן חלות גם על תנאי מעכשיו.[78]

---

[78] בתודי״ה ׳לא׳, קידושין ו ע״ב, וכן בתודי״ה ׳לא׳, ב״ב קלז ע״ב, כתבו שהפסול של תנאי ומעשה בדבר אחד נאמר גם על תנאי ׳מעכשיו׳. ראה גם ב**מ״מ** פ״ו ה״א מאישות, וב**ב״ש** ס״ לח סק״ז, וב**ק״נ** גיטין פ״ו ס״ח סק״ק.

יש לציין שכאשר חוזרים לפרשת בני גד וראובן, הדבר מעורר תמיהה. הרי שם מדובר על נתינה מעכשיו, שהרי הם בונים את עריהם מיידית, וביצוע התנאי הוא רק בעתיד. אם כן, כל משפטי התנאים שנלמדים מפרשה זו, עוסקים דווקא בתנאי של מעכשיו ולא בתנאי של ׳אם׳. ובדוחק היה אפשר לומר שהם בנו את עריהם אבל הנחלה עדיין לא ניתנה להם עד שיכבשו את הארץ. השאלה האם ניתן להניח שהתנאי יתקיים בעתיד, תידון להלן. אנחנו נראה שבמקום שקיום התנאי מסור בידיו של הצד השני לעסקה, הוא יכול להניח שהתנאי יקויים (כלומר הוא לא חייב להתנהג כאילו יש כאן ספק).

יש להעיר כי עמדה זו של הרמב״ם אינה מוסכמת על כל הפוסקים (לדוגמא, בעל ה**הגמי״י** על אתר מביא שהרא״ש חולק על כך).

יסודה של הבחנת הרמב״ם נעוץ כנראה בכמה וכמה סוגיות שמביאות לשונות תנאי של ׳על מנת׳, שבהן לא כופלים את התנאי ולא מקפידים על משפטי התנאי.[79] יש מהראשונים[80] שכתבו שמדובר בניסוח לא זהיר, מפני שהגמרא מניחה שמשפטי התנאים ידועים, ולכן היא לא טורחת כל פעם לנסח במדוייק את לשון התנאי. ההנחה היא שהתנאי נוסח כראוי, ולכן משתמשים בנוסח מקוצר. אבל הרמב״ם כנראה הבין ששורש העניין הוא בכך שתנאי של ׳על מנת׳ אכן אינו דורש את משפטי התנאים.

מה קורה כשאדם מתנה באופן שלא מתאים למשפטי התנאים?
בכל תנאי שלגביו יש להתנות על פי משפטי התנאים, ניתן לשאול את עצמנו מה הדין כאשר אדם מתנה באופן אחר? לדוגמא, אם הוא מתנה באופן שלאו קודם להן, או מעשה קודם לתנאי, או בלי תנאי כפול וכדו׳. ראינו שהתנאי בטל. אבל מה פירוש הדבר?

הגמרא בכמה מקומות קובעת כי במצב כזה התנאי בטל ומעשה קיים. לדוגמא, מי שמתנה על מה שכתוב בתורה תנאו בטל, אבל המעשה שעשה קיים. אדם שקידש אישה בתנאי שלא יתחייב לה שאר כסות ועונה, הוא

[79] **מגיד משנה ולחם משנה** על אתר.
[80] ראה שם בדעת בעלי התוס׳.

מתנה על מה שכתוב בתורה, ולכן תנאו צריך להתבטל. מה זה אומר לגבי הקידושין עצמם? הגמרא קובעת שהם קיימים ללא כל תנאי וסייג. כלומר היא מקודשת לו והוא חייב לה את השאר הכסות והעונה.

אמנם לגבי שאר וכסות אלו מחויבויות ממוניות (ויש שרואים גם את עונה במחוייבות כזו), ולכן לגביהם נחלקו תנאים האם ניתן להתנות נגד התורה. בגמרא בכתובות נו ע״א מובאת מחלוקת ר״מ ור״י בעניין זה :

ושמעינן ליה לר׳ יהודה דאמר: דבר שבממון תנאו קיים! דתניא: האומר לאשה הרי את מקודשת לי על מנת שאין ליך עלי שאר כסות ועונה – הרי זו מקודשת ותנאו בטל, דברי רבי מאיר, ר׳ יהודה אומר : בדבר שבממון תנאו קיים!

פירוש הדברים הוא שאם אדם מתנה על מה שכתוב בתורה, או שמקדים לאו להן וכדו׳, המעשה קיים בכל מקרה ואין כל התנייה שמלווה אותו. לדוגמא, אדם שמגרש אישה בתנאי שתיתן לו מאתיים זוז, אך מנסח זאת כך : ״הרי את מגורשת ומותרת לכל אדם אם תתני לי מאתיים זוז״. הוא הקדים מעשה לתנאי, ולכן התנאי בטל. במצב כזה המעשה (=הגירושין) קיים, ואינו תלוי בכך שהיא תיתן או לא תיתן את הכסף. זהו הפירוש ׳תנאי בטל ומעשה קיים׳.

גם ר״י שחולק על ר״מ כאן (והלכה כר״י בעניין זה), אינו חולק על עצם הפרשנות לביטול התנאי. הוא רק טוען שבדבר שבממון אין פסול בהתנייה כזו. אבל בדבר שאינו ממוני, גם הוא מסכים שהתנאי בטל והמעשה קיים, וזה מה שחשוב לענייננו כאן.

זוהי תמונה קשה מאד להבנה בסברא, והעיון בה בפרק הבא יפתח לנו צוהר כלשהו להבנת מהותם של התנאים ושל חלויות הלכתיות בכלל.

פרק שביעי

מודל ראשון עבור המכניזם של התנאי: ה'קובץ שיעורים'

מבוא

בפרק הקודם הצגנו את התנאים לסוגיהם, ואת הדרישות שנדרשות כדי שהתנאי יהיה תקף. סיימנו בכך שאם הדרישות לניסוח התנאי לא מתקיימות, התנאי בטל והמעשה קיים. לדוגמא, אשם שמקדש אישה על מנת שאינו מתחייב לה עונה (שזה לא עניין ממוני לפי חלק מהמפרשים), התנאי (=הפטור שלו מעונה) בטל, ואילו המעשה (=הקידושין) קיים. היא מקודשת לו ללא שום סייג.

שיטת ר"ת

הדין הזה הוא בעייתי, כפי שמעירים בעלי התוס' בסוגיית כתובות נו ע"א (ד"ה 'הרי זו'). הם פותחים בהגדרת הזירה:

> ***הרי זו מקודשת ותנאו בטל - ע"כ בדכפליה לתנאיה איירי דאמר לה אם אין ליך עלי שאר כסות ועונה הרי את מקודשת ואם לאו אל תהי מקודשת מדקאמר לקמן דטעמא דר' מאיר דתנאו בטל משום דמתנה על מה שכתוב בתורה ואי לא כפיל לתנאה תיפוק ליה דתנאו בטל לרבי מאיר משום דבעי תנאי כפול כדאמר בהאומר (קדושין דף סא. ושם).***

תוס' קובעים שודאי מדובר כאן על התנייה שמקיימת את כל משפטי התנאי, שאם לא כן, ר"מ היה פוסל את התנאי גם בלי קשר להתנייה על מה שכתוב בתורה.

אך אם אכן מדובר בהתנייה שנוסחה על פי כל הכללים, לא ברור איך ייתכן שהתוצאה ההלכתית היא שהאישה מקודשת ללא סייג:

ותימה אם כן אמאי היא מקודשת הרי התנה בפירוש שאם יהא לה עליו שאר כסות ועונה שאינה מקודשת.

תוס' מקשים כיצד ייתכן שאדם שמתנה תנאי כפול, וברור לחלוטין שהוא מתכוין לקדש את האישה רק אם היא תוותר לו על שאר כסות ועונה, ואם לא תוותר הוא לא רוצה לקדש אותה, אזי בגלל ניסוח לקוי של התנאי היא תהיה מקודשת לו אף שהוא חייב לה שאר כסות ועונה? הרי במצב שבו הוא חייב לה שאר כסות ועונה הוא כלל לא התכוין לקדש אותה. וכי כופים אדם לקדש אישה בעל כורחו? קידושין שאדם אינו רוצה בהם כלל אינם יכולים לחול.

בתו"י בצד הדף מובאת שיטת ר"ת שמיישב את הקושיא הזו כך:

ואר"ת דהוי מפליג בדברים ואין זה תנאי כלל שיתקיים התנאי למאן דאמר מתנה על מה שכתוב בתורה תנאו בטל. והוי כמו על מנת שתעלי לרקיע דבהשוכר את הפועלים.

הגמרא בב"מ צד ע"א מסבירה שהתנייה בדבר שאי אפשר לקיימו הוא כמפליגה בדברים, כלומר הוא לא מתכוין ברצינות להתנות את המעשה בתנאי הזה. ר"ת מסביר שהתנייה על מה שכתוב בתורה גם היא סוג של הפלגה בדברים. לדעתו גם מתנה על מה שכתוב בתורה לא מתכוין ברצינות להתנות את המעשה בתנאי הזה.

אם אכן זוהי ההבנה במתנה על מה שכתוב בתורה, אזי ברור מדוע המקדש אישה על מנת שאין לה עליו שאר כסות ועונה – האישה מקודשת והתנאי בטל, שכן זו בדיוק היתה כוונת המקדש. בניגוד להנחת התוס' בקושייתו, התוצאה ההלכתית אכן מממשת את כוונתו האמיתית של המתנה.

לפי ר"ת נראה שמשפטי התנאי עניינם הוא רק להבהיר את כוונת המתנה, ותו לא. לכן ברגע שהכוונה שלו ברורה, אין צורך במשפטי התנאי. ואכן אנו מוצאים בדעת התוס'[81], שבמקום שהדברים הם ברורים לכל רואה, אין צורך במשפטי התנאים:

---

[81] בתוד"ה 'אדעתא', קידושין מט ע"ב.

ואומר ר"י דצריך לחלק ולומר דיש דברים שאינם צריכין תנאי כפול אלא גלוי מילתא דאנן סהדי דאדעתא דהכי עביד וגם יש דברים דאפילו גילוי מילתא לא בעי כגון ההיא דהכותב כל נכסיו לאחרים ושמע שיש לו בן שהמתנה בטלה וכן הכותב כל נכסיו לאשתו לא עשאה אלא אפוטרופא לפי שאנו אומדין שלכך היה בדעתו וכמו כן אנן סהדי דלא זבן אלא אדעתא למיסק לארעא דישראל.

משמע שמשפטי התנאי (כמו כפילת התנאי) נדרשים רק כדי להבהיר את כוונתו, וכשהיא ברורה בלעדיהם אין בהם צורך. לא ברור האם תוס' יאמר את הדברים גם לגבי כל שאר משפטי התנאי, או שמא הוא אומר זאת רק לגבי תנאי כפול. לפי ר"ת נראה שהדבר נכון לכל משפטי התנאי.

קשיים בשיטת ר"ת

ראינו ששיטת ר"ת היא שאדם שאינו מתנה כדיני התנאים אינו מתכוין ברצינות להתנייה. כוונתו להתנות את הקידושין בויתור על שאר כסות ועונה לא היתה רצינית, ובפועל הוא כן התכוין לשאת אותה בכל אופן.

זה הסבר טוב לדין (הוא מסלק את הקושי כיצד היא מקודשת לו), אך קשה לקבלו מסברא. אדם שמתנה ומקדים לאו להן, או מעשה לתנאי וכדו', האם גם הוא לא מתכוין ברצינות להתנייה? קשה לומר זאת.

יתר על כן, אפילו בדין דבר שאי אפשר לקיימו, האחרונים[82] העירו שדברי ר"ת אינם מתאימים לפשט הסוגיא בגיטין פד ע"א.

בנוסף לכל זה, לפי ר"ת כלל לא ברור מדוע בכלל התחדשו משפטי התנאים? כאשר אדם לא רוצה להחיל את החלות היא לא תחול. ברגע שברור שזה אכן רצונו, החלות תלויה ועומדת. אז מהי בכלל משמעותם של משפטי התנאים? ועוד, מה אם אדם אכן מתכוין להתנות נגד התורה? לפי ר"ת נראה שהתנאי יפעל. כלומר אם יהיה ברור לנו שהאדם לא מתכוין להפליגה בדברים, אלא

[82] ראה **קו"ש** כתובות סי' קסז.

רוצה לקדש אותה בלי חיובי שאר כסות ועונה, אזי התנאי יהיה תקף. ומה יקרה אז? או שהיא תהיה מקודשת בלא חיובי שאר כסות ועונה, או שהיא לא תהיה מקודשת כלל.

אם כן, קשה לראות בדברי ר״ת יישוב הולם לדין תנאי בטל ומעשה קיים. מאידך, אם אכן לא מקבלים את שיטת ר״ת, חוזרת קושיית התוס׳ במלוא חריפותה: מדוע באמת האישה מקודשת לו על אף שהוא לא רוצה בזה?

שיטת ר״י

תוס׳ בכתובות שם בהמשך דבריו מביא את תירוצו של ר״י לקושיא זו:

> ***ואור״י דאי לאו דילפינן מתנאי בני גד ובני ראובן ה״א דשום תנאי אינו מבטל את המעשה, ואפילו לא יתקיים בסוף המעשה קיים. והשתא דילפינן מהתם דמהני תנאי לבטל המעשה אמרינן דדוקא כשאינו מתנה על מה שכתוב בתורה דומיא דבני גד ובני ראובן שלא התנו על מה שכתוב בתורה.***

האחרונים[83] מסבירים את דברי ר״י באופן שהוא נזקק להבנת צורת פעולתו של התנאי. ראשית, הוא טוען, כפי שגם ראינו למעלה, הגמרא מניחה שבלי פרשת בני גד וראובן שום תנאי לא היה מבטל מעשה. לעולם הדין הפשוט היה שהתנאי בטל והמעשה קיים. כל החידוש של פרשת תנאים, שייתכן מצב שתנאי יבטל מעשה, התחדש ונלמד מפרשת בני גד וראובן.

מדוע באמת ללא פרשת בני גד וראובן לא היינו יודעים זאת? הרי גם בלי הפרשה הזו ברור שחלויות שאדם לא רוצה בהן לא יכולות לחול (כפי שהניחו תוס׳ בקושייתם). אם אדם היה מקדש אישה על מנת שאין לה עליו עונה, ולא היתה נכתבת בתורה פרשת בני גד וראובן, עדיין היינו אומרים שהיא לא היתה מקודשת לו, שהרי הוא לא התכוין לקדשה.

האחרונים מסבירים שלולא פרשת בני גד וראובן, היינו מפעילים כאן את הכלל ״לא אתי דיבור ומבטל מעשה״. כלומר מהות התנאי היא ליצור

---

[83] לדוגמא, בעל **קו״ש** על אתר, בעיקר בסי׳ קס״ט-קע״ה.

מכניזם שבו דיבור יכול לבטל מעשה שכבר נעשה, וזה לא אפשרי. לכן נדרשת פרשת בני גד וראובן לחדש שתנאי הוא מכניזם הלכתי תקף.

ההנחה של ר"י היא שכאשר אדם מתנה תנאי, הוא בעצם מחיל מיידית את המעשה, אלא שהוא רוצה שאם משהו לא יתקיים בעתיד המעשה ייעקר ממקומו. את זה הוא מנסה לעשות על ידי דיבור התנאי. אבל דיבור אינו חזק דיו כדי לעקור מעשה, ולכן לולא החידוש מפרשת בני גד וראובן היינו אומרים שהמעשה נותר על כנו, והדיבור לא יכול לפעול לעקור אותו.

ובתוספת ביאור. אדם שמקדש אישה על מנת שלא יהיה לה עליו עונה, באמת לא רוצה לקדש אותה אם הוא מתחייב בעונה. אבל הדרך המשפטית לעשות זאת היא להחיל קידושין בכל אופן, ולנסח תנאי שיעקור את הקידושין אם הוא יהיה חייב לה עונה. לכן על אף שכוונתו היא לא לקדש אותה אם הוא יתחייב בעונה, מכיון שהוא בחר בדרך המשפטית של תנאים, הוא מנסה ליצור דיבור שיעקור את המעשה אם התנאי לא יתקיים. ללא חידוש התורה, אי אפשר היה ליצור דיבור כזה, ולכן הוא היה 'נתקע' עם קידושין לאותה אישה שהוא לא מעוניין בה.

אמנם כעת התורה חידשה שאכן ניתן לעשות זאת. אם מנסחים תנאי כמו שההלכה דורשת, יצליח להיווצר כאן דיבור שבכוחו לעקור את המעשה (אם לא יתקיים התנאי). בדיוק מסיבה זו דרושים על משפטי התנאי. אלו הדרישות של התורה כדי שלדיבור יהיה כוח לעקור את המעשה. בלי משפטי התנאי הללו מדובר בדיבור רגיל, ודיבור רגיל אינו יכול לעקור מעשה שכבר נעשה.

עד כאן הסברנו מדוע נדרשת פרשת בני גד וראובן, ומה תפקידם של משפטי התנאי. אך מתמונה זו גם נוכל להבין מדוע אם הוא מתנה על מה שכתוב בתורה, או בניגוד לאחד ממשפטי התנאי אחרים, התנאי בטל והמעשה קיים. אם הוא התנה שלא כפי שהתורה דורשת (כלומר לפי מה שלמדנו מפרשת בני גד וראובן), אזי מה שנוצר הוא דיבור רגיל, ודיבור רגיל אינו יכול לעקור מעשה. ומכאן נבין מדוע כשהוא מתנה שלא יתחייב בעונה (שזה נגד משפטי התנאי, שכן הוא התנה על מה שכתוב בתורה), המעשה קיים

והתנאי בטל. לכן התוצאה ההלכתית היא שהאישה מקודשת לו והוא חייב לה שאר כסות ועונה. זהו היישוב של ר״י לקושיית התוס׳.

מכיון ששיטת ר״ת היא בעייתית, והמפרשים הרבו להקשות עליה (חלק מהקושיות הללו הוזכרו למעלה), אנו נדון מכאן והלאה בתמונה שנוצרת לגבי תנאים לפי שיטת ר״י.

לא אתי דיבור ומבטל מעשה[84]

העיקרון אותו הבאנו למעלה קובע קטגורית שדיבור אינו יכול לבטל מעשה. ניתן לפרש אותו לפחות בשתי צורות, מהן נגזרות שתי הבנות שונות ליישומו לגבי תנאים.

בשו״ת רעק״א (סי׳ מח) הביא בשם ה**שטמ״ק** (נזיר יא ע״א), שבמקרה בו נזיר מתנה על נזירות אין צורך למשפטי התנאים. הסיבה לכך היא שנזירות מוחלת באמצעות דיבור, ולעקירת דיבור די לנו בדיבור רגיל. משפטי התנאי נדרשים רק כאשר אנו רוצים שהדיבור יעקור מעשה. לכאורה זוהי מסקנה מתבקשת מן ההסבר לדעת ר״י שהובא לעיל.

ר׳ אלחנן וסרמן, בספרו **קו״ש**[85] מקשה על דברי רעק״א וה**שטמ״ק** הללו את הקושיא הבאה: לאחר שהנזירות חלה, זה כבר אינו נחשב כדיבור, אלא כמעשה. ניתן לעקור את דיבור הנזירות כדיבור כל עוד הוא לא פעל את פעולתו. אולם לאחר שהוא החיל את חלות הנזירות יש בפנינו מציאות ממשית של חלות נדר על החפץ או האדם. בכדי לעקור מציאות כזו לכאורה לא יכול להועיל דיבור גרידא, שהרי דיבור אינו יכול לעקור מעשה (או לשנות מציאות). אם כן, גם בעניין נזירות, בכדי שתנאי יועיל לעקור נזירות היה עלינו לדרוש להתנות אותו לפי משפטי התנאים.

סברת בעל ה**קו״ש** היא שכאשר אנו אומרים ׳לא אתי דיבור ומבטל מעשה׳, כוונתנו במונח ׳מעשה׳ אינה לאופן היצירה של הדבר אלא למה שנוצר. לכן נדר, על אף שהוא מוחל בדיבור, נחשב אצלו כמעשה, ולא די בדיבור רגיל

---

[84] ראה במאמר **מידה טובה** לפרשת מטות, תשסה.

[85] ח״א, כתובות, אות קסח ואילך.

כדי לעקור אותו. לשיטתו, דיבור לא יכול לבטל תוצאה שכבר קיימת במציאות, ללא תלות בשאלה האם התוצאה הזו נוצרה באמצעות דיבור או מעשה. לעומת זאת, רעק"א וה**שטמ"ק** כנראה סוברים שהמונח 'מעשה' בהקשר זה נוגע לאופן היווצרותה של התוצאה, ולא לאופייה. אם יש תוצאה שנוצרה באמצעות דיבור, יכול לבוא דיבור אחר ולעקור אותה גם כאשר היא כבר קיימת.[86] כמו שהדיבור החיל את התוצאה הזו הוא יכול גם לעקור אותה.

לכאורה הבנתו של רא"ו נראית מובנת יותר. הכלל 'לא אתי דיבור ומבטל מעשה' פירושו שלא ניתן למחוק מציאות קיימת באמצעות דיבור גרידא. יש שייתלו זאת בכך שדיבור אין בו גמירות דעת מספיקה כדי לשנות מצב מציאותי, ויש שייתלו זאת בעניין מטפיסי: החלות כבר קיימת בעולם, ודיבור לא יכול לעקור מציאות קיימת.[87]

אך שיטת ה**שטמ"ק** טעונה ביאור. מדוע זה חשוב שהמציאות הזו נוצרה באמצעות מעשה ולא באמצעות דיבור? למה אופן ההיווצרות חשוב אחרי שהמציאות שנוצרה כבר קיימת בעולם? כיצד לדעתם דיבור יכול לשנות מציאות?

ניתן להסביר זאת בשתי דרכים:

1. ה**שטמ"ק** סובר שביטול של חלות כלשהי אינו פועל ישירות על החלות הקיימת אלא מנטרל למפרע את ההיווצרות שלה. לשון אחר: לא ניתן לבטל חלויות קיימות (לא באמצעות דיבור וגם לא באמצעות מעשה), אלא לכל היותר לבטל למפרע את הדבר שיצר אותן ואז הן בטלות ממילא. לכן האופן שבו מבטלים תלוי במנגנון שיצר את החלות המתבטלת (=דיבור, או מעשה).

---

[86] במאמר הנ"ל הוסבר שהמחלוקת ביניהם עוסקת בסברא האם קל יותר למנוע מצב כלשהו מאשר לעקור אותו כשהוא כבר קיים. זה כמובן אינו סותר לדברינו כאן.

[87] אמנם קצת יש להעיר מכך שהדיבור יכול ליצור חלות, וגם זה הוא שינוי מציאות שנעשה באמצעות דיבור. ויש לחלק בין יצירת מציאות לבין מחיקת משהו מן המציאות (ראה במאמר הנ"ל).

לפי ראי״ו מנגנון התנאי שהגדיר ר״י פועל ישירות על החלות הקיימת, ולפי רעק״א וה**שטמ״ק** הוא פועל על המכניזם שיצר אותה (לדוגמא, הוא מבטל את מעשה הקידושין ולא את התוצאה, כלומר חלות הקידושין של האישה). התמונה המתקבלת לפי ה**שטמ״ק** היא שכאשר אדם מחיל חלות כלשהי על חפץ או אדם, החלות רובצת על החפץ או האדם ביחד עם מנגנון ההיווצרות שכל העת פועל ומחיל אותה. ברגע שננטרל את המכניזם היוצר תתבטל ממילא גם החלות.

2. אפשרות נוספת היא שדיבור אכן יכול לשנות מציאות. כמו שהדיבור החיל את הנדר, שגם זה שינוי מציאות, הוא יכול לעקור אותו. מציאויות כאלה שניתן להחיל אותן בדיבור, ניתן גם לעקור אותן בדיבור.

לגבי תנאי ראינו שלפי ר״י הדיבור אינו יכול לעקור מעשה, אלא אם הוא מנוסח כדיבור של תנאי (עם משפטי התנאים). הקו״ש יסבור שהדיבור הרגיל אינו יכול לעקור את החלות. אבל ה**שטמ״ק** ורעק״א חולקים עליו. הם סוברים שהדיבור אינו יכול לעקור את הפעולה שהחילה את החלות (מעשה הגירושין/הקידושין). אפשרות נוספת היא שהם לא יכולים לעקור את החלות שנוצרה על ידי פעולה מעשית. נקודת ההבדל הוא בשאלה האם העקירה עוסקת במנגנון שהחיל את החלות או בחלות עצמה.

פרק שמיני

המכניזמים של התנאי: לעצם הבעייתיות

מבוא

בפרקים הבאים נמשיך להציג מודלים שונים עבור המכניזם של התנאי. אך
נקדים את הבפרק הזה, בו ניכנס לתיאור ואפיון המכניזמים השונים של
התנאי עצמם. כבר פגשנו את ההבחנה בין תנאי עוקר לבין תנאי מתלה,
ועמדנו גם על ההבחנה בין תנאי 'אם' לבין תנאי 'מעכשיו'. בפרק זה נבחן את
השאלה האם יש קשר ביניהם. בפרקים הבאים נגיע מכאן לכמה אפשרויות
שעולות במפרשים להבין את המכניזם המשפטי של התנאי. כפי שנראה, כל
אפשרות כזו מתארת אחרת את היחס בין התנאי לבין המעשה.

תנאי עוקר ותנאי מתלה

בפרק הקודם תיארנו את אופן פעולת התנאי לפי ר״י. כפי שראינו, ר״י
מסביר שתנאים בהלכה בנויים על דיבור שמטרתו לעקור מעשה, ומכיון שכך
על הדיבור להיות מנוסח לפי דרישות משפטי התנאים. דיבור רגיל אינו יכול
לעקור מעשה. משמעותה של התמונה אותה מציג ר״י מתבהרת יותר לאור
ההבחנה המשפטית אותה כבר הזכרנו למעלה בין תנאי מתלה לתנאי עוקר.
ההבנה הפשוטה בעניין התנאי היא שאדם שמתנה תנאי למעשה מחיל חלות
מסוייגת (או משויירת): אם יתקיים התנאי הוא מחיל את החלות, ואם לאו
– אז לא. לפי הבנה זו, התנאי הוא תנאי מתלה, כלומר תנאי שהחלות תלויה
בו, ואם הוא לא מתקיים החלות לא חלה. לפי הבנה זו, התנאי בשום מקרה
אינו עוקר מעשה שחל. אם הוא לא מתקיים אז החלות אינה מתאפשרת
מלכתחילה. זהו המכניזם של תנאי מתלה. לפי הבנה זו בתנאים הקשו
התוס׳ את קושייתם, וההסבר של ר״ת עדיין מאמץ אותה גם למסקנה.
אך ר״י סובר שלא זו ההבנה בעניין תנאים. לדעתו התנאי ההלכתי הוא
עוקר, ולא מתלה. כלומר אדם שמתנה תנאי מחיל את המעשה בכל אופן

(כנראה מפני שהוא סובר שאי אפשר להחיל חלות מסופקת מלכתחילה). אבל אותו אדם גם רוצה שאת החלת החלות ילווה מנגנון הלכתי שיוכל לעקור את החלות שנוצרה, במקרה שהתנאי לא יתקיים. לדוגמא, אם אדם רוצה לקדש אישה ולא להתחייב בעונה, הוא לא יכול לקדש אותה בלי חיובי עונה (כי אין בהלכה קידושין כאלה). הוא גם לא יכול לקדש אותה רק על צד שלא יהיו חיובי עונה, כי בלתי אפשרי לקדש על צד ספק. מה שהוא יכול לעשות כדי לממש את רצונו הוא רק לקדש אותה קידושין גמורים, אבל ביחד עם הקידושין עליו ליצור דיבור תנאי שיעקור את הקידושין באם הוא יתחייב מכוחם בעונה. זוהי התפיסה של תנאי עוקר.

נכון שלפי הסבר זה יוצא שהחלות נותרת בעינה נגד רצונו של המחיל, אך בכל מקרה זוהי תוצאה הכרחית משיטתו של ר״י (ועל כך גופא חלק ר״ת), יהא ההסבר אשר יהא. לפי דרכנו ההסבר שמציע לכך ר״י לכך הוא שכל אדם שמתנה תנאי על החלת חלות חייב להחיל אותה בכל אופן, ורק אחר כך לעקור אותה על ידי מנגנון התנאי (תנאי עוקר). הוא לא יכול להחיל אותה על צד אחד (בתנאי מתלה). לכן אדם שהתנה תנאי החיל את החלות בכל אופן (גם על צד שהאישה לא תוותר לו על שאר כסות ועונה), וזוהי סיבה לכך שכעת הוא 'תקוע' עם החלות הזו על אף שהוא אינו רוצה בה.

משמעות הדברים היא שהמחלוקת בין ר״י לבין ר״ת היא בשאלה האם התנאים הם עוקרים או מתלים.

הערה: האם תנאי 'מעכשיו' הוא עוקר או מתלה?[88]

עד כאן עסקנו בהבחנה בין תנאי עוקר לבין תנאי מתלה, וראינו שר״י ור״ת נחלקים בשאלה כיצד להבין את התנאים בהלכה, כעוקרים או כמתלים. ראינו שלפי שיטת ר״י הדרישה למשפטי התנאי נובעת מכך שהתנאי הוא עוקר ולא מתלה. האם הבחנה זו קשורה להבחנה בין תנאי 'מעכשיו' לתנאי 'אם'?

---

[88] לדיון מפורט יותר בתנאי עוקר או מתלה בהקשר המשפטי, ראה בחלק החמישי.

לכאורה תנאי 'אם' הוא תנאי מתלה ותנאי 'מעכשיו' הוא תנאי עוקר. בתנאי 'מעכשיו' החלות חלה מרגע זה, ולכן היא כבר קיימת בשעה שמגיע רגע קיום או אי קיום התנאי. לכן אי קיומו של תנאי 'מעכשיו' לכל היותר יכול לעקור את החלות, אבל הוא לא מתלה את עצם קיומה. לעומת זאת, בתנאי 'אם' החלות חלה מרגע קיום התנאי, כלומר אם התנאי לא מתקיים היא כלל לא חלה מלכתחילה (ולא שאי קיום התנאי עוקר אותה). ואם התנאי כן מתקיים – היא מתחילה לחול. אם כן, תנאי 'אם' נראה כמו תנאי מתלה.

המסקנה עד כאן היא שלכאורה תנאי 'אם' הוא מתלה ותנאי 'מעכשיו' הוא עוקר. אולם דווקא לאור המסקנה הזו מתעורר קושי לא פשוט: התנאי שעוקר את המעשה פועל אחורה בזמן. ברור לגמרי לכל השיטות שאם תנאי של 'מעכשיו' לא התקיים, החלות כלל לא חלה. כלומר החלות נעקרת על ידי תנאי כזה, אבל היא נעקרת למפרע. כיצד ייתכן שתנאי עוקר פועל אחורה בזמן? הרי אי קיום התנאי הוא הסיבה שמחוללת את עקירת התנאי, וכאן הסיבה מופיעה בזמן שהוא מאוחר להופעת המסובב (=עקירת התנאי). אי קיום התנאי ביום ב' עוקר את החלות שהוחלה ביום א' למפרע, כאילו היא מעולם לא חלה.

הדיון בנקודה זו מחזיר אותנו לחלוקה אותה הצגנו בפרק הרביעי של החלק הראשון. שם ראינו שיש כמה מכניזמים של היפוך זמן: שלושת ההיפוכים הראשונים אינם היפוכים אמיתיים, אלא או חשיפת מידע שהיה קיים בעבר, או מידע שנוצר בזמן כלשהו ומגדיר נמען בפעולה שנעשתה בעבר. רק המכניזם הרביעי שהוצג שם הוא היפוך אמיתי של ציר הזמן, שכן רק הוא מדבר על סיבה שמחוללת מסובב שחל החל מרגע כלשהו בעבר.

במונחים אלו, ההסבר הרווח למכניזם של תנאי 'מעכשיו' הוא שהאירוע העתידי (=התנאי) מברר למפרע מה היתה המציאות בעבר. הוא רק חושף בפנינו מידע שנעלם מאיתנו עד עתה, אבל אין כאן השפעה סיבתית מהעתיד לעבר. לדוגמא, אם אדם מגרש את אישתו ביום א' בתנאי שהיא תיתן לו מחר 100 זוז, מעשה גירושין הוא מתן הגט, וזה נעשה ביום א'. ישנו תנאי שמאפשר לגירושין לחול, והוא אירוע שמתרחש (או לא) ביום ב'. אם האישה

נתנה לו 100 זוז ביום ב', זה גילה למפרע שהמעשה שנעשה ביום א' היה מעשה גירושין. מתן המעות אינו מחולל את הגירושין אלא רק מגלה לנו על טיבו של מעשה נתינת הגט.

ניתן להבין זאת בכל אחת משלוש הצורות הראשונות שהוצגו בפרק הרביעי. או שהמידע הזה כבר היה קיים (לפי התפיסה הדטרמיניסטית, שהכל כבר נעוץ בהווה), וביום ב' הוא רק מתגלה לנו. או שהמידע באמת לא קיים (בפרט אם אנו עוסקים במעשה כמו נתינת מעות שהוא תוצאה של בחירה אנושית), אבל היווצרותו ביום ב' אינה מחוללת את הגירושין אלא רק מגלה את העובדה שהם כבר נעשו ביום א'. דבר אחד נראה ברור לרוב המפרשים, והוא שהאירוע העתידי, כלומר מתן המעות ביום ב', אינו יכול לחולל את הגירושין החל מיום א'. זוהי סיבתיות הפוכה בזמן (המכניזם הרביעי), וזה בלתי אפשרי.

אלא שתמונה זו מעוררת קושי. אם אכן תנאי 'מעכשיו' הוא תנאי שרק מגלה מידע ולא מחולל את התוצאה, אזי הוא אינו תנאי עוקר אלא תנאי מתלה (אם בכלל. ואולי אפילו זה לא). יוצא לנו שגם תנאי 'מעכשיו' וגם תנאי 'אם' הם מתלים ולא עוקרים. אלא שאם זה כך, אז כיצד נסביר את הדרישה למשפטי התנאי? הרי ראינו שמשפטי התנאי נחוצים כדי שיהיה לדיבור כוח לעקור את המעשה, כלומר רק בתנאי עוקר. אך אם כל סוגי התנאים הם מתלים ולא עוקרים, היכן ומדוע נדרשים משפטי התנאי?

להלן נראה כמה וכמה ראיות לכך, שלפחות לשיטתם של כמה מהראשונים המרכזיים המכניזם של תנאי הוא דווקא הרביעי, כלומר סיבתיות מהופכת שבה הסיבה פועלת בעתיד ויוצרת מסובב שחל כבר בעבר.

בעייה בשיטת הרמב"ם

ראינו שלפי ר"י הדרישה למשפטי התנאי מבטאת את האופי של התנאי כעוקר ולא כמקיים. כדי שיהיה לדיבור כוח לעקור את המעשה, עלינו לנסח אותו לפי הנחיות התורה. אם לא עשינו זאת, הוא נותר דיבור רגיל, ללא כוח לעקור את המעשה.

עוד ראינו למעלה שבשיטת הרמב״ם משפטי התנאים נדרשים אך ורק בתנאי של 'אם', ולא בתנאי של 'מעכשיו'. לאור דברינו בביאור שיטת ר״י, ההבחנה בין שני המקרים הללו טעונה ביאור.

כפי שהזכרנו, ההבנה הפשוטה היא שבתנאי של 'מעכשיו' החלות חלה מיידית, ואי קיום התנאי מבטל את החלות הקיימת למפרע. כלומר שתנאי 'מעכשיו' הוא עוקר ולא מתלה. לעומת זאת, ההבנה הפשוטה בתנאי של 'אם' היא שברגע ההתנייה החלות אינה קיימת כלל, וקיום התנאי הוא שמחיל את החלות מכאן (=מרגע קיום התנאי) ולהבא. כלומר תנאי 'אם' הוא מתלה ולא עוקר.

נשאל את עצמנו כעת, היכן סביר יותר שיידרשו משפטי התנאים לפי ר״י? לכאורה דווקא בתנאי של 'מעכשיו', שהרי בהתנייה כזו אי קיום התנאי צריך לבטל חלות קיימת (זהו תנאי עוקר). לעומת זאת, בתנאי של 'אם' כלל לא נדרש ביטול של חלות קיימת, אלא רק מניעת ההחלה שלה מלכתחילה (זהו תנאי מתלה).

וגם אם צודקים דברינו למעלה, שתנאי 'מעכשיו' הוא תנאי מתלה ולא תנאי עוקר, זה יסביר רק את טענת הרמב״ם שבתנאי 'מעכשיו' לא נדרשים משפטי התנאי. אבל עדיין לא ברור מדוע בתנאי 'אם', שהוא ודאי תנאי מתלה, הם כן נדרשים?

התייחסויות הראשונים

המ״מ בהל' אישות פ״ו הי״ח, מתייחס לשאלה מדוע דווקא בתנאי 'אם' דרושים משפטי התנאי, וכותב כך:

> ***כיצד האומר לאשה וכו'. ביאור רבינו בציור הענין ונראה מדבריו שהטעם שבמעכשיו ובעל מנת אינו צריך לדברים אלו הוא מפני שהמעשה חל מעכשיו ויתקיים התנאי אבל באם שאין המעשה חל עד שהתנאי יתקיים והתנאי בא לבטל המעשה שלא יחול עכשיו ולפיכך צריך חזוק יותר וכיוצא בזה הטעם כתב הר״א ז״ל בפירושיו לדעת הגאונים ז״ל:***

הוא מסביר שתנאי שבא לבטל את המעשה שלא יחול דורש יותר כוח, ולכן דווקא בו דרושים משפטי התנאי. הוא מביא שכך גם כתב הראב״ד בדעת הגאונים. כפי שראינו הדברים תמוהים מאד, שכן הסברא אומרת בדיוק את ההיפך.

ואכן הר״ן על סוגיית גיטין עה ע״א (לז ע״א בדפי הרי״ף), הביא את ההסבר הזה של הראב״ד בדעת הגאונים:

> ***והראב״ד ז״ל נותן טעם לדבריהם ואומר דתנאי על מנת או של מעכשיו כיון דמהשתא חייל מעשה [בתנאי הוא דחייל] דהשתא מתנה עמו אבל על תנאי דאם כיון שהתנאי בא לבטל המעשה שלא יחול מעתה אין [בו] כח לבטל המעשה אלא א״כ כפל אותו.***

וכעת הוא מקשה עליו:

> ***אבל אין שיטה זו מחוורת...דאפילו ס״ל [לר״מ] דכל האומר ע״מ כאומר מעכשיו דמי בעי נמי כל חזוקי התנאין ואי לא אינו מבטל המעשה וק״ו הדברים השתא אפילו במעשה שאינו חל מעכשיו דלא אלים סבירא ליה לר״מ שאין תנאי מבטלו אלא א״כ נתחזק התנאי בכל חיזוקי תנאין כ״ש במעשה שהוא מעכשיו דאלים שאין תנאי מבטלו אלא אם כן נתחזק התנאי כהלכתו.***

הוא אומר שמסברא נראה שאם בתנאי ׳אם׳ דרושים משפטי התנאי לחיזוק (כמו שראינו לעיל בדעת ר״י), אז קו״ח שהם נדרשים בתנאי ׳מעכשיו׳ שכבר חל והדיבור בא לעקור אותו. לא לאפשר למעשה לחול אמור להיות קל יותר מאשר לעקור מעשה שכבר חל. וזה בדיוק מה שהקשינו לעיל.

פרק תשיעי
מודל שני עבור המכניזם של התנאי: רש"פ

מבוא

בפרק הקודם ראינו את המכניזם של התנאי כפי שהבינו האחרונים (כמו הקו"ש) בדעת ר"י. בפרק זה נציג מודל נוסף עבור המכניזם של התנאי, כפי שהוא מוצע בספר **בית ישי**, לר' שלמה פישר (=רש"פ), בסימן ל"ה.

המודל של בעל 'בית ישי'

הרש"פ, דן בדיני התנאי, ומציע מודל עבור המכניזם של התנאי. הוא מביא את שיטת הראב"ד, ומדייק בלשונו (שהובאה בסוף הפרק הקודם), שכתב: "אבל על תנאי ד'אם' כיון שהתנאי בא לבטל המעשה שלא יחול מעתה...". רואים שטענת הראב"ד היא שמטרתו של תנאי 'אם' אינה להחיל את החלות בעתיד, כפי שנהוג לחשוב, אלא למנוע ממנה מלחול מיידית ברגע המעשה (כלומר להשהות את החלות עד לקיום התנאי). סימן ל"ה ב**בית ישי** מוקדש להסבר משמעותו של המכניזם הזה.

הוא מביא את דברי ר"י, שמסביר שלולא דין התורה לא היה כוח לאדם להתנות תנאים, ותמה עליו: כיצד ייתכן שאדם ייאלץ להחיל חלות שהוא עצמו אינו מעוניין בה (כמו אישות עם חיוב שאר כסות ועונה, כאשר הוא רוצה באישות רק אם הוא נפטר משאר כסות ועונה). טענתו היא שר"י לא ענה על הקושי שהוא עצמו ניסה לענות עליו (ראה לעיל שהסברנו זאת). הוא כותב שבדיוק מסיבה זו הגאונים חלקו על ר"י, ולדעתם גם בלי חידוש התורה ניתן לעשות זאת. ולכן לדעתם בתנאי 'מעכשיו' לא צריך תנאי כפול, שכן יסודו אינו בחידוש שנלמד מתנאי בני גד וראובן, אלא הוא ברור מאליו בסברא.

אז מדוע בתנאי 'אם' כן נדרשים משפטי התנאי? שם ישנה בעייה אחרת. טענתו היא שבכל מעשה שיוצר חלות, עליה להיווצר מיידית. אין אפשרות

להשהות את יצירת החלות לזמן מאוחר יותר. לדוגמא, אדם קידש אישה בכך שנתן לה פרוטה ביום א׳ בתנאי ׳אם׳ שתיתן לו 200 זוז עד יום ד׳. היא נתנה לו אותם ביום ד׳, ובכך התקדשה לו מיום ד׳ והלאה. במקרה זה מעשה הקידושין (=מתן כסף הקידושין) נעשה ביום א׳ והסתיים כבר, ולכן חלות הקידושין גם היא חייבת להיווצר מיידית. אין דרך להשהות את היווצרות החלות לזמן מאוחר יותר. זה מה שמכונה בראשונים ובפוסקים ׳כלתה קניינו׳.[89] משמעות הכלל הזה היא שהחלות אינה יכולה לצוץ יש מאין שבוע אחרי שנעשה המעשה שיוצר אותה.

כל זאת אם החפץ כבר מצוי בעולם. כאשר אנחנו עוסקים בדבר שלא בא לעולם, להלכה אי אפשר להקנות אותו בכלל. אבל לדעת ר״מ שאפשר להקנות דבר שלא בא לעולם, נוצר שם מצב שאדם עושה מעשה קניין, ולכן הוא יוצר מיידית חלות בעלות, אבל החלות הזו אינה חלה על החפץ שכן החפץ עדיין אינו בעולם. החלות הזו מושהה עד לידתו של החפץ, ועד אז היא כביכול ׳מרחפת׳ באויר. בשעה שהחפץ נולד היא ׳נוחתת׳ עליו והוא הופך להיות קניינו של הקונה. הרשב״א בקידושין סג ע״א כותב שבמקרה זה הקניין חל מייד, והמקנה אינו יכול לחזור בו כבר מרגע מעשה הקניין, על אף שהחפץ עדיין לא קנוי לקונה. האחרונים[90] מסבירים שהסיבה לכך היא שמעשה הקניין כבר נחלט, אע״פ שהוא עדיין לא חל על החפץ. בניסוח אחר נאמר שחלות הקניין כבר נוצרה, אבל היא עוד לא ׳נחתה׳ על החפץ. הם מוסיפים שאם החפץ כן קיים בעולם, אין אפשרות לעשות זאת. החלות שנוצרה ׳תנחת׳ עליו מיידית, ואי אפשר להשהות זאת. רק אי קיום של החפץ בעולם יכול למנוע ׳נחיתה׳ זו.

מה קורה במקרה של התניית ׳אם׳? מדובר ברצון להשהות חלות שנוצרת כעת, ולא לאפשר לה ׳לנחות׳ על חפץ שכבר קיים בעולם. בדוגמא של קידושי תנאי, האישה נמצאת בעולם, ולכן משעה שחלות הקידושין נוצרה (כלומר

---

[89] ראה כתובות פב ע״א, וביאור בשו״ת **הר צבי** ח״ב סי׳ נא סק״ג ויו״ד סי׳ קלח ד״ה ׳ובעצם׳, ובשו״ת **מנחת שלמה** ח״א סי׳ נה ד״ה ׳כמו כן׳, ותניינא סי׳ קח, ד״ה ׳גם נראה׳, **ובית ישי** שם ובסי׳ סג ועוד.

[90] ראה **שערי ישר** ש״ה פכ״ב, **וחזו״א** אבהע״ז סי׳ עא סקכ״ז.

משעת מעשה הקידושין) היא בהכרח צריכה ׳לנחות׳ מיידית על האישה ולהחיל עליה כבר אז את הקידושין.[91]

זוהי הבעייה עמה מתמודד תנאי ׳אם׳: כיצד ניתן להשהות את נחיתת החלות שכבר נוצרה, במצב בו החפץ כבר קיים בעולם.

מדוע זה רק בתנאי ׳אם׳? בתנאי ׳מעכשיו׳ אין כל בעייה, שהרי החלות נוצרת מיידית, אלא שאם לא מתקיים התנאי היא נעלמת. ר״י רואה את הדבר כעקירה של החלות, ולכן דורש את משפטי התנאי (כדי שהדיבור יוכל לעקור את המעשה). אבל הגאונים חולקים עליו, ולפי הסבר הרש״פ הם כנראה לא רואים זאת כעקירה אלא כגילוי מילתא בעלמא. אם התנאי לא התקיים, אזי הוברר למפרע שהוא לא מעוניין להחיל את החלות הזו, וממילא מעולם לא היה כאן מעשה קידושין (שהרי הנחתם היא שלא ייתכן שאדם ייאלץ להחיל חלות שהוא לא מעוניין בה).

מהסבר זה נראה שבתנאי ׳מעכשיו׳ אם הוא התנה על מה שכתוב בתורה או שלא כפל את תנאו, עדיין התנאי חל (כי לא דרושים משפטי התנאי). ולכן אם התנאי לא מתקיים המעשה מתבטל (ולא אומרים בזה שהתנאי בטל והמעשה קיים, כמו בתנאי ׳אם׳ שהותנה לא לפי משפטי התנאים). לא ברור כיצד ניתן להסביר כך את סוגיית כתובות לגבי התנייה שאין שאר כסות ועונה, ששם מעשה הקידושין קיים והתנאי בטל (הרי את זה בא ר״י להסביר)?

הרש״פ עצמו (עמ׳ קמז) מסביר שלגבי מתנה על מה שכתוב בתורה, שם היינו אומרים שהתנאי חל, לולא תנאי בני גד וראובן, וכן שם אם התנה כן – המעשה קיים והתנאי בטל. ולא הבנו את דבריו, עדיין לא ברור מדוע התנאי

[91] יש להעיר על דבריו, ממה שכתב הרמב״ם בפ״ט מהל׳ גירושין ה״א:
המגרש את אשתו לאחר זמן קבוע הרי זו מגורשת כשיגיע הזמן שקבע, והרי זה דומה לתנאי ואינו תנאי, דומה לתנאי שהיא מתגרשת כשיגיע הזמן שקבע, ואינו תנאי שהמגרש על תנאי הרי גירש וזה עדיין לא גירש עד שיגיע אותו זמן, לפיכך המגרש על תנאי צריך לכפול תנאו וזה אינו צריך לכפול דברו ולא לשאר משפטי התנאין שבארנו.
נראה בעליל שניתן להשהות חלות. ואולי כאן האדם משהה את עצם היווצרות החלות ולא את נחיתתה על האישה. אלא שגם זה בעייתי, שהרי ׳כלתה קניינו׳. נכון הוא שרואים ברמב״ם כאן שבתנאי החלות נוצרת מייד ומושהית, כפי שהסביר הרש״פ.

בטל ומעשה קיים נגד רצונו? אולי אפשר שהגאונים יסבירו זאת בכיוון של ר״ת (כלומר שיש לנו אומדנא שהמתנה לא התכוין ברצינות להתנות תנאי כזה).

אנו שבים כעת לתנאי 'אם'. כיצד בכל זאת המתנה מצליח להשהות את 'נחיתתי' החלות על החפץ עד שמתקיים התנאי? וכיצד אי קיום התנאי מבטל את החלות שנוצרה? הרש״פ מסביר שהתנאי יוצר גורם כלשהו (='כוח משחית', בלשונו), שבעת שהתנאי לא התקיים הוא משמיד את החלות שנוצרה. ההשמדה הזו אפשרית אך ורק כל עוד החלות 'מרחפת'. לאחר שהיא נחתה על החפץ כבר לא ניתן להשמיד אותה.

כלומר התנאי יוצר סוג של יישות שמלווה את החלות, ועושה שני דברים: היא מונעת מהחלות 'לנחות' על החפץ עד רגע קיום או ביטול התנאי, והיא משמידה את החלות אם לא התקיים התנאי. האדם שמתנה תנאי 'אם' יוצר חלות ויחד עמה את הכוח המשחית. הרש״פ מסביר שזוהי גם כוונת הראב״ד, שלשונו הובאה למעלה, שכתב שתנאי 'אם' לא נותן לחלות לחול מעכשיו.

הראב״ד סובר שתנאי 'אם' אינו תנאי מתלה לחלות עצמה, כפי שבדרך כלל מבינים אותו, שהרי החלות כבר קיימת מרגע המעשה. זהו דווקא תנאי עוקר, שכן הוא משמיד את החלות אם לא התקיים התנאי. לכן דרושים כאן משפטי התנאי, ולכן אם הוא לא התנה כראוי, החלות חלה והתנאי בטל.

לעומת זאת, בתנאי של 'מעכשיו', אי קיום התנאי מונע את עצם היווצרות החלות, שהרי על דעת זו הוא כלל לא החיל אותה. לכן לא נדרשים כאן משפטי התנאי. בתנאי 'מעכשיו' הדיבור אינו עוקר מציאות קיימת, אלא מונע את היווצרותה.

בשורה התחתונה, שיטת הגאונים והרמב״ם והראב״ד לפי הסבר הרש״פ היא שתנאי 'מעכשיו' אינו אלא החלה מסוייגת של החלות. אם לא התקיים התנאי החלות מעולם לא נוצרה, כי הוברר שהוא מעולם לא רצה בה. לכן האירוע העתידי אינו משפיע על העבר, אלא לכל היותר מגלה לנו מידע (שאולי לא היה קיים, ואז מדובר בהיפוך הזמני מהסוג השלישי, כפי

שהגדרנו למעלה בפרק ד׳). ואילו תנאי ׳אם׳ כן מכיל מכניזם סיבתי, אבל גם הוא לא פועל אחורה בציר הזמן. אין כאן מצב שסיבה מחוללת משהו בזמן שקודם לה עצמה. ההשמדה היא של חלות שכבר קיימת מכאן והלאה. לגבי החפץ, היא מעולם לא ׳נחתה׳ עליו, ולכן הסטטוס שלו גם אינו משתנה, לא למפרע וגם לא מכאן ולהבא.

תוספת הסבר לתמונה הקודמת

ראינו למעלה את מחלוקת רעק״א ו**הקו״ש** לגבי ׳לא אתי דיבור ומבטל מעשה׳. המחלוקת נסובה על השאלה האם הדיבור מבטל את התוצאה את המעשה שהחיל אותה. לאור הדברים הללו נוכל אולי להבין את שיטת הרמב״ם באופן אחר (ואולי זהו אותו הסבר כמו בסעיף הקודם אלא שמהיבט אחר).

בתנאי ׳אם׳, החלות נוצרת בכל רגע על ידי המעשה, ויש כאן המשכה של המעשה לכל משך הזמן עד קיום או ביטול התנאי. כאשר התנאי לא מתקיים – דיבור התנאי מבטל את המנגנון שיוצר את המעשה, והחלות נעלמת. כדי לעשות זאת, נדרש דיבור על פי משפטי התנאי, שכן בלעדיו זהו דיבור רגיל, ולדיבור רגיל אין כוח לעקור מעשה שהחיל תוצאה. לעום זאת, כאשר התנאי כן מתקיים – החלות נוחתת על החפץ. זוהי כמובן רק תוספת הסבר למכניזם אותו הציע הרש״פ.

לעומת זאת, בתנאי ׳מעכשיו׳ ההסבר הוא בדומה למה שהצענו בסעיף הקודם: הדיבור רק מונע את היווצרות החלות ולכן הוא לא צריך לפגוע במכניזם שיוצר אותה. במצב כזה די לנו בדיבור גרידא, ולכן לא נדרשים כאן משפטי התנאים.

סיכום ביניים

אמנם את שיטת ר״י הרש״פ כלל לא הסביר. להיפך, הוא תמה עליה וכתב שאין סברא שאדם ייאלץ להחיל חלויות שהוא עצמו אינו מעוניין בהן. כפי שראינו, גם הר״ן הקשה על דברי הראב״ד ונראה שגם הוא אינו רואה את

141

הדברים כפי שהציגם הרש"פ. אם כן, התמונה שהציג הרש"פ משקפת את
דעת הרמב"ם והראב"ד והגאונים (ואולי גם ר"ת). אך לפי שיטות הר"ן ור"י
(כמו גם ראשונים נוספים), תנאי 'מעכשיו' הוא אכן תנאי עוקר, ולא תנאי
מתלה. את ההסבר לכך ראינו למעלה: החלות חלה בכל מקרה, וביטול
התנאי עוקר אותה.

אם כן, עד כאן ראינו שתי תמונות של עולם התנאים: הר"י רואה את תנאי
'מעכשיו' כתנאי עוקר, ותנאי 'אם' הוא כנראה תנאי מתלה. נראה שלדעתו
משפטי התנאי דרושים רק בתנאי 'מעכשיו', שכן רק בו דיבור התנאי נדרש
לעקור מעשה. בתנאי 'אם' שהוא תנאי מתלה, הדיבור אינו עוקר מאומה,
ולכן לא נדרשים משפטי התנאים. לעומת זאת, דעת הגאונים והרמב"ם כפי
שהסביר אותם הרש"פ היא שדווקא תנאי 'אם' הוא תנאי עוקר, שכן התנאי
משמיד את החלות המרחפת. לכן דווקא בתנאי 'אם' נדרשים משפטי התנאי.
לעומת זאת, בתנאי 'מעכשיו' זהו רק גילוי מילתא, ולכן שם לא נדרשים
משפטי התנאים. תמונה שלישית עולה מדברי הרש"ש, וזו תוצג בפרק הבא.

פרק עשירי

מודל שלישי עבור המכניזם של התנאי: הרש״ש

מבוא

הרש״ש עוסק בדיני תנאים בכמה וכמה מקומות בכתביו. המקורות העיקריים הם בחידושיו על הסוגיות בתלמוד,[92], ובספרו **שערי ישר.**[93] ישנם הבדלים דקים בניסוח של המודל במקורות השונים, אבל אנחנו כאן בחרנו לנסות ולהציג מודל מאוחד על בסיס הקווים המשותפים שעולים בכל המקורות הללו, כלומר בכיוון אונטולוגי. אמנם בחידושיו על יבמות[94] הרש״ש מציג את התנאים באופן אפיסטמולוגי, ודבריו שם צ״ע.

הרפלכסיה של הרש״ש

הרש״ש פותח את סי׳ א׳ בכתובות[95] בקביעה שהוא מציע עבור התנאי תמונה שונה מהמקובלת. הוא טוען שעשיית התנאי אינה רק ׳גילוי מילתא׳, כלומר חשיפת מידע שלא היה ידוע לנו ששופכת אור על העבר, אלא התנאי הוא סיבה שמחוללת את החלות למפרע (זאת בניגוד לרש״פ, שאת תפיסתו הצגנו לעיל). בעצם הוא מציע אונטולוגיה במקום אפיסטמולוגיה. הוא מאריך בזה ובהשלכות[96] (בעיקר לגבי ההבחנות לעומת ברירה, שנדון בהן בחלק השלישי והרביעי). שם מופיעה הקביעה הזו בצורה הברורה והחדה ביותר.

מייד לאחר מכן, דווקא לאור החילוק הזה, הוא מעלה רפלכסיה לגבי מושג הסיבתיות:

---

[92] חדושי ר׳ שמעון שקאפ, לכתובות סי׳ א׳, בחידושיו לגיטין סי׳ ו׳ (=׳קונטרס התנאים׳)

[93] ש״ז פי״ח ועוד.

[94] סי׳ לב.

[95] ראה גם ב׳קונטרס התנאים׳, ד״ה ׳ולפי״ז יש מקום לבאר׳.

[96] ב**שערי ישר** ש״ז פי״ח.

דאף דבכל דוכתא לא מצינו שיהיה איזו סיבה פועלת בזמן הקדום,
מ״מ כיון שמצינו גם בדיני התורה בכה״ג שדברים של עכשיו
פועלים בעבר דהרי בשאלת נדרים ודאי דליכא למימר שהשאלה
לחכם מגלית שכבר היה כן והשאלה היא סמנא לגלות מה שכבר
היה כסמנים של ל׳ יום באדם וח׳ בבהמה. אלא דכן הוא דין
התורה שעשינו להחזיק דין אחר השאלה שמכבר הוא כאילו לא
היה נדר. אף שבאמת השאלה פועלת ע״ז והיא הסיבה העיקרית
שגורמת זה הדין. וכן מצינו בחליצת מעוברת שמה שהפילה אח״כ
גורמת הדין, וכן להיפך אם הולד בן קיימא גורם הדין לעניין קרבן
אם בא עליה קודם. וכן מצינו בשור תם לשיטת תוס׳ ב״ק ד׳ ל״ג
שההעמדה בדין גורמת למפרע. כ״כ נאמר בתנאים שאדם מתנה
דילפינן עניין זה מבגוב״ר (=בני גד ובני ראובן) דיש ביד אדם
לעשות כן שיהיה חלות הגט תלוי ועומד.

הרש״ש שם לב שיש כאן אמירה בעייתית גם ברמה הפילוסופית: אם אכן
התנאי הוא סיבה שפועלת את הדין ולא רק גילוי מילתא, כיצד ייתכן שסיבה
פועלת למפרע בציר הזמן? לשון אחר: בפרק הרביעי של ח״א הבחנו בין כמה
סוגי היפוך של ציר הזמן, ורק הרביעי היה היפוך סיבתי אמיתי. ההסברים
הרגילים לדין תנאי (כמו זה של הרש״פ) מבוססים על אחד משלושת
המכניזמים הראשונים (גילוי מילתא לסוגיו), אך הרש״ש מגדיר את התנאי
כהיפוך מהסוג הרביעי. לכן לאחר שהוא מגדיר כך את התנאי הוא שואל
כיצד הדבר ייתכן?

בתשובתו הוא מוכיח שבהלכה יש מכניזמים כאלה, ומביא דוגמאות מהתרת
נדרים[97], חיובי חצי נזק קנס, וחליצה וביאת מעוברת[98]. זה עדיין לא עונה על
הקושיא היסודית, כיצד תיתכן סיבתיות הפוכה, אבל יש כאן רפלכסיה
מודעת לבעייתיות של התמונה ההלכתית שהוא מציג.

---

[97] דוגמא זו הוזכרה לעיל בח״א, פרק רביעי.
[98] סוגיית יבמות לה ע״ב. ראה גם דבריו על כך בחידושי ר׳ שמעון יהודא הכהן ליבמות, סי׳ ל״ב.

המודל של הרש"ש

כעת עובר הרש"ש לתאר ביתר פירוט את המכניזם של התנאי, וכותב כך:

> ***ולפי"ז כשעשה תנאי בגט שני הצדדים תלוים ועומדים במקרה העתיד, והמקרה העתיד גורם הדין לכל צד משני הצדדים. אף דלכאורה איך אפשר שיהיה צריך סיבה לשני צדדים, וממ"נ אם צד הביטול צריך לסיבה שתבוא אח"נ ממילא צד השני א"צ? אכן כיון שצד הביטול הוא אפשר, ממילא גם צד הקיום תלוי ועומד. כיון דמעשה הגט אינה מספקת על דין חלות הגט אלא עם ההצטרפות שלא יהיה צד הביטול, משו"ה חשים גם צד הקיום של הגט כאילו***
> ***חסר עוד סיבה המקיימת.***

הוא טוען שיש כאן חלות תלויה ועומדת, על שני צדדיה. כלומר גם קיום התנאי מחולל את החלות, וגם ביטול התנאי מחולל את עקירת החלות. הוא עצמו מעיר שלכאורה זוהי קביעה תמוהה, שהרי אם החלות חלה מיידית, אז אי קיום התנאי צריך רק לעקור את החלות (תנאי עוקר). ואם החלות לא חלה מלכתחילה, אז קיום התנאי צריך רק להחיל אותה (תנאי מתלה). כיצד ייתכן שתנאי הוא גם עוקר וגם מתלה בו-זמנית? הוא מסביר שמכיון שצד הביטול תלוי ועומד, כלומר החלות אינה חלה אלא אם התנאי לא יבוטל, לכן גם הקיום נחשב כמותנה ועומד.

מייד לאחר מכן הוא מביא לכך ראיה, ממקרה בו ראובן נתן גט לאשתו על מנת שתיבעל לשמעון. ב**שו"ע**[99] נפסק הדין שבמקרה כזה לשמעון אסור לבעול אותה לכתחילה, אף שאם הוא בועל אותה זה הופך את הגירושין לתקפים, וממילא הבעילה היא בעילת היתר. ברור שכאן אין חשש שמא התנאי לא יקויים (שעשוי להוליך לאיסור דרבנן כלשהו), שהרי אם הוא

---

[99] אבהע"ז סי' קמג הי"ח, ומקורו בירושלמי, ראה שם בהגהות הגר"א.

145

בועל אותה היא מגורשת. אין מצב בו תהיה בעיה והיא לא תהיה מגורשת.
ובכל זאת משמע מהפוסקים שהאיסור לכתחילה הוא איסור דאורייתא.
השאלה היא מדוע יש איסור כזה? הרי ההנחה היא שבתנאי 'על מנת', שהוא
תנאי 'מעכשיו', הגירושין חלים כבר כעת. אלא שהם חלים רק אם הוא בעל
אותה (שאז התקיים התנאי). אם כן, מדוע לאסור עליו לבעול אותה, אם
המעשה הזה יגרום לו עצמו להיות מעשה מותר?
תשובתו של הרש"ש היא שכל עוד הוא לא בעל אותה יש כאן איסור, והיא
נחשבת אשת איש. לכן כשאותו אדם בא לבעול אותה הוא בועל אשת איש.
אמנם לאחר שהוא יבעל אותה, היא תהפוך להיות מותרת למפרע, כלומר
מותרת כבר מהרגע בו נעשה מעשה הגירושין, אבל זה קורה 'מכאן ולהבא
למפרע', כלשונו של הרש"ש.
כוונתו כאן להוכיח נגד תפיסת הרש"פ שהוצגה לעיל, שהיא התפיסה
המקובלת בתנאי 'מעכשיו'. הרש"פ טען שבתנאי מעכשיו מדובר על גילוי
מילתא, כלומר האירוע העתידי רק מאיר את המעשה שנעשה באור הנכון.
עד עתה לא ידענו מה טיבו של המעשה, ואירוע התנאי מסביר לנו מה הוא
היה. הוא חושף בפנינו מידע, אבל לא גורם באופן סיבתי שום דבר למפרע.
אלא שכפי שטוען הגרש"ש, לפי תפיסה זו לא ניתן להבין את הדין הנ"ל של
הירושלמי. הירושלמי, שנפסק להלכה גם בשו"ע, קובע שכל עוד היא לא
נבעלה היא אשת איש. משם מוכח בבירור שלא רק שעד הבעילה אנחנו לא
יודעים שהיא מותרת, אלא שלפני הבעילה היא באמת לא מותרת. לאחר
שהיא נבעלת לשמעון, הבעילה הזו גורמת לחלות הגירושין למפרע (ולא
מגלה שהבעילה היתה מותרת מלכתחילה, ורק לא ידענו על כך). בהסתכלות
העכשווית הבעילה היתה מותרת, אבל זה לא מברר לנו שתפסנו לא נכון את
העבר, אלא משנה בפועל את העבר. הוא מתאר זאת כאילו זה קורה 'מכאן
ולהבא למפרע' (ראה הסבר מפורט לעיל בפרק הרביעי). ומכאן הוא מסביר
שמסיבה זו אסור היה לשמעון לבוא עליה, שכן בעת הבעילה היא עדיין
היתה אשת איש. לאחר מכן הוא חוזר ומציין לדוגמאות מביאת וחליצת
מעוברת ומהתרת נדרים, וטוען שגם הן משקפות מכניזם דומה.

הערת ביניים: קושיא מדין 'על מנת שתינשאי לפלוני'

לכאורה דברי הרש"ש קשים מאד מסוגיית גיטין פד ע"א, שם אנו מוצאים דיון במקרה שראובן נותן גט לאשתו על מנת שתינשא לפלוני. להלכה נפסק בשו"ע:[100]

אמר לה: ע"מ שתנשאי לפלוני, אם נשאת לו, הרי זו מגורשת. אבל אמרו חכמים: לא תנשא לו, שלא יאמרו נשותיהם נותנים במתנה זה לזה.

רואים בפירוש שעקרונית הנישואין הללו תופסים, אלא שלכתחילה אסרו חכמים על פלוני לשאת אותה, שכן יש חשש שיאמרו שיש כאן החלפת נשים. לכאורה הדברים סותרים את הדין של 'על מנת שתיבעלי לפלוני', שהרי כפי שהוכיח הרש"ש גם כאן לפני שהיא נישאת היא עדיין אשתו של הראשון, ולכן הנישואין שלה לשני אינם תופסים. במקרה של תנאי 'על מנת שתיבעלי', הבעילה אסורה אבל אם הוא בכל זאת בעל אותה היא מתגרשת למפרע, וממילא הוא גם יוכל לשאת אותה. אבל בתנאי הזה הנישואין עצמם לא יוכלו לתפוס, שהרי היא אשתו של אחר, ולכן נראה שכאן כלל לא ניתן לקיים את התנאי. אז כיצד ה**שו"ע** וכל הפוסקים קובעים שבמצב כזה הוא יכול לשאת אותה והנישואין יחולו? לכאורה זה סותר את ההסבר של הרש"ש, ולמעשה את עצם הדין של 'על מנת שתיבעלי לפלוני'.

את הקושיא הזו שואל בעל ה**ב"ש** (שם, סקכ"ד):

כד שלא יאמרו וכו' - אבל מטעם דאסורה עליו משום א"א עד שנתקיים התנאי כמ"ש בסעיף י"ח בע"מ שתבעלי לפלוני דהא יכול' להנשא בחופה וקידושין ונתקיים התנאי וליכ' ביאת איסור ח"ר ונשמע מזה אם גירש אחר החופה וקידושין קודם הביא' מותרת לכל דהא נתקיים התנאי.

---

[100] סי' קמג הט"ו.

הוא מסביר שבעצם ניתן לקיים את התנאי על ידי חופה וקידושין בלי ביאה. במצב כזה הנישואין יחולו, שהרי לא היתה ביאה אסורה. ומשיחולו הנישואין התנאי התקיים, כעת היא מגורשת מהראשון, וכעת שוב מותר לו גם לבוא עליה.

בדרך כלל נישואין לאשת איש אסורים, כי הם אינם מסורים לביאה,[101] כלומר הם לא מתירים לו לבוא עליה. קידושין שלא מתירים לו ביאה אינם קידושין. אבל זה במצב של אשת איש רגילה, שכן שם גם אם הוא יישא אותה בחופה וקידושין, עדיין אסור יהיה לו לבוא עליה, ולכן גם הקידושין עצמם לא חלים. אבל כאן הרי אם הוא יישא אותה, הנישואין שלה לראשון יפקעו (בגלל התנאי), וממילא הנישואין לשני כן מסורים לביאה, ולכן הם תופסים. ומשעה שתפסו היא מגורשת מהראשון, ושוב היא מותרת בביאה לשני.

ראיות ומקורות למודל המוצע

ראינו שהרש"ש מציע מודל אונטולוגי לתנאי, כלומר שהתנאי משנה סיבתית את המציאות עצמה, ולא רק מגלה לנו את טיבה האמיתי (שזו תפיסה אפיסטמולוגית, כפי שסבר הרש"פ). הרש"ש מסביר באמצעות המכניזם הסיבתי הזה עוד כמה הלכות תמוהות בדברי הראשונים, ומכולם הוא מוכיח את תפיסתו. כל אחד מהמקורות הללו מעיד על ראשון נוסף ששיטתו בהבנת תנאי היא אונטולוגית, אם כי לא בהכרח כולם מסכימים בכל הפרטים (ראה על כך להלן בפרק שלושה-עשר).

כאן נביא רק כמה מהדוגמאות:[102]

1. שיטת רבנן סבוראי[103] בדינו של אדם שנתן גט לאשתו והתנה שלא תשתה יין כל חייה, ושתתה לאחר מיתת הבעל. רבנן סבוראי

---

[101] ראה קידושין ט ע"ב ובמקבילות.

[102] ניתן למצוא את הדוגמאות כולן באופן מסודר בתחילת 'קונטרס התנאים' בסוף חידושיו לגיטין.

[103] שהובאה **בבה"ג**, ונדונה בהרחבה בשו"ת רעק"א סי' קכו-קכז.

קובעים שבמצב כזה הגט אינו בטל. לכאורה שתיית היין רק מגלה שהיא לא גורשה מלכתחילה, ומדוע העובדה שהבעל מת משנה לעניין זה? לכאורה נראה ששתיית היין פועלת את חלות הגירושין (ולא רק מגלה לנו מה משמעותו של מעשה הגירושין, כדעת הרש״פ), ולכן לאחר מות הבעל שכבר לא ניתן לפעול את הגירושין השתייה אינה רלוונטית.[104]

2. הרמב״ם בפ״ט מהל׳ גירושין הי״א דן במקרה בו אדם התנה את הגט שנתן לאישתו בכך שהוא לא יבוא למקומה של האישה עד י״ב חודש, והוא מת בזמן כלשהו בתוך הי״ב חודש. הרמב״ם שם פוסק שהיא אינה מגורשת עד שיעבור כל הזמן הנקוב (י״ב חודש), למרות שכבר כעת ברור שהוא כבר לא יבוא במהלך י״ב החודשים הללו. ה**מ״מ** שם מסביר זאת בכך שלפי הרמב״ם צריך קיום בפועל של התנאי.

הרש״ש מסביר שאם הביאה או אי הביאה רק מגלה מידע חסר (מאירה את מעשה הגירושין באור הנכון, כדעת הרש״פ), אז כבר ברגע שהוא מת ידוע לנו שהוא לא יבוא, ולכן ברור שהמעשה שנעשה היה מעשה גירושין. לפי תפיסה זו היא היתה צריכה להיות מגורשת למפרע מרגע מיתת הבעל. אז מדוע יש צורך לחכות שיעברו הי״ב חודש כולם? על כורחנו שקיום התנאי פועל את החלות, ולכן צריך שיהיה קיום בפועל. רק לאחר שהבעל בפועל לא בא התנאי באמת התקיים, ולכן רק אז ניתן לומר שהאישה מגורשת למפרע. ברגע שהבעל מת כבר ברור שהתנאי עתיד להתקיים, אבל לא די בכך. אנו צריכים שהתנאי יתקיים בפועל כדי שהוא יחולל את הגירושין.

---

[104] יש אולי מקום לדחות את הראיה מכאן, ולהסביר זאת אחרת. דעתו של האדם מכוונת רק על זמן שבו הוא חי, ולכן שתיית יין אחרי מותו אינה משנה את דעתו (מראש לא איכפת היה לו שהיא תשתה יין אחרי מותו), ולכן היא גם לא משפיעה על החלות. לפי הסבר זה אין כאן בדיני התנאים, אלא אומדן בדעתו של הבעל המתנה.

3. שיטת בעל **העיטור**[105] היא שאם אדם מתנה תנאי של 'מעכשיו' בגט, הוא יכול לחזור בו מהגירושין לפני שהתקיים התנאי. ולכאורה אם החלות כבר קיימת והתנאי רק מגלה לנו זאת למפרע, אזי הדבר דומה לאדם שחוזר בו לאחר שסיים את המעשה. לדוגמא, אדם קידש אישה או גירשה, ולאחר מכן הוא חוזר בו. אין חולק שדבר כזה ודאי לא יכול להועיל, והחלות בעינה עומדת. אם כן, מדוע לפני קיום התנאי הוא יכול לחזור בו? הרי המעשה כבר קיים, וכשיתקיים התנאי זה יגלה לנו שהמעשה כבר נעשה בעבר. כיצד אפשר לבטל מעשה שכבר נעשה?
גם כאן מסביר הרש"ש שהתנאי פועל את החלות, וכל עוד הוא לא הסתיים החלות לא חלה. התנאי אינו רק גילוי מילתא, אלא חלק מהגורמים האקטיביים שמחוללים את החלות.
4. בתשובת הרשב"א סי' תש"ז[106] פסק שהמקדש בתנאי של 'מעכשיו' לא יכול לגרש את האישה קודם שהתקיים התנאי. גם כאן רואים שנדרש קיום בפועל של התנאי כדי שתחול החלות. לפני שהתקיים התנאי האישה אינה מקודשת, גם בתנאי של 'מעכשיו'.[107]
5. שיטת הרא"ש בתשובותיו[108] היא שבזמן לפני שהתקיים התנאי ניתן גם לבטל את התנאי, משום דאתי דיבור מבטל דיבור. הרש"ש טוען שאם התנאי היה רק מברר את המעשה למפרע (גילוי מילתא), מה מקום יש לבטל אותו? לכאורה אין כאן משהו שנוצר שיש אפשרות לבטלו. אם התנאי יתקיים יוברר למפרע שהמעשה היה מעשה שהחיל חלות, ואם לא אז לא. מוכיח הרש"ש מדברי הרא"ש

---

105 ראה חי' הרשב"א, גיטין עז ע"א.
106 ראה **בית שמואל** אבהע"ז סי' מ', **ומל"מ** פ"ו מגירושין ה"ג **ואב"מ** סי' מ סק"ט.
107 אפשר לדחות גם את ההוכחה הזאת, ולומר שמדובר בדין מדיני הגירושין. לא ניתן לגרש אישה כאשר המגרש עדיין אינו יודע האם היא מקודשת לו. זה פוגם בגמירת הדעת שלו בגירושין, או במעשה הגירושין. לפי הסבר זה, אין לראות כאן ביטוי לדיני תנאים, אלא לדיני גירושין.
108 כלל מ"ה ומ"ז, ונפסק **בטושו"ע** אבהע"ז סי' קמג.

הללו שההתנייה פועלת משהו. היא יוצרת מנגנון שמאפשר לסיבה
עתידית לפעול אחורה בזמן ולעקור את החלות.

אמנם נראה לכאורה שראייה זו אינה דוחה את האפשרות שהציע
הרש"פ, שהרי גם הוא מדבר על עקירת החלות המרחפת, והתנאי
מחולל 'כוח משחית', ולכן כשמבטלים את התנאי אכן מושמד משהו
גם לשיטתו. אלא שזה לא נכון, שהרי דברי הרא"ש נאמרו על תנאי
'מעכשיו' ולא על תנאי 'אם', ובתנאי מעכשיו אכן לא נוצר מאומה
מדיבור התנאי, ולכן הסביר הרש"פ שאין צורך למשפטי התנאים
בתנאי 'מעכשיו'.

מסקנתו של הרש"ש מהמקורות הללו (ועוד אחרים שהוא מביא) היא שתנאי
של 'מעכשיו' אינו רק מגלה למפרע מצב שהיה קיים מעת ביצוע המעשה,
אלא הוא פועל את החלות עצמה למפרע. זוהי סיבתיות מהופכת, ולא רק
גילוי מילתא. לכן כל עוד לא קויים התנאי החלות כלל לא חלה (ולא כמו
בתפיסה המקובלת, לפיה בשלב זה רק לא ידוע לנו על קיומה של החלות).
קיום התנאי פועל את החלות ביחד עם המעשה (נתינת הגט, או כסף
הקידושין) עצמו. לכן בזמן שלפני קיום התנאי החלות עדיין אינה קיימת,
אפילו באופן נעלם ונסתר. היא נוצרת ברגע קיום התנאי וחלה למפרע.
כאמור, זוהי סיבתיות שפועלת אחורה בזמן.

האם שני הצדדים תלויים ועומדים?

יש לשים לב שהרש"ש בכל הדוגמאות הללו עוסק בתנאי 'מעכשיו'. טענתו
היא שקיום התנאי הוא חלק מהגורם להחלת החלות (בנוסף למעשה עצמו,
כמו מתן הגט וכדו'). כיצד נגדיר את התנאי הזה? נראה בבירור שגם הוא
מסכים לדברי הרש"פ שזהו תנאי מתלה, ולא תנאי עוקר כפי שאולי אומרת
האינטואיציה הרגילה לגבי תנאי מעכשיו. אלא שלדעתו קיום התנאי הוא
שמחולל את החלות, ולא רק מגלה לנו שהיא כבר חלה. ההתלייה לפי
הרש"פ היא רק גילוי מילתא ולפי הרש"ש היא התלייה סיבתית.

151

אמנם כפי שהזכרנו למעלה, הרש"ש כותב שהתנאי הזה הוא גם תנאי עוקר, כלומר שגם ביטול התנאי עוקר את החלות. גם קיום החלות וגם ביטולה תלויים ועומדים בקיום או ביטול התנאי. ראינו שהוא עצמו כבר מעיר שנראה לכאורה שלא ייתכן שתנאי יהיה גם עוקר וגם מתלה, אך הוא טוען שזהו המצב כאן. מכיון שקיומו של המעשה תלוי באי ביטול התנאי, אזי גם הקיום וגם הביטול תלויים ועומדים.

מדוע הוא צריך להגיע לקביעה הזו? לכאורה, כדי להסביר את ההלכות שמובאות בחמשת הסעיפים הללו, די היה לו בקביעה שמדובר בתנאי מתלה סיבתית, כלומר תנאי שקיומו מחיל את החלות למפרע. מדוע הוא מוסיף שהתנאי הזה הוא גם עוקר וגם מתלה?

לדוגמא, המקרה שהובא על ידו בהתחלה, מהתנאי 'על מנת שתיבעלי לפלוני', שם ברור שהחלות היא התלויה ועומדת, שהרי טענתו היא שלפני קיום התנאי היא נחשבת כאשת איש. כלומר לדעתו חלות הגירושין לא חלה עליה כל עוד לא קויים התנאי. אם כן, מדובר כאן לכאורה בתנאי מתלה ולא עוקר, הגירושין חלים (למפרע) מעתל שקויים התנאי. אבל ביטול הגירושין אינו נדרש, שהרי הם כלל לא חלו כל עוד לא קויים התנאי.

אך הרש"ש מגדיר, כאמור, ששני הצדדים תלויים ועומדים: התנאי הוא גם מתלה וגם עוקר. אם כן, לדעתו כל עוד לא הגענו לרגע קיום או ביטול התנאי, שני הצדדים חלים עליה כאחד (היא אשת איש קלושה וגרושה קלושה), והאיסור לפלוני לבוא עליה הוא מפני הצד שהיא אשת איש. לכן כנראה גם לא עונשים על בעילה כזו (לא כמו בעילת אשת איש רגילה שמחייבת מיתה).

מדוע הוא לא מסתפק בהגדרה שהתנאי הוא מתלה ולא עוקר? מסתבר שזה מפני שגם תנאי שדווקא אי קיומו מעורר את הבעייתיות צריך להידון באותה צורה. לדוגמא, ההלכה שהובאה בסעיף 1, שלא ניתן לקיים את התנאי לאחר מיתת המגרש, נכונה גם לגבי ביטולו של התנאי. כלומר אם אדם מגרש אישה בתנאי שלא תשתה יין, והיא שתתה לאחר מיתת המגרש, היא עדיין מגורשת. לפי התפיסה שהיא אשת איש לפני זמן התנאי, אזי

152

במצב כזה היא אמורה להישאר אלמנה ולא גרושה. היא היתה אשת איש, וכעת הוא מת והיא הפכה לאלמנה, ולאחר מכן היא שותה יין. שתיית היין לאחר מותו לא משנה מאומה, ולכן היה עליה להיות בסטטוס של אלמנה. אבל ההלכה היא שהיא גרושה.

המסקנה היא שגם ביטול התנאי אינו מועיל לאחר מיתת המגרש, בדיוק כמו קיומו של התנאי. ומכאן ברור שגם הקיום וגם הביטול מתחוללים על ידי המעשה העתידי. כלומר שני הצדדים תלויים ועומדים, ושניהם נגרמים סיבתית על ידי קיום או ביטול התנאי. זו המשמעות של תנאי שהוא גורם ופועל, ולא רק גילוי מילתא. זוהי הסיבה לכך שהרש״ש מציג את התנאי כעוקר (=מתלה את הביטול) ומתלה (=מתלה את הקיום) בו-זמנית.

טעם נוסף לטענה זו של הרש״ש נעוץ בראייה שהוא מביא לדבריו ממה שפסק **בה״ג** (שהובא ברא״ש בגיטין ובתשובת רעק״א הנ״ל), שאם אדם מגרש אישה על מנת שלא תשתה יין היא מותרת להינשא מייד. שם היא לא צריכה לחכות עד שתסתיים תקופת התנאי והוא יתקיים במלואו. ולכאורה דין זה קשה ממה שראינו למעלה שהמגרש בתנאי שתיבעל לפלוני אסור לה להיבעל לו, על אף שאין שום חשש שהבעילה תהיה באיסור.

הוא מסביר את הסתירה בכך שבתנאי שתלוי בשתיית יין ההערכה היא שאם היא הולכת ונישאת אז היא ודאי תישמר ולא תשתה, כדי לא לבטל את הגירושין. ומכיון שהדבר בידה, אזי הבנתנו את התנאי היא שחלות הגירושין חלה בכל אופן, אלא שאם תשתה הם ייעקרו (ולכן אי אפשר לעקור אותם אם היא שותה אחרי מיתת המגרש, כי כבר לא ניתן לעקור את הגירושין). מכיון שבתנאי רגיל שני הצדדים תלויים ועומדים, אזי בתנאי כזה התלייה של הקיום לא מופיעה אלא רק התלייה של הביטול. לכן ברור שבתנאי כזה באמת מותר לה להינשא מייד, שהרי היא כבר מגורשת מעתה. אבל בתנאי על מנת שתיבעל לפלוני, כלל לא ברור האם זה יקרה (האם פלוני יסכים וכדו'). ממילא הפרשנות שלנו לתנאי הזה נותרת כתלייה דו-צדדית: מחד, החלות לא חלה וקיום התנאי יחולל אותה. ומאידך, החלות כן חלה וביטול

התנאי יעקור אותה. במצב כזה ודאי שאסור להינשא שכן היא לפני הבעילה היא אינה מגורשת באופן מלא.

לאיזו שיטת ראשונים מתאימה התמונה הזו?

ראינו ששיטת הרש"ש מציגה את תנאי 'מעכשיו' כתנאי שהוא גם עוקר וגם מתלה סיבתית, בו-זמנית. ומה לגבי תנאי 'אם'? הדבר תלוי האם משפטי התנאי דרושים כדי להתלות סיבתית או רק כדי לעקור. אם הם דרושים רק כדי לעקור, אזי נראה שמשפטי התנאי דרושיםרק בתנאי 'מעכשיו'. אולם הם משפטי התנאי דרושים גם כדי להוות סיבה מתלה, אזי נראה שהוא ידרוש אותם גם בתנאי 'אם'.

נעיר כי אחת הראיות שלו היא מהרמב"ם שדורש את קיום התנאי בפועל (ראה סעיף 2 למעלה). כפי שראינו, שיטת הרמב"ם היא שמשפטי התנאים דרושים אך ורק בתנאי 'אם', ולא בתנאי 'על מנת'. לפי הסבר הרש"ש לא ברור שורש החילוק הזה בין שני סוגי התנאי. מה יש בתנאי 'אם' שאין בתנאי 'על מנת'? הרי תנאי 'מעכשיו' הוא גם עוקר וגם מתלה, ותנאי 'אם' הוא רק מתלה. אז כיצד ייתכן שיש דרישות בתנאי 'אם' שלא נדרשות בתנאי 'מעכשיו'?

למרבה הפלא, אנו לא מוצאים התייחסות מפורשת לשיטת הרמב"ם בשום מקום אצל הרש"ש, למעט הסבר אגבי ביקונטרס התנאי', עמ' מה, ד"ה 'ובהא דכתבנו'. שם הוא מסביר את הדברים כך:

> ***ובהא דכתבנו יש לעיין לשיטת הרמב"ם ז"ל דסובר דתנאי דמעכשיו א"צ למשפטי התנאים כמבואר בהל' אישות ונראה דס"ל דבכה"ג דמעכשיו שחל מעיקרא א"צ לדיני תנאים ועי' בהרה"מ ובראב"ד ומש"כ לבאר משום שחל מעכשיו לכאורה אינו מובן.***
>
> ***ולדברינו יהי' ביאור דבריהם דהוה מעשה כזה שמתחיל ונגמר וכל כה"ג א"צ למשפטי התנאים רק בתנאי דאם שאינו חל כלל מעכשיו אז הדבור מבטל המעשה לגמרי דמבלי התנאי הי' חל עכשיו ול"ד לאומר לאחר זמן דשם כוונתו לאחר המעשה עד הזמן***

ההוא אבל בתנאי לא איכפת לי׳ בהגעת הזמן רק בקיום המעשה וביארתי זה במק״א בחי׳ למס׳ גיטין.

ואיך שיהי׳ הלא להרמב״ם ז״ל במעכשיו א״צ למשפטי התנאים ולכאורה קשה מה שהביא הרא״ש ז״ל בשם הרמב״ם דס״ל ג״כ כשיטתו דיכול לבטל התנאי וכמדומה לי שכן כ׳ המהרי״ט בשם הרה״מ בשיטת הרמב״ם והלא טעם הרא״ש הוא משום דתנאי הוה דבור ואתי דבור ומבטל דבור ולהרמב״ם ז״ל במעכשיו לא הוה התנאי כדבור דאל״ה הי׳ צריך דיני תנאים כטעמם שכ׳ התוס׳ והרא״ש בהצרכת משפטי התנאים אמנם י״ל ע״פ דברינו לעיל דלא יהי׳ תלוי בטעמא דהצרכת משפטי התנאים רק כיון דגם במעכשיו הגמר והביטול של המעשה יבוא לאח״כ משו״ה דינו כדבור לענין זה דיכול לבטל בדבור כמש״כ אבל לענין לעשות מתחילה באופן הזה ס״ל להרמב״ם ז״ל דא״צ למוד זה מתנאי בני גד וב״ר ולפ״ז אין מחלוקת דמעכשיו נוגע לדין זה של בטול התנאי ודו״ק

הדברים לא לגמרי ברורים. ייתכן שכוונתו לומר שתנאי ׳אם׳ דורש השהייה של היווצרות החלות, בניגוד לתנאי ׳מעכשיו׳, ותנאי שרוצה לעשות את זה צריך להיות לפי משפטי התנאי. זה דומה למה שכתב הרש״פ שהתנאי יוצר מנגנון שתפקידו לא לתת לחלות להיות מושלמת, ולכן זה קיים רק בתנאי ׳אם׳. אך הדברים לא ממש מתיישבים עם הסברו שהובא לעיל לדיני תנאים. והדבר עדיין צ״ע.

מצב הביניים[109]

לפי התפיסה של רש״פ, שהתנאי העתידי הוא רק גילוי מילתא על העבר, המעמד של החלות הוא ברור לגמרי: עד קיום או אי קיום התנאי, מעמד

---

109 ראה מאמריו של מ. אברהם, ׳מהי ׳חלות׳׳, **צהר** ב׳, ובפולמוס המתמשך עם הרב קהת בגיליונות הבאים שם. כמו כן, ראה במאמרו, ׳האם ההלכה היא משפט עברי?׳, **אקדמות** טו. ראה גם במאמר **מידה טובה** לפרשת חיי שרה, תשסה, ווישב, תשסז.

החלות לא ידוע לנו, והוא מתגלה לנו עם קיום או ביטול התנאי. אבל לא חל כל שינוי בסטטוס ההלכתי-משפטי של החפץ או האישה עצמם. השינוי הוא רק בידיעה שלנו אודותיו. זה מה שכינינו בפרק הרביעי 'היפוך אפיסטמולוגי'. לפי גישה זו יש רק שני מצבים נורמטיביים: מגורשת או נשואה, מקודשת או לא, בעלים או לא. קיום התנאי אינו משנה מאומה בספירה הנורמטיבית, אלא רק בידיעה שלנו אודותיה.

אך לפי הצעתו של הרש"ש יש בעצם שלושה מצבים נורמטיביים, ולא שניים בלבד. לדוגמא, אם אדם מגרש בתנאי של 'מעכשיו': 1. לפני ביצוע המעשה (=האישה נשואה). 2. מזמן הביצוע עד לקיום התנאי (=האישה במעמד ביניים). 3. לאחר קיום או ביטול התנאי אנחנו חוזרים לאחד משני המצבים הפשוטים (=האישה מגורשת, או לא מגורשת, לפי קיום או ביטול התנאי).

מהו מעמד החלות בזמן הביניים הזה?

הרש"ש בקונטרס התנאי מכנה את המצב הזה מצב של 'ספק':

> ***אלא כיון שרוצה שאם יקויים התנאי תהי' מקודשת מעכשיו ולהיפך תהי' כפנוי' הרי רוצה שיהי' מעכשיו עד קיום התנאי בספק מקודשת ומגורשת, וכל היכי שעושה מתחילה על צד הספק הוא קנין וזכות או עשיית איסור באופן שיהי' מעשה כזה על צד הספק באופן דלפ"ז ענין התנאי שעושה קדושין או גירושין שיהי' מעכשיו רק קדושין וגירושין קלושים כדין הספק וכשיקוים התנאי אז יגמרו לגמרי וכשלא יקוים יבטלו לגמרי ונמצא דאף אם יקוים התנאי מ"מ מעיקרא לא הי' בזה רק קדושין קלושים ורק מקיום התנאי ואילך נגמרו הקדושין לגמרי.***
>
> ***וכללות הדברים ע"פ מה שאמרנו בספק איסור דהוה איסור ודאי משם (השין בצירה) אחר כיון דמ"מ אסור לנו ע"פ דין התורה משום דכל דיני התורה הם רק באופן שמחויבים לקיים בפועל וכל עשי' בפועל תלוי הכל בידיעה דכל היכי דליכא ידיעה לא שייך עשית שום מעשה כמו חשו"ק דלאו בני דיעה נינהו דלא הל עלייהו***

דיני התורה וצע"ג לפ"ז בענין אין איסור חל על איסור אם לא ידע מאיסור הראשון ולפמש"כ לענין דין ממזר ניחא גם בזה ודו"ק.
וכן להיפך אם יבוטל התנאי יבטלו הקדושין והגירושין אף שבאומר היום את אשתי ולמחר אי את אשתי לא פקעי הקדושין זה דוקא כשעושה קדושין גמורים אבל בכה"ג שהענין הוא שבאמת ענין התנאי הוא שרוצה שאם לא יקוים רוצה שיחול לגמרי מעכשיו ונמצא דמשו"ה בע"כ חל המעשה על צד הספק ומשו"ה אם יבוטל התנאי בטלו הקדושין כיון דקיום הקדושין עד שעת הברור הי' רק משום שלא נתברר אבל לאחר הברור אין מקום לקדושי ספק.

ברור שאין כוונתו לטעון שהאישה היא ספק מגורשת, שכן ספק הוא מצב תודעתי (=אי ידיעה). דווקא לפי הגישה המקובלת (זו של רש"פ) שרואה בתנאי גילוי מילתא, יוצא שהמצב באותם הימים הוא מצב של ספק, שכן אנחנו עוד לא יודעים את המציאות. אך לפי הצעת הרש"ש המצב הוא מצב שלישי אובייקטיבי (שאמנם יוצא מן העובדה שאנחנו בספק). טענתו של הרש"ש היא שבאותם ימים האישה היא גם מגורשת וגם לא מגורשת בו-זמנית, או שיש בה 'קידושין/גירושין קלושים'. היא נמצאת במצב שמורכב משתי האפשרויות העתידיות (קיום התנאי – חלות מלאה של הגירושין, ואי קיומו – ביטול הגירושין) גם יחד. זה אינו ספק גרידא מי משתיהן תצא לפועל (אף שודאי יש ספק כזה אצלנו), אלא כאילו שתיהן קיימות עד שנשוא התנאי יברור (או, נכון יותר, יקבע למפרע) אחת מביניהן. כאמור, הרש"ש מכנה מצב כזה גם בכינוי 'קידושין קלושים' כעין מצב של ספק.

הדברים מתחברים למה שראינו בדבריו למעלה, ששני הצדדים תלויים ועומדים, ושניהם מתחוללים למפרע על ידי קיום או ביטול התנאי בעתיד. כלומר אין כוונתו לומר שהאישה היא מקודשת קידושין קלושים, אלא שהיא מקודשת ורווקה בו-זמנית, או מגורשת ואשת איש בו-זמנית. לכן החלות היא קלושה.

ההבדל בין קידושין קלושים לקידושי ספק

מה ההבדל בין מצב של קידושין קלושים למצב של ספק? בדיני ספיקות יש ללכת בדאורייתא לחומרא ובדרבנן לקולא. אם יש ספק נישואין אז האישה צריכה להחמיר על עצמה (אם אין חזקה קודמת, ואכ״מ). אך אם נולד ספק דרבנן אזי מותר לה להקל. לעומת זאת, בקידושין קלושים, כפי שהסברנו, רובצות עליה שתי האפשרויות גם יחד, והדין נקבע על פי האפשרות הפוזיטיבית. לדוגמא, בזמן שעד קיום התנאי יש עליה שתי חלויות: היא נשואה ומגורשת גם יחד. מה הדין שיחייב לגביה? האם היא מותרת לכהן אם בעלה ימות? לחילופין, האם כשמישהו בא עליה הוא חייב מיתה?

מסתבר שלגבי האיסור לכהן מה שקובע הוא השאלה האם היא גרושה או לא. על כן ברור שהיא תיאסר לכהן, שהרי יש צד שהיא גרושה. זהו הצד הפוזיטיבי, ולכן הוא הקובע את הדין. אמנם יש צד נוסף שהיא לא גרושה, אבל העובדה שאינה גרושה לא אומרת שהיא חייבת להינשא לכהן אלא רק שאין עליה איסור לעשות כן (זהו צד נגטיבי, או פסיבי). אבל מצד היותה גרושה יש עליה איסור, ולכן בסך הכל הדבר ייאסר עליה.

ולגבי האיסור של אדם אחר לבוא עליה, גם כאן עלינו לבחון את שתי האפשרויות שרובצות עליה: יש אפשרות שהיא נשואה ויש גם (ולא ׳או׳, שכן אין מדובר כאן בספק) אפשרות שהיא גרושה. כאן המצב מתהפך: גרושה אינה חייבת להיבעל לזר אלא רק אין עליה איסור (לפחות לא איסור דאורייתא. זהו הצד הנגטיבי). לעומת זאת, מצד נישואין שבה ברור שאסור לה להיבעל (זוהי האפשרות הפוזיטיבית). לכן השורה התחתונה היא שרואים אותה כנשואה ואסור לה להיבעל לזר.

מה יקרה אם שתי האפשרויות יעוררו איסור שהוא רק בתוקף מדרבנן. במצב כזה, אם היה זה מקרה של ספק אזי היה מותר לנו להקל. אבל בנדון דידן אין זה ספק אלא שתי האפשרויות רובצות עליה גם יחד, ולכן כאן עלינו ללכת אחרי הצד הפוזיטיבי, בין אם הוא מוביל לחומרא או לקולא. לדוגמא קטנה שהתקדשה לגדול נשואה לו רק מדרבנן. אם הוא קידש אותה בתנאי, אזי בזמן שעד קיום התנאי חל על כל אחד איסור דרבנן לקיים איתה יחסי

אישות. לכאורה ספק דרבנן לקולא. אך מכיון שמדובר בתנאי ולא בספק, אזי הסטטוס שלה הוא שהיא נשואה מדרבנן ורווקה מדרבנן. במצב כזה חל עליה איסור להיבעל לאדם זר מצד האשת איש שבה, על אף שמדובר רק באישות דרבנן. אלו לא דיני ספיקות אלא צירוף של שני הצדדים שחלים כאן.

חלויות סותרות

השאלה העולה כעת היא כיצד ייתכן שמצבה של האישה בזמן הביניים יורכב משני מצבים מנוגדים בו-זמנית? כיצד יכולה אישה להיות נשואה ומגורשת בו זמנית? אם היא נשואה אז היא אינה מגורשת ואם היא מגורשת אז היא אינה נשואה. כיצד ייתכן שיחולו על אותה אישה באותו זמן שתי חלויות סותרות (חלות אשת איש וחלות גרושה)? יש לציין שעיקר הבעיה אינה בשאלה אילו הלכות יש להטיל עליה, שכן לשאלה זו כבר מצאנו פתרון לעיל. אנחנו כאן שואלים על התיאוריה המטא-הלכתית: כיצד ייתכנו שני תיאורים הלכתיים סותרים בו זמנית לאותו עצם או אדם?

סתירות בין תארים וסתירות בין יישים

כדי להבין זאת, עלינו לשים לב לכך שסתירה לעולם מתארת יחס בין שני תארים. מאכל כלשהו לא יכול להיות מלוח ומתוק בו-זמנית.[110] כך גם חדר לא יכול להיות מואר וחשוך בו-זמנית. התואר 'מלוח' הוא היפוכו של התואר 'מתוק', ולכן לא ייתכן ששניהם יתארו את אותו עצם באותו רגע.
ומה בנוגע לטענה שבתבשיל כלשהו יש גם מלח וגם סוכר בו-זמנית? האם יש מניעה כלשהי לומר זאת? האם יש כאן סתירה פנימית? ברור שלא. בהחלט ייתכן שבאותו תבשיל יהיו מלח וסוכר בו זמנית. השאלה מה יהיה טעמו של אותו תבשיל, תקבל תשובה מורכבת: בדרך כלל הוא לא יהיה מלוח ולא מתוק, אלא משהו ביניהם. כלומר התיאורים הסותרים אינם יכולים לחול

---

[110] אנו מניחים לצורך הדוגמא שמלוח הוא ההיפך ממתוק, ושיש למאכל טעם אחד בלבד (כלומר מדובר על 'רק מלוח' ו'רק מתוק', או 'לגמרי מלוח' ו'לגמרי מתוק').

על אותו עצם, אבל יישויות בעלות מאפיינים (תארים) סותרים בהחלט יכולות לדור בכפיפה אחת.

לשון אחר: מלח אינו ההיפך מסוכר. מלוח הוא ההיפך ממתוק. כלומר היפוך או ניגוד הם יחסים בין תארים ולא בין עצמים.

מהי 'חלות': האם ייתכן מצב של חלויות סותרות?

כעת נוכל להציע הסבר לנוכחותן של חלויות סותרות בעצם (או אדם) אחד. כאשר אנחנו אומרים שרובצת על האישה 'חלות אשת איש', האם אין פירוש הדבר פשוט קביעה שהיא אשת איש? מה יש בטענה שרובצת עליה חלות, מעבר לתיאור של מצב הלכתי?

לאור מה שראינו למעלה נוכל לומר שאכן יש הבדל בין שתי הקביעות: כאשר אנחנו אומרים שאישה היא אשת איש, זוהי קביעה שמתארת את מעמדה ההלכתי. היא נשואה לאדם על כל ההשלכות הנובעות מכך. אבל כאשר אנחנו אומרים שיש עליה 'חלות אשת איש' אנו מתארים מצב מטפיסי שהיא מצויה בו. כביכול רובצת עליה יישות מטפיסית כלשהי, שקרויה 'חלות אשת איש'. ההשלכות ההלכתיות הן רק תוצאה של העובדה שהחלות הזו רובצת על האישה.

ההלכות שנוגעות להיותה אשת איש הן פועל יוצא מקיומה (=חלותה) של אותה חלות עליה, אבל זו אינה זהות. האמירה שיש עליה חלות אשת איש עוסקת ביישויות מטפיסיות ולא בנורמות הלכתיות. האמירה שהיא אשת איש עוסקת בחיובים ואיסורים הלכתיים שמוטלים עליה מכוח העובדה שרובצת עליה החלות הזו. אם כן, 'אשת איש' הוא תואר (=תיאור של מצבה ההלכתי של האישה), אך 'חלות אשת איש' הוא שם עצם של יישות מטפיסית-משפטית כלשהי שרובצת עליה.

לאור מה ש הקדמנו בשני הסעיפים הקודמים, נוכל לומר כי אמנם נכון שאישה אינה יכולה להיות אשת איש וגרושה בו-זמנית, שהרי אלו שני תיאורים סותרים עבורה. ברם, אין כל מניעה שתהיינה עליה שתי החלויות, חלות אשת איש וחלות גרושה, בו-זמנית. כאמור, חלויות הן יישויות ולא

תארים, ולכן אין מניעה לקיום סימולטני של חלויות סותרות על אותו עצם. חלויות לעולם אינם סותרות זו את זו. לכל היותר קיימת סתירה בין ההלכות שנגזרות משתיהן.

מסיבה זו, אם נשאל כעת מה ההלכות שמוטלות על אותה אישה שרובצות עליה שתי החלויות הסותרות הללו, נקבל תשובה מורכבת יותר, משהו בין אשת איש לגרושה (קידושין/גירושין קלושים). המשמעות היא שהצד הפוזיטיבי קובע את הסטטוס המשפטי. זאת בדיוק כמו הטעם שמתקבל בתבשיל שמעורבים בו מלח וסוכר. ההלכות הן התארים, והן פועל יוצא מזיהוי היישויות המעורבות במצב.

אך כפי שראינו, גם במצב בו רובצות שתי חלויות סותרות על אותה אישה, עדיין בהלכות אין סתירה. כפי שראינו, לגבי האיסור לכהן חלות הגרושה היא הגוברת (שכן היא הפוזיטיבית), ולגבי איסור אשת איש מה שגובר הוא חלות האשת איש (שכן היא הפוזיטיבית לעניין זה). לעולם לא תהיינה שתי הלכות סותרות באותו זמן על אותה אישה, אלא רק שתי חלויות.

זוהי השלכה חשובה של העובדה שחלויות הן יישים ולא תארים. רק תפיסה זו מאפשרת לנו להבין את דברי הרש״ש לגבי מצב האישה מרגע ביצוע המעשה עד רגע קיום (או אי קיום) התנאי. הרש״ש טען שרובצות עליה שתי החלויות, ולכן היא במצב ביניים. האפשרות לומר זאת מותנית בכך שאנו תופסים את החלויות כיישים ולא כתארים משפטיים בעלמא.

כיצד ייתכן ששני הצדדים תלויים ועומדים?

כעת נוכל להבין כיצד לפי הרש״ש ייתכן מצב ששני הצדדים תלויים בעומדים. כזכור, הוא הקשה כיצד ייתכן שתנאי יהיה גם עוקר וגם מתלה. אם החלות כבר חלה, אזי ביטול התנאי יעקור אותה, אבל קיום התנאי לא יחיל אותה (כי היא כבר חלה). במקרה זה מדובר בתנאי עוקר. ואם החלות לא חלה, אזי קיום התנאי יחיל אותה, אבל ביטול התנאי לא צריך לעקור אותה (כי היא לא קיימת). במקרה זה התנאי הוא מתלה ולא עוקר. איך ייתכן מצב של תנאי עוקר ומתלה גם יחד? האם החלות חלה או לא חלה?

לאור דברינו כאן, ההסבר הוא פשוט. כשאדם מגרש אישה בתנאי – אזי חלות עליה שתי חלויות בו-זמנית: חלות אשת איש (על הצד שהתנאי יתבטל והיא לא התגרשה) וחלות גרושה (על הצד שהתנאי יקויים, והיא התגרשה). אם התנאי יקויים, הוא ישלים את החלת חלות הגירושין, שבינתיים היתה חלות קלושה, וממילא תפקע חלות אשת איש שהיתה עליה (כמו בכל גירושין, שהחלת חלות גרושה מפקיעה ממילא את חלות אשת איש). כאן הוא פועל כתנאי מתלה. ואם התנאי יתבטל, הוא יעקור את חלות הגירושין, ויותיר את חלות אשת איש על כנה. כאן הוא פועל כתנאי עוקר. אם כן, הרי לנו שהתנאי הוא גם עוקר וגם מתלה כאחד.

חלויות כיישויות בהלכה

נציין כאן כי גם לשיטת הרש״פ אנו רואים את החלות כיישות ולא כתואר. כל הדיון שלו שמדבר על חלות מרחפת, או על הנחיתה שלה על החפץ, רואה אותה כיישות. אם החלות היתה רק תואר, לא ניתן היה להגדיר מצב של חלות מרחפת. הרי לומר שיש חלות אשת איש פירושו הוא שהאישה היא אשת איש. אז מה המשמעות של האמירה יש חלות אשת איש מרחפת? אם האישה אינה אשת איש, אז באיזה מובן נוצרה כאן חלות כלשהי? רק אם נבין שיש לחלות מעמד עצמאי, וההשלכות המשפטיות הן תוצאה של נחיתת החלות על החפץ, רק אז יש משמעות לדיבורים על חלות מרחפת ונחיתה של חלות על החפץ.

נעיר כי התפיסה המטפיסית של המשפט מאפיינת מאד את החשיבה ההלכתית, זאת בניגוד לתפיסות המשפטיות הרגילות שרואות בקביעות המשפטיות נורמות, ולא יישויות.[111]

---

[111] ראה על כך בשני מאמריו הנ״ל של מיכאל אברהם, ׳האם ההלכה היא משפט עברי׳, ו׳מהי חלות׳. בנוסף, ראה גם מאמרו ׳משמעותה של בעלות על ממון: בין הלכה למשפט (תפיסת הבעלות והזכויות הממוניות בהלכה לעומת המשפט הכללי)׳, **שנות חיים**, אליעזר שלוסברג (עורך), קהילת ׳מקור חיים׳, פתח תקוה תשס״ח. כמו כן, ראה מאמרו ׳בעניין ממונו שהזיק׳, **משפטי ישראל** א׳, שלמה גרינץ (עורך), פתח תקוה תשס״ו.

בחזרה לשאלת הסיבתיות ההפוכה

דווקא לאור התפיסה האונטולוגית של ההלכה, אנו מגיעים למסקנה שיש
היפוך אונטולוגי של ציר הזמן. כלומר ישנן סיבות שמשפיעות למפרע, כלומר
לאחור בציר הזמן. אם היינו מדברים רק על קביעות נורמטיביות, הדבר היה
מובן יותר. אך אם משמעות הדברים היא שאכן נוצרות ומושמדות יישויות
כלשהן, מופשטות ככל שתהיינה, הדבר מעורר את השאלה כיצד תיתכן
השפעה אחורה בציר הזמן?

כאן אנחנו נאלצים להתבסס על ההבחנה בין יישים פיסיקליים לבין יישים
רוחניים או משפטיים. כיוונו של ציר הזמן הוא תכונה של הסיבתיות
הפיסיקלית. אולם לגבי יישים משפטיים ייתכן שהם באמת נוצרים ונעלמים
גם בתהליכים של סיבתיות מהופכת. זו לפחות דעתו של הרש"ש, ובזה חולק
עליו הרש"פ. כפי שראינו, גם הרש"פ מקבל את האונטולוגיזציה של
החלויות ההלכתיות, ובכל זאת הוא מתנגד להיפוך הזמני של ההשפעה
הסיבתית לגביהן.

המודל של הרש"ש יובהר יותר בפרק שלושה-עשר, שם נעמוד על מנגנוני
התנאי ונצרין אותם.

הערה לסיום: גט בתנאי שתלוי ברגע המוות עצמו

ראינו שלשיטת רש"ש אי אפשר להתנות גט במעשה שייעשה אחרי המיתה.
לעומת זאת, ישנן כמה וכמה סוגיות שעוסקות במתן גט מעכשיו שתקפותו
מותנית במיתה עצמה. מכל הסוגיות עולה שגט כזה הוא תקף, והוא חל
מעכשיו. האם זה מתיישב לפי התמונה של רש"ש שאינו מאפשר התנייה על
מעשה שאחרי המיתה?

לדוגמא, יש תנאי שתלוי במיתת האישה, בסוגיית יומא יג ע"א. שם מדובר
על אדם שנותן גט לאשתו: 'הרי זה גיטך על מנת שתמותי'. לכאורה לפי
רש"ש אחרי שהאישה מתה כבר אי אפשר לגרש אותה.

כמו כן, במסכת שבת (נו ע"א) אנחנו מוצאים תיאור היסטורי על גט שהיה
נותן כל חייל לאשתו לפני שיצא למלחמה:

דאמר רבי שמואל בר נחמני אמר רבי יונתן: כל היוצא למלחמת בית דוד כותב גט כריתות לאשתו, שנאמר (שמואל א' יז) ואת עשרת חריצי החלב האלה תביא לשר האלף ואת אחיך תפקד לשלום ואת ערבתם תקח. מאי ערבתם? תני רב יוסף: דברים המעורבים בינו לבינה.

ורש"י שם מסביר:

על תנאי שאם ימות - תהא מגורשת מעכשיו, ופעמים שהוא טרוד בצאתו ושולחו מן המלחמה.

זהו גט שאם החייל מת במלחמה אשתו מגורשת מעכשיו (=מרגע מתן הגט). זהו גט שהתנאי תלוי במיתת המגרש. גם זה נראה לכאורה בעייתי לפי המודל של רש"ש.

אוסף מקרים נוסף מופיע במשנה גיטין עב ע"א:

מתני'. זה גיטיך אם מתי, זה גיטיך מחולי זה, זה גיטיך לאחר מיתה - לא אמר כלום; מהיום אם מתי, מעכשיו אם מתי - ה"ז גט; מהיום ולאחר מיתה - גט ואינו גט, ואם מת, חולצת ולא מתייבמת. זה גיטיך מהיום אם מתי מחולי זה, ועמד והלך בשוק וחלה ומת, אומדין אותו, אם מחמת חולי הראשון מת - ה"ז גט, ואם לאו - אינו גט.

זוהי סוגיא מסובכת מאד (ויש לה גם מקבילה בקידושין ס ע"א), אבל מה שעולה מכל הדיון הוא שהספיקות לגבי 'מהיום אם מתי' נוגעים לשאלה האם לשון כזו פירושה הוא גט בתנאי, או אולי גט מדורג (שתחולתו מתמשכת מרגע הנתינה עד רגע המיתה), או אולי זהו גט שחל רגע לפני המוות (ואז זה נוגע לסוגיית ברירה, שתידון בחלק הבא של הספר). בכל אופן, ההנחה לכל אורך הסוגיא היא שאם מדובר בתנאי מעכשיו, אין כל מניעה לעשות זאת. ושוב, הדבר טעון הסבר לפי המודל של רש"ש.

מכל המקורות הללו עולה כי רש"ש ייאלץ להסביר שאמנם אי אפשר להתנות גט שניתן 'מעכשיו' במעשה שייעשה אחרי מיתת המגרש או המגורשת, אך בכל זאת ניתן להתנות גט כזה במיתה עצמה. במצב כזה

תחולת הגט היא מרגע המיתה, ולא מתעוררת הבעייה של מתן גט אחרי מיתת המגרש. רק תנאי שמדבר על זמן שאחרי המיתה הוא בעייתי.

ניתן להשוות זאת לקביעת הגמרא בגיטין עז ע״ב וקידושין כג ע״א. הגמרא שם דנה כיצד אישה או עבד יכולים לקבל את הגט שלהם כדי להשתחרר מהבעל, הרי כל עוד לא השתחררו אין להם יד לקנות שום דבר, שכן כל מה שהם קונים קנוי אוטומטית לבעל. אם כן, כשהבעל רוצה לגרש את האישה או לשחרר את העבד, ועליו להקנות להם גט לשם כך, הם לא יכולים לקנות אותו כל עוד לא השתחררו, והם לא יכולים להשתחרר כל עוד לא קנו את הגט. הגמרא פותרת זאת באומרה: ״גיטה וידה באין כאחד״, כלומר הקנייה והשחרור מתרחשים בו-זמנית. אם כן, גם במקרה שלנו, מיתת המגרש וגירושין אשתו חלים כאחד, וכך ניתן לפתור גם את הבעייה שלנו.

ניתן לחזק זאת בטענה נוספת. הזכרנו למעלה שהגמרא קובעת כי ישנה אפשרות לתת לאישה גט באופן שהוא יחול רגע לפני מותו של הבעל המגרש. אם כן, גם במקרה של תנאי שניתן על מנת שהבעל ימות, אנו מפרשים אותו כאילו שמיתת הבעל גורמת לכך שרגע לפני כן מתקיים התנאי, ולכן האישה מגורשת למפרע מרגע מתן הגט. זה לפחות יכול לסייע למנגנון הקודם שתיארנו (שהמיתה והגירושין באין כאחד), ולהפוך אותו לעקבי יותר. כאן אנחנו מציעים שהרגע שלפני המיתה בא ביחד עם הגירושין, ואין בעייה כלל.

פרק אחד-עשר

מודל רביעי עבור המכניזם של התנאי

מבוא

בפרק זה נציע מודל חדש למכניזם של התנאי. לא מצאנו אותו בפירוש בשום מקום, אבל הוא פותר כמה וכמה בעיות שהמודלים הקודמים אינם מציעים להם מענה הולם.

חלקו הראשון של הפרק יוקדש לדיון על היחס בין זמן לבין אירועים או עצמים. אנו נראה שם שתי צורות התייחסות אפשריות לצירוף של זמן עם עצמים או עם אירועים. לאחר מכן נעבור להשתמש בזה כדי לבנות מודל להסבר המכניזם של התנאי.[112]

נציין כי המשמעות הלוגית של הצעה זו תובהר יותר בחלקים הבאים שיעסקו בדין ברירה.

מצוות זמניות לפי הרמב״ם

הרמב״ם מקדים ל**ספר המצוות** שלו ארבעה-עשר כללים (שורשים) שבהם הוא מתאר מה הנחה אותו במניין המצוות. השורש השלישי עוסק בעיקרון שלא מכניסים למניין מצוות זמניות, כלומר מצוות שנאמרו לשעתן. לדוגמא, המצווה לשים מן בצינצנת, או נחש שרף על עמוד, נאמרה רק לבני ישראל במדבר, ולכן אין טעם למנות אותה במניין המצוות לדורות.

כבר הרמב״ם עצמו מרגיש בקושי המתבקש מדבריו. ובמצווה קפז, בה הוא מונה את המצווה למחות שבעה עממין, הוא מעלה את השאלה מדוע המצווה הזו כן נמנית? הרי שבעה עממין כבר לא קיימים יותר בימינו. וכך הוא עונה:

---

[112] התשתית ההלכתית והרעיונית לתפיסת הזמן המוצגת כאן, מקורה במאמר **מידה טובה** לשורש השלישי, תשס״ח, שם נדונו הדברים ביתר פירוט.

וזה אמנם יחשוב אותו מי שלא הבין עניין נוהג לדורות ואינו נוהג לדורות. וזה כי הציווי שנגמר בהגיע תכליתו מבלתי שיהיה זה תלוי בזמן ידוע לא ייאמר בו אינו נוהג לדורות אבל הוא נוהג בכל דור שימצא בו אפשרות הדבר ההוא...

ולא בעבור שנכרתו תהיה המצוה שנצטוינו בה להרגם אינה נוהגת לדורות כמו שלא נאמר במלחמת עמלק אינה נוהגת לדורות ואפילו אחרי כלותם ואבדם. מפני שאלה המצוות אינן נקשרות בזמן ולא במקום מיוחד, כמו המצוות המיוחדות במדבר או במצרים, אבל הן נקשרות בו כל זמן שיימצא שיהיה אפשר בו הצווי ההוא.

ובכלל הנה ראוי לך להבין ולדעת ההבדל אשר בין המצוה ובין הדבר שנצטוינו עליו. כי פעמים תהיה המצוה נוהגת לדורות אבל יהיה הדבר שנצטוינו עליו כבר נעדר באחד מן הדורות. ולא בהעדר הדבר שנצטוינו עליו תשוב המצוה אינה נוהגת לדורות. אבל תהיה אינה נוהגת לדורות כשיהיה העניין בהפך והוא שיהיה דבר אחד נמצא בעניין אחד מן העניינים והיה חייב לעשות בו מעשה אחד או משפט אחד בזמן אחד מן הזמנים והוא היום בלתי נוהג ואעפ"י שהדבר ההוא נמצא באותו עניין. כמו לוי זקן שהיה פסול במדבר והוא כשר אצלנו היום...

הרמב"ם מבחין כאן בין מצב בו המצווה אינה נוהגת אלא בזמן או מצב כלשהו, לבין מצב בו המצווה אינה ניתנת ליישום (או שלא נדרש ליישם אותה) בזמן כלשהו. השאלה היא האם הזמן משנה את החיוב שלנו במצווה, או שהזמן רק גרם לשינוי הנסיבות.

לדוגמא, מצוות מחיית עמלק היא מצווה שנוהגת לדורות, גם אם עמלק עצמם ייעלמו מן המפה. המצווה פשוט הגיעה לתכליתה, אך היא אינה מצווה זמנית. הסיבה לכך היא שהמציאות היא אמנם שונה, ויותר לא נדרש יישום המצווה, אבל עצם הציווי הוא נצחי ומחייב תמיד. הדברים מתחדדים

יותר בחליפת המכתבים בין ר׳ דניאל הבבלי לבין ר׳ אברהם בן הרמב״ם, בספר שמכונה **מעשה ניסים**.[113]

המסקנה היא שמצווה זמנית שלא נמנית היא רק מצווה שהזמן הוא מרכיב מהותי בתוכה. במצוות מחיית עמלק אין מימד זמני. אם נסיים את קיום המצווה אז היא לא תהיה רלוונטית, אבל לא הזמן עושה זאת אלא הנסיבות. לעומת זאת, מצוות צנצנת המן היא במהותה זמנית: החיוב לא מוטל עלינו בכל זמן אחר. הציווי מראש נאמר רק לזמן המסויים ההוא. רק לשם דוגמא היפותטית, אם עם ישראל שוב ישתעבד במצרים, ושוב ייעשו ניסים והם יילכו במדבר ויחטאו ויעברו את אותם תהליכים בדיוק, והם ייקלעו לאותו מצב של מן ונחשים שרפים, הם לא יהיו חייבים לשים מן בצנצנת או נחש על עמוד, אלא אם הם יצוו על כך מחדש. לא יהיה עליהם חיוב מחמת הציווי ההוא. משמעות הדבר היא שהציווי לשים נחש על עמוד אינו תוצר של הנסיבות בלבד, אלא גם של הזמן. ומשאנו נמצאים באותן נסיבות בזמן שונה, אין כל חיוב.

הצרנה מתמטית של ההבדל הזה

באופן מתמטי ניתן להציג את ההבדל באופן הבא:

- מצווה שתלויה בנסיבות ולא בזמן, מוצרנת באופן הזה: $f(x(t))$.
  המשמעות היא שבהינתן הנסיבות x יש עלינו מצווה לעשות f. הנסיבות עצמן יכולות להיות תלויות בזמן, אבל התלות של המצווה בזמן היא רק בעקיפין דרך הנסיבות. במקרה זה, אם תיווצרנה אותן נסיבות בשני זמנים שונים, המשמעות היא ששני הערכים $x(t_1)$ ו-$x(t_2)$ הם שווים. לכן בשני המקרים גם ערך הפונקציה f הוא זהה (=בשני המצבים יש מצווה). זו מצווה שתלויה בנסיבות, אך לא ישירות בזמן.

---

[113] חלק מן השאלות והתשובות, אלו הנוגעות ל**ספהמ״צ**, נדפסות במהדורת פרנקל, בסוף הכרך של **ספהמ״צ**. עניינו כאן בשאלה ותשובה ב׳ שם.

לדוגמא, מצוות ברכת המזון חלה עלינו בכל עת שאכלנו לחם בשיעור של כדי שביעה. המשתנה x הוא אכילה כדי שביעה. הפונקציה f היא החיוב לברך. והציווי – אם אכלת כדי שביעה עליך לברך – מוצרן כך: f(x). מה קורה אם למחרת אני שוב אוכל כדי שביעה. הנסיבות x חוזרות על עצמן בשני זמנים שונים, ולכן החיוב קיים בשני הזמנים הללו. הסיבה לכך היא שהחליוב אינו מותנה בזמן אלא בנסיבות, אף שהנסיבות עצמן יכולות להיות תלויות בזמן (היום אחה״צ לא אכלתי כדי שביעה, לכן לא מתקיים x ולכן אין חיוב לברך).

- לעומת זאת, הציווי (ולא מצווה) לשים נחש על עמוד, תלוי גם בנסיבות וגם ישירות בזמן. כפי שהסברנו, גם אם תיווצרנה אותן נסיבות בזמן אחר, לא יהיה עלינו חיוב לשים נחש על עמוד.

לכן ציווי כזה מוצרן באופן שונה: f(x(t),t). בפונקציה כזו, גם אם המשתנה x מקבל בזמן אחר כלשהו את אותו ערך (כלומר שוב מתרחשת מגיפה בעקבות חטא במדבר ביציאת מצרים), המשתנה השני בפונקציה, t, מקבל ערך אחר. לכן ערכה של הפונקציה, שתלוי בערכם של שני המשתנים, יכול להיות שונה. במקרה זה אין חיוב לשים נחש על עמוד.

לכן פונקציה כזו מייצגת מצווה זמנית, כלומר ציווי, אך לא מצווה. ציוויים כאלה לא ייכנסו למניין המצוות, שכן הן נאמרו רק לשעתם. הם לא הפכו מציוויים למצוות.

מצוות עשה שהזמן גרמן

נדגים את הדברים דרך דוגמא נוספת. נשים פטורות ממצוות עשה שהזמן גרמן.[114] לדוגמא, מצוות נטילת לולב נוהגת רק בחג הסוכות ולא בשאר השנה, לכן נשים פטורות ממנה.

והנה הרמב"ן בקידושין לד מזכיר את מצוות ספירת העומר כמצווה שאינה מצוות עשה שהזמן גרמא. הקושי העולה מדבריו ברור : ספירת העומר נוהגת בזמן מאד מוגדר בשנה, בין יום הינף (=למחרת החג הראשון של פסח) לעצרת (=שבועות), ואם כן לכאורה אין לך תלות גדולה מזו בזמן. בספר **דברי יחזקאל** כתב ליישב דבריו כך :[115]

דס"ל להרמב"ן דהא דמונין מיום טז בניסן אינו מצד עצם הזמן שהוא המחייב במצווה דספירת העומר, כמו טו בניסן דמחייב במצה, אלא משום דכתיב בקרא 'וספרתם לכם ממחרת השבת מיום הביאכם את עומר וגו'', ואלו היה זמן הבאת העומר ביום אחר ג"כ היו מחייבינן בספירה. נמצא דמה שספירת העומר יש לה זמן קבוע אינו אלא מצד ההכרח ולא מצד זמנו בעצמותו ובכה"ג לא חשיב 'זמן גרמא'.

כוונתו לומר שספירת העומר אינה תלויה בזמן אלא באירוע שיכול היה להיות גם בזמן אחר, ולכן אינה חשובה 'זמן גרמה'.

ניטול כדוגמא את מצוות ברכת המזון. גם מצוות ברכת המזון לכאורה תלויה בזמן מסויים, שהרי אנחנו חייבים לברך אך ורק כאשר אנחנו אוכלים, וכל אכילה נעשית בזמן כלשהו.[116] ובכל זאת אף פוסק לא מעלה בדעתו לומר שמצוות ברכת המזון היא מצוות עשה שהזמן גרמה. הסיבה לכך היא שהתלות של החיוב לברך אינה בזמן עצמו אלא באירוע כלשהו (=נסיבות), שאכן קורה בזמן מסויים. הרי כל אירוע קורה בזמן כלשהו,

---

[114] ראה, לדוגמא, משנה קידושין לג ע"ב וסוגיית הגמרא שם.

[115] סי' מה סק"ד, וראה גם בתשובות **אבני נזר** או"ח סי' שפד.

[116] כדי לנטרל הבחנות שעשויות לעלות כאן, נחשוב לצורך הפשטות על סעודות שנערכות בזמן מסויים, כמו סעודות חג או ראש חודש, או סתם אדם שאוכל כל יום באותה שעה.

ובכל זאת ברור שלא כל מצווה שתלויה באירוע תיחשב למצווה שהזמן גרמה.

משמעותה של ההבחנה הזו היא שמצוות עשה שהזמן גרמה היא רק מצווה שיש לה תלות מפורשת בזמן. מצווה שתלויה בזמן רק דרך הנסיבות (שמתרחשות בזמן כלשהו), אינה מצוות עשה שהזמן גרמה. לשון אחר: הסיטואציה המחייבת את המצווה אינה כוללת את הזמן, אלא אך ורק נסיבות מסויימות. הזמן אינו הגורם לחיוב אלא מאפיין מקרי שלו.

לכן גם מצוות ספירת העומר אינה מצוות עשה שהזמן גרמה. אין עלינו מצווה לספור בזמן מסויים, אלא מצווה לספור את הימים בין פסח לעצרת, גם אם פסח ועצרת היו חלים בחשוון או בתמוז, או בזמנים שמשתנים לפרקים. נכון הוא שבפועל פסח ועצרת חלים בזמן מסויים, בין ניסן לסיון, אך לענייננו זהו מקרה בלבד (בדיוק כמו במקרה של ברכת המזון). אם כן, התלות של החובה ההלכתית היא באירוע ולא בזמן עצמו באופן ישיר, ולכן זו אינה מצוות עשה 'שהזמן גרמה'.

אם כן, לפי הצעתנו בביאור דברי הרמב"ן, יוצא שמצוות עשה שהזמן גרמא היא מצווה שתלוייה במפורש בזמן (התלות בזמן היא תלות ישירה), ולא מצווה שתלוייה באירוע מסוים שאמנם קורה גם הוא בזמן כלשהו, אלא שהזמן אינו גורם ישיר לחיוב.

זמן קווי ומעגלי

נעיר כי לכאורה ישנה סתירה בין הסעיף האחרון לאלו שלפניו. מחד, למעלה ראינו שמצוות שתלויות באופן מפורש בזמן הן ציוויים ולא מצוות. הן אינן מחייבות לדורות. ואילו כאן ראינו שמצוות שתלויות באופן מפורש בזמן מחייבות גברים ולא נשים.

ההבדל הוא שבמקרה הראשון מדובר על ציר הזמן הקווי, ההיסטורי. במקרה זה, אם יש ציווי שתלוי ישירות בזמן הוא אינו מצווה. אבל אם הזמן בו מדובר הוא הזמן המחזורי (שבוע, שנה, יום, חודש, שמיטה, יובל), אזי

התלות בזמן אינה מפקיעה את חיובנו התמידי בו. התלות היא במועד בשנה, ביום או בחודש, ולא בתקופה או עיתוי היסטורי.

דוגמא מעניינת להבחנה זו היא מצווה כמו מילה, שהיא מצווה שאנחנו חייבים בה, על אף שהיא אינה תלוה בזמן מחזורי, אלא בזמן קווי. מדובר בעיתוי מסוים בביוגרפיה של אדם פרטי (כך גם לגבי פדיון הבן). זהו ציר זמן קווי ולא מחזורי/מעגלי, אבל הקו הוא ציר הזמן האישי של אדם פרטי, ולא הציר ההיסטורי של כלל הציבור, עליו מדבר הרמב"ם בשורש השלישי.

ובאמת אנו מוצאים בתוס',[117] שמקשים מדוע מצוות מילה אינה נחשבת מצוות עשה שהזמן גרמה, ועונים:

כיון דמיום השמיני והלאה אין לה הפסק לאו זמן גרמא הוא.

כלומר, העובדה שמדובר בציר זמן קווי אומרת שאין כאן מצוות עשה שהזמן גרמה.

הצורה הכללית של תפיסת הזמן היא ספירלית, כלומר שילוב של רכיב קווי עם רכיב מעגלי, שיוצר ביחד ספירלה. אנחנו מתקדמים לאורך ההיסטוריה בצורה של ספירלה, כאשר חוזרים כל הזמן למועדי היום, החודש, השנה, השמיטה, היובל וכדו', אבל בו בזמן הציר ההיסטורי ממשיך לנוע באופן מונוטוני הלאה. על משמעותו הרעיונית של הדבר, עיין במאמר **מידה טובה** הנ"ל.

דוגמא מדרשית: "ושמחת בחגך"

חז"ל (מו"ק ח ע"ב, וחגיגה ח ע"ב) דורשים את הפסוק "ושמחת בחגך" שלא יהיו נושאים נשים במועד. מהי משמעות המדרש הזה? הקריאה הפשוטה של הפסוק היא שיש לשמוח בחג, כלומר שיש מצווה לשמוח, והזמן בו יש לעשות זאת הוא החג. החג הוא מציין זמן חיצוני למצוות השמחה. מכאן היה עלינו להסיק שאם נישא אישה במועד זוהי מצווה, שהרי אנחנו שמחים, והשמחה הזו נעשית בחג.

---

[117] תוד"ה 'אותו', קידושין כ"ט ע"א.

אולם הדרשה מורה לנו את ההיפך. משמעותה היא שהחג אינו מציין זמן חיצוני למצוות השמחה, אלא הוא עילת השמחה. השמחה צריכה להיות בחג, ולא במשהו אחר. ממילא, אם מישהו נושא אישה במועד הוא שמח באישתו ולא בחג, ולכן אינו מקיים את המצווה של "ושמחת בחגך". גם כאן החג אינו מציין זמן חיצוני, אלא עצם הגדרת הנסיבות שבהן יש לשמוח.

קיומו של הזמן

ראינו עד כאן שהזמן מהווה עילה לחלותן של מצוות שונות. פירוש הדבר הוא שהזמן הוא יש קיים, ולא רק תואר סובייקטיבי. אם הזמן היה רק צורת התייחסות שלנו למציאות, ולא משהו במציאות עצמה, הוא לא יכול היה לגרום לדברים, ציוויים או דברים אחרים. מה שגורם למשהו חייב להיות יש קיים.

הוע הדין לגבי השמחה בחג. לא ניתן לשמוח בזמן אם הזמן הוא רק מציין חיצוני. אם אנחנו שמחים בזמן, פירוש הדבר הוא שהזמן הוא משהו קיים, והוא אמור לגרום לנו שמחה.

ואכן בחלק הראשון בפרק הראשון עמדנו על כך שההלכה רואה את הזמן באופן לא קאנטיאני, כלומר כיש קיים.[118]

בין אירועים לעצמים

עד כאן הגדרנו שני סוגי תלות של אירועים בזמן. היו אירועים שהתלות שלהם בזמן היתה ישירה, והיו אירועים שהתלות שלהם בזמן היתה דרך נסיבות שהיו תלויות בזמן.

ניתן להציג זאת באופן מעט שונה. מצווה כמו לשים נחש על עמוד אינה מוגדרת רק על ידי הנסיבות והמעשה, אלא גם על ידי הזמן. ההגדרה המלאה יותר של המצווה היא הבאה : אם אתם נמצאים בנסיבות נתונות x בזמן מסויים (שנה ותאריך במדבר סיני), עליכם לשים נחש על עמוד. לעומת זאת,

---

[118] ראה על כך ברמב"ם **מו"נ** ח"ב פי"ג, וב.**ספר העיקרים** ח"ב פי"ח, ובמאמר **מידה טובה** הנ"ל.

המצווה לברך ברכת המזון אינה כוללת התייחסות ישירה לזמן: המצווה היא לברך בעת שאוכלים.

ניתן לומר שהנסיבות בהן נצטווינו את המצוות הללו מוגדרות כמכפלה קרטזית של זמן בנסיבות. הנסיבות שעליהן חל הציווי הן: מגיפה בשנה זו וזו. לעומת זאת, הנסיבות שקובעות את החיוב לברך ברכת המזון אינן כוללת זמן אלא רק נסיבות פיסיקליות: אכילה כדי שביעה. אם כן, יש כאן שתי הגדרות שונות של מצבים: מצב x בזמן t, או מצב y. כדי לדעת האם אנחנו חייבים בציווי מהסוג הראשון, עלינו לבדוק את הנסיבות ואת הזמן. כדי לדעת האם אנחנו מצווים במצוות מהסוג השני עלינו לבדוק רק נסיבות (אף שכמובן זה קורה בזמן כלשהו).

כעת נוכל להרחיב את היריעה, ולהציג באופן דומה גם שני סוגי הגדרות עבור עצמים. כדילהבהיר זאת, נקדים כמה דוגמאות הלכתיות.

האכלת איסור לקטן

בסוגיית יבמות קיד הגמרא דנה באיסורים של קטנים. ישנה מחלוקת האם קטן (ילד מתחת לגיל מצוות) אוכל נבלות (או שעושה כל איסור אחר) בי״ד מצווים להפרישו או לא, ולהלכה אין חובה להפרישו מעשיית איסור. אך בהמשך הגמרא מתבאר שלכל הדעות יש איסור להאכילו (=לספות לו) איסורים בידיים, שנלמד מהפסוק ״לא תאכלום כי שקץ הם״:

> ***ת״ש: (ויקרא י״א) לא תאכלום כי שקץ הם - לא תאכילום, להזהיר הגדולים על הקטנים; מאי לאו דאמר להו לא תאכלו! לא, דלא ליספו ליה בידים.***

לדעת רוב מוחלט של הפוסקים מדובר באיסור דאורייתא (להבדיל ממצוות חינוך, שהיא מצווה מדרבנן לחנך את הקטנים למצוות).

והנה נחלקו הראשונים מה הדין באיסורי דרבנן של קטן? האם יש איסור להאכיל איסורי דרבנן לקטנים בידיים, או לא? דעת הרמב״ם היא שיש גם בזה איסור, וכך הוא כותב (הל' מאכלות אסורות פי״ז הכ״ז. וכן נפסק **בשו״ע** או״ח סי' שמג):

קטן שאכל אחד ממאכלות אסורות, או שעשה מלאכה בשבת אין בית דין מצווין עליו להפרישו לפי שאינו בן דעת, במה דברים אמורים בשעשה מעצמו, אבל להאכילו בידים אסור ואפילו דברים שאיסורן מדברי סופרים, וכן אסור להרגילו בחילול שבת ומועד ואפילו בדברים שהן משום שבות.

לעומתו, הרשב״א, בחידושיו ליבמות שם, סובר שאין בכך איסור:

מיהו משמע לי דבאיסורין של דבריהם מותר לומר לו לאכול בפירוש, דהא למ״ד בשל תורה ב״ד מצווין להפרישו בשל דבריהם אין ב״ד מצווין להפרישו כדמתרצינן הכא הב״ע בעציץ שאינו נקוב מדרבנן ואמרי׳ נמי בדמאי הקלו, וכיון שכן כיון דקי״ל דאף בשל תורה אין ב״ד מצווין להפרישו בשל דבריהם מחתין בו דרגא אחת יותר ומתירין בו אפילו לומר לו לאכול,

בהמשך דבריו שם, הרשב״א מקשה על הנחתו הוא את הקושיא הבאה:

ואי קשיא לך הא דתנן בעירובין פרק בכל מערבין (ל״א ב׳) אין מערבין בטבל ואוקימנא בטבל טבול מדרבנן ואם איתא טבל דרבנן אמאי לא אע״ג דלא חזי לגדולים הא חזי לקטנים דהא מאכילין אותן בידים, ואם תאמר מאי דחזי לגדולים בעינן, לא היא דהא תניא התם מערבין לגדול ביום הכפורים וקא מפרש טעמא התם משום דחזי לקטנים והוה ליה כיין לנזיר אלמא כל שראוי לקטנים מערבין בו לגדולים, אלא משמע דאפילו טבל דרבנן אין מאכילין אותו לקטנים בידים והיינו דאין מערבין בו דהואיל ולא ספינן להו בידים מידי דלא חזי אפי׳ לקטנים קרינן ביה והויא ליה כטבל גמור.

הרשב״א מתקשה מדוע הגמרא (עירובין ל״א ע״ב) אומרת שלא משתמשים בטבל דרבנן לצורך עירוב. לכאורה אם אכן הוא צודק בכך שניתן לתת את האיסור הזה לקטנים (כי זה איסור דרבנן), אזי טבל דרבנן צריך להיחשב כמשהו שראוי לאכילה, והיה צריך להיות מותר לערב בו. וכך הוא מוכיח מסוגיית עירובין ל׳ ע״ב, שם הגמרא פוסקת שמערבים גם ביוה״כ, על אף

175

שכל המאכלים אינם ראויים באותו יום לאכילה, שכן המאכלים חזו לקטנים (שהרי ניתן להאכיל קטנים ביו"כ). אם כן, לכאורה ישנה סתירה לחדברי הרשב"א, שכן מכאן מוכח שאיסורי דרבנן אינם ראויים לקטנים.

וכך הוא מיישב זאת:

לא היא, דלעולם טעמא דהתם משום דמידי דחזי לגדולים בעינן ולא דמי למערב לגדול ביוה"כ דהתם הוא גופיה חזי אפילו לגדולים אלא דאיסורא דיומא גרים ליה וכיון דאין איסורו מצד עצמו של עירוב וחזי נמי השתא לקטנים מיהא מערבין בו אפילו לגדול משא"כ בטבל דאיסורו מצד עצמו והלכך אע"ג דחזי לקטנים אין מערבין בו לגדול,

הוא מחלק בין איסורים שהיום גורם להם, כמו אכילה ביו"כ, לבין איסורים כמו טבל שהם איסורים עצמיים. לא לגמרי ברור מדוע באמת יש חילוק לעניין זה בין איסורים עצמיים לבין איסורים שהזמן גרמם?

על מדוכה זו יושב בעל ה**אור שמח**, בסוף הל' מאכלות אסורות, ובתחילת דבריו הוא מביא את דברי הרשב"א כך:

הרשב"א בחידושיו פרק חרש (יבמות קי"ד ע"א ד"ה ומיהו) האריך ומסיק דבאיסורי דברי סופרים אפילו להאכילו בידים מותר, והקשה לעצמו, א"כ למה אין מערבין בטבל טבול דרבנן, דהא חזי לקטנים, ומטעם זה מערבין ביוהכ"פ (עירובין ל' ע"ב), הואיל וחזי לקטנים, ותירץ דתרתי בעי, שיהא איסור התלוי בזמן, לא שיהא המאכל אסור מצד עצמו, ועוד דיהיה חזי לקטנים ויהא מותר להם, יעו"ש בדבריו הארוכים.

כלומר הרשב"א בעצם אומר שכדי שאפשר יהיה לערב במאכל כלשהו הוא צריך להיות אסור מצד הזמן ולא מצד גופו, ובנוסף הוא צריך להיות ראוי לקטנים. לא די בקריטריון של ראוי לקטנים לכשעצמו כדי להתיר את המאכל. מדוע באמת דרושים שני התנאים הללו?

לאחר הצבת הקושי, בעל ה**או"ש** מביא ראיה חזקה לשיטת הרשב"א
מסוגיית פסחים, ולאחר מכן הוא מסביר את עצם היסוד של הרשב"א,
וכותב כך:

**הן דעיקר הסברא נראה, דדבר האסור בגופו לא מועיל מה דחזי
לקטנים, משום שהמאכל עצמו כשיגדיל הקטן יהא אסור לו, אבל
איסור התלוי בזמן, שאסור לאכול ביוהכ"פ, או מוקצה אסור לאכול
בשבת, אף אם יגדל ויביא שערות ביוהכ"פ עצמו, מכל מקום הזמן
העבר לא היה אסור לקטנים, וא"כ ההיתר לקטנים הוא מוחלט.**

ה**או"ש** מסביר שאין כאן צירוף של שני פרמטרים בעלמא, אלא האחד בונה
את השני. הוא מבאר שבדבר שאסור בגופו לא יועיל מה שהוא מותר
לקטנים, שהרי כשהקטן יגדל אותו דבר עצמו יהיה אסור עליו. אם כן, זהו
בעצם דבר אסור, ומה שהוא מותר לקטנים זה רק בגלל הקטן (שלא חלים
עליו איסורים), ולא בגלל מהות הדבר האסור. דבר כזה אינו נחשב דבר
היתר בגופו, אלא דבר איסור, וההיתר לקטנים הוא בגלל שהם מותרים
לאכול גם איסורים.

לעומת זאת, דבר שאיסורו הוא מחמת הזמן, ולא מחמת עצמו, שם ניתן
לומר שגם כאשר הקטן יגדל הדבר לא נאסר עליו, שהרי כאשר הקטן גדל
ורוצה לאכול את האוכל שהיה מותר לו באותו יו"כ בקטנותו, הוא אמנם
אסור באכילה לגביו, אך האוכל האסור אינו אותו אוכל שהיה מותר לו
בקטנותו. האוכל ביום הכיפורים ההוא לא נאסר על הקטן לעולם. מה
שנעשה אסור לו עם גדלותו הוא אותו אוכל בזמן אחר, שהוא בעצם חפץ
אחר.

בעל ה**או"ש** רואה את הזמן (יו"כ) כחלק מהותי מהחפץ האסור. מה שנאסר
על כל אדם הוא לא הלחם, אלא 'הלחם הזה ביו"כ'. זהו החפץ האסור כאן.
וממילא, הלחם שנאסר על הקטן כשהוא גדל אינו אותו חפץ שהיה מותר לו
קודם לכן. לכן החפץ ההוא (='הלחם ביו"כ זה') נחשב כחפצא של היתר
לגביו, ולכן מערבים בו.

חידושו הגדול של בעל **האו"ש** הוא לשלול את התפיסה המקובלת בדבר היחס בין זמן לבין חפץ. לפי המקובל, המועד שבו קיים האיסור הזמני אינו תיאור חיצוני לאיסור: האיסור הוא על הלחם, ומועד חלות האיסור הוא יום הכיפורים. לעומת זאת, טוען בעל **האו"ש**, שהחפץ האסור אינו 'הלחם' אלא 'הלחם ביו"כ'. לכן כשחולף יום הכיפורים הלחם הזה עצמו נחשב הלכתית כחפץ שונה מהחסץ שהיה אסור קודם לכן (והותר לקטן).

אם כן, יסוד דברי הרשב"א נעוץ בכך שהוא רואה את הזמן כמרכיב מהותי בהגדרת החפץ האסור, ולא כתיאור מקרי של זמן האיסור. רק זה מאפשר לו לטעון את טענתו, ולחלק בין טבל דרבנן שבו לא מערבים לבין מאכלים ביו"כ שבהם כן מערבים.

דברי האחיעזר על קטן בתפילין

בעל **האחיעזר**, דן בספרו[119] בשאלת **הנודע ביהודה**[120], מדוע שחיטת קטנים כשרה, הרי הם לא אסורים באכילת בשר שאינו זבוח (=שלא נשחט כדין), ולכן לכאורה הם לא בני זביחה. לשם השוואה, קטנים אינם מצווים על הנחת (קשירת) תפילין, ולכן הם אינם יכולים גם לכתוב תפילין כי הם אינם בני קשירה.

לאחר שהוא דוחה אפשרות שהעלה בעל **הנוב"י** עצמו, הוא כותב לבאר זאת כך:

> ***אולם נראה העיקר דקטן הוי בר זביחה לכשיגדיל ולא דמי לתפילין דקטן פסול לכתיבת תפלין משום דאינו בקשירה דהתם הוי מצוה חיובית לכל יום ויום, וכיון דכ"ז שהוא קטן אין עליו חיוב מצוה זו הוי אינו בקשירה משא"כ בשחיטה, וכה"ג חילקו בין הא דאינו בקשירה להא דגבי גט הוי בר כריתות. ועוד נראה דהא נבילה זו עצמה תיאסר על זה הקטן לכשיגדיל משא"כ בתפלין דכל יום הוא***

---

[119] ח"ג סי' פ"א.

[120] מהדו"ת חאו"ח סי' א'.

חיוב מיוחד בפ״ע ומשום מה שיתחדש עליו חיוב בגדלותו לא מיקרי ישנו בקשירה עכשיו בקטנותו שאין עליו חיוב המצוה.

טענתו היא שבתפילין יש חיוב מחודש בכל יום לקשור תפילין, ומכיון שבכל יום שהוא קטן לא חל עליו החיוב הזה אז הוא אינו בתורת תפילין, ולכן הוא לא יכול לכתוב תפילין. לעומת זאת, לגבי איסור נבלה הרי נבלה זו עצמה תיאסר עליו כשיגדל, אז הוא ודאי בתורת איסור אכילת הנבלה הזו, גם אם כעת אין עליו איסור. הנבלה לאחר זמן היא אותה חפצא של איסור, ואם היא תיאסר עליו לאחר זמן הרי היא חפצא של איסור לגביו. אבל התפילין בכל יום הם חובה חדשה, ולכן העובדה שהוא יתחייב בה כשיגדל אינה הופכת אותו למחוייב בזה כעת.

תורף טענתו הוא בדיוק כמו מה שראינו לעיל בדברי **האו״ש**: הזמן הוא מרכיב מהותי בהגדרת מצוות תפילין, ולכן התפילין של עוד חודש הם חפץ הלכתי שונה מאשר החפץ שעומד בפניו כעת. מסיבה זו הוא אינו שייך במצווה לגבי התפילין הללו שעומדים בפניו כעת כלל. אבל הנבלה היא איסור מצד עצמה ולא מחמת הזמן, ולכן שם החפץ לאחר זמן הוא אותו חפץ כמו שהיה בפניו בקטנותו. גם הוא, אם כן, רואה את הזמן כמרכיב מהותי בהגדרת החפץ האסור ולא רק כתיאור מקרי וחיצוני של מועד תחולת האיסור.

קדושת עצי סוכה

בדוגמא זו נראה המשך של אותה תפיסה שפגשנו אצל הרשב״א ביחס לאיסור האכלת קטנים. קודם עסקנו בזמן כמרכיב מהותי בהגדרת החפץ האסור, וכעת נראה שהזמן הוא מרכיב מהותי בהגדרת חפצי מצווה.

בגמרא בנדרים כ״ח ע״ב – כ״ט ע״א מובאת מחלוקת אביי ובר פדא האם קדושת הגוף פוקעת בכדי (=כלומר באמצעות דיבור בעלמא, ללא מעשה) או לא. אביי סובר שכן, כלומר לדעתו ניתן להקדיש חפץ בקדושת הגוף לזמן קצוב ובתום הזמן הקדושה תפקע מאליה, או שניתן להתנות תנאי שיגרום

לקדושה לפקוע מאליה אם הוא לא יתקיים. לעומת זאת, בר פדא סובר שאין אפשרות להפקיע קדושת הגוף בלי מעשה. ההלכה היא כבר פדא.

והנה אנו מוצאים בסוגיית ביצה ל ע"ב שעצי סוכה אסורים בהנאה מפני שהם קדושים בקדושת הגוף, כמו קרבן חגיגה:

והאמר רב ששת משום רבי עקיבא: מנין לעצי סוכה שאסורין כל שבעה - שנאמר (ויקרא כג) ***חג הסכות שבעת ימים לה', ותניא, רבי יהודה בן בתירא אומר: מנין שכשם שחל שם שמים על החגיגה כך חל שם שמים על הסוכה - תלמוד לומר חג הסכות שבעת ימים לה', מה חג לה' - אף סוכה לה'.***

הגמרא שם דנה בשאלה האם מועיל להתנות תנאי על קדושת עצי הסוכה, ומסקנתה היא שלא. והנה הרשב"א על אתר מקשה על כך:

ועוד משמע דלדעת אביי אפילו בקדושת הגוף מהני תנאה ופקעה בכדי מדתנן בנדרים פ' ד' נדרים (כח, ב)... וא"כ אפילו ס"ל דסוכה בקדושת הגוף כל שבעה מדהקישה הכתוב לחג מ"מ היאך אמר כאן אביי דלא מהני בה תנאה ומי עדיפא משור כל שלשים יום עולה ולאחר ל' שלמים.

כלומר לדעת אביי בסוגיית נדרים הנ"ל, לא ברור מדוע לא ניתן להתנות תנאי על עצי סוכה? לכאורה גם אם הם קדושים בקדושת הגוף לדעתו ניתן היה להתנות על קדושתם, שהרי שיטתו היא שקדושת הגוף פוקעת בכדי. הרשב"א מציע תירוץ שהוא עצמו כותב עליו שהוא נראה דחוק:

ומתוך הדחק יש לי לומר דהקישה הכתוב לחגיגה ממש מה חגיגה א"א לה לאחר שחלה עליה קדושה שתפקע קדושה אף עצי סוכה כן.

ונראה ליישב את הדברים, בהקדם הנחה נוספת שנציג אותה כאן בקצרה. מה קורה אם קרבן מתאדה בזמן כלשהו? האם העובדה שקדושתו פקעה סותרת את ההלכה שקדושת הגוף לא פקע בכדי? ודאי שלא. הסיבה לכך היא שכאן הקדושה היא עולמית, רק החפץ הוא זמני. פקיעה של קדושת הגוף היא מצב שבו החפץ נותר בעינו והקדושה פורחת ממנו מאליה. אך כאן

אנחנו מתארים מצב בו החפץ עצמו פרח ונעלם, ולא שהקדושה פרחה ממנו מעצמה. אם כן, מצב כזה הוא קדושה עולמית, והיא אכן לא פקעה בכדי, אלא שהחפץ שעליו היא רובצת נעלם. זה דומה למה שראינו למעלה, לגבי מצוות מלחמת שבעה עממין, שנחשבת כמצווה נצחית על אף שהיא לא מעשית כיום. הסיבה היא שהמצווה היא אכן נצחית, ורק הנסיבות העכשוויות אינן מאפשרות לקיים אותה. החפץ 'התאדה', ולכן לא ניתלן לקיים בו את המצווה.

כעת נמשיך ונשאל, מדוע הרשב"א עצמו אינו מתקשה בשאלה כיצד בסוף החג עצי הסוכה הופכים להיות חולין גמורים, ואיסור ההנאה מהם פוקע ונעלם מאליו? מדוע זה לא נראה לו כסותר את הדין של פקיעת קדושת הגוף בכדי?[121]

ההסבר לכך הוא שאחרי שמונת ימי החג מבנה העץ הזה אינו סוכה. מה שפקע הוא לא הקדושה אלא המבנה עצמו. 'סוכה', במובנה ההלכתי, אינה מבנה עץ בעל מאפיינים מסויימים, אלא מבנה עץ כזה בשמונת ימי החג. הזמן הוא מרכיב הכרחי ומהותי בהגדרת החפץ. ומשחלף הזמן החפץ עצמו עבר מן העולם. זה כמו קרבן שהתאדה. הקדושה היא עולמית, אבל הנסיבות אינן מאפשרות לה לבוא לידי ביטוי מעשי.

אם כן, הרשב"א כאן כנראה מתבסס על אותה תפיסה שראינו אצלו בסוגיית יבמות: כאשר מצווה או איסור תלויים בזמן, הזמן אינו מתאר צדדי שלהם אלא מאפיין מהותי שלהם. עם חלוף הזמן החפץ אינו מקבל מאפיינים שונים אלא הוא עצמו נעלם, או מתחלף.

---

[121] לכאורה ניתן היה לטעון שכאן נעשתה מצוותה של הסוכה, ולכן היא חוזרת להיות חולין, כמו קרבן שנעשתה מצוותו. אמנם לא נראה לומר זאת, שכן בד"כ נעשתה מצוותו הוא מעשה שמפקיע את הקדושה, ולכן גם כאשר נעשית המצווה הפקיעה של הקדושה אינה בכדי, אלא באמצעות מעשה. אך כאן הפקיעה היא בתום זמן של שמונה ימים, ללא כל מעשה.

אפילו בהמתם של צדיקים אין הקב"ה מביא תקלה על ידה

הגמרא בפסחים קו ע"ב מביאה שר' ירמיה בר אבא אכל בשבת ורצה אח"כ לקדש, אף שהדבר אסור. ובתוד"ה 'אישתלי', שם:[122]

אישתלי וטעים מידי - מה שמקשי' השתא בהמתן של צדיקים אין הקב"ה מביא תקלה י"ל דהכא שהמאכל מותר אלא שהשעה אסורה אין שייך להקשות ובמקום אחר מפורש (גיטין ז.).

תוס' קובע שדבר שאיסורו הוא מצד הזמן ולא מחמת עצמו, שם לא נאמר העיקרון שהקב"ה לא מביא תקלה על ידי צדיקים או בהמתם. מה באמת ההבדל? האחרונים מסבירים שעבירה שהזמן גרמה אינה באמת עבירה אובייקטיבית. היא עבירה בגברא ולא בחפצא, ולכן מי שנכשל בה בשוגג לא קרה לו מאומה.

בדומה לזה, מסביר בעל **נתיבות המשפט**,[123] שעבירה דרבנן היא עבירה בגברא ולא בחפצא ולכן אם עשה אותה בשוגג אינו צריך כפרה. אחרונים רבים אחרים טענו כי מצוות ועבירות שהזמן גרמן הם איסורים בגברא ולא בחפצא.[124]

אמנם לפי דרכנו כאן נראה שעבירות ומצוות אלו הם בהחלט דינים בחפצא ולא בגברא, אך ה'חפץ' שעליו מוגדרות העבירות והמצוות הללו הם 'אדם פלוני בזמן נתון', או 'חפץ פלוני בזמן נתון'. הזמן נכנס כמרכיב מהותי לתוך ההגדרה ההלכתית של החפץ עצמו.

זה מוביל אותנו להגדרה דומה לזו שראינו לגבי היחס בין אירועים לבין זמן: ראינו שיש נסיבות, או אירועים, שהזמן אינו מציין חיצוני שלהם, אלא חלק מעצמותם. כעת אנחנו רואים שההלכה רואה גם בחפצים מסויימים את

---

[122] וכן הוא במקבילות. ראה בתוד"ה 'אם לא', חגיגה טז ע"ב, ותוד"ה 'השתא בהמתן', גיטין ז ע"א, ותוד"ה 'צדיקים עצמם', חולין ה ע"ב, ותוד"ה 'רבי נתן', שבת יב ע"ב ועוד.

[123] סי' רלד.

[124] ראה, לדוגמא, **אתוון דאורייתא**, כלל י.

נציין כי **האו"ש** שהבאנו לעיל מניח שיש הבדל בין איסורי דרבנן לבין איסורים שיסודם בזמן. נראה שהוא סובר, כמו אחרונים רבים נוספים, שאיסורי דרבנן גם הם איסורי חפצא ולא איסורי גברא, ושלא כדעת בעל **נתיה"מ**. אבל ביחס לאיסורים זמניים נראה ששניהם יכולים להסכים.

הזמן כחלק מהגדרתם המהותית, ולא רק מציין חיצוני בעלמא. לאור הדברים הללו, נוכל כעת לעבור להצעת המודל הרביעי עבור המכניזם של התנאי.

החפץ עליו פועל התנאי

ראינו שהתנאי 'אם' מחיל חלות מרגע קיום התנאי. ותנאי 'מעכשיו' מחיל את החלות מרגע המעשה, בתלות בקיום התנאי. סקרנו כמה וכמה קשיים בהבנת המכניזם של התנאי: כיצד אנו משהים את החלות? האם מדובר בתנאי עוקר או מתלה? מדוע לפי הרמב"ם יש דרישה למשפטי התנאי רק בתנאי 'אם'? מדוע בכלל דרוש החידוש שנלמד מבני גד וראובן לגבי תנאים? וכי אין זה פשוט שאדם שלא רוצה להחיל חלות לא יחיל אותה?

לאור מה שראינו עד כאן, עולה אפשרות נוספת להסביר את המכניזם של התנאי ד'אם'. כאשר אדם מגרש אישה אם היא תיתן לו 200 זוז בשבוע הבא, הוא מצמיד את הזמן לאישה: הוא בעצם לא מקדש אישה, אלא אישה בזמן נתון. מה שעושה התנאי הוא הצמדת הזמן והפיכתו לחלק מעצמותו של החפץ שעליו נעשה המעשה. בדוגמאות הקודמות התורה עצמה עשתה זאת. אבל בהתנייה של בני אדם, אין לנו כוח לעשות זאת אלא אם נשתמש בנוסח שקבעה התורה, עם כל משפטי התנאים.

לפי הסבר זה, החלות שנוצרת בעת עשיית המעשה כלל אינה מושהה. היא חלה מיידית על ה'חפץ' הרלוונטי, כלומר על החפץ בזמן העתידי המסויים (ה'חפץ' הרלוונטי הוא בעצם החפץ בזמן). אמנם אם התנאי לא מתקיים, אזי ההצמדה של הזמן לחפץ פוקעת, והחלות לא יכולה לחול עליו, שהרי כלתה קניינו (המעשה נעשה ונגמר כבר בעבר).

כאשר לא מתנים על פי משפטי התנאי, התנאי בטל ומעשה קיים. פירוש הדבר הוא שהחלות חלה על החפץ ללא כל מגבלות של התנאי. אמנם לפי דרכנו ייצא שהמעשה קיים כבר מעכשיו. כלומר אדם שקידש אישה בתנאי 'אם' לא כפול, היא מקודשת לו מעכשיו, ולא משעת התנאי, שהרי התנאי בטל, ולכן אין כבר שום משמעות לזמן ההוא. זוהי המשמעות של ביטול

ההצמדה בין הזמן לחפץ. החפץ חוזר להיות החפץ הרגיל, והזמן הוא מציין חיצוני. ומשעה שעשינו את המעשה החלות חלה על החפץ הפיסיקלי (לא ההלכתי: החפץ בזמן), ללא כל השהייה.

בחזרה לציר הזמן

במינוח שהצגנו בפרק השלישי בחלק הראשון, ניתן לומר שכל התמונה שמוצגת בפרק הזה מניחה תמונת זמן סטטית, כמו שרואה איינשטיין בתורת היחסות (לא כגישתו הדינמית של ברגסון, שמוזכרת שם). לפי תפיסה זו, כל ציר הזמן קיים באופן סטטי כל הזמן, ובכל רגע אנחנו בוחרים לאיזה מהרגעים על הציר שמונח בפנינו אנחנו מתייחסים.

לכן אנחנו יכולים בכל רגע נתון להתבונן על כל חפץ בכל רגענ של זמן, ולקבוע למה אנחנו מתייחסים. כל ה'חפצים' הללו מונחים זה בצד זה, והמעשה ההלכתי מתייחס אליהם כרצונו, בלי מגבלות סיבתיות וסדר זמני. לכן מעשה גירושין שנעשה ברגע X יכול להחיל את חלות הגירושין על האישה ברגע Y, שכן האישה בכל רגע היא יש אחר, והחלות רובצת על היש שמוגדר כ'אישה בזמן Y'. ניתן לעשות זאת בכל זמן, ולאו דווקא בזמן Y, ולכן יש כאן תפיסה שכל ציר הזמן מונח לפנינו ואנחנו מתמקדים באיזה חלק ממנו שנרצה – בדומה לגישתו של איינשטיין שתוארה למעלה בפרק השלישי.

פרק שנים-עשר

השלכות: אחריות פלילית תחת תנאי 'מעכשיו'

מבוא

מכיון שבספר זה אנחנו עוסקים בלוגיקה של זמן,ענייננו העיקרי הוא בתנאי שפועל למפרע. תנאי 'אם' נדון ונותח כאן רק כדי לתת רקע ואפשרות השוואה מול תנאי 'מעכשיו'. על כן, מכאן והלאה נדון רק בתנאי 'מעכשיו', לאור המודלים השונים אותם הצגנו.

בהקשר הזה, ניתן לומר ששני המודלים הרלוונטיים מבין אלו שאותם הצגנו, הם המודל האפיסטמולוגי של הרש"פ, שרואה את התנאי כמברר למפרע, והמודל האונטולוגי של הרש"ש, שרואה את התנאי כגורם סיבתי שפועל מכאן ולהבא למפרע.

פרק זה עוסק בשתי השלכות כלליות של היפוך הזמן בתנאים, כפי שהוא בא לידי ביטוי בשאלת האחריות הפלילית, או מה שמכונה בז'רגון ההלכתי שאלה של איסור והיתר. בדרך כלל, השאלות בהן עוסקות סוגיות התנאי הן שאלות משפטיות של תוקף והיקף החלות, כלומר ממתי והאם חלה החלות. כאן נעסוק בשאלות של איסור והיתר לעשות מעשים כלשהם במצב של חלות מותנה. אנו נראה שהתשובה לשאלת האחריות הפלילית תלויה במודל שאנו מאמצים עבור מכניזם התנאי.

נדגים כעת את שתי השאלות הללו דרך מקרה של גירושין בתנאי (גם הדיון בהמשך יעסוק בדוגמא זו). ראובן מגרש את לאה בתנאי 'על מנת שלא תשתי יין במשך עשר שנים'. השאלה הראשונה נוגעת לסטטוס בזמן הביניים: האם מותר ללאה להינשא בתוך עשר שנים מעת הגירושין, או שמא עליה לחכות עד שיתקיים התנאי? יש לזכור שבזמן זה היא נמצאת בספק, אם תשתה יין היא אינה מגורשת ונישואיה יהיו איסור כרת, ואם היא לא תשתה יין אז הנישואין אינם בעייתיים כלל. זוהי שאלת הסטטוס בזמן הביניים.

השאלה השנייה מתעוררת תחת ההנחה שהיא נישאה לאחר שנה, בין אם זה אסור ובין אם לאו (זו היתה השאלה הראשונה), ולאחר מכן אף נולדו לה ילדים. כעת, שמונה שנים אחרי הגירושין (בתוך תקופת התנאי), היא רוצה לשתות יין. ברור לגמרי ששתיית היין תגרום לביטול הגירושין מפרע מכוח התנאי, ולכן למפרע נישואיה הופכים לאיסור חמור, ואף ילדיה הופכים לממזרים. ועדיין יש מקום לדון האם שתיית היין בשלב זה מותרת לה או לא. גם אם שתיית היין אינה מותרת, יש מקום לשאול מדוע.

הסטטוס בזמן הביניים

לגבי המצב בזמן הביניים, השאלה היא כיצד עלינו להתייחס לסטטוס המשפטי בזמן שבין עשיית המעשה לבין קיום או ביטול התנאי. הסטטוס המשפטי הוא שקובע את האיסור וההיתר. מדובר כאן בפרק זמן שבו הסטטוס ההלכתי אינו ברור, והשאלה מה מותר או אסור לעשות בפרק הזמן הזה.

נתבונן באותה אישה שגורשה על מנת שתשתה יין בעוד עשר שנים. בזמן אחרי שחלפו עשר השנים הסטטוס שלה הוא ברור: אם היא שתתה – הגירושין שלה חלים, ואם היא לא שתתה – הגירושין אינם חלים. לפני מעשה הגירושין עצמו – ברור שהיא אשת איש לכל דבר. העמימות נוגעת רק לפרק הזמן שבין עשיית המעשה (מתן הגט) לבין קיום או ביטול התנאי (עשר שנים אחר כך). אנו שואלים כעת האם מותר לה להינשא בפרק הזמן הזה. התשובה לשאלה זו נובעת ישירות משני המודלים אותם הצגנו:

- ראינו שהרש״פ טוען שאין עמימות אמיתית (אונטולוגית) במצב זה, אלא רק ספק אפיסטמולוגי, כלומר ספק שקיים רק אצלנו. אנחנו איננו יודעים מהו המצב,[125] אך זה יתברר לנו בהמשך, לאחר שנראה

[125] יש שמתייחסים למצב כזה באמירה שכלפי שמיא גליא כבר כעת האם היא מגורשת או לא. אך הדבר תלוי בשאלה האם הקב״ה יכול לדעת את העתיד (לפחות זה התלוי בבחירה של בני אדם. ראה על כך בפרק השלישי). לכן אנחנו כאן לא נשתמש בביטוי הרווח הזה.

האם התנאי קויים או לא. לשיטתו, המצב כשלעצמו הוא חד משמעי.

לפי המודל הזה, אם היא שתתה יין אחרי עשר שנים, זה בירר למפרע שהיא לא התגרשה כלל, ולכן הוברר שאסור היה לה להינשא. ואם היא לא שתתה יין במהלך עשר השנים, אזי הוברר שהיא מגורשת מהתחלה, ולכן נישואיה היו מותרים.

מה, אם כן, עליה לעשות בפועל בתוך פרק הזמן הזה? האם מותר לה להינשא? התשובה לכך תלויה בשני סוגי שיקולים: דיני ספיקות וחששות דרבנן.

מחד, ישנם דיני ספיקות. על פי ההלכה, כאשר אדם נמצא בספק לגבי דין דאורייתא עליו להחמיר. לכן לכאורה היא חייבת להמתין עם נישואיה עד שהמצב יובהר. בפרק זמן הביניים יש מצב ספק ועליה להחמיר ולא להינשא.

מאידך, יש שטוענים כי מכיון שהדבר תלוי רק בה מותר לה 'להיכנס לבית הספק', כלומר להינשא גם בתוך הזמן, שכן היא תוכל לדאוג לכך שלא תשתה יין במהלך עשר השנים. הדבר תלוי אך ורק בה. במצב של ספק כזה אין צורך להחמיר. אחרים יטענו שאסור לה להינשא, שכן יש חשש שאולי היא לא תעמוד בכך ותשתה יין וגירושיה ייבטלו למפרע.

- לעומת זאת, הרש"ש סובר שהמעמד בזמן זה הוא צירוף של שני האספקטים גם יחד, ולא ספק, ולאחר קיום התנאי ישנה כאן 'קריסה' רטרואקטיבית לתוך אחת האפשרויות, מה שהוא מכנה 'מכאן ולהבא למפרע'.

לשיטתו, אסור לה להינשא בתוך הזמן שכן היא עדיין לא גרושה. הגורם לתחולת הגירושין הוא אי שתיית היין, וזה עדיין לא קרה. הדבר דומה למה שראינו למעלה כשתיארנו את שיטתו, שבגירושין בתנאי שלא תיבעל לפלוני אסור לה להיבעל לו (אף ששם אפילו אין ספק. לא ייתכן מצב של איסור, שהרי אם היא נבעלת לאותו פלוני –

בזה גופא היא הופכת להיות גרושה והמעשה הזה הוא מותר מיניה וביה. ובכל זאת, הרש״ש סובר שאסור לה להיבעל לו).

אם כן, המעמד בזמן הביניים נגזר ישירות מהמודל בו מדובר. לפי הרש״פ השאלה מוכרעת על פי דיני ספיקות וחששות דרבנן. ולפי הרש״ש בוודאות אסור לה להינשא (אמנם איסור קלוש). בפרק שלושה-עשר, לאחר שנצרין את שתי השיטות, נראה ששאלת המעמד בזמן הביניים אינה כה פשוטה, גם לא לשיטת הרש״פ.

ישנו דיון מורכב וענף מאד בסוגיות הש״ס השונות, ועוד יותר בראשונים, כיצד יש להתנהג בכל סוג של תנאי. הדיון הוא מסובך מפני שהוא מתייחס באופן שונה לכל סוג של תנאי. עולות שם הבחנות רבות ושונות בין סוגי התנאים. לדוגמא, ישנה הבחנה במי תלוי בתנאי: במתנה, או במותנה, באדם אחר, או בגורמי הטבע וכדו׳. עוד שאלה היא האם קיום התנאי תלוי בבחירה, האם סביר שהוא יתקיים וכדו׳.

כאמור, השאלות שעולות כאן, מעבר לעצם הגדרת התנאי (שתלויה במודלים השונים), הן בעיקר משני סוגים: חששות ודיני ספיקות, ולאו דווקא ללוגיקת התנאי עצמה.

בספר זה אנו כאן עוסקים בלוגיקת הזמן של התנאי, ומבחינה זאת אין לדיונים הללו חשיבות רבה. לוגיקת הזמן נוגעת אך ורק לשאלה מהו הסטטוס שלה, ומתוך כך מה מותר או אסור לה לעשות במצב כזה. החששות והספיקות שייכים לדיון אחר בתכלית, ולכן לא ניכנס כאן לפרטים ולשיטות הרבות בשאלת המעמד בזמן הביניים.

שאלת האחריות הפלילית בביטול התנאי

השאלה השנייה היא סבוכה יותר, וכמעט אין בסוגיות התלמוד ובראשונים התייחסות ישירה אליה. כאמור, היא עוסקת בשאלה הדואלית לשאלת המעמד בזמן הביניים. סוגיית זמן הביניים עוסקת בשאלה האם מותר לאישה להינשא בזמן שבין גירושיה לבין קיום התנאי. השאלה בה אנחנו עוסקים כאן היא השאלה ההפוכה: אם אותה אישה אכן הלכה ונישאה

בתוך הזמן (באיסור או בהיתר), האם מותר לה לשתות יין במהלך עשר השנים שאחרי גירושיה ונישואיה השניים. אין כל ספק ששתיית יין כזו תהפוך את יחסי האישות שלה עם בעלה לאסורים באיסור כרת, ואם נולדו להם ילדים הם יהפכו לממזרים. ועדיין יש מקום לשאול האם מותר או אסור לה לשתות את היין הזה. זוהי שאלה של אחריות פלילית, האם שתיית היין היא עבירה או לא? וגם אחריות כזו ישנה, מאיזה טעם ומקור?

כדי להבין טוב יותר את הבסיס לבעייה, נקדים ונאמר שבמקרה של תנאי רגיל, כלומר אדם שגירש אישה על מנת שלא תשתה יין עשר שנים, אין ספק שמותר לה לשתות יין, אלא שזה יהפוך אותה בחזרה לאשת איש (כלומר יבטל את הגירושין למפרע). אך אין בכך כל איסור. זה רק שינוי של סטטוס משפטי. ולפי זה יש מקום לומר שגם אם היא נישאת ויולדת בזמן שלפני כן, שתיית היין מותרת לה, ורק הסטטוס של הילדים ושל מעשה הנישואין לשני משתנים. הסיבה לכך היא ששתיית יין היא פעולה מותרת כשלעצמה, כפי שראינו ביטול תנאי הוא פעולה מותרת. אמנם כאן יש לכך השלכות הלכתיות, לגבי נישואיה ולגבי מעמד הילדים.

מחד, היא הופכת את ילדיה לממזרים ואת יחסי האישות שלה עם בעלה השני לאסורים. מאידך, האם יש איסור להפוך ילד לממזר? ברור שיש איסור על בעילה אסורה, וברור שהתוצאה שלה היא שהילד שנולד ממנה הוא ממזר. אבל כאן מעשה הפיכתו לממזר הוא שתיית יין ולא בעילה, וזהו מעשה מותר. הוא הדין לגבי יחסי האישות עם הבעל השני, שגם הם נעשו בהיתר. ברור שיש איסור להיבעל באיסור. השאלה כאן היא האם יש איסור להפוך בעילה שהיתה בשעתה מותרת לבעילה אסורה?

נקדים ונאמר עוד שאין ספק שאם שתיית היין הופכת את הילדים לממזרים ואת הבעל השני (ואותה עצמה) לעבריין, יש כאן איסור שבין אדם לחברו. כמו שאסור להזיק ולפגוע בזולת ברור שאסור להפוך אותו לממזר או לעבריין. אבל השאלה בה אנחנו עוסקים כאן היא האם יש בשתיית היין איסור של בעילה אסורה, ולא האם יש כאן איסור של בין אדם לחברו. זו

השאלה היחידה שנוגעת ללוגיקת הזמן שלנו, ולכן כאן אנחנו מתעניינים רק בה.

מהלך סוגיית גיטין

הגמרא בגיטין פד ע״א עוסקת בתנאי שהבעל מתנה עם אשתו המתגרשת 'על מנת שתינשאי לפלוני':

ת״ר: הרי זה גיטך ע״מ שתנשאי לפלוני - הרי זו לא תנשא, ואם נשאת - לא תצא.

מהלשון לא ברור האם הכוונה ברישא היא לא להינשא לאותו פלוני שהוזכר בתנאי, או למישהו אחר? אותה עמימות קיימת גם לגבי הסיפא (שאם נישאת לא תצא). הגמרא דנה בכך, ומביאה מחלוקת אמוראים לגבי זה. ראשונה מובאת דעת ר״נ:

מאי קאמר? אמר רב נחמן, ה״ק: הרי זו לא תנשא לו, שמא יאמרו נשיהן נותנין במתנה, ואם נשאת לאחר - לא תצא. ומשום גזרה לא מפקינן מיניה, ושרינן אשת איש לעלמא? אלא אמר רב נחמן, הכי קאמר: הרי זו לא תנשא לו, שמא יאמרו נשיהם נותנין במתנה, ואם נשאת לו - לא תצא, דמשום גזרה לא מפקינן.

ר״נ אומר שהאיסור הוא להינשא לאותו פלוני, וזהו איסור דרבנן מחשש שיאמרו שנותנים נשיהם זה לזה. ההסבר לכך הוא פשוט: אם היא הולכת ונישאת לו, מתברר כעת למפרע שהגירושין הקודמים חלו, ולכן הנישואין הם מעשה מותר.

נעיר כי על פניו פסק זה מתאים לגישתו של הרש״פ, שהרי הרש״ש הביא ראיה לשיטתו ממה שפסק **בשו״ע** שבתנאי 'על מנת שתיבעלי לפלוני' אסור לה להיבעל. כאן רואים שזה איסור דרבנן בלבד, אבל מעיקר הדין אין כל בעייה. אם כן, מבחינת לוגיקת הזמן המעשה הזה הוא מותר. מה שאסור הוא רק מחמת דיני ספיקות או חששות, בלי קשר למבנה הזמני של התנאי.

בסיפא של הברייתא מופיע שאם בכל זאת הלכה ונישאה לא תצא. הגמרא מקשה על דברי ר"נ, כיצד הוא מסביר שמדובר על מי שנישאה לאדם אחר, הרי היא עוברת על איסור אשת איש ובודאי חייבת לצאת ממנו. האפשרות להסביר זאת היא בהפקעת הקידושין שלה לראשון למפרע. כלומר בגלל החשש שיאמרו שנותנים נשיהם זה לזה, חכמים הפקיעו את הקידושין, ולכן אם היא נישאת לאחר לא תצא ממנו.

לבסוף הגמרא דוחה את זה, מפני שהיא מניחה שלא סביר שחשש מינורי שכזה גרם לחכמים לעקור קידושין (ראה תוד"ה 'אלא', שם). ולכן היא מסיקה שגם בסיפא ר"נ מפרש שמדובר באותו אדם עצמו. ומה שאם נשאה לו – לא תצא, זה מפני שהיא עברה רק על איסור דרבנן, אבל אין בנישואיה לשני בעייה דאורייתא.

כעת רבא מקשה על דברי ר"נ:

א"ל רבא: לו הוא דלא תנשא, הא לאחר תנשא, והא בעי קיומי לתנאה!

הוא מדייק מלשון הברייתא שאסור לה להינשא לאותו פלוני, ומשמע שלאחר – כן תינשא. וכעת הוא מקשה שלא ייתכן שמותר לה להינשא לאחר שכן היא עדיין לא קיימה את התנאי, והיא אשת איש (והפקעה כמובן אין כאן, כמו שהגמרא הסבירה למעלה).

כעת עולה האפשרות שאולי אכן מותר לה להינשא שהרי היא יכולה לקיים את התנאי ולהינשא לפלוני לאחר מכן (כשתצא מהבעל השני):

וכי תימא, אפשר דמינסבא היום ומיגרשה למחר ומקיימא לתנאה, ולהך דפליגת עליה דרב יהודה קמדמית ליה, דאתמר: קונם עיני בשינה היום אם אישן למחר, אמר רב יהודה: אל יישן היום שמא יישן למחר, ורב נחמן אמר: יישן היום ואין חוששין שמא יישן למחר.

הגמרא משווה זאת למחלוקת ר"י ור"נ לגבי נדרים (ראה להלן), שם רואים שלפי ר"נ אפשר לעשות מעשה שדורש את קיום התנאי, ולקיים את התנאי לאחר מכן. ור' יהודה חולק עליו בזה. אם כן, כאן ר"נ הולך לשיטתו, ולכן

גם כאן הוא מאפשר לה להינשא לאחר ולקיים את התנאי שתינשא לפלוני לאחר מכן.

הגמרא דוחה ואומרת:

הכי השתא, התם בדידיה קיימא, דאי בעי מבריז נפשיה בסילואתא ולא נאים, הכא בדידה קיימא לאיגרושי?

יש חילוק בין סוגייתנו לסוגיית נדרים, שבנדרים קיום התנאי הוא בידה, אבל כאן האפשרות להינשא לפלוני שהוזכר בתנאי אינה בידה (אלא בידי הבעל השני, אם הוא יחליט לגרשה). כבר הזכרנו את החילוק הזה בסעיפים הקודמים (כשעסקנו בשאלת האחריות הפלילית מהסוג הראשון).

הקושי בדיוק רבא בדעת ר"נ[126]

לכאורה דעת ר"נ היא שלאותו אחד אסור להינשא אבל אם נישאת לא תצא, משא"כ לאדם אחר אסור לה בכלל להינשא, ובודאי שאם נישאת אז תצא. כך הרי כותב רבא עצמו למסקנה, וכך הגמרא דוחה את האפשרות הראשונה בהסבר דברי ר"נ.

אך ממהלך הגמרא נראה שרבא בכל זאת מפרש את ר"נ אחרת: הוא מדייק מדבריו שלאחר תינשא לכתחילה כי יכולה לקיים את התנאי ולא חוששים שהתנאי לא יתקיים. הדיוק הזה, "הא לאחר תינשא", הוא תמוה מאד: הרי בשום מקום בברייתא או אצל ר"נ לא נאמר 'לא תינשא לו'. מה שכתוב הוא שבאופן כללי 'לא תינשא', ורק ר"נ מפרש זאת על אותו פלוני. אז מניין לנו לדייק מלשון הברייתא שלאחר כן תינשא? לשון הברייתא אינה כותבת 'לו', ור"נ הסביר בפירוש מדוע הוא מעמיד בנישאת לאדם המותנה עצמו ולא לאחר. הוא תולה זאת בסיפא, שברור שאם נישאת לאחר היא חייבת לצאת. אם כן, ברור שלשיטתו ברישא כשנאמר שלא תינשא, הדבר אמור גם על אדם אחר.

---

126 ראה מהרש"ל ומהרש"א **ופנ"י** כאן.

האפשרות שהיא יכולה להינשא לאדם אחר נדחתה אצל ר״נ בשלב הקודם בגמרא בדיוק מטעם זה עצמו, ולכן ר״נ שם חזר בו ופירש שהסיפא (״אם נישאת לא תצא״) מדברת על הפלוני עצמו ולא על אחר. אז כיצד כעת יכול רבא לדייק מדבריו את ההיפך: שלאחר תינשא לכתחילה?

הקושי הזה מאלץ אותנו לכאורה לפרש את הגמרא כך: בתחילה כשר״נ קרא את הסיפא של הברייתא על האחר, משמעות הדברים היתה שלא תינשא לו לכתחילה, אבל אם נישאת לא תצא. כלומר יש איסור לכתחילה להינשא לו, שכן התנאי שמסייג את הגירושין הוא בתוקף (ואין כאן הפקעת קידושין). ומתוך כך שאלו מדוע אם נישאת לו לא תצא. אבל כעת עולה אצל רבא האפשרות שלפי ר״נ תינשא לאחר ההוא לכתחילה, כלומר שהתנאי לא מעכב כלל, ולא רק שאם נישאת לא תצא. אמנם עדיין זה לא מחמת הפקעת קידושין, אלא בגלל שאלו גירושין בתנאי ואין חשש שהתנאי לא יתקיים. ובאמת אם זה כך אז בהכרח שמותר לה להינשא לו לכתחילה.

נראה שישנה כאן הנחה שקיום התנאי לא יכול להוות חשש שמעכב את הגירושין, כי זו מהות התנאי של 'על מנת', שהוא חל למפרע עוד לפני קיומו בפועל. החובה לקיים את התנאי מוטלת עליה, ולא ניתן לאסור זאת עליה.

בכל אופן קושיית רבא צריכה עיון רב, ונראה שרבא מנסה להעמיד באופן אחר את האפשרות הראשונה שנדחתה בדעת ר״נ, לפיה לר״נ היא יכולה להינשא לאחר, מתוך השוואה לדעתו בסוגיית נדרים. אמנם אחרי שרבא מבין כך את ר״נ, הוא דוחה את דעתו מכוח ההבחנה שבנדרים זה בידו וכאן זה לא בידה.

עד כאן ראינו את הבנתו של ר״נ בברייתא. רבא חולק על ר״נ, ומפרש אחרת את הברייתא:

אלא אמר רבא: הרי זו לא תנשא לא לו ולא לאחר, לו לא תנשא - שמא יאמרו נשותיהם נותנין במתנה, לאחר לא תנשא - דבעיא קיומיה לתנאה; ואם נשאת לו - לא תצא, דמשום גזרה לא מפקינן, לאחר - תצא, דבעיא לקיומיה לתנאה. תניא כוותיה דרבא: הרי זו לא תנשא לא לו ולא לאחר, ואם נשאת לו - לא תצא, לאחר - תצא.

193

לפי רבא לכתחילה לא תינשא לאותו פלוני מחשש דרבנן שיאמרו שנותנים נשותיהם זה לזה, ולאחר לא תינשא מדאורייתא. ולכן אם נישאה לאותו פלוני לא תצא ולאחר תצא.

סוגיית נדרים יד

כבר הזכרנו את המחלוקת בנדרים יד-טו לגבי קונם עיני בשינה. המשנה שם, יד ע"ב, קובעת:

מתני'. קונם שאני ישן, שאני מדבר, שאני מהלך, האומר לאשה קונם שאני משמשך – הרי זה בלא יחל דברו.

המשנה מחדשת שקונם חל על דבר שאין בו ממש (שאינו חפצא, אלא פעולה).

ובגמרא שם:

גמ'. איתמר: קונם עיני בשינה היום אם אישן למחר, אמר רב יהודה אמר רב: אל ישן היום שמא ישן למחר, ורב נחמן אמר: ישן היום, ולא חיישינן שמא ישן למחר; ומודה רב יהודה, באומר קונם עיני בשינה למחר אם אישן היום – שישן היום, כי לא מזדהיר – בתנאה, אבל באיסור מזדהר.

אם אדם אוסר על עצמו משהו היום אם יקרה משהו אחר מחר, נחלקו בזה ר"י ור"נ. אבל אם אוסר על עצמו את מחר אין איסור ליצור היום מצב שמחר יחול איסור, שכן מחר הוא יישמר מפניו.

אמנם האסימטריה הזו של ר"י לא ברורה: מדוע יש הבדל? לכאורה בה במידה הוא יכול לישון היום ולהיזהר מחר שלא יישן? ובאמת ר"נ משווה את שתי הסיטואציות הללו זו לזו.

לכאורה יש כאן הבדל בין תנאי לאיסור. במצב שמחר זה רק תנאי, האדם חושב שהיום הוא יישן ובזה לא עבר שום איסור. מחר הוא שוב יישן וגם בזה אין שום איסור. אלא שהשינה של מחר מבררת שאתמול הוא עשה איסור. האם שינה כזו יש בה איסור? לכאורה לא. מעשה השינה אינו אסור, אלא הוא רק הופך למפרע את השינה של אתמול לאיסור, אבל זה כבר

נעשה?! נמצא שאין כאן כלל איסור, ולכן יש חשש שזה יקרה. זוהי בדיוק דוגמת האחריות הפלילית בה עסקנו למעלה. כלומר אין איסור לבצע פעולה שהופכת פעולות שנעשו בעבר לאיסורים.

אמנם מלשון הגמרא בנדרים נראה שזה רק הבדל בדעת בני אדם, שיטעו לחשוב שיש הבדל בין תנאי לאיסור, ולכן יקפידו לא לעבור על האיסור ולא יקפידו לא לעבור על התנאי ולהפוך את המעשה שנעשה לאיסור. לפי הבנה זו, מבחינה הלכתית באמת יש איסור גם לישון מחר. ואכן הראשונים והאחרונים כאן בסוגיא הניחו אחרת.

ובכל זאת, במחשבה שנייה נראה שישנו גם מקום לסברא שגם הלכתית אין בזה שום איסור. לפי הצעתנו זו, אין איסור להפוך מעשה שנעשה אתמול בהיתר למעשה איסור, ולכן מותר יהיה לישון מחר גם אם הוא ישן היום.

בחזרה לדעת ר״נ בסוגיית גיטין

נשוב כעת לסוגיית גיטין. יש שם אישה שנישאה לאחר גירושי תנאי, ויש לה ילדים, וכעת היא עוברת על התנאי. האם יש בכך איסור? האם עשיית מעשה שהופך את ילדיה לממזרים היא מעשה איסור? אולי יש כאן איסור פגיעה בזולת, אבל לא איסור של בעילה אסורה או יצירת ממזרות.[127]

נעיר כי לפי הצעה זו, ייתכן שגם ההבחנה של ר״י היא הבחנה הלכתית אמיתית, ולא רק טעות של בני אדם.

לפי זה יש מקום להבין את דעת ר״נ בסוגייתנו, שמדמה את גירושי תנאי לנדר בתנאי. אכן ר״נ סובר שגם במקום שהתנאי הוא שתינשא לפלוני, ולכן הוא לא בידה (כי זה תלוי האם פלוני יגרש אותה או שימות לפניה), עדיין אין איסור להינשא לאחר. הסיבה היא לא שהתנאי ודאי יתקיים, אלא שגם אם הוא לא יתקיים היא לא עשתה איסור בפעולת הנישואין לאחר, וגם לא

---

[127] כעין זה אנו מוצאים בסוגיית שבת ג ע״א, שדנה במי שהדביק פת בתנור, והשאלה היא האם חובה עליו להוציאה מהתנור לפני שהיא נאפית כדי שלא יעבור על איסור אפייה בשבת.

באי קיום התנאי לאחר מכן. לפי הצעתנו זו בדעת ר״נ, אין בזה איסור גם אם התנאי לא יתקיים.

כאמור, רוב הראשונים הסבירו שהויכוח הוא בשאלה האם יש חשש או לא, והם כנראה שוללים את האפשרות שהעלינו כאן, לפיה יש היתר עקרוני לעבור על התנאי. אמנם אנחנו לא מכירים הסבר אחר להבנת רבא בדעת ר״נ, ולבעייתיות במהלך הסוגיא, כשרבא תוקף את ר״נ ושם בפיו עמדה שסותרת לגמרי את מה שר״נ עצמו הצהיר עליו.

אמנם גם לשיטת הראשונים הזו לא לגמרי ברור האם האיסור הוא המעבר על התנאי, או שהמעבר על התנאי מגלה שהמעשה הקודם (הנישואין והולדת הילדים) היה איסור. מסתבר שהאפשרות השנייה היא הנכונה.[128] אם כן, הקביעה ששתיית היין אינה איסור יכולה להיות מוסכמת על כולם.

ההנחה המטא-הלכתית בתמונה הזו

ראינו שלפי ר״נ יש מקום לסברא שאם אישה התגרשה על תנאי ונישאה לאחר, היא יכולה לבטל את תנאה אך שהיא הופכת בכך את ילדיה לממזרים ואת בעלה השני לעבריין.

תמונה זו מניחה שיש הבדל בין הטענה שנעשה איסור בעולם לבין הטענה שהאדם כלשהו עבר עבירה. מכאן עולה שקיומו של איסור הוא סוג של עובדה, ולאו דווקא שאלה של אשמה. במציאות ודאי יש כאן איסור, שהרי התנאי בירר למפרע שיחסי האישות שלה עם בעלה היו באיסור. אבל בכל זאת היא או בעלה השני לא עברו עבירה בשום שלב.[129]

---

[128] השלכה אפשרית היא לגבי הסטטוס של האישה בזמן הביניים: האם היא עבריינית מרגע הנישואין לשני או מרגע שתיית היין. לדוגמא, אם אותה אישה העידה בזמן שבינתיים (נניח לצורך הדיון שאישה כשרה לעדות), האם עדותה נפסלת לאחר שעברה על התנאי או לא. אם העבירה היא המעבר על התנאי, אזי בעת העדות היא עדיין אינה עבריינית. אבל אם העבירה היא המעשה הקודם, אזי בזמן העדות היא כבר עבריינית ועדותה פסולה.

[129] היחס בין עבירה לעבריינות אינו פשוט. ראה **ספר החינוך** מצווה סה (שמסביר מדוע נדרשת אזהרה בנוסף לעונש), ודיון מפורט יותר בסוף מאמר **מידה טובה** על השורש הי״ד, תשס״ח.

בחזרה למחלוקת הרש״פ והרש״ש

נראה כי העמדה לפיה מותר לאישה לעבור על התנאי גם אחרי שנישאה, יכולה להיאמר רק לדעת הרש״פ. לשיטתו המעבר על התנאי כשלעצמו אינו מעלה ולא מוריד, הוא רק מברר מה היה קודם לכן. לכן יש מקום לומר שהמעשה הזה אינו אסור, אלא הוא לכל היותר מברר שהמעשה הקודם היה איסור.

לעומת זאת, לפי הרש״ש ראינו שקיום או ביטול התנאי הוא שמחולל את התוצאה ההלכתית. אם כן, לשיטתו נראה שביטול התנאי הוא ודאי עבירה, שכן הוא זה שנחשב המעשה שמחולל את האיסור.

הבדל נוסף בין השיטות יצוץ גם אם נניח שלכל הדעות יש איסור בשתיית היין. עדיין השאלה היא מהו המעשה האסור? שתיית היין, או הבעילה לבעל השני? לפי הרש״פ המעשה הוא הבעילה לבעל השני, ולפי הרש״ש המעשה האסור הוא שתיית היין.[130]

במינוח אחר נאמר זאת כך: ראינו בח״א שביחס הסיבתי יש שלושה רכיבים שונים: הלוגי (הסיבה היא תנאי למסובב), הזמני (הסיבה קודמת למסובב) והפיסיקלי (=הגרימה). האחריות הפלילית היא על המעשה שמחולל את האיסור, כלומר היא נגזרת מהרכיב ה'פיסיקלי' של היחס הסיבתי בין המעשה לעבירה. ולכן שאלת האחריות הפלילית תהיה תלויה במחלוקת הרש״פ והרש״ש. הרש״ש שרואה בביטול התנאי גורם פיסיקלי לביטול החלות יכול לראות בזה עבירה. הרש״פ שרואה בזה רק תנאי לוגי אינו רואה בזה עבירה.

נעיר כי כפי שראינו למעלה, לדעת ר״נ אישה שמתגרשת בתנאי שתינשא לפלוני, אסורה להינשא לו רק מדרבנן. הערנו שם שזה מתאים להבנת רש״פ במנגנון התנאי. לעומת זאת, לפי הרש״ש האיסור הוא מן התורה, שכן היא עדיין לא מגורשת. הרי לנו שר״נ לשיטתו סובר שתנאי הוא אפיסטמולוגי ולא אונטולוגי, ולכן הוא גם לא רואה איסור במעבר על התנאי. כפי שראינו

[130] ראה בהערה שלפני הקודמת את ההשלכה לגבי פסול עדות.

כאן, גם הקביעה שאין איסור במעבר על התנאי מניחה את התמונה של הרש״פ.

לסיום נחזור ונזכיר שגם מי שכן רואה איסור בשתיית היין של האישה, זה יכול להיות איסור מדין בין אדם לחברו (הפיכת הילדים לממזרים והבעל לעבריין), ולא איסור ערווה של בעילה אסורה. אמנם בסוגיית נדרים אין אפשרות כזו, שכן אי השינה אינה איסור כשלעצמה. אם שם ישנו איסור לישון ביום שלמחרת, זהו ודאי איסור לעבור על נדר (״לא יחל דברו״) ולא איסור אחר.

פרק שלושה-עשר

הלוגיקה של התנאי – הצרנות

מבוא

בפרק זה נעסוק בהצרנה הלוגית של המכניזמים של התנאי אותם פגשנו. כפי שראינו, לוגיקת זמן רלוונטית רק לתנאי 'מעכשיו'. לגבי תנאים אלו הצגנו בפרקים הקודמים רק שני מודלים רלוונטיים: זה של הרש"פ (האפיסטמולוגי) וזה של הרש"ש (האונטולוגי). לאור מה שראינו בפרק הרביעי, רק המודל של הרש"ש שמדבר על היפוך סיבתי של הזמן, מעורר את הבעיות הלוגיות והמושגיות העמוקות ביותר. אנו נשתמש כאן בתוצאות אותן הצגנו בחלק הראשון בפרק החמישי, שם ראינו שתי תמונות שונות של חזרה אחורה בזמן. כאן נראה ששתי התמונות הללו מתאימות בדיוק לשתי הגישות שהוצגו לגבי תנאים: זו של רש"פ וזו של רש"ש.

שני המודלים הבסיסיים

ראינו שכאשר ניגשים להצרנה לוגית של תנאים, הסטטוס של החפץ תלוי בזמן בו שואלים את השאלה. לדוגמא, כאשר אדם מגרש את אשתו בתנאי שהיא תשתה יין בעוד שנה, אזי אם נשאל האם היא בסטטוס של מגורשת כאשר חלפו חודשיים, התשובה תהיה תלויה בעיתוי בו אנחנו שואלים את השאלה. במהלך אותה שנה התשובה היא מסופקת, ואילו לאחר שחלפה השנה התשובה תהיה וודאית, בתלות בקיום או ביטול התנאי (אם היא שתתה – התשובה תהיה חיובית, ואם לא – התשובה תהיה שלילית). כלומר לגבי הסטטוס באותו רגע של זמן יש תשובות שונות.

כאמור, המשמעות של הכפילות הזו היא שונה בשני המודלים שפגשנו:

- אצל הרש״פ המשמעות היא אפיסטמולוגית, כלומר התנאי מברר לנו מידע שהיה נכון גם קודם לכן, ולא מחולל שינויים למפרע. זה מה שנקרא ׳גילוי מילתא׳.
- אצל הרש״ש המשמעות היא אונטולוגית. קיומו וביטולו של התנאי מחולל סיבתית מצב שונה, והשינוי נעשה גם אחורה בציר הזמן. זה לא גילוי מילתא גרידא.

ניטול כדוגמא את המקרה שדרכו הדגים הרש״ש את ההבדל בין שתי השיטות: אדם גירש את אשתו ׳על מנת שתיבעל לפלוני׳. לפי הרש״פ זה אמור להיות מותר, ולרש״ש זה אסור.

די ברור שהדבר משקף את העובדה שמבחינת הרש״פ אין זיכרון לתהליך התנאי. כלומר אחרי שהיא נבעלה לפלוני הוברר למפרע שהיא היתה פנויה כשעשתה זאת, ולכן המעשה הוא מותר. לאחרק שהמעשה נעשה אנחנו לא ׳זוכרים׳ שברגע קודם המעשה היא היתה אשת איש. הסיבה לכך היא שאותה אישה באמת לא היתה אשת איש, אלא שאנחנו לא ידענו זאת. זוהי תמצית התפיסה האפיסטמולוגית.

לעומת זאת, לפי הרש״ש התמונה היא אונטולוגית. כלומר האישה היא באמת אשת איש ברגע שלפני הבעילה, וזה לא משתנה גם אחר כך. אמנם לאחר הבעילה נוצר מצב חדש שבו האישה הופכת לגרושה למפרע. אבל יש לנו זיכרון גם במצב הזה, ולכן ברגע הבעילה אנחנו עדיין מתייחסים לזה כאיסור. זה לא השתנה, וזו תמצית המכניזם של ׳מכאן ולהבא למפרע׳.

משמעות התיאורים הללו היא שהמודל של הרש״פ הוא המודל של מסלולים מקבילים. לשיטתו ביצוע התנאי מעביר אותנו למסלול אלטרנטיבי, ובו יש היסטוריה שונה. במקרה הנ״ל, אם אותה אישה נבעלה לפלוני, היא נמצאת על מסלול שבו כבר ברגע מתן הגט היא התגרשה. ממילא ברור שבמסלול הזה כאשר אנחנו דנים האם היא עברה איסור בבעילה – התשובה היא שלילית. ברגע הבעילה היא היתה פנויה. אמנ ם לא ידענו זאת באותו רגע, אבל זה הוברר לנו לאחר שהיא נבעלה.

ראינו שבתמונה של מסלולים מקבילים אין לתהליך 'זיכרון', שכן כשאנחנו נמצאים במסלול b אין לנו בזכרוננו את ההיסטוריה שהתרחשה במסלול a. ובמסלול b מדובר באישה שהתגרשה כדין, ממילא אין שום איסור להיבעל. לפני המעבר היה איסור, אבל הוא היה רק מחמת הספק. כעת המצב ההוא כבר לא קיים יותר, כי הספק הותר, ואנחנו מבינים שהמסלול בו אנחנו נמצאים ופועלים הוא b.

לעומת זאת, לפי הרש"ש התמונה היא של זמן דו-ממדי: (τ, t). כפי שראינו זוהי תמונה עם זיכרון. גם לאחר הבעילה, הזמן t מתקפל אחורה, אבל הזמן τ ממשיך לזרום כל הזמן קדימה. לכן הסטטוס בזמן τ שלפני הבעילה נותר בעינו. השינוי קורה בזמן τ שונה, כאשר חזרנו שוב לאותו זמן t. לכן לפי הרש"ש האיסור נותר בעינו.

כעת נפרט יותר את שני המודלים, ולאחר מכן נראה את כל ההשלכות ההלכתיות שלהם.

התמונה לפי רש"פ: מסלולים מקבילים עם זמן בודד

כפי שראינו בפרק החמישי, התמונה של מסלולים מקבילים מורכבת מאוסף מסלולים שנעים כל הזמן קדימה בזמן. כל מסלול מתאר סדרת התרחשויות שונה לאורך ציר הזמן כולו. סדרת האירועים מתוארת על ידי פונקציה של הזמן (בהינתן הזמן היא מוציאה את מצב העולם בזמן זה), ויש אינדכס שמסמן כל אחד מהמסלולים, ולכן גם כל אחת מהפונקציות. אוסף הפונקציות הוא: $f_i(t)$ כאשר $i=a,b,c\ldots$.

אדם כלשהו נמצא על מסלול $f_a(t)$, ובזמן כלשהו הוא עובר למסלול $f_b(t)$. כך הוא כמובן משנה את ההיסטוריה שלו, שכן הפונקציה b מתארת סדרת התרחשויות שונה על ציר הזמן גם בעבר. כפי שהסברנו שם, האדם לא עובר להימצא בעצמו בעבר, אלא עובר למסלול אחר בהווה, אבל למסלול האחר יש היסטוריה שונה, וכך דה-פקטו משתנה העבר.

201

כעת נתאר את התנאי. אדם מגרש את אשתו בזמן t=0, בתנאי 'על מנת שהיא לא תשתה יין במשך עשר שנים' (כלומר עד t=10). בסיטואציה הזו מעורבים שני מסלולים רלוונטיים:

- $f_a(t)$ – מתאר את ההתרחשויות בהנחה שמתקיים התנאי (היא לא שותה יין במהלך עשר השנים). במסלול זה היא מגורשת מרגע t=0, ולא שותה יין כל הזמן.

- $f_b(t)$ – מתאר את ההתרחשויות בהנחה שהיא כן שתתה את היין. במסלול זה היא אינה מגורשת כל הזמן.

כעת התמונה מסתבכת. אותה אישה נישאת לאחר שנתיים (t=2), ולאחר עוד חמש שנים (t=7) נולדים לה ולבעלה השני שני ילדים.

- הפונקציה $f_a(t)$ מתארת את המסלול a, שבו האישה מגורשת, מתחתנת כדין ונולדים לה שני ילדים כשרים. הכל טהור וכשר.

- לעומת זאת, הפונקציה $f_b(t)$ מתארת את המסלול b, שבו האישה אינה מתגרשת, היא מנסה להתחתן אך זה לא תופס (כי היא אשת איש). יחסי האישות עם בעלה השני הם איסור ערווה שבכרת, והילדים שנולדים להם הם ממזרים. לבסוף היא שותה יין.

שני המסלולים הללו מתארים התרחשויות פיסיות זהות לחלוטין. מעשה נתינת גט, מעשה נישואין והולדת ילדים. יש הבדל ביניהם במישור ההלכתי-משפטי. במסלול הראשון המעשים מקבלים סטטוס כשר ותקף, ובמסלול השני אותם מעשים עצמם מקבלים סטטוס של עבירות וממזרות.

אמנם ישנו הבדל בין המסלולים גם במישור הפיסי, וזאת רק בזמן t=10, ביחס לשתיית היין (במסלול a אין אירוע של שתיית יין, ובמסלול b יש). הפונקציות הללו מתארות אירועים פיסיים ומשמעויות הלכתיות. הפונקציה מתארת גם מה נעשה וגם את התוצאה ההלכתית של מה שנעשה. השינויים בין הפונקציות הם בשני המישורים: גם בתחום הפיסי (במקרה זה רק לגבי

אירוע שתיית היין), וגם בתחום ההלכתי-משפטי (האם הנישואין השניים תקפים, האם יחסי האישות הם איסור, והאם הילדים מהשני הם ממזרים). התמונה של רש״פ היא הבאה: כאשר אדם נותן גט, הוא יוצר שני מסלולים שמתקדמים במקביל עם הזמן לכיוון העתיד. כל עוד האישה נמצאת לפני זמן t=10, אין הכרעה באיזה מסלול אנחנו נמצאים. מצבה המשפטי הוא כמו החתול של שרדינגר[131], כלומר היא נמצאת בסופרפוזיציה של שני המסלולים. כאן זה מתאר רק אי ידיעה שלנו ולא מצב סופרפוזיציה אמיתי. כאשר מגיע הזמן t=10 האישה קובעת על איזה מסלול היא מתמקמת (אם היא שותה יין היא עברה בזה למסלול a, ואם היא לא שתתה יין היא עברה למסלול b). התנאי הוא שמאפשר לה לעבור בין המסלולים על ידי מעשיה.

במקרה שהיא שתתה יין, היא מוצאת את עצמה על מסלול b, וכשהיא מתבוננת אחורה כדי לדעת מה הסטטוס שלה, היא מגלה שבעבר היא כלל לא התגרשה (ולכן נישואיה השניים אינם תקפים, וילדיה ממזרים). כעת התברר לה מה היה בעברה. עד t=10 היא פשוט לא יודעת שהיא על המסלול הזה, והדבר מתברר לה רק אחרי שתיית היין. אם היא לא שתתה יין התברר לה שהיא כן התגרשה, והיא על מסלול a.

במקרה זה ההיסטוריה אכן מתגלה מהעתיד למפרע, אבל זה לא נעשה על ידי חזרה לעבר, אלא על ידי קביעת מסלול שעליו נמצאים. יתר על כן, אין כאן השפעה סיבתית מעתיד לעבר, כמו שראינו אצל הרש״ש, שכן שתיית היין אינה עוקרת את הגירושין. היא רק מגלה שמעולם לא היו גירושין. ואי שתיית יין לא מחילה את הגירושין אלא מבררת שהם נעשו ברגע מתן הגט. זהו היפוך זמן אפיסטמולוגי, ולא אונטולוגי, וזהו המודל של הרש״פ.

יש כאן דמיון למצב בו המידע כבר קיים ב-t=0, ורק אנחנו לא יודעים אותו. לדוגמא, אם אדם נותן גט בתנאי שילדו חולה, והבדיקות הרפואיות כבר נעשו אלא שהוא לא יודע את התוצאות. התוצאות מגיעות אליו למחרת, ואז

---

[131] ראה בחלק הרביעי במבוא למושגים במכניקת הקוונטים.

מתברר שכבר לפני שבוע הילד היה חולה. במקרה כזה ברור שהמידע היה קיים, ושום דבר לא נקבע סיבתית מהעתיד לעבר. רק התגלה מידע שהיה חסוי. במקרה שלנו המצד מעט שונה, אבל לא מהותית. המידע עדיין לא קיים, ולא רק שאני לא יודע אותו. אבל האירוע העתידי מברר למפרע את המידע, וכעת מתגלה לי המצב. עדיין התהליך הוא אפיסטמולוגי, ולא אונטולוגי.

במונחים שהוגדרו בפרק הרביעי, המקרה של הילד החולה הוא הסוג הראשון של ההיפוך בזמן (שהמידע כבר קיים). המצב בתנאי לפי התמונה של הרש״פ הוא הסוג השני של היפוך בזמן. שם הבאנו את הדוגמא של מי שכתב גט לשם איזו מנשותיו שתצא בפתח תחילה מחר בבוקר. המידע עדיין לא קיים בעת מתן הגט, אבל האירוע של מחר רק מברר מה היה המידע הרלוונטי להיום. אין כאן גרימה סיבתית אחורה בזמן, שכן יציאת הנשים אינה המעשה שמחיל את הגירושין, אלא מתן הגט עושה זאת. יציאת הנשים למחרת רק קובעת לשם איזו אישה הגט נכתב אתמול. בדיוק כמו שתיית היין אצלנו, שרק קובעת מה היתה משמעותו של מעשה נתינת הגט בזמן $t=0$. למעשה שתיית היין היא מעשה של בחירה של אדם, ולכן היא שייכת לסוג השלישי של ההיפוכים בזמן, אבל בינתיים עוד לא חילקנו בין הסוגים הללו. אנחנו עדיין במישור האפיסטמולוגי.

זהו התהליך של איגלאי מילתא למפרע, שבו רק נחשפת בעתיד אינפורמציה על העבר, בין אם היא היתה קיימת בפועל בעבר (כמו במקרה של הילד החולה) ובין אם לאו (כמו במקרה של שתיית היין).

הפונקציה i(t)

כפי שהזכרנו, בתמונה של המסלולים המקבילים הקיפול של ציר הזמן בא לידי ביטוי בפונקציה $i(t)$, שמתארת את מעבר המסלולים על פני ציר הזמן. במקרה של התנאי דלעיל, אם האישה שתתה יין בתוך עשר השנים, אזי הפונקציה הזו נראית כך:

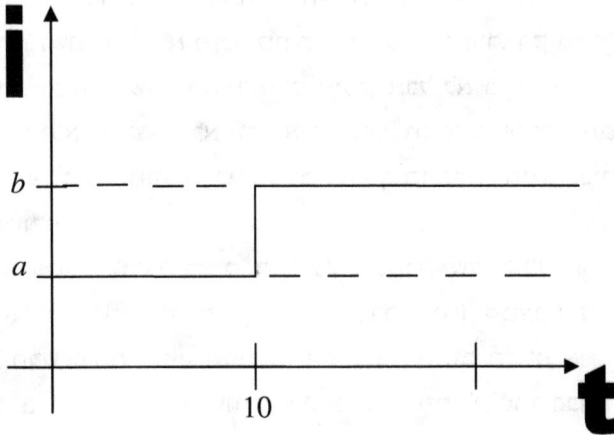

כאשר המסלול התחתון הוא a והעליון הוא b. הקווים המקווקווים מסמנים היסטוריה וירטואלית. כלומר ברגעים עד t=10 היא רואה עתיד שהוא הקו המקווקו למטה. וברגעים שאחרי t=10 היא רואה עבר, לא כפי שהיה אלא כפי שמסמן הקו המקווקו שלמעלה.

אם היא לא שתתה יין, אזי היא ממשיכה להיות על מסלול a, ולכן התמונה היא הבאה:

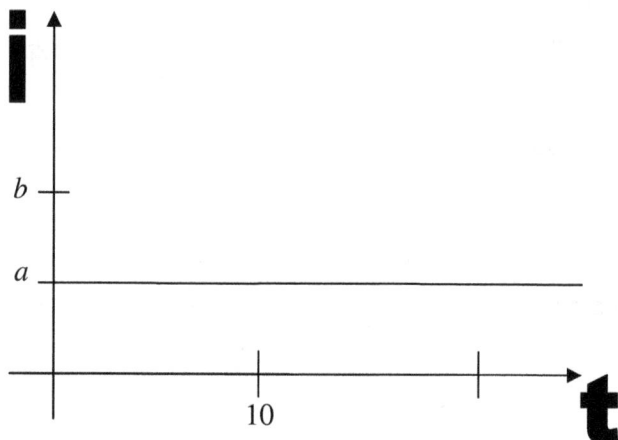

ניתן לראות שבתמונה הזו אין שני צירי זמן, אלא שני מסלולים. הקיפול הוא במעבר בין מסלולים שונים ברגע שתיית היין.

התמונה לפי רש"ש: מסלול בודד עם זמן דו-ממדי

ראינו שלפי רש"ש ישנה השפעה סיבתית אחורה בזמן. כלומר לא מדובר כאן במעבר להיסטוריה אלטרנטיבית, אלא במודל עם זמן דו-ממדי ועם זיכרון. בהמשך נראה שזהו המודל הנכון לפי רש"ש, גם לפי ההשלכות ההלכתיות שמתקבלות מהמודל הזה.

בתמונה זו ההיסטוריה מתוארת כפונקציה של זמן פנימי τ, שזורם כל העת קדימה. במקביל אליו זורם הזמן החיצוני t. כל מצב העניינים בעולם מתואר על ידי הפונקציה $F(t, \tau)$, כך שכל צמד ערכי זמן קובע חד ערכית את מצב העניינים. האירועים החיצוניים תלויים אך ורק בזמן t, ולאחר קיפול ציר הזמן כשחוזרים לאותם זמנים t, האירועים שמתרחשים הם אותם אירועים שכביכול מתרחשים שוב. אבל המשמעות ההלכתית-משפטית שלהם עשויה להיות תלויה גם ב- τ.

משמעות הדבר היא שניתן לעשות מה שקרוי במתמטיקה 'הפרדת משתנים' לפונקציה של התנאי, באופן הבא:

$$F(t, \tau) = R(t) \times N(\tau)$$

הפונקציה R מתארת את המציאות (reality), כלומר את האירועים הפיסיים, והיא תלויה באופן חד ערכי בזמן t (ולכן אין צורך להכניס כאן תלות ב- τ). הסיבה לכך היא שגם אם אנחנו דנים בזמני τ שונים, כל עוד ה- t הוא זהה האירועים הפיסיים הם זהים. בזמן מסויים היא מתגרשת, שותה יין, נישאת מחדש, או שנולדים לה ילדים. האירועים הללו חוזרים גם בסבב השני של ציר הזמן (אחרי הקיפול) כאשר אנחנו חוזרים לאותם זמנים (ב- τ שונה).

הרב ערכיות של התלות ב- t נוצרת רק כשדנים במשמעות המשפטית-הלכתית של המעשים הללו, כלומר האם הנישואין חלו או לא, והאם הילדים ממזרים או לא. לכך בדיוק מיועדת הפונקציה N (normativity), שמתארת את המצב המשפטי-הלכתי. היא זו שמכניסה את הרב ערכיות של התלות ב-t, ולכן היא תלויה ב- τ (כדי לדעת מהו הסטטוס ההלכתי-משפטי יש לדעת את τ ולא די ב- t).

כעת נשוב לדוגמא של הגירושין: אדם נותן גט לאשתו בזמן {$\tau = 0$, $t = 0$}, בתנאי 'על מנת שלא תשתה יין במשך עשר שנים'. מטרתנו היא לתאר מצב שבו ציר הזמן מתקפל בנקודה $\tau = 10$, ואז שתיית היין או אי שתייתו תקבע מה יתנהל משם והלאה. הפונקציה למקרה זה מתוארת באופן מילולי כך:

בעשר השנים הראשונות שני צירי הזמן מתקדמים זה במקביל לזה (יש לשניהם אותם ערכים בדיוק). לאחר עשר שנים, אם היא לא שותה את היין היא נעשית מגורשת, ואם היא שותה את היין היא אינה מגורשת. הזמן τ ממשיך להתקדם כל העת, אבל ברגע $\tau = 10$, יש קיפול בציר הזמן, ו- t חוזר בחזרה ל-0.

207

מרגע זה, הערכים של שני הזמנים נפרדים, ו- τ ממשיך לזרום קדימה ל-11 ואח"כ ל-12 וכן הלאה. לעומת זאת, t חוזר להתקדם מ-0 ל-1 ול-2 וכן הלאה.

אם נרצה לתאר את הסטטוס של האישה, ניתן לעשות זאת כך: בזמנים בהם $\tau > 10$, האישה עם שני צדדים תלויים, היא גם מגורשת קלושה וגם אשת איש קלושה (כי שני הצדדים תלויים בביצוע או ביטול התנאי, כפי שראינו בדעת הרש"ש). זוהי סופרפוזיציה קוונטית, כמו החתול של שרדינגר, אלא שבניגוד לרש"פ כאן מדובר על מצבה האמיתי של האישה ולא רק על מצב הידע שלנו אודותיה. כאמור, רש"ש רואה זאת כתיאור אונטולוגי (ולא אפיסטמולוגי כמו שרואה זאת רש"פ).

כאשר $\tau =10$ יש פיצול: אם היא שתתה יין היא הופכת להיות אשת איש, ואם היא לא שתתה יין אז היא הופכת להיות גרושה, וכל זה קורה למפרע. אצל הרש"ש השתייה או אי השתייה מחוללים את התוצאה ולא מבררים אותה. זוהי תוצאת הקיפול של ציר הזמן.

אם כן, כאשר נתון לנו זמן ספציפי, לדוגמא t=3, לא ניתן לענות על השאלה האם היא מגורשת או לא. וגם לא על השאלה האם ילדיה ממזרים והאם היא נשואה בשנית. הדבר תלוי בערכו של τ, שאם הוא מתחת ל-10 התשובה היא ששתי החלויות חלו באופן קלוש, ואם הוא מעל 10 התשובה היא שהיא מגורשת או אשת איש לפי מה שהיא עשתה עם היין.

כיצד מתבצעים הגירושין לאחר הקיפול? לאחר שהזמן t חוזר ל-0, אנחנו נמצאים בעולם חיצוני שבו האישה מקבלת כעת גט (הרי כל הנתונים של העולם החיצוני הם כמו ב-t=0 המקורי). מה שמשתנה כעת הוא רק העובדה שיש מאחורינו כבר עשר שנות זמן פנימי τ. כעת מתחיל כל התהליך ההיסטורי מחדש, האישה מקבלת גט (אמנם כעת כבר אין משמעות לתנאי, כי התנאי כבר קבע את מה שקורה כעת), לאחר מכן היא נישאת ויולדת, ולבסוף היא שותה או לא שותה יין. זה בדיוק מה שהיה בסבב הקודם, אלא שכעת יש הבדל אחד: שתיית היין או אי שתייתו לא משנות מאומה, כי

המצב כבר נקבע קודם, בזמן 10 =τ. אם כן, כאשר נחזור מחדש לזמן t=10 (והפעם ב-20= τ), שתיית היין אינה עושה מאומה. ציר הזמן לא מתקפל שוב. יתר על כן, מעשה הקידושין של השני כעת כבר תופס, כלומר התוצאות ההלכתיות שלו חלות (שלא כמו בסבב הראשון). הוא הדין לגבי נישואיה לשני ולידת הילדים.

אם כן, ישנם שני שלבים בתהליך הזה על פני ציר ה- τ :

- השלב הראשון : $0<\tau<10$.
- השלב השני שבו ההיסטוריה החיצונית חוזרת על עצמה: $20>\tau>10$, אבל כאן כבר קבועות התשובות לשאלות הסטטוס ההלכתיות-משפטיות.

בשני השלבים הללו הזמן t הוא מקביל, ומתקדם בין 0 ל-10, ולכן האירועים החיצוניים, שתלויים רק ב- t, הם מקבילים. אם כן, בשלב השני יש מתן גט, יש נישואין לשני ונולדים ילדים, ויש גם שתיית יין, שהרי האירועים הפיסיים הם זהים בשני הסבבים (אירועי העולם תלויים רק ב- t). אבל בשלב השני שתיית היין אינה משנה מאומה מבחינת הסטטוס המשפטי. לכן ברור שבשפה הזו, מה שנקבע בסוף הקטע הראשון, 10= τ, הוא שקובע את התוצאות ההלכתיות-משפטיות של המעשים הפיסיים (נתינת הגט מהראשון, קבל קידושין מהשני, הולדת הילדים מהשני), לגבי האישה, בעלה וילדיה.

משמעות התמונה הזו היא שההתנייה תולה את המצב של האישה בזמן 10= τ, ולא בזמן 10= t. ניתן לראות זאת דרך העובדה שכשהיא חוזרת שוב לאותו 10= t (אבל הפעם עם 20= τ), לשתיית היין אין שום משמעות הלכתית, בגלל ש- τ השתנה. כלומר ההתנייה תולה את המצב שלה בשתיית יין בזמן τ כלשהו ולא בזמן t.

הפונקציה $t(\tau)$

הקיפול של ציר הזמן בתמונה הזו מתואר על ידי הפונקציה $t(\tau)$, שנראית בדוגמא הזו כך (הצגנו גרף מסוג כזה כבר בפרק ה):

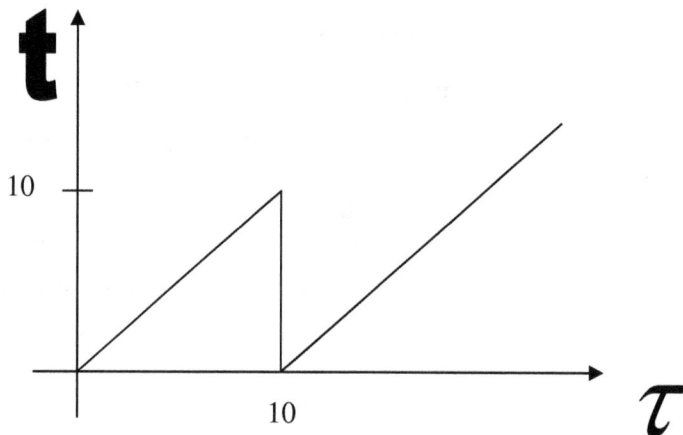

בזמנים שעד $\tau = 10$ שני הזמנים הם בעלי אותו ערך (ולכן שיפוע הגרף הוא 45 מעלות). בזמן $\tau = 10$ קורה קיפול, שבו הזמן החיצוני t חוזר להיות 0, וממשיך להתקדם משם באותו קצב של τ.

רק כדי לחדד את משמעות השפה הזו, נשאל כעת מה גילם של בני הזוג בסוף התהליך? האם הם עברו 20 שנה או 10 שנים? הגיל ביולוגי שלהם הוא אירוע בעולם החיצוני, וככל אירוע פיסי הוא תלוי ב-t ולא ב- τ. לכן בסוף התהליך הם התבגרו ב-10 שנים, ולא ב-20 שנה. עשר השנים השניות הם מעבר וירטואלי מחודש על פני אותו ציר זמן, אבל אין לו ביטוי בעולם המעשי.

יש לזכור שאנחנו עוסקים כאן בחזרה נורמטיבית על פני ציר הזמן, ואם פיסיקאי ישתמש במודל הזה לתאר חזרה פיסית בציר הזמן, התשובה לשאלות הללו עשויה להיות שונה. בחזרה פיסיקלית בזמן, גם האירועים הפיסיקליים עשויים להיות תלויים בזמן τ ולא רק ב-t. אנחנו מניחים שפיסיקלית לא ניתן לחזור בזמן, ולכן האירועים הפיסיקליים תלויים ב-t

ולא ב-‏ τ . החזרה בזמן רלוונטית אצלנו רק למישור הנורמטיבי-הלכתי-משפטי.

בחזרה לתמונת התנאי לפי רש״ש

אנחנו רואים שיש שני ערכי‏ τ ‏שבהם יש אותו ערך של t, ולכן הפונקציה אינה יכולה להיות מוגדרת במונחי t, ועלינו להגדיר אותה במונחי‏ τ . מכיון ש-t עצמו הוא פונקציה של‏ τ , אזי ניתן להגדיר את הפונקציה F כולה במונחי‏ τ , כך:‏ $F[t(\tau),\tau]$.

התמונה הכוללת מתוארת בגרף הבא (העליון הוא המקרה שהיא לא שתתה את היין והתחתון הוא אם היא שתתה יין)‏:[132]

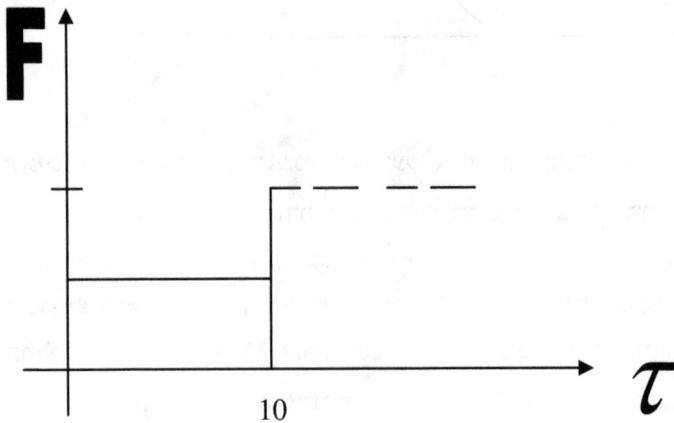

המצב העליון הוא מגורשת, התחתון אינה מגורשת, והאמצעי הוא מצב הסופרפוזיציה.

_____

[132] הציר האופקי של הגרפים הוא‏ τ , מפני שלא ניתן לתאר את הפונקציה F על פני הציר t. התלות ב-t אינה חד ערכית, ולכן אין כאן פונקציה.

211

ההבדל בין התיאור הזה לקודמו הוא שבזמנים שאחרי $\tau = 10$ נוצר מצב של גירושין, אבל זה לא קורה למפרע ב- τ , אלא למפרע ב- t. בתמונה הזו המצב ברגעים שלפני קיום התנאי נשמר כהיסטוריה על פני ציר τ , ולא משתנה.

מה קורה לגבי ילדיה מהשני, יחסי האישות שלה עמו ותקפות הנישואין שלהם? ברור שהדין אמור להיגזר מדיני תנאי, ולכן הרש״ש חייב להראות שגם לפי המודל שלנו מתקבלת התוצאה ההלכתית הנכונה עבור תנאי ׳מעכשיו׳. כלומר שאם היא שותה יין הילדים ממזרים ונישואיה אינם תקפים.

כיצד מתקבלות התוצאות הללו בתמונה שהצענו כאן? נתאר את האופציה שבה היא לא שותה יין, ולכן גירושיה חלים למפרע. יחסי האישות עם בעלה השני התקיימו בזמן {$t=2$; $\tau =2$ }. בזמן זה היא לא היתה גרושה ולכן היה כאן איסור. אבל אנחנו שואלים מה הסטטוס של אלו לאחר שחלף הזמן $\tau = 10$, וחזרנו שוב לזמן $t=0$, ואחר כך לזמן $t=10$ (=שתיית היין)? לפי התיאור שהצגנו למעלה, החל מזמן $t=0$ כל האירועים הפיסיים חוזרים על עצמם. היא שוב מתגרשת, והפעם זה חל מייד (כי אנחנו בזמן $\tau = 10$.

לאחר שנתיים ($\tau =12$) היא נישאת, והנישואין תקפים. לאחר עוד חמש שנים ($\tau = 17$) נולדים הילדים, והפעם הם נולדים כשרים. הכל קורה מחדש, כי העבר השתנה. זוהי המשמעות של ההשפעה אחורה בזמן, בשפה הזו. כאשר היא מגיעה שוב לזמן $t=10$ (והפעם זה קורה בזמן $\tau = 20$), היא שוב לא שותה יין (כי כל אירוע פיסי חוזר על עצמו). בשלב זה היא יוצאת בחזרה מהלולאה הוירטואלית שהיא עשתה אל ציר הזמן הרגיל, וממשיכה את חייה כמגורשת עם בעל וילדים כשרים. והגיל הביולוגי שלהם מתקדם הלאה החל מ-$t=10$.

אם היא כן שתתה יין, אזי כשהיא מגיעה לזמן $\tau =10$ ציר הזמן מתקפל, והפעם ההיסטוריה חוזרת על עצמה כשהגירושין לא חלו (אנחנו על הענף התחתון בגרף). כעת זהו זמן $t=0$, והיא מקבלת גט (כי האירועים תלויים רק

ב- t). אלא שהפעם הגט לא חל (כי התקפות של הגט היא עניין הלכתי ולא פיסי, ולכן היא תלויה גם ב- τ). כעת ($t=2$, $\tau=12$) היא נישאת לבעל השני, אבל נישואיה אינם תקפים (כי היא אשתו של הראשון). לאחר עוד חמש שנים ($t=7$, $\tau=17$) נולדים הילדים, והפעם הם ממזרים. לבסוף ($t=10$, $\tau=20$) היא שותה יין, אבל כעת זה כבר לא משנה מאומה, ובכך היא מסיימת את הסיבוב הוירטואלי שלה, ויוצאת בחזרה לציר הזמן הריאלי הרגיל.

המסקנה היא שהדינים הללו תלויים בשני הזמנים גם יחד, והסטטוס שלה ושל הילדים נקבע על ידי t ו- τ. אם כן, הפונקציה שתיארנו כאן לגבי הגירושין, תקבע גם את הסטטוס שלה ושל הילדים: בקו העליון היא מגורשת ונשואה מחדש וילדיה כשרים. במצב התחתון היא לא מגורשת, ילדיה ממזרים, ונישואיה לשני אינם תקפים.

כל זה קורה בזמנים $t<10$, אבל מבחינת τ, זה קורה כאשר $\tau > 10$. לכן על פני ציר ה- τ אין סיבתיות למפרע, וזה הזמן הקובע בתיאור הזה. הסטטוס הזמני שלהם כממזרים (קלושים) היה ונעלם (קרס, במונחים של תורת הקוונטים) כשחוזרים שוב על קטע הזמן $0<t<10$ במחזור השני.

הפרדת המשתנים

התיאור המתמטי המפורט יותר של התהליך הזה נעשה על ידי שתי הפונקציות שהוגדרו למעלה בהפקדת המשתנים. התיאור של האירועים הפיסיים נעשה על ידי הפונקציה R(t), באופן הבא:

R	t
היא מקבלת גט בתנאי שלא תשתה יין עד $\tau = 10$	0
היא מקבלת קידושין מהשני ומתחילה לחיות איתו	2

נולדים הילדים מהשני	7
היא שותה / לא שותה יין	10

התנאי (אי שתיית היין) תלוי ב- τ, אבל האירועים הפיסיים תלויים רק ב- t. בסבב השני, כאשר τ עובר את 10, ו- t חוזר ל-0 ומתחיל לעלות מחדש, הוא עובר דרך כל הנקודות שכבר עברנו קודם (ראו בגרף $t(\tau)$ למעלה). בכל נקודת זמן מתרחש אותו אירוע פיסי (כי האירועים הפיסיים הם פונקציה של t בלבד). אבל המשמעות שלהם, שמתוארת על ידי הפונקציה $N(\tau)$, משתנה כעת.

אם היא שתתה יין, הפונקציה הנורמטיבית היא הבאה:

N – כשהיא שתתה יין	τ
האישה מגורשת ואשת איש באופן קלוש	0
האישה עוברת עבירת אשת איש קלושה עם בן זוגה השני ונישואיהם לא תקפים	2
נולדים ילדים והם ממזרים וכשרים קלושים	7
האישה היא אשת איש של הראשון	10
האישה ובן זוגה השני עוברים עבירת אשת איש, ונישואיהם לא תקפים	12
נולדים ילדים, והם ממזרים	17
מסתיים הסבב בציר הזמן הפנימי. יוצאים שוב לציר הזמן החיצוני כשהיא נשואה לראשון וילדיה ממזרים, וגם יש בידה ובידי בן זוגה עבירה של בעילה לאסור לה	20

לעומת זאת, אם היא לא שותה יין, הפונקציה הפיסית R נראית בדיוק אותו דבר (כי אותם דברים מתרחשים במישור הפיסי), אבל הפונקציה הנורמטיבית היא שונה:

τ	N – כשהיא לא שתתה יין
0	האישה מגורשת ואשת איש באופן קלוש
2	האישה עוברת עבירת אשת איש קלושה עם בן זוגה השני ונישואיהם לא תקפים
7	נולדים ילדים והם ממזרים וכשרים קלושים
10	האישה גרושה מהראשון
12	האישה ובן זוגה השני נישאים כדין
17	נולדים ילדים, והם כשרים
20	מסתיים הסבב בציר הזמן הפנימי. יוצאים שוב לציר הזמן החיצוני כשהיא נשואה לשני וילדיה כשרים, וגם יש בידה ובידי בן זוגה עבירה של בעילה לאסור לה.

הערה על הקשר לפרדוכסים של הריגת הסבא

בפרק החמישי עסקנו בפרדוכס של הריגת הסבא, ובבעייתיות המושגית של החזרה אחורה בציר הזמן (הרב ערכיות של התלות בזמן). שתי הבעיות הללו נובעות מאותה נקודה: כאשר מדברים על חזרה בזמן בפיסיקה הכוונה היא לחזור ולבצע פעולות פיסיות בעבר, שלא באמת התבצעו בו. כך נוצרת רב ערכיות, כי לאותה נקודת זמן יש שני תיאורים פיסיים שונים. כך גם נוצר פרדוכס הריגת הסבא.

אך בהקשר הנורמטיבי-משפטי-הלכתי בו עסקנו כאן, הבעייתיות הזו אינה קיימת. התיאור הפיסי הוא חד ערכי לגמרי: בכל נקודת זמן t יש תיאור פיסי נכון אחד. מה שיכול להיות רב ערכי הוא המשתנים הנורמטיביים-הלכתיים. כל עוד יש הפרדת משתנים בין הפיסי לנורמטיבי – לא ייווצרו

פרדוכסים מסוגים אלו. להלן נראה לולאות לוגיות גם בהקשר המשפטי, והן תופענה רק במקרים שבהם חוזרים ומתערבבים הנורמטיבי עם הפיסי. אמנם גם במקרים אלו ראינו בפרק החמישי שהמודל של זמן דו-ממדי פותר את הבעייה, ואכן אנחנו נראה בהמשך שגם כאן הבעיות הללו נפתרות באותה צורה.

האם יש הבדל הלכתי בין שני המודלים?

שני המודלים הללו מתארים תנאי 'על מנת', כלומר שתוצאותיו חלות למפרע. לכן שניהם אמורים לתת את אותן תוצאות הלכתיות שקובעת ההלכה לתנאי כזה. ואכן, כפי שראינו, כל ההלכות הללו אכן מתקבלות לפי שני המודלים, שכן אם היא שותה יין שני המודלים נותנים תוצאה שבסופו של דבר הגירושין לא חלו, ולכן הילדים ממזרים והנישואין השניים אינם תקפים. ואם היא לא שתתה יין, אז לפי שני המודלים הגירושין חלים למפרע, ולכן הכל כשר ותקף. לעניינים אלו אין הבדל בין שני המודלים.

אם כן, על אף ההבדלים העקרוניים בתמונת העולם בין שני המודלים הללו, נראה שאין להם השלכות הלכתיות. האם ניתן בכל זאת להראות השלכות הלכתיות שמבחינות בין שניהם? הטעם לבנייה והשוואה של שני המודלים הוא שאמורות להיות לכך השלכות הלכתיות כלשהן.

לפי האינטרפרטציה שהצענו, רש״פ רואה את התנאי בתמונה של מסלולים מקבילים, ולכן הוא תופס את ההיפוך הזמני שבתנאי כמתרחש במישור האפיסטמולוגי. לעומת זאת, הרש״ש רואה אותו בתמונה של ציר זמן דו-ממדי (או שני צירי זמן), ולכן מבחינתו זהו היפוך אונטולוגי של ציר הזמן. אם אנחנו צודקים, אזי כל ההשלכות שתיארנו בפרק בו עסקנו במודל של הרש״ש, שהן ייחודיות לשיטתו שלו (בניגוד לרש״פ), אמורות לנבוע מתוך התמונה הלוגית שהצענו עבור שיטתו, ולא לנבוע מהתמונה אותה הצענו עבור הרש״פ.

ניגש כעת להראות זאת, ונפתח בדוגמא אותה הביא הרש״ש עצמו בתחילת דבריו. אדם מגרש את אשתו בתנאי 'על מנת שתיבעלי לפלוני'. כזכור, רש״ש

טען שלפי רש"פ לא אמור להיות אסור לפלוני לבעול אותה, ואילו לשיטתו שלו יש איסור כזה. נבחן כעת את הדברים באמצעות שתי התמונות שהצגנו כאן.

לפי הרש"פ, רגע לפני שהיא נבעלה היא היתה במצב של סופרפוזיציה *אפיסטמולוגית,*[133] שכן אנחנו לא ידענו האם היא אשת איש או גרושה. הסטטוס שלה עצמה הוא מוגדר היטב, אבל אנחנו בינתיים לא יודעים אותו, ולכן זה קיים רק במישור האפיסטמולוגי. לכן אמנם היה אסור לה להיבעל, אבל זה רק בגלל דיני ספיקות, ולא בגלל שבאמת יש עליה צד של אשת איש.

אך לאחר שהיא הלכה ונבעלה, היא עברה למסלול a (שהוא המסלול אליו עוברים אם התנאי מתקיים), ולכן הפונקציה שמתארת את קו העולם שלה היא $f_a(t)$. מתוך הפונקציה הזו, כאשר היא מתבוננת אחורה בזמן, יש לה היסטוריה שהיא התגרשה כבר בעת מתן הגט, ולכן במבט הנוכחי יוצא שכאשר היא נבעלה לפלוני לא היה בכך כל איסור. היא היתה פנויה, אף שבעצמה היא לא ידעה זאת. אם כן, גם אם היה איסור שהיא עברה אז, הוא נעלם עם המעבר למסלול a. כזכור, בתמונה הזו אין זיכרון של העבר, וכל פונקציה שמתארת מסלול קובעת את כל ההיסטוריה, קדימה ואחורה. אם כן, ההיסטוריה נקבעה למפרע, ולא נותרה שארית לאירועי העבר. לכן לפי רש"פ בשורה התחתונה אין כל איסור להיבעל לפלוני.

נעיר שוב שהיה רגע שבו היא כביכול עברה על דיני ספיקות (שהרי מספק היה עליה להחמיר), אבל אנחנו יודעים שבמקרה כזה אפילו מבחינת דיני ספיקות זה היה מותר בוודאות, שהרי היא ידעה מראש שהבעילה תקבע את המצב כך שהיא תיחשב מגורשת מלכתחילה. לכן לא כאן כל איסור כבר מלכתחילה, ובודאי לא נותר איסור אחרי שהיא כבר נמצאת על מסלול a

---

[133] ישנן פרשנויות של מכניקת הקוונטים (למשל זו של דייויד בוהם) הרואות בפונקציית הגל עצמה ובסופרפוזיציות שלה מאפיינים אפיסטמולוגיים המסתירים מציאות מוחלטת החבויה מפנינו (זו גישת המשתנים החבויים. היא איננה מקובלת על רבים מבין הפיסיקאים).

(בעקבות הבעילה). אם כן, בתמונה של הרש"פ אכן מתקבלת התוצאה הצפויה שאין כל איסור בבעילה כזו.

לעומת זאת, לפי הרש"ש, כאשר אנחנו מסתכלים על הפונקציה $F(t,\tau)$, אזי בזמן $\{t=10\ ;\ \tau=10\}$ נעבר איסור (ניתן לראות זאת בטבלא שלמעלה בפונקציה N). זה לא השתנה גם אחרי הבעילה, שכן הבעילה קבעה את ערכי הפונקציה רק עבור ערכי $\tau>10$. העבר מבחינת ציר τ לא השתנה, ולכן העבירה נותרה בעינה. נכון שבנקודת הזמן $\{t=10\ ;\ \tau=20\}$ אין כלל איסור, אבל בנקודת הזמן הקודמת $\{t=10\ ;\ \tau=10\}$ יש איסור, וזאת גם מקודת המבט הסופית שאחרי הבעילה. כזכור, לשיטת רש"ש עלינו לנתח זאת במונחי τ ולא במונחי t. בתמונה שלו אין מחיקה של שום דבר בעבר, ואם נעבר איסור בעבר הוא נותר לעולם בזיכרון ובהיסטוריה שלנו.

חשוב להבין שהשאלה האם נעבר איסור שונה במהותה משאלות שנוגעות לסטטוס שלה (האם היא גרושה או לא). ראינו למעלה, שלגבי השאלה האם היא אשת איש או גרושה, התשובה היא שאם היא נבעלה לפלוני היא גרושה, שהרי התקיים התנאי. והסיבה לכך היא שלאחר הבעילה אנחנו חוזרים שוב לזמן $\{t=0\ ;\ \tau=10\}$ ושם היא מתגרשת, וכעת כשנגיע שוב לזמן $\{t=10\ ;\ \tau=20\}$ היאע נבעלת כאישה מגורשת. הסטטוס שנקבע על ידי המעשה משתנה עם ציר ה-τ, אבל העבירה שנעברה בזמן כלשהו בעבר אינה משתנה. הבעילה בפעם השנייה (הוירטואלית) אכן אינה עבירה, אבל זה לא נוגע לשאלה האם בפעם הראשונה כן היתה כאן עבירה. העבירה אינה נמחקת. לגבי הסטטוס שלה, גם אם בפעם הראשונה הנישואין לא בהכרח תקפים כי היא היתה גם אשת איש וגם גרושה, בפעם השנייה הם כן חלו. כאן אין צורך למחוק את העבר, שהרי די לנו בהחלת הגירושין מהראשון והנישואין לשני בפעם השנייה כדי שנתייחס אליה מכאן והלאה כגרושה מהראשון ונשואה לשני. יש הבדל מהותי בין שאלות האם יש עבירה במעשה כלשהו, לבין שאלות האם החלנו סטטוס כלשהו. לשאלות מהסוג הראשון די

לנו שנמעברה עבירה בפעם אחת ואז יש כאן עבירה. ולגבי השאלות מהסוג השני די לנו בפעם אחת שהנישואין או הגירושין תקפים כי שזה יהיה הסטטוס שלה בסופו של דבר כשהיא יוצאת בחזרה לציר הזמן הריאלי. ניתן לראות את כל זה מהטבלאות של הפונקציה N למעלה, כאשר מחליפים את אי שתיית היין בבעילה לפלוני.

בחזרה לשאלת הסטטוס בזמן הביניים

המסקנה העולה מכאן היא מרחיקת לכת הרבה יותר. בפרק הקודם כאשר עמדנו על שאלת הסטטוס בזמן הביניים, ראינו שלפי רש״פ מדובר בדיני ספיקות, ולפי רש״ש מדובר באיסור ודאי אך קלוש. כעת נראה שהתמונה מורכבת יותר, ואף מעוררת קושי נוסף בשתי השיטות. כדי להבהיר זאת, נחזור לדוגמא מעט שונה ונדגים זאת לגביה.

הדוגמא שמלווה אותנו כאן היא של אישה מתגרשת בתנאי 'על מנת שלא תשתי יין'. אם היא נישאת בתוך הזמן הזה, הסברנו שלפי רש״ש הדבר אסור עליה מפני דיני ספיקות, ולפי רש״ש יש עליה איסור ודאי (שהרי סיבת הגירושין עדיין לא התרחשה, ולכן היא אשת איש). אמנם כאן ישנה סברא שמכיון ששתיית היין היא בשליטתה, מותר לה להינשא ולדאוג לכך שלא תשתה. לפיכך נעבור לדבר על גט בתנאי 'על מנת שיירד גשם בחודש פלוני של השנה הבאה'. אם היא נישאת בתוך השנה הזו – נראה שלשתי הדעות היא עוברת איסור. בדרך כלל ההלכה מדברת על איסור ספק, מצד ספיקא דאורייתא לחומרא, שהרי בינתיים היא עדיין לא יודעת האם היא מגורשת או לא. אך כפי שנראה כעת, הדבר אינו נכון, לא לפי רש״פ ולא לפי רש״ש.

לפי רש״ש היא אכן עוברת איסור, שהרי במהלך השנה הזו עצמה היא נמצאת במצב ביניים, שהיא אשת איש קלושה וגרושה קלושה (סופרפוזיציה *אונטולוגית*[134]). מצד אשת איש שבה אסור לה להיבעל ולכן גם לא להינשא.

---

[134] באנלוגיה הפיסיקלית, ישנן גם פרשנויות בהן הסופרפוזיציה של פונקציית הגל היא תכונה פיסיקלית של אובייקט ממשי, ה'מרוח' ביחן כמה ערכים של מקום או מהירות,

אם כן, אין מדובר כאן באיסור רגיל של ספק, אלא באיסור ודאי אך קלוש. בפרק העשירי, כאשר הצגנו את שיטתו של הרש״ש, הסברנו את ההבדלים בין מצב כזה לבין מצב של ספק (ראה שם בסעיף שדן בהבדל בין קידושין קלושים לקידושי ספק). כפי שראינו כאן, האיסור הזה לא יימחק לה גם בעתיד, שהרי הרגע הזה אינו חוזר לגמרי בעתיד (חזרה לגמרי פירושה לחזור לאותה נקודה מבחינת שני צירי הזמן). לאחר ה׳קיפול׳ של ציר הזמן אנחנו חוזרים לרגע הזה מבחינת ציר t, אבל לא מבחינת ציר τ. מה שהתנאי מועיל הוא רק להחיל את הגירושין למפרע משהתקיים התנאי, על ציר הזמן t. אבל הציר τ ממשיך להתקדם כל העת קדימה. ומכאן למדנו שהתנאי משנה למפרע את המצב רק לענין שאלות של סטטוס, ולא לעניין שאלות של עבירה או מצווה. אם נעשתה עבירה ברגע נתון (כלומר בערכי t ו- τ נתונים, שלעולם לא חוזרים שנמיהם לאותו מצב), זוהי עובדה שלא ניתנת לשינוי.

מה קורה במקרה כזה לפי רש״פ? למעלה תיארנו זאת כאילו שהוא דן בזה רק מן הזווית של דיני ספיקות. כיון שהיא נמצאת בספק אסור לה להינשא. אלא שכעת נראה שגם הוא לא מדבר על דיני ספיקות הרגילים. ראינו שלפי רש״פ ירידת הגשם מעבירה אותנו למסלול בו הגירושין חלו למפרע, $f_a(t)$, ואי ירידת הגשם מכניסה אותה למסלול בו הגירושין לא חלו, $f_b(t)$. אבל אם הגשם לא ירד, היא מוצאת את עצמה על המסלול $f_b(t)$, שבו מעולם היא לא התגרשה, ולכן הוברר שהיא עברה איסור ודאי. לעומת זאת, אם ירד גשם בחודש הנקוב, אזי היא מוצאת את עצמה על המסלול $f_a(t)$, ובו היא התגרשה מהרגע הראשון, ולכן כאן הוברר למפרע שהיא לא עברה שום איסור בעת שנבעלה. כעת נחשוב על אישה שאומרת לנו שהיא לוקחת את הסיכון ונבעלת. לא נוכל לומר לה שהדבר אסור בגלל דיני ספיקות, שהרי הספק הזה יתברר בעתיד למפרע. וכשהוא יתברר אזי או שיהיה כאן איסור או שלא. אם היא תגיע למסלול $f_a(t)$, יוברר שמעולם לא היה איסור. אנחנו

במקום להיות מוגדר היטב. אך גם פרשנות זו וגם האפיסטמולוגית אינן נהנות ממעמד מרכזי בפיסיקה היום. ראו להלן במבוא למושגים ממכניקת הקוונטים.

מביטים אחורה ורואים אישה גרושה שנישאה בשנית כדין, ללא שום איסור. אין כל משמעות לאיסור בדיני ספיקות, אם בעתיד ההסתכלות של ספק שקיימת ברגע הזה תיעלם מהביוגרפיה שלה. באותו שלב בעתיד היא לא עברה שום איסור, אפילו לא איסור מכוח דיני ספיקות. הדבר נובע מן העובדה שלפי רש״פ אין 'זיכרון' בתהליך התנאי, ובכל רגע אנחנו קובעים את כל ציר הזמן, עבר, הווה ועתיד. ברגע שהוא ירצה לדבר על דיני ספיקות, הוא בעצם הכניס זיכרון לתמונה, ובזה הוא עבר לשפה של הרש״ש. בשפה שלנו אין אפשרות לראות כאן איסור מדיני ספיקות.

אם כן, התמונה העולה כאן היא מוזרה: לפי רש״ש יש איסור להיבעל בזמן הביניים, אבל הוא לא איסור ספק אלא איסור ודאי קלוש, שגם נמותר בזיכרון שלנו ולכן לא נמחק. לפי רש״פ אין כל איסור להיבעל, אלא אם בעתיד התנאי לא יתקיים. במקרה כזה זהו איסור אשת איש רגיל ולא איסור ספק. ואם התנאי כן יתקיים אזי אין כאן איסור כלל.

לפי רש״פ כלל לא ברור מדוע ההלכה מדברת במקרים מסויימים על איסור להינשא בתקופה שעד קיום התנאי, וגוזרת זאת מדיני ספיקות. לשיטתו זה אינו ספק אמיתי, שהרי הוא עתיד להתברר למפרע. ייתכן שיש מקום לתת לה המלצה לא להינשא ולא לקחת סיכון, אבל מי שלקחה את הסיכון ולבסוף קויים התנאי – לא עברה בכך שום איסור, שהרי ההיסטוריה השתנתה למפרע. למעשה, נראה שזו גופא ראיה לטובת התמונה של רש״ש. לפי רש״פ ניתן לדבר במקרים כאלה לכל היותר על איסור דרבנן שהוא סייג מחשש שהתנאי לא יעבור, אבל לא על איסור מדיני ספיקות ובודאי לא על איסור דאורייתא רגיל.

אם כן, כדי להסביר את ההלכה שרואה כאן איסור מחמת דיני ספיקות, רש״פ יצטרך להכניס לתמונה שלו אד-הוק ממד של זיכרון לצורך הספציפי הזה. על אף שבמנגנון התנאי שלו אין זיכרון, לגבי עבירות ספק ישנו זיכרון, ולכן אם היא היתה בספק ברגע כלשהו, אסור היה לה להיבעל באותו רגע, והעבירה הזו אינה נמחקת גם אם היא עברה למסלול שבהיסטוריה שלו העבירה הזו אינה קיימת.

איסור כניסה לבית הספק

הזכרנו שעל פי ההלכה יש חובה להחמיר בספק איסור דאורייתא. המפרשים חלוקים בשאלת אופיו של האיסור הזה. יש מהם שרואים אותו כאיסור עצמאי, ללא תלות באיסור המסופק עצמו. לשיטות אלו זהו איסור על כניסה לבית הספק. אחרים רואים את האיסור הזה רק כאזהרה שאוסרת עלינו לקחת סיכונים. אבל היא נגזרת מהאיסור המסופק. לדוגמא, יש בפנינו חתיכה שהיא ספק חלב (שאסור באכילה) ספק שומן (שמותר לאכלו). ההלכה מחייבת אותנו להחמיר ולא לאכול אותה, ומי שאוכל אותה עובר איסור.

השיטה הראשונה שתיארנו, רואה את האיסור בעצם הכניסה למצב הספק ואכילת החתיכה. גם אם יתברר אחר כך שהחתיכה הזו היתה שמון ולא חלב, מי שאכל אותה עבר איסור של כניסה לבית הספק. לעומת זאת, השיטה השנייה רואה את איסור הספק כתמרור אזהרה: דע לך שאם תאכל ויתגלה שזה חלב ולא שומן, עברת על איסור דאורייתא. אבל לשיטה זו, אם יתגלה שזה היה שומן – לא נעבר כאן שום איסור.

הרש״ש ב**שערי ישר**, שער א, מצדד בתפיסה הראשונה. כלומר הוא רואה איסור בעצם הכניסה לבית הספק. הוא עצמו מתאר שם שחלק מהראשונים והמפרשים חולקים עליו בזה.

כאשר אנחנו מדברים על איסור להיבעל בזמן הביניים, ראינו שלפי רש״פ אין מקום להגדיר זאת כאיסור, שהרי אם יוברר למפרע שהיא מגורשת אזי מעולם לא היה כאן איסור. כלומר לשיטתו אין מקום לדבר על איסור כניסה לבית הספק, שהרי בית הספק הוא מצב זמני שהעתיד ימחק אותו. לאחר שהתנאי יתקיים, או לא יתקיים, הספק יותר בין לטוב ובין למוטב. לכן לכל היותר ניתן לראות את האיסור הזה כתמרור אזהרה שאומר לאישה שבזה שהיא נבעלת היא לוקחת סיכון. אבל אפ יתברר שהתנאי יתקיים והיא התגרשה למפרע, האזהרה שוב אינה רלוונטית. אם כן, לפי רש״פ בזמן

הביניים אין באמת מצב של בית ספק. זהו מצב זמני שייעלם למפרע, כלומר ברגע כלשהו בעתיד יתברר שמעולם לא היה מצב כזה.

רק לפי רש״ש יש מקום לדבר בהקשר של זמן הביניים בתנאי על כניסה לבית הספק. לשיטתו זהו מצב שנשאר לתמיד (על ציר τ בלבד, כמובן), ולכן יש אפשרות לדבר על כניסה לבית הספק, ולבחון האם יש בה איסור. אמנם ראינו למעלה שלמסקנה גם רש״ש אינו רואה זאת כספק, אלא כוודאות שיש בה שני צדדים קלושים בו-זמנית, אבל מושגית הוא יכול היה לדבר על בית הספק.

ניתן לומר שתפיסתו של רש״ש באיסורי ספק, כלומר העובדה שהוא רואה אותם ככניסה לבית הספק, היא עצמה מניחה תמונת זמן דו-ממדית. בכל ספק רגיל הרי העתיד עשוי לברר את מה שהיה בעבר. לדוגמא, יתברר לנו שהחתיכה היתה שומן ולא חלב. האם עדיין מי שאכל אותה עבר איסור? לכאורה כאן איגלאי מילתא למפרע שכלל לא היה איסור, ומצב הספק נעלם. אם בכל זאת מדברים על חובה להחמיר בספיקות, או על איסור ספיקות, פירוש הדבר הוא שיש זיכרון לתהליך הזה, כלומר שגם לאחר התבררות המדע הרגע הקודם לא נמוג לגמרי. יש לנו זיכרון, כי בציר ה-τ עדיין ישנה עבירה שלא נמחקה. אם כן, בדיני ספיקות אנחנו מוצאים ביטוי דומה מאד להבדל בין שתי התמונות הללו, שמשתפקף בשתי תפיסות של איסורי הספק: האם הם בבחינת תמרור אזהרה, או שמא יש איסור עצמאי של כניסה לבית הספק.

ראינו שלפי רש״פ זהו תמרור אזהרה. בעצם התמרור הזה הוא הוא ההיבט של הזיכרון שאמרנו שרש״פ חייב להכניס לתמונת התנאי שלו כדי שיהיה איסור ספיקות על עשיית עבירות בזמן הביניים. לשיטתו צריך להגדיר אד-הוק שהתמרור הזה הוא איסור עצמאי, על אף שבעתיד הוא ייִמוג כלא היה.

לעומת זאת, רש״ש כאן הולך לשיטתו. הוא רואה באיסורי הספק איסורים על כניסה לבית הספק. וזהו ההבדל בין מצב ספק רגיל לבין תנאי, שבספק רגיל ההתבררות למפרע מסלקת את מצב הספק למפרע, אבל העבירה שנעשתה עדיין בעינה (כי לא חזרנו בציר ה-τ). אבל בתנאי זהו מכניזם

שונה, שבו אין מצבי ספק, שבהם קיים רק צד אחד מהשניים אלא שאנחנו לא יודעים איזה, אלא אלו הם מצבים של סופרפוזיציה קוונטית[135], שבהם שני האלמנטים ההלכתיים קיימים בוודאי (אם כי ברמה קלושה).

סיכום ההבדלים בין התמונות עד כאן

מקרה הבוחן של 'על מנת שתיבעלי לפלוני' מראה לנו היטב את ההבדל בין שתי השיטות. כאן אנו נוכחים לראות מדוע בחרנו עבור המודל של הרש"פ את התמונה של המסלולים המקבילים, ועבור המודל של הרש"ש את התמונה של הזמן הדו-ממדי.

אולם המסקנה שלנו היא רחבה יותר. ההבדל בין שיטת הרש"פ לרש"ש אינו בא לידי ביטוי רק בגירושין בתנאי הספציפי של 'על מנת שתיבעלי לפלוני', אלא בכל גירושין בתנאי. לפי רש"ש אסור לה להיבעל ולהינשא לפני שמתקיים התנאי, וזה איסור שאינו מבוסס רק על דיני ספיקות (כלומר לא רק בגלל שהיא לא יודעת האם התנאי יתקיים או לא), אלא על המצב האמיתי שלה, שהרי על ציר τ היא עדיין לא גרושה. ראינו שלשיטתו זהו איסור קלוש, אבל ודאי (כך גם תיארנו זאת בטבלא עבור הפונקציה N למעלה). לעומת זאת, ראינו שלשיטת הרש"ש מעצם תמונת התנאי שלו אין כאן בכלל מקום לדבר על דיני ספיקות. לכל היותר יש עיקרון אד-הוק שמכניס איסור כזה לתמונה שלו (כנראה רק מדרבנן).

אמנם הרש"ש עצמו הביא דווקא את המקרה של 'על מנת שתיבעלי לפלוני' כסיוע לשיטתו, מפני ששם לשיטת הרש"פ וסיעתו אין בכלל איסור, אפילו מדיני ספיקות. במקרה ההוא אין ספק שהתנאי יתקיים אם היא נבעלת. אבל כפי שראינו כאן, ההבדל בין שתי השיטות קיים בכל המקרים של

---

[135] יש להדגיש שמדובר כאן בסופרפוזיציה במרחב הלכתי, המוקבל כאן למרחבי הילברט המתמטיים המשמשים לבחינת ההתפתחות הפיסיקלית של המערכת אך אינם זהים לה. נושא האופי של פונקציית הגל הינו מורכב ואינו נמצא בהסכמה מלאה. במקביל, מערכת היחסים בין המרחב ההלכתי לזה הממשי מצריך עיון נרחב שלא כאן מקומו.

גירושין על תנאי לגבי עבירות שנעשות בזמן הביניים, ולאו דווקא במקרה הזה.

המשך הבדיקה: שלושת ההשלכות הפשוטות

כאמור, כדי לבדוק האם ההצרנות שהצענו לשתי השיטות אכן משקפות אותן אל נכון, עלינו לבדוק את כל ההשלכות שהביא רש״ש לשיטתו (ראה בפרק העשירי), ולראות שהן מתקבלות מתוך שתי התמונות המוצרנות שהצענו עבור רש״פ ורש״ש. עלינו להסביר כיצד ההבדלים לגבי כל ההשלכות ההלכתיות הללו נגזרים מההבדל בין שתי התמונות: זו של רש״ש – שהיא אונטולוגית, עם זמן דו-ממדי. וזו של רש״פ – שהיא אפיסטמולוגית, עם מסלולים מקבילים.

עד כאן עשינו זאת רק לגבי מעשי עבירה בזמן הביניים, וכעת עלינו להמשיך ולבחון גם את שאר ההשלכות. כפי שנראה, ישנם הבדלים בין גוונים שונים בתוך סיעת המפרשים שהולכים בשיטתו של הרש״ש. הצד השווה לכולם הוא שהם נזקקים לתמונה אונטולוגית של ציר זמן דו-ממדי, ואי אפשר להסביר את שיטותיהם במונחי התמונה של המסלולים המקבילים. אבל עלינו לוודא שאנחנו מצליחים לייצג בשפה שלנו את ההבדלים בין תת-הגוונים השונים הללו. נתחיל משלוש ההשלכות האחרונות שהובאו בפרק העשירי, שכן הן הפשוטות יותר.

א. שיטת בעל ה**עיטור** שאם אדם מתנה תנאי של ׳מעכשיו׳ בגט, הוא יכול לחזור בו מהגירושין לפני שהתקיים התנאי. רש״ש טען שדין זה יכול להיות מוסבר רק לפי הצעתו.

בתמונה שלנו ההסבר לכך הוא פשוט מאד. לפני שהתקיים התנאי אנחנו נמצאים ב-τ של הסבב הראשון. בשלב זה עדיין לא התרחשו הגירושין, כלומר עדיין לא ניתן הגט. אמנם מבחינת t זה כבר ניתן, אבל יש עדיין לפנינו חזרה לאותו רגע זמן t שבו ניתן הגט, ולכן בציר τ אנחנו עדיין לפני זה. ומכאן שניתן לבטל זאת.

לעומת זאת, לפי רש״פ ברור שלא ניתן לעשות זאת, שהרי אם התנאי יתקיים בזמן שהוא אמור להתקיים, יוברר למפרע שאנחנו נמצאים על הפונקציה $f_a(t)$, והגירושין כבר ניתנו. ברור שאי אפשר לבטל גירושין לאחר שהם כבר ניתנו. ואם התנאי לא יתקיים, אז אנחנו על המסלול $f_b(t)$, והגירושין כלל לא ניתנו. אם כן, גם במצב זה אין שום משמעות לביטול הגט (אין את מה לבטל).

ב. שיטת הרא״ש שבזמן לפני שהתקיים התנאי ניתן גם לבטל את התנאי, משום דאתי דיבור מבטל דיבור. רש״ש טוען שאם התנאי היה רק מברר את המעשה למפרע (גילוי מילתא), אי אפשר היה לבטל אותו, ולכן דינו של הרא״ש ניתן להסבר רק בתמונה שלו.

ושוב, באופן מאד דומה לסעיף הקודם, התמונות שהצגנו משקפות זאת היטב. בתמונה של רש״פ בלתי אפשרי לבטל את התנאי, שהרי אם התנאי מתקיים הגט כבר ניתן ברגע הראשון ללא תנאי. ואם התנאי לא התקיים, אזי הגט לא ניחתן כבר מהרגע הראשון, ואין משמעות לתנאי או לביטולו.

לעומת זאת, לפי רש״ש בעת ביטול התנאי אנחנו נמצאים בזמן שלפני מתן הגט בציר τ, ולכן עדיין ניתן לבטל את התנאי. זה כמו לבטל את הגט (את זה ראינו למעלה שאפשר לעשות לשיטת רש״ש), ולתת אותו מחדש ללא תנאי.

ג. תשובת הרשב״א שפסק שהמקדש בתנאי של 'מעכשיו' לא יכול לגרש את האישה קודם שהתקיים התנאי. גם כאן הסביר רש״ש שהדין הזה ניתן להבנה אך ורק על פי שיטתו.

ושוב ההסבר הוא מאד פשוט. לשיטת רש״פ, אם התקיים התנאי, אזי ניתנו כאן קידושין מהרגע הראשון. לכן אין מניעה לגרש את האישה. ואם לא התקיים התנאי, אזי לא ניתנו קידושין מעיקרא, וכאן השאלה כלל אינה מתעוררת. לעומת זאת, לפי רש״ש הרי בציר τ אנחנו נמצאים עוד לפני הקידושין, אז כיצד ניתן לגרש אותה. גם על הצד שהתנאי אכן יתקיים, הדבר יקרה ב-τ מאוחר יותר, ולכן אין אפשרות לגרש כרגע. ההנחה היא

שניתן לגרש אך ורק ברגע τ שבו הקידושין כבר חלו, ולא די שזה נעשה ב- t שהוא מאוחר ל- t של הקידושין.

המשך הבדיקה: מת המתנה

ישנן עוד שתי השלכות שמביא רש״ש (השלכות 1-2 בפרק העשירי), והן בעייתיות יותר. בסעיף זה נבחן אותן, ונראה שהן מוכיחות שישנם כמה גוונים שונים תחת התפיסה האונטולוגית של התנאים.

ד. שיטת הרמב״ם באדם שהתנה את הגט בכך שהוא לא יבוא למקומה של האישה עד יב חודש, והוא מת בזמן כלשהו בתוך הי״ב חודש. הרמב״ם שם פוסק שהיא אינה מגורשת עד שיעבור כל הזמן הנקוב (י״ב חודש), למרות שכבר כעת ברור שהוא כבר לא יבוא במהלך י״ב החודשים הללו. **המ״מ** שם מסביר זאת בכך שלפי הרמב״ם צריך קיום בפועל של התנאי.

לפי הרש״פ לא ניתן להבין זאת, שהרי אם הוא מת, אז ברור שהוא לא יגיע, וממילא ברור שאנחנו על המסלול $f_a(t)$ שבו היא מגורשת מעיקרא. אין סיבה לחכות שיעברו יב חודש, שהרי כל מה שחסר לנו הוא המידע על איזה מסלול אנחנו, ובמצב כזה המידע הוא ברור.

לעומת זאת, לפי הרש״ש קיום התנאי הוא גורם סיבתי לגירושין, וכל עוד הוא לא התרחש הגירושין לא חלו. לכן צריך לחכות שהתנאי יתקיים בפועל כדי להתייחס אליה כגרושה. ובתמונה שלנו, נכון שכבר עתה אנחנו יודעים שהיא תהיה גרושה למפרע, אבל ברגע τ שבו אנחנו נמצאים היא לא גרושה. אמנם באותו רגע t עצמו בסבב הבא היא תהיה גרושה, שכן ה- τ יהיה כבר אחרי קיום התנאי. אבל כעת היא עדיין לא גרושה. מעצם הגדרת המכניזם של התנאי, הגירושין חלים רק אחרי רגע קיום התנאי (רק אז הציר מתקפל בחזרה ל-t=0, והגט ניתן שוב, והפעם הוא בתוקף). זה קורה ברגע: $\tau = 12$.

ה. שיטת רבנן סבוראי באדם שנתן גט לאשתו והתנה שלא תשתה יין עשר שנים (לצורך הפשטות), והיא שתתה לאחר מיתת הבעל. רבנן סבוראי

קובעים שבמצב כזה הגט אינו בטל גם אם שתתה את היין, ולכאורה היא עברה על התנאי.

לפי רש״פ לא ניתן להסביר זאת, שהרי לשיטתו לאחר שהיא שותה את היין, הוברר למפרע שכלל לא ניתן גט מרגע מעשה הנתינה שלו, ואין זה משנה שהבעל מת לאחר מכן. שתיית היין מעבירה אותה למסלול $f_b(t)$, ושם כלל לא ניתן לה גט מעיקרא. לכן כאשר הוא מת, הרי זה כמי שמת לאחר שלא גירש את אשתו, והיא נותרת אלמנה.

נעיר כי לשיטה זו נראה שכך גם יהיה המצב בגירושין בתנאי שכן תשתה יין. אם היא תשתה לאחר מותו, לפי רש״פ היא תהיה גרושה ולא אלמנה.

לעומת זאת, לפי התפיסה האונטולוגית של רש״ש, המצב אינו ברור. ראשית, עלינו לדון האם הדין של רבנן סבוראי נכון גם בתנאי שכן תשתה יין? בשו״ת רעק״א סי׳ קכו הוא כותב שזה נכון בשני הכיוונים, שכן קיום או ביטול התנאי אחרי מות המגרש אינו יכול לשנות מאומה לגבי הגירושין, שכן כבר הותרה אגודתם.

ההנחה של רעק״א היא שבכל מקרה המצב נקבע ברגע מותו של המגרש. מעשים שנעשו אחרי שהוא מת, כבר אינם יכולים לשנות מאומה, כי הקשר הזוגי כבר לא קיים. יש לשים לב שלשיטתו בשלב הזה לא ניתן לבטל את הגט וגם לא לקיים אותו. אז מהו הצד שיקבע אתץ הסטטוס? נראה שהצד שיגבר הוא הצד שהתקיים עד מותו של המגרש. בתנאי על מנת שתשתי יין, הרי היא לא שתתה עד מותו, ולכן השתייה אחרי מותו לא תשנה מאומה, וזה נחשב שהיא לא שתתה. לכן במצב כזה היא תהיה אלמנה (לא מגורשת). ובתנאי על מנת שלא תשתי יין, הרי היא לא שתתה עד מותו, ולכן הגט קיים, ושתייה אחרי מותו לא תבטל זאת.

מהו ההסבר לכך? ברגע שהמגרש מת עלינו להחליט האם היתא הפכה לאלמנה כעת או לגרושה למפרע. אנחנו מתבוננים במצב התנאי עד עתה, וזה יקבע את הסטטוס שלה מכאן והלאה. ושוב, שיטה כזו אפשרית אך ורק אם לא הולכים בתמונה של רש״פ. כפי שראינו לפי רש״פ מעשים שאחרי מותו

מברר מסלול, והמסלול מגלה לנו האם היא מגורשת או לא (אך לא מחולל את הגירושין).

אמנם רש״ש עצמו (בחידושיו לכתובות ס״ א) מעיר שהיה מקום לתפיסה שונה, לפיה מעשה שאמור להחיל גירושין לא יכול לפעול אחרי מות המגרש. אבל מעשה שמבטל את הגירושין יכול לפעול גם אחרי מותו. המודל שעומד מאחורי התפיסה הזו הוא שקיום התנאי מחולל את הגירושין, ולכן כשהמגרש מת כבר לא ניתן לחולל אותם, כי היא כבר הפכה לאלמנה. לא ניתן לגרש אלמנה, אלא רק אשת איש. התמונה לפי תפיסה זו מוצגת בטבלא הבאה:

N	R	T	τ
האישה מגורשת ואשת איש קלושה	ניתן גט בתנאי שאמור להתקיים ב- $\tau = 100$	0	0
האישה הופכת להיות אלמנה קלושה	הבעל מת	5	5
ציר t מתקפל בחזרה ל-0	היא שותה יין (מתקיים התנאי)	10	10
אישה נותרת אלמנה קלושה	הבעל מת שוב	5	15
יוצאים מהסבב הוירטואלי לזמן הממשי, והיא הופכת לאלמנה רגילה[136]	היא שותה יין	10	20

[136] עקרונית היא אמורה להיוותר אלמנה קלושה, אבל אין מצב קלוש לאורך זמן. מצב קלוש יכול להיות אך ורק כאשר אנחנו נמצאים בסבב הוירטואלי של הזמן, ולא בזמן האובייקטיבי.

אך לאחר מכן הוא חוזר להסביר את הבנת רעק״א, וטוען שבשלב שאחרי מתן הגט היא אשת איש וגרושה קלושה. לכן יש סימטריה בין קיום וביטול התנאי, ואת שני הדברים לא ניתן לעשות אחרי מות המגרש. והדין יהיה תלוי מה המגרש התכוין, האם הוא רצה לעשות תנאי עוקר או תנאי מתלה. אם זה תנאי עוקר – אז היא מגורשת, כי אי אפשר לעקור את הגירושין כשכבר אין מגרש בעולם. ואם זה תנאי מתלה – אז היא לא מגורשת כי אי אפשר להחיל גירושין אחרי שכבר אין מגרש. וראה שם את הקריטריונים מתי התנאי עוקר ומתי הוא מתלה.

לפי ההסבר שהצענו לעיל, הדבר אינו תלוי בשאלה האם התנאי עוקר או מתלה, אלא במצב קיום או ביטול התנאי ברגע המיתה.

בכל אופן, לפי כל האפשרות יוצא כאן שלפי רש״ש המעשה שאחר מיתת המגרש אינו משנה מאומה, מפני שעל ציר ה-τ הבעל כבר מת, והיא כבר הפכה לגרושה או אלמנה. בגלל שלשיטתו אנחנו חוזרים לסבב נוסף על הציר ה-t, אבל ציר ה-τ ממשיך קדימה, הרי שעל ציר ה-τ בעת שנגיע שוב לאירוע קיום או ביטול התנאי הבעל הוא כבר מת, ולכן זהו קטע זמן בלתי רלוונטי לנדון של הגירושין.

האם שיטת רבנן סבוראי מתיישבת עם הרמב״ם?

כאשר נשווה בין שני הסעיפים האחרונים נראה שמדובר בשתי שיטות שונות. אצל רבנן סבוראי נראה שאי אפשר לקיים או לבטל תנאי אחרי מיתת המתנה (הבעל, בדוגמא הקודמת). לעומת זאת, הרמב״ם דורש אמנם אי הגעה בפועל כדי שהגט יחול, אבל כשהבעל מת ולא הגיע עד יב חודש הגט חל למפרע. כיצד זה ייתכן? הרי אי ההגעה מתקיימת רק אחרי מותו, ואז היא כבר אלמנה שלא ניתן לגרש אותה.

נראה שאפשרי להגדיר גם לפי רש״ש תמונה שבה התנאי יכול להתקיים אחרי מות המגרש. כיצד הדבר משתלב בתיאור שהצענו עד כאן? לכאורה

בתמונה של רש״ש, ברגע קיום התנאי אנחנו חוזרים לרגע t=0, ואז הגט ניתן שוב. אך ברגע הזה המגרש כבר מת וכיצד הוא יכול לגרש?

נראה שלשיטה זו הגירושין הנוספים נעשים על ציר ה-t ולא על ציר ה- τ. כלומר לפי הרמב״ם גם אם המגרש מת ברגע ה- τ הזה, אם מדובר ברגע t שהמגרש היה חי בו בסבב הקודם, ניתן עדיין לגרש.

לפי רבנן סבוראי, הקיפול של ציר ה- t מחזיר אותנו ל-t=0, אבל משאיר את τ להתקדם. וכעת בודקים האם המגרש קיים מבחינת τ או לא. ואילו לפי הרמב״ם אחרי הקיפול המגרש עדיין יכול לפעול, כל עוד הפעולה נעשית ב- t כזה שהוא לפני מותו (גם אם מבחינת τ זה כבר אחרי מותו).

לפי שתי התפיסות הללו רואים השפעה סיבתית הפוכה במובן האונטולוגי (ולא רק אפיסטמולוגית), ובכל זאת יש כאן שני תת-מודלים שונים. הם שונים זה מזה בדרישה מה צריך להתקיים לאחר הקיפול כאשר מתבצע המעשה בשנית: האם הבעל צריך להיות קיים ב- τ (רבנן סבוראי) או רק ב- t (הרמב״ם). אבל גם לפי הרמב״ם אנחנו לא חוזרים לתמונה של רש״פ, שהרי לפי רש״פ אין צורך לחכות עד שיעברו יב החודשים, ולשיטתו ברגע שהבעל מת היא מגורשת. הרמב״ם אינו פוסק זאת, ולכן גם הוא שייך לתפיסה האונטולוגית ולא האפיסטמולוגית.

תנאי שמוליך ללולאה לוגית

בסוגיית גיטין פג ע״א הגמרא דנה במי שנתן גט לאשתו 'על מנת שלא תינשאי לפלוני', וכותבת כך:

> ***נענה ר״ע ואמר: הרי שהלכה זו ונשאת לאחד מן השוק והיו לה בנים, ונתארמלה או נתגרשה, ועמדה ונישאת לזה שנאסרה עליו, לא נמצא גט בטל ובניה ממזרים?***

ההנחה של ר״ע היא שאם היא נישאת לאותו שנאסרה עליו, התנאי עוקר את הגט למפרע, וממילא בניה מהשני ממזרים.

ועל כך מעירים בתוד״ה 'ועמדה ונישאת', שם:

ועמדה ונישאת לזה שנאסרה עליו לא נמצא גט בטל - וא״ת והלא אין נישואין חלין שהרי אסורה עליו משום איסור אשת איש ומאי שנא מדתניא בתוספתא על מנת שלא תינשאי לאבא ולאביך ה״ז גט על מנת שלא תבעלי לאבא ולאביך אינו גט חוששין שמא תבעל להם משמע דבע״מ שלא תנשא להם אפילו נישאת ה״ז גט והכא אמאי הגט בטל?

תוס׳ מקשים מדוע ר״ע מניח שאם היא נישאה לו הגט בטל, הרי אם הגט בטל נישואיה לשני בטלים גם הם, ואם היא לא נישאה לו אז היא לא עברה על תנאי הגירושין, ולכן הגירושין בתוקף. הם עונים שמדובר שנישאה אחרי מיתת המגרש, אבל זה לא חשוב לענייננו כאן. סברתם היא שבמקרה שהיא נישאת לאותו שנאסרה עליו (ולא אחרי מות המגרש) הגירושין תקפים, זאת בניגוד לפשט הסוגיא.

הנחתו של תוס׳ היא שבמצב שהיא הולכת ונישאת לאותו פלוני – הנישואין לשני בטלים, ולכן הגט קיים.[137] הרש״ש **בשערי ישר**[138] מקשה על תוס׳, מדוע הם עוצרים את הלולאה בשלב הזה? הרי ניתן להמשיך אותה ולומר שאם אכן הגט לא התבטל אזי הנישואין שלה לשני תקפים, ושוב היא עברה על התנאי והגירושין בטלים, וחוזר חלילה. מדוע תוס׳ בוחר לעצור את הלולאה הזו במצב שהגט קיים?

נחזור כאן שוב על נקודה שכבר הערנו עליה למעלה. הפרדוכס נוצר דווקא במקרה זה ולא בתנאים רגילים, בגלל העובדה שבתנאי המסויים הזה לא קיימת הפרדת המשתנים. התנאי בו אנחנו עוסקים כאן תולה את הסטטוס המשפטי בתנאי שהוא עצמו פונקציה של הסטטוס הזה. בתנאים רגילים אנו תולים את החלויות ההלכתיות באירועים פיסיים, וכך נשמרת הפרדת המשתנים. אולם כאן אין הפרדה בין הפיסי לנורמטיבי-הלכתי, ולכן מופיעות הלולאות. בפרק החמישי פתרנו גם את הפרדוכסים הללו (כמו

---

[137] הדברים חוזרים גם בתוד״ה ׳הכא׳, גיטין פד ע״א, והשווה לדברי הרשב״א שם. וראה גם **במ״מ** ובגר״ח על הרמב״ם הל׳ גירושין פ״ח הי״ג.

[138] ש״ז פט״ז, עמ׳ רנח.

הריגת הסבא, ורב ערכיות של התלות הזמנית) בהכנסת שני צירי זמן. להלן נראה שגם כאן הפרדוקסים הללו נפתרים באותה צורה בדיוק.

רש״ש מסביר שם את דברי תוס׳ כך:

> ***משום דנשואים אלו אי אפשר שיחולו, שאם יחולו יתבטלו למפרע מחמת התנאי. וכן דבר שאין מציאות לחלות אינו חל כלל ומשם הכי הגט קיים והנשואים בטלים.***

טענתו היא שיש עיקרון מטא-הלכתי כללי שקובע שכל חלות שמתקיים לגביה שאם היא תחול זה יעקור אותה מעיקרה, היא לא חלה. בז׳רגון הישיבתי נוהגים לנסח זאת כך: ״כל חלות שאם היא חלה היא לא חלה – אז היא לא חלה״. הוא מאריך ומפרט שם בהופעת היסוד הזה גם בהקשרים נוספים.

כיצד עלינו להבין את העיקרון הזה? הוא טוען שאם יש נישואין שתחולתם תעקור אותם מעיקרם, הם לא יכולים לחול. לכן תוס׳ עוצר את התנאי בכך שהנישואין לשני לא חלו, ולכן הגט תקף.

יש מקום לדון מדוע לא לומר את אותו דבר לגבי הגירושין? אם הגירושין הללו יחולו הם ייעקרו למפרע, ולכן הם לא חלים. מדוע הוא בוחר לומר זאת על הנישואין לשני ולא על הגירושין מהראשון? דומה כי התשובה לכך היא שחלות הגירושין מצד עצמה אינה עוקרת אותם, אלא מפני שהיא הלכה ונישאה לשני. לולא זה הגירושין אינם עוקרים את עצמם. לעומת זאת, הנישואין הללו מעצם הגדרתם עוקרים את עצמם, ללא צורך בתוספת כלשהי.

אם כן, מסקנתו היא כדעת התוס׳, שהגירושין תקפים והנישואין לשני לא. אמנם מפשט הסוגיא נראה לא כך, אלא דווקא הגירושין הם שבטלים. מהו ההבדל בין שתי התוצאות הללו? כיצד מחליטים האם לעצור את הלולאה על מצב שהגירושין תקפים או בטלים? נראה שהדבר תלוי בשתי התמונות אותן תיארנו כאן, ורש״ש הולך כאן לשיטתו.

לפי רש"פ, בעת שניתן הגט על תנאי, מייד נוצרים שני מסלולים אלטרנטיביים, שביטול או קיום התנאי בעתיד יקבע על איזה מהם נמשיך להתקדם הלאה:

מסלול a: ברגע t=0 היא מתגרשת (ללא תנאי). ברגע t=10 היא לא נישאת לפלוני.

מסלול b: ברגע t=0 היא לא מתגרשת. וברגע t=10 היא נישאת לפלוני.

לכאורה אין אפשרות לקבוע על איזה מסלול היא מתייצבת, שכן אם היא נשואה לשני היא לא גרושה ולכן היא במסלול b, אבל מכיון שהיא לא גרושה היא לא נשואה לו, ובכך היא על מסלול a, וחוזר חלילה.

הדרך היחידה לעצור את הלולאה הזו לפי רש"פ היא להוסיף כלל אד-הוק, שאם אחד המסלולים אינו עקבי הוא כלל לא נוצר על המפה. אם נוסיף את הכלל הזה, נראה מייד שהמסלול b אינו עקבי: לא ייתכן שהיא לא מגורשת מהראשון ובכל זאת נישאת לשני (לפחות אם היא נישאת לפני מותו של הראשון). לכן לפי הכלל אד-הוק שמוסיף רש"פ ניתן לומר שאנו מבטלים את המסלול b כי הוא אינו עקבי מצד עצמו (לכן הוא לא יכול להיווצר), וממילא היא מתייצבת על מסלול a. במסלול זה היא מתגרשת ברגע t=0, ולא נישאת לפלוני. זהו מסלול עקבי (היא יכולה לא להינשא גם אם היא גרושה. מה שהיא לא יכולה הוא להינשא כשאינה גרושה). לכן התוצאה לפי רש"פ היא שהיא מגורשת. כפי שראינו, כך באמת פסקו התוס'.

אולם כבר הערנו שתוס' הופכים את הקערה על פיה, ופשט הסוגיא הוא שהיא אינה מגורשת, כי היא עברה על התנאי. כיצד נוכל להסביר את התוצאה הזו בתמונות התנאי שלנו? נראה שזוהי באמת התוצאה הצפויה אם נאמץ את התמונה של רש"ש.

כדי להבין כיצד זה פועל, נקדים ונאמר שיש כאן שתי בעיות שיוצרות את המעגליות הזו:

1. התנאי תלוי במצב הלכתי (שהיא נשואה לפלוני) ולא בפעולה פיסית (שהוא עושה עליה פעולת קידושין או נישואין). אבל המצב ההלכתי בעצמו תלוי בתנאי, ולכן נוצרת מעגליות. כפי שכבר הערנו, אין כאן הפרדת משתנים, וזה מה שיוצר את הבעייתיות.
2. ברגע שאין לנו ציר זמן שיסדר את הפעולות הללו בזו אחר זו על אף שהן מתרחשות באותו זמן, נוצרת לולאה. אם היינו יכולים לפרוש את הפעולות הללו על פני ציר זמן כלשהו, הלולאה היתה ניתרת. בדיוק כפי שפתרנו את הפרדוכסים בפרק החמישי באמצעות מודל של שני צירי זמן.

אם כן, כבר במבט שטחי וראשוני ניתן לראות שבתמונה של רש״ש שתי הבעיות הללו יכולות להיפתר, שכן במודל שלו ישנם שני צירי זמן, והציר של τ פורש את האירועים הללו בזה אחר זה, גם אם הם סימולטניים. יתר על כן, במודל של רש״ש יש הפרדה בין הפונקציה R שעוסקת באירועים לפונקציה N שעוסקת בתוצאות המשפטיות שלהם (אצל רש״פ אין משמעות להפרדה כזו, כי הכל תלוי בזמן t).

ננסה כעת לתאר את הסיטואציה בתמונה של רש״ש. מהלך האירועים הפיסי הוא הבא:

בזמן $\{t = 0, \tau = 0\}$: האישה מתגרשת בתנאי שלא תינשא לפלוני.

בזמן $\{t = 10, \tau = 10\}$: האישה נישאת לפלוני.

כעת ציר הזמן מתקפל, והאישה חוזרת לזמן t מוקדם יותר:

בזמן $\{t = 0, \tau = 10\}$: האישה לא מתגרשת כי התנאי בוטל.

כעת מתקדמים לזמן $\{t = 10, \tau = 20\}$: האישה נישאת שוב לפלוני וכעת היא נשואה בוודאי לראשון (כי היא לא התגרשה ממנו) ולכן הנישואין לשני לא חלים.

כעת אין חזרה נוספת לזמן t=0, שהרי אין כאן תנאי נוסף. כפי שראינו, כל תנאי גורם לקיפול אחד בציר הזמן, והקיפול הזה כבר התבצע כאן. אם כך,

כעת אנחנו לא חוזרים שוב על התהליך, ולכן המצב ההלכתי הזה הוא שנשאר הלאה, כאשר היא יוצאת בחזרה לציר הזמן האובייקטיבי. היא יוצאת לא גרושה, ולכן לא נשואה לשני. היא אישתו של הראשון.

הסיבוב הפנימי בציר τ מאפשר לנו לנתח את תוצאות נישואיה לפלוני בלי לשנות מיידית את הסטטוס שלהם. מה שקורה סימולטנית בהסתכלות הרגילה, נפרש על פני ציר ה-τ, והסיבוב הפנימי על ציר זה שקול כולו לנקודת זמן אחת. הוא מאפשר לנו לפרוש את האירועים כך שהם יבואו בזה 'אחר' (במובן וירטואלי) זה, ולכן לא נוצרת כאן לולאה. המצב האובייקטיבי המחייב מבחינה הלכתית הוא המצב שנוצר כשיוצאים בחזרה לציר הזמן האובייקטיבי, כלומר בזמן $\tau = 20$.

ניתן היה לתאר זאת בצורה פשוטה יותר: נניח שהאירועים לוקחים זמן והם לא נקודתיים. ובעיקר שהתוצאה ההלכתית מגיעה רגע אחרי הפעולה, ולא בו-זמנית איתה. כעת היא נישאת לפלוני, ואין מניעה לכך כי היא התגרשה. הנישואין תופסים. אבל כעת היא עברה על התנאי והגירושין מתבטלים למפרע (לא שהם נמצאו בטלים מעיקרא, כפי שיוצא בתמונה של רש״פ, אלא העתיד גורם את העבר). אם כך, כעת היא אשת איש של הראשון, וממילא נישואיה לשני לא תופסים. מכאן אין יותר קיפולים אחורה, ולכן כך נשאר המצב ההלכתי שלה גם הלאה.

אם כן, בגלל שפרשנו את התהליך הזה על פני ציר ה-τ, יש לו תוצאה חד ערכית, שהגירושין לא תקפים. זוהי התוצאה לפי המודל של הרש״ש, והיא הפוכה לתוצאה שמתקבלת מהרש״פ. כפי שראינו, כך גם עולה מפשט הסוגיא.

אמנם תוס׳ הפכו את הדין, ולדעתם התוצאה היא שהאישה מגורשת, זאת בניגוד למה שיוצא מהמודל של רש״ש. לא פלא, אם כן, שהוא מקשה על תוס׳ מדוע הם עוצרים את הלולאה דווקא במצב הזה. מסיבה זו עצמה הוא נזקק ליסוד שהוא מחדש (שכל חלות שאם היא חלה היא לא חלה – אז היא לא חלה). לשיטתו, רק בגלל היסוד הזה ניתן להבין את הדין של תוס׳ שהאישה מגורשת, וזה סוטה ממה שצפוי לפי המודל של רש״ש. לולא היסוד

הזה התוצאה היתה צריכה להיות שהיא לא מגורשת, כפי שראינו. לעומת זאת, לפי רש"פ שיטת התוס' מובנת כפשוטה, ואין שום צורך לחדש חידושים כדי להבין אותה.

נעיר כי הלולאה הזו דומה לפרדוכס הריגת הסבא, אליו התייחסנו למעלה בפרק החמישי כאשר בנינו את המודל שלנו לחזרה בזמן. כפי שראינו שם, גם הלולאה של הריגת הסבא נפתרת בצורה די דומה. הפרישה על פני ציר ה-τ היא שמצליחה להתיר את הפרדוכס, כי היא מאפשרת הפרדה בין אירועים שבלי זה מתרחשים סימולטנית, וכעת הם נפרדים לנקודות שונות על ציר ה-τ.

נכון הוא שגם אצל רש"פ ניתן לפתור את הפרדוכס של הסבא, שכן גם שם יש לנו כמה יקומים מקבילים שבכל אחד יש היסטוריה שונה. אבל אם יש היסטוריה לא עקבית, שהסבא מת והנכד חי ופועל, היא תיפסל. מה שיישאר הוא רק ההיסטוריות העקביות. אמנם כאשר מדובר בפרדוכס פיסי, ולא נורמטיבי כמו אצלנו, ההסבר הזה אינו ברור. אם אכן ניתן לחזור אחורה בזמן, מה מונע את הילד מלהרוג את סבא שלו? בהקשר של חזרה פיסית בזמן זה נראה די מלאכותי. בהקשר הנורמטיבי החזרה הזאת מובנת יותר, שכן האירועים מתרחשים בדיוק באותה צורה, ורק המשמעות הנורמטיבית-הלכתית שלהם היא שמשתנה.

בשולי דברינו נעיר כי לולאות כאלה מופיעות גם בהקשרים אחרים בהם עוסקים בתנאים. לדוגמא, בעל **המל"מ** כותב:[139]

כל הנותן מתנה על תנאי כו' אם נתקיים התנאי נתקיימה המתנה. מתוך תשובת הרא"ש שהביא הטור סי' רמ"א מוכח דבמתנה ע"מ שלא תמכרנו לפלוני כל שעבר ומכר לאותו פלוני נתבטלה המתנה או המקח כיון שעבר על תנאו. ואע"ג דאי אמרינן שנתבטל המקח נמצא שמה שמכר לאותו פלוני לא עשה ולא כלום דאין מוכר דבר שאינו שלו ונמצא דאין כאן מקח מ"מ כיון שנתנו בדרך מכר נתבטל

---

[139] פ"ג מהל' זכיה ומתנה ה"ו.

המקח מעיקרו וכ״כ ה״ה בפ״ח מהל׳ גירושין בע״מ שלא תנשאי לפלוני יע״ש. אך ראיתי להתוס׳ בפ׳ המגרש (דף צ״ג) ד״ה ועמדה דס״ל דהמתנה ע״מ שלא תנשאי אין הכוונה דרך נשואין אלא נשואין ממש ולא אשכחן ביטול הגט אלא לאחר מיתת המגרש. וכבר הביאו סברת התוספות הרשב״א והר״ן ז״ל בחידושיהם.

הניתוח של מקרים אלו דומה מאד למה שעשינו עד כאן.

הרכיב הנורמטיבי של היחס הסיבתי

בחלקו הראשון של הספר עמדנו על שלושה היבטים שמרכיבים את היחס הסיבתי: ההיבט הזמני (הסיבה קודמת בזמן למסובב), ההיבט הלוגי (הסיבה היא תנאי מספיק, ואולי גם הכרחי, למסובב), וההיבט הפיסיקלי (הסיבה מחוללת את המסובב. היא הגורם שלו).

נדגיש כי ההיבט הפיסיקלי קיים גם בהקשר הנורמטיבי. כלומר גם כאשר אנחנו עוסקים בסיבתיות משפטית, או הלכתית, ישנו מרכיב כזה. כאשר אירוע א הוא סיבה לתחולתה של נורמה ב, הוא אמור להופיע לפניה (לפחות על ציר τ), הוא אמור להוות תנאי מספיק (ואולי גם הכרחי) עבורה, והוא אמור לחולל אותה. לפי רש״ש התנאי הוא סיבה לחלות, ואילו לפי רש״פ לא. לפי רש״פ אין מרכיב של גרימה בהשפעה אחורה בזמן, אלא רק של גילוי מידע שהיה נעלם עד אותו רגע (לכן לשיטתו לא היינו צריכים להוסיף את ציר τ). לעומת זאת, לפי רש״ש יש ממש גרימה אחורה בזמן, וזה מה שאילץ אותנו להשתמש בציר זמן נוסף.

אך קשה להתווכח עם הטענה העקרונית שסיבתיות הלכתית כרוכה גם ביחס פיסיקלי (או נורמטיבי). לדוגמא, כאשר שומר מתרשל בשמירה והחפץ נגנב הוא חייב לשלם. ההתרשלות היא הסיבה המחייבת בתשלום. משמעותה של הקביעה הזו היא שהרשלנות מחוללת את חיוב התשלום, ולא

רק שהיא מופיעה לפניו, או מהווה תנאי לוגי עבורו. נדגים זאת כעת דרך עיון קצר בסוגיית 'תחילתו בפשיעה וסופו באונס'.[140]

בכמה מקומות בתלמוד ישנה התייחסות למצב בו אדם נכנס בפשיעה למצב של אונס. דוגמא לדבר במסכת בבא מציעא דף מב ע"א ישנו דיון במקרה בו שומר שקיבל מעות כפיקדון לשמירה, הטמין אותן בצריף ביער, והמעות נגנבו:

> ***ההוא גברא דאפקיד זוזי גבי חבריה, אותבינהו בצריפא דאורבני, איגנוב. אמר רב יוסף: אף על גב דלענין גנבי נטירותא היא, לענין נורא - פשיעותא היא, הוה תחילתו בפשיעה וסופו באונס - חייב. ואיכא דאמרי: אף על גב דלענין נורא פשיעותא היא, לענין גנבי נטירותא היא, ותחלתו בפשיעה וסופו באונס - פטור. והילכתא: תחילתו בפשיעה וסופו באונס - חייב.***

ההנחה היא ששמירה ביער היא הגנה טובה כנגד גנבים (שאינם מגיעים לחפש במקומות כאלו), אבל כנגד אש זוהי פשיעה בשמירה, שכן מדובר במקום דליק, והפיקדון יכול היה להישרף. אולם בסופו של דבר החפץ לא נשרף, אלא נגנב. לכאורה זהו אונס גמור, שהרי השומר פעל היטב כנגד גניבות, ולכן עלינו לפטור אותו מתשלום. אולם בסוגיא מופיעה מחלוקת בדין זה, שיסודה במחלוקת לגבי 'תחילתו בפשיעה וסופו באונס'. ישנו אכן מי שפוטר את השומר במקרה כזה, אולם ישנו גם מי שמחייב. לדעת המחייב, מכיון שכלפי אש השומר פשע, אזי הוא לא שמר כמו שצריך, ולכן הוא מתחייב גם על הגניבה (שכלפיה לא פשע כלל). להלכה נפסק כי במצב של 'תחילתו בפשיעה וסופו באונס' הוא אכן חייב.

התוספות במקום כותבים שכך ההלכה רק אם ללא הפשיעה לא היה קורה האונס. אך כאשר אין כל קשר בין הפשיעה לבין האונס, השומר יהיה פטור מתשלום. מקרה כזה אנחנו מוצאים בגמרא בבא מציעא דף לו ע"ב כאשר השומר פשע בבהמה שהיתה באחריותו ולא נעל אותה ברפת כראוי. היא

---

[140] ראה בנספח לספר **שתי עגלות וכדור פורח**, הארה 32.

239

יצאה לאגם, ושם מתה כדרכה (לא מחמת שנתקלה במשהו, או שנפגעה בדרך, אלא פשוט מתה. דבר זה קרוי שם 'מלאך המוות'). ההנחה היא שהבהמה היתה מתה גם אם היא היתה נשארת ברפת, שכן מדובר במוות טבעי. במקרה כזה נפסק להלכה שהשומר פטור מלשלם למפקיד, כיון שבכל מקרה, גם אם היתה נשארת ברפת, היא היתה מתה. בלשון התלמוד: "מלאך המוות מה לי הכא [=כאן] מה לי התם [=שם]".[141]

כדאי לשים לב שבמקרה יותר קיצוני, למשל אם הבהמה היתה אכן נתקלת במכשול באגם, ומחמת זה היתה מתה, כולם יסכימו שיהיה חייב. זהו מקרה שבו ישנו קשר סיבתי בין הפשיעה לאונס. היא זו שגרמה אותו. למעשה אין כאן כלל מצב של אונס, ולכן זה אפילו אינו מוגדר כמצב של 'תחילתו בפשיעה וסופו באונס', שהרי מטרת השמירה היא בדיוק לשמור את הבהמה מפני מקרים כאלו. מקרה כזה לא יסווג כלל כ'תחילתו בפשיעה וסופו באונס', אלא כפשיעה ממש. מקרה קיצוני יותר יהיה מצב בו הבהמה נגנבה לאחר שהשומר לא נעל את הדלת כראוי. זהו ודאי מצב של פשיעה ממש, ולכולי עלמא השומר יהיה חייב.

כעת צריך לבחון מהו ההבדל בין מצב זה של פשיעה גמורה, שבו כולם מודים שהשומר חייב, לבין מצב של 'תחילתו בפשיעה וסופו באונס', כאשר ישנו קשר בין הפשיעה לאונס, שבו נחלקו האמוראים (אם כי, להלכה גם במקרה זה הפושע חייב).

אם כן, יש לנו שלושה סוגי קשר בין אירועים, ונדגים אותם דרך המקרה של המעות ביער:

1. פשיעה שאינה קשורה לאונס. הוא הטמין את המעות ביער, והמעות הישנות הללו פקעו עקב בעייה בחוזק חומרים (כמו המקרה של מלאך המוות).

2. פשיעה שקשורה לאונס. המעות נגנבו מהצריף ביער.

___

[141] ידועה שיטת הרי"ף שישנו אמורא (אביי) שמחייב גם במקרה כזה. בכל מקרה אין הלכה כמותו. ראה בתוספות דיבור המתחיל 'הוחמה' בבבא מציעא דף עח ע"א.

3. פשיעה שגרמה לאונס. המעות נשרפו שם בצריף.

מה הדין במקרים השונים? כפי שראינו:

- המקרה השלישי נחשב מבחינה הלכתית כגרימה מוחלטת, שכן הפשיעה היא שגרמה לאונס, ולכן לכל הדעות במקרה כזה מחייבים את השומר בתשלום.

- המקרה הראשון נחשב מבחינה הלכתית כאונס, ולכן לכל הדעות במקרה זה השומר פטור מתשלום.

- המקרה השני שנוי במחלוקת, ולהלכה גם בו השומר חייב לשלם.

יש לשים לב לכך שגם המקרה השלישי אינו פשיעה גמורה, שהרי לא השומר עצמו הזיק את המעות. הוא רק התרשל בשמירתן, אבל מי שגרם את הנזק היה השריפה. אם כן, גם במקרה השני וגם בשלישי יש קשר ישיר בין הפשיעה לאונס, ולכן זה לא אונס. אך, כאמור, זו גם לא פשיעה בידיים. אז מדוע במקרה השני יש מחלוקת האם לחייב את השומר, והמקרה השלישי הוא מוסכם? מהו ההבדל בין שני המקרים הללו?

ניתן להגדיר את ההבדל בין המקרים כך: מצב של 'תחילתו בפשיעה וסופו באונס' (המקרה השני) הוא מצב שבו ישנו קשר נגטיבי בין הפשיעה לאונס. אם השומר הטמין את המעות בצריף והן נגנבו, לא ניתן לומר שההטמנה בצריף גרמה לגניבה, שהרי הטמנה כזו היא שמירה מעולה כנגד גניבה. כל מה שניתן לומר הוא אמירה שלילית: לולא פשע השומר והטמין את המעות בצריף, הן לא היו נגנבות.

לעומת זאת, במקרה השלישי הקשר הוא פוזיטיבי: הרשלנות שבהטמנת המעות בצריף היא שגרמה לשריפתן. אסור היה לו לטמון את המעות שם בדיוק מפני שזוהי מעילה בחובתו לשמור מפני שריפה. אם כן, ההטמנה שם היא הגורם (המשפטי, הגורם הפיסיקלי היה כמובן האש) לאבדן המעות.

אם כן, במקרה השני רשלנותו של השומר אפשרה את הנזק, אך לא גרמה אותו. במקרה השלישי הרשלנות היא שגרמה לנזק. ניתן להגדיר את ההבדל הזה במונחים שפגשנו כאן: במקרה השני הרשלנות היתה תנאי מספיק לנזק

(בלעדיה זה לא היה קורה), אבל היא לא היתה הגורם הסיבתי. קיים כאן הרכיב הלוגי של הסיבתיות, אך לא הרכיב הנורמטיבי (המקבילה הנורמטיבית לרכיב הפיסיקלי). לעומת זאת, במקרה השלישי הרשלנות היתה הגורם הנורמטיבי (לא ממש גורם פיסי, שכן הגורם הפיסי היה האש) לנזק, כלומר כאן היה קיים גם הרכיב הנורמטיבי של היחס הסיבתי. במקרה הראשון, הרשלנות אפילו לא היתה תנאי לוגי לאבדן המעות, שהרי הן היו אובדות בין כה וכה, גם אם הוא לא היה מתרשל כלל, לכן שם לכל הדעות הוא פטור.

אם כן, ישנה הסכמה שהשומר חייב לשלם כאשר מעשיו היוו את הגורם הנורמטיבי לאבדן הפיקדון. ישנה גם הסכמה שאם אין אפילו יחס לוגי בין הרשלנות לאבדן השומר פטור. המחלוקת לגבי 'תחילתו בפשיעה וסופו באונס' נסובה על השאלה האם כדי לחייב שומר לפצות את המפקיד מספיק גם יחס של תנאי במישור הלוגי בין הרשלנות לבין אבדן המעות.

העולה מכאן שההלכה מכירה ברכיב נורמטיבי של היחס הסיבתי, בנוסף לרכיב הלוגי. הסיבתיות ההלכתית כוללת גם רכיב של גרימה, ולא רק רכיב לוגי של תנאי. כמו שראינו לגבי היחס הסיבתי בפיסיקה, שלא די בזמן ובלוגיקה אלא דרושה גם גרימה פיסיקלית, הוא הדין ליחס הסיבתי בהלכה ובמשפט, שם דרושה גם גרימה נורמטיבית, מעבר לרכיב הזמני והלוגי.

הבעייתיות בהצרנה לוגית של הרכיב הפיסיקלי/נורמטיבי של הסיבתיות

תיארנו בחלק הראשון את המתקפה של דייויד יום נגד הרכיב הפיסיקלי של הסיבתיות. טענתו היתה שלא ניתן להבחין ביחס של גרימה באמצעים אמפיריים כלשהם. לכל היותר אנחנו יכולים להבחין ביחס זמני בין שני אירועים, ואולי גם ביחס לוגי ביניהם. שאלת הגרימה היא שאלה של פרשנות, ואין לה עוגן תצפיתי.

למרבה האירוניה, דווקא הפיסיקה המודרנית, כמי שמקפידה להיצמד לתצפיות, מטפלת בסיבתיות רק דרך שני ההיבטים הראשונים שלה. ההיבט

ה'פיסיקלי' אינו מופיע בנוסחאות הפיסיקה. למיטב הבנתנו, יש לכך שתי סיבות עיקריות, שבהחלט יש קשר ביניהן:

1. הבעייתיות שהעלה יום, לפיה לא ניתן לצפות ישירות ביחס של גרימה. לכן יחס זה נותר מחוץ למדע הפיסיקלי האמפירי, והוא נוגע רק לאינטרפרטציה הפילוסופית של התוצאות הפיסיקליות.
2. קשה, ואולי בלתי אפשרי, לתאר בשפה המתמטית יחס של גרימה. הלוגיקה יודעת לטפל ביחסים לוגיים בין אירועים באמצעות אופרטור הגרירה (אימפליקציה). אנחנו מסמנים $B \to A$, שמשמעותו היא שאם B אז A, כלומר יש יחס לוגי בין אירוע B לאירוע A, שתוכנו הוא ש-B הוא תנאי מספיק ל-A (ו-B הכרחי ל-A). גם יחס הכרחי ומספיק בין אירועים יכול להיות מתואר באמצעות קשרים לוגיים של זהות (שקילות, או גרירה דו-כיוונית). אבל כיצד נבטא את היחס של גרימה פיסיקלית?
בניסוח אחר נאמר זאת כך: מה יהיה ההבדל בסימול הלוגי-מתמטי בין יחס של תנאי לוגי לבין יחס של גרימה פיסיקלית? אם אנחנו אומרים שזריקת האבן ניפצה את החלון, אנחנו יכולים לסמן זאת באמצעות גרירה לוגית. משמעותה היא שאם נזרקת האבן לחלון הוא בהכרח יתנפץ, כלומר יש יחס לוגי בין האירועים: עם זריקת האבן תמיד מופיעה גם התנפצות של החלון. יחס זה מכיל תנאי לוגי, ואפשר אולי לכלול בו גם יחס זמני. אבל יחס של גרימה אומר משהו נוסף: החלון התנפץ **בגלל** האבן, ולא רק שהאירועים מופיעים תמיד ביחד (או בזה אחר זה). כיצד ניתן להכניס את האלמנט הזה לפורמליזם הלוגי-מתמטי?

שתי הבעיות הללו קשורות זו בזו. הסיבה שמונעת מאיתנו להפיק פורמליזציה (הצרנה לוגית) של יחסי גרימה (=הבעייה השנייה) היא שאין להם ביטוי מעשי שניתן לצפות בו (הבעייה הראשונה).

נבהיר יותר את שורש הבעייה. כדי למצוא פשר סמנטי ליחס הגרירה הלוגי, אנחנו משתמשים באירועים כדי לבנות את טבלת האמת הרלוונטית (אנו מניחים כאן פשר מסויים אחד לגרירה, שמכונה הפשר המטריאלי):

A	B	$B \rightarrow A$
0	0	1
0	1	0
1	0	1
1	1	1

כלומר ניתן להבין את משמעות הקשר הלוגי הזה דרך יחסים בין האירועים שמופיעים בו. זה גם מה שנותן לנו כלים לבדוק את המשמעות הזו בעולם עצמו (כלומר לבדוק האם בין שני אירועים יש יחס של גרירה או לא. אנחנו בודקים האם ייתכן בעולם מצב עניינים שבו מופיע B ובכל זאת לא מופיע A).

התיאור הלוגי משתמש באירועים כדי לתת פשר ליחסים הלוגיים. טבלא זו מתארת פשר לפיו לא ייתכן שיופיע בעולם הגורר ולא יופיע הנגרר (זהו הפשר המטריאלי).

כיצד נוכל להגדיר פורמליזם לוגי עבור גרימה פיסיקלית? אנחנו כמובן יכולים להגדיר יחס סיבתי אד-הוק, באופן הבא: $B \Rightarrow A$, שמשמעותו תהיה ש-B הוא תנאי לוגי וזמני ופיסיקלי עבור A. אבל הסימול הזה יישאר חסר משמעות, מפני שאין לנו שום דרך לבחון אותו ואת משמעותו. כיצד נבנה טבלת אמת עבור היחס הזה? מה יהיו השורות והעמודות? בהינתן שני אירועים, שהתרחשו או לא, כיצד נקבע האם הקשר הסיבתי אכן קיים ביניהם? גם אם אחד התרחש וגם השני התרחש, אין זה אומר שיש ביניהם קשר סיבתי (זוהי בדיוק טענתו של דייויד יום).

אם כן, אין לנו דרך לתת פשר ליחס הפיסיקלי $A \Rightarrow B$ בין שני אירועים, כיון שיחס כזה *אינו* נקבע על סמך הערכים (אמת או שקר) של שתי טענות העובדה שמרכיבות אותו.[142]

הבעייתיות באינדיקטורים סטטיסטיים לרכיב הפיסיקלי של הסיבתיות

הדברים האמורים לעיל נכונים גם לגבי הסטטיסטיקה. כאשר אנחנו מאבחנים קשר סטטיסטי בין שני משתנים, או שתי תופעות, הדבר מצביע אך ורק על יחס לוגי ביניהן. אם יש קשר סטטיסטי מובהק בין שתיהן, אזי ניתן להסיק שכאשר מופיעה האחת מופיעה גם השנייה. אולם אין כל דרך לאבחן בכלים סטטיסטיים את קיומו של יחס של גרימה ביניהם. הסטטיסטיקה 'עיוורת' להיבט הזה, בדיוק כמו הלוגיקה.[143]

---

[142] שתי הערות:
הבעייה אותה אנו מתארים כאן, קיימת גם ביחס הגרירה הלוגי. לא ניתן באמת להגדיר סמנטיקה חד ערכית לאופרטור הלוגי של גרירה. הטבלא המוצגת למעלה היא פשר שרירותי (ובעצם זוהי הדרישה המינימלית מאופרטורי גרירה), אבל ניתן להגדיר את האופרטור הזה בצורות נוספות.
הפילוסוף האנליטי האמריקאי דונלד דייוידסון, כתב מאמר קלאסי על הסיבתיות:
Donald Davidson, *Causal Relations*, **The Journal of Philosophy**, Vol. 64, No. 21, Sixty-Fourth Annual Meeting of theAmerican Philosophical Association, Eastern Division (Nov. 9, 1967), pp. 691-703.
הוא עומד שם על כך שהיחס הסיבתי קיים בין טענות ולא בין אירועים. בטבלת האמת מופיעים ערכי אמת של טענות (אמת או שקר), ולא הופעה או אי הופעה של אירועים. הניתוח שעשינו כאן, מערער במקצת את התמונה שמתאר דייוידסון, ואין כאן המקום.
לקריאת המאמר ברשת:
http://moodle.huji.ac.il/hu10/file.php/77902/DavidsonCausalRelations.pdf

[143] לקורלציה הסטטיסטית לא מספקת סיבתיות במובן האינטואיטיבי של המילה גם היום. ראה: Lawrence Sklar, *Physics and chance : Philosophical issues in the foundations of statistical mechanics*, Cambridge University Press 1996, pp. 143-146. למרות נסיונות בתחום הפילוסופיה של מדע להכיל את הסטטיסטיקה בתוך תהליך האינדוקטיבי המדעי, למשל במשנתו של המפל. ראו קרל ג. המפל, **פילוסופיה של מדע הטבע**, האוניברסיטה הפתוחה, 1979.

הבעייתיות בהצרנה מתמטית של הרכיב הפיסיקלי של הסיבתיות[144]

עד כאן תיארנו את הבעייה במישור הלוגי והסטטיסטי. אבל גם בתיאור המתמטי של התופעות, כלומר בשפת הפיסיקה, ניתן להבחין באותה בעייה. כפי שראינו בחלק הראשון, הנוסחאות הפיסיקליות אינן יודעות להגדיר מיהו הסיבה ומי המסובב. הן קובעות קשר בין אירועים, ללא יכולת להבחין בין סיבה למסובב. הדבר אינו נוגע רק לסימטריה הזמנית (ראינו שכל חוקי הפיסיקה הם רוורסיביליים בזמן), אלא פשוט אין ביטוי מתמטי בשפה שיכול לתאר יחס כזה. גם אם יהיה חוק לא סימטרי בזמן, כמו החוק השני של התרמודינמיקה, עדיין ביסודו הוא אינו מסוגל להצביע על סיבה ומסובב, ועל יחס סיבתי ביניהם. זוהי מגבלה של השפה המתמטית הנוהגת בפיסיקה, והיא אינה תלויה בהכרח בסימטריה הזמנית של החוקים הפיסיקליים.

אמנם הבעייה מחריפה כאשר אנחנו עוסקים בשפה שהיא סימטרית בזמן, כמו חוקי הפיסיקה, וכמו השפה של התנאים, בה (לפחות לפי רש״ש) ניתן לחזור אחורנית בזמן ולהשפיע מהעתיד לעבר. בשפה שבה יש כיוון לזרימת הזמן, ניתן היה להגדיר אד-הוק שהאירוע המוקדם הוא סיבתו של המאוחר (אם כי הגדרה זו תהיה שקולה לגמרי לקיומו של יחס לוגי ביניהם, כפי שראינו למעלה, ולכן היא לא תפתור באמת את הבעייה). אבל בשפה שהיא סימטרית, אפילו אפשרות כזו אינה קיימת. לדוגמא, בתמונה אותה מצאנו עבור התנאים לפי רש״ש, ניתן להשפיע סיבתית מהעבר לעתיד וגם מהעתיד לעבר (לפי לפי רש״ש), ולכן ציר הזמן לא יכול להוות אינדיקציה שתקבע מי משני האירועים הוא הסיבה ומי מהם הוא המסובב.

---

[144] ראה לעיל, עמ׳ 88 שם הזכרנו שברטרנד ראסל הוא שעמד על נקודה זו במאמרו על הסיבתיות:
B. Russell, 'On the Notion of Cause', *Proceedings of the Aristotelian Society*, New Series, Vol. 13 (1912 - 1913), pp. 1-26.

הצעה לפתרון בעיית ההצרנה של הסיבתיות באמצעות ציר ה- τ

עד כאן ראינו שלא ניתן להציג ולאבחן קשר של גרימה במונחים סטטיסטיים, במונחים לוגיים, ובשפת המתמטיקה הנהוגה בפיסיקה. לא פלא, אם כן, שהתפיסות הסיבתיות הרווחות במדע כיום כלל אינן מתייחסות לרכיב הגרימה. אז כיצד בכל זאת ניתן להצרין את היחס הסיבתי בין אירועים? האם יש דרך להציג ולטפל ברכיב הזה של הסיבתיות בכלים פורמליים? ייתכן שהמודל שהצענו עבור התנאי עם זמן דו-ממדי, מצליח לפתור גם את הבעייה הזו.

ראינו שציר הזמן t מודד את הזמן האובייקטיבי. אירוע שמופיע בזמן t מוקדם יותר, אירע לפני האירוע שמופיע בזמן t מאוחר ממנו. אולם מה משמעותו של ציר ה- τ? את מה הוא בא לבטא? ראינו שהוא מאפשר לנו להגדיר כיווניות ופעילות הופכית (לזו המקובלת) בציר הזמן, ושהוא פותר לנו בעיות שונות שמתעוררות בתהליך כזה, אך בינתיים לא הצענו עבורו פשר סמנטי: מה בדיוק הוא מייצג? האם זהו ציר פיקטיבי שמטרתו לפתור בעיות פורמליות ומושגיות?

כעת נוכל אולי להציע שהסדר על פני ציר ה- τ קשור ליחס הסיבתי. לפי הצעה זו, ציר t קובע את היחס הכרונולוגי בין האירועים, וציר τ מגדיר את היחס הסיבתי ביניהם. אם אירוע A מתרחש לפני אירוע B בציר τ, אזי A הוא סיבתו של B (מה שראינו שאינו נכון לגבי סדר בין אירועים על ציר t).

אמנם במבט ראשוני קשה לומר שכל אירוע A שמופיע לפני אירוע B על ציר τ, הוא בהכרח סיבתו של B. על פניו נראה שלא כל האירועים שקודמים לאירוע B על ציר זה הם סיבות שלו. לדוגמא, בתמונה עבור מתן גט בתנאי, הנישואין לבעל השני מופיעים לפני הגירושין בציר ה- τ, אבל הם ודאי לא סיבה לגירושין. מאידך, ההיפך כן נכון: ברור שאם יש אירוע שהוא סיבתו של A הוא *לעולם* יופיע לפניו על ציר ה- τ. ראינו שיכולה להיות השפעה

סיבתית הפוכה על ציר t, כמו במקרה של תנאים, אבל בציר τ הדבר אינו אפשרי.

אם כן, נראה לכאורה שציר τ מסייע לנו רק בפתרון של אחת הבעיות בהצרנת היחס הסיבתי. הסדר על פני τ מגדיר את הזמן עבור היחס הסיבתי בכיוון אחד: אירוע שמאוחר ב-τ אינו יכול להיות סיבה. אמנם לא כל אירוע מוקדם הוא כן סיבה. אך את הביטוי הלוגי-מתמטי המלא ליחס של גרימה עדיין לא מצאנו.

אולם מבט נוסף מראה שאולי ציר זה מבטא את היחס הסיבתי במלואו. עלינו לזכור שהאירועים הפיסיים תלויים בציר t ולא בציר τ. למעלה הזכרנו את הנישואין לבעל השני, אך בתמונה אותה הצענו האירוע הזה מתרחש פעמיים על ציר τ. פעם אחת הוא קורה בזמן $\{t=2 ; \tau = 2\}$ ופעם שנייה בזמן $\{t=2 ; \tau = 12\}$. מתי מתרחשים הגירושין? כזכור, פעולת הגירושין מתרחשת גם היא פעמיים, שהרי היא פעולה פיסית (מתן גט): בזמן $\{t=0 ; \tau = 0\}$ ופעם שנייה בזמן $\{t=0 ; \tau = 10\}$. אך חלות הגירושין היא קביעה נורמטיבית, ולכן היא תלויה דווקא בציר τ, והיא מתרחשת רק בזמן $\tau = 10$. אם כן, אחד המופעים של פעולת הנישואין לבעל השני מגיעה אחרי חלות הגירושין, ולכן היא אינה סיבתה.

מהי הסיבה לחלות הגירושין? לפי רש"ש זוהי שתיית היין. אך שתיית היין נעשית גם היא בשתי נקודות על ציר τ (10 ו-20). אם כן, גם היא אינה מופיעה לפני חלות הגירושין ולא יכולה להיות סיבתה. אולם עלינו לזכור ששתיית היין כתנאי מותנית בזמן τ ולא בזמן t. התנאי לחלות הגירושין היה שהיא תשתה יין בזמן $\tau = 10$. לעומת זאת, שתיית היין ב-$\tau = 20$ היא מעשה פיסי חסר נפקות הלכתית. אם כן, שתיית היין שמהווה את הסיבה לגירושין אכן נעשית לפני חלות הגירושין, ולכן היא סיבתה של החלות הזו.

המסקנה היא שאם נאמץ את התיאור הזה, אכן ההימצאות של אירוע A במיקום מוקדם יותר מ-B על ציר τ, עושה את שני הדברים: היא גם מהווה

אינדיקציה לכך ש-A הוא סיבתו של B, וגם ההיפך הוא הנכון, שאירוע שמופיע מאוחר יותר מ-A על ציר τ לא יכול להיות סיבתו. אם כן, מתברר שאנחנו כן יכולים לראות בציר τ ציר של סיבתיות, ובכך לתת לו פשר סמנטי. זוהי הצורה בה ניתן לטפל באופן פורמלי ברכיב הגרימה ביחס הסיבתי.

הסבר לעיוורון של הפיסיקה ליחסי גרימה

אם אכן ציר ה- τ מבטא את היחס הסיבתי בין אירועים, אזי שני צירי הזמן הללו פועלים בו-זמנית, אך לא תמיד במקביל. האחד אחראי על הסדר הזמני והשני על הסדר הסיבתי. אירוע A שמופיע אחרי אירוע B במונחי הזמן t – יכול באופן עקרוני להיות סיבתו. אבל זה רק אם הוא קודם לו בציר ה- τ.

בתהליכים פיסיקליים רגילים, בהם הכל זורם קדימה ואין סיבתיות הפוכה, שני צירי הזמן זורמים במקביל, זה בצד זה. אחד מהם אחראי על הסדר הזמני והשני על הסדר הסיבתי. לעומת זאת, בהקשרים בהם יכולה להופיע סיבתיות הפוכה, הדבר מצביע על היפרדות בין שני הצירים, כפי שראינו למעלה. במקרים שראינו ציר ה-t מתקפל כפונקציה של τ, וכך הם נפרדים.

כך נוכל גם להבין מדוע במשוואות הפיסיקה שהן סימטריות לזמן t, לא מופיעה הסיבתיות. ציר ה- τ זורם במקביל ל- t ולכן הסיבתיות פועלת קדימה בזמן. אם נאמץ פתרון שבו הופכים את כיוון הזמן, כפי שראינו למעלה, מתהפך כיוונו של t אך לא של τ, ולכן הסיבתיות תתהפך.

כדי להדגים זאת, נשוב לדוגמא אותה הצגנו בפרק החמישי. ראינו שם את המקרה של כוח רגעי שפועל על חלקיק, ומוסיף לו מהירות. הגרף שמתאר את מהירות החלקיק כפונקציה של הזמן הוא:

249

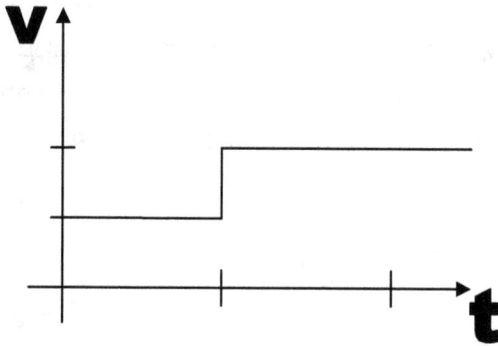

גרף 1

הסברנו שם שניתן לפרש את ההשפעה של הכוח בשתי צורות: א. שהוא
מגביר את המהירות רק בזמנים שמאוחרים להופעת הכוח. ב. שהוא מקטין
את המהירות רק בזמנים שמוקדמים להופעת הכוח.

הדבר תלוי בשאלה כיצד אנחנו מפרשים את הגרף הזה. כדי להבין זאת טוב
יותר, נחשוב על חלקיק אחר, שנע במהירות קבועה, ועליו לא פועל שום כוח.
כדי לראות את השפעת הכוח עלינו להשוות את הגרף שמתאר את מהירותו
של החלקיק שעליו פעל\ך הכוח עם הגרף של החלקיק שעליו לא פעל כוח.

הגרף הבא מתאר חלקיק במהירות קבועה שלא פעל עליו שום כוח:

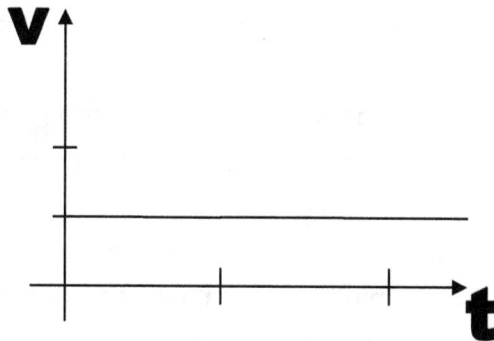

גרף 2

מההשוואה בין שני החלקיקים (גרף 1 וגרף 2) עולה שאכן ההשפעה של הכוח מופיעה רק בזמנים שאחרי הופעתו. שני החלקיקים היו בעלי אותה מהירות לפני כן, והמהירות של החלקיק שעליו פעל הכוח משתנה אחרי הופעת הכוח. אולם מה תהיה המשמעות אם נשווה את גרף 1 מלמעלה לגרף הבא:

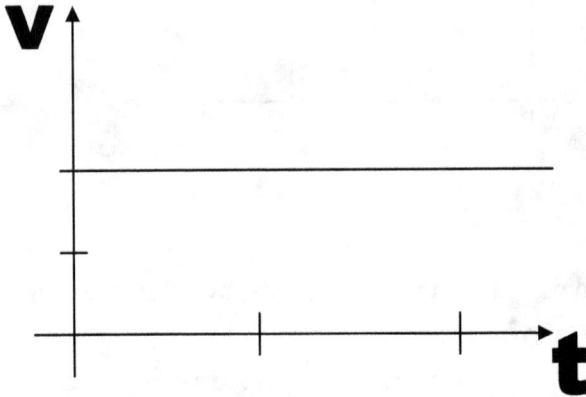

גרף 3

כאן נראה ששני החלקיקים הם בעלי אותה מהירות בזמנים שאחרי הפעלת הכוח, והשפעתו של הכוח מופיעה רק בזמנים שלפני הופעתו, שכן החלקיק שעליו פעל הכוח הוא בעל מהירות נמוכה יותר בזמנים שלפני הופעת הכוח. כלומר השפעת הכוח על החלקיק הקטינה את מהירותו בזמנים שלפני הופעת הכוח.

זוהי הסיבה לטענה הרווחת, לפיה לא ניתן לראות בכוח את הסיבה לשינוי במהירות, או לחילופין לא ניתן לקבוע פיסיקלית שסיבה חייבת להופיע לפני המסובב.

עד כאן התמונה של הפרק החמישי. אולם כעת נוסף לנו ציר ה- τ, ועלינו לשאול את עצמנו מה קורה מבחינתו. בהנחה שציר זה אכן מייצג את ההשפעה הסיבתית, אזי הכוח לעולם מופיע בזמני τ שהם מוקדמים להופעת התוצאות של הכוח. כלומר בכל הגרפים שלמעלה הזמן τ זורם

ימינה. לכן ברור שהסיבה היא הכוח, והתוצאה היא שינוי המהירות. אין אפשרות לפרש את הגרף 1 כאילו הזמן בו זורם אחורה ויש השפעה סיבתית הפוכה, כי אז ייצא שהסיבה מופיעה לפני המסובב מבחינת ציר τ. לכן הפרשנות שאנחנו מציעים להשוואה השנייה היא הפוכה (כך בדרך כלל אנחנו רגילים לפרש תופעה כזאת): החלקיקים היו בעלי מהירויות שונות לפני הופעת הכוח, והכוח הגביר את מהירותו של החלקיק שעליו הוא פעל, וכך היא הגיעה בדיוק לערך המהירות של החלקיק השני. אם כן, ההשפעה היא קדימה בזמן ולא אחורה בזמן.

גם אם נסתכל על הגרף 1 (לאור ההשוואה לגרף 3) כפעולה שבה הזמן זורם אחורה, הפרשנות שלנו תהיה שההשפעה הסיבתית מתרחשת קדימה. הסימטריה של חוקי הפיסיקה לזמן, אינה נוגעת לציר ה-τ, ולכן גם אם נהפוך את כיוון הזרימה של הזמן, ציר ה-τ ימשיך לנוע קדימה, וכיוון ההשפעה הסיבתית לא ישתנה. במשוואות עצמן לא מופיע τ, מפני שכפי שראינו השפה של הפיסיקה אינה יודעת לטפל ביחסי גרימה. היא מכילה רק את t ולא את τ.

מזווית אחרת נאמר זאת כך. אם נרצה לראות בגרף 1 השפעה אחורה בזמן, עלינו להניח שהזמן בגרף הזה זורם שמאלה (אחורה). אבל כדי להגדיר כיוון זרימה של הזמן יש לשמור על ציר סטטי אחר שיגדיר שיש כאן זרימה הפוכה. אבל אם אכן יש ציר סטטי כזה, ה-τ, אזי אין מניעה לראות את ההשפעה הסיבתית על פניו ולא על פני ציר t, ולכן היא ממשיכה לפעול קדימה.

אם כן, בפיסיקה בה אנחנו עוסקים בהיפוך הזמן, יש לשמור על כיוון הזרימה של τ, שאם לא כן אין כאן משמעות של היפוך בציר הזמן. אלא שאם אכן לא הופכים את כיוונו של τ, אזי הסדר הסיבתי נותר בעינו. אם כן, הפיסיקה אינה באמת סימטרית ליחסי סיבה ומסובב. הסיבה שנוצרת תחושה של סימטריה כזו היא רק בגלל שבדרך כלל שני צירי הזמן זורמים במקביל, ויש תחושה שיש בתמונה רק סדר זמני ולא סיבתי. אבל כשהופכים

את כיוונו של t או כאשר הופכים את סדר ההשפעה הסיבתי, שני הצירים נפרדים, ואז מתגלה שאין סימטריה בין סיבה למסובב.

בחלק הראשון של הספר ראינו שגם ללא כל התופעות הסיבתיות וההיפוכים של ציר הזמן ישנה נחיצות תיאורטית להגדיר ציר זמן נוסף, τ, שכן התחושה לפיה הזמן זורם (בניגוד למרחב שהוא סטטי), מבוססת כנראה על קיומו של ציר סטטי שכיוונו קבוע כל הזמן, ושהזמן t זורם על פניו. כפי שראינו, הדבר נחוץ גם כדי להגדיר חזרה בזמן, וגם כדי לנתק את ההשפעה הסיבתית מהסדר הזמני. והדבר נחוץ בעיקר כדי שנוכל להציג את היחס הסיבתי במונחים מתמטיים-לוגיים. מכל האילוצים הללו יוצא שהציר הזה חייב להיות סטטי, בעל כיוון זרימה קבוע שאינו משתנה. כיוונו של t, שיכול להשתנות, ואף להתהפך, נקבע ביחס אליו.

פרק ארבעה-עשר

לוגיקה של שרשראות תנאים

מבוא

במערכות לוגיות, לאחר שמגדירים היטב את אבני הבניין היסודיות, יש לבחון האם ניתן לבנות מהן מבנים מורכבים יותר. בספר הראשון בסדרה, ראינו זאת לגבי מבנים מורכבים של היסקים לא דדוקטיביים. גם כאן, לאחר שהבנו את האלמנטים היסודיים של הלוגיקה של התנאי, עלינו לראות האם ניתן לתאר ולהבין באמצעותם מבנים מורכבים של שרשראות תנאים מסוגים שונים.

נקדים כי בתלמוד עצמו לא מצאנו דוגמאות כאלה, אבל בספרות הפרשנים האחרונים ישנן דוגמאות ספורות לכך. אנו ננסה להתבסס עליהן כדי לבחון כיצד בונים לוגיקה מוכללת שכזו.

ההרכבות האפשריות

גם בהרכבה של שרשראות תנאים ניתן לחשוב על כמה דרכים בסיסיות בהן התנאים יכולים להיות מורכבים זה על גבי זה. אם נבין את דרכי ההרכבה היסודיות, ניתן יהיה להכליל אותן לשרשראות ארוכות כרצוננו. על כן עלינו לבחון כאן באילו צורות ניתן להרכיב שני תנאי 'על מנת' זה על גבי זה, ומה הדבר אומר מבחינת התמונות אותן תיארנו למעלה (קיפולי ציר הזמן וכדו').

ניתן לחשוב על כמה סוגי הרכבה של תנאים.

א. הרכבה מקבילה. ראובן מגרש אישה מעכשיו בתנאי שהיא תיתן מתנה לפלוני במהלך ל יום. האישה נותנת את המתנה לפלוני בתקופה המוזכרת, אבל עושה זאת בתנאי שהוא לא ישתה יין לאורך תקופה אחרת.

ב. הרכבה מעורבת. ראובן מגרש אישה מעכשיו בתנאי שהיא לא תשתה יין ל יום. שמעון מגרש את אשתו שלו בתנאי שאשתו של ראובן מגורשת בזמן נתון כלשהו.

מהו ההבדל בין שני המצבים הללו? במקרה הראשון הסדר הסיבתי של התנאים מקביל לסדר הזמני. הגירושין שנעשו ראשונים, תלויים בנתינת המתנה שנעשיתה אחר כך. לעומת זאת, המקרה השני הוא הרכבה שבה הסדר הסיבתי אינו מקביל לסדר הזמני: הגירושין של שמעון יכולים להיעשות לפני הגירושין של ראובן, אבל ברור שגירושי ראובן הם שקובעים את התוצאה בגירושין של שמעון. כאן הסדר הזמני הפוך לסדר הסיבתי.

המקרה הראשון הוא הפשוט יותר, שכן הסדר הזמני הוא גם הסדר הלוגי. התנאי המוקדם תלוי בקיומו של התנאי המאוחר. לכן ניתן לשער שעקרונית אם נצליח לבנות מודל עבור המקרה השני, ניתן יהיה לתאר את המקרה הראשון כמקרה פרטי של המודל הכללי הזה, שבו הסדר הזמני והלוגי הם מקבילים. כלומר אנחנו בעצם מחפשים מודל שבו אין חפיפה הכרחית בין הסדר הסיבתי לסדר הזמני של התנאים.

לפני שניכנס למודל, עלינו לבדוק האם בכלל ההלכה מכירה בתנאי מורכב כזה כתנאי תקף. על כן, נתחיל בתיאור של המקרים המופיעים בספרות ההלכתית.

מתנה על מנת להחזיר

כמו שניתן להתנות על גיטין וקידושין בהלכה, ניתן גם להתנות על מתנות. אדם יכול לתת מתנה בתנאי שהמקבל ישתה יין וכדו׳. יתר על כן, הנותן יכול גם להתנות את המתנה בכך שהמקבל יחזיר לו את המתנה לאחר זמן, וזה מה שנקרא בהלכה ׳מתנה על מנת להחזיר׳.

השלכה רווחת לדין זה היא לגבי אתרוג ביום הראשון של סוכות. מהפסוק (ויקרא כג, מ):

וּלְקַחְתֶּם לָכֶם בַּיּוֹם הָרִאשׁוֹן פְּרִי עֵץ הָדָר כַּפֹּת תְּמָרִים וַעֲנַף עֵץ עָבֹת וְעַרְבֵי נָחַל וּשְׂמַחְתֶּם לִפְנֵי יְקֹוָק אֱלֹהֵיכֶם שִׁבְעַת יָמִים:

הגמרא (סוכה מא ע"ב) לומדת: "לכם"-משלכם. כלומר ישנו דין שהאתרוג חייב להיות שייך לאדם שנוטל אותו, ואם הוא לא שלו – אזי הוא אינו יוצא ידי חובה (ביו"ט הראשון). מה קורה אם לאדם אין אתרוג והוא רוצה לצאת ידי חובה באתרוג של חברו? החבר יכול לתת לו את האתרוג ב'מתנה על מנת להחזיר'.[145]

אמנם המפרשים חלוקים בשאלה כיצד לפרש נתינה כזו: הרא"ש סוכה פ"ג סי' ל כותב שמדובר בתנאי רגיל, כמו בכל התנייה אחרת. ברור שמדובר בתנאי 'מעכשיו', שהרי תנאי 'אם' על מנת להחזיר לא יועיל לכל הדעות, שכן זהו 'תנאי ומעשה בדבר אחד' (ראה ריטב"א סוכה מא ע"ב, ותוד"ה 'דתנאי', גיטין עה ע"ב). ההחזרה היא תנאי לכך שהוא יקנה את האתרוג, אבל לאחר ההחזרה זה כבר חזר להיות של הנותן. לכן ברור שמדובר כאן בתנאי 'מעכשיו'.[146] נציין כי יש חולקים על כך. בעל **קצות החושן**,[147] סובר שמתנה על מנת להחזיר היא מתנה לזמן ואין מדובר כאן בתנאי. וראה גם **נתיה"מ** ב'ביאורים', שם סק"ה. אנחנו כאן נניח את הבנת הרא"ש וסיעתו, שהיא ההבנה הרווחת, לפיה מדובר כאן בנתינה על תנאי 'מעכשיו'.

אם אכן מדובר כאן בתנאי, אזי אם המקבל נטל את האתרוג ולאחר מכן החזיר אותו לנותן, הוא יצא ידי חובה. בזמן שהוא נטל אותו הוא היה שלו. אולם אם המקבל לא מחזיר אותו לנותן, אזי הנתינה הראשונית בטלה (כי התנאי לא התקיים), ולכן הוא לא יצא ידי חובה כי האתרוג לא היה שלו.

כעת ניתן לדון במקרה בו המקבל של המתנה מעביר אותה הלאה על מנת להחזיר, וכן הלאה. והנה מצאנו בסוגיית סוכה מא ע"ב:

ומעשה ברבן גמליאל ורבי יהושע ורבי אלעזר בן עזריה ורבי עקיבא, שהיו באין בספינה, ולא היה לולב אלא לרבן גמליאל בלבד,

---

[145] ראה סוכה שם, וב"ב קלז ע"ב.

[146] אמנם ב**קהילות יעקב**, ב"ב סי' לה דן בשאלה האם המקבל חייב לתת את האתרוג בחזרה או להקנות אותו בחזרה. אם הוא חייב לתת ולאו דווקא להקנות, אולי יש מקום לתנאי כזה. אבל אם המתנה יאמר בפירוש שהוא מתנה זאת בהקנאה, השאלה בעינה עומדת. יתר על כן, הרי ביחס לאתרוג המקבל רוצה לצאת בו ידי חובה, ואם הוא יחזיר אותו הוא לא יוכל לעשות זאת.

[147] סי' רמא סק"ד.

שלקחו באלף זוז. נטלו רבן גמליאל ויצא בו, ונתנו לרבי יהושע במתנה, נטלו רבי יהושע ויצא בו, ונתנו לרבי אלעזר בן עזריה במתנה, נטלו רבי אלעזר בן עזריה ויצא בו, ונתנו במתנה לרבי עקיבא, נטלו רבי עקיבא ויצא בו והחזירו לרבן גמליאל. למה לי למימר החזירו? - מלתא אגב אורחיה קא משמע לן: מתנה על מנת להחזיר - שמה מתנה.

לא ברור האם גם המתנות שניתנו בהמשך היו על מנת להחזיר. לכאורה לא, שהרי אם אכן כך היה, אזי כל המסלול היה צריך להתבצע בדרך חזור, כלומר שר״ע יחזיר לראב״ע, וזה יחזיר לר׳ יהושע, וזה יחזיר לר״ג. כאן מתואר שר״ע החזירו לר״ג, ומשמע שרק מתנתו של ר״ג היתה על מנת להחזיר. לכאורה אם זה כך אז ר׳ יהושע שקיבל מר״ג לא קיים את התנאי, שהרי הוא לא החזיר לר״ג (זה הוחזר אליו ממישהו אחר ולא מר׳ יהושע). ראה תוד״ה ״ואם לאו׳, שם, ועוד.

אמנם **במג״א** סי׳ שו סקט״ו כתב שני טעמים מדוע מותר להקנות את האתרוג ביו״ט: 1. מפני שזוהי מתנה על מנת להחזיר. 2. מפני שזה לצורך מצווה (ואז מותר אף במתנה גמורה). לפי הטעם הראשון, ברור שכל התנאים במקרה שמתואר במסכת סוכה הקנו על מנת להחזיר, שכן בלי זה הם היו עוברים על איסור הקנאה ביו״ט. לפי הטעם השני זה לא הכרחי. וכן מצאנו **בשו״ע** סי׳ תרנח ה״ה, שכתב:

נתנו לו סתם, הוי כאילו אמר לו: על מנת שתחזירהו לי, דמסתמא על דעת כן נתנו לו כיון שצריך לצאת בו שאין לו אחר; ואם לא החזירו, לא יצא. ומיהו אפילו לא החזירו לידו אלא לאחר, ואחר לאחר, והאחרון מחזירו לבעלים, יצא.

ובמ״ב שם סקכ״א, שכתב:

אלא לאחר וכו׳ - ר״ל שגם הוא נתן לאדם אחר האתרוג במתנה ע״מ להחזיר והלזה נתן ג״כ לשלישי להחזיר לבעלים הראשונים יצא ולא אמרינן הרי התנה עמו ע״מ שתחזיר לי והרי לא החזיר

בעצמו לבעלים הראשונים דמסתמא לא היה כונת וקפידת הבעלים אלא שיוחזר להם החפץ בין ע״י הראשון בין ע״י באי כחו.

אם כן, לפחות לחלק מהדעות יש כאן הרכבה פשוטה של תנאים בזה אחר זה. אבל במקרה כזה אין הרכבה לוגית ביניהם, שהרי לא מדובר כאן שהמותנה קיים את התנאי על ידי תנאי, אלא שהוא עשה תנאי אחר על אותו חפץ.

כעת נחשוב מה יהיה הדין אם המקבל מחזיר את האתרוג לנותן, אבל הוא עושה זאת במתנה על מנת להחזיר? האם במצב כזה התנאי התקיים או לא? זוהי כבר הרכבה מהותית, שכן התנאי מתקיים בפעולה שהיא עצמה נעשית על תנאי. לא מצאנו לכך מקור ברור בפוסקים (רווח סיפור על רעק״א שהורה שהרכבה כזו פועלת).

תנאי על גבי תנאי

המקור היחיד אותו מצאנו שדומה להרכבה מהותית של תנאים, הוא בדברי ה**נוב**״י מהדו״ת אבהע״ז סי׳ קלג, שנשאל על התנאי הבא:

מה ששאל בגט שכיב מרע כהן וראוי לעשות כדאתקין שמואל בגיטין דף ע״ה ע״ב ואירע שהחולה כשבא לומר אם לא מתי לא יהיה גט אמר אם לא מתי אעשה כמו שארצה, ושאל אם מהני תנאי זה שיוכל השכיב מרע הכהן להחזירה הואיל ותלה בידו ודומה לע״מ שירצה אבא וכ״ש הכא שתחלה /שתלה/ בדעת עצמו עכ״ד מעכ״ת:

השואל, בעל ה**אור חדש**, מסתפק האם אדם שהתנה את הגט שנתן בתנאי שהוא ימות, ואם הוא לא מת יעשה כפי שירצה. וכוונתו שאם הוא לא מת, אזי אם ירצה הוא יבטל את הגט והיא תישאר אשתו, ואם לא ירצה הוא יכול לאשר את הגט ולהחיל את הגירושין.

על כך עונה ה**נוב**״י כך:

ולענ״ד נראה שאסור הכהן להחזירה שאין כאן תנאי כפול שתנאי כפול היינו שהוא דבר מוחלט לשני צדדים כמו תנאי בני גד ובני

ראובן אם יעברו וגו' ונתתם להם וגו' ואם לא יעברו ונאחזו בתוככם. אבל כאן צד ההן אם מתי יהיה גט הוא מוחלט אבל צד הלאו אם לא מתי אינו מוחלט שלא אמר שלא יהיה גט רק אמר אעשה כרצוני ולכן אין התנאי קיים וגם גוף הלשון אעשה כרצוני מה שייך עשיה בכאן ולכן הדבר פשוט אצלי שאסורה לחזור לבעלה הכהן וצריכה גט מחדש להתירה לשוק. כנלע"ד לדינא.

הוא טוען שאין כאן תנאי כפול, שהרי על הצד שהוא לא ימות התוצאה אינה מוחלטת. לדעתו הדרישה לכפול את התנאי פירושה שהתוצאות תהיינה מוחלטות לכל מצב. וראה **או"ש** הל' אישות פ"ו ה"ב שהביא לו ראיה מהירושלמי, אך תמה על סברתו. וראה גם ב**בית ישי** סוף סי' לה שהזכיר את דברי ה**נוב"י** והסביר אותם.

נזכיר כי מדובר כאן בתנאי 'אם', ולא בתנאי 'על מנת'. ה**נוב"י** מניח שאין מניעה עקרונית להרכיב תנאים, אלא שבתנאי 'אם' יש דרישה לכפול את התנאי (לפי הרמב"ם ראינו שבתנאי 'על מנת' זה לא נדרש), ולכן שם נוצרת בעייה. אבל בתנאי 'על מנת' שאין דרישה כזו, שם אין מניעה להתנות תנאי כזה. בדומה לזה העיר ה**או"ש** שם, שלשיטת חכמים שחולקים על ר"מ, ואינם דורשים תנאי כפול גם בתנאי 'אם', תנאי כזה ודאי יהיה טוב.

אם כן, לגבי מקום שבו נדרשת הכפלת התנאי יש אולי מקום לדון האם ניתן להרכיב תנאים. אבל זוהי רק בעייה צדדית. מבחינתנו, כמי שמתעניינים בתנאי 'מעכשיו' ובלוגיקה של זמן, הרכבת תנאים היא ודאי תקפה מבחינת הלוגיקה ההלכתית.

אם כן, במתנה על מנת להחזיר שמוחזרת על מנת להחזיר, זוהי הרכבה של תנאים והיא אמורה להועיל. יש אולי מקום לדחות זאת ספציפית לשם, שכן ייתכן שהנותן הראשון לא התכוין להחזרה כזו, ולכן שם החזרה על מנת להחזיר אינה מועילה. אבל עקרונית נראה שאין כל מניעה להרכיב תנאים זה על גבי זה.

כעת עלינו לבחון האם המודלים אותם בנינו לדיני התנאים יכולים לתאר גם הרכבה של תנאים.

שיטת הרש״פ: הרכבה מקבילה

לפי הרש״פ נראה שאין כל שינוי כאשר אנחנו מרכיבים תנאים זה על גבי זה.
לדוגמא, ראובן נותן גט לרחל מעכשיו בתנאי שהיא תיתן שדה לשמעון בעוד
שבוע. כשעבר שבוע, רחל הולכת ונותנת את השדה לשמעון בתנאי ששמעון
לא ישתה יין עוד חודש.

כאשר ראובן התנה את התנאי הראשון הוא יצר שני מסלולים אפשריים:

a. רחל מגורשת מעכשיו, ונותנת שדה לשמעון בעוד שבוע. תיאור
האירועים הללו נעשה דרך הפונקציה: $f_a(t)$.

b. רחל אינה מגורשת כלל, והיא לא נותנת שדה לשמעון עוד שבוע.
תיאור האירועים הללו נעשה דרך הפונקציה: $f_b(t)$.

ראובן הוא הבעל, ולכן הכוח לקבוע האם יהיו גירושין או לא מסור לו. אולם
כאשר הוא מתנה תנאי, הוא מוסר בזאת לרחל את הכוח לקבוע את
התוצאה: אם רחל היתה נותנת שדה לשמעון היא היתה קובעת את
המציאות על המסלול a. אם היא לא היתה נותנת שדה לשמעון, היא היתה
קובעת את המציאות על המסלול b.

אך רחל לא עשתה את זה וגם לא את זה. היא בחרה לתת את השדה לשמעון
בתנאי שלא ישתה יין. ישנה כאן המשכה של המסלולים הללו הלאה:

a. רחל מגורשת מעכשיו ונותנת שדה לשמעון בעוד שבוע, ושמעון לא
שותה יין עוד חודש. מהלך זה מתואר על ידי הפונקציה: $g_a(t)$.

b. רחל אינה מגורשת כלל, היא לא נותנת שדה לשמעון, הוא ושותה
יין. מהלך זה מתואר על ידי הפונקציה: $g_b(t)$.

כעת, במקום שרחל תקבע את התוצאה, היא מסרה לשמעון את הכוח שניתן
לה מראובן לקבוע את התוצאה. אם כן, כעת שמעון יקבע על איזה משני
המסלולים אנחנו נמצאים: אם הוא ישתה יין הוא קובע את המסלול b ואם
לא – הוא נקבע על a.

אם מסתכלים על הצירוף של שני התנאים, אזי בבעייה זו יש 2 מסלולים אפשריים: 1. רחל מגורשת מעכשיו. היא נותנת את השדה לשמעון בעוד שבוע. והלה לא שותה יין עוד חודש. 2. רחל אינה מגורשת. היא נותנת את השדה לשמעון בתנאי. שמעון שותה יין ומיפר את התנאי.

כאשר אנחנו מצרפים את שני התנאים הללו, נוצר כאן בעצם תנאי חדש, לפיו הגירושין תלויים בשתיית היין של שמעון. זה שקול לתנאי שיתנה ראובן את הגירושין באי שתיית יין של שמעון.

ניתן לומר שמה שהשתנה בין התנאי הראשון לבין התנאי המורכב הוא הפונקציה $i(t)$, כלומר על איזה מסלול אנחנו נמצאים בכל רגע. בתנאי המקורי הפונקציה הזו עושה את השינוי האחרון אחרי שבוע, ובתנאי המורכב השינוי האחרון נעשה אחרי חודש ושבוע.

שיטת הרש"פ: הרכבה מעורבת

במקרה של הרכבה מעורבת, ראובן נותן גט לרחל בזמן $t=0$, 'על מנת שהיא לא תשתה יין עד זמן $t=10$'. שמעון נותן ללאה גט בזמן $t=2$, 'על מנת שרחל מגורשת מראובן בזמן $t=4$'.

הסדר הלוגי הוא שהתנאי של שמעון תלוי בתנאי של ראובן. לכן ברור שגירושי לאה הם שתלויים בתנאי מורכב (גירושי רחל הם תנאי פשוט), ולכן הם הבסיס לדיון. כיצד אנחנו מתארים את המצב כאן?

כאשר שמעון מגרש את לאה הוא פותח שני מסלולים, ומוסר לראובן את הכוח להחליט האם לאה תהיה מגורשת. ראובן מצדו מוסר את הכוח שקיבל לרחל, והיא שתחליט על שתי התוצאות גם יחד.

באופן עקרוני נראה שלפי רש"פ אין הבדל בין הרכבה מעורבת להרכבה מקבילה, וגם כאן ניתן לתאר זאת כתנאי פשוט שבו הגירושין של שמעון תלויים בשתיית היין של רחל.

שיטת רש"ש: הרכבה מקבילה

כדי ליישם את התמונה של רש"ש על תנאי מורכב, עלינו להגדיר שוב את התמונה עבור תנאי פשוט. נשתמש בהצגה גרפית כדי לפשט את הטיפול.

במקרה של נתינת שדה בתנאי של אי שתיית יין (אחרי זמן r), התהליך הוא הבא:

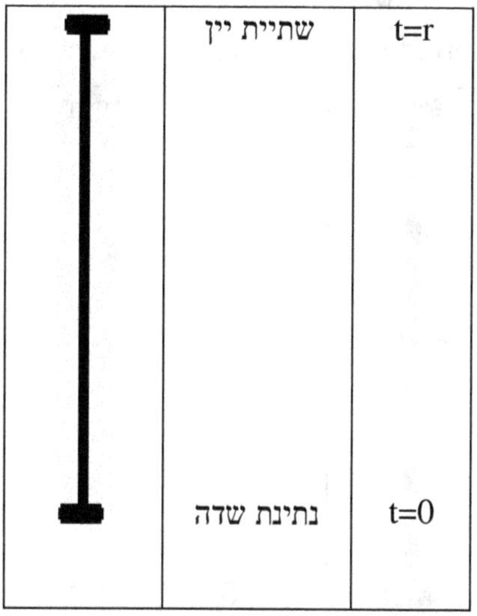

t=r
שתיית יין
t=0
נתינת שדה

כפי שראינו למעלה, אחרי שמגיעים לזמן t=r, אם הוא לא שותה יין השדה שלו, ואם הוא שותה יין השדה אינו שלו. כיצד זה בא לידי ביטוי במודל שלנו? מעצם התניית התנאי, ברגע שמגיעים ל-r, ציר הזמן t מתקפל על פני τ (כלומר אנחנו חוזרים לאורך הקו בחזרה לזמן t=0), זאת בלי קשר לשאלה האם הוא שתה או לא. כעת מגיעים לזמן {$\tau = r$ t=0}, ושם בודקים מה קרה עם היין. אם הוא לא שתה השדה שלו, ואם הוא שתה השדה אינו שלו. כעת ה-τ ממשיך להתקדם עד שהוא מגיע ל-2r (וכמובן t=r), ואז יוצאים לזמן החיצוני כשהשדה בבעלותו למפרע מהרגע {$\tau = r$

t=0}, או שהשדה אינו בבעלותו. כל התהליך לוקח זמן פנימי של 2r, וחיצונית זה לוקח זמן r (יש עוד סיבוב וירטואלי של הזמן הפנימי באורך r).

גירושין בתנאי של נתינת השדה אחרי זמן s, מתנהל בדיוק באותה צורה (כאשר r מחליף את s, הגירושין מחליפים את נתינת השדה, ונתינת השדה מחליפה את אי שתיית היין), שכן גם זה תנאי פשוט.

מה קורה כאשר אנחנו מרכיבים את שני התנאים יחד? התמונה היא הבאה:

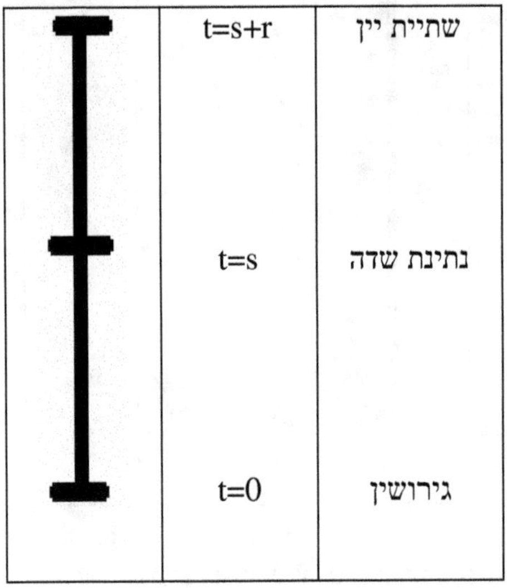

	t=s+r	שתיית יין
	t=s	נתינת שדה
	t=0	גירושין

נראה שיש שתי אפשרויות לתאר זאת:

א. אנחנו מתחילים במתן גט בתנאי של נתינת שדה ברגע: {t=0 $\tau = 0$}. מתקדמים למעלה כדי לבדוק את נתינת השדה. מגיעים לשם כאשר $\tau = s$ {t=s}. כאן אוטומטית ציר הזמן מתקפל בגלל התנאי (ראינו שזה לא תלוי בשאלה האם התנאי התקיים או לא). כעת הגענו לנקודה: {$\tau = s$ t=0}. לאחר הקיפול בודקים מה קרה, האם השדה ניתנה לו או לא. אנחנו מגלים שזה עדיין לא ידוע, כי עוד לא בדקנו את שתיית היין. אנחנו ממשיכים להתקדם שוב לאורך ציר τ, במשך של עוד זמן r כדי לצאת לעולם החיצון,

ואז מגיעים שוב לנקודה: $\{t=s \quad \tau = 2s\}$. כעית אנחנו יוצאים לציר הזמן החיצוני, אבל מצבנו עדיין לא ידוע כי אנחנו נכנסים לתנאי השני שיקבע גם את המצב של התנאי הראשון. אנחנו מתקדמים על ציר τ עוד משך של r, ומגיעים לנקודה של שתיית היין. כאן הציר מתקפל שוב, בגלל התנאי של האישה, ואנחנו חוזרים לזמן: $\{t=s \quad \tau = 2s+r\}$. כעת אנחנו בודקים האם הוא שתה יין או לא, ומקבלים החלטה לגבי השדה והגירושין. אם הוא לא שתה יין, השדה היא שלו ואז מתקדמים עוד r כדי לצאת לציר הזמן החיצוני. אנחנו מגיעים לזמן: $\{t=r+s \quad \tau = 2s+2r\}$. ציר הזמן אינו מתקפל שוב, כי כבר היו שני קיפולים בגלל שני תנאים. לכן אנחנו ממשיכים החוצה. השאלה היא ממתי הגט חל? לכאורה רק מזמן $\{t=s \quad \tau = 2s+r\}$, שהרי אז הוברר שהשדה היא שלו. אבל אם כך אז יוצא שהגט לא חל מההתחלה אלא רק מנקודת האמצע של התהליך. לכן התיאור הזה אינו נכון.

ב. אנחנו מתחילים במתן גט בתנאי של נתינת שדה ברגע: $\{t=0 \quad \tau = 0\}$. מתקדמים למעלה כדי לבדוק את נתינת השדה. מגיעים לשם כאשר $\{t=s \quad \tau = s\}$. כאן אוטומטית ציר הזמן מתקפל בגלל התנאי. כעת הגענו לנקודה: $\{t=0 \quad \tau = s\}$. לאחר הקיפול בודקים מה קרה, האם השדה ניתנה לו או לא. אנחנו מגלים שזה עדיין לא ידוע, כי עוד לא בדקנו את שתיית היין. אנחנו ממשיכים להתקדם לאורך ציר τ, במשך של עוד r+s כדי להגיע לנקודה של שתיית היין. כאן הציר מתקפל שוב, בגלל התנאי של האישה. כעת אנחנו נמצאים בנקודת הזמן: $\{t=0 \quad \tau = 2s + r\}$. כעת אנחנו בודקים האם הוא שתה או לא שתה יין, ומקבלים החלטה לגבי השדה והגירושין. אם הוא שתה יין השדה אינה שלו וגם הגט אינו חל, ואם הוא לא שתה יין השדה היא שלו והגט הוא תקף. כעת אנחנו מתקדמים קדימה עוד משך של r+s, ומגיעים לנקודת הזמן: $\{t=r+s \quad \tau = 3s+2r\}$. כעת מתקבלת התוצאה למפרע מרגע: $\{t=0 \quad \tau = 2s + r\}$.

ג. בנוסף לשתי האפשרויות שלמעלה יש עוד אפשרויות לתאר זאת. דרגת החופש בתיאור נובעת מן העובדה שהזמן הפנימי τ אינו מוגדר על ידי תנאים חיצוניים אובייקטיביים, ואנחנו אלו שמחליטים כיצד הוא מתקדם. מאידך, כאשר יש הרכבה מעורבת של תנאים, אין מנוס מיצירת זמן פנימי τ שונה לכל אחד מהתנאים. אם כן, למען הכלליות נראה סביר לעשות זאת גם במקרה של הרכבה מקבילה. יש לזכור שהזמן האובייקטיבי הוא אך ורק t, ואת τ ניתן להגדיר כרצוננו, כל עוד הוא מבטא את התוכן המשפטי-הלכתי של התנאי. על כן נעבור כעת לתנאי מעורב ונגדיר שם את המודל הכללי להרכבת תנאים (כאמור, הרכבה מקבילה היא מקרה פרטי של הרכבה מעורבת).

שיטת רש"ש: הרכבה מעורבת

במקרה של הרכבה מעורבת, סיטואציה טיפוסית היא הבאה:

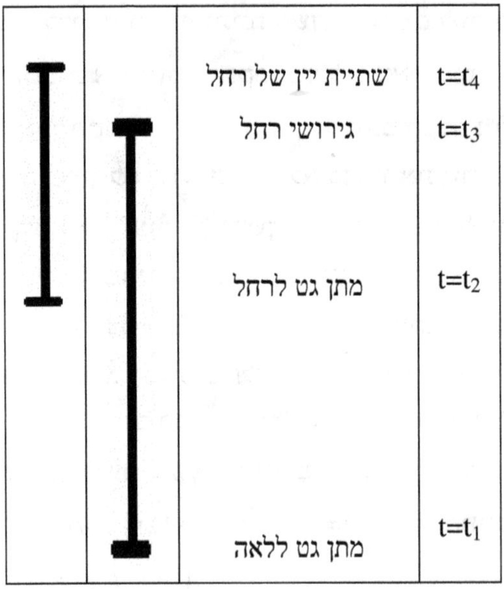

		שתיית יין של רחל	$t=t_4$
		גירושי רחל	$t=t_3$
		מתן גט לרחל	$t=t_2$
		מתן גט ללאה	$t=t_1$

לאה מקבלת גט בזמן t_1 בתנאי שרחל תהיה מגורשת ברגע t_3. אבל גירושיה של רחל גם הם נעשים בתנאי: הגט ניתן לה ברגע t_2, בתנאי שהיא לא תשתה יין עד זמן t_4.

במקרה הכללי, היחס בין הזמנים יכול להיות כלשהו, ואורכי החיצים יבטאו זאת. ישנם מצבים שבהם החץ השמאלי נמצא כולו בתוך התחום של הימני, או להיפך. ויש מצבים שבהם יש חפיפה חלקית, או כמו בציור כאן או הפוך (שהחץ הימני הוא המתחיל גבוה יותר).

המודל לחץ השמאלי הוא פשוט, שכן זהו המקרה הרגיל של תנאי. החץ הימני הוא התנאי המורכב, שכן הוא תלוי במצב (גירושי רחל) שבעצמו תלוי בתנאי. ראינו למעלה שאין כאן חד ערכיות של המודל, מפני שיש דרכים שונות להוליך את τ, וזאת מפני שהקיפול של ציר t נקבע מראש על ידי המתנה (=נותן הגט), ללא קשר לשאלה האם התנאי קויים או בוטל. רק התוצאות ההלכתיות הן שמשתנות לפי קיום או ביטול התנאי.

כדי להגיע לחד ערכיות, אנחנו משנים כעת את הקריטריון לקיפול, ואנחנו קובעים שהקיפול נעשה ברגע בו המצב שבו תלויה החלות הוא ידוע. במקרה של תנאי פשוט זה לא משנה את התמונה, שכן שם המצב ידוע. אבל במקרה שלנו התנאי תלוי בעצמו בתנאי, ולכן כשאנחנו מגיעים לרגע t_3 אנחנו עוד לא יודעים האם רחל מגורשת, ולכן ציר הזמן עדיין אינו מתקפל עד t_4.

אם כן, אנחנו מניחים כאן שתי הנחות:

א. כל תנאי יוצר זמן פנימי חדש, τ_i.

ב. הקיפול של ציר הזמן נעשה אך ורק כאשר המצב בו תלויה החלות הוא כבר קבוע וידוע.

כעת נוכל לנתח את מהלך העניינים באופן הבא:

בזמן t_1 ניתן גט ללאה, בתנאי שרחל תהיה מגורשת בזמן t_3. בגלל שהמעשה נעשה בתנאי, באותו רגע נוצר גם ציר זמן פנימי של לאה, שנכנה אותו τ_L, והוא מתחיל לרוץ במקביל לזמן t הרגיל, כשערכו בהתחלה הוא $\tau_L=0$.

ברגע t_2 ניתן גט לרחל, בתנאי שהיא לא תשתה יין עד זמן t_4. בגלל שהמעשה נעשה בתנאי, נוצר מיידית ציר זמן פנימי נוסף, של רחל, וגם הוא מתחיל לרוץ עם הזמן ברגע t_2, כשערכו ברגע הראשוני הזה הוא: $\tau_R = 0$.

כעת הזמן מתקדם, כאשר במקביל לו מתקדמים שני צירי הזמן הפנימיים, ולכל אחד מהם יש ערך אחר (אין צורך לסנכרן את הערכים שלהם זה עם זה, שכן אלו הם צירי זמן פנימיים-סובייקטיביים).

כעת אנחנו מגיעים לזמן t_3. ערכי צירי הזמן השונים הם:

$$t = t_3 \;\; ; \;\; \tau_L = t_3 - t_1 \;\; ; \;\; \tau_R = t_3 - t_2$$

אם מתן הגט ללאה היה בתנאי פשוט, הזמן t היה מתקפל כאן על פני τ_L וחוזר ל-$t=0$. אבל מבחינת רחל הזמן עדיין אינו מתקפל, והוא אמור להמשיך לזרום קדימה. אך תמונה כזו סותרת את ההנחה שהזמנים t של שני האירועים מסונכרנים. הבדלים יכולים להיות רק מבחינת הזמנים הסובייקטיביים-פנימיים. זוהי הסיבה לכך ששינינו למעלה את הגדרתו של מועד הקיפול.[148]

כעת אנחנו מניחים שהקיפול נעשה אך ורק כשיודעים מה הערך של כל המשתנים (כלומר כשיודעים האם רחל מגורשת או לא). ברגע t_3 המצב כמובן עדיין אינו ידוע, ועלינו לחכות ל-t_4. אם כן, הזמן אינו מתקפל, אם כן, אנחנו ממשיכים לזרום קדימה עם שלושת הזמנים, עד שהזמן החיצוני מגיע ל-t_4. ברגע זה ודאי חל קיפול בציר הזמן, כאשר שני צירי הזמן הפנימיים ממשיכים לזרום קדימה (ביניהם אין הכרח שיהיה סינכרון, וגם עד עתה לא היה כזה). ערכי הזמן לפני הקיפול הם הבאים:

$$t = t_4 \;\; ; \;\; \tau_L = t_4 - t_1 \;\; ; \;\; \tau_R = t_4 - t_2$$

---

[148] ניתן היה להגדיר שהזמן כן מתקפל, והוא ממשיך לנוע במהירות רק אצל לאה, עד שהוא חוזר שוב לאותו זמן, ואז הוא מצטרף וממשיך לזרום עם הזמן של רחל, והם מסונכרנים. אבל כל הסיבוב הזה הוא מיותר, ולכן אנחנו משמיטים אותו מההגדרות שלנו.

כעת מתחולל הקיפול של ציר הזמן, והוא נעשה בשני התהליכים באופנים שונים:

- אצל לאה הוא מגיע מיידית לזמנים: $t=t_1\ ;\ \tau_L = t_4 - t_1$.
- ואצל רחל הוא מגיע מיידית לזמנים: $t=t_2\ ;\ \tau_R = t_4 - t_2$.

אם רחל לא שתתה יין, גירושיה חלים למפרע מזמן t_2, כלומר מהנקודה הזו. אם היא שתתה יין, גירושיה לא חלים כלל.

לאחר הקיפול הזמנים ממשיכים לרוץ קדימה, בחזרה ל-t_4. רחל עולה שוב לזמן t_4, ושם היא יוצאת לציר הזמן החיצוני כשהיא מגורשת למפרע מזמן t_2. הדבר קורה בנקודה: $t=t_4\ ;\ \tau_R = 2t_4 - 2t_2$.

איך ננתח את מצבה של לאה? ראינו שרחל מגורשת החל מהזמן: $t=t_2\ ;\ \tau_R = t_4 - t_2$. אמנם כבר כעת אנחנו יודעים שהיא תהיה מגורשת גם בזמן t_3, אך כפי שראינו לפחות בשיטת הרמב״ם צריך להגיע בפועל לזמן t_3 כדי שהגירושין של לאה יחולו (שהרי הוא דורש קיום בפועל של התנאי, ולא די במידע שהוא בודאי יתקיים בעתיד). לכן עלינו לחכות עוד זמן עד שהגירושין של לאה יחולו.

אם כן, כשלאה תחזור שוב לנקודה t_3 רחל כמובן כבר תהיה מגורשת בנקודה זו, לכן גם לאה תהיה מגורשת מכאן ולהבא למפרע כבר מהזמן t_1. לאה חוזרת שוב לזמן t_3 בנקודה הבאה:

$$t=t_3\ ;\ \tau_L = t_4 + t_3 - 2t_1$$

אבל כאמור הגירושין של לאה מתרחשים למפרע, החל מרגע t_1. לכן נראה שעלינו לקפל את הזמן של לאה שוב בנקודת הזמן הזאת, כך שהוא יחזור שוב לרגע t_1, ורק אז מתבצעים הגירושין שלה. הדבר קורה בנקודה:

$$t=t_1\ ;\ \tau_L = t_4 + t_3 - 2t_1$$

כעת לאה חוזרת שוב לזמן t_4, ואז היא יוצאת שוב לציר הזמן האובייקטיבי כשהיא מגורשת כבר מזמן t_2. הדבר הזה קורה בנקודה:

$$t=t_4 \; ; \; \tau_L = 2t_4 + t_3 - 3t_1$$

הפונקציה (τ_R)t של רחל נראית כמו בכל תנאי רגיל:

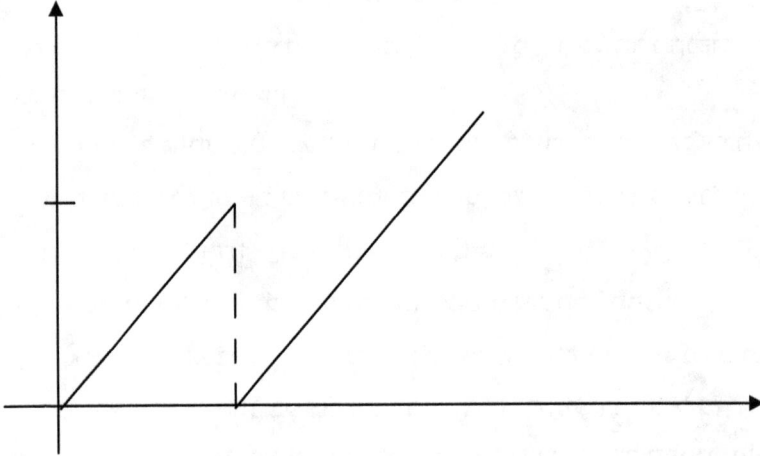

אבל כפי שראינו הפונקציה של לאה (τ_L)t עוברת שני קיפולים, והיא נראית
כך:

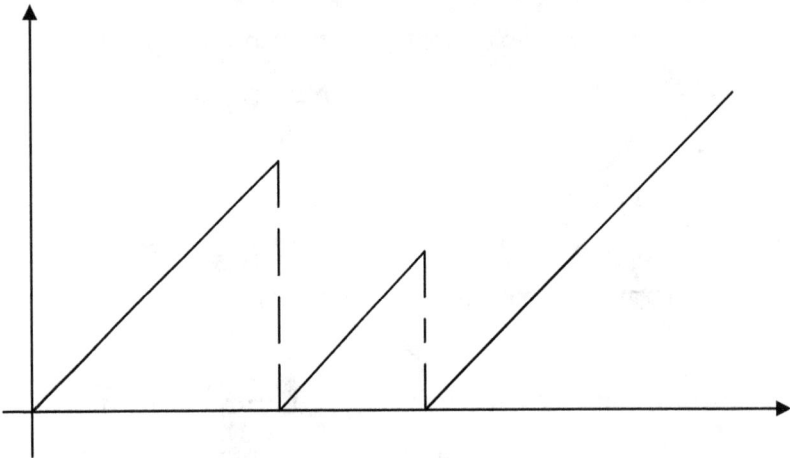

הזמן החיצוני הוא אחד, והזמנים הפנימיים עוברים מסלולים שונים לגמרי אצל שתי הנשים.

בתיאור כזה, אנחנו שומרים בזיכרון את הרגע t_3 שכן ההתקפלות מתרחשת בו, והוא משפיע על החלות ברגע t_1. אם, לדוגמא, התנאי היה שבעלה של לאה יבוא על רחל ברגע t_3, אזי הדבר יהיה אסור לו (כמו בדוגמא שהביא רש"ש עצמו), על אף שהחלות חלה למפרע. גם בתנאי שלאה תהיה מגורשת אם פלוני יבוא עליה ברגע t_3 זהו מצב דומה. בתנאים מהסוג הזה לא ניתן להציע תיאור שמתעלם מהרגע t_3, כמו אלו שהצענו קודם.

ברור שבמקרה של הרכבה מקבילה, או הרכבה מעורבת מכל סוג אחר (ראה תיאור של הסוגים השונים למעלה. כל סוג מאופיין ברביעייה שונה של רגעים t_i), הניתוח הוא דומה מאד. יש להציב את הערכים הרלוונטיים בזמנים t_i השונים, ואז תתקבל התמונה הרלוונטית.

הרכבות ארוכות יותר

מה יקרה אם נמשיך את השרשרת וניצור תנאי שתלוי בתנאי, וגם התנאי השני יהיה תלוי בתנאי שלישי, וכן הלאה? התנאי הנדון הוא האחרון בסדר הלוגי, והוא תלוי בשני תנאים אחרים, או יותר. בכל המקרים מספר הקיפולים על ציר τ של התנאי הנדון הוא לכל היותר שניים. קיפול אחד יתרחש כאשר המצב מתברר (התנאי האחרון בסדר הלוגי), וקיפול אחד יתרחש בזמן שקבע המתנה של התנאי הנדון. שאר הקיפולים מתרחשים על פני צירי ה- τ שנוצרים על ידי התנאים המשניים.

חלק שלישי

היפוכים זמניים: סוגיות נוספות

בחלק זה נעבור על סוגיות נוספות בהן ניתן לראות יחסים סיבתיים שפועלים אחורה בזמן. בכל אחת מהן נבדוק האם מה שמופיע שם הוא היפוך אונטולוגי (כמו זה של רש״ש בתנאים) או אפיסטמולוגי (כמו זה של רש״פ בתנאים).

לבסוף נרצה להסיק לאור המכלול המוצג כאן ובחלק הקודם כמה מסקנות כלליות יותר לגבי יחסה של ההלכה לסיבתיות הפוכה (השווה לדברי קופל רבינוביץ שהובאו בהקדמה).

בחלק זה לא יהיו ניתוחים לוגיים, אלא רק סקירה של סוגיות הלכתיות שונות שעשויות להאיר את עניין לוגיקת הזמן ההלכתית. מי שמעוניין יכול לדלג לפרק עשרים ואחד שמתאר בקצרה את התוצאות העיקריות שהגענו אליהן בחלק זה.

פרק חמישה-עשר
לאו הניתק לעשה ולתשלומין

מבוא

בפרק זה נעסוק בעבירות לאו שההלכה מאפשרת לתקן אותן. אחת הדוגמאות לעבירה כזו היא איסור גזל. התורה אוסרת באיסור לאו לגזול, אך מחייבת בעשה להשיב את הגזילה. מסיבה זו, אין עונש על איסור גזל, שכן הוא 'ניתק לעשה', או 'ניתק לתשלומין'. כלומר יש עשה או תשלום שמתקן אותו, ולכן אין מקום להעניש עליו.

ברמב"ם אנו מוצאים את שתי הדוגמאות:[149]

> ***כל לאו שאין בו מעשה אין לוקין עליו חוץ מנשבע ומימר ומקלל את חבירו בשם, וכל לאו שניתן לאזהרת מיתת בית דין כגון לא תנאף לא תעשה מלאכה בשבת אין לוקין עליו, וכל לאו שניתן לתשלומין כגון לא תגזול ולא תגנוב אין לוקין עליו, וכל לאו שניתק לעשה כגון לא תקח האם על הבנים לא תכלה פאת שדך אין לוקין עליו אלא אם לא קיים עשה שבהן, ועל לאו שבכללות אין לוקין עליו ושאר כל הלאוין שבתורה לוקין עליהן.***

החשיבות של הדיון הזה לענייננו היא שלכאורה יש כאן הקשר הלכתי שבו אנו מוצאים תיקון למפרע של העבירה על ידי קיום העשה או התשלום.

הבנות אפשריות

ניתן להבין את הקביעה שעשה מתקן לאו למפרע בכמה צורות שונות:

א. העשה מתקן את הלאו, ולכן לאחר קיום העשה אין מקום להעניש על הלאו - שכן הוא תוקן. לפי אפשרות זו, אם העשה לא בוצע והלאו לא תוקן יהיה עונש גם על לאוין כאלה.

---

149 הלכות סנהדרין פי"ח ה"ב.

את האפשרות הזו אפשר להבין בשתי צורות שונות:

1. על ידי ביצוע העשה הלאו מתוקן למפרע (רטרואקטיבית).
2. ביצוע העשה מתקן את הלאו רק מרגע קיום העשה (פרוספקטיבית), אבל כעת אין אפשרות להעניש, שהרי כרגע הלאו מתוקן.

ב. עצם קיומו של עשה שמתקן את הלאו, הינו אינדיקציה לכך שהלאו הזה אינו מעשה שמענישים עליו. אם נעבר הלאו, נוצר מצב שדורש תיקון ולא ענישה. לכן על העבריין לקיים את העשה אבל לא מוטל עליו עונש. לפי האפשרות הזו עבירת לאו כזו אינה מחייבת עונש גם אם לא בוצע העשה שמתקן אותה.

עצם התיקון, ואפילו התפיסה שמדובר בתיקון רטרואקטיבי, ניתנת לתיאור הן באמצעות המכניזם של רש״פ (האפיסטמולוגי) והן בזה של רש״ש (האונטולוגי). השאלה היא האם העשה מתקן את הלאו או מגלה שהוא כלל לא נעבר.

גזל על מנת לשלם

בשו״ע כתב:[150]

> ***אסור לגזול, אפי׳ על מנת לשלם דבר יפה ממנו. ויש מי שאומר דהיינו אם (אין) התשלומין בעין, שאם הם בעין כיון שהם יפים מהדבר שלוקח זכות הוא להם ויזכה אותם לבעלים על ידי אחר.***

השו״ע פוסק שגזילה על מנת לשלם היא איסור גזל (אלא אם מהנה אותו, ואז הוא מזכה לו שלא בפניו, ובודאי אינו גזלן).

ו**בסמ״ע** הביא לכך מקור:[151]

[150] חו״מ סי׳ שנט ה״ב.

[151] שם סק״ה.

אפילו על מנת לשלם כו'. בגמרא [ב"ק ס' ע"ב] יליף לה מדכתיב [יחזקאל ל"ג ט"ו] חבול ישיב רשע גזילה ישלם, ר"ל אע"ג דגזילה ישלם רשע מיקרי, עיין פרישה [סעיף ג']:

ובשו"ת **אבני נזר** מוסבר שאין איסור בגזל על מנת לשלם מייד. האיסור בגזל על מנת לשלם הוא רק בגזל על מנת לשלם לאחר זמן:[152]

בדין גזל מגוי ויהיב דמי שכתבתי שמותר. וכבודו מביא ראיות דגוזל על מנת לשלם אסור. גם אנכי דעתי דעל מנת לשלם אחר זמן אסור שנחשב גזל. אך במשלם תיכף או מזומן בידו לתתו תיכף דכהאי גוונא חשיב הילך שבזה מיירי הש"ס בבא קמא (דף קי"ג ע"ב) בזה לא חשיב גזל:

והוא מרחיב יותר את ההסבר בהמשך דבריו שם:[153]

והנראה דהנה טעמא דלוקח על מנת לשלם לאו גזילה על פי המבואר בתוספות בבא קמא (דף ק"ז ע"ב) בסוף העמוד דכשטוען טענה שחייב בדמי' ובאמת הוא ברשותו לא חשיב כפירת ממון עיין שם. והכא נמי כשרוצה לשלם דמי' לא חשיב גוזל ממון. אולם זה כשישלם תיכף. אבל בגוזל עתה לשלם לאחר זמן ודאי חשיב גזלן. דמכל מקום עכשיו גזלן הוא. וגדולה מזה הדין בשואל שלא מדעת דגזלן הוי אף שלאחר שישתמש בה דעתו להחזירה ובעיני'. אך במגביה החביות על דעת שיטול ממנו רביעית ודעתו שבעת נטילתו ישלם. בכי הא באינש דעלמא פטור. דכל עצמו לא נעשה גזלן רק משום שחושב שיטול. וכיון שחישב שבעת נטילתו ישלם לא נעשה גזלן כלל:

בכל אופן, לכל הדעות אם אדם גוזל על מנת לשלם לאחר זמן הוא עובר על לאו דגזל.

לכאורה זוהי ראיה ברורה לכך שאיסור גזל מתואר במכניזם של רש"ש ולא של רש"פ. לפי רש"פ, אם הוא משיב את הגזילה הוברר למפרע שכלל לא

---

[152] או"ח סי' שכה, סק"י ואילך.
[153] שם, סק"ב.

275

נעבר איסור גזל, ולכן אין מקום לומר שהוא עובר על הלאו. אבל לפי רש"ש גם אם הוא משיב את הגזילה לאחר זמן, עדיין בעת שגזל הוא עבר איסור, וזה נשאר לתמיד. התיקון של הלאו אולי נעשה למפרע, אבל זה 'מכאן ולהבא למפרע', ולכן האיסור לא נמחק. רק העונש המעשי אינו מוטל על הגזלן במצב כזה.

אם אכן, התיקון כאן הוא לא לגמרי רטרואקטיבי, כלומר שיש איסור גזל, אזי מוכח שגם רש"פ מסכים לזה בהקשר של איסור גזל. משמעות הדבר היא שרש"פ אינו שולל על הסף אפשרות של השפעה סיבתית הפוכה בזמן, אלא שלגבי תנאי הוא טוען שלא זהו המכניזם הנכון. אין כאן ויכוח במישור הלוגי העקרוני, ולכל הדעות יש אפשרות להשפעה הפוכה בזמן (בניגוד לטענתו של קופל רבינוביץ שהובאה בהקדמה לספר).

אמנם כפי שראינו למעלה, ייתכן שהתיקון בלאו הניתק לעשה או לתשלומין אינו נעשה באמת למפרע. יש שתי אפשרויות להסביר את דין ניתק לעשה באופן אחר, ואז אין כל הכרח לראות זאת כמכניזם של היפוך זמני. כדי לברר את הנקודה הזו, עלינו להיכנס מעט לסוגיית לאו הניתק לעשה, ולדין 'בטלו ולא בטלו' בסוגיית מכות טו.

סוגיית 'בטלו ולא בטלו'

בסוגיית מכות טו סוע"א דנים באונס שנשא את אנוסתו ולאחר מכן גירש אותה (זוהי עבירת לאו, שכן האונס צריך להישאר נשוי לה כל ימיהם). לכאורה במצב כזה עליו ללקות על הלאו, אך הדין הוא שמחזיר אותה ואינו לוקה. רבא מסביר מדוע הוא לא לוקה:

אלא אמר רבא: כל ימיו בעמוד והחזר. וכן כי אתא רבין א"ר יוחנן: כל ימיו בעמוד והחזר.

מסביר רש"י שם, שזהו לאו הניתק לעשה, שכן יש עליו עשה להחזיר אותה, ולכן לא לוקים עליו.

כעת הגמרא מקשה על ריו"ח שסובר שלוקים על לאו שקדמו עשה:

א"ל רב פפא לרבא: והא לא דמי לאויה ללאו דחסימה! א"ל: משום
דכתב ביה רחמנא עשה יתירא מגרע גרע? אי הכי, לאו שניתק
לעשה נמי, לימא: משום דכתב ביה רחמנא עשה יתירא מגרע גרע?
א"ל: ההוא לנתוקי לאו הוא דאתא.

כלומר ריו"ח מסביר שבלאו הניתק לעשה לא לוקים מפני שהעשה מתקן את
הלאו (מנתק אותו מעונש המלקות). אבל בלאו שקדמו עשה (כמו העשה
לשאת את אנוסתו, שקיים גם לפני הלאו, ורק מורחב גם למצב שגירש
אותה, שעליו להחזיר אותה כל ימיו), שם כן לוקים, שכן שם העשה לא
מתקן את הלאו.

כעת הגמרא מביאה מחלוקת בין ר"ל לריו"ח, ותולה את ההסבר לדעת
ריו"ח במחלוקת הזו:

הניחא למאן דאמר: ביטלו ולא ביטלו, אלא למאן דאמר: קיימו ולא
קיימו, מאי איכא למימר?

ומסביר רש"י את המחלוקת כך:

הניחא למאן דתני בטלו ולא בטלו אלא למאן דתני קיימו ולא קיימו
מאי איכא למימר – הא דאמרת כל ימיו בעמוד והחזר קאי עשיתו
לאו שניתק לעשה והרחבת לו זמן לקיום העשה כל ימיו ולדבריך
הא דתניא מחזיר ואינו לוקה לעולם קאמר כל זמן שיכול לומר אני
מחזיר אין ב"ד מלקין אותו הניחא למאן דתני לקמן בלאו הניתק
לעשה בטל את העשה חייב על הלאו לא בטל את העשה פטור
שהלאו תלוי בביטול העשה ואינו נגמר עד שיבטל את העשה בידים
ביטול עולם שלא יוכל להתקיים עוד איכא למימר כל ימיו יש לו
תקנה בחזרה שאין מבטל את העשה אלא א"כ מדירה שלא תהנה
ממנו נדר שאין לו הפרה כדלקמן אלא למאן דתני קיים את העשה
פטור לא קיימו חייב שהעשה תיקונו של לאו הוא ואין הלאו תלוי
בביטול העשה שמשעה שעבר הלאו נגמר אבל העשה ניתן לעקור
המלקות ולכשיבא לבית דין או יקיים העשה ויפטר או ילקה ליכא
למימר כל ימיו בעמוד והחזר קאי כדקאמרת שאם לא יחזירנה מיד

כשיבא לב"ד ילקוהו דהא ליכא למימר יקיים לאחר זמן דא"כ לא קיים היכי דמי לעולם הוא יכול לומר אני מקיים.

מ"ד 'בטלו ולא בטלו' סובר שכל עוד לא ברור שהעבריין ביטל את העשה הוא לא לוקה על הלאו. המלקות מגיעות לו רק במצב שכבר ברור שהעשה לא יוכל להתקיים. ואילו מ"ד 'קיימו ולא קיימו' סובר שחיוב המלקות קיים מהתחלה (גם בלי שביטל את העשה), אלא שהוא יכול להיפטר מהן אם יקיים את העשה.

הגמרא עונה:

מידי הוא טעמא אלא לרבי יוחנן, האמר ליה רבי יוחנן לתנא, תני: בטלו - חייב, ולא בטלו - פטור. דתני תנא קמיה דרבי יוחנן: כל מצות לא תעשה שיש בה קום עשה, קיים עשה שבה - פטור, ביטל עשה שבה - חייב; א"ל: מאי קא אמרת? קיים פטור, לא קיים חייב, ביטל חייב, לא ביטל פטור, תני: ביטלו ולא ביטלו. ורבי שמעון בן לקיש אומר: קיימו ולא קיימו.

כלומר ריו"ח שמסביר שכל ימיו בעמוד והחזר קאי, אכן סובר שהמלקות תלויות בביטול, ורק ר"ל סובר שהן תלויות בקיום, והוא לא מסביר שבעמוד והחזר קאי.

מהו הויכוח בין שתי הדעות? לכאורה הדיון הוא בשאלה האם קיום העשה מהווה תחליף לעונש, או שביטול העשה הוא תנאי לחיוב בעונש. אך הגמרא עצמה תולה זאת בדין התראת ספק:

במאי קא מיפלגי? בהתראת ספק קא מיפלגי, מר סבר: התראת ספק שמה התראה, ומר סבר: התראת ספק לא שמה התראה.

ריו"ח סבר שהתראת ספק היא התראה, ולכן כשמתרים בו לפני שעובר על הלאו ויש ספק האם יבטל את העשה, הוא חייב מלקות (אם אכן ביטל את העשה). אבל לר"ל זוהי התראת ודאי, שכן העבירה נגמרה עם עשייתה ומייד הוא מתחייב בעונש. רק שאם יקיים את העשה זהו תחליף לעונש.

אם כן, לר״ל חיוב העונש חל מייד, ואינו תלוי בעשה. אם יקיים את העשה הוא ייפטר מהעונש. ולריו״ח ביטול העשה הוא תנאי לחיוב העונש (זהו סיום העבירה), וכל עוד לא ברור שבוטל העשה אין חיוב בעונש.

בכל אופן, בשורה התחתונה, לכל הדעות אם ביטל את העשה הוא כן לוקה, על אף שמדובר בלאו הניתק לעשה. כלומר לא די בעצם קיומו של העשה כדי לפטור ממלקות, ובכך נדחתה אפשרות ב מלמעלה. מה שנותר הוא שתי האפשרויות הראשונות (א1 ו-א2):

1. על ידי ביצוע העשה הלאו מתוקן למפרע (רטרואקטיבית). כלומר ביטול העשה הוא תנאי לקיומה של עבירה. זו דעת ריו״ח.

   אמנם כאן ניסחנו זאת אחרת: ביטול העשה הוא השלמת העבירה, ולא שקיום העשה מתקן את העבירה. אבל הניסוח הראשון נראה נכון יותר, שהרי מלקות יש על לאו ולא על עשה. לכן סביר יותר שהמלקות הן על הלאו, אלא שקיום העשה מתקן את הלאו. בסעיף הבא נראה שנחלקו בזה כמה מהראשונים.

2. ביצוע העשה מתקן את הלאו רק מרגע קיום העשה (פרוספקטיבית), אבל כעת אין אפשרות להעניש, שהרי כרגע הלאו מתוקן. קיום העשה הוא תחליף לעונש. זו דעת ר״ל.

להלכה אנו פוסקים כריו״ח (ראה רמב״ם הל׳ סנהדרין פט״ז ה״ד). אם כן, ההבנה היא שקיום העשה מתקן את הלאו למפרע.

האם העשה מתקן את הלאו או שביטולו משלים את העבירה?

ובמקום אחר כותב רש״י:[154]

> ***בא הכתוב כו׳ - כל לאו שניתק לעשה אין לוקין עליו, דמשמע זו היא תקנתו, אם תעבור על הלאו - עשה זאת והינצל, ועוד, דלא דמי ללאו דחסימה שהמלקות נסמך לו.***

---

[154] פסחים פד ע״א, ד״ה ׳בא הכתוב׳.

משמע מדבריו שקיום העשה מתקן את הלאו, ולא שביטולו הוא השלמת העבירה, וזה כדברינו כאן.

בעל **ערוך לנר** (מכות טו), מוכיח מדברי הרמב"ם[155], שאם העשה מתקיים על ידי אחר העבריין לוקה. והרי במצב כזה העשה לא בוטל, אלא שהעבריין לא קיים אותו. רואים מכאן שהקיום מתקן את הלאו, ולכן כשהמקיים הוא אחר אין כאן תיקון והוא לוקה.

ועוד יש לתלות בזה את מחלוקת הראשונים, מה הדין אם העשה התבטל מעצמו, שלא על ידי מעשה של העבריין.

ברש"י כאן בסוגיית מכות כותב (דבריו הובאו למעלה):

> ***הניחא למאן דתני לקמן בלאו הניתק לעשה בטל את העשה חייב על הלאו לא בטל את העשה פטור שהלאו תלוי בביטול העשה ואינו נגמר עד שיבטל את העשה בידים ביטול עולם שלא יוכל להתקיים עוד.***

כלומר לשיטתו נדרש ביטול בידיים כדי שילקה. ומשמע שאם בוטל מעצמו או תוקן על ידי אחר, אין מלקות. נראה שהוא סובר שהביטול הוא השלמת העבירה, ולא שהקיום הוא תחליף לעונש (תיקון אלטרנטיבי ללאו).

אמנם בריטב"א סוף חולין (קמא ע"א) כתב:

> ***ואליבא דמאן דאמר בטלו ולא בטלו איכא פלוגתא בין רבנן ז"ל איכא מאן דסבר שאם מתה מאיליה אינו לוקה דהא אנוס הוא אביטול עשה, והיינו דנקיט הכא כמה דלא שחטיה לא עבריה ללאו, ואיכא מאן דסבר דשחטיה לאו דוקא והוא הדין מתה דכיון דעבריה ללאו במזיד ברצון כל כמה דלא מקיים עשה שבה לוקה, ומסתברא כלישנא קמא דאי לא בטלו לעשה בידים פטור, ומלישנא מוכח הכי, וכן יש הוכחה במקומו במסכת מכות ושם נאריך בזה בס"ד.***

---

[155] פי"ג מהל' שחיטה ה"ג.

הוא מביא דעה שגם אם העשה נתבטל על ידי אחר העבריין לוקה. מדבריו נראה שקיום העשה הוא תיקון ללאו, ולא שביטולו הוא השלמת העבירה. אמנם הוא טוען שמסוגיית מכות יש הוכחות נגד דעה זו.

וכן המאירי כאן מביא בשם גדולי הרבנים,[156] שבנתבטל מאליו נחשב כביטל את העשה.

נמצא שהדעות בראשונים חלוקות האם ביטול העשה הוא השלמת העבירה, או שקיום העשה הוא תיקון לעבירה (אך בכל מקרה לא רק תחליף לעונש, שכן זו דעת ר"ל, שנדחתה להלכה).

שיטת הגאונים בסוגיא

עד כאן הסברנו את הסוגיא לפי גירסת רש"י ותוס'. אך הגאונים,[157], הרי"ף, הרמב"ן והר"ח והריטב"א כאן גרסו ההיפך: ריו"ח הוא הסובר 'קיימו ולא קיימו', ור"ל הוא הסובר 'בטלו ולא בטלו'. והסבר הקושיא הוא שונה מרש"י. רש"י הסביר שהקושיא היתה על הטענה של ריו"ח שכל ימיו בעמוד והחזר קאי. אך הראשונים הללו סוברים שהקושיא היא על כך שהעשה מנתק את הלאו. הטענה היא שלמ"ד 'קיימו לא קיימו' ניתן לומר שהעשה מתקן את הלאו. כשמקיים את העשה הלאו מתוקן, ואם לא – אז הוא חייב עליו מלקות. אבל למ"ד 'בטלו ולא בטלו' הרי גם אם העשה בוטל מאליו הוא פטור, כל עוד לא הוא עצמו ביטל את העשה בידיו.

רואים שלשיטת הראשונים הללו דעת ריו"ח היא שהעשה מתקן את הלאו. ובאמת גם אם הוא בוטל מאליו העבריין לוקה כי הלאו לא תוקן.

---

[156] בלשון המאירי זהו כינויו של רש"י, אך זה לא כרש"י שלפנינו. וראה גם **אוצר מפרשי התלמוד**, מכות טז ע"א, בהערה 61, שדן לגבי ביטול העשה בגרמא.

[157] ראה בריטב"א חולין שם.

אינדיקציה נוספת לממד התיקון שבעשה

בספר **ברוך טעם**[158] הקשה על רש"י פסחים שדבריו הובאו לעיל, מדוע רש"י נזקק לומר שלא לוקים מפני שלא דומה ללאו דחסימה? הרי מסקנת סוגייתנו היא שלא לוקה מפני שהעשה מתקן את הלאו.

הוא מסביר שבלאו הניתק לעשה אין מלקות לא מפני שהוא קל יותר, אלא מפני שהעשה מתקן את הלאו ומבטלו. אבל זה רק במקום שבו קיום העשה מתקן את הלאו, כמו בגזל או באונס שגירש. אבל באיסור 'נותר' (שבזה דנה הסוגיא בפסחים שם), שהוא איסור להותיר מבשר הקרבן לבוקר (יש לאכול הכל בלילה), שם העשה לשרוף את מה שנותר אינו מתקן את הלאו. הרי מה שהותיר לבוקר נותר. כאן זוהי גזירת הכתוב שקיום העשה פוטר מעונש, אבל אין כאן תיקון של הלאו. לכן רש"י נזקק גם לנימוק שאינו דומה ללאו דחסימה. הוא מסיק מכאן שבנותר לא לוקים גם אם לא מקיימים את העשה. קיומו של העשה מוכיח שמדובר בלאו קל יותר. וזה כהבנה ב בסוגייתנו.[159] אם כן, גם לשיטה זו יש תיקון של הלאו על ידי קיום העשה.

סיכום

העולה מדברינו הוא שיש כמה וכמה שיטות ראשונים שלדעת ריו"ח קיום העשה מתקן את הלאו למפרע, ולכן לא לוקים עליה.

לשיטות אלו נראה שאין כאן גילוי מילתא למפרע, שהרי ברור שהתיקון הוא סיבת היעלמותה של העבירה, ואינו רק מגלה למפרע שמעולם לא היתה עבירה. הסיבה שלא לוקים היא שהעבירה תוקנה, ולא שהיא לא היתה. אמנם כפי שראינו, עדיין יש מקום לומר שהיא מתוקנת פרוספקטיבית, ולא רטרואקטיבית, אך סביר יותר שהתיקון הוא רטרואקטיבי. ובפרט לשיטת בעל ה**ברוך טעם** ברש"י, שם די ברור שכוונתו היא לתיקון רטרואקטיבי,

---

[158] הרב ברוך תאומים-פרנקל, **ברוך טעם**, פרעמישלא תרל"ח, שער שני, *לאו הניתק לעשה* פ"א.

[159] אמנם כבר העירו על דבריו שבראשונים מבואר שגם בנותר יש מלקות אם לא קיים את העשה. ראה בר"ח שם, וברמב"ן ו**בעל המאור** ועוד.

שהרי גם בנותר יש תיקון פרוספקטיבי (לאחר שהנותר נשרף הוא כבר לא
קיים בעולם).

פרק שישה-עשר
אגלאי מילתא למפרע

מבוא

המונח 'איגלאי מילתא למפרע', עומד ברקע של כל דיון על היפוכים זמניים. אמנם משמעותו הפשוטה היא המכניזם האפיסטמולוגי של רש"פ, כלומר היחשפות של מידע שהיה נסתר עד עתה, ולא יחס של גרימה סיבתית למפרע (המכניזם האונטולוגי של רש"ש). גם תחת המשמעות הזו מקופלות שתי משמעויות שונות של גילוי מילתא למפרע: היחשפות מידע שהיה קיים, ויצירת מידע חדש שמאיר באור שונה את העבר.

בסוגיות שונות מופיע עיקרון כזה, לאו דווקא בשימוש במונח הזה, וננסה כאן לעמוד על כמה סוגיות שבהן הוא עולה, ולהראות שגם בסוגיות אלו לא תמיד המשמעות היא אפיסטמולוגית. לא נביא כאן את כל הסוגיות, אלא כמה דוגמאות. לאחר מכן נתמקד בסוגיות שבהן מופיעים היבטים אונטולוגיים, ולא רק אפיסטמולוגיים.

אלימינציה מדעית

לפעמים המונח 'איגלאי מילתא למפרע' מופיע במשמעות של הסקת מסקנות מדעית, ללא קשר להיפוכי זמן. דוגמא כזו אנו מוצאים בדיני ווסתות.

כאשר אישה רואה דם באותן נסיבות שלוש פעמים, היא צריכה לקבוע וסת על הנסיבות הללו. לדוגמא, אם היא רואה שלוש פעמים רצופות באותו תאריך בחודש, או באותו מרווח מהווסת הקודמת וכדו', עליה לחשוש בפעם הבאה שמופיעות אותן נסיבות. בסוגיית נידה יא ע"א אנו מוצאים דיון על שילוב של שני סוגי נסיבות, שממש מזכיר את הלוגיקה האינדוקטיבית של פרנסיס בייקון:[160]

---

[160] האינדוקציה אותה הציע בייקון בנויה מהפקת לקחים באמצעות מציאת סדירויות ושלילה של גורמים המערפלים את הקשר בין ההתרחשויות המקושרות בתהליך

א״ר הונא: קפצה וראתה, קפצה וראתה, קפצה וראתה - קבעה לה וסת. למאי? אילימא לימים - הא כל יומא דלא קפיץ לא חזאי! אלא לקפיצות. והתניא: כל שתקבענה מחמת אונס - אפילו כמה פעמים לא קבעה וסת! מאי לאו - לא קבעה וסת כלל! לא, לא קבעה וסת לימים לחודייהו ולקפיצות לחודייהו, אבל קבעה לה וסת לימים ולקפיצות.

אם אישה קופצת ביום קבוע ורואה דם בכל פעם שהיא קופצת, עליה לקבוע וסת על קפיצה באותו יום (כלומר בכל פעם שהיא קופצת ביום כזה עליה לחשוש לטומאה).

כעת מקשה הגמרא:

לימים לחודייהו פשיטא! אמר רב אשי: כגון דקפיץ בחד בשבת וחזאי, וקפיץ בחד בשבת וחזאי, [ובשבת קפצה ולא חזאי], ולחד בשבת חזאי בלא קפיצה; מהו דתימא: איגלאי מילתא למפרע דיומא הוא דקגרים ולא קפיצה, קמ״ל דקפיצה נמי דאתמול גרמא, והאי דלא חזאי - משום דאכתי לא מטא זמן קפיצה.

מדובר בסיטואציה שהאישה קפצה פעמיים בשני ימי א וראתה, ואחר כך קפצה בשבת ולא ראתה, ואח״כ ראתה ביום א נוסף בלא קפיצה. היינו חושבים שהיום הוא הגורם ולא הקפיצה, ולכן היא רואה בימי א בדווקא. והחידוש הוא שהקפיצה של שבת היא שגרמה לראייה ביום א.

בכל אופן, יש כאן אלימינציה מדעית, שמנסה לבודד את הגורם לראייה, הקפיצות או הימים, והגמרא מכנה זאת ״איגלאי מילתא למפרע״. בהמשך הגמרא עולה אפשרות שבמצב כזה אכן הימים גורמים ולא הקפיצות, כלומר שהתגלה למפרע שאכן לא הקפיצות גרמו אלא הימים.

כאן המונח ״איגלאי מילתא למפרע״ מגלה לנו מידע באמצעות אלימינציה של גורמים. זוהי הופעה של המונח הזה שאינה קשורה כלל להיפוך בזמן,

---

האינדוקטיבי. שכלול של כיוון זה הוצע לאחר מכן על ידי ג׳ון סטיוארט מיל בספרו ״שיטה של תורת-הגיון, שכלתנית ואינדוקטיבית״ (**A System of Logic, Ratiocinative and Inductive**) משנת 1843.

ואפילו לא להתגלות של מידע. דוגמאות נוספות למשמעות הזו ניתן למצוא בחזקות ג פעמים שמופיעות בכמה הקשרים נוספים בתלמוד, ווסתות הן רק דוגמא אחת לכך.[161]

דין הסוטה

במשנת סוטה ו ע"א אנו מוצאים את הדין הבא:

מתני'. ואלו אסורות מלאכול בתרומה: האומרת טמאה אני לך, ושבאו עדים שהיא טמאה...

המשנה קובעת שאם באו עדים שהיא טמאה אסור לה לאכול בתרומה, כי היא טמאה (ומי שנתחללה אסורה בתרומה).

ובגמרא שם מובאת מחלוקת אמוראים:

גמ'. אמר רב עמרם: הא מילתא אמר לן רב ששת, ואנהר לן עיינין ממתניתין: סוטה שיש לה עדים במדינת הים - אין המים בודקין אותה, מ"ט? דאמר קרא: +במדבר ה+ ונסתרה והיא נטמאה ועד אין בה, דליכא דידע בה, לאפוקי הא דהא איכא דידע בה;

ר"ש קובע שאם יש עדים, אפילו במדינת הים, המים אינם בודקים את הסוטה.

הוא מוכיח זאת מהמשנה:

ואנהר לן עיינין ממתני', דקתני: ושבאו לה עדים שהיא טמאה, דאתו עדים אימת? אי נימא מקמי דתשתי, זונה היא! אלא לבתר דשתאי, אי אמרת בשלמא אין המים בודקין אותה - שפיר, אלא אי אמרת מים בודקין אותה, תיגלי מילתא למפרע דסהדי שקרי נינהו.

אם המים בודקים אותה, אז כשבאו עדים אחרי ששתתה מתגלה למפרע שהעדים שקרנים, ואם כן זוהי סוטה שאין לה עדים.

ור' יוסף חולק עליו:

---

[161] ראה על כך דיון מפורט ב**קהילות יעקב** טהרות סי' סו.

אמר ליה רב יוסף, לעולם אימא לך: מים בודקין אותה, והא אימור
זכות תולה לה.

בכל אופן, גילוי מילתא שכאן הוא אכן חשיפת מידע שהיה עלום מאיתנו.
לאחר שהמים גילו לנו שהיא טהורה, הוברר שהעדים הם שקרנים. הם היו
שקרנים עוד קודם, אלא שאנחנו לא ידענו. כאן ברור שאין השפעה סיבתית
למפרע.

גם בהמשך הסוגיא שם אנו מוצאים את הביטוי הזה באותה משמעות:

מתיב רב, ואלו שמנחותיהן נשרפות: האומרת טמאה אני, ושבאו
לה עדים שהיא טמאה; דאתו עדים אימת? אילימא מקמי
דתקדוש, תיפוק לחולין! אלא לבתר דקדוש, אי אמרת בשלמא מים
בודקין אותה, אלמא בת מקדש ומקרב היא, וכי קדוש מעיקרא
שפיר קדוש, ומשום הכי מנחתה נשרפת; אלא אי אמרת אין המים
בודקין אותה, תיגלי מילתא למפרע דכי קדוש מעיקרא בטעות
קדוש, ותיפוק לחולין! אמר רב יהודה מדיסקרתא: כגון שזינתה
בעזרה, דכי קדוש מעיקרא שפיר קדוש.

הגמרא אומרת שאם המים לא בודקים אותה אין אפשרות להביא מנחה. גם
כאן גילוי מילתא למפרע הוא במשמעות של חשיפת מידע שהיה נכון קודם
לכן, ולא במשמעות של סיבתיות הפוכה.

דין עדים זוממים

עדים זוממים הם עדים שנמצאו שקרנים, והדין קובע שיש לעשות להם כפי
שזממו לעשות לנאשם, והם עצמם נפסלים לעדות. כיצד ניתן להזים עדים?
אם יבואו שני עדים אחרים ויאמרו שהם שקרנים לא תהיה כאן הזמה,
שהרי יש כאן שניים מול שניים. אם יבואו מאה עדים, גם זה לא יועיל, שכן
על פי ההלכה 'תרי כמאה' (כלומר הנאמנות של שני עדים היא מקסימלית,
כמו מאה או אלף עדים).

על פי ההלכה, הדרך היחידה להזים עדות של שני עדים היא אם יבואו שני
עדים אחרים ויעידו שהעדים הראשונים היו עמם במקום אחר. לדוגמא,

ביום ג ראובן ושמעון מעידים בבי"ד שקין הרג את הבל ליד ים המלח ביום א. ביום ה באים לוי ויהודה ומעידים שראובן ושמעון היו עמם באוסטרליה ביום א, ולכן לא יכלו לראות את הרצח. במצב כזה התורה נותנת נאמנות לעדים המזימים, והראשונים נחשבים שקרנים.

אמנם יש כאן חידוש, שהרי עדיין ניתן היה לראות זאת כהתנגשות שקולה בין שתי כתות עדים. התורה מחדשת שבמצב כזה הכת השנייה נאמנת.[162]

והנה בסוגיית סנהדרין כז ע"א אנו מוצאים מחלוקת בין אביי לרבא לגבי פסול עדים זוממים. השאלה היא ממתי חל הפסול של המוזמים לעדות:

איתמר, עד זומם; אביי אמר: למפרע הוא נפסל, ורבא אמר: מיכן ולהבא הוא נפסל. אביי אמר: למפרע הוא נפסל, מעידנא דאסהיד רשע הוא, והתורה אמרה (שמות כ"ג) ***אל תשת ידך עם רשע - אל תשת רשע עד. רבא אמר: מיכן ולהבא הוא נפסל; עד זומם חידוש הוא: מאי חזית דסמכת אהני? סמוך אהני! אין לך בו אלא משעת חידושו ואילך.***

אביי סובר שפסול העדים הזוממים הוא החל מיום ג, שהרי ברגע זה הם העידו שקר בבי"ד. הדבר אמנם הוברר לנו רק ביום ה כשבאו המזימים, אבל לאור עדותם ברור שנאמר שקר ביום ג שעבר. לעומת זאת, רבא סובר שמכיון שיש כאן חידוש מיוחד של התורה, הפסול חל החל מיום ה.

בלי להיכנס לפרטי המחלוקת ולסברות השונות, דעת אביי היא הסבירה יותר (ומפורש בסוגיא שם שהיא גם נפסקה להלכה. ראה גם ברמב"ם הל' עדות, פי"ה ה"ד), ולטענתו הם נפסלים למפרע. העדות המזימה היתה ביום ה, והפסול חל למפרע ביום ג.

איזה מכניזם של למפרע אנו רואים כאן? ברור שזהו המכניזם של רש"פ, שהרי אביי טוען שהשקר נאמר ביום ג, ולכן מאז הם נפסלים. העובדה שהדבר התגלה לנו רק ביום ה היא רק היעדר מידע שלנו. העובדה שהם שיקרו היתה נכונה כבר ביום ג. לכן ברור שכאן מדובר במידע שהיה נכון

---

[162] על משמעותו של החידוש הזה, ראה בהרחבה במאמרו של מ. אברהם, 'מהי גזירת הכתוב', בתוך **אבן שלימה וצדק**, ספר יובל 100 לשלמה מרכוס, ירוחם תשע"א.

בעבר, ורק נחשף ברגע המאוחר יותר. אין כאן גרימה רטרואקטיבית, ואפילו לא 'גילוי מילתא'. במקרה זה מדובר רק במידע שהיה חסוי ונחשף.

אם כן, פסול של עדים זוממים מקביל לגמרי למה שראינו בסעיפים הקודמים שעסקו בסוגיית סוטה. בשני המקרים הללו המידע עצמו כבר היה קיים בפועל בעבר, והוא נחשף לעינינו בזמן מאוחר יותר.[163]

רק נזכיר כאן שוב את המכניזמים של ההיפוך שהגדרנו בפרק הרביעי בח"א. שם ראינו שגילוי מילתא למפרע יכול להופיע גם במצב שהעובדות לא היו ידועות בעבר, והעתיד מאיר את העבר באור שונה, אך לא מהווה גורם סיבתי לתוצאה בזמן עבר. הדוגמא אותה הבאנו שם היתה לגבי מי שכותב גט לאותה משתי נשותיו שתצא בפתח תחילה ביום שלמחרת. במקרה זה היציאה בפתח אינה גורמת לגירושין אלא רק מגלה למפרע מי היתה זו שגורשה. כלומר גם כאן אין גרימה אחורה בזמן. מאידך, במקרה זה המידע לא היה קיים ברגע כתיבת הגט, והוא נוצר ביום שלמחרת. זאת בניגוד לעדות המוזמת ולדוגמאות מסוגיות סוטה, שם העובדות עצמן כבר היו קיימות בעבר, ורק אנחנו עדיין לא ידענו זאת.

ישנן עוד כמה וכמה סוגיות שבהן מופיע המונח "איגלאי מילתא למפרע" באחת משתי המשמעויות האפיסטמולוגיות הללו (ראה שבת קמח ע"ב ועוד הרבה). אך ענייננו העיקרי כאן הוא בסוגיות בהן המונח הזה מופיע במשמעות אונטולוגית.[164]

התרת נדרים

בפרק הרביעי הבאנו את התייחסות הירושלמי להתרת נדרים. ראינו שם שאמנם ההתרה מברר למפרע שהנדר כלל לא נידר, אך אין הכוונה שזהו גילוי של מידע שהיה חסוי, אלא זוהי גרימה למפרע. כלומר ההתרה מתירה

---

[163] למשמעות האפיסטמולוגית של הגילוי למפרע בהקשר של עדים זוממים, ראה גם בסוגיית ב"ק עג ע"א.

[164] ניתן כאן כמה מראי מקומות כלליים לעניין זה. **שערי ישר**, ש"ב פ"ט וש"ז פי"ח. וכן בחידושיו לכתובות סי' א ולגיטין סי' ו. וכן בשיעורי רבי שמואל (רוזובסקי) מכות סי' תכ ויבמות סי' שסו.

את הנדר, ועושה זאת למפרע.[165] ההשלכה היתה שכל עוד הנדר לא הותר הוא נחשב כאסור, ולכן איסורי נדר נחשבים כ׳דבר שיש לו מתירין׳. נראה כאן השלכה נוספת של התפיסה הזו.

כאשר אדם עובר עבירה, ברוב האיסורים הוא נענש במלקות, אך יש תנאי שהוא הותרה קודם לכן. והנה, אנו מוצאים בש״ס בכמה מקומות מחלוקת האם התראת ספק שמה התראה או לא. כלומר כאשר אדם עושה מעשה שיש ספק האם הוא עבירה או לא, ההתראה נחשבת כהתראת ספק.

והנה בתוד״ה ׳ואפקעינהו׳, גיטין לג ע״א, מקשים לשיטת הסוברים שהתראת ספק אינה התראה, כיצד אנחנו מענישים אשת איש שנאפה, הרי תמיד יכול להיות מצב שבעלה ישלח שליח לגרש אותה, ולאחר מכן יבטל את השליחות שלא בפני השליח, ואז הקידושין בטלים למפרע (חכמים עוקרים את הקידושין). במצב כזה, גם אם היא נאפה קודם לכן, הוברר שהיא עשתה זאת כפנויה שאינה חייבת בעונש. תוס׳ שם עונה שמעמידים אותה על חזקתה, או שהולכים אחר הרוב. הוא מביא לכך ראיה מכך שנזיר לוקה אם עבר על נזירותו, על אף שאם הוא יישאל נזירותו בטלה למפרע (נזירות היא סוג של נדר).

ובחי׳ רעק״א שם[166] הקשה כיצד מענישים נזיר שחטא גם לשיטה שהתראת ספק היא כן התראה, הרי סוף סוף יש חשש שיישאל על נזירותו ואז יוברר שהוא כלל אינו חייב בעונש.

על כך עונה ר׳ שמואל רוזובסקי,[167] שהתרת נדר הנזירות עוקרת את הנדר למפרע, ולא רק מבררת שהנדר כלל לא נידר. כלומר היחס בין ההתרה לעקירת החלות הוא אונטולוגי ולא רק אפיסטמולוגי, כמו שראינו בירושלמי שהוזכר לעיל.

---

[165] וראה רבי יוסף רוזין מרוגאטשוב **צפנת פענח, כללי התורה והמצוות** (בעריכת הרב מנחם מנדל כשר, הוצאת ״מכון צפנת פענח״ שעל יד ישיבת יצחק אלחנן ניו-יורק, הודפס בירושלים תשכ״ז) חלק א׳ סעיף נח ׳הפרה ע״י שליח, עמ׳ קע,

[166] וכן בתוספות רעק״א למשניות שבת פ״ז אות פט.

[167] **שיעורי רבי שמואל על מסכת מכות**, בני ברק תשכ״ו, סי׳ תכ.

אמנם לשיטה שהתראת ספק אינה התראה אכן לא מלקים במצב כזה, לולא ההליכה אחר הרוב או החזקה, שכן זו כלל אינה נחשבת כהתראה. אבל לשיטה שהתראת ספק היא התראה אכן מלקים.

חצי נזק קנס

הגמרא בתחילת ב"ק מגדירה כמה אבות נזיקין, שלכל אחד מהם יש דינים שונים. אחד מהם הוא 'קרן', כלומר היזק של שור בנגיחה, וכמוהו כל היזק בכוונה להזיק ושאינו בדרך ההתנהלות הרגילה של הדבר המזיק. בנזק מסוג זה הדין הוא שבשלוש הפעמים הראשונות (כאשר השור הוא עדיין 'תם') בעל השור חייב לשלם חצי נזק בלבד, ולהלכה זהו קנס, כלומר עונש ולא פיצוי לניזק.

והנה תוס' כתבו:[168]

> ***ונראה דאע"ג דלרבי עקיבא קיימא ליה ברשותיה משעת הנזק קודם העמדה בדין וחשבינן כאילו בא חצי נזק לידו מאותה שעה ואע"ג דקי"ל פלגא נזקא קנסא מכל מקום אם העידו עדים ששורו נגח ביום א' ואתו עדים אחריני ואמרו ביום א' הייתם עמנו אלא בע"ש נגח דמשלמין דבעידנא דקמסהדי גברא לאו בר תשלומין הוא דכל זמן דלא נתגלה הדבר שלא העידו עליו חשיב לאו בר תשלומין אע"ג דקם ברשותו דניזק בשעת הנזק כדמוכח במרובה (לקמן דף עד. ושם) גבי מעידנו באיש פלוני שהפיל שן עבדו (של פלוני) וסימא את עינו ואתו סהדי ואפכינהו ואזמינהו ומוקים לה דקדמי אקדומי ואפ"ה פריך אי דלא עמד בדין דמי כולו עבד בעי לשלומי דאכתי לא מחייב גברא אלמא לא חשבינן גברא בר תשלומין כל זמן שלא נודע אע"פ שהעבד זוכה בשחרורו לאלתר כדדרשינן תחת עינו ולא תחת עינו ושינו.***

---

[168] ב"ק לג ע"א-ב, תוד"ה 'איכא'.

כלומר שיטת התוס' היא שחצי הנזק מותנה בהעמדה בדין, ומשעה שעמד המזיק בדין הקנס קנוי לניזק למפרע משעת הנזק עצמו. רש"ש[169] דן בשיטת התוס' הזו, והסביר באריכות שלשיטתם מדובר בגרימה למפרע ולא בגילוי מילתא בעלמא.[170]

גביית בעל חוב

בסוגיית פסחים ל ע"ב – לא ע"א נחלקו אביי ורבא לגבי גביית בעל חוב:

איתמר, בעל חוב: אביי אמר: למפרע הוא גובה, ורבא אמר: מכאן ולהבא הוא גובה. כל היכא דאקדיש לוה וזבין לוה - כולי עלמא לא פליגי דאתי מלוה וטריף, ואתי מלוה ופריק. דתנן: מוסיף עוד דינר, ופודה את הנכסים האלו. כי פליגי - דזבין מלוה, וקדיש מלוה. אביי אמר: למפרע הוא גובה; כיון דמטא זמניה ולא פרעיה - איגלאי מילתא למפרע דמעיקרא ברשותיה הוה קאי, ושפיר אקדיש, ושפיר זבין. ורבא אמר: מכאן ולהבא הוא גובה. כיון דאילו הוו ליה זוזי - הוה מסליק להו בזוזי - אישתכח דהשתא קא קני.

הם חולקים האם המלווה יכול להקדיש או למכור את הקרקע שמשועבדת לו אצל הלווה לפני שהוא גובה. להלכה פוסקים כאביי שהוא גובה למפרע. המונח "איגלאי מילתא למפרע" שמופיע כאן נראה במשמעות האונטולוגית, שכן הקניית הקרקע לבע"ח היא מכוח מה שהוא מקבל אותה במקום פירעון החוב. אם כן, קבלת הקרקע שנעשית לאחר זמן הפירעון, מקנה לו את הקרקע למפרע מרגע ההלוואה.

כך אכן מסביר רש"ש,[171] ומוסיף שגם אם נדע בדרך כלשהי את העתיד שהלווה לא יפרע את ההלוואה והמלווה יקבל את הקרקע המשועבדת בחובו, עדיין ברור שאין אפשרות להתייחס לקרקע כקנויה לו לפני שבעל החוב גבה אותה בפועל. אמנם אם הוא הקדיש אותה לפני קבלתה אז לאחר

---

169 חידושי רבי שמעון שקאפ, ב"ק סי' כט.

170 אמנם ראה על כך בתוד"ה 'דבעידנא', מכות ה ע"א, ו**בגליון הש"ס** לרעק"א שם.

171 **שערי ישר** שער ז' פי"ח, עמ' רסד, ד"ה 'ולשיטת'.

שהמלווה גבה אותה הוברר למפרע שהיא אכן מוקדשת. אבל כל עוד הוא לא גבה, גם אם אנחנו יודעים שהוא עתיד לגבות, הקרקע עדיין אינה שלו. אם כן, רש"ש מסביר שאביי סובר שקבלת הקרקע היא הסיבה שמחוללת את הקניין מכאן ולהבא למפרע, ולא שהיא רק מגלה לנו שהקרקע היתה שלו מאז. כלומר גם המכניזם הזה הוא אונטולוגי ולא אפיסטמולוגי.

בנים הרי הם כסימנים

על פי ההלכה בן או בת נעשים גדולים על פי סימנים ביולוגיים שונים. הסימנים מועילים לבת להיחשב כנערה אם הם הגיעו אחרי גיל שתים-עשרה. עוד אנו מוצאים (ראה יבמות יב ע"ב ועוד) מחלוקת האם לידת בנים גם היא מהווה סימן גדלות אלטרנטיבי (כלומר גם בהיעדרם של הסימנים הביולוגיים הרגילים). להלכה אנו פוסקים שגם לידת בנים היא כסימנים, אבל גם היא צריכה להיות אחרי גיל שתים-עשרה.

הרמב"ם בהל' אישות פ"ב ה"ט, פוסק:

הבת שילדה אחר שתים עשרה שנה אע"פ שלא הביאה סימן לא עליון ולא תחתון הרי זו גדולה, בנים הרי הם כסימנין.

והמ"מ שם מעיר שרואים מהרמב"ם שהלידה היא הקובעת, כלומר גם אם היא התעברה לפני שגדלה והבנים נולדו לאחר שגדלה, היא נחשבת גדולה. לעומת זאת, שיטת תוד"ה 'הרי הס' ביבמות שם (וגם שם ד"ה 'שכבר ילדו'), היא שהעיבור עצמו צריך להיעשות אחרי גיל שתים-עשרה.

ובחי' ר' חיים הלוי על הלכה זו דן באריכות בדברי הרמב"ם, ומסקנתו היא שלפי הרמב"ם הלידה אינה סימן שהיא גדולה משעת העיבור, אלא הלידה היא הגורמת להיותה גדולה, אף שזה קורה למפרע משעת העיבור. בלשוננו נאמר כי הלידה היא הגורם הסיבתי לגדלות ולא רק אירוע שמברר במישור האפיסטמולוגי את היותה גדולה. ראה שם באריכות רבה את כל דבריו.

סיכום

בפרק זה ראינו (חלק בהרחבה וחלק אגב אורחא) ארבעה מכניזמים של
'איגלאי מילתא למפרע': 1. אלימינציה מדעית. 2. חשיפה מאוחרת של מידע
שהיה קיים כבר מהתחלה. 3. יצירת מידע חדש שלא היה קיים בעבר, והוא
מאיר באור אחר את העבר - רטרוספקטיביות. 4. מכאן ולהבא למפרע –
אירוע שגורם באופן סיבתי תוצאות למפרע (השפעה סיבתית על העבר) -
רטרואקטיביות.

במישור הלוגי עולה מדברינו שאין כאן שום דבר חדש. שני המכניזמים
הראשונים הם פשוטים. השלישי הוא המכניזם של רש"פ. והרביעי הוא
המכניזם של רש"ש. בפרקים הבאים נבחן סוגיות שבהן התופעות הללו אינן
כה פשוטות, וננסה למפות גם את המכניזמים המופיעים בהן.

פרק שבעה-עשר
חליצה וביאת מעוברת

מבוא

מצוות ייבום מכילה בתוכה שני רכיבים מנוגדים: מחד, על כל אדם חל איסור לשאת את אשת אחיו (גם אחרי מות אחיו). מאידך, אם אחיו מת בלא בנים אשתו חייבת ייבום, כלומר חייבת להינשא לאח. אם כן, מצב כזה הוא רגיש מאד: מחד יש מצוות ייבום, ומאידך אם נעשתה בעילת ייבום והיא לא היתה חייבת בו – אזי נעבר כאן איסור חמור של ערווה.

מה הדין אם האח הותיר את אישתו מעוברת? במקרה כזה המצב אינו חד משמעי, שכן הדבר תלוי בשאלה האם התינוק שייוולד יהיה בן קיימא או לא. אם הוא לא יהיה בן קיימא אזי אמו חייבת ייבום (כי בעלה מת בלא בנים שיישארו אחריו). ואם הוא ייצא בן קיימא אזי אמו אינה חייבת בייבום, וממילא היא אסורה על האח באיסור ערווה.

אם כן, בשלב שבו היא נותרת מעוברת לאחר מות בעלה, אנחנו נמצאים במצב של ספק, שכן עדיין לא ברור האם התינוק שייוולד יהיה בן קיימא או לא. בסוגיית יבמות לה ע"א אנו מוצאים מחלוקת אמוראים לגבי ייבום וחליצה במצב כזה.

מהלך הסוגיא

הגמרא ביבמות לה ע"א מביאה מחלוקת בין ריו"ח לר"ל:

גמ'. איתמר: החולץ למעוברת והפילה - רבי יוחנן אמר: אינה צריכה חליצה מן האחין, ר"ל אמר: צריכה חליצה מן האחין. ר' יוחנן אמר א"צ חליצה מן האחין, חליצת מעוברת שמה חליצה, וביאת מעוברת שמה ביאה; ור"ל אמר צריכה חליצה מן האחין, חליצת מעוברת לא שמה חליצה, וביאת מעוברת לא שמה ביאה.

המחלוקת מוצגת ביחס לחליצת מעוברת, אבל הגמרא מייד אח״כ מרחיבה זאת גם לביאת מעוברת.

ריו״ח סובר שאין משמעות לכך שהיא מעוברת. הכל תלוי מה היה בסוף (אם הפילה או לא). אמנם אם הוא בא עליה כשידע שהיא מעוברת, הוא לוקח סיכון הלכתי, ואסור לעשות כן. אבל הדיון כאן הוא רק ביחס לשאלה האם הייבום חל או לא. ולר״ל ביאה וחליצה למעוברת אינה מועילה, ולכן גם אם הוולד נפל בסוף היא חייבת עוד חליצה או ייבום, שכן החליצה או הייבום הקודמים לא נחשבים ולא התירו אותה מזיקתה.

הסבר המחלוקת בגמרא

לאחר מכן הגמרא מביאה שני הסברים למחלוקת:

> ***במאי קמפלגי? איבעית אימא: קרא, ואיבעית אימא: סברא. איבעית אימא סברא, רבי יוחנן סבר: אם יבא אליהו ויאמר דהא דאיעברא מפולי מפלה, מי לאו בת חליצה ויבום היא? השתא נמי תגלי מילתא למפרע; ור״ל אמר: תגלי מילתא למפרע לא אמרינן. ואיבעית אימא קרא, רבי יוחנן סבר: +דברים כ״ה+ ובן אין לו אמר רחמנא, והא לית ליה; ור״ל סבר: ובן אין לו, עיין עליו.***

אותנו כאן מעניין ההסבר הראשון, לפיו ריו״ח ור״ל נחלקים בשאלה האם אומרים תגלי מילתא למפרע או לא. בניסוח של הגמרא, ריו״ח סובר שאם היה בא אליהו ומגלה לנו מייד כעת את טיבו של העובר שהוא נפל, לא היה ספק שהיא חייבת ייבום. אם כן, מדוע אם המידע הזה הובא לידיעתנו בזמן מאוחר יותר המצב הוא שונה? המידע אמנם הובא לידיעתנו בשלב מאוחר יותר, אבל זו רק בעייה טכנית. עובדתית העובר היה נפל כבר מהתחלה, ולכן התגלה לנו למפרע שאמו היתה חייבת ייבום.

נדגיש שכאן מדובר בחשיפת מידע שכבר היה קיים ברגע הראשון, ורק אנחנו לא ידענו אותו. זהו המכניזם הפשוט ביותר של היפוך ציר הזמן האפיסטמולוגי (מכניזם 2 בסיכום הפרק הקודם).

מהגמרא נראה שר״ל חולק על העיקרון של ׳תגלי מילתא למפרע׳, ולדעתו אין אפשרות להשתמש במידע שעדיין לא נחשף, גם אם הוא היה כבר קיים ברגע הרלוונטי. כלומר גם אם האישה נשאה ברחמה נפל, כל עוד הדבר לא נודע לנו, אי אפשר לחלוץ או לייבם אותה. חשוב להבין שאין מדובר כאן על האיסור לייבם אותה, שהוא מוסכם וברור, שהרי ספק דאורייתא לחומרא. הדיון בסוגיא הוא לגבי מי שבכל זאת ייבם (במזיד או בשוגג), והשאלה שלגביה נחלקו האמוראים היא האם הייבום או החליצה תקפים או לא.

מסקנה זאת עומדת בניגוד לכל הסוגיות שראינו עד עתה, שכן מדובר בחשיפה של מידע שהיה קיים עוד קודם לכן. בסיטואציה כזו נראה שאין אף דעה שחולקת על כך שאין מניעה לפעול על פי המידע הזה, ושהוא מברר למפרע. גם המחלוקת לגבי דין ברירה (שתידון בחלק החמישי) אינה עוסקת במצב כזה, אלא רק בסיטואציה שהמידע עדיין לא קיים (כגון כתיבת גט לאחת משתי נשים, שזהותה תיקבע בעתיד).

ולמרבה הפלא, להלכה הגמרא עצמה מכריעה כאן כר״ל:

אמר רבא: הלכתא כוותיה דר״ל בהני תלת. חדא, הא דאמרן...

כלומר נראה לכאורה שהמסקנה להלכה היא שאין בירור למפרע גם לגבי מידע שכבר היה קיים.

המחלוקת המובאת בריטב״א

הריטב״א כאן מביא את קושיית המהר״ם מרוטנבורג:

ור״ל איגלאי מילתא למפרע לא אמרינן. קשיא ליה למהר״ם מ״ט דר״ל בהא דהא שפיר קאמר ר׳ יוחנן ובכולי תלמודא אמרינן לה ואילו הכא קי״ל כר״ל!

מהר״ם מרוטנבורג מקשה כיצד ר״ל חולק על העיקרון של ׳איגלאי מילתא למפרע׳ שהוא מוסכם בכל התלמוד. ובפרט שכפי שראינו מדובר במכניזם הפשוט ביותר של ׳איגלאי מילתא למפרע׳. יתר על כן, ההלכה כאן נפסקה כמו ר״ל, כלומר לכאורה נראה שהסוגיא הזו מכריעה שלא אומרים ׳איגלאי מילתא למפרע׳ אפילו במקרה הפשוט הזה.

בהמשך דברי הריטב״א מובא תירוצו של מהר״ם:

ותירץ הוא ז״ל דר״ל חליצה ראשונה מסופקת היא דודאי אם בשעה שחלץ לא היתה ראויה לבא לכלל לידה ההוא עיבור כמאן דליתיה דמי וחליצה שחלץ לה כשרה, אלא דאיהו חייש דילמא באותה שעה ראויה היתה לילד והולד היה גמור אלא שגרם לה אחרי כן גורם להפיל וחליצה דמעיקרא לאו חליצה היא כלל ולהכי קאמר דאיגלאי מילתא למפרע לא אמרינן, ור׳ יוחנן סבר דכל שהפילה אין העיבור הראשון כלום.

כלומר לפי מהר״ם לא מדובר כאן בכלל בדין ׳תגלי מילתא למפרע׳ הרגיל. גם ר״ל מסכים שאומרים ׳תגלי מילתא למפרע׳, אלא שלדעתו בפועל אין כאן גילוי למפרע שהרי גם אם הוולד נפל בסוף זה לא אמר שהוא היה נפל מלכתחילה. ישנה אפשרות שהוא היה בר קיימא מלכחילה, ואחר כך נפל מסיבה צדדית.

הנחתו של מהר״ם היא שאם הוולד היה בר קיימא ולאחר מכן נפל מסיבה צדדית האישה פטורה מייבום (הנחה זו מפורשת בהמשך הגמרא, שהוולד פוטר את אמו מייבום רק מעת שיצא מרחם אמו, כלומר מעת שנולד).

לפי מהר״ם גם ר״ל מסכים שאומרים ׳תגלי מילתא למפרע׳, אבל זה רלוונטי רק במקום שהמידע אכן מתברר למפרע. אך במקרה הזה נפילתו של הוולד אינה מבהירה לנו את המצב ששרר מייד לאחר פטירת בעלה של היבמה. לפי מהר״ם הבעייה אינה במכניזם של ׳איגלאי מילתא למפרע׳. במקום שבו המציאות היתה מתבררת למפרע גם ר״ל היה מסכים שחליצה וביאת מעוברת היו תקפות למפרע.

לאחר מכן הריטב״א מביא בשם תוס׳ תירוץ אחר לקושיית מהר״ם:

ובתוס׳ פי׳ דר״ל סבר דכל שהיא מעוברת בשום צד דין הוא דלא תועיל לה חליצה, שלא אמר הכתוב לחלוץ אלא במקום שאין שום צד של בן בעולם וכדנקיט בתר הכי מקרא דבן אין לו עיין עליו, אמר הכי מעיקרא מסברא, ולהכי קאמר דאיגלאי מילתא למפרע לא אמרינן.

גם כאן נראה שר״ל לא חולק על דין תגלי מילתא למפרע, אלא שלדעתו לא מועיל כאן הגילוי, שכן גם אם התגלה למפרע שהוולד היה נפל, עדיין לא ברור שהיא חייבת בייבום. החיוב הוא רק כאשר אין לה צד בן כלל.

די ברור שהויכוח הוא בשאלה האם מקור דעת ר״ל הוא בפסוק או בסברא. לפי מהר״ם זה יוצא מסברא, שאינה קשורה לדין תגלי מילתא שהוא מוסכם. ולפי תוס׳ המציאות כן מתבררת, אבל ספציפית לגבי ייבום לא אומרים ׳איגלאי מילתא למפרע׳, מפני שהפסוק שולל זאת.

הקושי בדברי מהר״ם

ר׳ אהרן קוטלר (=ראי״ק), בספרו **משנת ר׳ אהרן**[172] – מקשה על הסבר המהר״ם בדעת ר״ל. כפי שראינו, דין ייבום תלוי בכך שייוולד בסוף ילד בן קיימא. אם כן, במקרה שבו העובר היה בן קיימא ואח״כ נפל, הוברר שהיא חייבת ייבום מעיקרא. הדין כלל אינו תלוי בשאלה מה היה טיבו של העובר ברגע מיתת הבעל, אלא במה שיקרה בסוף (האם הוא יפול או יתקיים). אם כן, עדיין לא ברורה דעתו של ר״ל, שהרי גם במצב זה העובר חייב ייבום. זה לא משנה האם הוא נפל מסיבה צדדית או בגלל שהוא היה נפל. אם בשורה התחתונה לא נותר זכר לאח המת אזי אשתו חייבת ייבום. אז למה לפי ר״ל הייבום שנעשה קודם לא מועיל?

הנחתו היא שדין ייבום לא נקבע מקומית, לפי טיבו של הוולד כעת, אלא גלובלית, לפי השאלה מה ייצא ממנו בסוף. בריו״ח זה ודאי כך, אבל הוא מניח שגם ר״ל אמור להסכים לזה. הוא מביא לכך ראיה מהדין שבכל מקרה ולפי כל הדעות גם מעיקרא אין עליו איסור אשת אח אם הוא בא עליה. ר״ל רק טוען שהייבום לא תקף, אבל גם הוא מסכים שאין כאן ביאה על אשת אח. מוכח מכאן שגם לר״ל היא חייבת ייבום כבר מעיקרא אם העובר נפל בסוף. אז מדוע ר״ל אומר שהביאה או החליצה לא היו תקפות? טענתו היא

---

172 הרב אהרן קוטלר **משנת ר׳ אהרן – חדושים וביאורים בעומק הסוגיות ודברי הראשונים במסכת יבמות**, מכון משנת ר׳ אהרן, לייקווד ניו ג׳רזי סי׳ כ; וראה אצלו גם בשו״ת **משנת רבי אהרן**, בהוצאת בית מדרש גבוה לייקווד, מכון ירושלים, ירושלים תשמ״ה, אבהע״ז סי׳ סג סק״ח-יא,

שהמהר״ם לא פתר את הקושי עליו הוא בא לענות (מדוע לא אומרים כאן תגלי מילתא למפרע?).

ניתן להוסיף ולחדד את הקושי, ולשאול מדוע ריו״ח נזקק לעיקרון של 'תגלי מילתא למפרע'. הרי גם ריו״ח שסובר שהייבום והחליצה הם תקפים, יכול להתבסס על כך שהוולד נפל בסופו של דבר. גם בלי הגילוי למפרע שהוא היה נפל (שהוא גילוי מפוקפק, כפי שטוען מהר״ם, כי אולי הוא נפל בסוף מסיבה צדדית), עדיין אמו חייבת ייבום בגלל שבסופו של דבר לא נותר שם לבעלה המת.

בעצם אנחנו פוגשים כאן מכניזם פשוט, שבפשטות כלל אינו שייך ל'איגלאי מילתא למפרע'. לא התגלה למפרע שהעובר היה נפל, שכן ייתכן שהוא היה בר קיימא. במקרה זה העתיד אינו מגלה מאומה על העבר, אלא הכל נקבע על פי העתיד עצמו. אם העובר בסופו של דבר נפל, אזי היא חייבת ייבום, בלי שקורה או מתגלה שום דבר למפרע.

במובן מסויים יש כאן חשיפה של מידע שהיה נכון מלכתחילה, שהעובר עתיד ליפול. אבל זהו מידע על העתיד ולא על ההווה (של משך ההריון), ולכן זה לא אחד מארבעת המכניזמים של הגילוי למפרע שתוארו בסוף הפרק הקודם.

הצעה ראשונה בביאור שיטת מהר״ם

ראינו שלפי ריו״ח בעצם אליהו הנביא שבא ומגלה לנו שהעובר הוא נפל, אינו מגלה מאומה על ההווה, אלא צופה עבורנו את העתיד.

ומכאן הסבר אפשרי לדעת ר״ל. שאלנו כיצד הוא חולק על העיקרון של 'תגלי מילתא למפרע', שהוא עיקרון הלכתי מוסכם. כעת נוכל לומר שלא מדובר כאן על 'תגלי מילתא למפרע' הרגיל בש״ס, אלא על צפיית העתיד. ר״ל סובר שאין אפשרות הלכתית העתיד יקבע את ההווה. אם היה גילוי למפרע על ההווה, אזי גם ר״ל היה מסכים שהיבמה אכן היתה מתחייבת בייבום, ולכן ביאתו היתה ביאה. אבל צפיית העתיד אינה רלוונטית לקביעת הסטטוס ההלכתי.

שני מכניזמים של צפייה בנסתרות

ראינו שלפי ר״ל זה לא פועל כאן כנראה מפני שכעת המידע הזה לא קיים. לא מדובר כאן על מידע שנמצא כעת בעולם והעתיד מגלה אותו, אלא מצבו הנוכחי של העובר נקבע (הלכתית) על פי העתיד. ההסבר הזה טוען ש'יתגלי מילתא' של צפיית העתיד אינו מוסכם על ר״ל. מה שהוא מסכים הוא רק 'יתגלי מילתא' שמחליף את חשיפת הרנטגן והאולטרסאונד של בדיקות ההריון, כלומר כשהעתיד מגלה לנו מה המצב בהווה. אם נפילת העובר היתה מגלה שהוא היה נפל מלכתחילה זה היה סוג של רנטגן, שכן העתיד גילה לנו מה קורה כעת ברחם האישה. אבל המקרה כאן הוא צפייה של העתיד, ולא רנטגן של המצב העכשווי, ובזה ר״ל לא מקבל את 'יתגלי מילתא' כמכשיר תקף.

לשם השוואה, תוסי שם אומרים דבר דומה:[173]

> ***תגלי מילתא למפרע לא אמרינן - אע״ג דלקמן (דף מא:) גבי ספקות שקידש אחת משתי אחיות חשבינן לה בת חליצה ויבום כיון דאם יבוא אליהו ויאמר דהא קדיש לא דמי דהכא אין זה ספק ראוי להתברר עכשיו שא״א לידע העתידות אבל התם א״צ לידע אלא מה שבאותה שעה.***

תוסי מקשה מאי שנא משתי אחיות, ששם מועילה הסברא שיבוא אליהו ויגלה מי התקדשה ואז היא הופכת לבת ייבום. ותי' שבאחיות צריך לדעת מי מהאחיות קודשה כעת, ולא צריך לדעת על העתיד. אבל בחליצת מעוברת אליהו בא ומגלה את העתיד (האם ייוולד נפל), ובזה ר״ל סובר שלא אמרינן איגלאי מילתא.

אם כן, גם תוסי מחלקים בין רנטגן לצפיית העתיד. אלא שתוסי אומר זאת על המקרה של עובר שהיה מלכתחילה נפל ונולד נפל (הוא לא מוסיף למפה את האפשרות של המהר״ם: שבר קיימא נופל מכוח פגם שנולד בו). אבל גם

---

[173] דף לה ע״ב, תוד״ה 'תגלי'.

תוס׳, כמו ראי״ק, לכאורה מניחים תפיסה גלובלית של חיוב הייבום (כלומר הפטור מייבום הוא מחמת העתיד ולא בגלל ההווה, כמו שאמרנו במהר״ם). מהר״ם לפי הצעתנו אומר זאת רק על המקרה של בר קיימא שנפל, שאז יש חידוש בעתיד, ורק בכה״ג לא אומרים איגלאי מילתא למפרע. כלומר תוס׳ סובר שלא אומרים זאת גם במקרה הרגיל (שהוא היה מלכתחילה נפל), כלומר הם יותר מחודשים מהמהר״ם.

עוד יש לשים לב שתוס׳ לא הקשו את קושיית מהר״ם (כיצד ר״ל חולק על ׳תגלי מילתא׳ שמוסכם בכל התלמוד). הם הקשו שכלל לא צריך להגיע לדין ׳איגלאי מילתא למפרע׳, שכן די ביסוד שאם יבוא אליהו כדי להפוך אותה לבת ייבום. ואז תירצו שכן צריך להגיע לאיגלאי מילתא, כי העתיד אינו יכול לקבוע את ההווה.

בכל אופן, משמע שלא הפריע להם מדוע ר״ל חולק על ׳איגלאי מילתא למפרע׳, וכנראה שזה מפני שבחליצת מעוברת האיגלאי מילתא הוא מחודש יותר. והסיבה לכך היא שחיוב בייבום אינו נובע מכך שכעת הוא נפל אלא מכך שהוא ייוולד נפל (גם במקרה של נפל מעיקרא). אם כן, מדובר בצפיית העתיד, ולא בגילוי מילתא למפרע.

אמנם הערנו לעיל שגם ריו״ח נזקק לדין ׳איגלאי מילתא למפרע׳, ואם ההסתכלות היא גלובלית (כלומר שהעתיד קובע את הדין, ולא שהוא מברר משהו על העבר) אז לכאורה ריו״ח כלל לא היה צריך להגיע לזה? לכן ייתכן שגם תוס׳ מסכימים להסתכלות הלוקלית, שהכל נקבע לפי מצב העובר כעת. אלא שלדעתם גם עובר שכעת הוא נפל אם הוא היה מיתקן ונולד בר קיימא הוא היה פוטר את אמו מייבום. כלומר חיוב הייבום על העובר הנפל הוא רק מכוח העובדה שהוא עתיד גם להיוולד נפל. ולכן בעינן לדין איגלאי מילתא למפרע. זה בדיוק כמו בעובר בר קיימא שיהיה נפל (המקרה של מהר״ם), שגם שם מצבו ההלכתי של העובר ברגע זה נקבע על פי עתידו, כפיח שראינו במהר״ם.

נעיר כי רוב המפרשים מסבירים אחרת, ולדעתם ההסתכלות הגלובלית עצמה נחשבת כאן בסוגיא ׳איגלאי מילתא למפרע׳. זהו גילוי מילתא הלכתי,

שמתבר למפרע שהעובר הוא נפל והיא חייבת ייבום. הם לא מקבלים את הטענה שהעלינו לטובת מהר״ם, שבכה״ג לא צריך להגיע לדין ׳איגלאי מילתא למפרע׳, שכן לדעתם גם זה נקרא ׳איגלאי מילתא למפרע׳.

הצעה שנייה בביאור שיטת מהר״ם

ראינו למעלה את קושייתו של ראי״ק על מהר״ם, מדוע בכלל הדין תלוי במצבו של העובר ברגע מיתת האב. לכאורה הכל נקבע על סמך העתיד. ראינו שהוא הוכיח שיש חיוב ייבום כבר מהתחלה מכך שלכל הדעות היבם אינו עובר על איסור אשת אח.

אולם הרמב״ן בחידושיו כאן מביא דעה (שהוא אמנם מתייחס אליה כטעות) שיש איסור אשת אח בשלב של ההריון. אם כן, ייתכן שהריטב״א סובר כדעה זו, והקושיא מעיקרא נופלת. בפרט במצב שהעובר הוא כעת בר קיימא, ורק אח״כ הוא נופל, אזי עוד יותר סביר לומר שבשלב הראשוני יש על היבם איסור של אשת אח.

לפי הצעה זו, מהר״ם סובר שלפי ר״ל בשעה שהוולד בן קיימא אין חיוב ייבום ויש איסור אשת אח. ורק כשהוא נופל בסוף חוזר וניעור חיוב ייבום. ברקע הדברים ישנה כאן הנחה שדין ייבום נקבע לוקלית בכל רגע של זמן לחוד, לפי טיבו של הוולד כעת. ואם כעת הוא בן קיימא אין זיקת ייבום. וכשייפול תיווצר הזיקה מחדש. בדיוק הפוך מהנחתו של ראי״ק.

מה סובר ריו״ח? ניתן להעלות שתי אפשרויות:

א. ריו״ח סובר שאם יש הפלה בסוף – אזי העובר לאו כלום הוא מעיקרא. כלומר ריו״ח חולק על התפיסה הלוקלית של ר״ל, וסובר כדעת ראי״ק (כמו שהעלינו באפשרות הקודמת, הקביעה של העבר על ידי העתיד היא היא ה׳איגלאי מילתא למפרע׳ של ריו״ח בסוגיא).

ב. אפשרות נוספת היא שריו״ח מקבל את התפיסה הלוקלית, אך חולק על ההנחה העובדתית של ר״ל. לדעתו אם בסופו של דבר העובר נפל

– אזי סביר שהוא היה נפל מלכתחילה. הוא מסתמך על הרוב, ושולל את האפשרות שהעובר היה בר קיימא ונפל מסיבה צדדית.

כאמור, ראי"ק מניח שגם מהר"ם מסכים שגם לפי ר"ל היבם אינו חייב על ביאת היבמה משום אשת אחיו (לא כ׳טועים׳ ברמב"ן). לכן הוא מציע הסבר שונה, ולא ניכנס אליו כאן.

הצעה שלישית: אלימינציה

מעניין לציין שגם בסוגיא זו עולה האפשרות ש׳תגלי מילתא למפרע׳ אינו אלא בירור של אלימינציה. **הנמוק"י** בסוגיית יבמות הולך בכיוון מאד דומה לזה של מהר"ם, וכך הוא כותב:

ואע"פ דבהרבה מקומות קיימא לן איגלאי מילתא למפרע אמרי׳, שאני הכא שאם בשעה שחלץ היה ודאי שלא היתה ראויה לבא לכלל לידה אין הכי נמי, דההוא עיבור כמאן דליתיה דמי וחליצה שחלץ לה כשרה. אלא שאינו כן, דאיהו חייש דילמא באותה שעה ראויה היתה לילד ולד גמור, אלא שאחר כן גרם לה איזה דבר להפיל. נמצא דחליצה מעיקרא לאו כלום הוה.

זה נראה ממש כמהר"ם בריטב"א, וכנראה שמשם מקורו. והנה ב**קצוה"ח** סי׳ רעו סק"א מביא את דברי **הנמוק"י** הללו, וכותב כך:

וא"כ ניחא הא דמחזיק בראשונה לא קנה אע"ג דהפילה אשתו, כיון דרוב נשים אינן מפילות והשתא שהפילה אמרינן השתא הוא דהפילה, וכמ"ש הפוסקים בסימן פ"א ביו"ד (סעיף ב׳) גבי גבינות כשנמצאת טריפה דמוקי אחזקה מכח רובא ואמרינן השתא הוא דנטרפה.

וה"נ אמרינן כיון דרוב נשים ולד מעליא קא ילדן א"כ בשעה שהחזיק אותו עובר ראוי להוולד ולד קיימא ואח"כ גרם לה איזה דבר שהפילה ואמרינן השתא דהפילה, דקי"ל כריש לקיש שם דתגלי מלתא למפרע לא אמרינן ע"ש ריש פרק החולץ.

ומש"ה המחזיק בראשונה לא קנה כיון דאז היה העובר ראוי להוולד בן קיימא ומשום רובא דרוב נשים ולד מעליא קא ילדן והשתא הוא דגרם לה איזה דבר להפיל.

אבל בפרק אלמנה שם אמרינן סמוך מיעוטא דמפילות למחצה נקיבות, והיינו לומר דהשתא העובר אינו ראוי להוולד בן קיימא והוא ולד הראוי להפיל, ואע"ג דרוב נשים ולד מעליא קא ילדן, סמוך מיעוטא למחצה דנקיבות, וכיון דהשתא הוא ולד הראוי להפיל א"כ השתא נפל הוא מחמת סמוך מיעוטא ונפל לאו בר ירושה, (אלא) [אבל] בשמעו שהפילה דהתם אינו אלא מחמת שהפילה א"כ אמרינן השתא הוא דהפילה ומשום רובא דרוב נשים אינן מפילות וזה נכון ודו"ק:

זהו חילוק בין עובר בר קיימא שעתיד ליפול (כפי שטען מהר"ם) לבין עובר שכבר כעת אינו בר קיימא. במקרה הראשון, ההנחה היא שאם היא הפילה זה קרה כעת, כי רוב נשים יולדות בר קיימא. וזה שונה ממצב בו הוולד הוא נפל מעיקרא.

הנחתו היא שלפי **הנמוק"י** ר"ל סובר שהחליצה אינה תקפה אפילו מספק. זו ודאי חליצה פסולה, כי אנחנו מניחים שהוולד הוא בר קיימא והשתא הוא דנפל, ולא חוששים למיעוט שהיה מעיקרא נפל.

מהי מחלוקת ריו"ח ור"ל? לכאורה הם חולקים בשאלה האם אומרים שרוב נשים יולדות בר קיימא או לא (ויש מהאחרונים שהסבירו שהמחלוקת היא בחזקה שבאה מכוח רוב, האם אמרינן חזקה או לא). אבל זה תמוה, שהרי הגמרא אומרת שהמחלוקת היא בשאלה אם אומרים תגלי מילתא למפרע או לא. אז כיצד אפשר להסביר שהמחלוקת היא בדיני חזקות?

נזכיר שלשון מהר"ם היא:

ותירץ הוא ז"ל דר"ל חליצה ראשונה מסופקת היא דודאי אם בשעה שחלץ לא היתה ראויה לבא לכלל לידה ההוא עיבור כמאן דליתיה דמי וחליצה שחלץ לה כשרה, אלא דאיהו חייש דילמא באותה שעה ראויה היתה לילד והולד היה גמור אלא שגרם לה

אחרי כן גורם להפיל וחליצה דמעיקרא לאו חליצה היא כלל ולהכי קאמר דאיגלאי מילתא למפרע לא אמרינן, ור׳ יוחנן סבר דכל שהפילה אין העיבור הראשון כלום.

ובאמת מלשונו משמע שהחליצה נפסלת רק מספק. כלומר כשהעובר נולד נפל, אנחנו עדיין מסופקים האם הוא היה נפל מעיקרא, או שנולד בו הפגם מאוחר יותר.

יתר על כן, הריטב״א הרי כותב כך:

אלא לדידך אמאי פסלה. וא״ת וליקשי ליה מרישא אמאי אסור בקרובותיה, י״ל דמרישא ליכא למפרך דדילמא רישא לאו משום חליצה אלא משום דקסבר האי תנא יש זיקה או מחיים או אפי׳ לאחר מיתה, ולפי׳ מ״ה ז״ל קשה לן מאי ק׳ ליה אמאי פסלה מן הכהונה דהא חליצה הראשונה מסופקת היא ואולי היתה חליצה גמורה, וי״ל דאי משום ספיקא בדיעבד מיהא לא תיפוק דהא ספק חלוצה לכהן לא גזרו בה בדיעבד כדאיתא בפ׳ כיצד (כ״ד א׳), ולהאי פירושא ודאי היינו דלא אקשינן ליה מרישא דכיון דחליצה מסופקת היא דין הוא שיאסר בקרובותיה, דאחות חלוצה אפילו בספק ואפי׳ בדיעבד גזרו בה כדפרי׳ בפ׳ כיצד, וכ״ש דלישנא דאסור בקרובותיה לא משמע בדיעבד כדמשמע לישנא דפסלה מן הכהונה.

הוא כותב שלפי דברי מהר״ם מיושבת קושיית הראשונים לשיטת ר״ל אמאי תני במתניתין דאסור בקרובותיה, והרי לדעת ר״ל חליצת מעוברת אינה חליצה? הריטב״א מסביר שלדעת ר״ל החליצה היא מספק, שהרי יש צד שהוולד הוא נפל ואז זו כן חליצה, ויש צד שהוא בר קיימא ואז זו לא חליצה. לכן מחד החליצה פסולה ומאידך הוא אסור בקרובותיה. הרי לנו שהוא סובר שזו חליצת ספק ודלא כ**קצוה״ח**.

וגם בלשון ה**נמוק״י** משמע שמדובר בספק, שהרי הוא לא מזכיר את השיקול שרוב יולדות בר קיימא. וההסבר לכך יכול להיות שאמנם רובן יולדות בר קיימא, אבל כאן השאלה היא שונה, שכן מדובר בהסתברות מותנה: מתוך

אלו שנולדים נפלים, האם הרוב נוצרו כבר נפלים, או שהרוב עדיין בני קיימא והמומים נולדים במהלך ההריון.

כלומר כאן האירוע שהעובר נולד נפל, גילה לנו שמדובר בקבוצה מסויימת של אלו שנולדו נפלים. מתוך הקבוצה הזו לא ברור האם עדיין קיים הרוב שיולדות בני קיימא. הרוב הזה נכון לגבי כלל היולדות, אבל לא מתוך הקבוצה המסויימת הזו. בעצם יש כאן 'איגלאי מילתא למפרע' במשמעות של אלימינציה, כספי שראינו בפרק הקודם לגבי ווסתות (זהו המכניזם הראשון בסיכום של הפרק הקודם).

ביאור שיטת ה'קצוה"ח'

ואולי ה**קצוה"ח** סובר שיש רוב שנוצרים בני קיימא ולא רק רוב שנולדים בני קיימא (שהרי אם יש רוב שנולדים בני קיימא, כל אלו גם נוצרו בני קיימא, לכן הרוב שנוצרים בני קיימא הוא אפילו גדול יותר). אבל גם זה יכול ליפול באותה צורה, שהרי אמנם הרוב נוצרים בני קיימא, אבל מתוך אלו שנופלים בסוף, האם עדיין יש רוב שנוצרו בני קיימא?

נראה שהוא מדבר על עיקרון הלכתי, ולא בירור עובדתי: בתחילת ההריון ההנחה היא שרוב הנשים יולדות בן קיימא. לכן כעת ההנחה היא שהוא בן קיימא. לאחר מכן הוא נופל, אז ההנחה ההלכתית היא שרק כעת הוא הפך לנפל.

כעת נוכל להבין שזוהי גופא המחלוקת בין ריו"ח לר"ל, והיא כן נסובה על תגלי מילתא למפרע: ריו"ח סובר שאומרים תגלי מילתא למפרע, כלומר שמתחשבים בכך שהוא נולד נפל, וכשבודקים רק מתוך הנפלים אז אין רוב של בני קיימא. ור"ל סובר שמסתכלים על המצב כפי שהוא כעת, בלי לדעת שהוא עתיד ליפול, ולכן מניחים שיש רוב בני קיימא.

לכן באמת יש כאן משמעות אחרת של 'תגלי מילתא' מאשר בשאר הסוגיות. כאן זה משמש במשמעות של אלימינציה, כפי שראינו לעיל. ובכך מתיישב היטב מדוע ר"ל חולק על 'איגלאי מילתא למפרע', כפי שהקשו מהר"ם וה**נמוק"י**.

אמנם חשוב להבין שהסתברותית ודאי ריו״ח צודק. מה שר״ל טוען כנגדו הוא טענה משפטית ולא הסתברותית.

זהו הסבר שונה מהקודם, כי לפי ההסבר הקודם ריו״ח סבר שהעובר כרגע אינו בר קיימא, גם אם פיסית הוא כן בר קיימא. העתיד קובע את הסטטוס הנוכחי שלו. ור״ל חולק על כך, וטוען שהולכים לפי המצב הפיסי שלו כרגע. אבל לפי ההסבר של **קצוה״ח**, אם העובר כעת הוא בר קיימא אז באמת אין חליצה וייבום לכולי עלמא. טענתו היא שלא סביר שהוולד הוא אכן בר קיימא, כי מתוך הנפלים אין רוב לבני קיימא. ור״ל סובר שהלכתית אנחנו כן מחליטים שהוולד הוא בר קיימא, על אף שזה לא סביר סטטיסטית.

כלומר לפי **קצוה״ח** שני הצדדים מסכימים שעובר שהוא בר קיימא כרגע פוטר מייבום, והשאלה היא מה אנחנו חושבים לגבי השאלה האם עובדתית הוא אכן בר קיימא או לא. לעומת זאת, בהסבר הקודם יש מחלוקת על זה גופא: האם עובר שכעת הוא בר קיימא ועתיד ליפול פוטר מייבום. אם כן, זהו באמת הסבר שונה.

הצעה רביעית: 'תגלי מילתא למפרע' אונטולוגי

נחזור כעת לקושיית המהר״ם, כיצד ייתכן שר״ל בסוגיא שלנו סובר שלא אומרים תגלי מילתא, כאשר בכל התלמוד מוסכם שכן אומרים זאת. ובפרט שלהלכה פוסקים כאן כר״ל.

הרש״ש בחידושיו ליבמות סי׳ לב מסביר זאת לפי דרכו. טענתו היסודית היא שתנאי הוא גילוי אפיסטמולוגי ולא אונטולוגי (זאת בניגוד חזיתי לדבריו במקורות שהובאו למעלה בחלק השני, בהם הוא טוען שתנאי הוא גילוי אונטולוגי), ואילו אצלנו בסוגיא מדובר בגילוי מילתא אונטולוגי. בכך הוא מסביר כיצד ר״ל סובר שלא אומרים תגלי מילתא, שכן לדעתו אומרים רק תגלי מילתא אפיסטמולוגי ולא אונטולוגי.

רש״ש מסביר שהגורם לחיוב בייבום הוא מיתת העובר (=שאין למת בנים בני קיימא), ולכן כאן מדובר במנגנון של מכאן ולהבא למפרע. מסיבה זו, הוא מסביר, כתבו התוס׳ שבכה״ג לר״ל לא אומרים תגלי מילתא, מפני

שהסיבה אינה יכולה להופיע אחרי המסובב. כלומר החילוק של תוס' הוא בין מצבים שבהם הגורם לחיוב הוא בעתיד, לבין מצבים בהם הגורם הוא בעבר ויש רק תנאי על העתיד, שבהם לכל הדעות אומרים תגלי מילתא למפרע.

היחס בין איסור המעוברת לעולם לבין ייבום וחליצה של מעוברת לר"ל

רש"ש מביא את דברי תוד"ה 'תגלי' בסוגיא, שקובעים שגם לשיטת ר"ל, שכל עוד היבמה מעוברת אי אפשר לייבם או לחלוץ אותה, עדיין יש עליה איסור לשוק, כמו יבמה רגילה, ומסיבה זו אם היבם יבוא עליה אמנם אין כאן חליצה או ייבום אבל גם אין עליו איסור (אם העובר נולד בסוף נפל). רש"ש מסביר זאת בכך שלגבי האיסור של היבמה לעולם הסיבה כבר קיימת בעולם. איסור זה אינו נגרם מחמת מיתת העובר, אלא מעצם זה שבמצבה היא מיועדת לאחת משתי פעולות: או לידת וולד בן קיימא או חליצת/ייבום היבם לאחר שהעובר ייוולד נפל. ולכן אפילו לר"ל שלא סובר שאומרים תגלי מילתא למפרע, זה רק במקום שהסיבה עדיין אינה בעולם. אבל לגבי האיסור על העולם הסיבה כבר קיימת, ולכן בזה גם ר"ל מודה שהוא קיים כבר מעת שהיא מעוברת.

רש"ש מביא לכך הוכחה מדברי ריו"ח בסוגיא. רבא בגמרא אומר שלריו"ח אם הוולד הוא בר קיימא – היא נפטרת מהייבום ומותרת להינשא רק בלידתו (ולא קודם). והדבר לא ברור, שהרי אם היבם חלץ לה, אזי היא צריכה להיות מותרת להינשא ממ"נ: או שהעובר נפל והחליצה התירה אותה, או שהוולד בר קיימא ואז היא היתה מותרת מלכתחילה.

על כורחנו רואים שלפחות לדעת ריו"ח האיסור על העולם אינו תלוי בהיעדר חליצה, אלא עצם האגידות שלה ליבם אוסרת אותה על העולם, והאגידות הזו ניתרת על ידי חליצה או לידה של בן קיימא. כל עוד העובר לא נולד הרי המת לא הניח בן קיימא, ולכן היא עדיין אגודה ליבם.

לכן לדעת ריו"ח גם אם היבם חולץ לה בעודה מעוברת, היא עדיין מותרת רק מספק, שהרי אם הוולד הוא נפל אז היא אכן מותרת, אבל אם הוא בר

קיימא היא אינה מותרת עד שהוא נולד בפועל. מכאן רואים שלידת הוולד היא פעולה שפוטרת מייבום (כי בזה המת הקים שם לעצמו), ולא שהיא רק גילוי מילתא למפרע שמלכתחילה היא לא היתה חייבת בייבום. כל עוד היא מחכה לפעולה הזו היא אגידא ליבם, ובזה גם לריו"ח לא אומרים תגלי מילתא למפרע.

למה חייב קרבן?

ולפי הצעה זו קשה מדוע אם היבמה ילדה אח"כ בן קיימא היבם כן חייב קרבן? הרי היא היתה אגודה ליבם, ורק הייבום שלו לא חל. כפי שראינו, ההיתר שלה לעולם הוא רק מרגע הלידה, כלומר יש לה אגידות אליו מלכתחילה.

ונראה שהאיסור ליבם תלוי בהיותה אשת אח, אלא שאם יש חובת ייבום הוא פוקע. ולכן כשנולד בן קיימא הוא מגלה למפרע שהיא אשת אחיו ואסורה לה (כלומר שאיסור אשת אח לא פקע). ולכן אי אפשר לראות את הלידה כסיבה, שהרי היא רק מוכיחה שהסיבה היסודית (היותה אשת אחיו) לא פקעה. זה דומה לאיסור שלה על העולם, שגם לגביו הסיבה כבר קיימת בעולם. אמנם לעניין חובת הייבום כאן הסיבה המחייבת היא מיתת העובר. ולכן לגבי זה לא אמרינן תגלי מילתא. וגם לידת בן קיימא היא הסיבה הפוטרת אותה מייבום.

נעיר כי רש"ש עצמו עונה על השאלה שלו אחרת. הוא מסביר שיש על היבם פטור מקרבן רק במקום שאם בעל קנה אותה בדיעבד. אבל אם העובר הוא בן קיימא אז גם אם בעל לא קנאה, ולכן שם יש חיוב קרבן. ראה שם את הסתבכותו בסוף הסימן. אך לפי דרכנו אין צורך לזה.

סיכום

נמצאנו למדים:

- לגבי חיוב או פטור מייבום, הסיבות הן בעתיד (לידת בן קיימא או נפילת העובר).

- לגבי איסור אשת אח, הסיבה היא כבר בעולם (ויש גילוי מילתא עתידי שעשוי להפקיע אותו).

- ולגבי אגידותה-זיקתה כלפיו, הסיבה כבר קיימת בעולם: היותה עומדת להיתר על ידי ייבום/חילצה או לידת וולד בן קיימא.

- וממילא גם לגבי איסור היבמה על העולם, הסיבות הן בהווה, ורק יש גילוי מילתא עתידי.

פרק שמונה-עשר

ייאוש שלא מדעת

מבוא

בפרק זה נעסוק בסוגיית ׳ייאוש שלא מדעת׳, בפרק השני של מסכת ב״מ. זוהי סוגיא סבוכה מאד, וגם היא לכאורה נוגעת בשאלת ההשפעה אחורה בזמן. כאן ננסה להתמקד רק באספקטים שנוגעים להיפוך הזמני. במהלך הסוגיא עולים הקשרים נוספים שמושווים לדין ייאוש שלא מדעת, ונעסוק בקצרה גם בהם עד כמה שהם נוגעים לאספקט הזה.

דין ׳ייאוש שלא מדעת׳

ההלכה מחייבת את מי שמצא חפץ אבוד להשיבו לבעליו. אך אם הבעלים כבר התייאש מן החפץ בעת שהוא נמצא, החפץ שייך למוצא. כיצד המוצא, שאינו יודע מיהו הבעלים, יכול לדעת שהבעלים כבר התייאש? יש לכך אינדיקציות שונות, כמו אופי החפץ (אם יש עליו סימן או לא), המיקום בו הוא נמצא, אופן ההנחה, ערכו וכדו׳.

הגמרא בב״מ כא ע״ב דנה במצב בו ראובן איבד חפץ ושמעון מצא אותו, וממצב החפץ ניכר כי בעלים של חפץ כזה היה מתייאש ממנו (לדוגמא, אין עליו סימן ברור). לכאורה שמעון המוצא יכול ליטול את החפץ לעצמו. אך הגמרא מעלה את האפשרות שמא המאבד טרם הבחין בכך שהחפץ אבד ממנו, ולכן ברגע זה עדיין לא ברור שהיתה אצלו פעולת ייאוש, ומכאן שלא ברור האם יש לראובן רשות ליטול את החפץ. מאידך, ממצב החפץ עולה בבירור שכאשר המאבד ייווכח שהחפץ אבד לו הוא מייד יתייאש. האם יכול המוצא לסמוך על הייאוש העתידי כבר כעת, וליטול את האבידה לעצמו?

האם מדובר כאן בשאלה אפיסטמולוגית גרידא? סביר שלא. בתפיסה הפשוטה, הייאוש הוא סיבת ההיתר של המוצא ליטול את החפץ (הוא זה שמוציא את החפץ מבעלותו של המאבד). ולכן כל עוד הייאוש לא התרחש

בפועל – החפץ שייך למאבד, ואין למוצא אפשרות ליטול את החפץ. לא מדובר כאן בהיעדר ידיעה זמני של מצב שכבר קיים, אלא בכך שהסיבה עדיין לא התחוללה. נדרש ייאוש בפועל כדי להתיר למוצא ליטול את החפץ, וייאוש בפועל עדיין לא היה.

והנה, מתברר שהאמוראים נחלקים האם בכל זאת מותר ליטול את החפץ על סמך ההנחה שהמאבד עתיד להתייאש ממנו מייד כשיבחין באבידה. כלומר יש כאן מחלוקת האם הייאוש העתידי יכול להתיר נטילה של החפץ בהווה, או לא. מדברינו למעלה עולה לכאורה שיש מקום לראות כאן גרימה הפוכה במישור האונטולוגי, ולא רק במישור האפיסטמולוגי. נעבור כעת לעיון בסוגיא עצמה.

מחלוקת אביי ורבא

הסוגיא (ב״מ כא ע״ב) נפתחת בהצגת המחלוקת:

> ***אתמר: יאוש שלא מדעת. אביי אמר: לא הוי יאוש, ורבא אמר: הוי יאוש. בדבר שיש בו סימן - כולי עלמא לא פליגי, דלא הוי יאוש. ואף על גב דשמעיניה דמיאש לסוף - לא הוי יאוש, דכי אתא לידיה - באיסורא הוא דאתא לידיה. דלכי ידע דנפל מיניה לא מיאש, מימר אמר: סימנא אית לי בגויה, יהבנא סימנא, ושקילנא ליה.***

עד כאן שללו את האפשרות שהמחלוקת עוסקת באבידה עם סימן. במקרה כזה גם אביי מודה שאסור לקחת את החפץ, שכן באיסורא אתא לידיה. כשהמוצא הרים את החפץ הבעלים טרם התייאש, וגם לא היתה לו סיבה להתייאש, מפני שיש על החפץ סימן. לכן במצב כזה ברור שהמוצא חייב להשיב את האבידה למאבד.

כעת הגמרא מציעה אפשרות נוספת להבין את המחלוקת:

> ***בזוטו של ים ובשלוליתו של נהר, אף על גב דאית ביה סימן - רחמנא שרייה, כדבעינן למימר לקמן.***

313

כאן שוללים גם את האפשרות להעמיד את המחלוקת בזוטו של ים, שכן במצב כזה החפץ מופקר לכל הדעות, וגם אביי ודאי מודה שמותר לקחת אותו.

כעת מגיעים להעמדה הסופית של המחלוקת:

כי פליגי – בדבר שאין בו סימן. אביי אמר: לא הוי יאוש, דהא לא ידע דנפל מיניה. רבא אמר: הוי יאוש, דלכי ידע דנפל מיניה – מיאש. מימר אמר: סימנא לית לי בגויה, מהשתא הוא דמיאש.

אם כן, המסקנה היא שהמחלוקת נסובה על חפץ ללא סימן. הגמרא כאן מסבירה את המחלוקת כך: לפי אביי אין כאן ייאוש, שכן כל עוד הוא לא יודע שהחפץ אבד לו הוא עוד לא מתייאש בפועל, ולכן אין היתר לקחת את החפץ. כפי שראינו, הייאוש הוא סיבת ההיתר, והסיבה עדיין לא התקיימה. ואילו לפי רבא מצב כזה נחשב כמצב של ייאוש, על אף שבפועל הוא עוד לא התייאש. לכן לדעתו מותר לקחת את החפץ מייד.

ביאור המחלוקת

לכאורה עמדת אביי היא הפשוטה, שכן לדעתו כל עוד הבעלים לא התייאש בפועל אין כאן ייאוש, ולכן אסור לקחת את האבידה. בהיעדר הסיבה ודאי לא קיים המסובב.

מאידך, לא ברור מה לדעת אביי עלינו לעשות עם האבידה במצב כזה? אין טעם להותיר אותה במקום הימצאה כי אין בה סימן, ולכן כל מוצא עתידי ייקח אותה והמאבד ככל הנראה גם לא יחפש אותה. לקחת אותה להכריז אי אפשר כי אין למאבד אפשרות לזהות אותה אצלי ולקבל אותה, שהרי אין בה סימן. אם כן, המאבד לא יוכל לקבל אותה בשום צורה.

לאור הבעייתיות הזאת, דווקא דברי רבא נשמעים סבירים יותר. אין טעם להשאיר את האבידה במקום, וגם אין טעם להכריז עליה. לכל היותר הוא יכול לחכות לידה בלי להרים אותה ולחכות שהבעלים יתייאש. אם כן, מדוע לחכות? אולי בגלל זה רבא אומר שהלוקח יכול לקחת אותה מייד.

זהו הסבר טכני בדעת רבא, ואין בו שום ממד של היפוך זמני. אך ההסבר של הגמרא עצמה בדברי רבא אינו נראה כהסבר טכני שמתבסס על שיקולי יעילות, שהרי לשונו היא "מהשתא הוא דמייאש". נראה שיש שם הסבר מהותי, שלפי רבא בגלל שאין סימן הרי יש ייאוש בעלים כבר מעתה. אך במישור המהותי דווקא דברי רבא הם הטעונים הסבר, שהרי הוא מתיר לי לקחת חפץ של חברי עוד לפני שהיה ייאוש. לכאורה יש כאן איסור גזל. נראה שמסיבה זו ההסבר של אביי בנוסח הגמרא הוא לאקוני, ורק מתאר את הסיטואציה, ודווקא ההסבר של רבא מפורט יותר. לכן נתחיל מביאור דעת רבא, ואח"כ נחזור לאביי.

שתי אפשרויות בדעת רבא

בדעת רבא ניתן להעלות שתי אפשרויות:

1. מכיון שבעתיד המאבד ודאי יתייאש אז זה נחשב כאילו כבר עכשיו הוא מיואש. זהו עיקרון של הטרמת העתיד שיידון ביתר פירוט בפרק הבא.

2. גם אם המאבד לא יתייאש בעתיד, העובדה שכעת זהו מצב שאם היה יודע היה מתייאש, אזי כבר עכשיו הותרה האבידה. לפי הגישה הזו, כלל לא צריך ייאוש. המצב שמצדיק ייאוש הוא המתיר את האבידה, ולמעשה גם כשיש ייאוש לא הוא שמתיר את האבידה אלא המצב שגרם לייאוש הוא שמתיר אותה. יש כאן הסתכלות על ההווה ולא על העתיד. לפי הצעה זו, הייאוש העתידי אינו אלא ניסוי מחשבתי: אם כשייוודע לאדם הוא יתייאש, אות הוא שכבר כעת יש להחשיב את מצב החפץ כמצב שמתיר לקחת אותו. בניגוד לדברינו למעלה, הייאוש אינו הסיבה להיתר של המוצא אלא רק אינדיקציה.

נראה ששתי העמדות הללו תלויות בשאלה מהו ייאוש. אם נבין שהייאוש הוא הפקר, אז ברור שכדי שהחפץ יופקר נדרשת פעולה כלשהי שתגרום להורדת הבעלות של המאבד. פעולה כזו נעשית בהפקרה, ולכן כל עוד לא

הופקר החפץ אין שינוי בבעלות. על כורחנו, שלפחות ברמה ההלכתית החפץ נחשב כאילו הוא מופקר, כי הוא עומד להיות מופקר. זוהי הסיבה לתפיסה הראשונה.
לעומת זאת, התפיסה השנייה מניחה שייאוש הוא משהו שונה, מתן רשות (של הבעלים או של התורה עצמה) למוצא לזכות (אך לא הפקרה ממש). אם כן, כאן נפתחת האפשרות להבין שניתן לזכות בחפץ גם בלי שהיה ייאוש בפועל. לפי התפיסה הזו, הייאוש העתידי אינו אלא בדיקה בדרך של ניסוי מחשבתי, האם כשיתגלה לו שהוא איבד את החפץ הוא יתייאש? אם כן – כבר עכשיו החפץ יכול להיקנות למוצא. להלן נסביר זאת יותר.

מצב שהמאבד אינו מתייאש לעולם – מחלוקת רש"י ותוס'

ההשלכה הפשוטה שמבחינה בין שתי העמדות הללו עולה במצב שהאדם לא מתייאש לעולם. לפי הכיוון 1, אין כאן ייאוש גם לרבא, שהרי גם אם נהיה מוכנים לקבל הטרמה של העתיד, במצב שגם בעתיד לא צפוי להיות ייאוש ודאי אין מקום להתיר למוצא את הזכייה באבידה. אך לפי הבנה 2, המצב הנוכחי הוא שראוי להתייאש, ולכן רבא מתיר את האבידה כבר עתה. העובדה שלא יהיה ייאוש בעתיד אינה חשובה, שכן היא לכל היותר אינדיקציה למצב בהווה. מתברר שבשאלה זו נחלקו הראשונים (רש"י, תוס' וריטב"א), כפי שנראה כעת.
בגמ' כו סוע"א איתא:

דאמר רב נחמן: ראה סלע שנפל משנים - חייב להחזיר. מאי טעמא? ההוא דנפל מיניה לא מיאש. מימר אמר: מכדי איניש אחרינא לא הוה בהדאי אלא האי, נקיטנא ליה ואמינא ליה: אנת הוא דשקלתיה! בשלשה אינו חייב להחזיר, מאי טעמא - ההוא דנפל מיניה ודאי מיאש. מימר אמר: מכדי תרי הוו בהדאי, אי נקיטנא להאי - אמר: לא שקלתיה, ואי נקיטנא להאי - אמר: לא שקלתיה.

אמר רבא: האי דאמרת בשלשה אינו חייב להחזיר - לא אמרן אלא דלית ביה שוה פרוטה לכל חד וחד, אבל אית ביה שוה פרוטה לכל חד וחד - חייב להחזיר. מאי טעמא? אימור שותפי נינהו, ולא מיאשו.

וברש"י שם פירש:

נקיטנא ליה כו' - משבענא ליה שבועת היסת, ולא נתייאש מיד כשמשמש ולא מצא, ונמצא שבא ליד זה לפני יאוש, והלכה כאביי.

כלומר רש"י מסביר זאת מדין ייאוש שלא מדעת, ובכך שהלכה כאביי. ומשמע שלרבא זה כן מותר, אלא שאין הלכה כמותו. וקשה לפי רש"י הרי אותו אדם אינו עומד להתייאש, שהרי הוא תמיד בונה על זה שחברו לקח זאת. אם כן, כיצד לפי רבא אנחנו מתירים למוצא את האבידה כעת? על כורחנו שיסוד ההיתר אינו בגלל הייאוש העתידי אלא בגלל המצב הנוכחי. כלומר ההיתר אינו מבוסס על הטרמת הייאוש העתידי, אלא על המצב הנוכחי שראוי לייאוש.

אמנם זהו הסבר קשה, שהרי מייד אח"כ רבא מסביר את הדין הזה, ונראה שגם הוא מסכים אליו. אם כן, נראה שדין זה לא קשור למחלוקת לגבי ייאוש שלא מדעת.

ובאמת תוס' שם כותבים:[174]

שנפל משנים חייב להחזיר - אפילו אין בו סימן דאינו מתיאש לעולם ומיירי ששניהם בקשוה יחד קודם שבא זה ומצאה ולכך סבור ודאי שחבירו לקחה כשבקשה עמו ואינו מתיאש לעולם שמחשב יחזירנה לי כשאביישנו ברבים ואוכיח לו שמצאו ולכך נמי אמרינן בסמוך אימור שותפי נינהו כיון שראינום מחפשין יחד.

ומה שפרש"י מטעם יאוש שלא מדעת אין נראה דהא רבא סבר דהוי יאוש ומפרש בסמוך מילתיה דרב נחמן ואין סברא לומר דהדר ביה בתר דאיתותב.

---

[174] ב"מ דף כו ע"ב, תוד"ה 'שנפל משנים'.

הם דוחים את פירוש רש"י, אבל לא ברור מה האלטרנטיבה שהם עצמם מציעים. בעל ה**קהילות יעקב** (= **קה"י**) מסביר[175] שהם סוברים שאם לעולם לא ייוודע לו שהדבר אבוד, אז גם רבא מודה שאינו ייאוש. אם כן, רואים בפירוש ששיטת התוס' היא שאם אותו אדם לעולם לא יתייאש, גם רבא מודה שייאוש שלא מדעת אינו ייאוש. כלומר תוס' מבינים את רבא בדרך 1, ורש"י מבין את רבא בדרך 2.

ה**שטמ"ק** בסוגיית כא ע"ב, בשם הריטב"א, ד"ה 'ורבא אמר', כתב שלרבא גם אם לא התייאש לעולם, אם אין בו סימן החפץ נחשב כאבוד ממנו ומכל אדם, ולכן הוא מותר. אם כן, הריטב"א חולק על דברי תוס' הנ"ל, ונראה שהוא מבין את רבא כמו רש"י באופן 2. הוא גם מסביר שזה כמו אבוד ממנו ומכל אדם, לפחות כלפי המאבד.

והנה בלשון רש"י בסוגיית כא ע"ב משתמע שההבנה היא בכיוון 1, שכן הוא כותב שם כך:

> ***יאוש דלא מדעת - דבר שסתמו יאוש, לכשידע שנפל ממנו, וכשמצאו עדיין לא ידעו הבעלים שנפל מהן.***

הוא כותב שסתמו ייאוש לכשיידע. ולכאורה להבנה 2 אין כלל צורך בזה. אולם אם אכן הוא מתכוין להבנה 1, דבריו כאן סותרים את מה שראינו בדבריו לעיל בסוגיית כו. מבט נוסף בלשון רש"י מעלה שבהחלט סביר לפרש את דבריו כסימן ולא כסיבה. הייאוש העתידי הוא ניסוי מחשבתי שמגלה לנו שכבר כעת ניתן לזכות בחפץ.

ובתוד"ה 'דלכי', כאן, כתבו על אבידה עם סימן:

> ***דלכי נפל מיניה לא מיאש - ואע"ג דהשתא מיאש אקראי בעלמא הוא ומתחילה לא היה עומד ליאש.***

ומכלל דבריהם עולה שבאבידה בלי סימן הוי ייאוש כי היא עומדת להתייאש ממנה. כאן הדיוק נראה נכון יותר, שההיתר לזכות נגזר מכך שבעתיד הוא

---

[175] הרב יעקב ישראל קנייבסקי, **קהיות יעקב** על מסכת בבא מציעא, סי' כו (וראה הסברו בשיטת רבא בסי' כג)

יתייאש (=האבידה עומדת לייאוש). אם כן, זוהי תפיסה של הטרמת העתיד, וזה בדיוק כשיטת התוס' כו ע"ב שהובאה לעיל.

בירור שיטת רבא: שיטת רש"י – ייאוש כניחותא

בשיטת רש"י וסיעתו ראינו שמה שמתיר את האבידה אינו הייאוש. הייאוש רק מגלה את יחסו של המאבד, וזה מה שמאפשר לנו לזכות באבידה. אז גם אם האבידה לא יצאה מרשותו, כי עוד לא היה ייאוש, אבל מבחינתו של המאבד מותר למוצא לזכות בה, ולכן אם הוא לוקח אותה הוא אינו גזלן. בשפה אחרת: זה מוריד ממנו את חיוב ההשבה.

אפשר לראות כאן עיקרון כללי: לפי רבא, כל דבר שדורש ניחותא של הבעלים, די לנו במצב שבו אם הוא היה יודע היה נוח לו, ולא צריך ניחותא בפועל. לכן בהמשך הסוגיא מובאים מקורות נוספים (כמו הכשר זרעים לטומאה, ושאר מקורות) שמדמים זאת לדין ייאוש שלא מדעת באבידה, כי בכל המקומות עוסקים בניחותא של אדם. ניחותא אינה סיבה גורמת אלא רק הכשר לזכייה. לכן היא יכולה להתברר גם בעתיד.

כדי להסביר זאת נקדים ונאמר שאין כל ספק שבדבר שדורש מעשה או מחשבה של האדם, לא נאמר בו דין 'שלא מדעת'. לדוגמא, אם אדם מפריש תרומה אז מחשבתו ופעולתו הם המחילים חלות של תרומה על התבואה שהופרשה. שם ברור שכל עוד הוא לא יודע מכך שהופרשה תרומה זו אינה תרומה, שכן הסיבה הגורמת עדיין חסרה. הוא הדין לגבי קניינים וכדו'.[176] כל הדיון בסוגיא כאן הוא רק במקום שדי לנו בהתרצות של האדם, או בניחותא שלו. בזה יש מקום לדון האם נדרשת ניחותא אקטיבית, או שמא די לנו בהערכה שמצב כזה נוח לו, גם אם הוא עצמו לא יודע זאת. הבעת הניחותא רק מגלה שזה מה שהוא רוצה, אבל עצם הרצון הוא המחיל את החלות.

---

[176] ועיין בשיעורי רבי שמואל (רוזובסקי) ב"מ סי' ז, שהאריך להראות שבכל מקום שנדרשים מעשים בפועל לא מועיל 'שלא מדעת'.

דוגמא לדבר, שימוש ברכוש הזולת, ואף זכייה בו, מותרים אם הזולת מסכים. השאלה היא האם דרושה הסכמה בפועל או רק התרצות שאם היה יודע היה מסכים. אני נכנס לבית של חבר ולוקח תפוז לאכול, על אף שהוא לא נתן לי רשות. האם אני גזלן? ודאי שלא. הרי הערכתי היא שהוא מסכים, ודי בזה כדי שמותר יהיה לי לזכות בדבר. ההיתר אינו מבוסס על כך שהוא מפקיר את החפץ, אלא די בכך שאין לו התנגדות שאזכה בו. אני עושה את פעולות הורדת והעברת הבעלות, ולכן לא צריך הפקרה (פעולה אקטיבית) שלו בפועל. מה שצריך זוהי התרצות (כדי שאני לא איחשב כגזלן), וייאוש הוא התרצות. ואכן תוס'[177] כתבו שלפי אביי אסור לאכול מפירותיו של בעה"ב גם אם נוח לו בזה, עד שיידע ויתרצה בפועל, אך לפי רבא זה מותר. מסתבר שאם יש מצב שבו ההערכה היא ברורה, יהיה מותר לאכול לכל הדעות, שכן יש כאן הסכמה מכללא. במצב שנדון בסוגיית ייאוש שלא מדעת יש הערכה שיש הסכמה, אבל זו לא הסכמה וודאית ממש, ולכן לפי אביי אסור לקחת עד שלא תובע הסכמה מפורשת.

לאור החילוק הזה, נראה שמסוגייתנו אנו למדים שגם הייאוש הוא ניחותא ולא מעשה, שהרי גם לגביו מתעוררת המחלוקת לגבי ייאוש שלא מדעת. וזו הסיבה שלפי רבא אפשר לקחת את האבידה לפני הייאוש בפועל. ובאמת בספר **ברכת אברהם** (=**ברכ"א**)[178] הביא בשם רעק"א והגרי"ז, שסוברים בשיטת רבא שדי לנו באינדיקציה שאם הוא היה יודע הוא היה מתייאש כדי שזה ייחשב כייאוש, ולא צריך שיהיה ייאוש בפועל (כלומר שלדעתם זו לא הטרמת העתיד), ע"ש. כך אפשר לבאר ברוב הראשונים (למעט תוס' הנ"ל).

---

177 בתוד"ה 'מר זוטרא', להלן כב ע"א.

178 הרב אברהם ארלנגר, **ספר ברכת אברהם: הערות, ביאורים וחידושים על מסכת בבא מציעא**, ירושלים תשמ"ז, על דף כא ע"ב סק"ד.

בירור שיטת רבא: שיטת התוס׳

אמנם בשיטת תוס׳ שהובאה לעיל נראה שכל זה לא מועיל, שהרי הם כתבו
שאם הוא לא יתייאש לעולם גם רבא מודה שלא הוי ייאוש. אם כן, לשיטתם
ניחותא תיאורטית אינה מספיקה כדי להתיר ליטול את האבידה.

אם כן, לשיטת התוס׳ ההבנה היא 1, שהייאוש המאוחר מגלה שהוא היה
מיואש למפרע. אך שיטה זו היא קשה: מדוע העובדה שהוא יתייאש בעתיד
מתירה לקחת את האבידה כבר כעת? סו״ס לא היה כאן ייאוש, ולכן החפץ
עדיין ברשות אדוניו?!

יש מהמפרשים שרצו ללמוד זאת מפסוק ״אף השמלה היתה בכלל כל אלו״
– שמלמד שאבידה בלי סימן שייכת למוצא. אך זהו דוחק, שכן שייכותה של
האבידה למוצא נובעת מהייאוש, והראיה לכך היא שגם כשיש סימנים אם
היה ייאוש זה שייך למוצא.[179] יתר על כן, אם באמת יש כאן דין מיוחד
לאבידה, אז כיצד הגמרא בהמשך הסוגיא רוצה להכריע במחלוקת אביי
ורבא מכוח מקורות שעוסקים בהפרשת תרומה, בהכשר זרעים ובשליחות.
מההשוואות הללו עולה שיש כאן עיקרון הלכתי כולל, ולא חידוש מיוחד
בדיני השבת אבידה.

על כן נראה שגם התוס׳ מסכימים עם רש״י שלא צריך ייאוש בפועל כדי
שיהיה מותר לקחת את החפץ, ודי לנו בניחותא של המאבד. אלא שבניגוד
לרש״י, לדעתם גם כשאין באבידה סימנים עדיין אין לנו וודאות שהמאבד
אכן ניחא ליה. לכן רק אם המאבד התייאש בעתיד, זה גילה שיש לו ניחותא,
וכעת הוברר שמותר היה למוצא לקחת זאת. ובאמת אם לעולם הוא לא
יתייאש, אז לא נוכל לדעת שניחא ליה, ולכן אין היתר לקחת זאת. וזו שיטת
התוס׳ שאם לעולם לא מתייאשים אין היתר לקחת זאת. אמנם לפי זה יוצא
שאין היתר לקחת את זה רק בגלל דיני ספיקות, ולא שיש איסור ממשי.
כלומר זהו עיקרון אפיסטמולוגי, ולא אונטולוגי.

---

[179] כמו ״קדחי ביה חלפי״, בסוגיית ב״מ כג ע״ב, שם מדובר באבידה ישנה עם סימן - שעלו
בה עשבים - וברור שהמאבד כבר התייאש, ולכן מותר לקחת אותה.

נראה שאפשר להעלות אפשרות נוספת להסביר את דעת התוס', שהייאוש הוא הגורם שמחולל את ההיתר לקחת את האבידה, אלא שלדעת רבא הוא פועל למפרע (ובמינוח של רש"ש: מכאן ולהבא למפרע). לכן מחד נדרש ייאוש בפועל, ומאידך ההיתר לקחת קיים כבר מרגע שהאבידה נפלה מהמאבד. כאן רואים את הייאוש כגורם לנתק אונטולוגי בין הבעלים לחפץ, ולא רק כמברר אפיסטמולוגי של התיחסותו אל החפץ.

מהו ההיגיון להגדיר את הייאוש כסיבה שפועלת למפרע? ייתכן בהחלט שההסבר הוא מה שהעלינו למעלה, כלומר חוסר המוצא של המצב המשפטי לפני הייאוש. מכיון שאם לא נכיר בייאוש כפועל למפרע, המוצא לא יוכל להרים את האבידה, אבל המאבד גם הוא לא יזכה בה בחזרה. לכן רבא סובר שההלכה מגדירה את המצב המשפטי דרך המכניזם של מכאן ולהבא למפרע.

דעת אביי

עד כאן הסברנו את דעת רבא, וראינו שני כיוונים: או שהוא סובר שהייאוש מבטא ניחותא, ולכן לא נדרש ייאוש בפועל. או שלדעתו נדרש ייאוש בפועל, ובכל זאת מותר לקחת את האבידה עוד לפני הייאוש, בגלל אחת משתי סיבות: 1. הייאוש מחולל את ההיתר לקחת למפרע. 2. הייאוש מגלה שאכן אותו אדם ניחא ליה, ואם לא היה ייאוש אזי באמת אין לנו וודאות שאכן יש למאבד ניחותא כזו.

במה חולק עליו אביי? אם מדובר בניחותא, אז אביי יכול לחלוק לכל היותר באומדנא, כלומר לטעון שאין למאבד ניחותא כזו כל עוד הוא לא התייאש. הוא יכול גם לחלוק ולטעון שאולי יש לו ניחותא, אך לא די בניחותא כדי להתיר ליטול את האבידה, שכן לשם כך דרוש ייאוש בפועל (ואולי זה בגלל שלדעתו ייאוש הוא מדין הפקר, וכנ"ל).

אם כן, נראה שיש לנו שתי אפשרויות בהבנת דעת אביי:

1. אביי, בניגוד לרבא, סובר שלא די בניחותא, אלא נדרש משהו אקטיבי, ולכן אדם צריך להביע את הייאוש בפועל כדי שהוא יפעל.

אמנם לדעתו הייאוש לא מגלה ובודאי לא מחולל סיבתית את
ההיתר לקחת את האבידה למפרע. לעומת זאת, חידושו של רבא
היה שייאוש הוא משהו פסיבי, וכנ"ל.

2. אביי מסכים שדי בניחותא פסיבית כזו, אבל הוא לא מסכים
שבפועל בכל אבידה בלי סימן אכן יש ניחותא כזו (ולפי תוס', אפילו
אם הוא הביע ייאוש בסוף זו אינה ראיה להתחלה).

דוגמא לגישה כזו ניתן למצוא בדברי ה**קה"י**,[180] שמסביר שייתכן
שהבעלים לא יתייאש, וירצה בכל זאת את האבידה, ויביא עדים
שהיא היתה שלו. כפי שראינו, בגלל סיבה זאת באמת התוס'
הסבירו בדעת רבא שנדרש ייאוש בפועל בשלב כלשהו, כי זה מוכיח
שלבעל האבידה אכן היתה ניחותא. כלומר גם רבא מסכים שיש
חשש שמא אין כאן ניחותא, ולכן צריך שהוא יתייאש בסוף בפועל.
ואביי טוען שגם בזה לא די לנו.

להלן נראה כמה השלכות של שתי האפשרויות הללו, ונאתר אותן בדברי
הראשונים.

ראיות והשלכות מהמשך הסוגיא

בהמשך הסוגיא (דף כב ע"א למטה) מובא המקרה של אמימר ומר זוטרא:

**אמימר ומר זוטרא ורב אשי אקלעו לבוסתנא דמרי בר איסק, אייתי
אריסיה תמרי ורימוני ושדא קמייהו. אמימר ורב אשי אכלי, מר
זוטרא לא אכיל. אדהכי אתא מרי בר איסק, אשכחינהו, ואמר ליה
לאריסיה: אמאי לא אייתית להו לרבנן מהנך שפירתא? אמרו ליה
אמימר ורב אשי למר זוטרא: השתא אמאי לא אכיל מר? והתניא:
אם נמצאו יפות מהן – תרומתו תרומה! – אמר להו, הכי אמר רבא:
לא אמרו כלך אצל יפות אלא לענין תרומה בלבד, משום דמצוה
הוא, וניחא ליה. אבל הכא – משום כסיפותא הוא דאמר הכי.**

[180] ב"מ סי' כו.

האריס נתן להם לאכול, והם נחלקו האם לאכול או לא. לאחר מכן בעה״ב כשהגיע הביע ניחותא, ובכל זאת מר זוטרא התעקש שלא לאכול. הוא מסביר שבתרומה מועילה ניחותא שבדיעבד בגלל שמדובר במצווה, אבל באבידה ובנטילת ממון לא.

ובתוד״ה 'מר זוטרא', כתבו:

מר זוטרא לא אכל - וא״ת ואמאי לא אכל האמר רבא פרק הגוזל בתרא (ב״ק דף קיט.) אריסא מדנפשיה קא זבן ויש לומר דהתם שהביא האריס מבית דמסתמא ממה שהגיע לחלקו מביא אבל הכא שהביא מן הפרדס היה חושש מר זוטרא שמא בשעת חלוקה לא יאמר לבעל הפרדס תטול כנגד מה שנתתי להם ורב אשי לא היה חושש לזה ולכך אכל קודם שבא מרי בר איסק משום דאריס מדנפשיה קא יהיב דאין לומר שהיה סומך שיתרצה מרי בר איסק כשידע דהלכה כאביי ואע״ג דהשתא ניחא ליה מעיקרא לא הוה ניחא ליה.

רואים בתוס' שכל החשש של מר זוטרא הוא שהאריס גזל או יגזול מבעה״ב (וייתן להם מחלקו של בעה״ב). ושני האחרים סוברים שהוא נותן להם משלו, ולכן אין חשש (וכנראה מה ששאלו אותו היה רק לשיטתו: אם אתה חושש שהוא נותן מבעה״ב, אז אין חשש כי בעה״ב הביע ניחותא).

אך הריטב״א הישן על אתר מסביר זאת אחרת:[181]

אייתי אריסי לקמייהו תמרי ורמוני. ומיידי דלהאי ארים לא היה כלום באותן פירות דאם איתא דהוה ליה אמאי לא אכל מר זוטרא אלא ודאי לא הוה לאריסא מידי בהו ומש״ה לא אכל. ואיכא למימר אע״פ שהיה לו בהם לא היה לו רשות לתת כלום בלא רשות מרי בר איסק כדאמרינן בעלמא מאן פלג לך. וכ״ת א״א אמימר ורב אשי היכי אכל. י״ל דמידע ידעי דמינח הוי ניחא ליה למרי בר איסק שיהנה ת״ח מנכסיו ולא אתא באיסורא לידיה דרחמנא

---

[181] ר' יום טוב בן אברהם אלשבילי (ריטב״א) עמוד מס 297, המידע הופק ע״י תכנת אוצר החכמה.

שרית מעיקרא כי אע"ג דלא ידע כי האי שהן ת"ח כדאמרינן בזוטו של ים ודו"ק:

לדעתו אמימר ורב אשי סברו שניחא לבעה"ב שייהנו ת"ח מממונו, והוי כזוטו של ים דשריא רחמנא. וכוונת דבריו היא שההבנה בזוטו של ים היא שמותר לקחת כי יש כאן ייאוש. וכן כתב הרמב"ם הל' אבידה פי"א ה"י:

המוצא אבידה בזוטו של ים ובשלוליתו של נהר שאינו פוסק אע"פ שיש בה סימן הרי זו של מוצאה שנ' (דברים כ"ב ג') **אשר תאבד ממנו ומצאתה, מי שאבודה ממנו ומצויה אצל כל אדם יצאת זו שאבודה ממנו ומכל אדם שזה ודאי נתיאש ממנה.**

הטענה היא שבזוטו של ים מועיל גם ייאוש שלא מדעת, כי כאן לכל הדעות כשיידע יתייאש. רק באבידה רגילה סובר אביי שלא מועיל ייאוש שלא מדעת, כי לא בטוח שהבעלים באמת התייאש. החילוק הזה מתאים להבנה 2 למעלה, לפיה לדעת אביי די בניחותא בעלמא, אלא שבמקרה הרגיל לא ברור שאכן היתה ניחותא כזו. לכן גם אצל מרי בר איסק שהיה ברור שניחא לאדם שייהנה ת"ח מממונו – הוי כזוטו של ים, כי שם ודאי יש ניחותא גם שלא מדעת.

ואילו תוס', שחולק על הריטב"א, סוברים שגם כאן ייאוש שלא מדעת לא מועיל, ולכן הם מסבירים שמי שמתיר לעצמו לקחת זה רק בגלל שאין חשש שהאריס לקח מהבעלים, וכנראה נתן להם משלו. אם יש חשש שזה מן הבעלים הם לא היו מתירים, מפני שזה ייאוש שלא מדעת ולא הוי ייאוש, כפי שתוס' כתבו בסוף דבריהם.

גם מעצם הסוגיא כאן נראה להוכיח כהבנה 2, שהרי מדוע יש חשיבות לכך שמדובר כאן על דבר מצווה. זו לכל היותר יכולה להיות סיבה שיהיה לבעלים ניחותא וודאית (כמו זוטו של ים). אבל לדעה שנדרשת ניחותא אקטיבית ולא די בניחותא פסיבית, לא נראה שיהיה הבדל בין דבר מצווה ודבר שאינו של מצווה. ובדוחק יש מקום לומר שאם מדובר לצורך מצווה הבעת הרצון המאוחרת שלו מגלה על דעתו מלכתחילה. מכיון שהוא מחוייב

לעשות את המצווה (עד חומש מממונו בכל מצוות עשה) הרי זה כאילו ניחא ליה מכללא.[182]

ובאמת מעצם הלשון של האמוראים שתולים את הדין בכלך אצל יפות, שזהו גילוי דעת שניחא ליה, מוכח שההיתר מבוסס על גילוי דעת. כלומר גילוי הדעת המאוחר מגלה שכבר מעיקרא הוי ניחא ליה. ובכל זאת לא היתה כאן הבעת ייאוש בפועל אלא רק ניחותא פסיבית. על כורחנו שהיסוד הוא רק החשש שמא לא ניחא ליה, אבל לכל הדעות ניחותא מועילה.

ובאמת רש״י כאן כותב:

לא אמרו כלך אצל יפות - דהוי גלוי דעת, אלא לענין תרומה.

כלומר יסוד ההיתר אינו שזוהי מצווה, אלא שכשמדובר במצווה אז הגילוי דעת המאוחר מתיר לקחת מהפירות. זוהי ניחותא פסיבית, אלא שבמצווה וודאי ישנה ניחותא כזו.

והמאירי כאן כתב:

גלוי הדעת זה לא נאמר אלא בתרומה שמן הסתם הואיל ומצוה היא ראוי לתפוש גלוי הדעת שלו בבירור הגמור אבל לענין אחר כגון שנכנס זה בכרם חברו או גינתו ושלוחו של בעל הבית או אריסו נותן לו מן הפירות שאסור לאכול מהם על הדרך האמור בהגוזל בתרא שאין לוקחין פירות וכו׳ ולא משומרי פירות אפילו בא בעל הבית ואמר כלך אצל יפות לא הותרו שמא לא מלבו אומר כן אא״כ אמרה בפירוש ויש מתירין באריס ומ״מ אם היו תלמידי חכמים ובטוחים בבעלים שנוח לו ליהנות תלמיד חכם מנכסיו אף בלא גלוי הדעת מותר ואין זה דומה ליאוש שלא מדעת שיאוש שלא מדעת כשיתיאשו לא יתיאשו אלא מתוך שאין להם בה סימן אבל זו בידוע שרוצה בכך ואין כאן לומר באיסורא אתא לידיהו וכל שכן

---

[182] זה כעין מה שכתב הרמב״ם בדין כפייה (ראה הל׳ גירושין פ״ב ה״כ), שכאשר כופים יהודי לעשות מה שהוא חייב על פי ההלכה, ההנחה היא שהמעשה נעשה מרצונו, מפני שכל יהודי בעומק נפשו רוצה לקיים את ההלכה. כמו כן ראה אליאב שוחטמן, ״על הכפייה לקיים מצוות- ׳ויתייצבו בתחתית ההר׳ - מלמד שכפה עליהם הר כגיגית״, **גליונות פרשת השבוע משרד המשפטים** (עורכים: אביעד הכהן, מיכאל ויגודה), פרשת יתרו, תשס״ח, גיליון מס׳ 311.

אם היה זה אריס שיש לו חלק בהם שאף בעל הבית מוותר חלקו כמהו:

לכאורה גם הוא מדבר על גילוי דעת, כלומר שהניחותא היא מתירה לקחת, והשאלה רק אם יש ניחותא מלאה. אבל הוא מחדש שבת״ח זה מותר גם בלי גילוי דעת, וזה אינו דומה לייאוש שלא מדעת. הוא מסביר זאת בכך שבייאוש שלא מדעת יש רק ניחותא, אבל בת״ח יש רצון אקטיבי, הוא לא רק מוכן שייהנו אלא רוצה בזה. ולכן הם יכולים ליהנות אותו כמו בדין זכין לאדם שלא בפניו'. הנתינה כאן היא זכות ולא רק שהיא לא חובה, ולכן אפשר לעשות זאת גם בלי דעתו.

אם כן, לפי המאירי נראה שאכן בייאוש שלא מדעת האיסור אינו מפני שאין ניחותא אלא מפני שניחותא פסיבית לא מספיקה, ודרוש רצון ממש. אבל בדבר מצווה יש רצון ממש (ולא רק ניחותא) גם אם הוא עדיין לא בא לידי ביטוי בפועל, ולכן בזה גם אביי מודה.

והריטב״א החדש מביא כאן אפשרות שהאמוראים חלקו במחלוקת אביי ורבא:

ובודאי דשפיר ידעי דכי ידע מרי בר איסק ניחא ליה אלא דהשתא לא ידע והו״ל כיאוש שלא מדעת בדבר שאין בו סימן דלכי ידע ודאי מייאש, ואמימר ורב אשי ס״ל כרבא דיאוש שלא מדעת הוי יאוש ומשום הכי אכלי, ומר זוטרא ס״ל כאביי ולפיכך לא אכל ומשו״ה אתיוה הכא להאי עובדא משום דהוי כפלוגתא דאביי ורבא.

ואין פירוש זה מחוור כלל דהיכי מוקמינן לאמימר ורב אשי דלא כהלכתא דהא איתותב רבא כדלקמן.

מר זוטרא סבר כאביי, ולכן לשיטתו גם אם ברור שמרי בר איסק ניחא ליה זה לא מועיל. אם כן, הריטב״א כותב בפירוש כהבנה 1, שגם ודאי ניחותא לא מועילה (כמאירי הנ״ל). ואילו אמימר ור' אשי סברו כרבא ולכן אכלו.

אנקדוטה מסוגיית דבר שבמניין

בסוגיית ביצה דף ה הגמרא קובעת שדבר שנאסר במניין דרוש מניין אחר להתירו. העיקרון הזה נכון גם במקום שבגלל שינוי של הנסיבות בטל טעם התקנה.[183]

והנה, המאירי שם כותב את החילוק הבא:

> ***ועוד אני אומר שאף מה שנאסר במנין חכמים ועברה הסבה שאנו צריכין למנין בהיתרו דוקא במה שלא עלה על דעת האוסרים להיות אותה סבה בטלה כגון זה שהזכרנו בכרם רבעי שלא עלה על דעתם שיחרב בית המקדש ותבטל הסבה. אבל דברים שנאסרו במנין מחמת סבה שראוי להעלות בטולה על דעת האוסרים הרי הוא כאלו תקנו בפרוש עד שתעבור אותה סבה ומותרת בלא היתר מנין, אלא שאין לסמוך בה למעשה.***

הוא מסביר שאם בית הדין הראשון שתיקן את התקנה היה יכול לחשוב על שינוי הנסיבות הזה – התקנה בטלה גם בלי מניין אחר. אבל אם השינוי הזה הוא מפתיע, וביה״ד המתקן לא יכול היה לחשוב עליו – אזי דרוש מניין אחר כדי לבטל את התקנה.

הדברים הללו תמוהים, שהרי בכל מקרה ביה״ד הראשון לא ביטל בפועל את התקנה, וגם לא תלה אותה בנסיבות מסויימות. אז מדוע יש הבדל בין שני המצבים הללו? מדוע זה חשוב האם ביה״ד יכול היה להעלות את השינוי הזה בדעתו או לא? יתר על כן, אם די לנו בניחותא של ביה״ד הראשון, אז שוב לא ברור מדוע יש הבדל האם הם יכלו להעלות בדעתם את השינוי או לא.

דומה כי כוונת המאירי כאן היא ליסוד דומה לדין ״יאוש שלא מדעת׳. במקרה שביה״ד הראשון לא יכול היה להעלות בדעתו את שינוי הנסיבות, אזי גם אם ברור לנו שאם היינו שואלים אותם הם היו מסכימים לבטל, כל עוד הם לא ביטלו בפועל התקנה אינה בטלה. אבל אם הם יכלו להעלות

---

[183] אלא שנחלקו הרמב״ם והראב״ד בפ״ב מהל׳ ממרים, האם במצב כזה נדרש בי״ד גדול בחכמה ומניין או לא.

בדעתם את שינוי הנסיבות הזה, אזי זה כאילו הם ביטלו זאת בפועל (כמו שראינו לגבי דין זוטו של ים).

ההסבר הזה מתאים לדעת אביי בדין ייאוש שלא מדעת, שמעשה עתידי אינו יכול לגלות מאומה על העבר. רק בניחותא ייתכן גילוי דעת על העבר (ואולי כלל לא נדרש גילוי דעת). וכפי שראינו, ההלכה נפסקה כמותו.

סיכום

בסוגיית ייאוש שלא מדעת אנו רואים שתי גישות עקרוניות: גילוי הדעת העתידי מעיד למפרע על קיומה של ניחותא, כתהליך המתרחש במישור האפיסטמולוגי. ולפי שיטה אחרת (שיטת מיעוט, יש לומר) מדובר בגרימה אונטולוגית למפרע. אותה מחלוקת חוזרת גם ביחס להפרשת תרומה וביחס להאכלת תלמידי חכמים בלי ידיעת בעל הבית. חשוב לזכור שכל אלו הם הסברים בדעת רבא, אך להלכה נפסק כדעת אביי, ואצלו בודאי לא ניתן לראות סיבתיות הפוכה.

בתחילת דברינו העלינו גם אפשרות להבין בדעת רבא שייאוש שלא מדעת מועיל מפני סברא של הטרמת העתיד, כלומר שרואים את האירוע העתידי כאילו הוא כבר קורה כעת. בפרק הבא נפרט יותר לגבי סברא זו, ונדון ביחס בינה לבין המכניזמים של היפוכים זמניים בהם אנו עוסקים כאן.

פרק תשעה-עשר
סברות הטרמה: כל העומד

מבוא

בפרק זה נציג מכניזם נוסף שעשוי להיקשר להיפוכים זמניים, והוא הטרמת העתיד. גם כאן מדובר במכניזם משפטי ולא ביחס או תהליך פיסיקלי. אבל כל הדיון בספר עוסק במישור הנורמטיבי-משפטי, ולכן עלינו לבחון גם את המכניזם הזה.

המכניזם הזה מופיע בסוגיות רבות ובהקשרים שונים. לגבי זריקת הדם, עולה אפשרות שדם העומד להיזרק כזרוק דמי.[184] לגבי שיער שעומד להיגזז עולה אפשרות שהוא נחשב כגזוז כבר מעתה.[185] לגבי שטר העומד לגבות האם הוא כגבוי או לא, נחלקו בית שמאי ובית הלל.[186] לגבי פדיון פרה עולה הסברא שכל העומד לפדות כפדוי דמי.[187] לגבי ענבים העומדות להיבצר עולה סברא שהן כבצורות.[188] עוד לגבי פרה עולה הסברא שהעומד לשרוף כשרוף דמי.[189] לגבי חיתוכים שונים עולה סברא שהעומד לחתוך כחתוך דמי.[190] אין כאן המקום לכסות את כל הסוגיות הללו, ובפרט מכיון שכפי שנראה בסופו של דבר הן אינן קשורות לציר הזמן. אנחנו נלמד כעת כמה מהמקרים ונדגים ונבחן דרכם את צורת החשיבה הזו.

---

[184] ראה פסחים יג ע"ב, ב"ק עו ע"ב, מנחות עט ע"ב, תמורה כב ע"ב, כריתות כד ע"ב.

[185] ראה כתובות נא ע"א, נזיר נא ע"א וסנהדרין טו ע"א.

[186] במסכת סוטה כה ע"א-ע"ב.

[187] ב"ק עו ע"ב, מנחות קא ע"ב.

[188] סנהדרין טו ע"א, שבועות מג ע"א.

[189] מנחות קב ע"ב.

[190] חולין עב ע"ב, ובשו"ת חכם צבי סי' צב.

מהלך סוגיית סנהדרין

המשנה בתחילת מסכת סנהדרין מגדירה את כל סוגי בתי הדין השונים בהלכה. בין היתר, היא קובעת את מספר הדיינים שדרושים כדי לשום דברים שונים (קרקע, אדם וכדו׳):

נטע רבעי, ומעשר שני שאין דמיו ידועין - בשלשה. ההקדשות - בשלשה, הערכין המטלטלים - בשלשה, רבי יהודה אומר: אחד מהן כהן. והקרקעות - תשעה וכהן, ואדם כיוצא בהן.

המשנה קובעת ששומת מטלטלין היא בשלושה דיינים, ושומת קרקעות ובני אדם היא בעשרה דיינים.

ועל כך אומרת הגמרא בדף טו ע״א:

ואדם כיוצא בהן. אדם מי קדוש? אמר רבי אבהו: באומר דמי עלי, דתניא: האומר דמי עלי - שמין אותו כעבד הנמכר בשוק. ועבד אתקש לקרקעות.

הגמרא מסבירה ששומת אדם היא שומה של אדם שהקדיש את ערכו לביהמ״ק, והוא נישום כקרקע.

כעת הגמרא מעלה שאלה לגבי שערו של האדם:

בעי רבי אבין: שער העומד ליגזז בכמה? כגזוז דמי - ובשלשה. או כמחובר דמי - ובעשרה?

הגמרא תולה את השאלה הזו בשאלה האם שיער שעומד להיגזז כגזוז או לא. אם הוא כגזוז אזי דינו כמטלטלין, והוא נישום בשלושה. ואם הוא אינו כגזוז עד שייגזז בפועל – אזי דינו כקרקע בעשרה.

הגמרא מנסה לתלות את השאלה במחלוקת לגבי דין מעילה בשערו של עבד שהוקדש:

תא שמע: המקדיש את עבדו אין מועלין בו, רבן שמעון בן גמליאל אומר: מועלין בשערו. וקיימא לן דבשערו העומד ליגזז פליגי, שמע מינה.

כעת הגמרא תולה את המחלוקת הזו במחלוקת תנאים לגבי ענבים העומדות להיבצר:

נימא הני תנאי כהני תנאי. דתנן, רבי מאיר אומר: יש דברים שהן כקרקע ואינן כקרקע, ואין חכמים מודים לו. כיצד? עשר גפנים טעונות מסרתי לך, והלה אומר אינן אלא חמש רבי מאיר מחייב, וחכמים אומרים: כל המחובר לקרקע הרי הוא כקרקע. ואמר רבי יוסי בר חנינא: בענבים העומדות ליבצר עסקינן, מר סבר: כבצורות דמיין, ומר סבר: לאו כבצורות דמיין.

הגמרא מביאה מחלוקת בין ר״מ לחכמים בשאלה האם ענבים שעמדות להיבצר הן כבצורות ולכן נשבעים עליהן כמטלטלין, או שאינן כבצורות ולכן לא נשבעים עליהם, שכן לא נשבעים על קרקעות.

לבסוף הגמרא דוחה:

- לא, אפילו תימא רבי מאיר, עד כאן לא קאמר רבי מאיר התם - כל כמה דשבקה להו מיכחש כחשי, אבל שערו - כל כמה דשבקה להו אשבוחי משבח.

הענבים נחשבות אצל ר״מ כבצורות בגלל שאם ישאיר ולא יבצור אותן הן יכחישו. אבל דברים כמו שיער שהשארתם על הראש משביחה אותן, שם יודה ר״מ שהם לא כגזוזות. לפי סברא זו הכל תלוי בשאלה האם המשך ההישארות במקום הוא מזיק או מועיל.

הכרעת ההלכה: 'כל העומד' בשיטת חכמים

להלכה, לפי רוב הראשונים אנחנו פוסקים כחכמים, והעומד להיבצר אינו כבצור.

אמנם יש מהראשונים שתולים את הדין לפי חכמים בהתייחסות של האנשים, ולא במצב האובייקטיבי. ישנן שתי שיטות קיצוניות בראשונים בעניין זה. מחד, בתוד״ה 'בענבים', כאן, כתבו:

בענבים העומדים ליבצר - תימה דבפרק נערה (כתובות דף נא: ושם) פריך גבי זיל הב ליה מתמרי דעל בודיא סוף סוף כל העומד לגזוז כגזוז דמי דצריכי לדיקלא קאמינא ומאי פריך והא רבנן דהכא

לית להו הך סברא וי"ל דגבי בעל חוב מודה דלא גבי מדבר העומד לגזוז דלא סמכא דעתיה.

תוס' כותב כאן שלפי חכמים פירות העומדים להיבצר הם לא כבצורים, והמקרה בכתובות הוא חריג, בגלל שבעל החוב מתייחס אליהם כך. רואים שגם לשיטתם הדבר אינו נקבע על ידי המצב כשלעצמו אלא על ידי התייחסות של האנשים הנוגעים בדבר.

לעומת זאת, בחידושי הר"ן כאן הביא תשובת הרי"ף (וכן שיטת הר"י מיגאש והרמב"ם) שטען שגם לדעת חכמים הפירות הם תמיד כבצורים, למעט מצב שהם נמסרים לשומר. כלומר הסוגיא שלנו היא החריגה. שוב, מה שקובע הוא התייחסות האנשים.

ה**תומים** בסי' צה (ראה גם ב**קה"י** שם) עומד על כך שלדעת חכמים הפירות הם כקרקע, אבל זה רק כאשר הדיון הוא על שם 'קרקע'. לעומת זאת, כאשר הדיון הוא בשאלה האם הם מחוברים או מיטלטלים, שם יש להם דין של תלושים גם לדעת חכמים.

האחרונים דנים כיצד הסוגיא מדמה את הסוגיות אלו לאלו, אם אכן הדבר תלוי בהתייחסות האנשים. יכול להיות מצב שאותו חכם עצמו יסבור שלגבי הענבים יש התייחסות אחת ולגבי השיער ההתייחסות היא שונה (ראה, לדוגמא, **קה"י** סנהדרין סי' י-יא ועוד).

הסבר הדין של 'כל העומד' לדעת ר"מ

כל זה לדעת חכמים. אבל לדעת ר"מ נראה שאין תלות בדעת האנשים, או בסוג השאלה בה דנים. לשיטתו אנחנו מתייחסים לפירות כתלושים, וכן לשיער, על שם העתיד. אצלו הקביעה היא גורפת, וכל דבר נדון על שם ייעודו העתידי. לכאורה הוא טוען שלפי ההלכה כשיש משהו שעתיד להתרחש אנחנו מטרימים את העתיד כאילו הוא כבר התרחש כעת.

אמנם מדברי הראשונים והאחרונים עולה שהדיון לגבי ענבים ושיער עוסק בשאלת הסטטוס שלהם בהווה, כלומר השאלה בה דנים היא כיצד יש להתייחס לדברים כעת. לדוגמא, ענבים העומדות להיבצר יש מקום לומר

שלפי ר"מ הן כבצורות מפני שהן כבר אינן טפלות לקרקע. למעלה ציינו שלכאורה יש כאן הטרמת העתיד, אך כעת נראה שהדבר אינו כן.

הגורם לראיית הענבים כבצורות הוא התכנית לבצור אותן בעתיד, ולא הבצירה בעתיד בפועל. כלומר אין כאן היפוך זמני, ראיית הבצירה העתידית כאילו היא התרחשה כבר בעבר, או גרמה משהו בעבר. מה שיש כאן הוא סטטוס בהווה שנגזר מהמטרות העתידיות. פירות שמיועדים לבצירה נחשבים כבר כעת כמי שאינם טפלים לקרקע, וכך גם לגבי שערו של עבד וכדו'. אם כן, אין כאן באמת הטרמת העתיד.

דוגמא לדבר היא הדין במסכת ב"ק יז ע"ב:

> ***דאמר רבה: זרק כלי מראש הגג, ובא אחר ושברו במקל - פטור, דאמרינן ליה: מנא תבירא תבר!***

כאן אנחנו מתייחסים לכלי כשבור כבר מעתה, מפני שהוא עומד להישבר. אין כאן הטרמת העתיד, אלא הכלי באמת לא שווה מאומה כבר עתה, כי אנשים לא ישלמו עבורו מאומה. לכן הוא נחשב כבר כעת ככלי שבור.

אולם האם זהו המצב בכל הסוגיות של "כל העומד"? מעיון בסוגיית ב"ק נראה לכאורה שלא.

סוגיית ב"ק: כל העומד להיזרק ולהיפדות

בסוגיית ב"ק עו ע"ב אנו מוצאים דיון בדעת ר"ש לגבי כל העומד להיזרק וכל העומד להיפדות. תחילה הגמרא מביאה את המקור לדין 'כל העומד להיזרק':

> ***כל העומד לזרוק כזרוק דמי, דתניא, רבי שמעון אומר: יש נותר שהוא מטמא טומאת אוכלין, ויש נותר שאינו מטמא טומאת אוכלין, כיצד? לן לפני זריקה - אינו מטמא טומאת אוכלין, לאחר זריקה - מטמא טומאת אוכלין; וקיימא לן, מאי לפני זריקה? קודם שנראה לזריקה, לאחר זריקה? לאחר שנראה לזריקה; קודם שנראה לזריקה לן מאי היא? דלא הויא שהות ביום למזרקיה, דשחטיה סמוך לשקיעת החמה, ואינו מטמא טומאת אוכלין;***

לאחר שנראה לזריקה לן? דהויא שהות ביום למזרקיה, מטמא טומאת אוכלין, אלמא: כל העומד לזרוק כזרוק דמי.

למסקנת הגמרא, אם אדם שוחט את הקרבן קרוב לשקיעה, כך שלא נותר זמן כדי לזרוק את הדם ולהתיר את הבשר באכילה, הבשר אינו קרוי אוכל ואינו מקבל טומאת אוכלין. אבל אם הוא שוחט את הקרבן באופן שיש די זמן עד השקיעה כדי לזרוק את הדם, אזי כבר כעת הבשר נחשב כאוכל, והוא מקבל טומאת אוכלין. זאת על אף שכל עוד לא נזרק הדם בפועל ברור שאין היתר לאכול את הבשר. כאן רואים שהעומד להיזרק כזרוק דמי. אמנם נכון שאין כאן הסתכלות כאילו שהדם נזרק בפועל, שהרי הבשר אסור באכילה. רק לענין שם 'אוכל' אנו רואים את הזריקה העתידית כאילו היא כבר התבצעה.

כעת הגמרא ממשיכה במקור לדין 'כל העומד לפדות':

וכל העומד לפדות כפדוי דמי, דתניא, רבי שמעון אומר: פרה מטמא טומאת אוכלין, הואיל והיתה לה שעת הכושר; ואמר ריש לקיש, אומר היה רבי שמעון: פרה נפדית ע"ג מערכתה, אלמא: כל העומד לפדות כפדוי דמי.

מדובר בפרה אדומה, והדין הוא שניתן לפדות אותה ולהוציאה לחולין גם אחרי שנשחטה (אם מצא אחרת יפה הימנה). לכן עצם העובדה שהיתה לפרה שעת כושר לאחר שנשחטה וטרם נעשתה בה עבודת הפרה, מחילה עליה שם 'אוכל'. ושוב, זה אינו מתיר לאכול אותה, אלא רק נותן עליה שם אוכל.

בשתי הדוגמאות הללו נראה לכאורה שמדובר בעיקרון מעט שונה מזה הקודם. כאן דווקא נראה שיש הטרמה של העתיד, כלומר ראיית המעשה העתידי כאילו הוא כבר נעשה. הרי הזריקה היא המתירה באכילה, ולכן אם זה נקרא אוכל לפני זריקה אזי ברור שאנחנו רואים את הזריקה העתידית כאילו כבר נעשתה.

מאידך, כפי שראינו למעלה, גם כאן שם 'אוכל' אינו תלוי בזריקה שתיעשה בעתיד, אלא בעצם האפשרות הפוטנציאלית לזרוק. גם אם זה לא ייזרק בסוף, לא יהיה כאן גילוי מילתא למפרע שזה לא היה אוכל כבר עתה. וכך גם

לגבי בשר הפרה, ששם 'אוכל' אינו תלוי בכך שיפדה אותה אלא בעצם האפשרות לפדות אותה.

אם כן, נראה שעדיין יש מקום להבין את העיקרון של 'כל העומד' בסוגיא זו בדומה למה שראינו בסוגיית סנהדרין. גם כאן אנחנו דנים בהתייחסות עכשווית לבשר, ואומרים שאם הוא עומד לזריקה/פדייה היום אזי כבר כעת יש עליו שם אוכל. אבל זה לא אומר שאפשר לאכול אותו בפועל, שכן לזה דרושה זריקה/פדייה בפועל. רק שם 'אוכל' ניתן לבשר, ושוב זהו סטטוס עכשווי ולא הטרמת העתיד. מה שמיועד לאכילה יש לו שם אוכל. המתיר לא צריך להבצע בפועל, שכן לא מדובר על הפעולה שאותה הוא מתיר (אכילה בפועל), אלא רק על האפשרות הפונטנציאלית לעשות אותה.

סיכום ביניים: בחזרה לרש"ש ורש"פ

כפי שראינו, הן לגבי 'כל העומד לזרוק' והן לגבי 'כל העומד לפדות', אין כאן היפוך של ציר הזמן, שכן שום רגע על פני ציר הזמן אינו מושפע מן העתיד. אין כאן תוצאה של אירוע עתידי שמתרחש בפועל, אלא התייחסות שונה להווה בגלל מה שצפוי בעתיד הפוטנציאלי (גם אם הוא לא יתממש בפועל). והראיה לכך היא שלא נדרשת כאן התממשות של האירוע העתידי (אם הוא היה הסיבה לתוצאה כלשהי בהווה, היה עליו להתממש בעתיד ולפעול למפרע). מה שנדרש הוא רק אפשרות פוטנציאלית להתממשותו. אם כן, אין כאן היפוך של ציר הזמן. נראה זאת בצורה ברורה יותר תוך שימוש בתמונות של רש"ש ושל רש"פ, כפי שהן הוצגו בחלק הקודם לגבי תנאים. אנו נראה שאין כאן היפוך זמני, אפילו במשמעות הלא סיבתית של רש"פ, ובודאי לא במשמעות הסיבתית של רש"ש.

במונחים של רש"פ נאמר שאין כאן שתי היסטוריות אלטרנטיביות שאירוע עתידי בורר ביניהן. ההיסטוריה היא ברורה והיא חד ערכית. מעת שהבשר ראוי לאכילה יש עליו שם 'אוכל'.

במונחים של רש"ש רואים את אותה תמונה: אין שום רגע על פני ציר הזמן שבו הפונקציה מקבלת שני ערכים שונים. כזכור, בתנאי יכול להיות מצב

שהאישה ברגע זמן כלשהו היא נשואה (או נישואין קלושים), ולאחר זמן מתקיים או מתבטל התנאי, והמצב משתנה למפרע. שם הדבר תלוי בהתרחשות בפועל של האירוע העתידי (או קיום או ביטול של התנאי). ושם גם יש מצב שבו הפונקציה (=מצב האישה כפונקציה של הזמן) מקבלת שני ערכים שונים לאותו רגע. זה מה שאילץ אותנו להגדיר שני צירי זמן שונים, כדי להשאיר את הפונקציה חד-ערכית. כאן אין כל צורך בזה, שכן הפונקציה היא חד ערכית לגמרי בכל רגע של הזמן.

סוגיית מנחות: כל העומד להישרף

בסוגיית מנחות קב ע"ב עולה שאלה מאד מעניינת על שיטת ר"ש:

> ***אמר ליה רב אשי לרב כהנא, מדאמר רבי שמעון: כל העומד לזרוק כזרוק דמי, כל העומד לשרוף נמי כשרוף דמי, נותר ופרה אמאי מטמאין טומאת אוכלין? עפרא בעלמא נינהו! א"ל: חיבת הקודש מכשרתן.***

הגמרא מקשה, שאם ר"ש מטרים את העתיד, כלומר רואה את האירוע העתידי כאילו הוא כבר התרחש כעת, מדוע הוא מתייחס לבשר לפני זריקה כאוכל, הרי מכיון שמדובר בבשר שלן לילה, הוא עתיד להישרף. אם כן, העתיד של הבשר הזה הוא שריפה, ולא זריקה שמתירה אותו. אם כן, לאור העתיד בשר כזה אמור לקבל מעמד של אפר, ולא של אוכל. התשובה היא שיש לגביו דין 'חיבת הקודש', שגורם לנו להתייחס אליו בכל זאת כאוכל.

לכאורה הקושיא הזו מניחה תפיסה שונה מזו שהצגנו למעלה. אם לא מדובר כאן על הטרמת העתיד, אז מדוע לראות את השריפה כאילו היא מתרחשת כעת? לכאורה נראה שהטרמת העתיד של אירוע השריפה גוברת על ראיית ההווה שנובעת מהעיקרון של 'כל העומד'.

אך מסקנה זו אינה הכרחית. גם העובדה שהבשר עומד לשריפה הופכת את ההתייחסות הנוכחית שלנו אליו מאוכל לאפר (לולא דין חיבת הקודש). הרי הוא עומד להישרף, אז איך אפשר להתייחס אליו כאוכל אם הוא אינו עומד לאכילה?! ברור שגם כאן הדבר אינו תלוי בשריפה עצמה שתתרחש בפועל,

וקושיא זו קשה אם בסוף הבשר לא יישרף משום מה. מה שקובע כאן הוא הייעוד הפוטנציאלי של הבשר הזה (למה הוא מיועד כעת), ולא מה יתרחש בפועל. אם כן, גם בהקשר זה אין לראות הטרמת העתיד, או השפעת העתיד על ההווה. גם כאן מדובר בהתייחסות להווה לאור הייעוד העתידי.

פרשנות דומה ניתן לתת לעיקרון של ׳כתותי מיכתת שיעוריה׳,[191] שהוא עיקרון דומה מאד לדין ׳כל העומד לשריפה׳. ההלכה קובעת שחפץ שעומד להישרף מחמת היותו אסור בהנאה, יש להתייחס אליו כאילו הוא כבר שרוף. לדוגמא, אם נחוץ לצורך הלכתי מסויים חפץ בשיעור כלשהו, אין להשתמש בחפץ שעומד לשריפה, שכן הוא נחשב כאפר ואין לו את השיעור הדרוש, גם אם פיסית יש לו שיעור כזה, שהרי הוא עוד לא נשרף.[192]

אם כן, מאותם שיקולים עצמם גם ׳כתותי מיכתת שיעוריה׳ אינו מהווה השפעה הפוכה על ציר הזמן.

---

[191] ראה סוכה לא ע״ב ובמקבילות.
[192] ראה חולין פט ע״ב.

פרק עשרים

היתרים מכוונים: דילמא מימליך

מבוא

בפרק שנים-עשר עסקנו באחריות פלילית שנוצרת למפרע ביחס למעשה שתלוי בתנאי, כגון אדם שנודר שהוא לא יישן היום אם הוא יישן מחר. השאלה היתה האם בהנחה שהוא ישן היום מותר לו לחזור ולישון מחר, או שמכיון שכאשר לא מתקיים התנאי נוצרת למפרע עבירה, אסור לו לעשות זאת.

בפרק הנוכחי נסקור את הנושא הזה במבט רחב יותר. אנו נדון במעשה שההיתר לעשות אותו הוא מחמת מצב עתידי (=היתר מכוון). כאשר לא מתממש המצב העתידי, עולה השאלה כיצד עלינו להתייחס לפעולה שכבר נעשתה? האם היא הופכת למפרע לעבירה, או לא? שאלה נוספת היא מה עליו לעשות בזמן הסופי, האם יש חובה לדאוג שהמעשה הקודם לא יהפוך לעבירה, או שמא אין חובה כזאת?

לדוגמא, אדם בירך על מאכל כלשהו, וכעת הוא אינו רוצה בו. האם יש עליו חובה לאכול את המאכל הזה כדי להציל את הברכה שלו ולא להיכשל באיסור ברכה לבטלה? ואם אכן יש עליו חובה כזו, מה יהיה הדין אם לאחר שהוא בירך על מאכל חלבי, הוא נזכר שלפני שזמן קצר הוא אכל בשר, ואסור לו לאכול את המאכל הזה. האם עליו לאכול את המאכל האסור כדי 'להציל' את הברכה הזו? לחילופין, הוא נזכר שהיום יום צום שאסור באכילה. האם כעת מוטלת עליו חובה לאכול כדי 'להציל' את הברכה שהוא בירך, או שמא מה שעשה זהו עבר, וכעת אין שום חובה הלכתית עכשווית, ובפרט כאשר המעשה העכשווי כרוך באיסור.

ניתן לנסח את השאלה הזאת באופן כללי יותר: האם יש חובה הלכתית למנוע היווצרות של עבירה, או שבהלכה יש רק חובה לא לעשות עבירות?

339

אם אין חובה כזו, מהי המשמעות של הפעולה הנוכחית שהופכת את המעשה הקודם לעבירה? לכאורה בפעולה העכשווית אין משום עבירה של האדם, אבל בעקבותיה ומחמתה המעשה שנעשה בעבר הופך לעבירה.

סוגיות 'דילמא מימליך' בביצה

בפרק הראשון של מסכת ביצה ישנה סדרה של סוגיות שבהן מופיע עיקרון של 'דילמא מימליך'. אדם יכול להימלך בדעתו, ובכך לשנות את ההתייחסות למעשה שלו בעבר. בכל המקרים הללו נעשית פעולה כלשהי למען מטרה עתידית, אבל המטרה העתידית לא מתממשת. כתוצאה מכך הפעולה הקודמת הופכת להיות בעייתית מבחינה הלכתית.

מהלך הגמרא

במשנה הראשונה במסכת ביצה מובאות שלוש הלכות שהן מקולי ב"ש בהלכות יו"ט. ההלכה השלישית נוגעת לכיסוי הדם אחר שחיטה ביו"ט:

השוחט חיה ועוף ביום טוב, בית שמאי אומרים: יחפור בדקר ויכסה, ובית הלל אומרים: לא ישחוט אלא אם כן היה לו עפר מוכן מבעוד יום. ומודים, שאם שחט – שיחפור בדקר ויכסה, שאפר כירה מוכן הוא.

ישנה כאן מחלוקת האם מותר לשחוט לכתחילה כשאין לו עפר מוכן מבעוד יום. לפי ב"ש ישחט לכתחילה ולאחר מכן יחפור בדקר ויכסה. וב"ה סוברים שלא ישחט, אבל אם שחט אז מותר (וכנראה גם צריך) לחפור ולכסות.

הסיום "שאפר כירה מוכן הוא" נדון גם הוא בגמרא ולא ניכנס אליו כאן.

בגמרא החל מדף ז ע"ב מתחיל דיון ארוך בכל אחד מהחלקים של קטע זה במשנה. הגמרא פותחת בבעייה לגבי הבנת נקודת המחלוקת במשנה:

השוחט חיה ועוף ביום טוב וכו'. השוחט דיעבד – אין, לכתחלה – לא, אימא סיפא: ובית הלל אומרים: לא ישחוט, מכלל דתנא קמא סבר ישחוט! – הא לא קשיא; לא ישחוט ויכסה קאמר. – אימא

סיפא: ומודים שאם שחט שיחפור בדקר ויכסה, מכלל, דרישא לאו דיעבד הוא!

הגמרא אומרת שמדברי ב״ש נראה שכוונתם היא להיתר שבדיעבד, אך מלשון ב״ה עולה שגם הם מסכימים להיתר בדיעבד, ולכן ברור שב״ש שמקילים מתירים אף לכתחילה. לקושי הזה מוצעים בגמרא שני הסברים שונים, של רבה ור׳ יוסף:

אמר רבה: הכי קאמר: השוחט שבא לימלך, כיצד אומר לו? בית שמאי אומרים, אומר לו: שחוט, חפור, וכסה. ובית הלל אומרים: לא ישחוט אלא אם כן היה לו עפר מוכן מבעוד יום.

רבה בוחר את הדיוק השני, והוא מסביר שב״ש אומרים שישחוט לכתחילה, וב״ה אוסרים לשחוט, אבל אם שחט הם מתירים (ואף מחייבים) בדיעבד לכסות את הדם. הוא מוסיף שגם ב״ה מתירים לשחוט לכתחילה אם היה לו עפר מוכן מבעו״י. הויכוח הוא רק על שחיטה כשאין עפר מוכן מבעוד יום. ר׳ יוסף חולק על רבה, ומסביר:

רב יוסף אמר, הכי קאמר: השוחט שבא להמלך כיצד אומר לו? בית שמאי אומרים, אומר לו: לך חפור שחוט וכסה, ובית הלל אומרים: לא ישחוט אלא אם כן היה לו עפר מוכן מבעוד יום.

מלשון הגמרא נראה שההבדל בין האמוראים הוא רק בדעת ב״ש: לפי רבה הם סוברים שמותר לחפור רק אם כבר שחט, ולפי ר׳ יוסף הם סוברים שאפשר לחפור גם לפני ששוחטים. בהמשך הגמרא נראה שלא בהכרח בזה נחלקו האמוראים.

כעת אביי מקשה על ר׳ יוסף:

אמר ליה אביי לרב יוסף: לימא, מר ורבה בדרבי זירא אמר רב קא מפלגיתו? דאמר רבי זירא אמר רב: השוחט צריך שיתן עפר למטה ועפר למעלה, שנאמר (ויקרא י״ז) ושפך את דמו וכסהו בעפר, עפר לא נאמר, אלא בעפר, מלמד שהשוחט צריך שיתן עפר למטה ועפר למעלה, דמר אית ליה דרבי זירא, ורבה לית ליה דרבי זירא?

כאן נראה שהמחלוקת היא בשאלה האם צריך לכסות גם מלמטה או רק
מלמעלה. לפי רבה שמותר לחפור מראש, זה מפני שדרוש כיסוי דם גם
מלמטה, ואם הוא יחפור רק אחרי השחיטה הכיסוי יוכל להיות רק
מלמעלה. ולרבה דרוש כיסוי רק מלמעלה, ולכן ההיתר לחפור הוא רק אחרי
שחיטה. לפי הבנת אביי, נראה שאין מחלוקת ביניהם בהלכות חפירה ביו״ט.
החפירה מותרת לכל הדעות כשהיא נחוצה לצורך הכיסוי. וכשהיא לא
נחוצה אין לחפור ביו״ט. המחלוקת היא בהל׳ כיסוי הדם (ולא בהל׳ יו״ט),
האם דרוש גם כיסוי מלמטה או לא.

אך ר׳ יוסף עונה לאביי שהוא לא הבין נכון את המחלוקת. הוא מסביר לו
ששניהם מסכימים לדברי ר׳ זירא בהלכות כיסוי הדם, כלומר לכך שנדרש
כיסוי דם גם מלמטה. המחלוקת ביניהם דווקא כן נוגעת להל׳ יו״ט:

אמר ליה: בין לדידי בין לרבה אית לן דרבי זירא, והכא בהא קא
מפלגינן: רבה סבר, אי איכא עפר למטה - אין, אי לא - לא,
חיישינן דלמא ממליך ולא שחיט. ולדידי (אדרבה), הא עדיפא, דאי
לא שרית ליה אתי לאמנועי משמחת יום טוב.

ר׳ יוסף מסביר שהמחלוקת היא בשאלה האם לפי ב״ש כשאין לו עפר מראש
מותר לו לחפור ולהכין עפר מלמטה, או לא. לפי ר׳ יוסף ב״ש מתירים לחפור
מראש כדי שלא יבואו להימנע משמחת יו״ט (כי האיסור לחפור מראש מונע
מאיתנו את השחיטה עצמה, שהרי דרוש כיסוי גם מלמטה, ואז לא יהיה לנו
בשר לסעודת היום). לעומת זאת, רבה סובר שגם לפי ב״ש אין לחפור מראש,
מפני שיש חשש שמא בסופו של דבר הוא יחזור בו ולא ישחט, ונמצא
שהחפירה מראש היתה לשווא. אם כך יקרה, הרי החפירה מתבררת למפרע
כפעולה אסורה.

שלושה הסברים אפשריים בשיטת רבה: 'דילמא מימליך'

לכאורה הויכוח בין רבה לר׳ יוסף הוא בשאלה האם החשש העתידי שהוא
יימלך ולא ישחט גובר על השיקול של שמחת יו״ט, או לא. רבה סובר שלב״ש
יש חשש כזה ולכן אוסרים לחפור. ור׳ יוסף חולק עליו, ולדעתו אף שיש חשש

כזה אנחנו מתירים לחפור כדי לא לפגוע בשמחת יו״ט. נמצאנו למדים ששניהם מסכימים שלולא השיקול של שמחת יו״ט ודאי היה עלינו לאסור את החפירה מפני החשש העתידי.

אבל ייתכן אולי לומר שכוונת רבה היא לקביעה מהותית ולא לחשש גרידא. לפי הצעה זו, לא התירו חפירה עד שלא נוצר המצב שדורש זאת, כלומר עד שהבהמה לא נשחטה בפועל ויש בפנינו דם לכסות. האיסור לחפור כעת אינו בגלל חשש שבסופו של דבר הבהמה לא תישחט, אלא בגלל שכל עוד היא לא נשחטה עדיין לא נוצר החיוב לכסות את הדם, ולכן עדיין לא קיימת הסיבה המתירה את החפירה.

לפי האפשרות הראשונה בדעת רבה בשיטת ב״ש, מדובר כאן במעשה שההיתר שלו תלוי באירוע עתידי. לפי רבה ב״ש חוששים שהאירוע העתידי לא יתרחש, ואז יתברר שהמעשה היה אסור. לפי האפשרות השנייה, מדובר כאן במעשה שאינו מותר מצד עצמו, ולא בגלל חשש עתידי. הוא אינו מותר מפני שעוד לא התרחש האירוע העתידי שמתיר אותו. לפי הבנה זו, גם אם בסופו של דבר הוא לא יימלך והוא אכן ישחט את הבהמה, עדיין החפירה שנעשתה קודם לכן היתה אסורה.

גם לתפיסה הראשונה ניתן להתייחס בשתי צורות: 1. יש מעשה אסור (=החפירה ביו״ט) שיכול להתברר כמותר אם יתרחש משהו עתידי (אם הוא ישחט). 2. יש כאן מעשה מותר (חפירה ביו״ט לצורך כיסוי הדם), אלא שהוא יכול להתברר כאסור בעקבות אירוע עתידי (שהוא יימלך ולא ישחט). לכאורה נכון יותר להתייחס באופן הראשון, שכן חפירה ביו״ט בבסיסה היא מעשה אסור. להלן נראה השלכות אפשריות של ההבחנה הזו.

בסיטואציות כמו בסוגיית נדרים (בנודר: לא אשן מחר אם אשן היום) ברור שהמעשה הוא מותר אך הוא יכול להתברר כאסור בעקבות אירוע עתידי. אדם נודר שלא יישן מחר אם הוא יישן מחרתיים. מעשה השינה של מחר הוא מעשה מותר מצד עצמו. אמנם אם הוא יישן מחרתיים זה יהפוך את השינה של אתמול למעשה אסור.

בפרק שנים-עשר כבר עסקנו בדוגמאות אלו (מסוגיית נדרים יד ע״ב וגיטין פד). ראינו שם שקיים ויכוח בין אמוראים בשאלה האם חוששים שיתרחש האירוע העתידי ולכן אוסרים את המעשה כבר כעת או לא. במובן הזה יש כאן דמיון לסוגיית ׳דילמא מימליך׳ בה אנחנו עוסקים כאן.

מדברינו שם בדעת ר״ן, עולה אפשרות שאין איסור במעשה הראשוני (לחפור), שכן הוא נעשה לצורך מותר (כדי להכין עפר לשחיטה). ובנוסף לכך, אין גם איסור להימלך לאחר מכן ולא לשחוט, שכן אין איסור להפוך מעשה שכבר נעשה לעבירה. מגישה זו יוצא שלפי רבה באופן עקרוני כלל אין איסור לחפור, גם על צד שבסופו של דבר הוא יימלך ולא ישחט. לפי זה, האיסור לחפור לכתחילה הוא גזירה מחודשת מדרבנן.

הסבר כזה עשוי לפתור כמה קשיים שהעלו המפרשים בסוגיית ביצה. יש שהקשו מדוע בהיתר שחיטה ובישול ביו״ט, שמבוסס על היתר אוכל נפש (=אוכ״נ), אין חשש שבסופו של דבר הוא לא יאכל? הדבר קשה עוד יותר ביחס להיתרים שמבוססים על כך שאולי יגיעו אורחים (=׳הואילי׳). מדוע אין חשש שהאורחים בסוף לא יגיעו? למעשה, ההיתר של ׳הואילי׳ מדבר בעיקר על מצב שאורחים אינם צפויים להגיע, ורק עצם האפשרות שהם יגיעו מתירה את המלאכות לקראתם. כלומר שם לא רק שלא חוששים שהאורחים לא יגיעו, אלא מדברים בעיקר על מצב בו הם לא מגיעים.

בספר **ברכת אברהם** על סוגיית ביצה מסביר זאת בכך שבמלאכת אוכ״נ ההיתר אינו מחמת שבסוף יאכל, אלא יש היתר עקרוני למלאכות שמוגדרות כמלאכות אוכ״נ. מה שאין כן בהיתר של חפירה לצורך כיסוי הדם שהתירו רק לצורך מצוות הכיסוי, ולכן כשאין שחיטה אין מצווה, ולכן גם אין היתר.

אך לפי הצעתנו כאן, ייתכן שעלינו ליישב אחרת את הקושיא. בסוגיית חפירה לצורך כיסוי הדם באמת מעיקר הדין אין איסור לחפור לצורך כיסוי הדם והמעשה הוא מותר, ומה שלפי רבה ב״ש אסרו לעשות זאת זוהי גזירה מחודשת. אם כן, אין ללמוד ממנה לשאר מקרים של חששות עתידיים, שכן ייתכן שבהם לא גזרו (כידוע, לא משווים גזירות וחששות דרבנן זו לזו). אין

כאן עיקרון הלכתי גורף. ולמעשה, ההיפך הוא הנכון: מעיקר הדין אין מקום לחששות כאלה.

ישנה אפשרות נוספת, והיא לראות את החפירה לכיסוי כתחילת מצוות השחיטה, וכל התהליך הוא מעשה אחד. ההיתר לחפור הוא חלק מההיתר לשחוט, ולכן כשלא שוחטים אין היתר לחפור. זה לא נובע מלוגיקת הזמן, שהעתיד מברר את העבר, אלא כבר בעת החפירה ברור שאין כאן היתר אלא כחלק ממעשה השחיטה, שכן יש כאן מעשה מתמשך.

דוגמא לדבר היא ההיתר לחלל שבת עבור מכשירי מצוות מילה. גם שם לא חוששים שמא לא יעשה את המצווה, ויתברר שחילול השבת עבור המכשירים היה מיותר ואסור. ההסבר המקובל לכך הוא שהדחייה של השבת עבור המכשירים היא כחלק מהמצווה עצמה, ולא רק כדי לאפשר את קיום המצווה לאחר מכן.[193]

משמעותה של הצעה זו היא שההיתר לחפור אינו משום מצוות כיסוי הדם, כפי שניתן היה לחשוב, אלא כחלק ממצוות עונג יו״ט ואוכ״נ. מכיון שללא החפירה לא ניתן יהיה לשחוט, ההיתר לחפור מאפשר את השחיטה ואת האכילה, ולכן הוא ניתן.

מקורות בדברי הראשונים

הרשב״א כתב שהחפירה לצורך כיסוי הדם זהו מצב של מכניס עצמו לאונס:[194]

> ***אתי עשה ודחי ל״ת, ק״ל א״כ למה לי דקר נעוץ ישחוט ואפי׳ לכתחלה ואע״פ שאין לו דקר נעוץ דהא בשעת שחיטה לאו מידי קא עביד ובהתירא קא שחיט ולבתר דשחיט יחפור ויכסה דאתי עשה ודחי את ל״ת, וי״ל כיון דלבסוף אי אפשר לו לכסות אלא בדיחוי הלאו לכתחילה לא ישחוט שהרי זה כמתכוין לבטל ל״ת.***

---

193 אמנם שם היה מקום להסביר שבגלל שמדובר במצווה אין חשש שהוא לא יקיים אותה, ולכן יש היתר לחלל שבת גם עבור המכשירים.

194 דף ח ע״ב, ד״ה ׳אתי עשה׳.

והראיה מההוא דאישתפוך חמימי קודם מילה (עירובין ס״ז ב׳) ולא שרינן להחם ולא אפי׳ שבות דאמירה לגוי לדעת אביי, ועל דעת הרי״ף ורז״ה ז״ל לכ״ע אסור לגוי להחם דשבות שיש בו מעשה הוא וכמקצת נוסחי דגרסינן התם בהדיא, והתם נמי לא אמרינן זיל אחים, ואם איתא ימול דבשעת מילה לאו מידי עביד ובהיתרא מהיל ולאחר מילה הוי ליה תינוק מסוכן אצל חמין ויחמם אפי׳ ע״י ישראל, אלא ודאי כדאמרן דכל שהוא עושה על דעת שידחה הלאו לבסוף ואי אפשר לו בלאו הכי הרי זה כדוחה אותו בתחלה.

משמע שהוא לומד שההיתר לחפור הוא משום מצוות כיסוי, כלומר השחיטה מכניסה אותו לאונס שהוא חייב לחפור. אם הרשב״א היה חושב שההיתר היה משום שהחפירה היא חלק ממלאכת אוכ״נ שמותר לגמרי, אזי לא היה כאן מקום לדבר על מכניס עצמו לאונס, שכן מדובר במעשה מותר.

נראה שכך גם עולה מדברי התוס׳, לפחות לפי המהרש״א. בתוד״ה ׳אמר ר׳ יהודה׳, ח ע״א, כתבו:

וא״ת ואנו היאך אנו מסלקין אפר הכירה בי״ט לאפות הפשטיד״ה אע״ג שאין ראוי לצלות בו ביצה ואומר הר״ר יצחק דמוקצה אינו אסור לטלטל בי״ט בשביל אוכל נפש ושמחת י״ט וראיה מדלקמן פרק אין צדין (דף כח:) ובירושלמי מפרש דהכא מיירי בשלא שחט אבל שחט שרי אע״ג שהוסק בי״ט שלא לעקור מצות כסוי.

ועל כך כותב מהרש״א:

בד״ה אמר רב יהודה לא שנו אלא שהוסק מעי״ט כו׳ ואור״י דמוקצה אינו אסור לטלטל בי״ט בשביל אוכל נפש כו׳ עכ״ל ומיהו לענין כיסוי אוסר רב יהודה בהוסק בי״ט משום דהאי טלטול אינו משום אוכל נפש אלא משום הכיסוי ואסור בשלא שחט:

רואים שגם לדעתו ההיתר כאן הוא משום מצוות כיסוי, ולא משום אוכ״נ.

האם העיקרון של דילמא מימליך קיים גם להלכה?

עד כאן ראינו שרבה מחדש את העיקרון של דילמא מימליך לפי ב״ש. ור׳ יוסף שחולק עליו סובר שאין עיקרון כזה בדעת ב״ש. להלכה אנחנו פוסקים כב״ה, ולכן לכאורה המחלוקת הזו אינה רלוונטית להלכה.

אך זה אינו מדוייק. ראשית, מקדים שסביר כי לפי רבה העיקרון הזה הוא מוסכם גם על ב״ה, שהרי ב״ה חלקו על ב״ש בשאלות אחרות (האם מצוות כיסוי הדם או שמחת יו״ט דוחה איסור חפירה לכתחילה), וסביר שבנקודה זו הם לא חולקים. לכן לפי רבה שב״ש חוששים דילמא מימליך, גם ב״ה חוששים. אלא שלדעתם במקרה זה אין לכך חשיבות, שכן גם בלי זה החפירה לכתחילה אסורה. ההשלכה תהיה במקרים אחרים שבהם יש היתר למעשה כלשהו מכוח אירוע עתידי גם לדעת ב״ה, שם עשוי להתעורר חשש של הימלכות שיהיה רלוונטי להלכה גם לדעת ב״ה.

אמנם לפי ר׳ יוסף אין עיקרון כזה לב״ש, וסביר שגם ב״ה מסכימים לכך. ומכיון שהמחלוקת בין האמוראים היא בדעת ב״ש, לא נוכל לחפש בפוסקים כמי משניהם ההלכה. כדי למצוא האם העיקרון של דילמא מימליך קיים בהלכה, עלינו לחפש אותו בסוגיות אחרות.

׳דילמא מימליך׳ במוקצה

בסוגיית יא ע״א עוסקים בדין מוקצה. המשנה שם קובעת:

> ***בית שמאי אומרים: אין נוטלים את העלי לקצב עליו בשר, ובית הלל מתירין. בית שמאי אומרים: אין נותנין את העור לפני הדורסן, ולא יגביהנו, אלא אם כן יש עמו כזית בשר. ובית הלל מתירין.***

ובגמרא מובאת ברייתא לגבי עלי לאחר הקיצוב:

> ***תנא: ושוין שאם קצב עליו בשר - שאסור לטלטלו.***

כלומר שהמחלוקת היא רק לפני שקצב עליו את הבשר. אבל לאחר שקצב בשר גם ב״ה מודים שאסור לטלטלו משום שהוא מוקצה.

בהמשך הגמרא דנים בדין תברא גרמי (שובר עצמות), שהוא כלי שמיוחד לקצב עליו בשר, ולגביו השימוש הנדון הוא השימוש הרגיל:

אמר אביי: מחלוקת בעלי, אבל בתברא גרמי - דברי הכל מותר. - פשיטא, עלי תנן! - מהו דתימא: הוא הדין דאפילו תברא גרמי נמי, והאי דקתני עלי - להודיעך כחן דבית הלל, דאפילו דבר שמלאכתו לאיסור נמי שרו, קא משמע לן.

היתה הו״א שבתברא גרמי יש את אותה מחלוקת. ולמסקנה בתברא גרמי לדברי הכל מותר, שכן הוא כלל אינו מוקצה. ההו״א שב״ש אוסרים היא אולי מפני שזו טירחא יתירא או עובדין דחול וכדו׳.

כעת מובאת לשון אחרת:

איכא דאמרי, אמר אביי: לא נצרכא אלא אפילו תברא גרמי חדתי. מהו דתימא: ממלך ולא תבר עלה, קא משמע לן.

לפי הלישנא הזו, בתברא גרמי רגיל פשיטא שמותר לכל הדעות, שכן זה אינו מוקצה כלל. החידוש הוא שהיתה הו״א שבתברא גרמי חדש (=חדתי) שעוד לא השתמשו בו יהיה אסור, משום שאולי לאחר הטלטול שלו הוא יימלך ולא ישבור עליו את העצמות, ואז יוברר שהטלטול היה שלא לצורך.

נראה שהגמרא בהו״א חשבה (לאור מחלוקת ב״ש וב״ה שתובא מייד) שהמחלוקת בעלי גם היא נסובה על דילמא מימליך, ומימרת אביי באה ללמד שלא כך הוא. ולכן בהו״א המחלוקת בתברא גרמי היא בדיוק אותה מחלוקת כמו בעלי. אביי בא ללמד שבעלי המחלוקת היא על מוקצה או שמחת יו״ט, ובדילמא מימליך אין מחלוקת כאן. לכן הערתו של אביי נאמרת על המשנה כאן ולא על משניות דילמא מימליך שיובאו מייד. אביי אמנם אומר חילוק בדין דילמא מימליך, אבל כוונתו לחדש שלגבי עלי המחלוקת אינה קשורה לדילמא מימליך, ולכן זה נאמר דווקא כאן.

דילמא מימליך במקרים נוספים

עד כאן המסקנה היא שגם לב״ש אין חשש דילמא מימליך, לכאורה כדעת ר׳ יוסף לעיל. כעת הגמרא מבררת זאת:

- ובית שמאי לא חיישי לאמלוכי? והתניא, בית שמאי אומרים: אין מוליכין טבח וסכין אצל בהמה, ולא בהמה אצל טבח וסכין, ובית הלל אומרים: מוליכין זה אצל זה. בית שמאי אומרים: אין מוליכין תבלין ומדוך אצל מדוכה, ולא מדוכה אצל תבלין ומדוך. ובית הלל אומרים: מוליכין זה אצל זה!

מביאים כאן שני מקורות שמהם עולה שב״ש חוששים להימלכות וב״ה לא. אם כן, קשה על המסקנה שבתברא גרמי חדתא כולם מתירים ולא חוששים להימלכות.

ומתרצת הגמרא:

- הכי השתא? בשלמא בהמה - אתי לאמלוכי, דאמר: נשבק האי בהמה כחושה, ומייתינא בהמה אחריתי דשמינה מינה. קדרה נמי אתי לאמלוכי, דאמר: נשבק האי קדרה דבעיא תבלין, ומייתינא אחריתי דלא בעיא תבלין. הכא מאי איכא למימר - ממלך ולא תבר? כיון דשחטה - לתבירא קיימא.

הגמרא מחלקת שבבהמה ובקדרה (=מזון) יש חשש שיימלך, אבל בתברא גרמי אין חשש כזה שכן אם הוא שחט את הבהמה אז ברור שהוא גם ישבר את עצמותיה ויקצב אותה.

מהחילוק שעושה הגמרא בין המקרים הללו עולה בבירור ש׳דילמא מימליך׳ עניינו הוא חשש שמא יימלך ואז המעשה הקודם יהפוך לאיסור, ולא ההבנה השנייה אותה הצענו למעלה, שהעובדה שהוא יכול להימלך אומרת שבשלב זה עדיין אין כאן היתר. אם ההבנה השנייה היתה הנכונה, זה לא היה תלוי בסיכויי ההימלכות. אם כן, העיקרון של ׳דילמא מימליך׳ אכן עוסק בלוגיקה של זמן.

קושיית בעל ׳קובץ שיעורים׳

ב**קו״ש** ביצה סי׳ מא הקשה:

אין מוליכין סכין אצל בהמה. וטעמא משום דילמא מימליך ולא שחיט. וקשה, דמה בכך דמימליך, מ״מ בשעה שהוציא היה בדעתו

לשחוט. ואטו המבשל כדי לאכול ביו"ט ואח"כ לא יאכל, יעבור למפרע על בישולו? ואפילו מבשל מיו"ט לחול פטור לרבה, משום 'הואיל ומיקלעו ליה אורחין', ואפילו לא באו אורחין אח"כ. וכ"ש אם בישל לצורך אורחין ואח"כ לא באו, דודאי פטור, ואפילו לר' חסדא דלית ליה טעמא ד'הואיל'.

הוא מקשה על העיקרון של דילמא מימליך, מדוע אנחנו תולים איסור של עכשיו במציאות של אח"כ? הסטטוס של האיסור נקבע על פי הנתונים בהווה. שתי הדוגמאות שהוא מביא הן בדיוק אותן דוגמאות בהן עסקנו למעלה: אוכ"נ ו'הואיל'. הוא מניח שכל האיסורים הללו נקבעים על פי המוטיבציה והמטרה שליוותה את המעשה עצמו בשעת עשייתו, ולא על פי העובדות שנוצרו אח"כ.

כדי לחדד זאת יותר, נקדים ונאמר שב"ש שחוששים להימלכות מניחים בדבריהם שלוש הנחות:

1. הסבירות שהוא יימלך עוברת את הרף האסור.
2. החשש העתידי להימלכות קובע סטטוס של מעשה בהווה.
3. אם כתוצאה מאירוע עתידי נקבע למפרע סטטוס על המעשה בהווה, ב"ש מניחים שיש לאסור אותו כבר מלכתחילה. את זה אפשר להבין בשתי תת-אפשרויות:

א. העתיד אוסר את העבר, ומכיון שכעת התברר שהמעשה היה אסור באיסור מוקצה או עובדין דחול, אזי כעת יש לאסור אותו מטעמים אלו. אמנם יש רק ספק שמא יימלך, אבל מדרבנן מתייחסים לזה כוודאי. לחילופין, להלכה אנו פוסקים שספק מוכן אסור (ראה מחלוקת תנאים ביצה כד ע"א, וכן הלכה), ולכן יש לאסור מוקצה גם מספק.

ב. העתיד אוסר את העבר, אבל זה לא אומר שיש איסור על הימלכות בעתיד, וגם לא על המעשה שכבר נעשה (ולכן בעת שנעשה זה היה בהיתר. ראה למעלה את הדוגמא מנדרים יד).

> חז״ל הוסיפו כאן גדר של איסור מחודש, כדי למנוע את היווצרות הבעייה. זה לא איסור מוקצה אלא איסור דרבנן אחר.

לאור זה יש לדון בשיטת ב״ה שחולקים על ב״ש ולא חוששים להימלכות. הם יכולים לוותר על כל אחת מההנחות הללו, ולכן יש שלוש אפשרויות להבין את שיטתם: או שלדעתם אין חשש משמעותי להימלכות (זה לא עובר את הרף). או שלשיטתם גם אם יש חשש כזה, העתיד אינו קובע את הסטטוס של המעשה בהווה, אלא רק המוטיבציות שמלוות את המעשה עצמו. או שלשיטתם גם אם העתיד קובע אין זה אומר שיש לאסור אותו כעת (ניתן לו לעשות את המעשה, ואם הוא יימלך ייווצר סטטוס של איסור על המעשה שבעבר, וכנ״ל).

לכאורה סביר יותר להבין כשיטה השנייה או השלישית (ולא הראשונה), שכן לפי השיטה הראשונה אין מקום לדמות חששות הימלכות בסיטואציות שונות. העובדה שב״ש לא חוששים להימלכות במקום אחד אינה סותרת את החשש שהם מביעים בסיטואציה שונה. קושיית הגמרא לכאורה מראה שהדיון הוא לא על עוצמת הסיכוי וסבירותו של החשש, אלא על עצם העיקרון שחשש עתידי קובע סטטוס של מעשה בהווה. אם כן, מה שמוכח מבהמה וקדרה הוא שב״ש סוברים שהעתיד קובע את הסטטוס הנוכחי. ומזה מקשים על תברא גרמי חדתא, ששם רואים שב״ש מתירים. ברור לגמרא שב״ש בתברא גרמי לא מתבססים על הערכות עתידיות, אלא על עיקרון מהותי שהעתיד לא קובע את העבר. לכן הגמרא טוענת שזה סותר לנדון דידן. ולתירוץ הגמרא, ההבדל לב״ש הוא רק בשאלת הסיכויים, אבל בעיקרון העתיד בהחלט קובע את ההווה. אבל יש לזכור שזה נאמר רק לדעת ב״ש, ואילו אצל ב״ה כל האפשרויות נותרות פתוחות.

כעת נשוב ונבחן על מה ה**קו״ש** מקשה את קושייתו מ׳הואיל׳? קושיית ה**קו״ש** מ׳הואיל׳ מוכיחה שהעתיד אינו משנה את העבר. אם ההבנה בדעת ב״ה היא 1, זה אכן קשה גם עליהם. אבל אם ההבנה בהם היא 2, אז ׳הואיל׳ מתאים היטב לדעתם. הקושיא קשה רק על ב״ש, אבל הדינים

351

להלכה נקבעו כב"ה. ואכן לפי ב"ש לא יועיל לנו 'הואיל' וכדו'. דברי האמוראים שמביא הקו"ש נאמרו בשיטת ב"ה.

עוד יש להעיר על כך שבדף יב מבואר שלב"ש אין דין 'מתוך', ולכן לשיטתם כל ההיתרים הם רק לצורך. ולכן אולי לשיטתם באמת נדרש שיתברר למפרע שהפעולה העכשווית נעשתה לצורך. אבל לב"ה שיש להם דין 'מתוך', הרי כל מה שהותר לצורך הותר נמי שלא לצורך, ולכן ודאי אין צורך שיתברר למפרע כדי להתיר. הקו"ש כנראה למד את ב"ה כהבנה 1, ולכן הוא מקשה מ'הואיל'.

מתי סטטוס נקבע למפרע?

ראינו שישנם שני סוגי מצבים שבהם מתעוררת השאלה האם העתיד קובע את העבר או לא: ישנם מעשים שהם מותרים מצד עצמם, אלא שהעתיד יכול להטיל עליהם צל של איסור (=לאסור אותם). ויש מצבים שבהם המעשים הם אסורים מצד עצמם, אבל העתיד יכול להאיר צד של היתר (=להתיר אותם). ההיתר של 'הואיל' יסודו הוא בהיתר של מלאכות אוכ"נ, שהרי היסוד של 'הואיל' אומר שהמלאכות הללו נעשות לצורך האכלת האורחים, ולכן אלו מלאכות אוכ"נ שמותרות ביו"ט. היתר של אוכ"נ אומר שהפעולות הללו כלל לא נאסרו ביו"ט. אמנם אם העתיד יגלה שהן לא נעשו לצורך אוכ"נ יש מקום לאסור אותן. לעומת זאת, טלטול מוקצה לצורך שמחת יו"ט, או טירחא יתירא ועובדין דחול, שאלו האיסורים אצלנו, הם מעשים שמצד עצמם הם אסורים, אלא שיש להם היתר ספציפי. הוא הדין בטלטול כלי שמלאכתו לאיסור (כמו עלי, לדעת חלק מהראשונים) לצורך גופו. זהו טלטול אסור שיש לו היתר רק אם הוא נעשה לצורך גופו.

נראה שבמקרה הראשון המעשה הוא 'הותרה', כלומר אין בו בכלל איסור. העתיד עלול לחדש עליו איסור. זהו המצב בבישול מדין 'הואיל'. במקרים אלו ברור שלא אומרים שאם העתיד לא התממש, העבר נאסר, שכן הוא כשלעצמו היה פעולה מותרת. אבל במקרים שלנו הפעולות הן אסורות (מדין מוקצה, או חפירת עפר, או עובדין דחול), אלא שהעתיד יכול להתיר אותן.

כאן זהו מצב של 'דחויה' ולא של 'הותרה', ולכן צריך שהעתיד יתממש כדי להתיר אותן, ואם הוא לא מתממש הן לא הותרו.

בניסוח אחר ניתן לומר זאת כך: כאשר ההיתר הוא גורף (כלומר מבוסס על עיקרון כללי) אז המעשה הוא מותר מצד עצמו. אבל כשההיתר הוא ספציפי, מיוחד למקרה הנדון, אז ההנחה היא שהמעשה הוא אסור ויש לו היתר מותנה. כאן תידרש התממשות סבירה של העתיד כדי להתיר.

ובזה ניתן אולי ליישב גם את קושיית **הקו"ש**, אפילו לפי הבנתו שב"ה גם הם מסכימים לדילמא מימליך, אלא שחולקים על סיכוי ההתממשות (אפשרות 1 מלמעלה): כל הדיון ביניהם הוא אך ורק במקרים שההיתר הוא 'דחויה' ולא במקרים של 'הותרה' (כמו ב'הואיל').

הערה על מצבי ספק

נעיר עוד שהרי"ף והרמב"ם השמיטו את הברייתא של מוליכין, ולכאורה היה עליהם להביא שמותר להוציא אפילו לרה"ר, כמו שהביא **בב"י**.[195] **בישי"ש** כאן הסביר זאת בכך שלאחר שקי"ל שלב"ה יש 'מתוך', אזי ברור שהדבר מותר, שהרי הוא מותר גם בלי שמתקיימת התוצאה העתידית. הדיון אצלנו נערך ללא התחשבות בדין 'מתוך'.

ו**בברכ"א** הקשה[196] על **היש"ש**, במה זה שונה מהמקרה של שחט בספק טריפה, שם[197] ישנה מחלוקת, וגם אלו שהתירו לשחוט ספק טריפה ביו"ט זה רק מפני שיש רוב וחזקה שתומכים באפשרות שהבהמה אינה טריפה. לכאורה משמע שבספק שקול לגבי היותה טריפה אין היתר לשחוט בהמה ביו"ט. ולכאורה האיסור הזה הוא בגלל החשש שיתברר שהשחיטה היתה לשווא כי הבהמה היא טריפה. אם כן, לכאורה אין היתר של 'מתוך' בסיטואציה כזו.

---

[195] סי' תקד.

[196] הרב אברהם ארלנגר, **ספר ברכת אברהם: הערות, ביאורים וחידושים על מסכת בבא מציעא**, ירושלים תשמ"ז, על דף כא ע"ב סק"ד.

[197] ראה **מ"ב** סי' תצח סקמ"ט.

ברכ״א שם יישב את הקושי בכך שספק הוא שונה מנדון דידן, שכן בספק זה לא איסור שמתברר למפרע בגלל המצב העתידי, אלא זהו איסור שקיים כבר כעת. יש חובה הלכתית להחמיר בספיקות. האיסור היה היה נכון כבר מהתחלה, אלא שאולי אנחנו לא ידענו על כך.

אם כן, מצבי ספק אינם קשורים לשאלת ההימלכות או החשש מהשפעה עתידית. במצב של ספק יש איסור עכשווי, מדאורייתא (לרשב״א) או מדרבנן (לרמב״ם).

בחזרה לשאלת החובה 'להציל' עבירות

עד כאן ראינו שישנם מצבים שבהם ההיתר לעשות מעשה א שנעשה כעת תלוי בצפי לאירוע ב שעתיד להתרחש. עסקנו בשאלה האם יש לאסור את מעשה א מתוך החשש שהצפי למעשה ב לא יתממש. יש דעות שלב״ש יש חשש כזה, וראינו מחלוקות בשאלה האם יש חשש כזה גם לדעת ב״ה, ובאלו נסיבות.

כפי שראינו, ברקע הדברים מונחת ההנחה שאם אכן הצפי לא מתממש אזי מעשה א הופך למפרע לאיסור. השאלה שנדונה בסוגיות אלו היא האם יש לחשוש לזה מלכתחילה או לא. אבל אם זה קורה בפועל, נראה ברור שמעשה א היה עבירה.

אולם לכל אורך הדרך אנחנו לא מוצאים התייחסות ישירה לשאלה האם חלה חובה כלשהי לתקן את המצב שנוצר, כלומר לעשות בכל זאת את המעשה ב. לדוגמא, אדם חפר עפר ביו״ט (מעשה א) כדי לשחוט (מעשה ב) ולכסות את הדם. כעת הוא נמלך ולא רוצה לשחוט. האם יש עליו חובה לשחוט (לעשות את מעשה ב) בכל זאת כדי שהמעשה א שנעשה קודם לכן לא יהפוך להיות אסור? ובניסוח שהצענו למעלה: האם יש חובה הלכתית 'להציל' מעשים שכבר נעשו?

לכאורה ברור שכן. אם אכן אי עשיית ב הופכת את א למעשה אסור, הרי יש חובה הלכתית ברורה למנוע איסורים. ונראה שבכל זאת ניתן עדיין לשאול שתי שאלות:

1. גם אם נקבל שבעקבות אי עשיית ב מעשה א הופך לאיסור, יש לדון מהו האיסור: האם מעשה א היה מעשה עבירה, או שמא אי עשיית ב היא העבירה?
בפשטות ברור שמעשה א הוא העבירה, שהרי אין איסור לא לשחוט ביו״ט. האיסור הוא לחפור ביו״ט ללא הצדקה.
2. מתוך כך: אם אכן מעשה א הוא העבירה האם באמת יש חובה לא לעשות את ב (לפי זה מעשה ב הוא עבירה, לפחות דה-פקטו) כדי להציל את מעשה א מלהיחשב עבירה? או שמא יש רק איסור לעשות מעשי עבירה, אבל אין חובה 'להציל' עבירות?
הדברים מתחדדים יותר במצבים בהם עשיית מעשה ב כרוכה בעצמה בעבירה. האם יש עלינו חובה לעשות בכל זאת את ב כדי 'להציל' את מעשה א? ראה בדוגמאות לסיטואציות שהובאו בתחילת הפרק.

בשאלות אלו נעסוק בסעיפים הבאים, ונביא כמה מקורות שנוגעים בהן.

'הצלת' ברכה לבטלה

כידוע, יש איסור לברך ברכה לבטלה (ראה ברכות לג ע״א, ורמב״ם הל' ברכות פ״א הט״ו, **ושו״ע** או״ח סי' רטו ה״ד ועוד). יש שיטות שמדובר באיסור דאורייתא (של ״לא תשא״, כלומר הוצאת שם שמים לבטלה), אך לרוב השיטות מדובר באיסור דרבנן (ו״לא תשא״ הוא אסמכתא בעלמא).

והנה, ישנן סיטואציות שאדם מברך ברכה כלשהי, ולבסוף מתרחש משהו שמברר שהברכה היתה לבטלה. לדוגמא, אדם בירך על פרי כלשהי והחליט בסוף לא לאכול אותו (נמלך). מקרה אחר הוא אדם שהפריש תרומה וכעת נשאל עליה (הלך לחכם שיבטל את ההפרשה ויהפוך את התרומה בחזרה לטבל). אם כן, כעת התברר שברכתו על הפרשת התרומה היתה לבטלה. כך לגבי אדם שבירך על בדיקת חמץ, ובסוף לא מצא מאומה, יש שסוברים שבמצב כזה ברכתו היתה לבטלה. שאלה דומה עולה ביחס להפקעת קידושין

על ידי חכמים, שגם אז מתברר למפרע שברכות האירוסין והנישואין היו לבטלה.

בכל הסיטואציות הללו יש מקום לבחון האם הברכה אכן נחשבת כברכה לבטלה? ולאחר מכן, אם אכן היא ברכה לבטלה, האם יש איסור להפוך אותה לכזו (כגון להישאל על תרומה, או להפקיע קידושין, או לא לאכול וכדו')?

יש מקום להביא בהקשר זה את דברי הרמ"א, או"ח סי' תלב ה"ב, שכתב לגבי בדיקת חמץ:

> ***הגה: ונוהגים להניח פתיתי חמץ במקום שימצאם הבודק, כדי שלא יהא ברכתו לבטלה, (מהר"י ברי"ן). ומיהו אם לא נתן לא עכב, דדעת כל אדם עם הברכה לבער אם נמצא. (כל בו).***

הוא מביא שיש נוהגים להניח פירורים כדי שלא תהיה ברכה לבטלה. אמנם הוא עצמו לא רואה בזה עיקרון מחייב, שכן הברכה היא על הבדיקה עצמה, ולכן גם אם לא מצא אין כאן ברכה לבטלה.

אבל גם אם היינו פוסקים כאותו מנהג, לא היתה כאן ראיה לנדון דידן. הדיון כאן הוא בשאלה האם לדאוג מראש לכך שהברכה לא תהיה לבטלה. אנחנו עוסקים בשאלה האם יש חובה 'להציל' ברכה שכבר נאמרה. במצב כזה ישנה אפשרות שמה שהיה היה, ואין חובה לשנות זאת על מנת 'להציל'.

בכל אופן, אנחנו כאן עוסקים במצבים שבהם הברכות הן על התוצאה עצמה ולא על הפעולה, ולכן מתעוררת השאלה האם יש חובה להציל את הברכה על ידי שינוי התוצאה.

מקור יסודי לדין זה הוא הריטב"א חולין קו ע"ב שכותב:

> ***והנוטל ידיו לאכילה וברך על נטילת ידים ואחר כך נמלך ולא אכל עכשיו אין בכך כלום ואין מחייבין אותו לאכול כדי שלא תהא ברכתו לבטלה, דהא מכיון שנטל ידיו גמרה לה ברכת הנטילה שעליה הוא מברך, וההיא שעתא דעתו היה לאכול, וכן דנתי לפני מורי נר"ו והודה לדברי.***

רואים שהוא סובר שאין בכך עבירה כלל, ואין שום חובה לחזור ולאכול. אמנם חשוב לשים לב לשת נקודות בדבריו:

1. הנימוק שהוא מביא הוא שאין בברכה כזו כל איסור, שהרי בירך על הנטילה ואת הנטילה הוא ביצע. משמע שאם היה בזה איסור, היתה חובה 'להציל' את הברכה. כלומר הוא לא טוען שאין חובה להציל עבירות, אלא רק שאין בזה עבירה (אין את מה להציל).

2. משמע מדבריו שבברכה כזו אין איסור רק בגלל שבפועל היתה כאן נטילה. אך אם לא היה לברכה כלל על מה לחול, כגון שבירך על פרי ונמלך ולא רצה לאכלו, שם אם אינו אוכל הברכה היא ודאי לבטלה. לכן נראה שלדעתו במצב כזה כן יהיה חיוב לאכול את הפרי כדי 'להציל' את הברכה.

והנה, בשו"ת **עמודי אש** (לר' ישראל אייזנשטיין) סי' ב סקל"ג הסתפק בספק דומה לגבי ברכת המצוות:

ויש לחקור במי שעושה מצוה שצריך לברך עלי' ובירך, אם יש בידו לחזור שלא לעשות המצוה אזי או נימא דאין בידו לחזור בכדי שלא תהי' ברכה לבטלה.

לכאורה זוהי אותה שאלה כמו זו שעוסק בה הריטב"א. ואכן בהמשך דבריו הוא מביא את דברי הריטב"א ומסיק ממנו להלכה:

וא"כ נראה בנדון דידן דאם יש לו צורך גדול לא הוי ברכתו לבטלה כשאינו עושה המצוה תיכף. אולם בכדי בודאי לא נתיר לו לעשות כן.

אך לאור דברינו לעיל המסקנה אינה נכונה. אם אדם בירך על מצווה ולא עשה אותה כלל, זוהי ודאי ברכה לבטלה גם לשיטת הריטב"א. כפי שראינו, ברכה על נטילת ידיים אינה לבטלה כי סוף סוף נעשתה נטילה.

אמנם בסיטואציות שבהן נעשתה מצווה אלא שהתברר שהיא לא היתה כהלכתה, יש אולי מקום לדון. לדוגמא הוא מביא בתוך דבריו שם דיון של ה**כרתי ופלתי** סי' יט סק"ו לגבי ברכה על שחיטת בהמה שנמצאה טריפה, והוא פוסק שזו אינה ברכה לבטלה. גם שם זהו מצב שלאחר השחיטה

357

הבהמה נמצאה טריפה, אך נעשתה כאן פעולת שחיטה. אמנם השחיטה הזו היא חסרת משמעות, ולכן לא ברור האם מקרה זה דומה לגמרי לנדון של הריטב"א.

עוד יש להעיר על מסקנתו, שלא ברור מדוע רק במקום צורך גדול יש להתיר לא לעשות את המצווה. אם אכן אין כאן עבירה, אז מדוע דרוש מקום צורך? למה לא להתיר זאת תמיד? לכאורה נראה שהוא סובר שאי עשיית המצווה כן הופכת את הברכה שנאמרה קודם לברכה לבטלה, אלא שלדעתו אין איסור לעשות זאת, כי אין חובה להציל פעולות מלהפוך לעבירות. אבל זה רק במקום צורך גדול, ולא בכדי (=ללא סיבה).

והנה בתחילת דבריו של **העמודי אש** שם, הוא פותח במקור משו"ת **ספר יהושע**, שקובע:

וראיתי בשו"ת ס' יהושע בפסקים וכתבים (סי' תקיח) שכ' דהא דמהני שאלה בתרומה ובחלה הוא דוקא היכא שמפרישה עם עוד עיסה, אבל היכא שהפרישה בפני עצמה דאם ישאל עליהם נמצאת למפרע ברכתו לבטלה שוב הוי כנדרי איסורים שאין מתירין אותם עכ"ד.

ולפי דעתי אין נראה כן ואין זה דומה לנדרי איסור דהתם הוי בגוף הנדר איסור ואנן מצווין להפרישו מהאיסור ואיך נתיר לו משא"כ בנ"ד דבשעת הברכה בירך בהיתר ואם אח"כ רוצה לשאול לא הוי ברכתו לבטלה...

בעל **ספר יהושע** פוסק ששאלה בתרומה מועילה רק כשמפריש יחד עם העיסה שנשאל עליה עוד עיסה שנשארת תרומה, שאם לא כן זוהי ברכה לבטלה. כלומר לדעתו יש איסור להישאל מפני שזה הופך את הברכה שנאמרה כבר לברכה לבטלה. הוא מדמה זאת לנדר, שאדם נודר, שם ודאי לא נתיר לו לעבור עליו, כי זה הופך את דיבור הנדר לאיסור.

אך בעל **עמודי אש** עצמו דוחה את הקביעה הזו, שכן לדעתו בנדר ודאי מפרישים את האדם מלעבור על הנדר, שכן מעשה העבירה על הנדר הוא האיסור שנעשה כעת, ולא דיבור הנדר שנעשה בעבר. לעומת זאת, בהפיכת

ברכה לבטלה, אנו הופכים את הדיבור שנעשה בעבר לעבירה, ובזה אין
איסור ואין צורך למנוע אותו מכך. שוב רואים שלדעתו אין חובה 'להציל'
איסורים, אלא רק לא לעשות איסורים. אם נדר היה הופך את דיבור הנדר
לאיסור אזי היה מותר לעבור עליו (לפחות במקום צורך גדול).

והנה, הר"נ גשטטנער, במאמרו ב**מוריה** שנה ג, חוב' ג-ד עמ' 20, מעיר
שבתוד"ה 'וספרה', כתובות עב ע"א (וכן במנחות סה ע"ב, ד"ה 'וספרתם',
וכן ב**בעלי התוס' על התורה** פ' בהר, פכ"ה פס' ח) חולקים על הריטב"א, שכן
הם כותבים:

**וספרה לה לעצמה – וא"ת אמאי אין מברכת זבה על ספירתה כמו
שמברכין על ספירת העומר דהא כתיב וספרה וי"ל דאין מברכין
אלא ביובל שמברכין ב"ד בכל שנה שלעולם יוכל למנות כסדר וכן
עומר אבל זבה שאם תראה תסתור אין לה למנות.**

תוס' פוסקים שזבה אינה סופרת על ספירת הימים מפני שיש חשש שתראה
דם ותסתור את הספירה. מוכיח מכאן רנ"ג שהם חולקים על הריטב"א,
שהרי לשיטתו אין בזה כל איסור.

אך גם כאן יש לדחות את הטענה, מכמה פנים:

- כפי שראינו למעלה, אם היא תסתור ולא תספור כלל, גם הריטב"א
  יסכים שהברכה היא ברכה לבטלה.

- ייתכן שלכתחילה לא סופרים, על אף שבדיעבד הברכה אינה הופכת
  לבטלה. ייתכן שזוהי גזירה מחודשת שחכמים תקנו לא לספור
  (ובעצם, נכון יותר: לא תקנו לספור, שהרי ברכת המצוות היא
  מדרבנן) כמו שראינו בסוגיית 'דילמא מימליך' למעלה.

- במקרה של זבה לא בידיה להציל את הברכה, ולכן שם לא סופרים.
  השאלה האם בסיטואציה שזה כן בידיה היא מחוייבת 'להציל' את
  הברכה היא שאלה אחרת, ובזה אולי תוס' יודו לריטב"א שלא.

נקודה מעניינת נוספת שעולה בשו"ת **משפט כהן** (לראי"ה קוק) סי' לט, היא
בשאלת הפקעת קידושין. הוא מעלה את השאלה כיצד הותר לחכמים

להפקיע קידושין, הרי זה הופך את הברכה לברכה לבטלה. הוא מביא שחכמים יכולים לעקור דבר מן התורה בשוא״ת, והשאלה היא האם עקירה כזו נקראת קו״ע או שוא״ת? העבירה של ברכה לבטלה היא עבירת קו״ע, אולם מעשה הברכה כבר נעשה, וחכמים בהפקעתם רק הופכים אותו לעבירה. לכן הוא דן שם שיהיה לזה גדר של שוא״ת, ואת זה חכמים יכולים לעשות. זוהי תפיסת ביניים בין שתי האפשרויות שהעלינו: העבירה היא אמנם המעשה שכבר נעשה (=הברכה), ולא המעשה העכשווי (=הפקעת הקידושין). אבל יש כאן צורה אחרת לעבור עליו, שהיא בשוא״ת ולא בקו״ע.

סיכום ביניים

מהתמונה שתיארנו עד כאן עולה שכל הויכוח בין הראשונים והאחרונים הוא לכל היותר לגבי חידושו השני של הריטב״א, האם ברכה כזו היא אכן ברכה לבטלה, ובאלו נסיבות. גם בהקשרים אחרים שעולים בדיונים אלו הטיעונים מתמקדים בבדיקת הטענה שיש כאן עבירה להציל, אבל אין כל ספק שאם ישנה עבירה יש גם חובת הצלה.

לא מצאנו שום ויכוח לגבי הטענה שבמקרה שהברכה אכן הופכת לברכה לבטלה יש חובה ׳להציל׳ אותה, ומי שלא הציל אותה עבר עבירה (אמנם לפי חידושו הנ״ל של הראי״ה ייתכן שזוהי רק עבירה בשוא״ת. וראה להלן שכך כתב גם בספר **יביע אומר**).

כך גם נראה בסוגיות ביצה שנדונו למעלה. ראינו שם שלשיטות מסויימות יש חשש שמא האדם יימלך ובכך יהפוך את החפירה או את הטלטול ביו״ט למעשים אסורים. השאלה שנדונה שם היא האם לכתחילה ראוי לעשות מעשים שיש חשש שיהפכו לאסורים. אין שם דיון בשאלה האם לאחר שהמעשה נעשה יש חובה לדאוג לכך שהמטרה תוגשם (כלומר יש חובה לשחוט כדי להשתמש בעפר, או לקצב כדי להשתמש בעלי שטולטל). כנראה גם שם ישנה הנחה שבודאי יש חובה ׳להציל׳ את המעשה שנעשה מלהפוך לאיסור.

למקורות ודיונים נוספים בעניינים כאלו, ראה בהערה 218 של המהדיר לריטב״א שם, וכן ב**תבואות שור** סי׳ יט סק״ד, ו**משפט כהן** סי׳ לט, **יביע אומר** ח״ב יו״ד סי׳ ה ועוד. כאמור, כולם מניחים כדבר פשוט שיש חובה ׳להציל׳ את הברכה, והדיון הוא רק בשאלה האם אכן יש כאן מה להציל, כלומר האם בסיטואציות השונות מדובר בעבירה (=ברכה לבטלה) או לא.

ובכל זאת: האם יש חובת ׳הצלה׳?

מהי הסברא בבסיס הטענה שיש כאן רק עבירת שוא״ת? מסתבר שגישות אלה רואות את העבירה בכך שהמעשה שנעשה לא ׳הוצל׳, ולא בעצם מעשה העבירה המקורי. כלומר במצב שבו בירכתי על פרי והחלטתי שלא לאכול אותו, או כשחפרתי עפר ונמלכתי שלא לשחוט, העבירה אינה הברכה לבטלה, או החפירה שלא לצורך ביו״ט, אלא מה שלא הצלתי את העבירה. כשנעשה המעשה הרי הוא נעשה בהיתר. הנסיבות המאוחרות שהופכות אותו לאיסור, אינן יכולות להפוך את המעשה המקורי לאיסור, שכן מעמדו תלוי רק בנסיבות ששררו באותה עת. לכל היותר יש כאן חובה עכשווית להציל את המעשה שנעשה, וכשלא מולאה החובה הזו, נעשתה כעת עבירה בשוא״ת. ובאמת אם ישנה חובה להציל את המעשה שכבר נעשה, סביר שמי שלא ממלא את החובה הזו עבר איסור. אבל הוא עבר אותו כעת ולא בעבר.

יש להעיר שמסקנת ה**משפט כהן** בעניין זה (האם זה נחשב שוא״ת או קו״ע) אינה חד משמעית (ראה גם להלן בדיון על מדביק פת בתנור). אם רואים את העבירה הזו כעבירת קו״ע דווקא, כי אז ודאי מדובר על מעשה העבירה שכבר נעשה בעבר, ולא על כך שלא ׳הצלתי׳ אותו כעת. לפי תפיסה זו, אין באמת חובה להציל עבירות, אלא יש חובה שלא לעשות עבירות. ומה שכעת אני חייב להציל את העבירה זה רק כדי שלא יוברר שבעבר ביצעתי מעשה עבירה. כלומר למרבה האירוניה יוצא שדווקא מי שרואה את העבירה כקו״ע, סובר ככל הנראה שאין חובה ׳להציל׳ עבירות. ודווקא מי שרואה זאת כעבירת שוא״ת סובר כנראה שיש חובת ׳הצלה׳.

'הצלת' ברכה באיסור

אם אכן המסקנה היא שיש חובה להציל ברכה שלא תהפוך לברכה לבטלה, בין אם העבירה היא המעשה שכבר נעשה ובין אם העבירה היא מה שאיני מציל אותו כעת, ניתן לשאול מה הדין במקרה ש'הצלת' הברכה כרוכה באיסור. לדוגמא, אם אדם בירך על מאכל כלשהו ונזכר שהיום צום, או שהוא בירך על חלב ונזכר שהוא בשרי.

הפוסקים תולים זאת בשאלה מה חומרת העבירה שנעברת כעת (אכילה בצום, או בשר בחלב) מול חומרת העבירה שאותה 'מצילים' (ברכה לבטלה). לדוגמא, ב**שערי תשובה** או"ח סי' תקסח סק"א (למקורות נוספים, ראה **פסקי תשובות** שם), עוסק בדוגמא של ברכה בצום, וכותב כך:

וכ' בר"י בשם נחפה בכסף דמי שהיה שרוי בתענית ולקח איזה מאכל ובירך עליו ונזכר מהתענית יאכל פחות מכזית מפני הברכה והתענית עולה לו, ובאדמת קודש גמגם בזה ואין דבריו נראה וכן מהר"ש גרמיזאן כתב שיש לעשות כן ע"ש (וצ"ע בד' צומות שנראה דאסורים יש לו לו' מיד שנזכר בשכ"מ).

הוא מביא דעות שאין לאכול, ודוחה אותן. אמנם לא ברור מהו הנימוק לדבריו, ומהי נקודת המחלוקת בזה.

והנה, בשו"ת **יביע אומר** ח"ב יו"ד סי' ה, דן גם הוא בסוגיא זו:

נשאלתי במי שאכל בשר ואחר שעה או יותר שכח ובירך על מאכלי חלב, אם מותר לטעום קצת בכדי שלא תהיה ברכתו לבטלה.

כאמור, הוא תולה זאת בחומרת העבירות הנדונות, ואף הביא מקורות רבים נוספים שכתבו כך. הוא פותח את התשובה במחלוקת האם ברכה לבטלה אסורה מדאורייתא או מדרבנן. לאחר מכן הוא משווה את האיסור שעליו עוברים לאיסור ברכה לבטלה, ומסיק שאיסור דרבנן יש להקריב כדי להציל ברכה לבטלה, אבל איסור תורה – לא. טעימת חלב אחרי בשר אינה אסורה מן התורה (כי זה לא מבושל יחד), ולכן זה נדחה בפני איסור ברכה לבטלה אם נסבור שהוא מדאורייתא. אבל אם ברכה לבטלה אסורה רק מדרבנן היא אינה דוחה את איסור טעימת חלב אחרי בשר. מדוע איסור ברכה לבטלה

הוא שנדחה כאשר גם מה שמולו אסור רק מדרבנן? התשובה שלו היא שעל איסור ברכה לבטלה עוברים רק בשוא״ת, שהרי הברכה כבר נאמרה. לאחר מכן הוא טוען שאף אם איסור ברכה לבטלה הוא דרבנן, יש להציל אותו על ידי טעימה (כי המתנה בין בשר לחלב אינה מחייבת כלל לדעת כמה פוסקים). לאחר מכן הוא מחלק בין איסורי חפצא, שלא נדחים כדי ׳להציל׳ ברכה אפילו אם הם ברמת איסור של ברכה לבטלה, לבין איסורי גברא שכן נדחים.

שוב רואים כאן תפיסה שכל הדיון הוא רק בשאלה האם יש איסור על ברכה לבטלה במצב כזה, ופשוט בעיניו שיש חובה ׳להציל׳ את הברכה. כל השאלה היא רק באיזה מחיר. אם לא היתה חובה ׳להציל׳ את המעשה שנעשה, לא היה מתעורר דיון האם לעשות זאת במחיר של איסור.

אך לאור דברינו למעלה, נראה שיש מקום לתלות זאת גם בשאלה האם כשלא ׳מצילים׳ ברכה עוברים בעבירת קו״ע או בעבירת שוא״ת. המשמעות של ההבחנה הזו יכולה להיבחן בשני מישורים, שמוליכים לתוצאות הפוכות:

1. מחד, אפשר לומר שעבירת קו״ע היא חמורה יותר,[198] ולכן אם מבינים שאי ׳הצלת׳ ברכה היא איסור בקו״ע אז ודאי שהיא דוחה את האיסור העכשווי. ואילו אם נסבור שאי ׳הצלת׳ הברכה היא איסור בשוא״ת (כפי שכותב הרע״י עצמו), אזי היא נדחית בפני איסור שנעבר בקו״ע.

2. מאידך, כפי שראינו לפי התפיסה שאי ׳הצלה׳ היא עבירת קו״ע, נראה שאין כלל חובת הצלה (העבירה היא הברכה לבטלה עצמה, ולא אי ההצלה). לפי תפיסה זו, החובה היא לא לעשות עבירות, ומה שכעת אני חייב ׳להציל׳ זה רק כדי שהמעשה בעבר לא ׳יהפוך לעבירה. אולם כשעומד מול זה איסור שייעבר כעת במעשה הנוכחי, יש מקום לומר שהוא לא יידחה בפני הצלת איסור שאינו עומד

---

[198] לגבי חומרת עבירת קו״ע לעומת שוא״ת, ראה בהרחבה בספר השלישי בסדרה זו, **לוגיקה דאונטית לאור התלמוד**, בחלק השני, בעיקר בפרק השמיני.

363

בפניי כעת. לעומת זאת, אם נבין שאי 'הצלה' היא עבירת שוא"ת,
אזי העבירה היא אי ההצלה, והיא נעשית כעת, ולכן יש מקום לומר
שהיא תדחה איסור אחר, לפחות אם הוא פחות חמור (ובודאי אם
גם הוא בשוא"ת).

מדביק פת בתנור

ראינו שלדעת כל הפוסקים יש חובה להציל איסורים. היוצא מן הכלל הוא
אולי האמורא ר"נ שהובא לעיל בפרק שנים-עשר, שכפי שראינו סובר שאין
כל חובה 'להציל' מעשים מלהפוך לעבירות. אך כפי שצויין שם, להלכה לא
פוסקים כמותו.

מניין המקור לחובה 'להציל' עבירות? מדוע הדבר כה פשוט לפוסקים שיש
חובה להציל עבירות? ניתן לתלות זאת בסברא: מעצם העובדה שהמעשה
יוגדר כעבירה, הם גוזרים שיש חובה למנוע את התוצאה הזו. המשמעות של
עבירה היא שיש לנו חובה לנסות ולמנוע אותה.

אולם ניתן להביא לכך מקור ברור מסוגיא תלמודית. המדובר בסוגיית
מדביק פת בתנור. ברקע הדברים יש לדעת שרדיית הפת חכמה היא ואינה
מלאכה (שבת קי"ז ע"ב), ולכן אסור מדרבנן לרדות פת מהתנור.

והנה, הגמרא בשבת ד ע"א (ראה גם שם ג ע"ב), מציגה את ההתלבטות
הבאה:

גופא, בעי רב ביבי בר אביי: הדביק פת בתנור התירו לו לרדותה
קודם שיבוא לידי חיוב חטאת, או לא התירו?

אדם הכניס בצק לתוך התנור בשבת, וכל עוד היא לא נאפתה הוא לא עבר על
איסור בישול/אפייה בשבת. השאלה היא האם התירו לו לרדות אותה
מהתנור בשבת כדי 'להציל' את המעשה שעשה קודם לכן?

יש לשים לב שהשאלה אינה האם יש חובה לרדות את הפת, אלא האם
החובה הזו דוחה איסור דרבנן של רדיית הפת. נראה לכאורה שפשוט לגמרא
שיש חובה כזו. מאידך, אפשר היה לומר שאין חובה כזאת, אבל האדם רוצה
לרדות את הפת כדי להציל את המעשה הקודם שלו, שכן אם הוא לא ירדה

את הפת אזי המעשה הקודם יהפוך לעבירה. אמנם אין חובה הלכתית להציל את המעשה שכבר נעשה, אבל העובדה היא שהוא הופך לאיסור, והדיון הוא האם האינטרס הזה דוחה שבת או לא.

עוד אפשר היה לומר שהרצון 'להציל' את המעשה הוא לא בגלל האיסור שבו, אלא בגלל הפסד הממון על הבאת חטאת, או בגלל הצלת חייו אם זה במזיד. להלן נראה שזה לא ההסבר, אלא מדובר ב'הצלת' האיסור שבמעשה.

כעת הגמרא מבררת כיצד מדובר:

- אמר ליה רב אחא בר אביי לרבינא: היכי דמי, אילימא בשוגג ולא אידכר ליה - למאן התירו? ואלא לאו - דאיהדר ואידכר - מי מחייב? והתנן: כל חייבי חטאות אינן חייבין עד שתהא תחלתן שגגה וסופן שגגה! אלא במזיד - קודם שיבא לידי איסור סקילה מיבעי ליה!

אמנם מהמינוח "קודם שיבוא לידי חיוב חטאת" מוכח שמדובר על הדבקה בשוגג, אבל כעת הגמרא דוחה את האפשרות שמדובר במדביק בשוגג, שכן אם הוא הדביק ונזכר אח"כ הוא אינו חייב קרבן.

לא ברור מה בכך שהוא לא חייב קרבן, עדיין השאלה היא האם התירו לו לרדות את הפת כדי 'להציל' את העבירה. לכאורה נראה מהגמרא שאם בכלל יש היתר זה יכול להיות רק כדי להציל את החטאת (הוצאת הממון), ולא כדי להציל את העבירה.

אך מסתבר שהדחייה כאן אינה מהותית אלא לשונית. מכיון שהגמרא מדברת שהוא יגיע לכלל חיוב חטאת, מוכח שלא ייתכן שהוא נזכר, שכן במצב כזה אין חיוב חטאת. כלומר יש לנו הוכחה לשונית שלא בזה עסק רב ביבי בר אביי, אבל אין כאן טענה עקרונית שאין היתר להציל עבירות. וכך אכן מסתיימת הקושיא: "קודם שיבוא לידי איסור סקילה מבעי ליה".

כעת מתרץ רב שילא:

- אמר רב שילא: לעולם בשוגג, ולמאן התירו - לאחרים.

כלומר מדובר כאן במדביק בשוגג ולא נזכר עד הסוף, והשאלה היא האם התירו לאחרים לרדות את הפת כדי להציל אותו מחיוב חטאת.

כעת מקשה הגמרא:

מתקיף לה רב ששת: וכי אומרים לו לאדם חטא כדי שיזכה חבירך?

כלומר ההנחה היא שאדם אינו מורשה לחטוא כדי להציל את חברו מעבירה. ונראה שההנחה היא שהאדם עצמו כן מורשה לחטוא כדי להציל את עצמו. נראה שכאן נדחית האוקימתא הראשונה (אמנם לפחות לפי רש"י נראה שזה מסיבה לשונית בלבד).

לכן ר' אשי מציע הסבר אחר לאיבעיא:

- אלא אמר רב אשי: לעולם במזיד, ואימא קודם שיבא לידי איסור סקילה. רב אחא בריה דרבא מתני לה בהדיא: אמר רב ביבי בר אביי: הדביק פת בתנור התירו לו לרדותה קודם שיבא לידי איסור סקילה.

אכן מדובר כאן בהדבקה במזיד, והשאלה היא האם מותר לרדות את הפת כדי להציל אותו מאיסור סקילה.

האוקימתא האחרונה נראית מאד מחודשת, שכן מדובר באדם שהתחייב סקילה, ועולה שאלה האם מותר לעבור איסור דרבנן כדי להציל אדם ממיתה. ונראה שמכיון שהוא הדביק את הפת במזיד, מגיע לו חיוב המיתה. הוא הביא זאת על עצמו. במצב כזה יש אפשרות שלא התירו אפילו לו עצמו לרדות את הפת כדי להינצל ממיתה.

אמנם ברש"י כאן שם לב לדיוק לשוני שמשנה את התמונה:

בהדיא - סקילה, ובלשון פשיטותא ולא בלשון בעיא מתני רב אחא בריה דרבא מילתא דרב ביבי.

כלומר ר' אשי שמציע שדברי ר' ביבי נאמרו על הדבקה במזיד, שונה את דברי ר' ביבי לא כאיבעיא אלא כקביעה הלכתית ברורה שהתירו לו לרדות קודם שיבוא לידי איסור סקילה.

כעת יש מקום להתלבט האם במדביק בשוגג (ונזכר) גם התירו לו או לא. לכאורה אם הוא שוגג אין הצדקה להתיר לו איסור דרבנן כדי להינצל מאיסור בשוגג ומחיוב קרבן. רק הצלת החיים מצדיקה רדיית פת בשבת.

מאידך, איסור שנעשה במזיד מצדיק פחות היתרים מאשר איסור שנעשה בשוגג, וייתכן שאם האיסור נעשה בשוגג מתירים לו לרדות את הפת כדי להינצל, שהרי הוא לא ממש אשם בסיטואציה (בניגוד למדביק במזיד). ובאמת בתוד"ה 'ואלא', כאן, הקשו:

ואלא דאהדר ואידכר מי מחייב – תימה דלישני אימא לידי (חיוב) איסור חטאת כדקאמר בסמוך קודם שיבא לידי איסור סקילה.

לא ברור לתוס' מה היתה הקושיא על האוקימתא הראשונה, הרי יכלו להסביר שהתירו לו לרדות כדי שלא יגיע לאיסור חטאת (כלומר לאיסור בשוגג) ולא לחיוב חטאת.

לכאורה נראה מכאן שלא תירצו כך מפני שהיה ברור לגמרא שלא התירו לו לרדות כדי להינצל מאיסור קל, אלא רק לצורך הצלה מחיוב מיתה. ולפי זה יוצא שאין היתר לעבור על איסור דרבנן כדי להינצל מאיסור דאורייתא שנעבר בשוגג.

אך זה סותר דעת פוסקים רבים שהבאנו לעיל, שם ראינו שמותר לעבור על איסור דרבנן כדי להציל איסור דאורייתא, אף שהוא נעבר בשוגג (שהרי מי שבירך ולא ידע שהיום צום ודאי עשה זאת בשוגג).

יש לשים לב שגם תוס' הותירו את הקושיא על הגמרא בעינה, כלומר גם הם סוברים כנראה שמותר לרדות את הפת בשבת כדי להציל איסור שוגג.

עד כאן ראינו את הסוגיא לפי רש"י. אמנם בתוד"ה 'קודם', שם, הבינו אחרת מרש"י:

קודם שיבא לידי איסור סקילה – וא"ת מאי בעיא היא זו אם התירו לרדותה פשיטא שלא ישמע לנו אם נאסור לו
ותי' ריב"א דאם לא התירו לא מיחייב סקילה כיון שמניח מלרדות ע"י מה שאנו אוסרין לו.

ריב"א מבין שגם לפי ר' אשי מדובר באיבעיא ולא בפסק מוחלט (וכן הוא להלן בתוד"ה 'מתני'). כלומר ההיתר לרדות את הפת כדי להינצל מחיוב סקילה אינו מובן מאליו.

אלא שקשה לו שהאדם לא ישמע לנו כי אנחנו אוסרים עליו מדרבנן להינצל ממיתה. יש לשים לב שהוא לא מקשה כיצד ייתכן שאנחנו אוסרים עליו לרדות אף שזה פיקו״נ מבחינתו. זה היה ברור לריב״א, שכן לשיטתו הצלת חיים גם היא לא מצדיקה איסור של רדיית פת. הבעייה שהוא מעלה היא רק טכנית.

יש לזכור את תוס׳ הקודם שהניח שמותר לרדות כדי להינצל מאיסור שוגג, וכעת רואים שזה לא מובן מאליו שמותר לרדות כדי להציל את חייו. זו לא סתירה, שכן לפי התוס׳ זו גופא המחלוקת בין שתי האוקימתות.

בכל אופן, כל הדיון כאן מתחיל ונגמר בשאלה האם התירו לו לחלל שבת באיסור שבות (רדיית הפת) כדי להציל מעשה שכבר נעשה (בשוגג או במזיד) מלהפוך לאיסור אחר. אבל גם כאן אין ספק שעקרונית יש חובה להציל את המעשה שנעשה, והשאלה היא רק באיזה מחיר.

וברמב״ם פ״ט מהל׳ שבת ה״ה פסק להלכה:

שכח והדביק פת בתנור בשבת ונזכר מותר לו לרדותה קודם שתאפה ויבוא לידי מלאכה.

הוא פוסק שבשוגג התירו לרדות, ומשמע מדבריו שאם הדביק במזיד לא התירו לרדות. וזה לכאורה כסברא שבמזיד קשה יותר להתיר את הרדייה. נראה שהרמב״ם מבין שלמסקנת הסוגיא נדחתה האוקימתא הראשונה, וזאת מפני שבשוגג פשיטא שניתן לרדות. הספק הוא לגבי מזיד, ושם כנראה נפשט שאסור. אך זה לא מתאים לגירסת רש״י שכותב שמזיד נפשט שמותר, וגם לא לתוס׳ שמסבירים שגם במזיד יש ספק, והיה עליו להקל.

ואמנם ב**מ״מ** כאן כותב לא כך:

שכח והדביק וכו׳. פ״ק דשבת (דף ג׳ ד׳) מימרא הדביק פת בתנור התירו לו לרדותה קודם שיבא לידי איסור סקילה ולמעלה מזה בסוגיא מפורש דלאו דוקא הדביק במזיד אלא אפילו בשוגג וכן פירשו ז״ל ולזה כתב רבינו שכח וכ״ש הדביק במזיד:

הוא מבין שהרמב״ם פסק שבשוגג התירו לרדות, ובמזיד כל שכן שהתירו. וזה כנראה כגירסת רש״י באוקימתא האחרונה בגמרא. בכל אופן, הוא סובר שבמזיד קל יותר להתיר לרדות כדי להציל את האיסור.

מניין הוא ידוע שבשוגג התירו לרדות? הרי בגמרא מבואר שאין כלל אפשרות שהבעייה תעלה בשוגג? ואכן ה**לח״מ** כאן מעיר:

> ***שכח והדביק פת בתנור בשבת וכו׳. כתב הרב המגיד ולמעלה מזה בסוגיא מפורש דלאו דוקא הדביק במזיד וקשה מאין יצא לו כן מן הסוגיא. ומה שכתב רבינו שכח אע״פ שבגמרא לא מצינו שום מציאות חילוק לשוגג היינו משום דאמר שלא יבא לידי חיוב חטאת ומפני כן הקשו בגמרא (דף ד׳) אי דהדר ואידכר אינו חייב חטאת. אבל רבינו שכתב כדי שלא יבא לידי מלאכה אין קשה לו כלל:***

כלומר הרמב״ם מקבל את התירוץ שהציעו תוס׳ בסוגיא. לגמרא היתה בעייה לשונית להכניס זאת בר׳ ביבי, אבל הדין כשלעצמו הוא נכון, שניתן לרדות כדי להינצל מאיסור בשוגג (גם ללא חיוב חטאת).

כאן רואים שהיתר ההצלה הוא בגלל החובה ׳להציל׳ את האיסור, ולא בגלל הפסד הממון (לקנות בהמה לחטאת), שהרי בציור כזה אין בכלל חיוב חטאת.

גם מתירוץ התוס׳ לגבי סקילה רואים שמה שהתירו לרדות הוא כדי להציל את האיסור ולא כדי להציל את חיין, שהרי תוס׳ כותב שאין עונש מיתה אם אנחנו אוסרים עליו לרדות.

וכן פסק ב**שו״ע** או״ח סי׳ רנד ה״ו:

> ***ואם נתנו בשבת, אפילו במזיד, מותר לו לרדות קודם שיאפה כדי שלא יבא לידי איסור סקילה.***

כלומר ההיתר הוא ״אפילו במזיד״, וכ״ש בשוגג. אבל יש לשים לב שכיוון ההיסק הוא שונה, שהרי ברמב״ם ראינו שהוא הביא את ההלכה לגבי שוגג, והמ״מ כתב שכ״ש לגבי מזיד. ואילו בשו״ע הביא את ההלכה לגבי מזיד, ולמד בכ״ש לגבי שוגג. ואכן כבר העיר על כך ה**מג״א** שם בסקכ״א והמ״ב בסקל״ט (שהסביר שהסברא היא שבמזיד נאמר: ״הלעיטהו לרשע וימות״).

ומה לגבי אחרים? האם להם מותר לרדות כדי להציל אותו? ב**מ״ב** שם סק״מ כתב:

לו - ר״ל דוקא הוא בעצמו מותר לרדות אבל אחרים אסורים לרדות בשבילו בין כשהדביק במזיד ובין בשוגג אפילו מי שהדביק את הפת איננו בפה שיודיעוהו דאין אומרים לו לאדם עשה חטא קל כדי שלא יבוא חברך לידי איסור חמור כיון שחבירו פשע במה שהדביק.

כלומר ברור לו שיש חובה להציל איסורים, אבל זה לא מצדיק שהמציל יעבור איסור עבור מישהו אחר שפשע.

מדוע יש חובה 'להציל' איסורים?

בהמשך דבריו שם בסק״מ כותב ה**מ״ב** את הדברים הבאים:

וכ״ז לענין אפיה אבל לענין בישול פשוט הוא דאם אחד שכח או עבר והניח קדרה סמוך להאש צריך גם אחר לסלקו כדי שלא יבוא חבירו לידי איסור דבסילוק הקדירה אין כאן איסור כלל וממילא יש כאן מצוה לאפרושי מאיסורא:

כאן ישנו חידוש גדול מאד, שמאיר באור אחר את כל דברינו בפרק זה. ה**מ״ב** קובע שהחובה להציל את האחר מאיסור היא החובה של לאפרושי מאיסורא (שנלמדת מ״הוכח תוכיח״, או מ״לא תעמוד על דם רעד״, ואכ״מ). מכאן אפשר להבין את היסוד שמביא את כל הפוסקים להניח שיש חובה 'להציל' מעשים מלהפוך לאיסור: החובה היא לאפרושי מאיסורא. די ברור שגם האדם עצמו מחוייב להפריש את עצמו מאיסור, שהרי זה ודאי לא יותר גרוע מחובתו כלפי אחרים או חובת אחרים כלפיו.

אם כן, כל מה שראינו לכל אורך דברינו בפרק זה שלכל הדעות יש חובה 'להציל' את המעשה, זה מחמת הפרשה מאיסור. כעת נוכל לשאול את עצמנו האם מי שלא רדה את הפת עבר על אפייה בשבת או על הפרשת עצמו מאיסור? המעשה של הדבקת הפת ודאי הפך לעבירה של בישול בשבת. אבל מזה עדיין לא נובע בהכרח שיש חובה 'להציל' את המעשה מלהיות אפייה

בשבת. החובה היא להפריש את עצמי מאיסור, וזוהי העבירה שמוטלת עליי אם לא הפרשתי את עצמי ולא ׳הצלתי׳ את המעשה שלי.

כעת נוכל להבין את כל התפיסות שראינו עד כאן שבאי הצלה יש איסור של שוא״ת ולא של קו״ע. האיסור אינו ברכה לבטלה, אלא עבירת אי הפרשה מאיסור. זוהי באמת עבירת שוא״ת ולא קו״ע.

אמנם יש מקום לטעון שאי הפרשת עצמי מאיסור גורמת לכך שאני איחשב כעובר את האיסור המקורי. ברש״י בתחילת פרשת מטות (דברים ל, טז) אנו מוצאים זאת אפילו לגבי אדם אחר:

> ***ונשא את עונה - הוא נכנס תחתיה. למדנו מכאן שהגורם תקלה לחבירו הוא נכנס תחתיו לכל עונשין:***

ייתכן שזה מסביר מדוע העבירה עליה מדברים כל הפוסקים היא עבירת ברכה לבטלה ולא עבירת אי הפרשה מאיסור. אם הכשלתי את חברי, או לא הפרשתי אותו מאיסור, אני נחשב כאילו אני עצמי עשיתי את האיסור. אמנם רש״י מדבר על מי שמכשיל את חברו ולא מי שאינו מפריש את חברו מאיסור. אבל כאשר מדובר בי עצמי, אי הפרשה היא כמו הכשלה, ולכן סביר שבמקרה כזה גם אי הפרשה גורמת לכך שהאיסור המקורי נזקף לחובתי. אם כן, כשבירכתי ואח״כ בחרתי לא לאכול, עברתי על איסור ברכה לבטלה. מאידך, עדיין עברתי את האיסור הזה בשוא״ת ולא בקו״ע, שהרי הוא רק נזקף לחובתי ולא שאני עברתי עליו בידיים.

מקור לדברים

בתוד״ה ׳וכי׳, שם, הביאו סוגיא סותרת מעירובין:

> ***וכי אומרים לו לאדם חטא בשביל שיזכה חבירך - והא דאמר בבכל מערבין (עירובין לב: ושם) רבי סבר ניחא ליה לחבר דליעבד איסורא קלילא ולא ליעבד עם הארץ איסורא רבה התם כדי שלא יאכל ע״ה טבל על ידו דאמר לי׳ מלא לך כלכלה של תאנים מתאנותי אבל הכא שלא נעשה האיסור על ידו אין אומרים לו חטא אפי׳ איסור קל שלא יבא חבירו לידי איסור חמור?***

כלומר כאן רואים שברור לגמרא שאין חובה להציל אחר מאיסור, ואם זה במחיר שאני עצמי עובר איסור (קל יותר) אז אפילו איסור יש בדבר. ואילו בעירובין רואים שיש היתר לעשות איסור קל כדי להציל את הזולת מאיסור חמור.

ועל כך מתרץ ריב״א:

ואומר ריב״א דאפי׳ למדביק עצמו אין לפשוט משם להתיר דהתם עדיין לא נעשה האיסור ומוטב שיעשה איסור קל ולא יעשה איסור חמור על ידו אבל הכא המעשה של איסור כבר נעשה וממילא יגמור לא יעשה אפי׳ איסור קל בידים.

הוא מסביר שכאן האיסור של ההדבקה כבר נעשה והוא ייגמר ממילא (כלומר מעצמו), ולכן זה לא מצדיק עשיית איסור כדי להציל אותו. נראה שכוונתם לומר את הסברא שראינו לעיל מהראי״ה והרע״י, שהאיסור של האפייה בשבת במצב כזה הוא עבירה בשוא״ת, ולכן הצלה ממנו לא מצדיקה עבירה בקו״ע.

וכפי שראינו למעלה, ההסבר לכך שמדובר באיסור בשוא״ת הוא שהאיסור אינו אפיית הפת בשבת, אלא אי הפרשת עצמי מאיסור. הרי לנו מקור מסתירת הסוגיות הללו לכל דברינו שלמעלה.

הזכרנו למעלה, שהראי״ה, ב**משפט כהן** סי׳ לט, טוען שאמנם יש חובה ׳להציל׳ עבירות, אבל מי שלא עשה זאת עבר עבירה בשוא״ת ולא בקו״ע. בהמשך דבריו הוא מביא ראייה נגדית להצעה זו מסוגיית המדביק פת בתנור:

אלא שיש לדון בהא דאמרינן דדוקא בשוא״ת יש כח ביד חכמים לעקור דבר מה״ת, ולא בקו״ע, אם עצם האיסור הוא קו״ע, אלא שמפני שכבר עבר לא יצדק עליו מעשה, מי אזלינן בתר עצם האיסור והוי קו״ע ואין כח בידם ז״ל לעקור, או בתר השתא אזלינן והשתא שוא״ת הוא.

וי״ל דהיינו בעי׳ דרב ביבי בשבת דף ג׳, בהדביק פת בתנור, אם התירו לו לרדותה קודם שיבוא לידי איסור סקילה, דלכאורה מאי

קמבעי לי׳, וכי ל״ל הא דהעמידו דבריהם במקום כרת, כהא דערל הזאה ואיזמל דפסחים צ״ב, ועי׳ תוס׳ זבחים נ״ו ד״ה מנין ומנחות דף כ׳ ד״ה נפסל, דמשמע דבסתמא העמידו דבריהם במקום כרת, והא דלא חשיב אלא הני תלת הוא משום חדוש שיש בהם ביחוד, אבל מסתמא איכא עוד טובא דהעמידו דבריהם במקום כרת, ודוקא כדמצינן למימר טעמא למה לא העמידו אמרי׳ דלא העמידו, ולמה לא נאמר ג״כ כאן באיבעיא דרב ביבי דהעמידו דבריהם.

אלא דבכ״מ הוי שוא״ת, אבל כאן עצם האיסור קו״ע הוא, אלא שכבר עבר וקא מיבעי לי׳ אם בתר זמן עשית האיסור אזלינן או בתר השתא. ולכאורה כיון דפשטינן דהתירו לו לרדותה י״ל דנפשטא בעיין, דהוי קו״ע ומשו״ה לא העמידו דבריהם.

והדרא קושיא מדאפקעינהו רבנן לקידושין, ומהיכן הי׳ להם כח לעשות שהברכות של הקידושין והנישואין יהיו לבטלה למפרע. מ״מ י״ל דדוקא במקום איסור סקילה דחמיר לא העמידו דבריהם בכה״ג, אבל במקום עבירת לאו י״ל דחשבוהו כשוא״ת, שהדבר מוכרע וממוצע בין קו״ע לשוא״ת. והכי דייק לישנא דקודם שיבא לידי איסור סקילה דוקא. מ״מ יש לדון, שלדעת הרמב״ם הנ״ל, דברכה לבטלה היא ממש ל״ת דלא תשא, ולא תשא היא מהחמורות, אפשר דאין סברא להקל בו יותר מבאיסור סקילה, שהרי חמור הוא לענין כפרה, כדאי׳ בשבועות ל״ט ויומא פ״ו וכתבה הרמב״ם בה׳ תשובה וה׳ שבועות.

הוא טוען שהסוגיא הזו לא הובאה במניין ההלכות שבהן רואים שחכמים העמידו את דבריהם במקום כרת. הוא מסביר זאת בכך שכאן מדובר בהיתר של עבירת קו״ע, ובזה ברור שחכמים לא העמידו את דבריהם מעל עבירת קו״ע דאורייתא.

אמנם למסקנתו יש כאן מצב ביניים ממוצע בין קו״ע לבין שוא״ת. ונראה שההסבר לכך הוא בדיוק כדברינו למעלה: אם יש כאן עבירת ברכה לבטלה, הרי זה ממש עבירת קו״ע. אם זו עבירת אי הפרשה מאיסור הרי יש כאן

בבירור עבירת שוא״ת. אבל לפי דרכנו למעלה, הרי יש כאן עבירת ברכה לבטלה, אלא שאנחנו עוברים אותה רק בכך שהתורה זוקפת אותה לחובתנו (כי לא הפרשנו את עצמנו). לכן יש כאן משהו ממוצע בין קו״ע לבין שוא״ת.[199]

סיכום

בפרק זה ראינו שמעשה או נסיבות כלשהן, לפעמים הופכים מעשה שכבר נעשה לעבירה. כל הפוסקים מסכימים שאם אכן המעשה הקודם הפך לעבירה (זה לא תמיד נכון) יש חובה ׳להציל׳ אותו. כלומר מי שלא ׳מציל׳ אותו עבר עבירה, אלא אם ה׳הצלה׳ עצמה כרוכה בעבירה חמורה יותר. נזכיר כי דעת ר״נ שהובאה למעלה בפרק שנים-עשר, לפיה אין חובת ׳הצלה׳ על מעשים שכבר נעשו, לא נפסקה להלכה.

ראינו שיש אפשרות לראות את העבירה של אי ההצלה כעבירת שוא״ת או כעבירת קו״ע או כממוצע ביניהם: מי שרואה את זה כעבירת קו״ע רואה את הברכה שבורכה בעבר לבטלה כמהות העבירה. מי שרואה את זה כעבירת שוא״ת רואה את אי ההפרשה מאיסור כמהות העבירה (כפי שראינו גם **במ״ב** לעיל). ומי שרואה את זה כממוצע בין קו״ע לבין שוא״ת, כנראה רואה את מהות העבירה באי ההפרשה, אלא שמכוח אי ההפרשה העבירה המקורית נזקפת לחובתי. כך נוצר מצב שעברתי בשוא״ת עבירת קו״ע, וזהו מצב הביניים עליו מדבר הראי״ה.

---

[199] וראה בפרק השמיני של הספר השלישי בסדרה, שם הצענו שתי משמעויות שונות להבחנה בין קו״ע לבין שוא״ת. יש מקום לתלות את הדיון כאן בהבחנות הללו שמובאות שם: אם ההבדל בין קו״ע לבין שוא״ת הוא באופן הביצוע, אכן יש כאן ממוצע (שהרי הביצוע המקורי היה בקו״ע, אבל כעת זה נזקת לחובתי בגלל מחדל). אבל אם מדובר בהבחנה בין סוגי עבירות ולא בין אופני ביצוע, אזי אם העבירה שנזקפת לחובתי כאן היא ברכה לבטלה, הרי שעברתי עבירת קו״ע. ליתר פירוט, ראה דברינו שם.

פרק עשרים ואחד

האם יש בהלכה סיבתיות מהופכת?

מבוא

פרק זה מסכם בקצרה את העולה מהחלק השלישי של הספר. בחלק הראשון עסקנו בשאלה האם ניתן לראות בהלכה תופעות של סיבתיות הפוכה, כלומר שהעתיד משפיע על העבר. גם אם בהקשר הפיסיקלי לא מקבלים את האפשרות של סיבתיות כזו, בהקשר הנורמטיבי, הלכתי או משפטי, ייתכן שיש לה מקום.

ראינו שם את דבריו של קופל רבינוביץ שטען בתוקף שאין כל אפשרות להשפעה סיבתית הפוכה, ולדבריו כל התופעות ההלכתיות ניתנות למיפוי למישור האפיסטמולוגי (כלומר שאין חזרה אמיתית בזמן, אלא רק במישור הסובייקטיבי של האדם).

בחלק השני עסקנו בהרחבה בסוגיית התנאים בהלכה, וראינו שם כמה וכמה ראשונים שבשיטתם אין מנוס מסיבתיות הפוכה. הצענו שם גם מודל מפורש לכך, הוא המודל של רש״ש לתנאי. לעומתו עמד שם המודל של רש״פ, אשר פירש את התנאים במשמעות שהציע קופל, כלומר במישור סובייקטיבי, ולא כגרימה הפוכה. ואכן, כפי שראינו, ישנם ראשונים שמדבריהם משתמע שהם מאמצים דווקא את המודל הזה.

בחלק הנוכחי עברנו על כמה וכמה סוגיות בהן ניתן היה לחשוב שתופענה תופעות של סיבתיות הפוכה, מעבר להקשר של תנאים. מתברר לנו שחלק ניכר מהן אינו קשור לגרימה הפוכה, אף שרובן ככולן יכולות להתמפות על אחד משני המודלים שהוצגו בחלק הקודם. בפרק זה נסכם את מה שעולה מדברינו בחלק השלישי. נעיר כי הסקירה הזו מראה שאין צורך למודל נוסף, מעבר לשני המודלים למכניזם התנאי שהוצגו בחלק הקודם, בכדי להסביר

את ההלכות הנדונות בסוגיות האחרות. על כן בחלק זה לא היה דיון לוגי פורמלי, אלא רק סקירה הלכתית ומטא-הלכתית.

לאו הניתק לעשה

בפרק החמישה-עשר עסקנו בסוגיית לאו הניתק לעשה. לאו הניתק לעשה הוא מצב בו התורה עצמה קובעת מצוות עשה שתהווה תיקון ללאו. לדוגמא, יש מצוות עשה להשיב את הגזילה, שניתן לראות בה תיקון לאיסור הגזל. המוטיבציה לדיון היתה שאם אכן ההלכה רואה את מצוות העשה כתיקון רטרואקטיבי לעבירת הלאו, ניתן אולי לראות בכך סיבתיות מהופכת.

ראינו כמה אפשרויות להבין את פעולת ה'תיקון' שעושה מצוות העשה. האפשרות שעצם העובדה שיש עשה מוכיחה שמדובר בלאו קל שניתן לתיקון ללא עונש נדחתה מכוח סוגיית 'ביטלו ולא ביטלו' (שם ראינו שיש מצבים שלוקים גם על לאו כזה). ניתן היה לראות את העשה כתיקון פרוספקטיבי, כלומר מרגע קיום העשה, ולא אחורה. לפי תפיסה זו, העובדה שלא מענישים היא שכעת אין סיבה לעונש, על אף שהעבר נשאר כפי שהיה. תפיסה אחרת שעלתה שם היתה שיש כאן תיקון נוסח רש"פ, כלומר שאם העבירה תוקנה הוברר שמאז ומעולם היינו על מסלול של עבירה מתוקנת. זהו שינוי אפיסטמולוגי. והאפשרות השלישית היא שיש כאן תיקון ממשי של העבירה שנעשתה בעבר, כלמר סיבתיות מהופכת במישור האונטולוגי.

ראינו שם שלכל הדעות יש איסור לגזול על מנת לשלם, ומזה נדחית התפיסה האפיסטמולוגית, ולכאורה עולה תפיסה אונטולוגית. עוד ראינו שבסוגיית 'ביטלו ולא ביטלו' נפסקה הלכה כריו"ח, ופירוש הדבר הוא שלמסקנה ההלכה מכירה בגרימה הפוכה במישור האונטולוגי, וסביר שגם רש"פ מסכים לכך. ומכאן המסקנה היא שגם אם בסוגיית תנאי רש"פ מאמץ הסבר אפיסטמולוגי, הדבר אינו נובע משלילה עקרונית של סיבתיות אונטולוגית הפוכה. בסוגיות אחרות, כמו לאו הניתק לעשה, נראה שגם הוא יקבל מכניזם כזה. ראינו שם את דברי ה**ברוך טעם** שמביא השלכה הלכתית

לתפיסה האונטולוגית, ומבחין בין מצבים שבהם העשה מתקן את הלאו (כמו בגזל) לבין מצבים שבהם הלאו אינו מתוקן (כמו בנותר).

אמנם לפי גירסת הגאונים שמחליפה את עמדותיהם של ריו״ח ור״ל, יש מקום לומר שלמסקנה גם כאן אין גרימה הפוכה.

איגלאי מילתא למפרע

בפרק השישה-עשר עסקנו בסוגיית איגלאי מילתא למפרע, שלכאורה היא המועמדת הטבעית לכל דיון ביחס ההלכה לסיבתיות הפוכה. ראינו שם, שברוב המקרים הביטוי 'איגלאי מילתא למפרע' מבטא היפוך אפיסטמולוגי, ולא אונטולוגי. הדוגמא לכך היא מקרה הסוטה, שכשהיא שותה הדבר עשוי לברר ששני העדים שהעידו עליה היו שקרנים. גם הזמה היא סוג של גילוי למפרע, שכן לאחר עדותם של העדים המזימים הוברר שהמוזמים היו שקרנים כבר בעת שהם נתנו את העדות המקורית שלהם.

בפרק זה ראינו משמעות נוספת להיפוכיות זמנית, והיא אלימינציה מדעית. לדוגמא, בדיני ווסתות רואים שהעתיד עשוי לברר מה טיבה של האישה, על ידי שלילת כמה אפשרויות. כמו שניסוי מדעי בורר את התיאוריה הנכונה מתוך כמה תיאוריות אפשריות. כאן אין שום היפוך זמני במישור האונטולוגי, אף שניתן לראות זאת כסוג של היפוך אפיסטמולוגי (הניסוי העתידי מבהיר לנו את הידע המדעי, שהוא כמובן נכון ורלוונטי גם לכל זמן בעבר).

בפרק זה ראינו עוד כמה דוגמאות להיפוכים אונטולוגיים בעליל: התרת נדרים, לפחות לדעת הירושלמי והרא״ש, מתירה את הנדר מכאן ולהבא למפרע. דין חצי נזק קנס (שההעמדה בדין גורמת לחיוב למפרע), לפחות לדעת התוס׳. וכן גביית בעל חוב מנכסים משועבדים, ולידת ילדים כסימן בגרות, לפחות לשיטת הרמב״ם.

בפרק השבעה-עשר פירטנו יותר לגבי חליצת וביאת מעוברת שהיא לכאורה דוגמא ספציפית לעיקרון של 'תגלי מילתא למפרע'. ראינו שהראשונים שם מפרשים זאת כעיקרון שונה (שהרי להלכה אנחנו פוסקים כר״ל שם, שאינו

מקבל את דין 'תגלי מילתא', אף שבשאר הסוגיות זהו עיקרון מוסכם). גם אפשרות האלימינציה עלתה בהקשר זה. נעיר כי הרש"ש כאן מסביר זאת כהיפוך אונטולוגי, ולשם השוואה הוא מביא את המכניזם של תנאי כהיפוך אפיסטמולוגי, זאת בניגוד לשיטתו כפי שהוצגה בחלק הקודם.

עוד ראינו שם הבחנה בין שתי משמעויות של 'גילוי אליהו', שלפעמים מגלה לנו את העתיד (=נביא) ולפעמים מגלה לנו את ההווה (=רנטגן). זוהי הבחנה מקבילה לזו שבין היפוך אפיסטמולוגי ואונטולוגי.

ייאוש שלא מדעת

בפרק השמונה-עשר עסקנו בסוגיית ייאוש שלא מדעת. ראינו שם שלדעת רוב מוחלט של הראשונים לא מדובר בהיפוכיו סיבתיות, משום סוג שהוא. ייאוש שלא מדעת הוא ניסוי מחשבתי שמגלה לנו את המצב בהווה. במקומות שבהם נדרשת ניחותא ולא התרצות אקטיבית, שם די לנו בהערכה שאילו האם היה יודע את המצב היה ניחא לו בכך. לדוגמא, כשאני נכנס לבית חברי הטוב ונוטל פרי כלשהו ואוכל אותו לא עברתי על איסור גזל. הסיבה לכך היא שהנטילה אינה זוקקת שהחבר יפקיר את הפרי (ואת הזה הרי הוא לא עשה), אלא אך ורק שיהיה נוח לו בכך. ולניחותא, די לנו בהערכה שאם הוא היה שומע שאני מעוניין לאכול את הפרי הוא ודאי היה מסכים.

יוצאת מן הכלל היא שיטת התוס', שמדבריהם נראה שאכן מדובר בגילוי למפרע או במכניזם של הטרמת העתיד (ראה בסעיף הבא). ההשלכה העיקרית לתפיסה כזו היא שאם יש מצב שבו ברור שהמאבד לא יידע על כך לעולם ולא יתייאש לעולם, אזי במצב כזה אין למוצא היתר ליטול את האבידה. שאר הראשונים חולקים על כך, שכן לדעתם די לנו בניחותא עקרונית ולא דרושה התרצות בפועל (לדעתם השיקול של הייאוש העתידי הוא בבחינת ניסוי מחשבתי בלבד).

אמנם יש לזכור שגם הסבר זה נאמר בדעת רבא, שאין הלכה כמותו. להלכה אנחנו פוסקים כאביי, שייאוש שלא מדעת אינו ייאוש, ולכן סוגיא זו אינה כה חשובה לדיון שלנו.

כפי שהערנו שם, הדברים אמורים גם לגבי הדוגמאות שמובאות בהמשך סוגיית ייאוש שלא מדעת, כגון הפרשת תרומה, אכילה מפירותיו של בעל הבית, הכשר זרעים לטומאה וכדו'.

סברות הטרמה

בפרק התשעה-עשר עסקנו בסברות הטרמה ("כל העומד..."). יש כמה וכמה סוגיות הלכתיות שבהן ניתן לראות שאם יש משהו שעתיד להתרחש ההלכה רואה אותו כאילו הוא כבר התרחש.

למסקנה ראינו שם שהסוגיות הללו כלל אינן קשורות ללוגיקה של ציר הזמן. לדוגמא, הגורם לראיית הענבים העומדות להיבצר כבצורות הוא התכנית לבצור אותן בעתיד, ולא הבצירה בעתיד בפועל. לא נדרשת התממשות בפועל, אלא רק אפשרות שזה יהיה העתיד. כלומר אין כאן היפוך זמני, או ראיית הבצירה העתידית כאילו היא התרחשה כבר כעת, ובודאי לא שהיא גרמה משהו בעבר. מה שיש כאן הוא הערכה של הסטטוס בהווה שנגזר מהמטרות העתידיות. פירות שמיועדים לבצירה נחשבים כבר כעת כמי שאינם טפלים לקרקע, וכך גם לגבי שערו של עבד וכדו'.

אם כן, גם בסוגיות אלו אין לראות הטרמה של העתיד, או סיבתיות הפוכה, אפילו לא במישור האפיסטמולוגי. הבאנו דוגמא לדבר מזורק כלי מראש הגג, שהעובדה שהוא עתיד להישבר אינה אומרת שכעת הוא שבור, אלא שכבר כעת הוא חסר ערך. זוהי הערכה של הסטטוס שלו בהווה, ולא הטרמה של העתיד. הערנו שגם 'כתותי מיכתת שיעוריה' הוא דוגמא לעיקרון דומה.

היתרים מכוונים: "דילמא מימליך"

בפרק הקודם עסקנו במה שכינינו "היתרים מכוונים", שנראים גם הם רלוונטיים לשאלת הסיבתיות ההפוכה. הסיטואציות בהן נגענו היו כאלה

שבהן הסטטוס ההלכתי של מעשה בהווה תלוי באירוע עתידי. לדוגמא, אדם חופר עפר ביו״ט כדי שאם הוא יחליט לשחוט בהמה יהיה לו עפר לכסות את דמה. דוגמא נוספת היא ברכה, שאם לבסוף אדם יחליט לא לאכול, או לא לעשות את המצווה שעליה הוא בירך, היא תהפוך להיות ברכה לבטלה.

בסיטואציות כאלה עולות כמה שאלות: האם אכן הסטטוס של המעשה העכשווי תלוי בעתיד? האם מותר לעשות את המעשה העכשווי וליטול סיכון שלא יתבצע המעשה העתידי? האם לאחר שנעשה המעשה העכשווי חלה חובה ל׳הציל׳ אותו, כלומר לעשות את המעשה העתידי (שאלה שעסקנו בה גם למעלה בפרק שנים-עשר, בהקשר של תנאים)?

כפי שראינו שם, ישנם מצבים שבהם המפרשים והפוסקים דנים אך ורק בשאלה הראשונה (כמו בסיטואציות של ברכות לבטלה). לעומת זאת, ישנם מצבים בהם עולה השאלה השנייה (כמו בסוגיית דילמא מימליך בביצה). בסוגיות אלו יש להבחין בין מעשים עכשוויים שהם מעשים מותרים מעצם טיבם (כמו שינה היום) והאירוע העתידי (שינה מחר) יכול לאסור אותם, לבין מעשים שהם מעשים אסורים מטיבם (כמו חפירה ביו״ט), שהאירוע העתידי (השחיטה) יכול להתיר אותם. לגבי השאלה השלישית לא מצאנו דיון מפורש, אלא זה שנערך בפרק שנים-עשר בהקשר לתנאים ולנדרים. שם ראינו ששיטת ר״נ היא כנראה שאין חובה ׳להציל׳ את המעשה שכבר נעשה, אך אין הלכה כמותו. בשאר הסיטואציות שנדונות בפרק הקודם, נראה שכל המפרשים מניחים כמובן מאליו שאם אכן הסטטוס העכשווי נקבע על פי העתיד חלה חובה ברורה ׳להציל׳ את המעשה שכבר נעשה. זה עולה בקנה אחד עם מסקנתנו בפרק שנים-עשר.

התפיסה שאין חובה ׳להציל׳ את העבר יכולה להתפרש כאילו העתיד אינו משנה את העבר, ואת הנעשה אין להשיב. ומכיון שראינו שכל הפוסקים מסכימים שיש חובה כזו, אזי נראה סביר שכולם מקבלים, לפחות באופן עקרוני, את אפשרות ההשפעה הסיבתית ההפוכה, אף שלא בכל הסוגיות זה מה שקורה וזה מה שרלוונטי.

גם אם מקבלים את ההשפעה ההפוכה, עדיין ניתן לראות זאת כסוג של
התנייה (שהתורה עצמה עושה), כלומר שהסטטוס של המעשה הנוכחי
מותנה במה שיקרה בעתיד. לכן יש כאן אפשרות לפרש זאת כמו רש״פ
בתנאים, כלומר במישור האפיסטמולוגי, או כמו רש״ש בתנאים, כלומר
במישור האונטולוגי. נראה שהשאלה הראשונה שהצבנו, כלומר האם מותר
לעשות את המעשה העכשווי בהנחה שהעתיד ׳יציל׳ אותו, יכולה להיות
תלויה בפרשנות שניתנת לקשר בין העתיד לעבר (אונטולוגי או
אפיסטמולוגי).

לסיום נעיר כי החובה ׳להציל׳ את העבר אינה בהכרח מבוססת על התפיסה
שיש חובה למנוע את הפיכתו של המעשה שנעשה בעבר לעבירה. בפרק
הקודם הצענו אפשרות אחרת, לפיה החובה הזו היא יישום של חובת
אפרושי מאיסורא, כשהיא מיושמת כלפי האדם עצמו. ההשלכה היא שמי
שלא ׳הציל׳ את המעשה שעשה מלהפוך לעבירה, כגון ברכה שהפכה לברכה
לבטלה, עבר כאן עבירת שוא״ת (=׳אי ׳הצלה׳ של הברכה) ולא עבירת קו״ע
(ברכה לבטלה). ההשלכה ההלכתית יכולה להיות שאין להציל את הברכה
במחיר של עבירה, כגון אכילה בצום או אכילת חלב אחרי בשר.

אם אכן זוהי התמונה, אזי המסקנה היא שאמנם העתיד משפיע סיבתית על
העבר, שכן הוא הופך את המעשה שכבר נעשה לעבירה. אולם אין בכך כדי
לומר שהפעולה שנעשתה בעבר היא עצמה מעשה עבירה. היא מקבלת
סטטוס של עבירה, אבל אין לראות את עשייתה כעשיית עבירה. העבירה
שיש באי הצלה היא עבירת ׳אפרושי מאיסורא׳ שנעשית כרגע בשוא״ת.

סיכום

בפרק זה ראינו שאפשרות ההשפעה הסיבתית ההפוכה אינה נשללת באופן
עקרוני. רבים מקבלים אותה בכמה וכמה סוגיות נוספות (לא רק בתנאים,
כמו בחלק השני), וגם אלו שדוחים אותה זה לא בהכרח מחמת שלילה
עקרונית של מכניזמים כאלה. הדבר מחזיר אותנו לקביעתו של קופל

רבינוביץ שלאור דברינו נראית לא מבוססת. מסתבר שלפחות לרוב מוחלט של המפרשים השפעה סיבתית אחורה היא אפשרית, ואף קיימת בפועל.

מן הזווית הלוגית, בכל הסוגיות שנדונו ונבחנו בחלק הזה לא היה צורך לחרוג אל מעבר לשני המודלים שהוצגו בחלק השני בדיון על התנאים. לכן הסתפקנו כאן בסקירה הלכתית של הפרשנויות לסוגיות השונות, ולא נכנסנו שוב לספירה הלוגית.

מכאן גם נוכל להבין את הסיבה לכך שייחדנו לסוגיית ברירה חלק נפרד, את החלק הרביעי, ולא כללנו אותה בסקירה הזו. כפי שנראה, לגביה יש צורך להרחיב ולשכלל את ההתייחסות הלוגית שלנו, ולחזור להיבטים פורמליים נוספים.

נזכיר שקופל רבינוביץ התייחס לסוגיית ברירה כסוגיא העיקרית שעוסקת בסיבתיות הפוכה, וממנה הוא הסיק שאין בהלכה סיבתיות הפוכה אונטולוגית. אך למעלה ראינו שדווקא סוגיית התנאי היא הסוגיא העיקרית הרלוונטית לשאלה זו. יתר על כן, בחלק הבא, בו נעסוק בסוגיית ברירה, נראה שבפשטות סוגיית ברירה כלל אינה עוסקת בשאלת הסיבתיות ההפוכה, לפחות לפי רוב הראשונים והאחרונים. שם מדובר בשאלה לוגית שונה, אף כי יש לה נקודות השקה לשאלות של לוגיקת זמן.

חלק רביעי

דין 'ברירה' ותורת הקוונטים

בחלק הראשון של הספר הצגנו מבוא קצר לנושאים של זמן וסיבתיות, והקשר שלהם ללוגיקה. בחלק השני עמדנו על הופעתם בהקשר של דיני תנאים. בחלק זה נעסוק ביחסם של אלו לסוגיית ברירה.

סוגיית ברירה היא סוגיא בעלת מטען פילוסופי מורכב ולא פשוט, והיא מופיעה בפירוש בכמה וכמה סוגיות ברחבי התלמוד,[200] ובאופן מובלע בסוגיות נוספות.

ישנן סתירות רבות בין הסוגיות הללו, אפילו לגבי הכרעת ההלכה, ולא פלא שגם הראשונים והאחרונים דנים בהן בהרחבה, וכך נוצרות שיטות רבות ומגוונות בעניין זה. סוגיא זו היא ייחודית גם בכך שניתן למצוא בראשונים ובאחרונים דיונים מפורשים בשאלות המטא-הלכתיות שעומדות ביסודה, שכן השאלה עוסקת באופן מובהק וגלוי למדי ברובד הפילוסופי. יש הקושרים אותה ללוגיקה של הזמן, ואחרים קושרים אותה ללוגיקה של ספציפיקציה של דברים, או ליחס בין 'כוחי' ל'בפועל'.

מסיבות אלו ואחרות, לא נוכל כאן למצות את הסוגיא הזו עד תום. מטרתנו העיקרית היא להציג את הקווים הלוגיים היסודיים שעולים בסוגיא, ולבחון דרכם גם את היחס בינה לבין דיני תנאי, ובינה לבין שאלת הסיבתיות ההפוכה.

---

[200] ראה גיטין כד-ה, שם מח, עירובין לו-ז, שם עא, יומא נה, סוכה כג, פסחים פז-ח, בכורות נו, קידושין יז, נדרים מה ע"ב, ב"ק נא, שם סט, ביצה לז-ח-ט, ב"ב כז, שם קז, חולין יד, שם קלה, מעילה כב, תמורה ל.

פרק עשרים ושניים
יסודות דין 'ברירה'

מבוא

בפרק זה נצא מסוגיית גיטין כד-ה, שהיא אחת הסוגיות התלמודיות
העיקריות והמפורטות בנושא ברירה, ונציג דרכה את המושג 'ברירה', ואת
השיטות העיקריות לגביו. אנו נעמוד על כמה וכמה דוגמאות שמופיעות
במהלך הסוגיא, אשר ישמשו אותנו בדיון שלנו בהמשך. כאן נפגוש את
המחלוקות יסודיות לגבי המושג 'ברירה', ומהן נצא לעיונים התיאורטיים
בהמשך דברינו.

המשנה גיטין כד ע"א-ע"ב

על פי ההלכה, גירושי אישה נעשים בשני שלבים עיקריים: 1. כתיבת שטר
הגט. 2. מסירתו לידי האישה. להלכה נפסק כדעת ר' אלעזר שכתיבת שטר
הגט צריכה להיעשות לשם האישה   המתגרשת, ואם הדבר לא נעשה כן
השטר פסול. זהו דין 'לשמה' בגט, שנלמד מהפסוק "וכתב לה" (דברים כד,
א), והגמרא (גיטין כ ע"א, ומקבילות) דורשת: "וכתב לה – לשמה".
המשנה בגיטין דף כד ע"א-ע"ב עוסקת בדין כתיבת גט 'לשמה', ומביאה
בהקשר זה כמה מקרים:

כל גט שנכתב שלא לשום אשה – פסול. כיצד? היה עובר בשוק,
ושמע קול סופרים מקרין איש פלוני מגרש את פלונית ממקום
פלוני, ואמר זה שמי וזה שם אשתי – פסול לגרש בו. יתר מיכן,
כתב לגרש את אשתו ונמלך, מצאו בן עירו ואמר לו שמי כשמך ושם
אשתי כשם אשתך – פסול לגרש בו. יתר מיכן, היו לו שתי נשים
ושמותיהן שוות, כתב לגרש את הגדולה – לא יגרש בו את הקטנה.
יתר מיכן, אמר ללבלר כתוב לאיזו שארצה אגרש – פסול לגרש בו.

במשנה מופיעים ארבעה מקרים, וכולם פסולים בגלל שלא התקיימה כאן כתיבה לשמה. אמנם, כפי שהגמרא מסבירה, כל אחד מהם קרוב יותר מקודמיו להיות כשר:

א. גט שנכתב להתלמד, כלומר הוא כלל לא נכתב לשם גירושין.

ב. גט שנכתב לשם גירושין של זוג מסויים, שנמלך וזוג אחר עם אותם שמות רוצה להשתמש בו. גט זה נכתב לשם גירושין, ולכן הוא טוב מהמקרה הקודם. אך הוא לא נכתב לשם המתגרשת, ולא על ידי המגרש.

ג. היו לו שתי נשים עם אותו שם. כאן הגט נכתב לשם גירושין של הבעל הנכון, אבל לא לשם האישה הנכונה.

ד. יש לאותו אדם שתי נשים עם שם זהה (רחל הגדולה והקטנה). הגט נכתב לשם רחל, והכוונה היא לכתוב אותו לשם אותה אחת משתיהן שהבעל ירצה לגרש בעתיד. כאן יש צד שהגט נכתב אפילו לשם האישה הנכונה, ולכן זה הגט הכשר ביותר. אמנם להלכה המשנה קובעת שגם הוא פסול.

בהמשך הסוגיא הגמרא אומרת שהמקרה האחרון אינו מחדש מאומה בדיני 'לשמה' ביחס לקודמו (ראה רש"י, כד ע"ב, ד"ה 'וסיפא': "וסיפא - מאי קמ"ל הא אשמעינן כבר דגירושין דידיה ודידה בעינן"), שכן כבר למדנו שנדרשת כתיבה לשם הבעל והאישה. לכן הגמרא מסבירה שחידושה של הסיפא הוא שאין ברירה, כלומר שתלייה ברצון עתידי אינה נחשבת כמבררת את הרצון למפרע.

משמעות הדבר היא שאם נסבור שיש ברירה, אזי היקבעות עתידית של האישה המתגרשת מועילה להיחשב לעניין כתיבה לשמה. אך המשנה סוברת שאין ברירה, ולכן האישה שלשמה נכתב הגט לא היתה מוגדרת בעת הכתיבה, וגט כזה אינו נחשב ככתוב 'לשמה'. לכן הגט הזה בטל. כאמור, מהגמרא עולה שהחידוש של המשנה אינו בדיני 'לשמה', אלא בדיני ברירה. המשנה מלמדת אותנו שלהלכה אין ברירה.

המחלוקת לגבי פסול לכהונה

אישה גרושה נפסלת להינשא לכהן. נציין עוד שישנו גם דין 'ריח הגט' (שלרוב
הדעות הוא מן התורה. ראה בסוגיית פב ע"ב שם מובא לו מקור מן התורה)
אשר מחדש שלפעמים גם אם הגט הוא בטל מן התורה, האישה בכל זאת
נפסלת לכהונה, שכן סוף סוף ניתן לה גט.

והנה, האמוראים בסוגייתנו (כד סוע"ב) נחלקים על מקרי המשנה, האם
כשגיטין פסולים שכאלה ניתנו לאישה כלשהי הם פוסלים אותה לכהונה, או
לא:

*אמר רב: כולן פוסלין בכהונה חוץ מן הראשון, ושמואל אמר: אף
ראשון נמי פוסל, ואזדא שמואל לטעמיה, דאמר שמואל: כל מקום
ששנו חכמים גט פסול - פסול ופוסל, חליצה פסולה - פסולה
ופוסלתה מן האחין. במערבא אמרי משמיה דר' אלעזר: שמאל
ולילה - פסולות ופוסלות, קטן ואנפיליא - פסולות ואין פוסלות.
זעירי אמר: כולן אין פוסלין חוץ מן האחרון, וכן אמר רב אסי: כולן
אין פוסלין חוץ מן האחרון; ור' יוחנן אמר: אף אחרון נמי אינו
פוסל.*

לענייננו מה שחשוב הוא שלדעת כולם (רב, שמואל, זעירי ור' אסי) הגט
מהסוג האחרון פוסל אותה לכהונה, ורק ריו"ח חולק על כך ומכשיר.

דין ברירה באחים שחלקו

לכאורה דעת ריו"ח היא הפשוטה, שהרי למדנו מהמשנה שאין ברירה,
כלומר שהגט הזה בטל. אם כן, האישה הזו כלל לא קיבלה גט, ולכן אין
סיבה לפסול אותה לכהונה. דווקא דעת רוב האמוראים היא שטעונה הסבר:
כיצד הם סוברים שגט כזה פוסל אותה לכהונה, למרות שהגט בטל.

והנה, הגמרא מביאה הסבר דווקא לדעת ריו"ח, ואת דעת זעירי וסיעתו היא
מותירה ללא הסבר. מהגמרא עולה שהבסיס למחלוקת הזו הוא דין ברירה:

ואזדא רבי יוחנן לטעמיה, דא״ר אסי א״ר יוחנן: האחין שחלקו לקוחות הן, ומחזירין זה לזה ביובל.

הויכוח האם אחים שחלקו הם לקוחות או יורשים נמצא בכמה סוגיות מקבילות, ויש מהן שתולות אותו בשאלה האם יש או אין ברירה. בפשטות ההסבר הוא הבא: כאשר אדם מת, נכסיו נופלים לרשות שמכונה 'תפוסת הבית'. לאחר מכן האחים מחלקים את הירושה, וכל אחד מקבל חלק ממנה. השאלה כיצד עלינו להתייחס לחלוקה הזו? האם יש כאן ירושה מהאב, כלומר שלאחר החלוקה הוברר שכל חלק שאחד האחים קיבל הורש לו על ידי האבא כבר בשעת מותו. או שמא יש כאן חלוקה שנעשית כעת, ובה כל אח מקבל חלק (מתפוסת הבית, או מאחיו), ולכן כל אח כזה הוא נחשב כלקוח ולא כיורש. ההשלכה היא לגבי השאלה האם החלוקה הזו חוזרת ביובל (כמו כל עסקת מכירה או מתנה) או לא.

כבר כאן נעיר כי יש שתי אפשרויות לראות את המצב לפני החלוקה של האחים:[201] ניתן לראות זאת כרשות ממונית עצמאית, שאינה קשורה לאף אחד מהאחים. וניתן לראות זאת כסוג של שותפות שבה לכל אח יש חלק לא מבורר. לדוגמא, רש״י כאן מסביר:

לקוחות הן - דאין ברירה דאיכא למיחש חלק שנטל זה היה ראוי לאחיו והחליפו והיינו לקיחה וחוזר ביובל לתחילתו משום מצות יובל והדר שקליה כדמעיקרא.

הוא מניח שהבעייה היא שייתכן שהחלק שנטל ראובן שייך לשמעון ולהיפך, ולכן יש להחזיר ביובל כלקוחות. ולצד שיש ברירה מבינים שהחלק שנלקח הוברר למפרע שהוא שייך למי שנטלו.

ישנה כאן תפיסה שגם לפי הצד שאין ברירה, עדיין יש בנכס חלק לכל אח, אלא שהחלק אינו מבורר. זוהי שיטתו של רש״י בדין ברירה, כפי שנראה אותה גם להלן. לפי החולקים על רש״י יוצא שלפני החלוקה אין לאף אח חלק בנכסים, אלא הם שייכים כולם לתפוסת הבית, והאחים נחשבים

---

[201] ראה על כך בספר **קו״ש** ב״ב סי׳ תד.

כלוקחים מרשות זו. ראה על כך הערת ה**בית ישי**[202] שלפי הסבר זה האחים שחלקו הם ודאי לקוחות, ולפי ההסבר הפשוט (שהם שותפים) היה צריך להיות שהאחים שחלקו הם ספק לקוחות (אולי לקחו איש את חלק אחיו, ואולי לא. ולהלן נראה יישוב לזה).

מה סוברים החולקים על ריו״ח? פסיקת ההלכה בדין ברירה

בשני הסעיפים הבאים נחרוג מעט ממהלך הסוגיא, כדי להציג את הדעות העולות להלכה ביחס לדין ברירה.

ראינו שריו״ח סובר שהאחים שחלקו הם לקוחות, כלומר עליהם להחזיר את החלוקה ביובל. מכאן מוכיחה הגמרא שלדעתו אין ברירה, וגם בסוגייתנו הוא הולך לשיטתו, וסובר שהגט בטל והיא אינה נאסרת לכהן. לפי שיטה זו, הגט הוא בטל כי אין אישה שהוא נכתב לשמה, ומכאן שהוא גם לא פוסל לכהונה.

מה סוברים החולקים עליו (זעירי ושאר האמוראים)? שאלה זו חשובה מאד להמשך, שכן להלכה רוב הפוסקים מכריעים דווקא כמותם. וכך מסכם זאת **היש״ש**:[203]

> ***וכתב הרי״ף, והילכתא כולהו אין פוסלין, חוץ מן האחרון. דכיון דכולהו סבירא להו דאחרון פוסל. וליכא מאן דפליג, אלא ר׳ יוחנן, הוה ליה ר׳ יוחנן יחיד במקום רבים, וק״ל יחיד ורבים הלכה כרבים...וכן דעת הרמב״ם (ה׳ גירושין פ״ג ה״ד) והרא״ש (גיטין פ״ג סימן א׳).***

לכאורה נראה שזעירי וסיעתו סוברים שיש ברירה, וזו נקודת המחלוקת שלהם עם ריו״ח. אלא שהסבר זה הוא בעייתי, שהרי כפי שהזכרנו למעלה, המשנה עצמה קובעת בצורה ברורה שאין ברירה, והאמוראים הללו ודאי מסכימים לדין המשנה שמדובר בגט בטל. השאלה בה חולקים האמוראים היא רק לענין הפסול של אישה כזו לכהונה. אז כיצד הפסול לכהונה משתלב

---

[202] סימן סב, עמ׳ רנט.

[203] **ים של שלמה**, ב״ק פ״ה סי׳ לב (דיני ברירה).

עם דין המשנה שקובע שהגט בטל? האם הם סוברים שיש ברירה או שאין ברירה?

מהראשונים בסוגיא עולות חמש אפשרויות להבין את שיטת זעירי וסיעתו (לפי חלקן דין אין ברירה נאמר רק לחומרא, לפי חלקן הוא נאמר בין לקולא ובין לחומרא, ולפי חלקן זעירי סובר שהדין הוא יש ברירה):

א. זעירי סובר שהמחלוקת לגבי דין ברירה לא הוכרעה, ולכן אנו נותרים בספק. מכאן, שבכל מקום בו הספק הוא לגבי דין דאורייתא יש ללכת בו לחומרא. בדרך כלל החומרא היא להכריע שאין ברירה, אבל לפעמים החומרא היא שיש ברירה. זהו בדיוק המצב בסוגייתנו: הטענה שהגט בטל היא הכרעה לחומרא כאילו אין ברירה, והטענה שהיא נפסלת לכהונה היא פסיקה לחומרא כאילו יש ברירה (כאן הגישה של אין ברירה היא הקולא).

מתפיסה כזו יוצא שלגבי דיני דרבנן יש ללכת לקולא, שהרי דין ברירה נותר בספק. כאמור, בדרך כלל הקולא היא להכריע שיש ברירה, אך זה לא הכרחי.

נראה שכך מבין הר"ן את מסקנת הסוגיא שלנו להלכה, כשהוא כותב (על הרי"ף גיטין, יב ע"ב בדפיו):

> ***והלכתא כולן אין פוסלין חוץ מן האחרון. נ"ל דאחרון לאו פוסל לכהונה בלחוד הוא אלא אם בא אחר וקדשה חוששין לקדושיו דכיון דקי"ל דבדרבנן יש ברירה כדאיתא בפרק משילין (דף לז ב) משמע דמאי דאמרי' דבדאורייתא אין ברירה היינו משום דלחומרא אין ברירה אבל לקולא ודאי לא אמרינן דאין ברירה ולפיכך אמר ללבלר כתוב לאיזה מהן שארצה לגרש וגירש הרי זה ספק גירושין וכן כתב הרמב"ם ז"ל בפ"ג מהל' גירושין:***

האחרונים הבינו מדבריו שלהלכה נשארת הסוגיא בספק, האם יש או אין ברירה, והולכים בדאורייתא לחומרא ובדרבנן לקולא. לגבי הבנתו בשיטת הרמב"ם, ראה להלן.

וגם להלכה אנו מוצאים כך בסוגיית ביצה לח ע"א:

אלא, לעולם לא תיפוך. וכי לית ליה לרבי אושעיא ברירה - בדאורייתא, אבל בדרבנן - אית ליה. דרש מר זוטרא: הלכה כרבי אושעיא.

מכאן עולה שלהלכה אנחנו במצב של ספיקא דדינא, כלומר יש ספק מהי ההלכה, האם יש או אין ברירה.

ב. <u>זעירי פוסק בוודאות שאין ברירה, אלא שלדעתו אין ברירה פירושו הוא שהחלות חלה מספק</u>. במקרה של גירושין בגט שנכתב בספק לשמה, הגט נחשב ככתוב לשם אחת מהן, אבל הספק הזה נותר לעולם ולא מתברר (כפי שראינו למעלה בדברי רש"י לגבי האחים שחלקו). ייתכן שכך אפשר להבין גם את הסוגיא בביצה הנ"ל.

כך משמע מדברי הרמב"ם:[204]

יתר על כן אמר לסופר כתוב ואיזו שארצה אגרש בו וכתב הסופר על דעת זו וגירש בו אחת מהן הרי זה ספק גירושין.

מלשונו נראה שהוא מסתפק לגבי הגירושין, אבל זהו ספק במציאות ולא ספיקא דדינא האם יש או אין ברירה.

אם כנים דברינו, אז הרמב"ם פוסק בוודאות שאין ברירה (אמנם יש הרבה סתירות בדבריו בעניין זה לגבי הסוגיות המקבילות), אלא שלדעתו מצב של אין ברירה פירושו שהגט נכתב לשם אחת הנשים, אלא שלא ברור לשם מי מהן (כפי שראינו ברש"י למעלה לגבי האחים שחלקו). לכן אם מגרש כל אחת מהן היא מגורשת מספק (אם זה נכתב לשמה או לשמה של צרתה).

נציין כי הסבר זה שונה ממה שהבין בדבריו הר"ן שהובא לעיל (שלשיטתו דין ברירה עצמו נותר בספק).

לפי הסבר זה נראה שלפי הרמב"ם היא גם פסולה לכהונה מספק. נציין כי הרמב"ם כלל לא מביא בדבריו את הפסול לכהונה, לא לפסול ולא להכשיר, ולכן לא נראה שכוונתו לומר שהפסול כאן הוא מדין ריח הגט. יתר על כן,

---

[204] הל' גירושין פ"ג ה"ד, וכן הוא ב**שו"ע** אבהע"ז סי' קלא ה"ד.

בפ"י ה"א מהל' גירושין הוא כותב שריח גט הוא מדרבנן, ומשמע מלשונו שם שריח גט הוא אך ורק בציור שמגרש ואוסרה אותה על כל העולם. לכן נראה שלדעתו הפסול במקרה שלנו הוא מדין ספק גירושין, ואינו קשור לדין ריח הגט.

נעיר כי גם לשיטה זו יוצא שבדרבנן יש להכריע לקולא, כלומר בדרך כלל נניח שיש ברירה. סוף סוף זהו מצב של ספק, בדומה לאפשרות הקודמת.

עוד נעיר שלפי שיטה זו להלכה אנחנו לא בספיקא דדינא, אלא בספק במציאות. יש לנו ספק לגבי כל אחת מהאפשרויות האם היא הנכונה או לא. זאת, בניגוד לשיטה הקודמת שרואה זאת כספיקא דדינא. בפוסקים יש הבחנות שונות בין ספיקא דדינא לבין ספק במציאות, אך כאן לא ניכנס אליהן.

ג. <u>זעירי פוסק בוודאות שאין ברירה, אלא שלדעתו דין ברירה נאמר רק לחומרא ולא לקולא</u>. הסבר זה שונה מקודמו, שכן מכאן יוצא שגם בדרבנן יש ללכת לחומרא.

כך נראה מדברי רש"י בסוגיא, שכותב בביאור דעת זעירי וסיעתו:

> ***חוץ מן האחרון - דלחומרא אמרינן יש ברירה ופסולה לכהונה אבל אינך כולהו אפי' ריח הגט אין בהם ולא דמו למגורשת מאישה ולא התירה לכל אדם דההיא לההוא מילתא מיהא לשמו ולשמה נכתב.***

הוא לא מזכיר שמדובר כאן בספק, ולכן נראה שכוונתו לומר שדין אין ברירה נאמר רק לחומרא.

נעיר כי לפי שלוש השיטות שראינו עד כאן, דין אין ברירה נאמר רק לחומרא ולא לקולא. ניתן להביא מקור לתפיסה זו מהצריכותא שנעשית בהמשך הסוגיא. יסוד לחלק מהשיטות הללו הוא מהמשך הגמרא, שם נעשית צריכותא בין שתי המימרות של ריו"ח (האחים שחלקו ופסול לכהונה במקרה שלנו):

> ***וצריכא; דאי איתמר בהא, בהא קאמר רבי יוחנן דאין ברירה, משום דבעינן לה - לשמה, אבל התם מכר הוא דאמר רחמנא ליהדר ביובל, אבל ירושה ומתנה לא; ואי אשמעינן שדה, משום דלחומרא, אי נמי כתחילה, אבל הכא אימא לא, צריכא.***

רואים כאן אפשרות שדין אין ברירה נאמר רק לחומרא (לגבי הלכתחילה, ראה את משמעותו כאן ברש"י). אמנם זוהי רק צריכותא, ולכן יש מקום לומר שזה נדחה, אך יש לזכור שהצריכותא נעשית בדעת ריו"ח, שסובר שדין אין ברירה נאמר גם לקולא. אך אנחנו כאן עוסקים בדעת זעירי וסיעתו, וייתכן שהם חולקים עליו בזה גופא, וסוברים שדין אין ברירה נאמר רק לחומרא.

ד. <u>זעירי סובר שאין ברירה בוודאות, לא לקולא ולא לחומרא</u>. פסלות האישה לכהן כאן היא מדין ריח הגט, וגם אם אין כאן 'לשמה', מכיון שניתן גט היא פסולה לכהונה.

כך עולה מדברי ה**יש"ש**, שהובאו לעיל, שכתב:

> ***ועתה באתי להכריע בעז"ה, כפי אשר הראוני מן השמים. ואומר, שנראים בעיני עיקר דברי הרשבא"ה, דסבר כר"ת וסיעותיו, דלא אמרינן ברירה בדאורייתא, מהא דתנינן בריש פרק כל הגט (גיטין כ"ד ע"ב)...***

הוא מכריע שבדאורייתא אין ברירה, ומביא ראיה לדבריו מהמשנה בגיטין. לאחר מכן הוא מביא את המחלוקת לגבי פסול לכהונה, ומסביר שכל הדיון הוא לגבי ריח הגט:

> ***ועוד מסקינן בסוגיא (כ"ד ע"ב) אמר רב, כל הנך פסולים דמתניתין, אעפ"י שאינו גט. מ"מ פוסלים את האשה מן הכהונה, אם בעלה כהן. או אחר מות בעלה. וטעמא דידיה, משום דהוי כריח הגט דפ' המגרש (שם פ"ב ע"ב). מי שאמר לאשתו הרי את מגורשת ממני, ואי את מותרת לכל אדם. אפילו הכי פסולה מן הכהונה. ואסמכוה אקרא (ויקרא כ"א ז') וגרושה מאישה לא יקחו,***

אפילו לא נתגרשה אלא מאישה. ה״נ הנך פסולי גיטין דמתניתין כולן פוסלין...

זעירי וכן רב אסי אמרי, כולן אינם פוסלים מן הכהונה. דאין בהן אפילו ריח הגט. חוץ מבבא אחרונה. אמר ללבלר כתוב לאיזה שארצה כו׳, אע״פ שאינו גט. דלא אמרינן ברירה. סוף סוף שפיר אית ביה ריח הגט. לפי שנראה כנכתב לשמה. ור׳ יוחנן אמר אף אחרון אינו פוסל מן הכהונה, ולא הוי כריח הגט.

כאן הוא קובע בפירוש שדינו של זעירי מבוסס על דין ריח הגט.

זה מוכיח שהוא לא סובר שדין אין ברירה נאמר רק לחומרא, אחרת היה לו הסבר פשוט לדעת זעירי. לדעת **היש״ש** ברור שדין אין ברירה נאמר בין לקולא ובין לחומרא.

ובאמת גם בסיכום דבריו הוא מסיק שאם הגט פוסל לכהונה רק מדין ריח הגט[205] אבל עקרונית אין ברירה, אז לעניין כשרות הגט עצמו ודאי נפסק להלכה בוודאות שאין ברירה:

א״כ ק״ו לענין גוף הגט, דכולהון בהדדי סברי דאינו גט, אף באחרון, רק בפסול כהונה קמפלגי. ומ״ט אינו גט, דלא אמרינן ברירה, ק״ו דהכי הלכתא, דלא אמרינן ברירה בשום דוכתא.

כך גם עולה מדברי **הטור**, שכתב:[206]

ואפי׳ אמר לסופר כתוב ואיזו שארצה אגרש בו וכתב הסופר על דעת זה פסול כיון שלא פירש לשם איזו הוא כותבו ואפי׳ תלה בדעת אחרים שאמר לו כתוב לאיזו שתצא בפתח תחילה אגרשנה בו פסול דאין ברירה ובכולן לא הוי גט כלל דאפי׳ לכהונה לא

---

[205] ראה גם בדברי **הלח״מ** הל׳ גירושין פ״ג ה״ד שמדבר על ריח גט, גם ברש״י כאן מזכיר את עניין ריח הגט:

חוץ מן האחרון - דלחומרא אמרינן יש ברירה ופסולה לכהונה אבל אינך כולהו אפי׳ ריח הגט אין בהם ולא דמו למגורשת מאישה ולא התירה לכל אדם דההיא לההוא מילתא מיהא לשמו ולשמה נכתב.

לא ברור האם כוונתו לומר שהפסול כאן לדעת זעירי הוא מחמת ריח הגט.

[206] אבהע״ז סי׳ קלא.

נפסלה אם נתגרשה בו חוץ מאיזה שארצה אגרש או לאיזה שתצא
בפתח תחילה שהוא גט לפוסלה לכהונה.

כאן הוא פוסק לא כרמב"ם. לדעתו הגט בטל לגמרי, לא מספק. מה משמעות
הדבר? הוא כנראה סובר להלכה שאין ברירה בודאי, כרמב"ם. אלא שלדעתו
הדעה שאין ברירה משמעותה שונה ממה שהצענו לעיל. אם אין ברירה אז
הגט ודאי לא נכתב לשמה של אף אחת מהנשים, ולא כדעת רש"י והרמב"ם
שיש כאן ספק לשמה של מי מהן הוא נכתב. ובכל זאת לדעתו הגט פוסל
אותה לכהונה (ומשמע מדאורייתא). לשונו היא שהגט הוא גט לעניין לפוסלה
מסן הכהונה. זה נראה כדעת ה**יש"ש** שהבאנו כאן, שהאיסור לכהונה הוא
מדיני ריח גט, ואינו קשור לדיני ברירה.

המחלוקת בין ה**טור** וה**יש"ש** לבין רש"י והרמב"ם לגבי משמעות המצב של
אין ברירה תידון עוד להלן.

אמנם רוב ככל הראשונים כאן מניחים שריח גט קיים רק במקום שנכתב גט
לשמה (והוא בכל זאת פסול, כגון שאוסר אותה על כל העולם – כבסוגיית פב
ע"ב), ולכן כאן הם לא מסבירים את דעת זעירי וסיעתו כך.

ה. **זעירי סובר שיש ברירה.** דין המשנה שפוסלת את הגט הוא חומרא
מיוחדת בדיני לשמה, שאפילו אם יש ברירה זה לא מועיל להיחשב כאילו
הגט נכתב לשמה. כיוון זה מניח שגם הדעה שיש ברירה אינה רואה את
ההתבררות כמוחלטת (ראה על כך להלן).

כך אנחנו מוצאים בתוד"ה *'לאיזו'*, כד ע"ב, שכתבו:

לאיזו שארצה אגרש בו פסול – בגמרא מפרש משום דאין ברירה
ואומר ר"י דאפי' מאן דסבר בעלמא יש ברירה הכא מודה משום
דוכתב לה לשמה משמע שיהא מבורר בשעת כתיבה וכן משמע
בגמרא דקאמר אי איתמר בהא בהא קאמר ר' יוחנן דאין ברירה
משום דבעינן לה לשמה משמע אע"ג דבעלמא יש ברירה הכא
פסול משום דכתיב וכתב לה.

רואים שישנה אפשרות שלהלכה יש ברירה, ודין המשנה הוא חומרא מיוחדת.

אמנם תוס' לא מכריע כאן בוודאות שיש ברירה (הוא מסביר את הצריכותא שנעשית בהמשך הסוגיא, שהובאה לעיל), אלא רק פותח פתח להכניס את האפשרות הזו בסוגייתנו.

אך מסוגיות אחרות עולה האפשרות להבין שלהלכה נפסק שיש ברירה (אולי אפילו נגד משנת גיטין). לדוגמא, במשנת נדרים מה ע"ב אנו מוצאים:

השותפין שנדרו הנאה זה מזה - אסורין ליכנס לחצר; ר"א בן יעקב אומר: זה נכנס לתוך שלו, וזה נכנס לתוך שלו.

מובאת כאן מחלוקת בשאלה האם שותפים בחצר יכולים לאסור את השימוש בחצר זה על זה. ראובן אסר את החצר בקונס על שמעון שותפו. כששמעון משתמש בחצר הוא משתמש בחלקו ובחלקו של ראובן, ולכן לכאורה זהו שימוש אסור. כך אכן סובר ת"ק. אך ראב"י סובר שכל אחד מהם יכול להיכנס לחצר ולהשתמש בה כדרכו, ואין כל איסור בכך.

בגמרא שם לא ברור מה יסוד המחלוקת, ומדוע ראב"י לא חושש לאיסור הקונם. אך בסוגיית ב"ק נא ע"ב אנו מוצאים שהמחלוקת הזו תלויה בשאלה האם יש או אין ברירה. הגמרא שם עוסקת בשאלת האחריות על נזקי בור ברה"ר. בדרך כלל החופר או המשתמש בבור נחשב כבעליו. כעת עולה השאלה האם כשהוא מוסר את השימוש למישהו אחר הוא נפטר מאחריותו:

כתנאי: המדלה מים מן הבור, ובא חבירו ואמר לו הנח לי ואני אדלה מים, כיון שהניחו משתמש - פטור; רבי אליעזר בן יעקב אומר: משימסור לו דליו. במאי קמיפלגי? רבי אליעזר בן יעקב סבר: יש ברירה, האי מדידיה קא ממלא והאי מדידיה קא ממלא; ורבנן סברי: אין ברירה.

ראב״י סובר שבעת שהוא משתמש בבור הוא משתמש בשלו, שכן יש ברירה.[207] כעת הגמרא מביאה שהם הולכים לשיטותיהם במשנת נדרים הנ״ל:

אמר רבינא: ואזדו לטעמייהו, דתנן: השותפין שנדרו הנאה זה מזה - אסורין ליכנס לחצר, ר״א בן יעקב אומר: זה נכנס לתוך שלו וזה נכנס לתוך שלו. במאי קמיפלגי? ר״א בן יעקב סבר: יש ברירה, האי לדנפשיה עייל והאי לדנפשיה עייל; ורבנן סברי: אין ברירה.

רואים ששני התנאים במשנת נדרים חלוקים האם יש או אין ברירה, והם עקביים לשיטותיהם גם בסוגיית ב״ק. ראב״י סובר שבעת השימוש החלק בו שמעון משתמש מתברר כשייך לו, ולכן הוא משתמש בשלו ולא בשל ראובן שותפו. ואילו ת״ק סובר שאין ברירה, ולכן ראובן משתמש בחלקו ובחלק חברו, וזה אסור לו מחמת הקונם.

בהמשך סוגיית נדרים (מו ע״ב) אנו מוצאים:

אמר רב הונא: הלכה כר״א בן יעקב; וכן א״ר אלעזר: הלכה כר׳ אליעזר בן יעקב.

לאור מה שראינו בסוגיית ב״ק, עולה מכאן שההלכה היא כראב״י שסובר שיש ברירה. זה עומד בניגוד למשנת גיטין שראינו, שם נפסק שאין ברירה. אמנם קשה להניח שזעירי פוסק כמשנת נדרים נגד משנת גיטין, שכן דבריו מובאים בסוגיית גיטין, ללא כל הערה על הסתירה למשנה. לכן האפשרות שהוא חולק על המשנה בגיטין אינה מוצגת ברשימת האפשרויות לעיל. בכל אופן, אנחנו רואים שיש כאן סוגיא תלמודית שממנה עולה שההלכה היא שיש ברירה. נציין שמדובר בדין דאורייתא שנפסק לקולא, ולכן כל תירוצים הראשונים שהובאו לעיל אינם פותרים את הבעייה (למעט שיטת התוס׳, שמשנת גיטין היא חומרא מיוחדת בדין לשמה).

ובאמת הר״ן בנדרים שם מקשה זאת:

---

[207] הקשר לדין ברירה אינו פשוט, ולא נאריך בכך כאן.

ואיכא דמקשו כיון דפלוגתייהו דרבי אליעזר ורבנן ביש ברירה ואין ברירה היא - דהכי אוקמא רבינא בפרק שור שנגח את הפרה (שם /בבא קמא/ דף נא:) היכי פסקינן בגמרא כר' אליעזר בן יעקב דסבירא ליה דיש ברירה והא בפרק משילין (ביצה דף לח) אסיקנא דכי לית ליה לרבי אושעיא ברירה בדאורייתא אבל בדרבנן אית ליה ואפסיקא הלכתא כר' אושעיא אלמא בדאורייתא אין ברירה וקשיא הלכתא אהלכתא

ובהמשך דבריו הוא מביא שתי אפשרויות ליישב את הקושי:

תירץ ר"ת ז"ל דהכא הלכה כר' אליעזר ולא מטעמיה קאמרינן דאיהו סבר דיש ברירה וויתור אסור במודר הנאה ואנן סבירא לן דאין ברירה אבל ויתור סבירא לן דמותר במודר הנאה...

ר"ת סובר שמה שנפסקה הלכה כראב"י זה לא מטעם ברירה, אלא מטעם אחר. לשיטתו באמת להלכה נפסק שאין ברירה.

אך הר"ן דוחה את דבריו, ומביא שם דעה נוספת:

ורבינו יצחק ז"ל לא נראה לו דבריו דלא מסתברא לדחות כמה סתמות שנסתמו במכילתין כמאן דאמר ויתור אסור במודר הנאה וכולה פירקין דלעיל כוותיה אזיל לפיכך תירץ הוא ז"ל דודאי קי"ל כמאן דאמר אפי' בדאורייתא יש ברירה מהא דשמעתין והא דאפסיקא הלכתא כר' אושעיא בפרק משילין ממאי דאמר דבדרבנן יש ברירה בלחוד הוא דאפסיקא הלכתא משום דאיהי היא עיקר פלוגתייהו.

לדעת ר"י ההלכה היא שיש ברירה, וסוגיית ביצה שפוסקת להלכה כר' אושעיא שאין ברירה בדאורייתא ויש ברירה בדרבנן, אינה סותרת. הכוונה היא להכריע שיש ברירה בדרבנן, שכן לגבי דאורייתא אין שם כלל דיון. מדבריו יוצא שישנה בסוגיית ביצה אפשרות (שאמנם נדחתה להלכה) שבדאורייתא יש ברירה, אבל בדרבנן אין ברירה. הפוך מהחשיבה המקובלת. ומה על משנת גיטין? מסתבר שר"י יסביר אותה כדעת התוס' שהובאה לעיל, שזוהי חומרא מיוחדת בדיני לשמה, אך להלכה יש ברירה בין לקולא ובין

לחומרא בין בדאורייתא ובין בדרבנן. כאמור, זוהי דעה חריגה (אם כי יש לה עוד כמה תומכים. ראה להלן).

סיכום העולה להלכה

רוב הראשונים נוקטים להלכה כדעת ר' אושעיא בסוגיית ביצה, שיש ברירה בדרבנן אבל בדאורייתא אין ברירה. לגבי דאורייתא, ראינו כמה אפשרויות להבין את הדין: האם דין ברירה נאמר רק לחומרא (כרש"י גיטין), או שזה ספיקא דדינא (כר"ן גיטין) או שזה ספק במציאות (כפשט הרמב"ם הל' גירושין). ישנה גם דעה שבדאורייתא אין ברירה בודאי (**היש"ש**).

אמנם ראינו שיש ראשונים שסוברים שגם בדאורייתא יש ברירה, כגון הר"י שהובא בר"ן נדרים.[208]

נעיר כי ישנה דעה חריגה נוספת, במרדכי (סוף ביצה, בשם הר"מ), שלהלכה אין ברירה אפילו בדרבנן (ראה **שער המלך** עירובין פ"ח ה"ז שדן באורך בדבריו).

לגבי המישור דרבנן ישנן דעות שפוסקים יש ברירה גם לחומרא, כלומר שההבחנה בין דאורייתא ודרבנן היא לא מחמת דיני ספיקות אלא שכך נפסק להלכה. ראה על כך בשו"ת **שאגת אריה**[209] (=**שאג"א**) שדן אם כשדין יש ברירה מייצרחומרא, אז בדרבנן אומרים אין ברירה, או לא, ועוד.

השלכה נוספת היא לגבי מצבים שבהם פוסקים גם בדרבנן לחומרא, כמו דבר שיש לו מתירין,[210] וכן במוקצה.[211]

ישנם גם מצבים שבהם בספק דאורייתא הולכים לקולא, כמו ספק טומאה ברה"ר, או ספק ממזר, או ספק בכור וכדו'. במקומות אלו יש לדון האם

---

[208] עוד סוברים כך הרא"ש בנדרים שם (פ"ה סי' א), והרמב"ן (ב"ב קז ע"ב) והגהות אשר"י עירובין (פ"ג סי' ו)..

[209] סי' צ.

[210] ראה ביצה ד ע"א.

[211] ראה מחלוקת התנאים ביצה כד ע"ב. ולהלכה ברמב"ם הל' יו"ט פ"ב ה"ט. וראה **מ"ב** סי' תצה בסקכ"א בדעת הרמ"א שם בה"ה.

כשתתעורר שאלה של ברירה נכריע שאין ברירה (גם כשהתוצאה היא לקולא) או לא (כי הכרעה בדיני ספיקות מוליכה כאן לפסק שיש ברירה).
נציין כי בדעת הרמב״ם האריכו מאד האחרונים, שכן דבריו בכמה מקומות סותרים אלו את אלו.[212] אין כאן המקום לברר את שיטתו במלוא היקפה (ראה על כך ב**יש״ש** ב״ק הנ״ל, ונושאי הכלים על הרמב״ם).

המשך סוגיית גיטין: תולה בדעת עצמו ואחרים
כעת הגמרא מעלה ספק:

בעא מיניה רב הושעיא מרב יהודה: אמר ללבלר כתוב לאיזו שתצא בפתח תחילה, מהו? אמר ליה, תניתוה: יתר מיכן, אמר ללבלר כתוב לאיזו שארצה אגרש - פסול לגרש בו, אלמא אין ברירה.

לכאורה הקטע הזה הוא תמוה, שהרי המשנה אומרת בפירוש שאין ברירה במקרה דומה, כשאומר לסופר כתוב לאיזהו שארצה לגרש. אם כן, לא ברור מה מקום לספק של ר׳ הושעיא?
לכאורה כבר כאן ישנה הנחה שהיה מקום לחלק בין תולה בדעת עצמו (שזה המקרה של המשנה) לתולה בדעת אחרים (שזה המקרה של ר׳ הושעיא). ר׳ הושעיא מסתפק האם דין המשנה שאין ברירה נאמר רק במקום שהוא תולה בדעת עצמו, או גם כשהוא תולה בדעת אחרים.
בכל אופן, רב יהודה אכן פושט את הספק מהמשנה, ולשיטתו כנראה אין הבדל בין תולה בדעת עצמו לתולה בדעת אחרים.
כעת הגמרא מקשה על רב יהודה משחיטת הפסח, שם הוא תולה בדעת אחרים ורואים שבזה יש ברירה:

איתיביה: האומר לבניו הריני שוחט את הפסח על מי שיעלה מכם ראשון לירושלים, כיון שנכנס ראשון ראשו ורובו - זכה בחלקו ומזכה את אחיו עמו!

---

[212] ראה הל׳ מעשר פ״ז ה״א, הל׳ מעשר שני פ״ד הט״ו, הל׳ גירושין פ״ג ה״ד, הל׳ איסורי מזבח פ״ד הי״ז ועוד.

אם האח שהגיע ראשון זוכה באכילת הפסח, רואים שיש ברירה. כיצד זה מתיישב עם המשנה שקובעת שאין ברירה? על כורחנו החילוק הוא בין תולה בדעת אחרים ובדעת עצמו, כספיקו של ר' הושעיא.

על כך עונה לו רב יהודה ששחיטת הפסח היא מצב שבו הוא מינה את כולם מראש, והכל הוא משחק כדי לזרזן במצוות העלייה לירושלים. לדעתו אין כאן התייחסות לדין ברירה, ולכן אין להביא מכאן ראיה שיש ברירה בתולה בדעת אחרים.

כעת הגמרא מביאה מחלוקת אביי ורבא בנקודה זו:

אמר אביי: קא בעי מיניה תולה בדעת אחרים, וקא פשיט ליה תולה בדעת עצמו, והדר מותיב ליה תולה בדעת אחרים!

אמר רבא: מאי קושיא? דלמא דמאן דאית ליה ברירה, לא שנא תולה בדעת עצמו ולא שנא תולה בדעת אחרים אית ליה ברירה, ומאן דלית ליה ברירה, לא שנא תולה בדעת עצמו ולא שנא תולה בדעת אחרים לית ליה ברירה.

אם כן, נראה שרבא טוען שאין הבדל בין תולה בדעת אחרים או עצמו, ואביי סובר שיש הבדל כזה, ממש כמחלוקת ר' הושעיא ורב יהודה.[213]

כעת רב משרשיא מקשה על רבא, מדעת שני תנאים, ר"ש ור"י, ששניהם מבחינים בין תולה בדעת עצמו (שאין ברירה) לתולה בדעת אחרים (שיש ברירה). נדון בהם אחד לאחד.

דעת ר' יהודה

הטענה הראשונה היא על ר' יהודה:

א"ל רב משרשיא לרבא: והא רבי יהודה, דתולה בדעת עצמו לית ליה ברירה, ותולה בדעת אחרים אית ליה ברירה!

---

[213] יש להעיר שמהלך הגמרא הוא תמוה, שכן אביי מקשה על הגמרא, ונראה שהוא לא מבין אותה כפי שהסברנו, שלר' הושעיא יש הבדל ולרב יהודה אין. וגם רבא שעונה לו, לא מבחין בין שני המקרים. לא ניכנס לזה כאן.

תולה בדעת עצמו לית ליה ברירה, דתניא: הלוקח יין מבין
הכותים, אומר: שני לוגין שאני עתיד להפריש הרי הן תרומה,
עשרה מעשר ראשון, תשעה מעשר שני, ומיחל ושותה מיד, דברי
ר"מ, רבי יהודה ורבי יוסי ורבי שמעון אוסרין;

הראיה שר' יהודה סובר שאין ברירה בתולה בדעת עצמו היא מהפרשת
תרומה. לאדם יש חבית יין של טבל, והוא מפריש תרומה את שני הלוגין
שיישארו בסוף אחרי שהוא שותה את הכל. יש כאן דין של ברירה, שכן בעת
שהוא שותה היין כבר צריך להיות מתוקן, אבל הקביעה אילו שני לוגין יהיו
תרומה נעשית על ידי בירור עתידי (מה שיישאר).

עד כאן ראינו שבתולה בדעת עצמו ר"י סובר שאין ברירה. הראיה שר"י
סובר שיש ברירה בתולה בדעת אחרים היא מהמשנה גיטין עג ע"א:

תולה בדעת אחרים אית ליה ברירה, דתנן: מה היא באותן הימים?
ר' יהודה אומר: הרי היא כאשת איש לכל דבריה, ולכי מיית הוי
גיטא.

מדובר על מי שנתן גט לאשתו "מהיום אם מתי", והדין הוא שהגט כשר
(ראה משנה גיטין עב ע"ב, ובגמרא שם). רש"י כאן מסביר את הראיה:

ולכי מיית הוי גיטא – דקתני רישא הרי זה גט ואיירי ר' יהודה
במה היא באותן הימים אלמא לא פליג ברישא ולא אמרינן גט
לאחר מיתה הוא כיון דאמר מעכשיו ואע"ג דכשנתן הגט הוא
מספקא ליה אם יחיה אם ימות ותלה התנאי בדעת מי שמתו וחייו
תלוים בידו וכשמת אמרינן הוברר הדבר דמשעת נתינה היה ראוי
למות מחולי זה וה"ל גט מההיא שעתא שע"מ כן מסרו.

רש"י מסביר שר"י אינו חולק על הדין היסודי של "מהיום אם מתי" שהגט חל
משעה שניתן, אלא רק שואל מה הדין בימי הביניים בציור אחר. מוכח מכאן
שבמקרה של "מהיום אם מתי" הגט חל לדעתו כבר מהיום, כלומר שיש
ברירה.

יש מקום להעיר שמקרה זה נראה כמו תנאי "על מנת" רגיל, וקשה להניח
שדין תנאי יהיה תלוי בשאלה האם יש או אין ברירה. לכאורה אף אחד לא

402

חולק על כך שאפשר להתנות תנאים למפרע. אנו נעסוק בשאלת היחס בין
ברירה לתנאי להלן בפרק עשרים וארבעה.

דעת ר׳ שמעון

הטענה השנייה של רב משרשיא היא לגבי דעת ר״ש:

אמר ליה רב משרשיא לרבא: הא ר״ש, דתולה בדעת עצמו לית ליה
ברירה, ותולה בדעת אחרים אית ליה ברירה!
תולה בדעת עצמו לית ליה ברירה, הא דאמרן;

כפי שראינו, ר״ש סובר כר״י בלוקח יין מהכותים, וכך גם ר׳ יוסי. ושלושתם
חולקים על ר״מ. אם כן, משם מוכח שגם לדעת ר״ש בתולה בדעת עצמו אין
ברירה.

הראיה שר״ש סובר יש ברירה בתולה בדעת אחרים היא שונה מזו של ר״י:

תולה בדעת אחרים אית ליה ברירה, דתניא: הריני בועליך על מנת
שירצה אבא, אע״פ שלא רצה האב – מקודשת; ר׳ שמעון בן יהודה
אומר משום רבי שמעון: רצה האב – מקודשת, לא רצה האב –
אינה מקודשת!

רואים שרצון האב (שהוא אדם אחר) מברר למפרע את הקידושין, ומוכח
שיש ברירה. גם כאן עולה השאלה מה ההבדל בין ברירה לתנאי, ואנו נעסוק
בה בפרק עשרים וארבעה.

מסקנת הגמרא לרבא

עד כאן ראינו שהקשו על רבא שאינו מבחין בין תולה בדעת עצמו לתולה
בדעת אחרים, שגם ר״י וגם ר״ש כן הבחינו בין המקרים. זו ראיה לאביי
(ואולי גם לר׳ הושעיא).

על כך עונה רבא:

אמר ליה: בין לר׳ יהודה בין לר״ש, לא שנא תולה בדעת עצמו ולא
שנא תולה בדעת אחרים אית להו ברירה, והתם כדקתני טעמא,

אמרו לו לר"מ: אי אתה מודה, שמא יבקע הנוד ונמצא זה שותה טבלים למפרע? אמר להם: לכשיבקע.

הוא מסביר שכל התנאים במשנת הלוקח יין סוברים שיש ברירה בכל המקרים. המחלוקת היא רק בשאלה האם מותר לשתות מייד ולהסתמך על כך שיישארו בסוף שני לוגין, או שמא יש לחשוש שמא ייבקע הנאד. הוא מביא ראיה מציטוט של המו"מ בין התנאים, כפי שהוא מופיע בתוספתא דמאי (פ"ח ה"ז).

יוצא מכאן שלפי רבא שלושת התנאים במשנת הלוקח יין סוברים שיש ברירה, בניגוד כסתם משנה בסוגיית גיטין, ולרוב הדעות גם בניגוד להכרעת ההלכה.

לפי אביי שלושת התנאים הללו כן מסכימים שאין ברירה. הוא לא למד שהם חוששים לבקיעת הנאד, ולכן לדעתו יש הבדל בין תולה בדעת עצמו ואחרים.[214] בסוגריים נעיר כי יש לתפיסות הללו נפקות הלכתית. לפי הסבר אביי שהויכוח כאן הוא בדין ברירה, אזי לפי שלושת התנאים שאוסרים לשתות זהו דין דאורייתא, שהרי הטבל עדיין לא מתוקן. לעומת זאת, לפי

---

[214] נציין כי בסוגיות מקבילות ישנן התייחסויות סותרות לדעת שלושת התנאים הללו. לדוגמא, בסוגיית סוכה כג ע"ב – כד ע"א ובמקבילות נמצאת מחלוקת אמוראים דומה בהבנת דעת התנאים הללו. מהלך המקביל ישנו בסוגיית עירובין לו, וכן בסוגיית חולין יד ע"א, שגם שם מעלים את האפשרות שהמחלוקת היא על דין ברירה, ודוחים מכוח המו"מ בברייתא. נראה שלמסקנה לומדים שהמחלוקת היא האם חוששים לבקיעת הנאד או לא. משלוש הסוגיות הללו יש לנו מקור לאפשרותה של דעת אביי, שמבין את המשנה כפשוטה, שהמחלוקת היא לגבי דין ברירה ולא לגבי חששות. יש שם גם יישוב לראיית רבא מלשון התוספתא לשיטת אביי.
אמנם יש להעיר שבסוגיית גיטין כח ע"א נראה שהמחלוקת היא בפשיטות על חשש עתידי, שכן הגמרא שם מחלקת בין חשש שמא מת לשמא ימות, ובקיעת הנאד היא כשמא ימות. וזה כרבא נגד אביי. לעומת זאת, בסוגיית ב"ק סט ע"א-ע"ב לומדים בפשטות שהמחלוקת היא בדין ברירה. וכן הוא בסוגיית מעילה כב ע"א, שגם שם מוכח שלמדו את המחלוקת בדיני ברירה.
עוד נעיר כי בסוגיית עירובין לז ע"ב עולה אפשרות אחרת להסביר את דעת ר"ש לפי רבא, שהוא סובר שבעינן ראשית ששייריה ניכרים (ולא בגלל שאין ברירה). כלומר הבעייה אינה החשש שייבקע הנאד אלא בעייה שהיא מעיקר דין הפרשה.

רבא החשש הוא שמא ייבקע הנאד, שזה לכל היותר ספק, ובפשטות אפילו
ספק אין כאן אלא חשש דרבנן.[215]

מהי סברת ההבדל בין תולה בדעת עצמו לתולה בדעת אחרים?

רש"י בסוגייתנו מסביר:

אמר אביי קבעי מיניה – אתמוהי מתמה אביי ברב יהודה ורב
אושעיא קבעי מיניה לאיזו שתצא בפתח תחילה דתלה (זה) המתנה
בדעת אחרים וקפשיט ליה לאיזו שארצה דהיינו תולה בדעת עצמו
דילמא תולה בדעת עצמו לית לן ברירה דמדאתני ברישא גילה
בדעתו שהיה פוסח על שתי סעיפים וליכא למימר הוברר דמעיקרא
דעתיה להאי אבל זה שתלה באחרים גמר בדעתיה מעיקרא לאיזו
שתצא.

כלומר הסברא לחלק בין תולה בדעת עצמו לתולה בדעת אחרים היא שאם
הוא עצמו עדיין לא החליט, אזי ודאי לא ניתן לומר שיש ברירה.

אמנם לכאורה במובן הזה גם בלוקח יין הוא מותיר זאת ליד המקרה
העתידי, ולכן גם שם יש אי החלטה. ובכלל, לא לגמרי ברור מדוע זה שונה
מהמקרה הרגיל של תולה בדעת אחרים, שהרי גם שם הוא לא החליט
והשאיר זאת ליד המקרה (או האחר).

מסתבר שההבדל הוא הבא: בתולה בדעת אחרים, הוא עצמו החליט סופית
וסיים את פעולתו. הוא קבע על מה תחול החלות, וכעת נותר לנו רק לראות
מי העצם הקונקרטי שנבחר מעיקרא. כלומר יש עצם שנבחר, אלא שאנחנו
עדיין לא יודעים מיהו. לפי סברא זו, די לנו ברצון כזה כדי להחיל את
החלות. לעומת זאת, בתולה בדעת עצמו הוא משאיר את הדברים פתוחים
גם מבחינת רצונו שלו. לכן בזה יש פחות סברא לומר שתהיה ברירה.

---

[215] לשאלה האם זה ספק או חשש (דרבנן), יש גם השלכה הפוכה. אם מישהו מחליט לקחת
את הסיכון ולשתות, ולקוות שלא ייבקע הנאד. אם יש כאן חשש דרבנן, הוא עבר איסור.
אבל אם יש כאן דיני ספיקות – זה יהיה תלוי בשאלה האם בספק איסור שהתברר שלא עבר
יש איסור או לא (האם האיסור הוא על כניסה לבית הספק, או שהאיסור הוא רק על צד
שעבר על האיסור המקורי. ראה על כך באריכות בספר **שערי ישר** שער א).

פרק עשרים ושלושה

דין 'ברירה' והלוגיקה של תורת הקוונטים

מבוא

בפרק זה נתחיל לבחון את משמעותו של דין ברירה לשיטות השונות. אנו נעמוד על הסיטואציות בהן הוא מופיע, על ההבנות השונות בו, ועל סברות המחלוקת האם יש או אין ברירה. בפרק זה ובבא אחריו נראה שישנו קשר הדוק בין צורת החשיבה של חכמים לגבי ברירה לבין הלוגיקה[1] של תורת הקוונטים. לא מדובר כאן בקביעה אנכרוניסטית, לפיה חכמים ידעו את תורת הקוונטים. אין לנו ספק שזה לא נכון. אך אנו ניווכח כי הניתוח של סוגיות ברירה מציע יישום פשוט של הלוגיקה המוזרה לכאורה של תורת הקוונטים, וזאת בסיטואציות בהן כל אדם, גם מי שאינו מכיר כלל את הפיסיקה המודרנית, עשוי לחשוב בצורות אזוטריות כאלה. בשני הפרקים הבאים אנחנו נראה שלמרבה ההפתעה תורת הקוונטים אינה כה מוזרה כפי שהיא נראית. לפעמים צורת החשיבה הזו ממש סבירה ומתבקשת.

---

[1] חשוב להבהיר שלא מדובר כאן במובן הדיסציפלינארי של לוגיקה-קוונטית (גישה שאחד מאיתנו ביקר חריפות. ראה מ. אברהם, "מהי 'חלות'?", **צהר ב**). לסקירה של התחום ראה: Maria Luisa Dalla Chiara, Roberto Giuntini and Miklos R´edei, *The History of Quantum Logic*, **Handbook of the History of Logic**, Volume 8 (Editors: Dov M. Gabbay and John Woods), Elsevier 2007, pp. 205-283

כאן לא נשתמש בהצרנה לוגית המאפשרת ביטוי של עמימות (בדרגות שונות של חומרה) של מכניקת הקוונטים, כפי שהם עושים. מוצעת כאן אנלוגיה של חלויות ומצבים הלכתיים לאלה הפיסיקליים – כגון מצבי סופרפוזיציה וקריסה, שזירה ובירור מצבים אחורנית בזמן.

באלו סיטואציות אנחנו מדברים על ברירה?

כפי שראינו למעלה, מצב בו מתעוררת בעיית ברירה הוא מצב בו נעשית פעולה הלכתית כלפי עצם שעדיין איננו מוגדר. הגדרתו של העצם, ובעצם בחירתו מתוך קבוצה של עצמים פוטנציאליים, תיעשה באמצעות מעשה או אירוע כלשהו שאמור להתרחש בעתיד. לדוגמא, אדם כותב גט לשם אישה, שכרגע אינה מוגדרת. יש לו שתי נשים עם אותו שם, והוא תולה זאת במי שתצא בפתח תחילה ביום שלמחרת. האירוע העתידי קובע את האישה שלשמה נכתב הגט. הוא הדין במקרה של לוקח יין מבין הכותים. גם שם מחילים חלות של תרומה על שני לוגין מתוך סך הלוגים שבכד, והקביעה מיהם שני הלוגים של התרומה תלויה באירוע עתידי (מי מהם שיישאר בסוף).

אנו למדים מכאן ששאלת ברירה מופיעה בסיטואציות בהן אירוע עתידי מברר משהו לגבי העבר. לכאורה נראה שאם הבירור אינו נדרש להיות רטרואקטיבי אזי אין כאן שאלה של ברירה (אף שלהלן נראה שהדבר אינו כה פשוט). ישנן כמה סיטואציות שבהן ישנה מראית עין של ברירה, שכן נעשית פעולה של החלת חלות הלכתית על עצם לא מוגדר. אך מכיון שהפעולה נעשית רק כלפי העתיד ולא נדרש בירור למפרע, לא מדובר כאן באמת בברירה. נביא כמה דוגמאות שיבהירו את העניין.

מי שקובע את העיקרון הזה בצורה הברורה ביותר הוא הרשב״א בתשובה.[2] וזו לשון השואל ברשב״א שם:

> ***שאלת: המוכר לחבירו אחד מקרקעותיו סתם, דקיימא לן: שיתן לו אי זה שירצה, היכי קונה? דהא קיימא לן: אין ברירה.***

מדובר כאן בראובן שמוכר שדה אחת מתוך חמש שיש לו לשמעון. במצב הזה כלשעצמו, לא מתעוררת כל בעייה, שכן מכורה לו שדה לא מבוררת

[2] ׳תולדות אדם׳ סי׳ פב. באוסף השו״ת שלו זה מופיע בח״ב סי׳ פב. ראה גם בתחילת ׳מערכת הקניינים׳ שנדפסה בסוף ספר **שערי ישר** ובספר **בית ישי** סי׳ סג, שדנו בתשובה זו ובמשמעותה.

אחת מתוך החמש (להלן נדון במצב כזה לגבי מקדש אחת מחמש נשים). כאן הכוונה היא שהאדם מגדיר אירוע עתידי שיברור באיזו שדה מדובר, שכן הוא מגדיר שהשדה אותה הוא יבחר לתת היא שתהיה שייכת לשמעון. לגבי מקרה כזה, טוען השואל, אם אנחנו פוסקים שבדאורייתא אין ברירה אזי שום שדה לא תהיה קנויה לשמעון.

הרשב״א שם עונה לו כך:

... אבל מה שהשוות את הדברים בדיני הברירה, והקשית מזה לזה, אינו נראה כן. דאין דין: יש ברירה ואין ברירה, אלא במה שאנו צריכין לומר: הוברר הדבר שמה שהוא עכשיו כבר היה, או חל מעיקרא. שאלו לא נאמר: הוברר הדבר, אין לו קיום. לפי שאנו צריכין לקיומו של דבר. כההיא דהלוקח יין מבין הכותיים, שהוא מפריש לאחר ששתה. ואי אין ברירה, נמצא זה שותה טבלים מלפרע.

וכן בהרי זה גיטיך מעכשיו אם מתי, שאם אין ברירה הוה ליה גט לאחר מיתה. שהרי אינו גט אלא לאחר שימות. וכן באומר הבעל: כתוב גט לאיזו שארצה אגרש בו, שאנו צריכין לעיקרו, דהיינו: שעת כתיבה. דבעינן כתיבה לשמה. וכן באחין שחלקו, שאנו צריכין לברירה, למאן דאמר: יורשין הוו...

כלומר הרשב״א טוען שדין זה אינו שייך כלל לברירה, שכן לא נדרש כאן שום בירור למפרע. בקניית השדה ניתן לומר שהיא קנויה מעת שהוברר (כשהוא בחר לתת דווקא אותה לשמעון), ולכן אין כאן סיטואציה של ברירה. כל הדוגמאות שפגשנו בגמרא הן דוגמאות שבהן הבירור נדרש למפרע. בגט נדרשת כתיבה למפרע, ולכן אי אפשר לומר שדין לשמה חל רק מעת שהיא יוצאת בפתח. הוא הדין לגבי לוקח יין מבין הכותים, שאם הוא שותה את היין מייד אזי חייבים להניח שיש כאן תרומה שהופרשה כבר בעת השתייה, ולא די ששם תרומה יחול רק בעת שיישארו שני לוגין בסוף.

בסוף דבריו הרשב״א מסכם:

וכלל גדול אני נותן לך: דלא שייך דין ברירה אלא במה שאי אפשר לגרש בו, דלא נכתב לשמה. אי נמי: באי מתי, שאם אין ברירה הוה ליה גט לאחר מיתה. ומיחל ושותה, שאם אין ברירה, אי אפשר לו לשתו', דהוה ליה טבל. ואם בא למזרח, שאם אין ברירה נמצא שאין כאן ערוב, ואינו באפשר ללכ'. וכן כלן. אבל בדבר שקיומו אינו תלוי בברירה, כמכר וכמתנה וצדקה וקרבן בנדר, בזה לא שייך דין ברירה. שהרי בשעה שנתן לו ממכרו, אפילו למאן דאמר: אין ברירה, אין מעכב דין ברירה. שאפשר להתקיים בלא ברירה. וכן בהרי עלי עולה, וכן כל כיוצא בזה.

הדברים אמנם פשוטים בסברא, אך ניתן להביא מקור לכך מסוגיית עירובין שקובעת זאת בפירוש. למעלה ראינו שר' יוסי שייך לשלושת התנאים שסוברים שאין ברירה בלוקח יין מבין הכותים. בסוגיית עירובין לז ע"א דנים בסתירה לכאורה בדעת ר' יוסי:

- וסבר רבי יוסי אין ברירה? והתנן, רבי יוסי אומר: שתי נשים שלקחו את קיניהן בעירוב, או שנתנו קיניהן לכהן - איזהו שירצה כהן יקריב עולה, ולאיזה שירצה יקריב חטאת!

מובאת כאן משנה לגבי קינים, שממנה עולה שלר' יוסי יש ברירה. המשנה עוסקת באישה (כגון יולדת) שחייבת להביא קן, שמורכבת משני עופות, אחת לעולה ואחת לחטאת. המשנה דנה בשתי נשים שלקחו ארבעה עופות, כלומר שני קינים. הן לא הגדירו איזו קן שייכת לכל אחת מהן, ומה לעולה ומה לחטאת בכל קן, ונתנו הכל לכהן. כעת הכהן מקריב שני עופות לשמה של כל אישה, וזה עולה להן. אם ההקרבה נעשתה שלא לשם האישה היא פסולה, ולכן ברור שיש כאן ברירה, כלומר הן היו שותפות בארבעת העופות, והקרבת הכהן בררה איזו קן היתה של רחל ואיזו של לאה, ואיזה עוף הוקדש לעולה ואיזה לחטאת.

הגמרא דוחה:

- אמר רבה: התם כשהתנו. - אי הכי מאי למימרא? - קא משמע לן כדרב חסדא, דאמר רב חסדא: אין הקינין מתפרשות אלא אי בלקיחת בעלים אי בעשית כהן.

מדובר שהנשים התנו מראש שמה שיקריב הכהן לשם כל אחת מהן יהיה שלה. על כך מקשה הגמרא מה החידוש כאן, ועונה שהחידוש הוא דינו של ר׳ חסדא שקינים יכולות להתפרש (מה לעולה ומה חטאת) גם בעשיית הכהן.

מדוע בהעמדה הסופית אין תלות בשאלת ברירה? הסיבה לכך היא שבעיית ברירה עולה אך ורק במקום שנדרש בירור למפרע. לכן אם היינו חושבים שהפירוש של הקן יכול להיעשות רק בלקיחת הבעלים (=האישה), אזי התנייה כזו מוליכה אותנו לבעיית ברירה, שכן מעשה הכהן אמור להגדיר מה יצא מהתניית הנשים מלכתחילה. אבל מכיון שר׳ חסדא מחדש שניתן לפרש את הקן גם במעשה הכהן, שוב אין כאן שום דבר רטרואקטיבי, ולכן אין כאן בעיית ברירה. הקן מתפרשת במעשה הכהן, וכעת כל עוף מוגדר אם הוא לחטאת או לעולה מכאן והלאה, ואין כל צורך בבירור למפרע.

וכך גם כותב הריטב״א שם:

ויש שפירשו הב״ע כשהתנו שהן לקחו קיניהן בעירוב ממש אבל התנו ביניהם מתחלה שלא תזכה אחת מהן בשום קן בעולם עד שיברר אותם הכהן, ומשעה שיברר אותם הכהן ואילך תחול זכותם באותו קן [כ]שבררם הכהן קודם הקרבה נתברר קנה של כל אחת ומאותה שעה ואילך זכתה בקן שלה, וכן כשנתנו דמי קיניהם מעורבין לכהן התנו שאותו קן שיברר הכהן לאחת מהם בשעת המקח יהא שלה ויהא שלוחם לברר חלק כל אחת מהן דהשתא מתחלת זכייתן בקיניהן הוברר קן כל אחת מהן ואין כאן ברירה.

וראה שם גם ברש״י ותוס׳, ובריטב״א בדיבור הקודם. גם ב**שאג״א** סי׳ צ וצ״א דן באריכות, ומוכיח שכאשר אין צורך ברטרואקטיביות – לא שייכת המחלוקת לגבי ברירה.

ראינו שדין ברירה מתעורר אך ורק כאשר ישנה התייחסות מעתיד לעבר. להלן נראה שהקביעה הזו כלל וכלל אינה ברורה, וכנראה גם לא מוסכמת.

אנו ניווכח כי לשיטת רש"י וסיעתו ייתכן שהמחלוקת לגבי ברירה יכולה להתעורר גם במקום בו אין כלל שאלה של רטרואקטיביות.

ברירה רטרואקטיבית ורטרוספקטיבית

לכאורה נראה שיש מקום לחלק בין שני סוגי ברירה: רטרואקטיבית ורטרוספקטיבית.[3] בלוקח יין מבין הכותים, שני הלוגין שנשארו בסוף הופכים להיות תרומה כבר מהתחלה, שאם לא כן כאשר הוא שתה את שאר היין יש כאן איסור טבל. זוהי ברירה רטרואקטיבית. אבל בגט אנחנו אמנם רואים את הכתיבה כאילו כבר בשעתה היא נכתבה לשם האישה שיצאה ראשונה בפתח, אבל ההשלכות הן רק לזמן שאחרי יציאת האישה מהפתח. זוהי ברירה רטרוספקטיבית.

מקרה רטרוספקטיבי נוסף הוא המקרה של עירובין לו, שם דנים במי שרוצה ללכת לשמוע שיעור מחכם שיגיע במהלך השבת, והוא אינו יודע מאיזה כיוון יגיע החכם. יש אפשרות שהוא יגיע לצד מערב ואז עליו לצאת מחוץ לתחום העיר לכיוון מערב, ויש אפשרות שהחכם יגיע ממזרח, ואז עליו לצאת אל מחוץ לתחום מזרחה. אבל בדיני עירובין אי אפשר להניח עירוב לשני כיוונים גם יחד.

כדי לפתור את הבעייה, אותו אדם מניח שני עירובים בבין השמשות, כדי ללכת לכיוון שיגיע החכם במהלך השבת. הוא מתנה לפני בין השמשות שאם החכם יגיע למזרח אזי עירובו לכיוון מזרח הוא שיחול (והעירוב המערבי בטל, כי אי אפשר לערב לשני כיוונים). ואם יגיע החכם למערב אזי העירוב המערבי הוא שיחול (והמזרחי יתבטל).

גם כאן נדרשת ברירה, שכן חלות העירוב חייבת להיעשות בשעת בין השמשות, כאשר עדיין לא ידוע איזה מהעירובים הוא הרצוי לו. מאידך, הוא משתמש בעירוב רק בשעה שהוא כבר התברר, כלומר כשכבר ידוע מאיזה

---

[3] חלוקה מקבילה ניתן למצוא להלן בחלק החמישי, שם מבחינים המשפטנים בין חקיקה רטרוספקטיבית (שמשנה כעת את ההתייחסות לעבר), לבין חקיקה רטרואקטיבית שמשנה את העבר עצמו.

כיוון יגיע החכם. לכן יש כאן ברירה, אך במובן הרטרוספקטיבי, ולא במובן הרטרואקטיבי כמו שראינו בלוקח יין.

יש אחרונים[4] שרצו לחלק בין שתי הסיטואציות, כלומר לטעון שברירה רטרוספקטיבית היא קלה יותר מאשר ברירה רטרואקטיבית. ההיגיון הוא מאד ברור, שכן המכניזם הרטרוספקטיבי שקול למכניזם של 'מכאן ולהבא למפרע',[5] כלומר אין כאן שינוי של העבר, אלא התייחסות עכשווית באופן שונה לעבר.

מאידך, הסוגיות אינן מבחינות בין הסיטואציות, ונראה שבתלמוד ההתייחסות למקרה של עירובין, של גט ושל לוקח יין, היא אותה התייחסות. מי שמקבל את דין ברירה בזה יקבל אותו גם באלו, ולהיפך. הסבר אפשרי לכך הוא הבא. מחד, ניתן לראות את לוקח יין מבין הכותים כרטרוספקטיבי, שהרי הדיון שלנו הוא בשאלה האם השותה חייב בעונש או עבר עבירה, וזהו דיון שנערך כעת. גם שם אנו לא עוסקים בעבר כשלעצמו. ומאידך, בגט ועירובין יש רטרואקטיביות, שהרי אנחנו אמנם עוסקים בהשלכות מכאן והלאה, אבל שורש הדברים הוא בשאלה האם הכתיבה (או קניית העירוב) כשלעצמה נעשתה לשם האישה המתגרשת (או בבין השמשות).

אמנם ראינו בכמה מקומות למעלה (ראה בפרק הרביעי, וביתר פירוט בפרק השישה-עשר, לגבי חצי נזק קנס, התרת נדרים ועוד) שיש מקום בהלכה להבחנה כזו (כמו לעניין התרת נדרים ועוד), אך זה קיים במקום בו עיקר הבעייתיות היא מחמת ההיפוך הזמני של הסיבתיות. במקומות כאלה יש מקום להבחין בין רטרואקטיביות לבין רטרוספקטיביות, שהרי זוהי היפוכיות מתונה יותר של ציר הזמן. אך כפי שנראה להלן בסוגיית ברירה נראה שלפחות לרוב הדעות עיקר הבעייתיות אינה היפוכיות של ציר הזמן. ייתכן שזוהי הסיבה לכך שהתלמוד עצמו אינו רואה הבדל בין ברירה רטרואקטיבית לברירה רטרוספקטיבית. אנו נשוב לנקודה זו בפרק הבא.

---

[4] ראה אצל הרב עמיאל, **המידות לחקר ההלכה**, מידה כב אות לב.

[5] ראה לעיל בפרק הרביעי, בסעיף על התרת נדרים, עמ' 73, ובהמשך שם.

כיצד ניתן להבין את התפיסה שיש ברירה?

בחלק הראשון של הספר עמדנו על כך שערך האמת של משפט אינו תלוי בזמן. אם התרחש קרב ימי ביום ג, הטענה "ביום ג יתרחש קרב ימי" היתה נכונה תמיד. נכון הוא שלפני יום ג אנחנו עדיין איננו יודעים אותה, אך הטענה ודאי נכונה (שכן ישנה התאמה בין תוכנה לבין המציאות).

ראינו שם שהתרחשות הקרב הימי מחר, הופכת את הטענה לאמיתית מאז ומעולם. הסברנו שאין כאן סיבתיות הפוכה, שכן לא מדובר בגרימה סיבתית. התרחשות האירוע אינה סיבה במובן הפיסיקלי לכך שערך האמת של הטענה המתארת אותו הוא 'אמת'.

כל זה במישור הלוגי. אך במישור הפיסיקלי המצב הוא שונה. המידע כן כפוף לדרישות הסיבתיות, ולא ייתכן שמידע שנוצר ביום ג יהיה קיים כבר ביום ב שלפניו. לכן המידע שהקרב הימי התרחש ביום ג – קיים בעולם אך ורק החל מיום ג.

מכאן הסקנו שטיעון הדטרמיניזם הלוגי אינו נכון. הדטרמיניזם הלוגי הסיק מכך שערך האמת של טענה אודות העתיד קיים בהווה, שההתרחשות שהטענה מתארת קבועה מראש. הטעות של הטיעון הזה היא שכדי לטעון שהעתיד קבוע כבר בהווה עלינו להניח שהמידע הכלול בטענה קיים כבר היום, ולא רק שערך האמת של הטענה קבוע כבר כעת. אך זה כמובן לא נכון, שכן המידע הכלול בטענה הוא אמיתי אך ורק מעת שהקרב הימי כבר התרחש. המידע הפיסיקלי לא קים בטרם הוא נוצר.

לענייננו, משמעות הדברים היא שערך האמת של הטענה "רחל הקטנה תצא מחר בפתח תחילה" הוא 'אמת' כבר היום. מאידך, המידע הכלול בטענה יהיה קיים רק החל ממחר.

כעת נוכל להבין את הדעה שיש ברירה. שיטה זו גורסת שכתיבת הגט לשמה של אותה שתצא בפתח תחילה מחר, אינה אלא צורה שונה לומר "אני כותב את הגט לשמה של רחל הקטנה". הדרך בה בחרתי לתאר את רחל הקטנה היא דרך תיאור עקיף שלה (זו שתצא מחר בפתח תחילה). בה במידה יכולתי

לומר שאני כותב את הגט לשמה של האישה שגובהה הוא 1.70 מ׳. אני מציע תיאור שלה במקום שמה, והתיאור הזה מייחד אותה במישור הלוגי כבר עתה. השיטה שיש ברירה, מסתפקת בהיקבעות לוגית כדי לייחד את העצם שעליו מדובר. ״זו שתצא מחר בפתח תחילה״ מגדיר באופן חד משמעי עצם מסויים ומוגדר, גם אם אני לא יודע עדיין מיהו. אין כאן יחס סיבתי, אלא רק צורת הגדרה של אישה, וזה לגיטימי לעשות זאת באמצעות תיאור של פעולה עתידית שלה. לשיטה זו, אין הבדל עקרוני בין כתיבת גט לשמה של זו שתצא מחר בפתח תחילה, לבין כתיבתו לשמה של זו שגובהה 1.70 (בודאי אם אני לא יודע את הגובה שלה).

לעומת זאת, השיטה שאין ברירה סוברת שכדי שהגט ייכתב לשם האישה, עלינו להשתמש במידע שהוא כבר קבוע פיסיקלית, כלומר קיים, ולא די בהיקבעות לוגית. כלומר עלינו לייחד את העצם שלשמו נכתב הגט באמצעות שימוש במידע קיים, ולא די למסור מידע שמייחד באופן חד ערכי ברמה הלוגית עצם מוגדר.

המחלוקת היא האם דרושה היקבעות פיסיקלית, או שמא די לנו בהיקבעות לוגית. חשוב להבין שלפי הסבר זה, גם הסוברים יש ברירה אינם מקבלים השפעות או היקבעויות רטרואקטיביות. לדעתם אין כאן שום דבר רטרואקטיבי, אלא עצם שמתייחד כבר כעת באמצעות הצבעה על אירוע עתידי.

אמנם התבטאויות של המפרשים מצביעות על כך שבדרך כלל הם רואים את הדעה שיש ברירה באופן שונה. לדעתם בעלי השיטה שיש ברירה מוכנים לקבל קביעה שנעשית אחורה בזמן. הם רואים כאן אלמנט רטרואקטיבי, ובכל זאת הם רואים זאת כקביל. מסתבר שכוונתם היא לרטרואקטיביות לוגית, כלומר שההתרחשות קובעת רטרואקטיבית את הערך הלוגי של הטענה ולא את המצב הפיסיקלי. כפי שראינו, ערך אמת יכול להיקבע רטרואקטיבית, שכן לא מדובר כאן בגרימה סיבתית.

שתי האפשרויות הבסיסיות להבין את המצב של 'אין ברירה'

כאמור, הדעה שאין ברירה, אינה מוכנה להסתפק בהיקבעות לוגית. לדידה, אישה שלשמה נכתב הגט, או לוגי היין של התרומה צריכים להיקבע על סמך מידע קיים. מהו, אם כן, המצב של כד היין שתרומתו הופרשה באופן כזה לפי השיטה שאין ברירה?

ההבנה הפשוטה בדין לוקח יין מבין הכותים היא שלשיטת התנאים הסוברים שאין ברירה, אסור לשתות את היין מפני שהוא טבל. לדעתם אין ברירה שכן מידע עתידי אינו קיים בהווה, ולכן הוא אינו מייחד שום לוג יין כעת. לכן אף אחד מלוגי היין אינו יכול להיחשב כתרומה. הכל נותר טבל, ומי ששותה את היין שתה טבל. כאמור, לדעת התנאים החולקים שסוברים שיש ברירה – מותר לשתות מייד את היין, כי שני הלוגין שנותרו בסוף הם תרומה כבר משעה שהתנה. הם התייחדו לוגית כבר כעת, ודי בכך כדי להחיל עליהם שם תרומה.

אך רש"י מסביר את דעת שלושת התנאים הסוברים שאין ברירה, ואוסרים את שתיית היין, וכותב כך:[6]

> ***רבי יהודה ור' יוסי ורבי שמעון אוסרין - עד שיפריש ממש דקסברי אין ברירה ואכל כוס וכוס יש לומר שהוא תרומה ומעשר ואפילו מראשון.***

הוא מסביר שלדעתם אסור לשתות מפני שיש חשש שהוא שותה יין של תרומה. הוא לא רואה את היין הזה כטבל, כמו שיוצא לפי הפירוש הראשון שהצגנו בפסקה הקודמת, אלא כספק תרומה. מדברי רש"י יוצא שגם בעלי השיטה שאין ברירה מסכימים ששם תרומה חל, אלא שיש ספק אילו מבין הלוגין הם התרומה, שכן ההישארות של שני לוגין מסויימים בעתיד אינה מבררת שהם היו תרומה מהתחלה. לפי רש"י, השיטה שאין ברירה סוברת ששם תרומה חל על לוג יין כלשהו, אבל יש ספק על איזה מהלוגין הוא חל כי

---

[6] מעילה כב ע"א.

אין עדיין היקבעות שלהם. המסקנה לפי רש"י היא שמי ששתה את היין עבר על איסור שתיית תרומה ולא על איסור שתיית טבל.

דברים דומים כותב רש"י גם בסוגיית חולין יד ע"א:

> ***אוסרין - אלמא לרבי יהודה לית ליה ברירה וחייש שמא תרומה שתה.***

גם מכאן עולה שלדעת רש"י למ"ד אין ברירה האיסור שהוא עובר אינו על שתיית טבל אלא על שתיית תרומה.[7]

כך גם משתמע מדבריו בסוגיית ב"ק סט ע"ב:

> ***אוסרין - דלית להו ברירה לומר מן החולין הוא שותה ותרומה ומעשר ראשון נותרין בנוד.***

נציין כי הדברים מתאימים למה שראינו בדברי רש"י בסוגיית גיטין, לגבי אחים שחלקו. גם שם ראינו שהוא מסביר שלמ"ד שאין ברירה (ריו"ח) יש חלק מהנכסים ששייך לכל אח, אלא שזהו חלק לא מבורר. הוא לא אומר שלמ"ד אין ברירה כל הנכסים הם בתפוסת הבית שהיא רשות אחרת.

ישנם עוד ראשונים שרואים כך את המצב בו אין ברירה: זוהי שיטת תוד"ה 'ליקדשו', מנחות עח ע"ב, וכך גם דעת מהר"י שהובאה בתוד"ה 'אלא', בעירובין לז ע"ב.

נזכיר כי כך גם הסברנו את דעת הרמב"ם בהל' גירושין פ"ג הי"ד, שם ראינו שמי שכתב גט לשם אחת משתי נשים, הגט הוא כשר כאילו נכתב לשמה, אלא שיש ספק לשם איזו אישה הוא נכתב. לכן אם הוא נותן את הגט לאחת מהן היא ספק מגורשת.

לפי הפירוש הרגיל יוצא שלדעה שאין ברירה האישה אינה מגורשת בכלל, אין אפילו ספק, שהרי דין לשמה כלל לא חל. אך לפי רש"י יש אישה שהגט נכתב לשמה, אלא שאנחנו בספק מיהי.[8]

---

[7] אמנם כבר עמד בעל אתוון דאורייתא על כך שיש מחלוקת רש"י ותוס' בפסחים לגבי איסור טבל, האם זהו איסור מחודש, או שאיסורו הוא משום התרומה המעורבת בו. אבל בכל אופן, לא נכון לומר שיש כאן איסור אכילת תרומה, שהרי כל עוד לא קרא לה שם היא אינה תרומה. זהו רק טעמא דקרא ולא גדר האיסור עצמה. כאן ברור שרש"י מדבר על איסור שתיית תרומה. לכן נראה שזה אינו נוגע למחלוקת ההיא.

ואכן יש גם ראשונים שסוברים כפירוש הפשוט יותר, שעל הצד שאין ברירה – החלות (תרומה, או לשמה) כלל לא חלה. לדוגמא, ה**טור**, שדבריו הובאו למעלה, חולק על הרמב״ם. הוא סובר שכאשר אדם כותב גט לאחת משתי נשים הגט בטל לגמרי (ולא רק ספק כמו שכתב הרמב״ם), ואם הוא נתן אותו לאחת מהן היא כלל אינה מגורשת, אפילו לא מספק. לשיטת ה**טור** ברור שהגט לא כתוב לשם אף אחת משתי הנשים, בניגוד לרמב״ם שרואה אותו ככתוב לשם אחת מהן שלא הוגדרה.

גם מהר״ן שהובא בדברינו שם יוצאת מסקנה דומה. הר״ן מסביר שלהלכה אנחנו בספק האם יש או אין ברירה, ולכן כל אחת משתי הנשים היא ספק מגורשת. אם הר״ן היה מבין את הצד שאין ברירה כפי שמבינים אותו רש״י והרמב״ם, אזי היה יוצא שבכל מצב כמו מתן גט לאחת משתי נשים זהו ספק ספיקא: ספק אם יש או אין ברירה, ואפילו אם אין ברירה – יש ספק על מי חלה החלות. לכן הגט היה צריך להיות כשר, והאישה היתה צריכה להיחשב כגרושה. אם הר״ן מתייחס למצב כזה כספק רגיל, כלומר פוסל את הגט מספק, בהכרח הוא חולק על הרמב״ם ורש״י, ולדעתו השיטה שאין ברירה סוברת שהחלות כלל לא חלה (אף שראינו שהוא עצמו לומד בדברי הרמב״ם שלכך היתה גם כוונת הרמב״ם). לדוגמא, לגבי לוקח יין מבין הכותים הוא יסבור שלפי הצד שאין ברירה אין כלל שם תרומה על שום חלק מהיין, ומי ששותה אותו עובר על איסור טבל ולא על איסור שתיית תרומה.[9]

גם תוס׳[10] הביאו את דעת מהר״י שמסכים לרש״י והרמב״ם, אך הם עצמם (בדעה הראשונה) חלקו עליו, וסברו כ**טור** והר״ן הנ״ל.

כאמור, הנפ״מ בין שתי התפיסות הללו היא האם מי ששותה את היין עובר על איסור טבל, או על חשש תרומה. וכן נפ״מ האם לכהן יהיה מותר לשתות את היין הזה (שהרי הוא מותר בתרומה). ובגט הנפ״מ למחלוקת הזו היא

---

[8] ראה ב**קה״י** גיטין סי׳ יט שהאריך לברר את שיטת הרמב״ם בזה.

[9] אמנם האחרונים כבר העירו על השיקול הזה, שלא בהכרח יש כאן ספק ספיקא, כיון שהוא משם אחד. ראה **שאג״א** סי׳ צ, ו**בית ישי** בתחילת סי׳ סב.

[10] עירובין לז ע״ב, תוד״ה ׳אלא׳.

מה שראינו, האם כשנתן את הגט לאחת מהם היא ספק מגורשת או שאינה מגורשת כלל.

עוד יש להעיר מדברי ריו״ח שסובר בסוגיית גיטין שאין ברירה, ולכן האישה שגורשה בגט כזה מותרת לכהן. ו**החזו״א**[11] הקשה על הרמב״ם ורש״י, שאם חל דין לשמה לגבי אחת הנשים, גם ריו״ח היה צריך להסכים שהיא נאסרת לכהן מדין ספק גרושה (כפי שראינו ברמב״ם בדעת זעירי).

אך יש ליישב את הדברים, שבאמת רש״י והרמב״ם גם הם מסכימים שלפי ריו״ח שסובר שאין ברירה – שום דבר לא חל, ולכן היא לא נאסרת לכהן. כל טענת רש״י והרמב״ם נאמרה רק לשיטת זעירי וסיעתו, החולקים על ריו״ח, וכפי שראינו ההלכה נפסקה כמותם. ראינו שגם הם סוברים שאין ברירה (כפי שעולה מדין המשנה), אלא שלגבי כהונה הם פוסלים מפני שגם אין ברירה הוא מצב של ספק, כפי שהסברנו למעלה לפי הרמב״ם. אם כן, מחלוקת האמוראים בסוגיית גיטין היא בדיוק בנקודה הזו: כולם סוברים שאין ברירה, והמחלוקת היא האם אין ברירה פירושו שיש חלות מסופקת (כרש״י וסיעתו) או שאין חלות כלל (כ**טור** וסיעתו).[12]

הסבר המחלוקת לפי שתי האפשרויות

אם אנחנו רואים את המצב של אין ברירה כמצב של ספק (כשיטת רש״י), אזי לשיטה שאין ברירה הספק נותר בעינו ולא נפשט גם אחרי היציאה בפתח (או התבררות לוגי היין שנותרו בכד אחרי השתייה). ואילו הסוברים שיש ברירה גורסים שהישארות שני הלוגים האחרונים מבררת למפרע שהם שהיו תרומה מהתחלה. או במכניזם של בירור רטרואקטיבי או במכניזם של היקבעות לוגית, כפי שהסברנו לעיל.

---

[11] דמאי סי׳ ט סק״י וסי׳ טז סק״ט.

[12] וראה בכל זה **בקה״י** גיטין סי׳ יט ו**בית ישי** סי׳ סב ועוד באחרונים.

לשיטת ה**טור** וסיעתו, שסוברים שלשיטה שאין ברירה אזי לא חל מאומה, ברור שגם אחרי ההתבררות לא חל מאומה. ולדעתם השיטה שיש ברירה חולקת וסוברת שדי בהיקבעות לוגית.

מצב הספק בברירה לדעת רש״י[13] וסיעתו: ספק קוונטי

בסעיף שלפני הקודם ראינו ששיטת כמה ראשונים (סיעתו של רש״י) היא שגם אם אין ברירה, החלות חלה, אלא שהיא מסופקת. אם כן, ישנו אחד הלוגין שהוא תרומה כבר עתה, אלא שאנחנו איננו יודעים זאת. בניסוח אחר נאמר שישנה כאן הנחה שכלפי שמיא גליא כבר כעת מיהו הלוג שהוא באמת תרומה, והלוג הזה הוא תרומה כבר מעכשיו. אמנם הדבר נעלם מאיתנו כבני אדם, ומכאן יוצא דין הספק, כי איננו יודעים מיהו הלוג של התרומה. כדי שבני אדם יוכלו לדעת זאת, הם צריכים לחכות עד שיישארו שני לוגין אחרונים, או עד שתצא רחל הראשונה מהפתח.

ישנה כאן הנחה שהקב״ה יודע מראש כל מה שעתיד להתרחש, ובעצם מדובר בתמונה דטרמיניסטית. כל מה שהעתיד צופן בחובו כבר קבוע וידוע למעלה, ורק בפני בני אדם המידע עדיין חסוי. ואכן יש כמה אחרונים שמדבריהם משתמעת תפיסה כזו בסוגיית ברירה.

אך פירוש כזה הוא בעייתי מאד. ראשית, ההנחה התיאולוגית הזו היא בעייתית, כפי שראינו בפרק השלישי של חלק הראשון, שם ראינו שדברים שנגזרים מבחירה של בני אדם אינם ידועים גם לשמים. המידע עדיין לא נמצא בעולם, ולכן גם בשמים לא יודעים אותו. רק התרחשויות פיסיקליות שאינן מעורבות בחירה אנושית הן ידועות וקבועות מראש. האפשרות

[13] לסקירה של שיטת רש״י ביחס לעמדות לוגיות-אריסטוטליות וסכולסטיות, ראה:
Eli Hirsch, *Rashi's view of the Open Future: Indeterminateness and Bivalence*, Oxford Studies in Metaphysics, Oxford University Press, 2006.
הירש עומד על הממדים הלא-אריסטוטליים של עמדת רש״י, ואף מציע את ההקשר הקוונטי כאפשרות להתמודדות עם חוסר-הבירור המותיר מציאות הלכתית חיובית במידת-מה בשיטת רש״י.

שהשמים יודעים על אף שהעתיד הוא פתוח היא סתירתית לוגית, ולכן דחויה מאליה.

אך גם אם במישור התיאולוגי נהיה מוכנים לקבל את התפיסות שהקב״ה יודע מראש גם בחירות אנושיות (כדעת הראב״ד בפ״ה מהל׳ תשובה. ראה על כך למעלה בפרק השלישי), הרי שבהקשר של ברירה הסבר זה הוא בעייתי עוד יותר. אם אכן זהו המצב לפני האירוע המברר (היציאה בפתח וכדו׳), אזי לכאורה מכאן עולה בבירור המסקנה שיש ברירה, והשיטה שסוברת שאין ברירה אינה מובנת כלל ועיקר. כאשר בעתיד מתברר מיהי האישה שיוצאת ראשונה בפתח, אזי המידע שכבר היה קיים מגיע כעת לידיעתנו. אם כן, כעת כבר ברור לכולנו מי היתה האישה שהגט נכתב לשמה כבר בשעת הכתיבה, ולכן זה היה צריך להועיל מלכתחילה.

הדבר דומה למי שכותב גט לשם אשתו הצעירה יותר מבין שתי נשיו, והוא עדיין אינו יודע מיהי הצעירה. לאחר זמן הוא הולך למשרדי מרשם התושבים ומתברר לו שהצעירה היא רחל הקטנה. במצב כזה ברור שאם הגט יינתן לה היא תהיה מגורשת בודאי, שהרי הגט מלכתחילה נכתב לשמה, וזה שאנחנו לא ידענו זאת אינה צריכה להפריע. ראינו את הדברים גם בפרק ששה-עשר, כשעסקנו בתגלי מילתא למפרע, וראינו שם שאם יש מידע שקיים בשמים(כלומר שגילוי אליהו יכול להביא אותו לידיעתנו), אין כל מניעה לומר שהדברים קבועים למפרע, כי זו לא באמת גרימה הפוכה במובן האונטולוגי (ראה על כך בפרק הרביעי). אם כן, בתמונה הדטרמיניסטית הזו, הדעה שאין ברירה לא מובנת.

האפשרות היחידה להבין עמדה כזו היא להניח שהדעה שאין ברירה חולקת על הטענה הזו גופא, ולדעתה גם בשמים לא יודעים מיהי האישה שתצא בפתח תחילה למחרת. המסקנה היא שייתכן בהחלט שתפיסת החלות המסופקת הזו מתארת דווקא את השיטה שיש ברירה. בעלי שיטה זו סבורים שכבר ברגע הראשון ישנה אישה מוגדרת שהגט נכתב לשמה, אלא שהמידע עדיין לא גלוי בפנינו (הוא קבוע לוגית ולא פיסיקלית). העתיד רק מגלה לנו את המידע, אך לא גורם מאומה למפרע.

ומה סוברת הדעה שאין ברירה? לכאורה לפיה לא ניתן להגדיר את המצב
כספק (כי אם היה כאן ספק הוא היה מתברר בעתיד, ואין סברא לטעון שאין
ברירה), ולכן על כורחנו שיטה זו סוברת שהמידע אינו קיים אף בשמים. אם
כן, כיצד הראשונים (מסיעת רש״י) מדברים על מצב של ספק? כיצד נוצרת
החלות המסופקת עליה הם מדברים? אם יש לוג מסויים של תרומה שעדיין
אינו ידוע לנו – זה צריך היה להתברר למפרע כשיטה שיש ברירה, ואם אין
לוגי כזה – אז לא ברור מהו הספק בעיני השיטה שאין ברירה?

כדי לבאר את שיטת הסוברים אין ברירה לפי רש״י וסיעתו, נקדים הבחנה
חשובה של רש״ש, ב**שערי ישר**,[14] בדינו של אדם שקידש אחת מתוך חמש
נשים, שהקידושין חלים על אחת מהן, אלא שיש לנו ספק מיהי. להלכה
במקרה זה כל אחת מהן היא ספק מקודשת, ב*ספק חיובי* המכונה לעיתים
"ספק ודאי". יש לשים לב שכאן מדובר במצב של ספק שלא עתיד להתברר,
שכן המקדש לא קבע מכניזם עתידי שיברר מיהי האישה המקודשת (כמו
במצב שהוא היה מקדש את מי שתצא בפתח תחילה). הוא פשוט קידש אחת
מתוך החמש, בלי לקבוע את מי. במצב כזה אין שום משמעות למחלוקת
האם יש או אין ברירה, שכן אין אירוע עתידי שאמור לברר מי מהנשים היא
המקודשת.

לפי השיטה שאין ברירה זהו בדיוק המצב גם בסיטואציות של ברירה.
לשיטה זו ראינו שמכיון שהמידע לא קיים מהתחלה אזי לא ניתן לקבוע
אישה מסויימת. אך בה במידה שיטה זו גם סוברת שאין אפשרות לברר
אותו למפרע, ולכן כל המצבים/העצמים הם שקולים לפני ההתבררות, וכך
הם נותרים גם אחריה. זהו בדיוק המצב גם במקרה בו דן הרש״ש. אם כן,
בירור מהותו של הספק בסיטואציה של רש״ש, יסייע לנו להבין את מהות
הספק בסיטואציה של ברירה.

מה מהותו של הספק בסיטואציה כזו? רש״ש טוען שזהו ספק מסוג שונה
מסוגי הספק הנפוצים והמקובלים. נתבונן במצב שאדם שולח שליח לקדש

---

[14] שער ג פרק כ״ב, וראה שם בכל הפרק, ובעיקר בעמ׳ רמב.

אישה, והשליח מילא את שליחותו אלא שהוא לא עידכן את משלחו מיהי האישה שהתקדשה לו. כעת המשלח נמצא במצב של ספק, שכן הוא אינו יודע מיהי האישה המקודשת לו. אך במקרה זה, ישנה אישה קונקרטית שהיא אשתו האמיתית, אלא שהמידע אודותיה לא מצוי בידו. הספק הוא ספק אפיסטמולוגי, כלומר ספק בגלל היעדר מידע אצלו. לעומת זאת, בסיטואציה של המקדש אחת מחמש נשים, שם אין אישה מסויימת *שהיא* המקודשת לו באמת. לא נכון יהיה להגדיר את המצב הזה כאילו יש כאן אישה שמקודשת לו, ואנחנו בספק מיהי. כאן אין בכלל אישה שמקודשת לו באמת. זה לא חוסר במידע, אלא אי וודאות במציאות עצמה. כלומר זהו ספק אונטולוגי, ולא אפיסטמולוגי. כפי שהרש״ש כותב שם, במקרה כזה גם בשמים לא יודעים מיהי האישה המקודשת לו באמת, כי אין אישה קונקרטית כזו.

כיצד עלינו להגדיר מצב כזה? כל אחת מהנשים תהיה אסורה לו מספק, אבל לא מחמת ספק שמא היא זו שודאי מקודשת לו. כאן ישנו איסור ודאי על כך שהיא ספק מקודשת לו. יש כאן דין שחלים קידושין כי נעשה מעשה קידושין, אבל הם לא חלים על אף אישה קונקרטית.

ניתן לתאר את המצב הזה בשתי צורות:

- ניסוח על כל אישה בנפרד: כל אישה היא ספק מקודשת. במקרה של ספק רגיל יש ספק על כל אישה שמא האישה הזו היא זו שודאי מקודשת לו. לעומת זאת, בספק של רש״ש יש דין ודאי על כל אחת מהנשים, שכל אחת מהן היא ספק מקודשת לו. במקום לומר שלגבי כל אחת מהנשים יש ספק של 20% שמא היא המקודשת, נאמר שלגבי כל אחת מהנשים יש וודאות שהיא 20% מקודשת לו. כלומר אלו קידושי וודאי קלושים על כל אחת, ולא ספק מבחינת המידע שלנו. בקצרה ניתן לומר שזהו ודאי ספק ולא ספק ודאי.
- ניסוח על המכלול: יש דין על כל הקולקטיב של חמש הנשים הללו, שקובע שאחת מהן מקודשת לו והשאר לא. זהו מצב קולקטיבי על

כולן, ולא מצב של כל אחת מהן בנפרד. 20% מהמכלול הזה מקודש לו. דין הספק שנוהג במצב כזה, הוא תוצאה כאשר מיישמים את הטענה הזו על כל אישה בנפרד.

שני התיאורים הללו שונים ברמה המטפיסית, או המטא-הלכתית, כשלמעשה מצב כזה יוצר בפועל הנהגה של דיני ספיקות על כל אחת מהנשים.

רש"ש טוען שבמצב כזה לא יחול דין ביטול ברוב. דין ביטול ברוב נאמר כאשר במציאות האמיתית יש אחת שהיא מקודשת לו, והיא מעורבת בתוך נשים רבות שבמציאות אינן מקודשות לו. התערובת נוצרת כאן רק מחמת היעדר מידע. במצב כזה יש דין ביטול של המיעוט ברוב. אבל במקרה בו הוא קידש אחת מחמש נשים, אין כאן נשים שבמציאות לא מקודשות ואין אחת שבמציאות כן מקודשת. מה שיש כאן הוא דין על כל המכלול של חמש הנשים, כאילו אחת מקודשת והשאר לא. ומכיון שאין אף אחת עדיפה לעניין להיחשב מקודשת, כל אחת מהן צריכה להחמיר על עצמה מספק. לא יהיה כאן ביטול ברוב, כי אין כאן שני סוגי עצמים שונים, כאלה ששייכים לרוב וכאלו ששייכים למיעוט. כל העצמים כולם הם באותו סטטוס בדיוק, ולכן אין חלק מהם שיבטל ברוב את החלק האחר.

ניתן להתייחס לספק מהסוג הזה כספק שמוכר לנו מתורת הקוונטים, ולהלן נראה את הדברים ביתר פירוט.

תורת הקוונטים אינה רק דוגמא מוצלחת, אלא זוהי ממש הלוגיקה של ברירה (לפחות לפי חלק מהפרשנים). יתר על כן, סוגיית ברירה היא הדגמה מובנת הרבה יותר ללוגיקה הקוונטית, שבהקשר הפיסיקלי נראית כל כך אזוטרית ולא מובנת. לכן ניכנס כעת לתיאור קצר של תורת הקוונטים, ונציג כמה מושגים שישמשו אותנו בהמשך.

423

תיאור קצר של תורת הקוונטים[15]

בסעיף זה נציג מבוא מושגי קצר לתורת הקוונטים. נזכיר לקורא שלכאן הפנינו בכמה הערות שוליים לאורך דברינו עד כה.

התיאור שיבוא כעת כולל מעט פורמליזם, אך מטרתו היא בעיקר המחשה. הבנת הפרטים לאשורם אינה חשובה לדיון שלנו. ההרחבות וההפניות בהערות השוליים נועדו להרחבה עבור המתעניינים בלבד.

א. עקרון האי-וודאות

על פי תורת הקוונטים, לא תמיד יש לחלקיק מיקום מוגדר או מהירות (=תנע) מוגדרת. במצבים בהם ערכי המיקום או התנע לא מוגדרים, כלומר כשהחלקיק יכול לקבל כמה וכמה ערכי מיקום או תנע, אנחנו מגדירים את שני הגדלים הבאים: אי וודאות במקום (ΔX), שמשקפת כמה ערכי מיקום החלקיק יכול לקבל, ואי הוודאות בתנע (ΔP), שמשקפת כמה ערכי תנע הוא יכול לקבל. לדוגמא, אם החלקיק יכול להימצא בין X=1 לבין X=3, אזי אנחנו אומרים שאי הוודאות שלו היא: $\Delta X = 2$. המרווח של המיקומים שהחלקיק יכול לקבל הוא ברוחב של 2 יחידות. הוא הדין לגבי אי וודאות בערכי המהירות שלו.

תורת הקוונטין קובעת שישנם מצבים שבהם לחלקיק אין מהירות מוגדרת אלא יש מרווח כלשהו שבתוכו יכולים להימצא ערכי המדידה של המהירות שלו, וכך גם לגבי המיקום. עקרון אי הוודאות קובע שמכפלתן של שתי אי הוודאויות חסומה מלרע על ידי קבוע פלנק ($\hbar$). עיקרון זה מבוטא באי השוויון הבא: $\Delta X \times \Delta P \geq \hbar$.

---

[15] קשה מאד למצות את הסוגיות הרבות והסבוכות של מכניקת הקוונטים בפיסיקה וההשתמעות הפילוסופית שלהן. מומלץ להיעזר בספרו של משה (מקס) ימר ז"ל:
The Conceptual Development of Quantum Mechanics. New York: McGraw-Hill, 1966; 2nd ed: New York: American Institute of Physics, 1989

מכאן עולה שכאשר חלקיק נמצא במצב בו יש לו מיקום מוגדר (כלומר שאי הוודאות שלו היא אפסית: $\Delta X = 0$), אזי אי הוודאות בתנע (המהירות) שלו היא אינסופית (כלומר התנע לגמרי אינו מוגדר, והוא יכול לקבל אינסוף ערכים). ואם יש לחלקיק מיקום שמוגדר באופן חלקי (כלומר שהוא נמצא בסביבה מסויימת, ויש לו אי וודאות ברוחב כלשהו, לא אפסי ולא אינסופי), אזי גם לתנע יש הגדרה חלקית, כלומר מידה כלשהי של אי וודאות, שנמצאת ביחס הפוך לאי הוודאות במיקום. כפי שרואים מאי השוויון למעלה, ככל שזה צר השני רחב ולהיפך.

כעת עולה השאלה מהי מהירותו *האמיתית* של החלקיק במצב שיש אי וודאות? האם לחלקיק יש בכלל מהירות אמיתית שהיא ברורה ומוגדרת, ואי הוודאות משקפת רק אי ידיעה שלנו (אי וודאות אפיסטמולוגית), או שמא החלקיק עצמו לא נמצא במהירות מוגדרת (אי וודאות אונטולוגית שמיושמת בסופו של חשבון על אופי ה׳חלקיק׳ גופא)? לפי הפרשנות המקובלת לתורת הקוונטים מיסודו של הפיסיקאי הדני נילס בוהר (המכונה ׳פשר קופנהגן׳)[16], לחלקיק עצמו אין מהירות אמיתית, כלומר זו אי וודאות אונטולוגית. אי הוודאות, לפי פרשנות זו, אינה משקפת רק לאקונה בידע שלנו, אלא אי וודאות שקיימת במציאות האמיתית. המהירות שלו היא אחת מתוך המהירויות בתחום המותר על ידי עקרון אי הוודאות. היא לא אחת ספציפית מביניהן שאנחנו לא יודעים מיהי, אלא היא יכולה להיות כל אחת מביניהן בסיכויים שונים. הסיכויים הללו נקבעים (או: מיוצגים) על ידי מה שמכונה בתורת הקוונטים ׳פונקצית הגל׳. פונקצית הגל היא פונקציה של המיקום (X) או של התנע (P), שערכה בכל ערך ספציפי של X או P מגדיר

[16] על שיטתו של נילס בוהר להסבר מכניקת הקוונטים המוקדמת, ו׳עקרון ההשלמה׳ (complementarity principle) ראה בערך על פשר קופנהגן באנציקלופדיה של אוני׳ סטנפורד:
Faye, Jan, "Copenhagen Interpretation of Quantum Mechanics", *The Stanford Encyclopedia of Philosophy* (Fall 2008 Edition), Edward N. Zalta (ed.), URL = <http://plato.stanford.edu/archives/fall2008/entries/qm-copenhagen/>.

את הסיכוי להימצא במיקום או במהירות הזו. לדוגמא, במונחים של מיקום – פונקצית הגל היא $\psi(X)$, וערכה בנקודה X=2 הוא: $\psi(X=2)$. המספר הזה מגדיר את הסיכוי שמדידת המיקום של החלקיק תיתן X=2. באותה צורה, בתמונת התנע אנו מגדירים פונקציית גל $\psi(P)$, וערכה במהירות P=2 הוא $\psi(P=2)$. הערך הזה מגדיר את הסיכוי למדוד את מהירותו של החלקיק ולקבל P=2.[17]

אם כן, במצב בו יש אי וודאות בתורת הקוונטים, המציאות כשלעצמה לא מוגדרת, ולא רק הידע שלנו אודותיה. הדבר דומה למה שראינו בספק שתיאר רש״ש. גם שם אי הוודאות מי האישה המקודשת לא היתה במידע שלנו אודות המציאות, אלא במציאות עצמה.

ב. פונקציית הגל וסופרפוזיציה

כעת נוסיף שלב נוסף בתיאור המתמטי של תורת הקוונטים. ראינו שבתורת הקוונטים מתארים את מצבו של חלקיק באמצעות פונקצית גל. עוד ראינו שזוהי פונקציה שמתארת בצורה כלשהי את האפשרויות השונות לתוצאת המדידה שתיעשה על החלקיק. הפונקציות הללו מוגדרות בתוך מרחב (שקרוי מרחב הילברט), שהאלמנטים היסודיים (=הבסיס) שלו הן אוסף של פונקציות יסודיות, שקרויות ׳מצבים טהורים׳. ניתן לתאר את המרחב הזה באמצעות כמה קבוצות של פונקציות יסודיות כאלה, שכל אחת מהן שייכת ל׳שפה׳ או ׳תמונה׳ מסויימת. יש תיאור של המרחב באמצעות אוסף של פונקציות שמכוננות את שפת המיקום, ויש תיאור באמצעות אוסף פונקציות בשפת התנע.

לדוגמא, אם נרצה לבטא את פונקצית הגל בתמונת התנע, נשתמש באוסף הפונקציות היסודיות שמכוננות את השפה הזו, שניתן לסמן אותן באופן

---

[17] לשם הדיוק נציין כי לפונקציה יש ערכים מרוכבים והיא מייצגת את *צפיפות ההסתברות*, כך שהסיכוי הוא ריבוע הערך המוחלט של ערך הפונקציה בנקודה בה אנו מתעניינים.

הבא: $\{\varphi_{p}(x)\}$, כאשר כל ערך של P מגדיר פונקציה אחרת של X. לדוגמא, חלקיק שנמצא במצב $\varphi_2(x)$ הוא בעל ערך מוגדר של תנע (P=2), ואי וודאות אינסופית בערכי המיקום (X). מצב כללי של חלקיק שיש לו אי וודאות גם במונחי התנע, מתואר על ידי סכום משוקלל של פונקציות כאלה, באופן הבא:

$$\psi(x) = \sum_{P} a_P \varphi_P(x)$$

הסכום הזה מייצג באופן ברור יותר את עקרון אי הוודאות, שכן אם יש חלקיק שפונקצית הגל שלו היא $\psi(X)$, הסיכוי למדוד את התנע שלו ולקבל P=2, הוא: $\langle a_2 \rangle^2$.

משמעות הסכום הזה היא שחלקיק שיש לו אי וודאות בתנע, נמצא במצב של סופרפוזיציה בין כמה מצבי תנע טהורים (כמה מצבים שלכל אחד מהם יש תנע מוגדר P). אז מהו התנע שלו? אין *לו* תנע מוגדר, אלא הוא מתואר על ידי סכום של פונקציות-גל שלכל אחת תנע מוגדר היטב. ערכי הפונקציות אלה מסוכמים, וזוהי הסופרפוזיציה הקוונטית.[18] האובייקט הפיסיקלי שנמצתא במצב של סופרפוזיציה, מתנהג בהתאם לסיכויים שפונקציית הגל הסופית מצביעה עליהן. אם כן, יש לו כמה ערכי תנע, והסיכוי למדוד כל אחד מהם נתון על ידי מקדמי הסופרפוזיציה. כאשר לחלקיק יש תנע מוגדר

---

[18] מושג הסופרפוזיציה מופיע בפיסיקה הקלאסית בהקשר של גלים. שם היא מתארת מצב שבו יש כמה גלים באותו מרחב. בכל נקודה במרחב ישנה עוצמה שהיא סכום כל הגלים השונים שנמצאים באותה נקודה (שהרי גל אינו יצור לוקאלי, שנמצא רק בנקודה מרחבית אחת, ובהחלט יכולים כמה גלים לשהות באותה נקודת מרחב בו-זמנית). הסופרפוזיציה היא סכום הערכים הפיסיקליים של הגלים שבאותה נקודה, והתוצאה הסופית היא הגל המתקבל. תבנית ההתאבכות המוכרת של גלים נוצרת מהעצמה במקומות מסויימים וביטול הדדי במקומות אחרים של חזיתות גל הפוגעות באותה נקודה על המסך.
ההבדל בין סופרפוזיציה בפיסיקה הקלאסית למכניקת הקוונטים היא בכך שהסופרפוזיציה של פונקציית הגל איננה זו של החלקיק עצמו (בפרשנות של המודל הקאנוני של מכניקת הקוונטים היום) אלא תחשיב מתמטי מופשט התואם למרחב הווקטורים שגם הוא משמש לחישוב ההתנהגות של המערכת. יש לכך השלכות מרחיקות לכת על המבנה של העולם לפי מכניקת הקוונטים.

P, הוא פשוט נמצא במצב $\varphi_p(x)$, שהוא מצב טהור, כלומר מצב בעל תנע מוגדר.

פשר קופנהגן לתורת הקוונטים מוסיף ואומר שכאשר חלקיק נמצא במצב $\psi(x)$, ואנחנו מודדים את התנע שלו, לעולם התוצאה היא תנע מוגדר ויחיד P. אם כן, לאחר המדידה החלקיק 'קורס' ממצבו ההתחלתי $\psi(x)$, ועובר למצב טהור של תנע $\varphi_p(x)$. המדידה עצמה משנה את מצב המערכת, ואי הוודאות שמתוארת בסכום למעלה נעלמת. כעת התנע מוגדר לגמרי, ומרווח אי הוודאות *בתנע* הוא 0. הקריסה הקוונטית שבאה בעקבות המדידה אינה אלא היצרות של פונקצית הגל, שרוחב אי הוודאות שלה (לגבי הרכיב הנבדק והתכונה הנמדדת) מוצר והופך להיות אפס. במצב כזה אין אי וודאות לגבי התכונה הנבדקת (התנע הוא מוגדר). משמעות הדבר היא שהסיכוי להיות בכל אחד מערכי התנע האחרים הופך להיות 0, ורק הסיכוי להיות במצב בעל התנע הנמדד בפועל הוא 1.

ג. על ניסוי שני הסדקים וקריסת פונקציית הגל

כדי להבין טוב יותר את נושא הקריסה שיהיה חשוב לנו להמשך, נדגים אותו דרך ניסוי שני הסדקים, אותו תיאר ריצ'ארד פיינמן – מגדולי הפיסיקאים של המאה ה-20 – כמגלם את תמצית המוזרויות של מכניקת הקוונטים.[19] באופן מסורתי הניסוי משמש להבחין בין גלים לחלקיקים באמצעות

---

[19] הוא מצהיר על ניסוי שני הסדקים כי הוא:
"a phenomenon which is impossible, absolutely impossible, to explain in any classical way, and which has in it the heart of quantum mechanics. In reality it contains the only mystery." (Feynman, R. P., Leighton, R. B., Sands, M., *The Feynman Lectures on Physics*, I, New York, Addison-Wesley 1963)
"..has been designed to contain all of the mystery of quantum mechanics, to put you up against the paradoxes and mysteries and peculiarities of nature one hundred per cent." (Feynman, R. P., *The Character of Physical Law*, Cambridge, MA, MIT Press 1967)

ההתאבכות דרך שני סדקים. ניסוי יאנג, שנערך בשנת 1801[20], עשה זאת על קרן אור, ותבנית ההתאבכות הנוצרת הכריעה בזמנו לטובת אופיו של האור כגלי[21]. במאה ה-20 הניסוי התבצע[22] עלאלומות אלקטרונים העוברות דרך שכבת מתכת או גביש, וגם שם התקבלה תצורת התאבכות גלית.

בניסוי המתואר בציור שלמטה יש מקור (בצד ימין) ששולח את אלומת (החיצים) האור או האלקטרונים, לכיוון מחיצה ובה שני סדקים קטנים (מופיעה באמצע הציור). מאחורי המחיצה יש מסך (בצד שמאל של הציור) שבו פוגעת האלומה, והיא מטביעה עליו חותם במקום הפגיעה. התבנית הנוצרת על המסך משקפת את כמות האלקטרונים הפוגעים בכל מקום עליו.

---

[20] ממצאיו (בגרסה מוקדמת של שני הסדקים, בו ההתאבכות נוצרת מקרני אור העובר על פני שכבת נייר דקה) פורסמו בפני האגודה המלכותית למדעים:

T. Young, Experiments and Calculations Relative to Physical Optics, *Proc. Roy. Soc.* Long. A 94 (1804), 1-16.

[21] האופי החלקיקי של האור הוא חלק מלידת מכניקת הקוונטים עצמה – עם תיאור האפקט הפוטואלקטרי והשערת פלנק לגבי קוונטיזציה של אנרגיה, ובסופו של דבר עם אפקט קומפטון.

[22] הגליות של האלקטרון אוששה בניסוי בשנת 1929, כ-3 שנים לאחר שהציע De Broglie את היפותזת גל-החומר שלו, במקביל על ידי תומסון (באוני' אברדין) שבדק מעבר של אלקטרונים דרך מתכת, וגרמר ודייויסון (במעבדות בל) שהעבירו אלומת אלקטרונים דרך גביש. פרס נובל משותף הוענק בשנת 1937 למחקר שהראה התאבכות של אלומות האלקטרונים. לתיעוד של פרס הנובל והמחקר:

http://nobelprize.org/nobel_prizes/physics/laureates/1937/

אך ניסוי שני הסדקים (עם סדקים ממש) באלקטרונים ביצע קלאוס ג'ונסון בשנת 1961:

C Jönsson 1961 Zeitschrift für Physik 161 454-474; C Jönsson 1974 Electron diffraction at multiple slits, *American Journal of Physics* 42 4-11

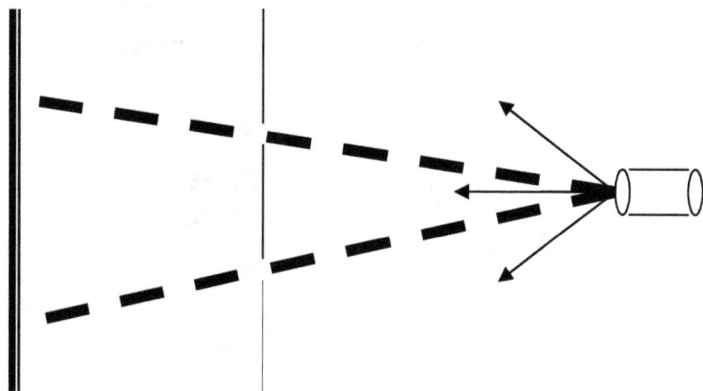

והנה, אם אנחנו שולחים אלומת אור לכיוון מחיצה כזו, התמונה שמתקבלת על המסך היא תמונת התאבכות המפורסמת של יאנג:

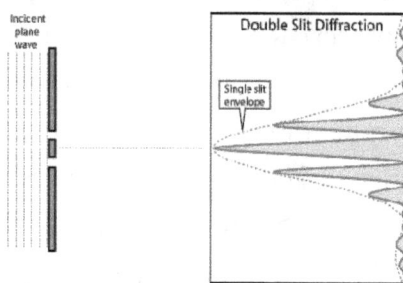

האור עובר דרך שני הסדקים, ויוצר תבנית התאבכות על המסך. התבנית הזו מתבטאת בעוצמת הארה התלויה בתדירותו של גל האור ובמימדי הסדקים. מה יקרה אם במקום אור נשלח אלומת אלקטרונים? באופן קלאסי, מכיון שמדובר בחלקיקים ולא בגלים, אנחנו מצפים שנראה שני כתמים כהים מאד באיזורים שנקבעים על פי מקור ההקרנה ומיקומי הסדקים (שני המקומות בהם פוגעים הקווים המקווקווים בציור). כלומר: נצפה לראות שתי איזורי פגיעה מרכזיים, מסביב יהיו כמה אלקטרונים טועים, ולכן התמונה על המסך בכל מקום אחר תהיה בהירה.

מתברר שאם הסדקים הם מספיק קטנים, אזי גם אלומת אלקטרונים (ואף חלקיקים גדולים בהרבה) מפיקה תמונת התאבכות:

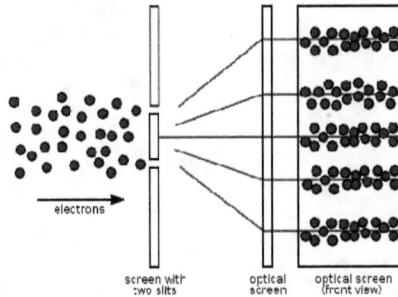

מכאן עולה המסקנה שגם לאלקטרונים אופי גלי ולא רק חלקיקי. יתר על כן, גם כאשר הטכנולוגיה אפשרה[23] לשלוח סדרה של אלקטרונים בודדים הפוגעים במסך במיקום דיסקרטי, מתברר שגם אז מצטברת בסופו של דבר תמונת התאבכות מסך כל האלקטרונים. כל אלקטרון בודד משתתף ביצירת תבנית ההתאבכות, ועובר לכאורה גם הוא דרך שני הסדקים גם יחד ומתאבך עם עצמו כאילו היה כאן גל אור.

פרשנות אחת שניתנה לניסוי הזה היא אישוש של השערת De Broglie שהאלקטרון הוא גל-חומר[24] (שמתואר על ידי פונקצית הגל), ולכן הוא עשוי לעבור דרך שני הסדקים, בדיוק כמו גל של אור. היתה גם פרשנות של pilot-wave model לפיה ישנו חלקיק המונחה על ידי אלמנט גלי[25]. אך הפרשנות שהתבססה בסופו של דבר כמודל הקאנוני של מכניקת הקוונטים, היא שפונקציית הגל מודדת רק הסתברויות ולא עוסקת באופי החלקיק

---

[23] הרעיון הוצע שנים לפני שבוצע בפועל. לתיעוד הניסוי ראה:
O. Donati, G. F. Missiroli, G. Pozzi, An Experiment on Electron Interference, *American Journal of Physics* 41, May 1973 pp. 639–644

[24] ראה יורם קירש, **יסודות הפיסיקה ב'**, האוניברסיטה הפתוחה,תל-אביב, תשנ"ח-תשנ"ט 1998-1999, עמ' 49-48.

[25] המכונה לעתים גם de Broglie-Bohm theory:
Goldstein, Sheldon, "Bohmian Mechanics", *The Stanford Encyclopedia of Philosophy* (Spring 2009 Edition), Edward N. Zalta (ed.), URL = <http://plato.stanford.edu/archives/spr2009/entries/qm-bohm/>

עצמו[26]. המיכשור המתמטי הוא המוקד של הפרשנות הקאנונית – פונקציות של צפיפות הסתברות (ניסוחו של שרדינגר), ומכניקת המטריצות של הייזנברג ובורן.

בנוגע לניסוי, פירוש הדבר הוא שפונקציית הגל של האלקטרון[27] נמצאת במצב של סופרפוזיציה בין שני מצבים טהורים: מעבר של האלקטרון דרך סדק אחד, ומעבר של האלקטרון דרך הסדק השני. בתמונה הקלאסית כל חלקיק שהגיע למסך עבר *או* את הסדק העליון *או* את התחתון, אבל בתמונה הקוונטית ההסתברות למיקומו יכולה להיות בסופרפוזיציה מתמטית של שני המסלולים[28].

מה יקרה אם נערוך שוב ניסוי שבו נשלח אלקטרון בודד, ונעמיד גלאי ליד אחד הסדקים? אם האלקטרון עובר דרך הסדק הזה הגלאי מראה לנו זאת, ואנחנו יודעים שהוא עבר דרך הסדק הזה ולא דרך השני. אם הגלאי אינו מגיב, אות הוא שהאלקטרון עבר דרך הסדק השני בלבד. הגלאי הזה הוא בעצם מדידה של מיקומו של החלקיק (הוא בודק האם האלקטרון נמצא בסדק העליון או התחתון).

התוצאה המתקבלת בניסוי היא שכאשר העמדנו גלאי כזה, התמונה שהתקבלה על המסך היתה קלאסית ללא התאבכות כלל, כלומר איזור כהה רק במקום שמתאים לסדק שהראה הגלאי. אם הגלאי שעומד בסדק העליון

---

26 לא ניכנס כאן להקבלה של פרשנויות אלה ליחסים הסבוכים שבין הדיון ההלכתי לבין המציאות הנדונה. כמובן שיש מצבים השייכים באופן מובהק לריאליזם של המרחב ההלכתי ואף עדיפותו על פני זה ההלכתי, וישנן דוגמאות הופכיות, אך הדיון הכללי מצריך עיון במקום אחר.

27 יהי זה האלקטרון גופא (הפרשנות הראשונה), האלמנט הגלי השולט על התנהלותו (הפרנות השניה), או רק פונקציית צפיפות ההסתברות למציאתו במיקום כלשהו.

28 בשל כך קשה לדבר על מסלולים קונקרטיים באופן כללי במכניקת הקוונטים. תיאור מתמטי המכיל מסלולים עבור ניסוי שני הסדקים הוא זה של ריצ'ארד פיינמן מ1948, בו כל מסלול של החלקיק נלקח בחשבון, עם אלמנט פאזה הקובע את משקלו בתוצאה. סכימה על המסלולים המתמטיים השונים מניב את אותה התוצאה של פונקציות הגל. פיינמן הדגיש שהוא לא מתאר מסלולים פיסיקאליים אלא דרך לחישוב המסתמכת על מינימיזציה של הפעולה:

R.P. Feynman, Space-Time Approach to Non-Relativistic Quantum Mechanics, *Rev.Mod.Phys*. 20 (1948) 367

מראה לנו מעבר דרכו, אזי התמונה שמתקבלת על המסך היא באיזור הקלאסי העליון (פגיעת הקו המקווקו למעלה).

מה פירוש הדבר? המודל המקובל בתורת הקוונטים הוא שהמדידה של המיקום[29] גרמה *לקריסה של פונקציית הגל*, ומתוך מצב של סופרפוזיציה בין שני המסלולים נותרת פונקצית גל שמורכבת ממצב טהור אחד (רק הקו המקווקו העליון). פונקציית הגל שמתארת את החלקיק הנמדד כעת היא הקו המקווקו העליון בלבד. הנקודה העקרונית לפי המודל הקאנוני היא *שרכישת המידע* לגבי המסלול או פתיחת האפשרות לכך – במקום להשאירו כחלק מן התחשיב הסטטיסטי של פונקציית הגל – קשורה בקריסה של פונקציית הגל.

בנוגע להבנת הקריסה של פונקציית הגל רבו הדעות והויכוחים. ישנן פרשנויות של מכניקת הקוונטים בהן הקריסה היא חלק בלתי נפרד מן המודל[30], ויש העוקפות את הצורך בה, אך אלה לא תופסות מקום מרכזי בקרב הפיסיקאים היום.[31]

---

[29] ניתן לטעון כנגד הניסוי ומסקנותיו שהמדידה מפריעה למהלך האלקטרונים או הפוטונים וכך הורסת את תבנית ההתאבכות, וויכוחים מסוג זה פרחו במהלך המאה ה-20. אך גם ניסוי בו אין מדידה ישירה כלל יכולה להרוס את תבנית ההתאבכות – לדוגמא כשמודדים לא את הפוטון עצמו אלא את בן-זוגו שנוצר ביחד עימו, והינו בעל תכונה תואמת (והופכית) לשלו. לתיאור תיאורטי ונסיוני של הקריסה במחיקה קוונטית:

S. P. Walborn et al, Double-slit quantum eraser, *Phys. Rev.* A, Vol. 65, 033818, February 2002

[30] התואמת את פרשנות קופנהגן של מכניקת הקוונטים המוקדמת. מדובר בין השאר במודל של פון-נוימן בו התודעה משחקת תפקיד בקריסה:

John von Neumann, *Mathematical Foundations of Quantum Mechanics*. Princeton University Press, 1955 (original Germsn- 1932).

[31] למשל פרשנות העולמות המרובים (many-worlds interpretation - MWI) אותה הציע יו אברט (Hugh Everett), ראו בערך פרשנות העולמות המרובים באנציקלופדיה לפילוסופיה של אוני סטנפורד:

Vaidman, Lev, "Many-Worlds Interpretation of Quantum Mechanics", *The Stanford Encyclopedia of Philosophy (*Fall 2008 Edition*)*, Edward N. Zalta (ed.), URL = <http://plato.stanford.edu/archives/fall2008/entries/qm-manyworlds/>

או פרשנות 'המשתנים הנסתרים' (hidden variable) כמו זו של דייויד בוהם, לפיה מתחת לאופי ההסתברותי של הקוונטים ישנו מערך דטרמיניסטי מלא.

ד. זמן בקוונטים, והחתול של שרדינגר

ניתן לשאול מהי משמעות הדבר מבחינת ציר הזמן. מוצעות ביחס לשאלה זו, שתי פרשנויות שונות:

1. לאחר שנמדד מיקומו של החלקיק והתברר שהוא עבר בסדק העליון, הוברר שהמסלול שלו היה בקו המקווקוו העליון. זה בירר לנו משהו על עברו של החלקיק. לפני המדידה החלקיק היה במצב של מעבר בשני הסדקים גם יחד (סופרפוזיציה), כפי שמראה הניסוי ללא הגלאי. כשנערכה המדידה פונקצית הגל של החלקיק קרסה, וכעת התברר שהוא נע רק על הקו המקווקוו העליון. לפי פרשנות זו, המדידה שינתה את העבר של החלקיק, ולא רק את ההווה והעתיד שלו.

2. לאחר שנמדד מיקומו של החלקיק והתברר שהוא עבר בסדק העליון, זה שינה את מצבו רק מכאן ולהבא. עד המחיצה עם שני הסדקים החלקיק היה במצב של סופרפוזיציה של שני המסלולים. משעה שנמדד המיקום שלו הוא שינה את פונקצית הגל לכזו שמורכבת רק מהקו העליון בלבד. כלומר מימין למחיצה יש סופרפוזיציה ומשמאל לה יש מצב טהור.

כפי שנראה להלן (בסעיף על שזירה קוונטית) שאלת "איזה מסלול?" ושאלת "מה גרמה הקריסה?" הניבה ניסויי מחשבה (וניסויים מעשיים) המצביעים על עומק נוסף במוזרות הקוונטית של השפעה אחורנית בזמן.

הדגמה מפורסמת נוספת מהשנים הראשונות של מכניקת הקוונטים למשמעותה של הקריסה הקוונטית שבאה בעקבות המדידה, היא הניסוי המחשבתי שקרוי 'החתול של שרדינגר'. ניסוי מחשבתי זה הוצע על ידי הפיסיקאי ארווין שרדינגר[32] (מאבות תורת הקוונטים, על שמו קרויה

---

[32] הוצע לראשונה על ידי שרדינגר לאור התנגדותו של אלברט איינשטין להשלכות נוגדות האינטואיציה של מכניקת הקוונטים:
Erwin Schrödinger, Die gegenwärtige Situation in der Quantenmechanik, *Naturwissenschaften* November 1935

פונקציית הגל) על מנת להדגים את האבסורד בפשר קופנהגן: מניחים חתול בתיבה אטומה. בתוך התיבה נמצא מתקן ובו אטום בודד של חומר רדיואקטיבי, שיש לו הסתברות של 50% בדיוק להתפרק במהלך הניסוי. אם יתפרק החומר, ירגיש בכך חיישן המצוי במתקן שבתיבה ויגרום לפליטת רעל שימית את החתול. אם לא יתפרק החומר, יישאר החתול בחיים. בתום הזמן הקצוב לניסוי פותחים את התיבה (=מבצעים מדידה) ואז יודעים אם החתול חי או מת. אבל מה היה מצבו של החתול כל עוד התיבה סגורה? התשובה המתבקשת, לשיטתו של נילס בוהר (מייסד אסכולת קופנהגן), היא: "לא חי ולא מת, אלא חצי מזה וחצי מזה"[33]. החתול בעצם נמצא בסופרפוזיציה בין שני המצבים (ראה בציור למטה).

תורגם לאנגלית על ידי ג'ון טרימר:

Proceedings of the American Philosophical Society, 124, 323-38 .
Reprint: *Quantum Theory and Measurement*, [J.A. Wheeler and W.H. Zurek, eds.], Princeton University Press, New Jersey 1983, Part I Section I.11

לקריאת הגרסה האנגלית ברשת:

http://www.tu-harburg.de/rzt/rzt/it/QM/cat.html#sect5

[33] במאמר המקוריה (בתרגום לאנגלית):

"The psi-function of the entire system would express this by having in it the living and dead cat (pardon the expression) mixed or smeared out in equal parts "

אמנם אם נאמץ את המשמעות הרטרואקטיבית של הקריסה הקוונטית, משמעות הדבר היא שאם כשפתחנו את התיבה מצאנו בה חתול מת, אזי ייתכן שהחתול היה מת כבר קודם לכן (לא המדידה הרגה אותו, אלא היא גילתה מצב קיים, או יצרה מצב ששונה גם רטרואקטיבית).
בהמשך הדברים נראה שהמצב הלוגי בברירה דומה לגמרי למצב הלוגי שמתארת תורת הקוונטים, ושתי הפרשנויות הללו מופיעות באופן טבעי גם שם.

ה. שזירה קוונטית Quantum Entanglement

מאפיין נוסף של מכניקת הקוונטים, הרלוונטי לשתי הפרשנויות לעיל של הקריסה במדידה, הוא השזירה הקוונטית: ישנן מערכות פיסיקליות מרובות חלקיקים שנוצרות באופן שישנו קשר בין החלקיקים. במצבים כאלה ניתצן לתאר את המצב הפיסיקלי רק בתיאור שכולל את כל המערכת בשלמותה, ולא ניתן לתאר מצב של אחד החלקיקים לבדו. התכונות של פונקציית הגל של כל מרכיב תלויות במרכיבים האחרים, ומדידה של אחד מהן משפיעה על האלמנטים השזורים זה בזה. תוצאות מאתגרות של תופעה זו הינן למשל הפרדוכס על שם איינשטין פודולסקי ורוזן (EPR)[34] בו מערכת של שני רכיבים השזורים מרוחקים זה מזה ומדידת האחד לכאורה משפיעה על תכונות השני בו-זמנית – זאת בניגוד לכלל מתורת היחסות שקובע שהשפעה פיסיקלית יכולה לעבור במרחב לכל היותר במהירות האור (ובודאי לא בו-זמנית). הניסוח המקורי של ניסוי המחשבה נועד לתקוף את מכניקת

---

[34] המאמר המקורי עסק בתכונות מסויימות של המערכת הפיסיקלית, אך המבנה הלוגי הוא כללי:
Einstein, B. Podolsky, and N. Rosen, Can quantum-mechanical description of physical reality be considered complete? *Phys. Rev.* 47 777 ,1935.

הקוונטים ולהפריכה אד אבסורדום, אך ביצוע הניסוי בפועל אישש את ממצאי מכניקת הקוונטים ואף חיזק אותה.

לשזירה הקוונטית גם השלכה על תהליכים תלויי-זמן. לדוגמא ניסוי הבחירה-המעוקבת-בזמן (Delayd Choce Experiment), שהוא גרסה משוכללת של ניסוי 2 הסדקים, בו אלומת הפוטונים מתאבכת עם עצמה. דרך האינטרפרומטר על שם מאך-זנדר, עוברים הפוטונים ממקור האור דרך חצאי-מראות המייצרות מצב שזור של זוגות פוטונים, כך שבסופו של התהליך *כל* הפוטונים פוגעים בגלאי C כך שביחד עם גלאי D נוצרת תבנית התאבכות המוכרת מניסוי 2 הסדקים:

Detectors

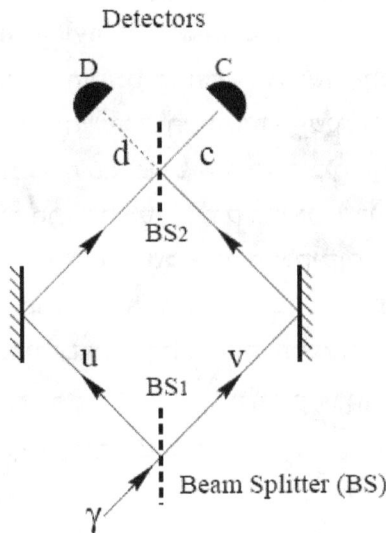

כעת, אם בשלב כלשהו (של הקרנה ארוכה כפי שנרצה של הפוטונים עד אותו הרגע) מראה BS1 מוצאת מן המערך, כל פוטון יכול לפגוע בגלאי C או בגלאי D בסיכוי זהה, אך הפעם ללא תמונת התאבכות[35]. הבחירה לשלוף

---

[35] לניתוח תיאורטי של הניסוי, ההתקפות עליו והאפשרויות הטמונות בו עקרונית בנושא פעולה רטרואקטיבית, ראו:

את החצי-מראה BS1 קובעת שלכל אורך המסלול היה הפוטון בעל אופי חלקיקי. כאנקדוטה נעיר כאן שהפיסיקאי ג׳ון ווילר הציע[36] להגדיל את קנה המידה של הניסוי לכלול מקור אור קוסמולוגי מרוחק, בו הבחירה המאוחרת תשנה היסטוריה של מליוני שנים.

השזירה הקוונטית חושפת את המאפיין של פעילות רטרואקטיבית במידת מה אותה הצענו לעיל בתיאור ניסוי שני הסדקים. הדגש החשוב כאן הוא על ״במידת מה״. אחד הכללים המונעים מהתנגשות חזיתית של תורת היחסות עם מכניקת הקוונטים בסוגיית השזירה הקוונטית, הוא שלא ניתן להעביר מידע במהירות העולה על מהירות האור (no transmission rule) – גם אם הפעולה הינה רטרואקטיבית או מתרחשת באפס-זמן (עבור קונוס האור של המערכת האינרציאלית המדוברת לעומת שכנותיה - היינו הך). זוהי חומת מגן דקה-מנייר המפרידה בין התחומים הלא-תואמים האלה של הפיסיקה. המיגבלה על שליחת מידע ויצירתו יכולה לשמש להבנת האפשרויות השונות שנוגע להשלכת המדידה על מצב פונקציית הגל לאורך התהליך. גם האפשרות של השפעה *רטרואקטיבית* אינו מוחלט, כיון שיכול להיות פשר של השפעה כזו להלכה, שנותר למעשה *רטרוספקטיבי* בגלל המיגבלה על שליחת אינפורמציה.

בחזרה לספק הוודאי של רש״ש

ראינו לעיל שני ניסוחים לאופיו של הספק בנוגע לקידושי הנשים השונות. האנלוגיה שבין המודלים ה׳קוונטיים׳ השונים של ״ספק-וודאי״[37] למכניקת

A. C. Elitzur, S. Dolev, A. Zeilinger, Time-reversed EPR and the hoice of histories in quantum mechanics, *Proceedings of XXII Solvay Conference in Physics*, London: World Scientific 2003, pp. 452-461.

[36] John Archibald Wheeler, *Mathematical Foundations of Quantum Theory*, [ed. A. R. Marlow] Academic Press, New York, 1978, pp 9–48: *The 'Past' and the 'Delayed-Choice Double-Slit Experiment'*.

[37] האנלוגיה איננה דווקא לתהליך ההגיוני-הלכתי עצמו, העוסק במעמד של קידושין המתבצעים באופן עמום כמו במקרה של המקדש חמש נשים. יכול בהחלט להיות שעקרונית לא אמורה היתה לחול שום חלות, והתוצאה של קידושי ספק היא שרירותית בתבנית

הקוונטים תואמת את שני הניסוחים. הניסוח של הספק על כל אישה בנפרד תואם את תיאור הסופרפוזיציה של מצבים קוונטיים, בו כל עוד שלא נמדד המצב של רכיב אחד מתוך אלה הנמצאים בסופרפוזיציה, המצבים הקוונטיים המשתתפים בסופרפוזיציה נותרים כבעלי זהות חלקית (עם הסיכוי המשוייך להם לפי מקדם הסופרפוזיציה שלהם בסכום), כשסך הסיכויים של הופעת כל אחד מן הרכיבים הוא 1. במרחב ההלכתי הבלתי-מוכרע ניתן לייחס לכל אישה באופן פוזיטיבי צד כלשהו כלהו של נישואין.

לעומת זאת, הניסוח השני על המכלול מקביל לתיאור של שזירה קוונטית (quantum entanglement), בה המערכת בכללותה (חמשת הנשים, זוג פוטונים שנפלטו באופן מסוים מאותו אירוע פיסיקלי וכן הלאה) נתפסת כמצב קוונטי אחד, בלתי פריק (במובן של התכונות של כל רכיב כקיימות רק ביחס לכלל המערכת ולא עצמאית) אפילו בריחוק מרחב-זמני עצום. תכונותיה של כל אישה בלתי ניתנות להפרדה מאלה של חברתה (אם האחת נשואה השניה איננה וכן הלאה) אך עד שלא תתקבע הזהות של אחת, השניה יכולה להיות בעלת אותה הזהות. בדוגמת הספק הוודאי של הרשׁׁׁׁש אין קריסה כזו אלא מצב של שזירה קיימת ועומדת (וכן עבור הניסוח השני – סופרפוזיציה קוהרנטית שלא קורסת).

כפי שנראה להלן, ישנם מצבים בהם ישנה קביעה מאוחרת של זהות הלכתית לגביהם נרצה לדעת את האופי של המערכת בזמנים השונים עד לקריסה.

בחזרה לשיטת רשׁׁׁי

אם נשוב כעת לשיטת רשׁׁׁי וסיעתו בדין ברירה, הרי שהדעה הסוברת שאין ברירה, רואה את המציאות כספק קוונטי. אחת משתי הנשים היא מגורשת, אך זו אינה שאלה של היעדר מידע. במציאות עצמה אין קביעה מיהי. גם

ההלכתית בתורה שבעׁׁפ (שלא יווצר מצב של אמירת קידושין ריקה לחלוטין). עם זאת, התוצאה מצריכה את הזהות הקוונטית לשם בירור האופי של החלות המתקבלת בסופו של דבר.

בדוגמת היין, שני לוגין הם תרומה, אך לא מדובר בשני לוגין קונקרטיים. לפי שיטה זו (שאין ברירה), גם אחרי שאחת מהן יוצאת בפתח תחילה (או שנשארים שני לוגין מסויימים), זה לא מועיל לקבוע שהיא היתה זו שלשמה נכתב הגט מלכתחילה, ולכן מצב הספק נותר בעינו גם אחרי יציאתה. אנו נשארים בתוך אותו ספק קוונטי.

המסקנה היא שלפי רש"י וסיעתו המחלוקת האם יש או אין ברירה מתפרשת באופן הבא:

- יש ברירה. שיטה זו רואה את הספק שנוצר בעת ההתנייה, כספק בידע של האדם (ספק אפיסטמולוגי), ולכן כשהוא מתברר באמצעות האירוע העתידי זה משקף את המציאות שהיתה נכונה כבר מלכתחילה. רק אנחנו לא ידענו אותה באותו שלב. לכן האישה שיצאה בפתח תחילה היא שהיתה מגורשת מלכתחילה.
- אין ברירה. שיטה זו רואה את הספק כספק במציאות עצמה, כלומר ספק קוונטי. כל האפשרויות נכונות במציאות עצמה, וזה לא רק היעדר ידע שלנו. גם הקב"ה לא יודע מי האישה המגורשת, כי פשוט אין אישה כזו. מה שיש לנו כאן הוא דין על המכלול (הצמד) שאחת משתיהן מגורשת, בלי לקבוע מיהי.

נדגיש כי שום דבר לא מתרחש כאן למפרע. לפי השיטה שאין ברירה ודאי שאין לראות כאן סיבתיות הפוכה. אבל גם לשיטה שיש ברירה, האירוע העתידי לא משנה את העבר. העבר היה קבוע מרגע ההתנייה, אלא שהמידע שלנו על המציאות לא היה שלם.

לאור דברינו כאן נוכל להבין היטב את שיטת רש"י וסיעתו באחים שחלקו. הזכרנו למעלה ש**בבית ישי** סי' סב העיר שלשיטות אלו היה על ריו"ח לומר שאחים שחלקו הם ספק לקוחות ולא ודאי לקוחות, ולא משמע כן בלשונו. אך כעת נוכל להבין שהדבר אינו נכון, וגם לדעת רש"י וסיעתו הם ודאי לקוחות. כשכל אחד זוכה בחלקו, אזי הוא לקח בוודאות חלק מאחיו, שהרי כל הנכסים היו שייכים לשניהם במצב קוונטי.

לעומת זאת, בגט שנכתב לשם אחת משתי נשים, גם שם ראינו שהוא כתוב לשם אחת משתיהן (לא מבוררת, אלא במצב קוונטי). עד עתה הנחנו שזהו מצב של ספק (שהרי כך כתב הרמב״ם). אולם לאור דברינו כאן יש אולי מקום לפרש את המצב הזה אחרת. הרי אם הוא כתוב לשם שתיהן, אז ניתן לגרש את כל אחת מהן. מהי המשמעות של הקביעה שהוא כתוב לשם אחת מהן, אם היא לא מבוררת?

ההבדל היסודי בין המצב הזה למצב של אחים שחלקו הוא שכדי שהאחים ייחשבו לקוחות, די לנו שהנכסים שייכים גם לאח האחר, גם אם בו זמנית הם שייכים לאח הזה. לעומת זאת, בגט הדרישה היא שייכתב לשם האישה המתגרשת, וזה לא אמור להפריע לנו שהוא כתוב גם לשם אחרת (במובן הקוונטי).

אפשר היה לומר שבכל זאת יש בעייה שהגט כתוב גם לשם מישהי אחרת, וזה פוסל את הגט לאישה זו. אך מעבר לכך שיש כאן חידוש בדיני לשמה, זה לא מתאים לדברי הרמב״ם שמתייחס למצב כזה כספק. על כורחנו שבמצב הקוונטי יש כאן חלות גירושין על אישה אחת לא מבוררת, והלכתית זה נחשב כמצב של ספק (כמו במקדש אחת מחמש נשים, כפי שראינו למעלה).

נדגים זאת דרך ניסוי מחשבתי. מה קורה לפי הסבר רש״י לשיטה שאין ברירה, אם הבעל לוקח את הגט ומגרש בו את שתי נשותיו בזו אחר זו? לפי התפיסה הנאיבית – אחת מהן ודאי מגורשת, אלא שאנחנו לא יודעים להחליט מי. אבל ראינו שזה פירוש לא סביר לדעה שאין ברירה. לדעה זו יש כאן ספק קוונטי ולא ספק רגיל. על כן ברור שאם הוא גירש את שתי נשותיו נוצר מצב כמו במקרה בו דן רש״ש למעלה, שמישהו קידש אחת משתי נשים. במצב כזה אחת משתיהן מקודשת, אבל זו לא אף אחת קונקרטית משתיהן (זהו ספק אונטולוגי, ולא אפיסטמולוגי). זהו בדיוק המצב של הספק שעליו מדבר הרמב״ם. זהו ספק קוונטי ולא ספק רגיל. השלכה אפשרית היא שאם תהיינה לו שלוש נשים בעלות אותו שם והוא יגרש אחת מהן, לא יהיה כאן ביטול ברוב.

כעת יש מקום לומר שבאמת גם לגבי אחים שחלקו הפסק הוא שהם לקוחות מספק ולא מוודאי, אבל הסוגיא לא מתייחסת לזה כספק מפני שזה אינו ספק רגיל אלא ספק קוונטי. משמעות הדבר היא שאין שום חלק קונקרטי מהנכסים שנלקח מהאח השני. מה שנלקח ממנו הוא סיכוי קוונטי שהוא הבעלים על הנכסים הללו. במונחים שתיארנו לעיל, המצב לפני החלוקה הוא ששני האחים הם בעלים על הנכסים במובן קוונטי. כלומר יש פונקציית גל שמתארת סיכויים של כל אחד מהם להיות בעלים על כל חלק מהנכסים. אבל בפועל אף אחד קונקרטי מהם אינו בעלים על מאומה. מה קורה בעת החלוקה? נראה שזו יוצרת קריסה של המצב הלא וודאי של הבעלות, וכעת נוצר מצב שבו אח אחד קונקרטי הוא הבעלים על חלק מהנכסים, והאח הקונקרטי השני הוא הבעלים על החלק השני. פונקצית הגל קורסת, והסיכוי שראובן הוא בעלים על החלק שהוא לקח בחלוקה הוא 1, וכך גם לגבי שמעון. אין יותר אי וודאות. ייתכן שלעניין השאלה האם הם לקוחות, די לנו בביטול המצב הקוונטי כדי להפוך אותם ללקוחות. במצב קוונטי כל אחד נחשב כבעלים. לעומת הגט, ששם במצב הקוונטי כל אחת מהן נחשבת כמי שהגט לא נחשב לשמה.

אם ניישם זאת לגבי לוקח יין מבין הכותים, גם שם לפני שהוא גומר לשתות, ישנו מצב שחלות התרומה רובצת על כל היין, ויש סיכוי שכל שני לוגים ממנו הם התרומה. אבל אין הכוונה לכך שיש שני לוגים קונקרטיים, אלא שמכלול היין הוא בסטטוס קוונטי, כלומר שיש פונקצית גל שנותנת סיכוי לכל שני לוגין להיות התרומה. אם כעת הוא שותה את היין הזה, רש״י אומר שהוא עובר על ספק איסור שתיית תרומה. אם היתה כאן חלוקה במובן הקלאסי של שותפות, כלומר שבכל חלקיק מהיין יש חלות תרומה וחולין מעורבבים, אזי היה כאן ודאי איסור תרומה. אבל מכיון שהספק הוא קוונטי, הרי בכל לגימה שאני שותה יש סיכוי קוונטי שזו תרומה. זהו מצב של ספק ולא של וודאי, לא בגלל שאולי זה 'ודאי תרומה' (כמו בספק קלאסי) אלא בגלל שוודאי זה 'אולי תרומה' (ספק קוונטי).

בתמונה זו יש חידוש גדול בדיני ספיקות, שגם אם יש מצב ודאי אבל קלוש, אנחנו מתייחסים אליו כאל ספק. במקדש אישה מחמש נשים, או במגרש אחת משתי נשים למ״ד שאין ברירה, אין כאן ספק כלל. המידע כולו בידינו, והמציאות עצמה אינה חד ערכית. הסברנו שבמצב כזה כל אישה מקודשת קידושין קלושים (תיאור אחר: יש ספק האם היא במצב קידושין או לא). החידוש הוא שגם למצב כזה יש להתייחס הלכתית כמצב של ספק.

יישום לגבי המקרה של עירובין: פרשנות אפשרית לאור תורת הקוונטים

באופן דומה יש לדון גם לגבי עירובי תחומין. ראינו למעלה את הדוגמא שמובאת בסוגיית עירובין, על אדם שמניח שני עירובים לשני צדדים, ומתנה על הצד שיבוא החכם בשבת. מה ייצא במקרה זה לפי התפיסה הקוונטית של רש״י? לכאורה יחולו כאן שני העירובים באופן קלוש.

אלא שיש ייחודיות במקרה של עירובין לעומת שאר המקרים. בתרומה אין מניעה שכל צמדי הלוגים יהיו תרומה בו זמנית, וגם בגירושי הנשים אין מניעה ששתי הנשים תתגרשנה בו זמנית. הקונפליקט במקרים אלו נוצר רק בגלל שהאדם התכוין להפריש רק שני לוגין או לגרש אישה אחת. לכן במצב כזה נוצר מצב קוונטי, שעושה סופרפוזיציה בין שתי האפשרויות (כאילו כל אחת מהאפשרויות היא מצב קוונטי טהור אחד בסיכוי של 50%). אבל במקרה של העירוב אי אפשר להחיל את שני העירובים ביחד, כי שני המצבים סותרים זה את זה (ההלכה אינה מאפשרת להחיל שני עירובים לשני הכיוונים בו-זמנית). אם כן, לכאורה מצב קוונטי אינו אפשרי עבור סוגיית עירובין, שהרי הוא כולל שילוב בין שתי אפשרויות סותרות, ולא רק בין שתי אפשרויות שונות.

כדי להבין את הדבר, נתבונן שוב בתמונה שהוצגה בחלק השני. ראינו שם הסבר של רש״ש למצב של תנאי בזמן הביניים (בין ההתנייה לבין מילוי או אי מילוי התנאי). טענתו של רש״ש היתה שאם אדם מגרש את אשתו על תנאי שהיא לא תשתה יין במהלך החודש הקרוב, אזי במשך החודש הזה

היא מגורשת ולא מגורשת בו-זמנית. שתיית או אי שתיית היין תברר איזו משתי האפשרויות תתממש למפרע.

לאור דברינו כאן, בעצם מדובר במצב קוונטי. האישה נמצאת בסופרפוזיציה בין שתי האפשרויות הללו, ושתיית או אי שתיית היין גורמת לקריסת פונקציית הגל לאחת משתי האפשרויות. אבל גם שם המצב הזה מורכב משתי אפשרויות סותרות: האישה היא גרושה ובו-זמנית גם אשת איש. לכן גם שם עולה השאלה כיצד הדבר אפשרי?

למעלה בסוף פרק שנים-עשר עמדנו על השאלה הזו, ושם הצענו את הפתרון הבא. כאשר אנחנו אומרים שהאישה היא אשת איש וגרושה בו-זמנית זה אכן מצב בלתי אפשרי. יש כאן סתירה מפני שהטענה היא אשת איש והטענה שהיא גרושה הן טענות על סטטוס משפטי-הלכתי שלה. אולם אם אנחנו אומרים שחלות עליה שתי חלויות: של אשת איש ושל גרושה, בו-זמנית, בכך אין כל סתירה. השווינו זאת להבדל בין הטענה שתבשיל כלשהו הוא גם מלוח וגם מתוק, לבין הטענה שיש בתבשיל הזה גם מלח וגם סוכר. הטענה הראשונה היא סתירתית מפני שהיא מדברת על תכונות של התבשיל, ולא תיתכנה שתי תכונות סותרות. אולם הטענה השנייה אינה מכילה סתירה, שכן היא מדברת על יישים שונים שנמצאים בתבשיל. המסקנה היא שלעולם אין סתירה בין יישים אלא רק בין תכונות. טענתנו שם היתה שה אמירה שיש על האישה חלות אשת איש היא אמירה מטפיסית, שרובצת עליה חלות אשת איש. החלות היא סוג של יש שרובץ על האישה. ההשלכות ההלכתיות הנורמטיביות של המצב המטפיסי ההוא הן שבדרך כלל יש עליה גם דין אשת איש (כמו שבתבשיל שיש בו מלח בדרך כלל יש לו תכונה שהוא מלוח). אולם במקרה שרובצת עליה בו-זמנית גם חלות בעלת תכונות הפוכות, אזי ההשלכות ההלכתיות משפטיות תהיינה יותר מורכבות (כדי שלא תהיה סתירה מבחינת ההשלכות). הסברנו שם כיצד ניתן לגזור בכלים הלכתיים את ההשלכות הללו.

נראה שפתרון דומה קיים גם כאן. כאשר אנחנו אומרים שכל עוד החכם לא הגיע יש מצב של סופרפוזיציה בין עירוב למזרח ועירוב למערב, כוונתנו אינה

444

לומר שמותר ללכת מערבה ומזרחה. אלא שיש שתי חלויות שונות, וכעת
עלינו להסיק מה ההשלכה ההלכתית של המצב המורכב הזה. לאן מותר
ללכת. כאן ודאי אסור שתהיינה סתירות, ובסופו של דבר, פרקטית הוא לא
יוכל ללכת לשני הכיוונים. יהיה עלינו לבחור את אחד המצבים כתוצאת
ה׳ניסוי׳, וכל תוצאה כזו היא מצב טהור, שמגדיר לאן מותר ואסור ללכת
בלי כל סתירה.

הדבר אולי מאיר באור מובן יותר את הסתירות שקיימות בתורת הקוונטים.
כאשר אנחנו אומרים שיש לחלקיק כמה מהירויות אפשריות, לכאורה יש
כאן סתירה: אם הוא נע במהירות X אזי הוא לא נע במהירות Y, ולהיפך.
וכן לגבי המיקום שלו. אולם כעת אנחנו מציעים פשר אחר לטענות הלא
וודאיות הללו: יש לחלקיק חלות של מהירות X וחלות של מהירות Y. בפועל
כשנמדוד את מהירותו תהיה לו רק מהירות אחת, ולכן במישור המעשי (של
התכונות) לא תהיה שום סתירה. המצבים הטהורים (העצמיים) שמצטרפים
ויוצרים את המצב המורכב, אינם באמת מהירויות או מיקומים, אלא
חלויות מופשטות, שבדרך כלל מתלווים לכל אחת מהן ערכי מהירות או
מיקום מסויימים. בכך סרה הבעייתיות הלוגית מהטענות הקוונטיות הללו,
שכן המצבים הקוונטיים מתארים כעין יישים (כמו חלויות) ולא תכונות.
התכונות נוצרות בניסוי, שבוחר אחד מהמצבים המטפיסיים הללו (גורם
לקריסה של הפונקציה המורכבת).

האם אכן נדרשת רטרואקטיביות כדי לעורר בעיית ברירה?
ראינו שרש״י וסיעתו מבינים את המצב של אין ברירה כחלות לא מוגדרת על
מצב קוונטי. מכאן עולה האפשרות שהם יתייחסו גם למקרה שאינו נזקק
לעתיד ולרטרואקטיביות כמקרה של ברירה. לדוגמא, אדם מקדש אחת
מחמש נשים, נוצר כאן מצב של חלות קוונטית. לכאורה המחלוקת האם יש
או אין ברירה, שלפי רש״י וסיעתו מתפרשת כמחלוקת האם ניתן להחיל

חלות כזו, יכולה להתעורר גם במקרה הזה, שכלל אינו קשור לרטרואקטיביות.

אם כן, כשאדם מקדש אחת מחמש נשים, זהו מצב ללא רטרואקטיביות שגם לגביו יש מחלוקת האם יש או אין ברירה. הרי לנו ששאלת ציר הזמן אינה חשובה לנדון של ברירה. הזמן נכנס כאן רק בעקיפין, מפני שאם תולים את הבירור באירוע עתידי אזי המצב בינתיים הוא מצב לא מבורר. אבל כפי שראינו כאן, יכול להיות מצב לא מבורר גם ללא היזקקות לעתיד, כמו במקדש אחת מחמש נשים.[38] אמנם נכון שבמקרים אלו גם השיטה שסוברת שיש ברירה תסכים שרק אחת מהנשים מקודשת לו, כלומר שיש כאן מצב של ספק קוונטי. האפשרות שיש ברירה היא שתלויה בבירור העתידי, אבל נראה שמצב קוונטי כזה יכול להיות קיים בלי קשר לשאלת הרטרואקטיביות.

נעיר כי הדבר לכאורה סותר את מה שראינו בתחילת הפרק הנוכחי, מהרשב״א בתשובה והריטב״א בעירובין ועוד, שכתבו שדין ברירה שייך רק במקום שנדרשת רטרואקטיביות (או רטרוספקטיביות). לפי רש״י וסיעתו נראה שדין ברירה קיים גם ללא כל קשר לרטרואקטיביות.

אמנם ייתכן לומר שלפי רש״י וסיעתו, במצב שבו אין היזקקות לעתיד אנחנו נפרש את מעשה הקידושין של אחת מחמש נשים כספק רגיל ולא כספק קוונטי. כלומר אדם שמקדש אחת מחמש נשים ולא מגדיר מנגנון עתידי שבורר אחת מביניהן, כנראה מתכוין לקדש אחת מסויימת, אלא שהוא לא אומר את מי. ייתכן שהדבר אפילו אינו תלוי בפרשנות לכוונתו, אלא ההלכה עצמה במקרה כזה אינה מאפשרת להחיל חלות בלי להגדיר על מי היא חלה. במקרים כאלו ייתכן שרש״י וסיעתו יאמרו שיש כאן אישה קונקרטית אחת שמקודשת לו, ולא מצב של ברירה.

---

[38] נציין כי בנותן אחת מחמש קרקעות (כמו בתשובת הרשב״א שהובאה לעיל) זהו מצב שכן תלוי בבירור עתידי, שכן הדין הוא שנותן לו איזו קרקע שהוא מחליט לתת. כלומר הנתינה העתידית היא המבררת איזו קרקע קנויה לו. אבל במקדש חמש נשים זהו מצב שונה, שכן כאן אין מעשה עתידי שמברר מי היתה האישה המתקדשת.

מתי מתעוררת שאלת ברירה? רק כאשר האדם מחיל חלות על חמש נשים ומגדיר מנגנון של ברירה עתידית שקובע על איזה מהם תחול החלות הזו (כמו במגרש איזו שתצא בפתח תחילה), או אז יש עצם קונקרטי שעליו חלה החלות, אלא שבירורו תלוי באירוע עתידי. ומכאן, שכעת כאשר העצם עדיין לא מוגדר נוצר מצב קוונטי. ולמ״ד אין ברירה זה גם לא משתנה בעתיד, כי העתיד אינו יכול לפעול על העבר.

לפי הצעה זו, אכן המחלוקת האם יש או אין ברירה שייכת אך ורק להתנייה שתולה בירור באירוע עתידי. הרטרואקטיביות נדרשת כדי שיתעורר הנדון של ברירה. אבל עדיין נראה שזו אינה דרישה מהותית, אלא רק מצב שבו עשוי להתעורר מצב של חלות בספק קוונטי. השאלה בה חולקים התנאים, האם יש או אין ברירה, אינה קשורה בשום צורה לעתיד, אלא לחלות קוונטית. אלא שההלכה אינה מאפשרת היווצרות של חלות כזו אלא במקום שיש בירור שתלוי באירוע עתידי.[39]

בפרק הבא נדון בשאלה האם הקריסה הקוונטית של המצב ההלכתי נעשית למפרע, או שדי בקריסה שמשנה את המצב מכאן ולהבא.

אפשרות נוספת להבין את מצב הספק בברירה: שיטת החולקים על רש״י

ראינו למעלה שיש ראשונים שחולקים על רש״י (**הטור**, תוס׳ עירובין והר״ן וסיעתם), ולדעתם למ״ד אין ברירה לא חלה החלות כלל. מדוע היא לא חלה? כנראה מפני שלדעתם לכל הדעות אי אפשר להחיל חלות על עצם לא מבורר. אם היינו מבינים שהספק לפי רש״י הוא ספק רגיל (כלומר שיש אישה קונקרטית שהיא מגורשת, ובשמים גם יודעים מיהי), אז באמת לא ברור מדוע אי אפשר להחיל חלות כזו. אולם אם אנחנו מבינים שמדובר כאן בספק קוונטי, כלומר חלות שחלה על מכלול הנשים (או הלוגין, או הנכסים והאחים), כאן אפשר בהחלט להבין את שיטת הראשונים שחולקים על רש״י

[39] נעיר כי **בקה״י** גיטין, סי׳ יט, סק״ז כתב סברא הפוכה (שבמקום שהוא אינו מתכוין לעצם מסויים לכל הדעות החלות כן חלה, וכוונתו כנראה למה שכינינו כאן ׳חלות קוונטית׳).

וסוברים שלא ניתן להחיל חלות כזו. הם לא מקבלים את האפשרות של החלת חלות קוונטית. ייתכן שעיקר הבעייה אינה העובדה שהחלות מוחלת על עצם לא מבורר, אלא שהחלות עצמה אינה חלות אמיתית אלא חלות קוונטית (כמו פונקצית גל).

הבאנו למעלה את דברי הרשב״א בתשובה פב, שם הוא מדבר על מי שנתן לחברו אחד מקרקעותיו, וכותב שבזה ודאי הקניין מועיל, והדין הוא שהנותן צריך לתת לו את אחת מהקרקעות לפי בחירתו. במצב כזה גם למ״ד אין ברירה אחת מהקרקעות קנוייה לו, שהרי הקניין חל רק מעת הבירור (ההחלטה איזו קרקע הוא נותן) ולא למפרע. הרשב״א טוען שרק כשיש צורך לבירור למפרע מתעוררת בעיית ברירה. כלומר נראה שהוא כן רואה את הרטרואקטיביות כמהותית לשאלת ברירה. מבחינתו אפשרותה של חלות קוונטית היא מוסכמת, והמחלוקת לגבי ברירה היא רק כאשר רוצים להחיל חלות למפרע על ידי בירור עתידי.

אמנם בספר **אמרי בינה** (=אמ״ב)[40] רוצה לחדש הסבר אחר בדברי הרשב״א הללו. הוא טוען שהרשב״א סובר שאם ניתן להחיל את החלות ברגע הבירור אז גם אין כל מניעה להחיל אותה למפרע. בעיית ברירה מתעוררת רק במקום בו אין אפשרות להחיל את החלות בעת הבירור, ורוצים שהבירור יחיל אותה למפרע. שם ישנה מחלוקת האם יש או אין ברירה. לכן במי שמוכר אחת מחמש שדות, ומתנה שזו תהיה אותה אחת שתצא באירוע עתידי כלשהו (אותה אחת שהוא יחליט לתת), הרי שם הוא יכול להקנות את השדה המסויימת הזו ברגע הבירור ואז ודאי לא תהיה בעיית ברירה. במצב כזה הבעלות על השדה שנבחר יכולה לחול גם למפרע, לכל הדעות. המחלוקת לגבי ברירה מתעוררת רק לגבי מקרה כמו אדם שמגרש אחת משתי נשים, שכן שם הבירור אינו יכול להפוך את הגט לכתוב לשמה בעת שרחל הקטנה יוצאת בפתח תחילה. הדין הוא שהכתיבה צריכה להיעשות

---

[40] הרב מאיר בן יצחק איצק אוירבאך, **אמרי בינה**, ירושלים תרל״א, חלק התשובות סי׳ יב. כך הוא גם בעוד אחרונים שמובאים בתחילת ׳מערכת הקניינים׳.

לשמה (כלומר בעת הכתיבה), ולכן זה חייב לפעול למפרע. במצב כזה מתעוררת המחלוקת לגבי ברירה.

יש לשים לב שלפי הצעה זו, גם הרשב"א מסכים שהבעייתיות של ברירה היא בגלל הרטרואקטיביות. כלומר המחלוקת האם יש או אין ברירה היא מחלוקת האם ניתן להחיל חלות למפרע על סמך בירור עתידי. אלא שגם לדעתו הרטרואקטיביות אינה מהותית, שכן גם הוא מוכן לקבל החלה למפרע של חלות, אם היא ניתנת להחלה ברגע הבירור. אין לו בעייה עקרונית עם היפוך זמני. מה ששנוי במחלוקת הוא רק החלה למפרע של חלות שאינה יכולה להיות מוחלת בעת הבירור.

רש"ש בתחילת 'מערכת הקניינים' שלו מביא את תשובת הרשב"א הזו, ואת פירוש ה**אמ"ב** לדבריו, ומקשה עליו כמה וכמה קושיות. לדוגמא, הוא טוען שגם המקרה של לוקח יין מבין הכותים החלות יכולה לחול בעת הבירור. מה מפריע לו להחיל את שם התרומה רק בעת שנותרו בכד שני לוגין אחרונים? העובדה שהוא שתה טבל אינה מפריעה להחיל את שם תרומה.[41] הוא הדין לגבי האחים שחלקו, שגם שם אין מניעה לקבוע שהבעלות מתחילה בעת החלוקה, אז מדוע הגמרא קושרת את זה למחלוקת האם יש או אין ברירה?

רש"ש טוען שסוגיות הש"ס סותרות חזיתית את פירושו של בעל ה**אמ"ב**.

אך הרש"פ בספר **בית ישי**, סי' סג, מיישב את פירוש ה**אמ"ב** ברשב"א. הוא מביא מה**אמ"ב** שם שהוכיח שהרשב"א סובר לא כרש"י, כלומר שלדעתו אין אפשרות להחיל חלות קוונטית על מצב מסופק. לדעתו כשאומרים אין ברירה הכוונה היא שהחלות כלל לא חלה. עוד מוסיף הרש"פ את העיקרון שפגשנו בחלק השני, שכאשר נעשה מעשה שמחיל חלות הלכתית, החלות חייבת להיווצר מייד. החריגה היחידה האפשרית היא כאשר יש משהו שמונע ממנה מלחול. במצב כזה המעשה יוצר חלות פוטנציאלית, או מרחפת (כלומר לא חלה על עצם מסויים), וכאשר מוסר המונע, או אז החלות נוחתת

[41] אמנם יש דין שאסור להפריש כתרומה את כל הכרי, כלומר את כל מה שיש לי, ואכ"מ להאריך בזה.

על העצם. במצב כזה היא חלה עליו למפרע, כבר מעת שהיא עצמה נוצרה (כלומר מעת ביצוע המעשה שיצר אותה).

הדוגמא שהזכרנו שם היא הקניית דבר שלא בא לעולם. מעשה הקניין יוצר חלות של בעלות, ואי קיומו של החפץ מונע ממנה מלחול עליו כעת. היא נותרת מרחפת עד שהחפץ נולד, ומעת שהוא נולד היא נוחתת עליו. אמנם שם חלותה היא לא למפרע, שכן אין לה על מה לחול. החלות חלה למפרע רק במקום שיש לה על מה לחול.

אם כן, כשמוכרים קרקע אחת מתוך חמש, אזי החלות נוצרת מייד. אלא שאין לה אפשרות לחול על קרקע מסויימת, שהרי עדיין לא הוברר איזו קרקע היא הקנויה לו. בינתיים החלות היא פוטנציאלית ומרחפת באויר. מעת שמתבררת הקרקע (אותה אחת שהנותן יבחר לתת), הבעלות עליה חלה למפרע (מעת הדיבור הראשוני).

אבל במצב כזה אין מחלוקת, וזה מוסכם על כולם. זה מקביל למנגנון שראינו בתנאי, כפי שהסביר הרש״פ שם, ואכן תנאי הוא מנגנון מוסכם שאינו קשור למחלוקת לגבי ברירה (ראה על כך בפרק הבא). לכן כותב הרשב״א שבסיטואציות כאלה לא מתעוררת המחלוקת האם יש או אין ברירה. מתי מתעוררת המחלוקת? בסיטואציות כמו גירושין של אחת משתי נשים או הפרשת שני לוגין שיישארו. בסיטואציות הללו החלות שיוצאת מן הכוח אל הפועל בעת הבירור, לא יכולה לחול ברגע הבירור. כפי שראינו לגבי הגט, לא יועיל להחיל שם לשמה על הגט שלא בשעת הכתיבה. וממילא דין לשמה לא יכול להתחיל בעת הבירור, ולכן הוא גם לא מתפשט אחורה. ומה לגבי הפרשת התרומה? לכאורה שם החלות יכולה להיווצר בשעת הבירור, ולאחר מכן להתפשט אחורה לשעת עשיית המעשה. אבל הרש״פ טוען שהיא אינה יכולה לעשות זאת, שכן זה לא יתקן את הטבל, שכן היין כבר נשתה. לכן שם התרומה אולי יחול למפרע, אבל מה שנשתה הוא עדיין טבל, ולכן אסור לשתות זאת.

מעניין לציין שכאן רש״פ עצמו חוזר למנגנון של רש״ש בתנאים, כפי שראינו בחלק השני. זהו בדיוק מצב שיש חלות בתנאי עתידי, שלאחר קיום התנאי

היא פועלת למפרע, אבל אם בינתיים השתנה משהו במצב, החזרה אחורה לא תשנה זאת (בגלל שבציר ה- τ זה מופיע אחר כך). מעניין שהוא עצמו מביא מייד אחר כך בסי' סג את ההשלכות לעניין תנאים.

ומה סובר המ"ד שיש ברירה? רש"פ לא מסביר זאת בדבריו שם. ונראה שדעה זו כנראה רואה את ברירה כמכניזם התנאי של רש"פ עצמו. כלומר לדעת התנא שסובר שיש ברירה, הבירור העתידי מעביר אותנו למסלול מקביל שבו ההיסטוריה היא שונה. במסלול הזה שני הלוגין הללו הם שהופרשו להיות תרומה, ורחל הקטנה היא זו שהגט נכתב לשמה.

נסיים את הפרק הזה בדיון על שתי נקודות כלליות הנוגעות למנגנון של ברירה. הראשונה עוסקת בשאלה האם ברירה היא בירור מלא של המציאות או שמדובר רק בקביעה הלכתית. השנייה עוסקת בהשלכה של ההבחנה הזו לגבי היחס בין ברירה בדאורייתא וברירה בדרבנן.

האם דין ברירה הוא בירור מלא של המציאות?

ראינו שישנה דעה שיש ברירה. לפי חלק מהפוסקים זוהי ההלכה בכל ההקשרים, וחלק אחר (רובם) מהם סובר שיש ברירה רק בהלכות דרבנן. האם משמעות הטענה שיש ברירה היא שהבירור הרטרואקטיבי הוא ממש כאילו היתה כאן קביעה רגילה? כלומר האם כתיבת הגט לשם רחל שתצא בפתח תחילה מחר בבוקר, למ"ד יש ברירה, היא בדיוק כמו כתיבת גט לשמה של רחל הקטנה (זו שיצאה תחילה למחרת), או שזהו רק זיהוי הלכתי פורמלי?

כדי לחדד את השאלה, נדגים זאת מסוגיית שליחות. כידוע, בהלכה מקובל ששלוחו של אדם כמותו. כל פעולה שאדם צריך לעשות הוא יכול לעשות על ידי שליח, וזה ייחשב כאילו הוא עצמו עשה אותה. והנה, בסוגיית ב"מ צו ע"א אנו מוצאים חקירה תמוהה לגבי שאלה בבעלים (פטור של שואל על מיתת הבהמה אם בעל הבהמה שאול לו ביחד איתה):

אמר ליה רבינא לרב אשי: האומר לשלוחו צא והשאל לי עם פרתי, מהו? בעליו ממש בעינא - וליכא, או דלמא: שלוחו של אדם כמותו, ואיכא?

רואים שגם אם שלוחו של אדם כמותו, אין זה אומר שזה נחשב ממש כמעשה של המשלח. ואכן כך פוסקים שם להלכה, שהשליח אינו ממש כמו המשלח, על אף ההלכה ששלוחו של אדם כמותו. וכך כותב הרמב״ם הל׳ שאלה ופקדון פ״ב ה״ה:

האומר לשלוחו צא והשאל עם פרתי אינה שאילה בבעלים שנא׳ אם בעליו עמו לא ישלם הבעלים עצמן לא שליח.

וכן הוא בהמשך הסוגיא ובנדרים עב ע״ב, לגבי הפרת נדרי אישה על ידי הבעל. גם שם הכרעת ההלכה היא שהבעל אינו יכול להפר נדרו אשתו על ידי שליח. וכך כותב הרמב״ם הל׳ נדרים פי״ג ה״ט:

עשה שליח להפר לה או לקיים לה אינו כלום שנאמר אישה יקימנו ואישה יפרנו וכן האב בעצמו ולא בשלוחו.

אם כן, גם לגבי ברירה יש מקום לדון האם למ״ד יש ברירה מדובר בקביעה הלכתית, שרואים כאילו הדבר התברר, או שמא אנחנו רואים זאת כבירור מלא גם במישור המציאותי. נציין שהרב עמיאל בספרו **המידות לחקר ההלכה**, תחילת מידה כב, טוען שברירה פירושה שהדבר קיים בכוח ולא בפועל, ובכל מקום שנדרש קיום בפועל לא יספיק לנו דין ברירה.

ואמנם ישנן כמה אינדיקציות לכך שמדובר בזיהוי הלכתי-משפטי פורמלי, ולא זיהוי של ממש. אך בסופו של דבר נראה שלרוב השיטות הברירה נחשבת כבירור מציאותי מלא. נציג כעת כמה מהאינדיקציות הללו:

א. דין המשנה בגיטין הוא שהכותב גט לשם איזו מנשיו שירצה, הגט פסול. ראינו למעלה כמה הסברים לדין זה, ולקשר שלו לדין ברירה. ראינו שם שלשיטות שפוסקות יש ברירה ההסבר במשנה הוא כתוס׳, שהדין במשנה הוא דין ייחודי בדיני גיטין. גם לדעה שיש ברירה הגט הוא פסול, מפני שגם אם נוקטים שיש ברירה זה לא נחשב ככתיבה של גט לשמה. משמעותה של

מסקנה זו היא שהתבררות למפרע, גם לשיטה שיש ברירה, אינה הופכת את המצב למבורר כאילו הגט נכתב מלכתחילה לשם המתגרשת.

ב. בסוגיית עירובין לז ע״ב, הגמרא דנה בסתירה בדעת תנאים שונים ביחס לברירה. דעת ר״ש ביחס ללוקח יין מבין הכותים היא שאין ברירה. מאידך, לגבי עירוב יוצא שהוא סובר שיש ברירה. ישנם בסוגיא שם כמה תירוצים, ואחת מהן הוא זה של רבא:

רבא אמר: שאני התם, דבעינן ראשית ששיריה ניכרין.

פירוש הדבר מופיע ברש״י:

רבא אמר - טעמא דר׳ שמעון ביין - לאו משום דאין ברירה הוא, דאית ליה ברירה, אלא משום דקרייה רחמנא לתרומה ראשית דגנך ותירושך - מכלל שתהא מובדלת תרומה משיריה בשעה שקורא עליה שם שתהא היא נראית ראשית ואלו שיריה.

רבא טוען שגם אם אנחנו אומרים שיש ברירה, עדיין התרומה לא מובחנת לעומת שאר היין, ויש דין בתרומה שהשיירים יהיו ניכרים, אחרת היא אינה תרומה.

לכאורה גם הדוגמא הזו מראה שהבירור למפרע אינו נחשב כהפרשה ממשית. אם יש שני לוגין מיוחדים שהם תרומה לכאורה זה היה צריך להוביל לכך שזה ייחשב כשיירים ניכרים. אך נראה שדוגמא זו אינה משקפת זאת, כי גם אם יש כאן שני לוגין מוגדרים, בגלל שמדובר במשקה שמערבב את הכל זה בזה, עדיין במציאות אין כאן שיירים ניכרים.

ג. למעלה ראינו שבסוגיית גיטין ריו״ח אומר את הדין שאין ברירה לגבי שני נושאים שונים: האחים שחלקו, וההיתר של מי שהתגרשה בגט שנכתב לשם אחת משתי נשים להינשא לכהן (נגד דעת זעירי). הגמרא שם עושה צריכותא, שמטרתה להסביר מדוע ריו״ח היה צריך לחזור על דבריו פעמיים. גם בסוגיית בכורות נו ישנה צריכותא דומה בין מעשר בהמה לבין המקרה של אחים שחלקו.

453

בשתי הסוגיות הגמרא מסבירה שאם ריו"ח היה אומר את דבריו רק לגבי גט
או מעשר בהמה, היינו חושבים שהוא סובר שיש ברירה אלא שבמקרים אלו
זה בכל זאת לא מועיל כי נדרש "בנך ברור לך" (בבכור), או כתיבה לשמה
(בגט). מה שאין כאן באחים שחלקו שם הברירה תועיל והם ייחשבו
כיורשים ולא כלקוחות. לכן ריו"ח השמיע את הדין שלו גם באחים שחלקו.
רואים שבכתיבת גט התפיסה של תוס׳ שראינו בסעיף א מופיעה בפירוש
בגמרא כאפשרות (שאמנם נדחית למסקנה). וגם לגבי בכור מופיעה סברא
דומה, שגם אם נאמר שיש ברירה זה לא יועיל לגבי בכור, כי זה לא בכור
ברור. אמנם לגבי בכור ניתן לדחות את הראיה בדיוק כמו שראינו בסעיף
הקודם, שאמנם הבירור הוא מוחלט, אבל לא די בבירור, וצריך שבמציאות
הוא יהיה ברור לכל רואה.

ד. הצד השני של אותן צריכותות אומר שאם ריו"ח היה משמיע את דינו רק
באחים שחלקו, לא היינו יודעים לגבי גט או בכור. והסיבה לכך היא שהיינו
חושבים שביובל נדרשת החזרה כתחילה, כלומר החזרה למצב ההתחלתי.
לכן ייתכן שריו"ח סובר שיש ברירה, ובכל זאת יש להחזיר את החלוקה כדי
להשיב את המצב לקדמותו.
רואים מכאן שגם אם סוברים שיש ברירה, זה לא אומר שהמצב ההתחלתי
זהה למצב הנוכחי. עדיין כעת יש חלק לכל אחד, ואילו בהתחלה גם אם
סוברים שיש ברירה זוהי רק פיקציה הלכתית-משפטית שרואים כאילו יש
חלק לכל אחד. כלומר הבירור למפרע אינו משנה באמת את המציאות.
אמנם יש להעיר שגם כאן זוהי רק הו"א, ולמסקנה יש צריכותא שאומרת
לנו שלצד שיש ברירה לא היה צורך להחזיר ביובל.
נציין כי לפי תוס׳ שהובא לעיל בסעיף א גם הצריכותא שנעשית בדעת ריו"ח
צריכה להתפרש באותו מישור, כלומר כמו שדין המשנה לגבי גט הוא דין
מיוחד ולא דין ברירה הרגיל, גם אחים שחלקו אינו דין ברירה הרגיל אלא
דין מיוחד ביובל. אם כן, אנו בעצם יכולים לסבור שיש ברירה, ועדיין
להסכים עם שני הדינים הללו של ריו"ח. ולפי זה הצריכותא בגמרא היא
מדוע בשני המקרים נדרש ריו"ח לומר שאין ברירה מציאותית. ביובל גם

נדרשת ברירה מציאותית ולכן דין ברירה הרגיל אינו מספיק. מדוע זה כך? מפני שנדרשת החזרה כתחילה, כלומר להחזיר את המצב לקדמותו כפי שראינו כאן.

נוסיף כי גם תוד"ה עירובין לו ע"ב סוברים שר"א סובר כהו"א של הצריכותא הזו. וכן הוא בר' קרשקש בגיטין כה בדעת רב.

אם כן, לדעת רוב הראשונים נראה שברירה נחשב כבירור מציאותי מלא, ולא רק כקביעה הלכתית. יוצאים מן הכלל הם התוס' בגיטין וסיעתו, שמוכנים לראות יוצאי דופן במקום בו נדרש בירור מציאותי. כפי שראינו, בתלמוד עצמו האפשרות הזו עולה רק כהו"א שנדחית למסקנת הסוגיות.

הערה על ההבדל בין דאורייתא ודרבנן

הנקודה השנייה אותה נברר היא ההבחנה בין ברירה בדאורייתא לברירה בדרבנן. אנחנו נראה שהיא קשורה לדיון בסעיף הקודם, כלומר לשאלת היחס בין ברירה לבין המציאות, אך מזווית מעט שונה.

ראינו בפרק עשרים ושניים שלרוב הדעות להלכה בדאורייתא אין ברירה ובדרבנן יש ברירה. יש שמסבירים זאת (כמו הר"ן) בכך שדין ברירה נשאר בספק, או שלפי המ"ד אין ברירה החלות היא מסופקת. אך לאותן שיטות שאין כלל חלות (ראינו כאן שכך כנראה הבינו גם הרמב"ן וסיעתו), מדוע שיהיה הבדל בין דרבנן לדאורייתא?

הסבר אפשרי אחד הוא שמדובר בהחמרה גרידא. בדאורייתא אלו דינים חמורים, ולכן אנחנו מחמירים יותר ופוסקים שאין ברירה. אך הסבר סביר יותר הוא שמקובל לתפוס את דיני דרבנן כדינים בגברא ואת דיני דאורייתא כדינים בחפצא. כלומר התורה קובעת מציאות, וחכמים קובעים נורמות שמחייבות את האנשים. לכן חזיר הוא חפץ בעייתי מצד עצמו, איסורו הוא קביעה מציאותית שממנה נובעת החובה הנורמטיבית על יהודים שלא לאכול

אותו. לעומת זאת, עוף בחלב אינו מאכל בעייתי מצד עצמו, ורק חובה היא על כל יהודי לא לאכול אותו. זוהי נורמה, שאין לה עוגן במציאות העובדתית. לכן באיסורי דאורייתא שנדרשת חלות ממשית בחפץ (ראה לעיל שראינו שהחלות היא סוג של יש מטפיסי), שם במצב של ברירה אנחנו אומרים שאין חלות, כלומר אין ברירה. אבל בדרבנן לא נדרשת חלות ממשית, ודי לנו בקביעה נורמטיבית שהדבר אסור, מותר, או חובה. שם יש מקום לפעול גם במצבים של אי וודאות, שאמנם אין חלות ממשית על החפץ, אבל הנורמה מדרבנן היא להתייחס אליהם כאילו יש חלות.

יש לשים לב שלפי התפיסה הזו, אנחנו נפסוק בדרבנן שיש ברירה, בין אם הדבר יהיה לקולא או לחומרא. וכןם בדאורייתא נפסוק שאין ברירה בין לקולא ובין לחומרא. לפי ההסברים הקודמים הפסיקות הללו אינן קטגוריות, והן ייאמרו לקולא בדרבנן ולחומרא בדאורייתא. כלומר לפי הצעה זו גם אם דין יש ברירה ייצא לחומרא, אנחנו נחיל אותו בדרבנן. וגם אם דין אין ברירה יהיה לקולא אנחנו נחיל אותו בדאורייתא.

פרק עשרים וארבעה

בין 'ברירה' לתנאי

מבוא

בפרק הקודם ראינו את המנגנונים היסודיים של הברירה. עמדנו על כך שהראשונים נחלקים בשאלה האם מצב של אין ברירה הוא מצב ללא חלות, או מצב שיש בו חלות מסופקת או קוונטית. בתוך הדברים הערנו גם על שאלת היחס בין בעיית ברירה לבין היפוכיות של ציר הזמן.

בפרק הנוכחי נעסוק ביחס בין ברירה לתנאי, ומתוך כך נשוב לדון ביתר פירוט בשאלת היחס בין ברירה לכיוונו של ציר הזמן.

לעצם הבעייה

מהו היחס בין סוגיית תנאי לבין סוגיית ברירה? מדובר בשתי סוגיות דומות למדיי, שהרי בשתיהן ישנה השפעה מהעתיד לעבר, ובכל זאת אנו רואים שתנאי הוא מכניזם מוסכם (שהלוגיקה שלו נדונה בחלק השני) ואילו לגבי ברירה יש מחלוקת, ולרוב הדעות להלכה לפחות בדאורייתא אין ברירה. זוהי אינדיקציה לכך שלא מדובר כאן באותו מנגנון והבעייתיות שמתעוררת בברירה אינה מתעוררת בתנאי.

נראה זאת כעת מזווית אחרת, דרך הדוגמא שמובאת במסכת עירובין דף לו. אדם מניח שני עירובים, אחד לכיוון מזרח ואחד לכיוון מערב, לפני בין השמשות. הוא מתנה שהעירוב שפונה לכיוון שממנו יבוא החכם הוא העירוב שיחול, והשני בטל. כבר ראינו שהדין במקרה זה תלוי בשאלה האם יש או אין ברירה. אך כפי שכבר העיר רעק"א[42], ניתן לבצע את אותו עניין במונחים של תנאים, באופן הבא: אדם מניח עירוב לצד מזרח, ומתנה שהוא יחול בתנאי שיבוא החכם לכיוון זה, ואם לא – אז העירוב הזה בטל. לאחר מכן

[42] בחידושיו לסוגיית עירובין לז. להלן נראה שגם הרמב"ן בגיטין רומז על כך.

הוא מניח עירוב אחר לכיוון מערב, ומתנה אותו בכך שהחכם יבוא לכיוון מערב, ואם לא – אז הוא בטל. אין כל ספק שבמקרה השני העירוב אכן יחול לכיוון שממנו יבוא החכם.[43]

אם כן, לפי השיטה הגורסת שאין ברירה – הפעולה ההלכתית הזו לא ניתנת לביצוע במנגנון של ברירה. אבל בעלי שיטה זו יסכימו גם הם שניתן לבצע את אותה פעולה הלכתית עצמה אם משתמשים במנגנון של תנאים. זו זווית אחרת של הראיה שהבאנו לכך שברירה ותנאי הם שני עולמות מושגיים שונים (לפחות לפי השיטה שאין ברירה).

המסקנה היא שיש הבדל מנגנוני בין ברירה לתנאי, ולכן המנגנון הראשון הוא בעייתי והשני לא. תמונה זו מעוררת את השאלה מהו באמת ההבדל ביניהם? מדוע ברירה היא בעייתית ותנאי לא? האם יש בעייה עם פעולה הפוכה בציר הזמן? אם כן- אז מדוע בתנאי הדבר לא מתעורר? ואם לא – אז מדוע יש מחלוקת לגבי ברירה?

נציג זאת כעת דרך שתי דוגמאות מסוגיית גיטין (שהובאו כבר בפרק עשרים ושניים). הסוגיא שם מביאה שתי דוגמאות שמטרתן להדגים עמדה שסוברת כי יש ברירה בדבר שתלוי בדעת אחרים. דוגמא ראשונה מובאת כדי להוכיח זאת בדעת רבי יהודה:

> ***תולה בדעת אחרים אית ליה ברירה, דתנן: מה היא באותן הימים? ר' יהודה אומר: הרי היא כאשת איש לכל דבריה, ולכי מיית הוי גיטא.***

ומסביר על כך רש"י שם:

> ***ולכי מיית הוי גיטא - דקתני רישא הרי זה גט ואיירי ר' יהודה במה היא באותן הימים אלמא לא פליג ברישא ולא אמרינן גט***

---

[43] במקרה של גט לאחת משתי נשים המצב הוא שונה, שכן כדי לבצע את הגט הזה במסגרת מושגית של תנאים, עלינו לכתוב שני גיטין ולהתנות על כל אחד מהם. לכן הסיטואציה של תנאים אינה זהה לסיטואציה של ברירה, שבה יש רק גט אחד. המקרה של עירוב הוא מוצלח יותר, שכן הסיטואציה היא זהה, ומה ששונה הוא רק המכניזם שבו בוחרים לפעול. גם לגבי לוקח יין מבין הכותים אם ננסה לתאר פעולה דומה במונחי תנאי, נצטרך להתנות על כל שני לוגין בתערובת (לא לגמרי ברור כיצד ניתן לעשות זאת). לכן בחרנו כאן דווקא את המקרה של עירוב כדי להדגים את הקושי.

לאחר מיתה הוא כיון דאמר מעכשיו ואע״ג דכשנתן הגט הוא מספקא ליה אם יחיה אם ימות ותלה התנאי בדעת מי שמתו וחייו תלוים בידו וכשמת אמרינן הוברר הדבר דמשעת נתינה היה ראוי למות מחולי זה וה״ל גט מההיא שעתא שע״מ כן מסרו.

מעיון בדברי רש״י עולה שמדובר בעצם במקרה של תנאי, שאדם מתנה גירושין מעכשיו בכך שהוא ימות (״הרי זה גיטך מעכשיו אם מתי״). אם מדובר בתנאי, מדוע הגמרא קושרת את המקרה הזה לסוגיית ברירה? וכי ישנה זהות בין תנאי לברירה? ראינו למעלה שמדובר בשני מנגנונים שונים. הדוגמא השנייה מובאת כדי להוכיח את אותו דבר בדעת ר״ש:

תולה בדעת אחרים אית ליה ברירה, דתניא: הריני בועליך על מנת שירצה אבא, אע״פ שלא רצה האב - מקודשת; ר׳ שמעון בן יהודה אומר משום רבי שמעון: רצה האב - מקודשת, לא רצה האב - אינה מקודשת!

גם כאן מדובר בתנאי לקידושין, שבו המקדש מתנה על מנת שירצה אבא. גם כאן לא ברור מדוע הגמרא קושרת זאת לעניין ברירה.

בין ברירה לתנאי: שיטת רש״י

והנה, רש״י על המקרה הראשון בגיטין נזקק לשאלה זו, וכותב את הדברים הבאים:

ואין זה כשאר תנאים שאדם מתנה בגט שבידו לקיימם ודעתו לקיימם כשמתנה עליהם ולכשנתקיים התנאי הוי גט למפרע דהתם לאו טעמא משום ברירה הוא אבל הכא דאין בידו ובשעת התנאי הוא ספק והתנאי מתקיים מאליו אי לאו משום ברירה לא הוי גט מחיים.

רש״י מסביר שהתנאי הזה אינו כשאר תנאים (אלא זהו בעצם מנגנון של ברירה), מפני שבתנאים מדובר במצב שהתנאי הוא בידו ובדעתו לקיימו. כאשר יש תנאי שאינו בידו או שאין בדעתו לקיימו, אנו עוברים למגרש של

459

סוגיית ברירה. זהו גם ההסבר מדוע התנאי של ׳על מנת שירצה אבא׳ שייך
לסוגיית ברירה ולא תנאי. גם שם מדובר בתנאי שתלוי בדעתו של אחר.
משתמע מדברי רש״י שאין הבדל עקרוני בין תנאי לברירה. השאלה היא רק
מה טיבו של התנאי, האם הוא בידו ובדעתו לקיימו או לא. ברירה היא
התנייה של החלות באירוע שאינו בידו או שאין בדעתו לקיימו. בעצם נראה
שחוזרת כאן ההבחנה בין תולה בדעת אחרים לתולה בדעת עצמו, וכל תולה
בדעת אחרים אינו תנאי.

הראשונים (ראה רמב״ן כאן, ועוד) מוסיפים שרש״י מתכוין להסביר כך גם
את סוגיות ברירה הרגילות (כמו בעירוב, גט, או תרומה). טענתו היא שבכל
המקרים הללו מדובר בתנאי שתלוי בדעת אחרים, (היין מה שיישאר אינו
תלוי בו, בעירוב זה תלוי בחכם, ובגט זה תלוי באישה שתצא בפתח תחילה).
הניסוח הזה של רש״י נראה בעייתי, בגלל שלוש סיבות:

1. בעצם יוצא שהחילוק בין תולה בדעת עצמו לאחרים הוא גופו
   החילוק בין תנאי לברירה. לא משמע כך בגמרא, ובפרט שלמסקנה
   אין הבדל בין תולה בדעת עצמו ואחרים, וגם להלכה אין ברירה בין
   אם תולה בדעת עצמו או אחרים. לשון אחר: לפי רבא שלא מחלק
   בין תולה בדעת עצמו ואחרים כיצד הוא יסביר את דיני תנאי?
   יתר על כן, הרי גם אם מחלקים בין דעת עצמו ודעת אחרים, בגמרא
   מבואר שתולה בדעת עצמו הוא יותר בעייתי מאשר תולה בדעת
   אחרים. ואילו אצל רש״י נראה שדברים שתלויים בו הם הפחות
   בעייתיים.

2. ניתן אף לשאול יותר מכך: ראינו בחלק השני שתנאי שאינו תואם
   למשפטי התנאי – התנאי בטל והמעשה קיים. כלומר החלות חלה
   בכל מקרה, ללא הסייג של התנאי. לדוגמא, אדם שמקדש אישה
   בתנאי לא כפול, או שלא הקדים הן ללאו, האישה מקודשת לו ללא
   שום סייג.

   מכאן עולה שתנאי שאין בידו לקיימו, שלפי השיטה שאין ברירה
   התנאי בטל, היה צריך להיות כאן שהתנאי בטל והמעשה קיים. כך

אכן רואים במקרה השני בגיטין (״על מנת שירצה אבא״), שלדעת ת״ק המעשה קיים והתנאי בטל (היא מקודשת גם אם האבא לא ירצה). אמנם גם שם רש״י מסביר את דעת ת״ק אחרת:

אף על פי שלא רצה האב מקודשת - דאין אדם עושה בעילתו בעילת זנות וגמר בלבו לקידושין גמורים ואפי׳ לא ירצה אביו.

רואים שת״ק סובר שהיא מקודשת רק בגלל שאדם לא עושה בעילתו זנות, ולא בגלל שלדעתו אין ברירה (כנראה גם הוא מסכים שבאופן עקרוני בתולה בדעת אחרים יש ברירה).

מה קורה במקרי הברירה האחרים? לדוגמא, אדם שמניח עירוב, או שמתנה ברצון אביו, הדין היה צריך להיות שהתנאי בטל והמעשה קיים. אמנם לגבי עירוב אין אפשרות שהמעשה יחול לשני הכיוונים בו-זמנית, ואולי זוהי הסיבה ששני העירובים בטלים.

ולגבי לוגי היין או הגט לשתי הנשים, שם מדובר במקרים שהאפשרויות אינן סותרות (כבר ראינו זאת למעלה, בדיון על הספק הקוונטי בדעת רש״י), אזי הדין היה צריך להיות שלמ״ד שאין ברירה הגט נכתב לשם שתי הנשים גם יחד, והיין כולו הוא תרומה.[44]

3. ראשונים ואחרונים מקשים על רש״י מכמה וכמה מקרים אחרים, שבהם התנאים אינם בידו ולא דעתו לקיימם, ובכל זאת הם מסווגים בגמרא כתנאים, ולא תלויים במחלוקת האם יש או אין ברירה.

לדוגמא, הריטב״א כאן מקשה על רש״י:

ואינו נראה לי מחוור דא״כ בכל תנאי שאינו בידו אלא ביד אחרים נימא הכי, ואם כן בכולה מכילתין דמכשירין גיטין

---

[44] כבר הערנו למעלה שבדיני תרומה זה כנראה לא אפשרי, מפני שיש דין שאי אפשר להפריש את כל הכמות לתרומה. אבל עקרונית, לולא דין זה, היה מקום לקושייתנו.

דשכיב מרע דכולהו הכי נינהו אתיא כמאן דאמר יש ברירה ואילו אנן ביום טוב (ביצה ל"ח א') פסקינן בהדיא דבדאורייתא אין ברירה ובדרבנן יש ברירה.

הריטב"א מקשה שלפי רש"י כל תנאי של שכיב מרע, שתלוי במותו (כלומר הוא לא ביד השכיב מרע אלא בידי שמים) צריך להיות תלוי בדין ברירה, ולהלכה להיות לא תקף (כי להלכה אנו פוסקים בדאורייתא שאין ברירה).

כך גם כותב הרמב"ן, שלפי רש"י יוצא:

ולפי זה הפי' מעכשיו אם מתי ומהיום אם מתי וכולהו גיטי דשכ"מ למאן דלית ליה ברירה לא הוי גיטא.

בהמשך דבריו הוא מרחיב את הקושי כמעט לכל התנאים שאינם בידו (ולא רק שכיב מרע):

וזו של קדושין קשה מן הראשונה א"כ אפילו אמר לאשה ע"מ שתתני לי מאתים זוז נמי נימא הכי, אלא שי"ל תנאי שביד אשה כתנאי שבידו דמי וסמך דעתו עליו משעת נתינה.

אמנם כאן הוא מציע כבר כיוון לפתרון. טענתו היא שגם אם קיום התנאי מסור לידי האישה עדיין זה נחשב כאילו זה בידו ובדעתו לקיימו. וכוונתו לומר שהדרישות שיהיה בידו ושכוונתו לקיימו, אין פירושן כפשוטו. רש"י רק רוצה לומר שמדובר בתנאים כאלה שאמורים להתקיים לפי כל התחזיות הסבירות, ואין חשש ממשי לכך שהם לא יתקיימו. וכך מיישבים עוד כמה וכמה קושיות על רש"י.

כמובן שהקושי מגט שכיב מרע נותר בעינו, שכן לגביו רש"י כותב בפירוש שהוא שייך לברירה, ובכל זאת להלכה אנחנו פוסקים שגט כזה הוא גט תקף מדיני תנאי.

נעיר כי הרמב"ן כאן מביא תירוץ אפשרי לדעת רש"י לגבי שכיב מרע:

ובתוספות רבותינו הצרפתים ז"ל אומרים דבמילתא דעבידא לאגלויי בתנאי שלו כגון אם מתי אם לא מתי על מנת שירצה אבא קיי"ל יש ברירה, וכי קי"ל אין ברירה כר' הושעיא דוקא התם דלא עביד לגלויי שאין הדבר עומד ודאי להתברר משעה ראשונה שמא לא יחלקו לעולם והיינו טעמיה דשמואל, וגם זו סברא שאין לה עיקר.

התוס' טוענים שבדבר שעתיד להתברר באופן ודאי לכל הדעות יש ברירה, ולכן גיטי שכיב מרע הם תקפים להלכה. המחלוקת לגבי ברירה היא רק בסיטואציות שבהן לא לגמרי ודאי שהדבר בכלל יתברר. הרמב"ן דוחה את דבריהם.

לעומת כל הקשיים הללו, כמה ראשונים[45] כותבים שמהמקרה של 'על מנת שירצה אבא' בסוגיית גיטין יש ראיה טובה לדעת רש"י, שכן רואים שם שגם תנאי רגיל שאינו בידו תלוי בדין ברירה. רצונו של האבא אינו דמה לנתינת 200 זוז על ידי האישה, כי רצונו של האבא הוא ביד האב, ואו שהוא ירצה או שלא. לעומת זאת, נתינת הכסף על ידי האישה היא חלק מהסיכום ביניהם, ולכן צפוי שזה יתקיים.

בביאור שיטת רש"י (ומתוך כך בהסבר הקשיים הללו) נעסוק להלן.

בין ברירה לתנאי: שיטת הרמב"ן

הרמב"ן בחידושיו כאן מאריך בבירור היחס בין ברירה לתנאי. בראשית דבריו הוא מביא את דברי רש"י ומקשה עליהם (ראה לעיל בסעיף 3). לבסוף הוא מסכם את הראיות שעולות מדבריו לרש"י וכותב:

מ"מ קשיא הלכתא אהלכתא בגיטא דשכיב מרע, וקשיא נמי הכא דקי"ל הרי את מקודשת לי ע"מ שירצה אבא רצה האב מקודשת לא רצה האב אינה מקודשת דהכי תנן סתמא במסכת קדושין וכתבוה הגאונים, וקי"ל אין ברירה.

---

[45] ראה ריטב"א ורמב"ן כאן ועוד.

כוונתו לומר שנותר קשה על רש"י בעיקר מהדין בגיטי שכיב מרע. ומאידך, התנאי 'על מנת שירצה אבא' הוא ראיה לדברי רש"י.

לבסוף מציע הרמב"ן הסבר אלטרנטיבי משלו:

> ***וזה הכלל שאני אומר בברירה כל דבר שתנאו במעשה כשתלה תנאי בדבר אחד ומעשה אחד אע"פ שתנאו במעשה אחרים הרי זה קיים, כגון גטו של שכיב מרע לדברי האומר מגורשת למפרע, וה"ה לכותב גט לשם פלונית אשתו אם תצא בפתח תחילה לחברותיה ואם לאו לא תהא גט שאם נתקיים התנאי הרי זה גט, למה זה דומה לאומר לאשה הרי את מקודשת לי ע"מ שירדו גשמים מכאן ועד ל' יום שאם ירדו ודאי מקודשת כמו שאומר בירושלמי בקדושין.***
>
> ***אבל אין אדם מתנה על שני דברים, כגון האומר לאיזו שתצא בפתח תחלה וכגון שני לוגין שאני עתיד להפריש שהרי אפשר שיתחלף המעשה ואין דעתו נבררת משעה ראשונה לדבר זה שאירע. וכן הדין במתנה אם בא חכם למזרח עירובי למזרח למערב עירובי למערב, אלו כולן אין המעשה מתקיים בהם אלא לדברי האומר יש ברירה.***

הוא מסביר שסוגיית תנאי עוסקת במצב שהאדם מתנה תנאי על עצם מוגדר ויחיד, אלא שאירוע עתידי קובע האם החלות תחול על העצם הזה או לא. כגון: 'הרי את מקודשת על מנת שיירדו גשמים', או 'על מנת שתיתני לי מאתיים זוז'. ברירה, לעומת זאת, היא מצב בו האדם תולה באירוע העתידי את הבחירה של עצם אחד מתוך קבוצה של עצמים (לוג יין מתוך כמה לוגים, אישה מבין שתי נשים, עירוב מבין שני עירובים וכדו').

כלומר לפי הרמב"ן תנאי וברירה הם שתי סוגיות נפרדות בתכלית, שלא כמו לדעת רש"י. תנאי הוא קביעה האם חלות תחול או לא, וברירה היא מצב שבו ודאי תחול החלות, והקביעה בברירה היא על מי/מה היא תחול. להלן נסביר את יסוד הדברים.

כאן הרמב"ן מעיר הערה מעניינת:

אבל האומר אם בא חכם למזרח עירובי למזרח ואם לאו יהא עירובי בטל קנה לדברי הכל והוא שיתנה במעשה.

הוא חוזר כאן וקובע שהתנייה האם חלות תחול או לא על עצם קונקרטי ומוגדר, שייכת לפרשת תנאים ולא לפרשת ברירה. דומה כי הסיבה שהוא חוזר לעניין זה שוב (הרי הוא כבר הגדיר את התנאי למעלה) היא כדי לחדד את ההבחנה שהבאנו בתחילת הפרק, לפיה ניתן לבנות את התניית הברירה על ידי צירוף של שני תנאים פשוטים על עצם בודד, ואז זה ודאי היה עובד מדיני תנאי (כלומר זה אינו תלוי במחלוקת אם יש או אין ברירה).

כדי להשלים את התמונה, מה שנותר כעת לרמב״ן הוא ליישב את הראייה לדברי רש״י מתהנאי של 'על מנת שירצה אבא' (שהוא תנאי על עצם האחד, ובכל זאת הסוגיא מתייחסת אליו כברירה). וכך הוא כותב:

אבל התולה ברצון אחרים או בשל עצמו אע״פ שלא התנה בשני דברים אין אומרים כשרצה הוברר הדבר וחל משעה ראשונה אלא לדברי האומר יש ברירה, והיינו דמייתי בשמעתין ע״מ שירצה אבא כדפרישית. וכדתניא התם רציתי אלך לא רציתי לא אלך רצה מבעוד יום עירובו עירוב משחשיכה ר״ש אומר עירובו עירוב וחכמים אומרים אין עירובו עירוב מר סבר יש ברירה ומר סבר אין ברירה. וה״נ איתמר התם בפ׳ כיצד משתתפין מניח את החבית דכל שקבל עליו מבעוד יום מותר משחשכה אסור משום דאין ברירה והיינו תולה ברצון ההולך והוי כתולה בדעת עצמו וברצונו אע״פ שאחר הניח לו.

טענתו היא שכל תנאי שתלוי ברצון, שלו או של אחרים, אף כשהתנאי נאמר על עצם מוגדר, תלוי במחלוקת לגבי ברירה. כאן נשברת מעט ההפרדה החדה שהוא עושה בין תנאי לברירה, וננסה להלן להסביר זאת.

בין ברירה לתנאי: שיטת תוס׳

נעיר כאן כי המקרה המקורי עליו נסובה השאלה (בגמרא בסוגיית גיטין עד ע״ב) ״מהי באותן הימים״ הוא מקרה שונה: אדם מגרש אישה שעה לפני

מותו. ראינו שרש״י כאן מסביר שההוכחה אינה מהמקרה הזה אלא מהמקרה הרגיל (״מהיום אם מתי״), שעליו ר׳ יהודה לא חולק. לכן רש״י מתקשה מדוע הגמרא מניחה שמדובר בברירה ולא בתנאי (כפי שראינו למעלה).

אך מה ביחס למקרה המקורי? האם זהו תנאי או ברירה? נראהה שהמקרה הזה הוא ברירה ולא תנאי, שכן גירושין שעה לפני מותו זוהי ברירה של הזמן בו יחולו הגירושין. אלו לא גירושין בתנאי, אלא גירושין בזמן שייקבע על ידי אירוע עתידי שבורר רגעי זמן מסויימים מתוך רבים אחרים (כמו ברירה רגילה שבוררת לוגי יין מתוך האחרים, או בוררת אישה מתוך שתיים וכדו׳).

ואכן בתוד״ה ׳מה היא׳, הסביר שהגמרא כאן מדברת על המקרה ההוא, ולשיטתם לא עולה השאלה מדוע הגמרא מסווגת זאת כברירה ולא כתנאי.

גם בתוס׳ הבא (ד״ה ׳ולכי מיית׳), כותבים זאת בפירוש:

> ***ומיהו הכא על כרחך אי אפשר אלא מטעם ברירה כיון דמוקי לה במי שאחזו (לקמן דף עג:) באומר מעת שאני בעולם פי׳ שעה אחת קודם מיתתו ואותה שעה שהגט חל אינה מבוררת וידוע וצריך ברירה.***

הסבר זה מבוסס כמובן על שיטת הרמב״ן, שמסביר שברירה שונה מתנאי בכך שהיא בוררת עצם מתוך קבוצה, ואילו תנאי עוסק בעצם אחד מוגדר היטב.

נעיר כי הריטב״א כאן בד״ה ׳מיהו׳, על אף שהוא הולך בשיטת הרמב״ן כנראה לא מקבל את ההסבר הזה. הוא מציע שם הסבר אחר מדוע מדובר כאן בברירה, ומשמע שברירת רגעים אינה ברירה בעיניו.

כמובן שברש״י הסבר זה ודאי לא אפשרי, שכן הוא לומד אחרת מהרמב״ן את ההבדל בין תנאי לברירה. ייתכן שזוהי הסיבה לכך שהוא מסביר שהגמרא כאן עסקה במקרה המוסכם, שאדם גירש בתנאי של ״מעכשיו אם מתי״, ולא כדברי תוס׳ הנ״ל (וגם לא כפשט הגמרא שמביאה את ״מהי באותם הימים״, שנאמר על המקרה ההוא). לכן הוא נזקק להסבר שונה בדבר היחס בין ברירה לתנאי, כפי שראינו למעלה.

נעיר כי תוס׳, על אף שהוא לומד את המקרה בגמרא אחרת מרש״י, ולכן מציע הסבר שונה מדוע זוהי ברירה ולא תנאי, עדיין מציין בפירוש שהוא מקבל גם את החילוק של רש״י שתנאי שאין בידו ובדעתו לקיימו תלוי במחלוקת של ברירה:

ומ״מ כדברי רש״י כן הוא אפי׳ בתנאי צריך ברירה דהריני בועליך על מנת שירצה אבא חשיב לקמן ברירה.

הוא מוכיח זאת מהמקרה השני בסוגיית גיטין, שם ברור שמדובר בעצם יחיד ובכל זאת הוא מסווג בגמרא כברירה ולא כתנאי. למעלה כבר ראינו שהרמב״ן דוחה את הראייה הזו.

העולה מכאן הוא ששיטת התוס׳ משלבת את שני הפירושים, זה של רש״י וזה של הרמב״ן: ההבדל בין ברירת עצם מתוך קבוצה הוא תמיד ברירה. אבל לדעת תוס׳ (בניגוד לרמב״ן) גם בעצם יחיד יש ברירה, אם הוא מתנה את החלות בתנאי שאין בידו ובדעתו לקיימו.

אם כן, שיטת התוס׳ היא שיטת ביניים בין רש״י לרמב״ן. אך רבים מהאחרונים טוענים שזוהי גם שיטת רש״י עצמו. גם הוא לא התכוין לחלוק על החילוק של הרמב״ן בין עצם יחיד לקבוצת עצמים, אלא להוסיף את החילוק לגבי עצם יחיד בין תנאי שבידו ודעתו לקיימו לבין תנאי שאין בידו ובדעתו לקיימו.

חילוק זה הוא סביר מאד, שכן המקרים הרגילים של ברירה בכל סוגיות הש״ס הם מקרים של ברירת עצם מתוך כמה עצמים, ולא סביר שזהו מקרה בעלמא. לכן סביר יותר שגם רש״י מסכים שהמקרה הרגיל של ברירה הוא בחירת עצם מתוך קבוצה. אלא שהוא מוסיף שגם בעצם יחיד ישנן סיטואציות שמוליכות אותנו למחלוקת לגבי ברירה.

נעיר כי הרמב״ן ודאי לא למד כך את דעת רש״י, שכן ראינו למעלה שהוא מסביר באמצעות העיקרון של רש״י גם את סוגיית עירובין, שהדבר תלוי בחכם ולא בו, ולכן זה תלוי במחלוקת לגבי ברירה. אם רש״י היה מסכים לרמב״ן הוא היה מסביר זאת בכך שיש כאן בחירה בין שני עצמים. ברש״י עצמו לא ברור מה כוונתו.

סיכום ביניים: היחס בין ברירה לתנאי

ראינו עד כאן שלוש שיטות בראשונים לגבי היחס בין ברירה לתנאי:

- שיטת רש"י היא שאין הבדל עקרוני, וכל תנאי שאין וודאות קרובה לכך שהוא עומד להתקיים, שנוי במחלוקת האם יש או אין ברירה. תנאי שיש וודאות קרובה שיתקיים הוא תנאי רגיל, ולגביו אין מחלוקת. לגבי שכיב מרע, שם רואים שהתנאי חל על אף שלהלכה בדאורייתא אין ברירה, תי' התוס' שהובאו ברמב"ן שזהו תנאי שוודאי יתברר, ולכן גם לגביו יש הסכמה שהוא תקף.
- שיטת הרמב"ן היא שתנאי רגיל נאמר על חפץ מוגדר, כאשר התנאי קובע האם החלות תחול עליו או לא. כאשר התנאי אמור לברור עצם אחד מתוך כמה זוהי ברירה, ולגביה יש מחלוקת. בנוסף, תנאי שתלוי ברצון, גם אם הוא נאמר על עצם מוגדר אחד, שייך גם הוא לאותה מחלוקת.
- שיטת תוס' (ואולי גם רש"י) היא שילוב: ההבחנה היסודית היא בין עצם מוגדר לבין ברירה בין עצמים. בנוסף, גם בעצם אחד יש הבחנה בין תנאי שבוודאות קרובה יתקיים לתנאי שאין וודאות קרובה כזו לקיומו.

הסבר המחלוקת לשיטת רש"י

בסעיף זה נצרף את העולה משני הפרקים האחרונים כדי להגדיר באופן כללי את שיטת רש"י לגבי ברירה. בפרק הקודם ראינו שרש"י רואה את ברירה כהחלת חלות מסופקת: לפי השיטה שאין ברירה, זוהי חלות קוונטית. ולכאורה לפי השיטה שיש ברירה, זוהי חלות על אחד העצמים, והאירוע העתידי מברר (לפחות לוגית) מיהו אותו עצם שעליו חלה החלות מהתחלה.

מהי בעצם הבעיה במכניזם הזה למ"ד אין ברירה? מדוע הוא סובר שלא ניתן להחיל חלות שמתבררת למפרע? לשם כך עלינו להבין טוב יותר מהן הנחותיו

של הסובר יש ברירה. כאן קיימות בפנינו שתי אפשרויות, ולהבנתן נקדים תזכורת של הבחנה בה עסקנו למעלה בפרק השלישי של החלק הראשון, שבו עסקנו בדטרמיניזם הלוגי. ראינו שם שערך אמת לוגי של משפט הוא אל-זמני, כלומר שיש נתק בין לוגיקה לזמן. ערך האמת של משפט (אמת או שקר) קיים עוד קודם ההתרחשות של מה שמתואר בו. לדוגמא, המשפט 'מחר יהיה קרב ימי' הוא נכון כבר היום (אם אכן יתרחש קרב מחר), והיה נכון גם בכל רגע בעבר. לעומת זאת, כפי שהסברנו שם, המידע שכלול במשפט הזה (התרחשותו של הקרב הימי) אינו קיים עדיין, ולכן אין לגזור מכאן מסקנה דטרמיניסטית (שמחר בהכרח יתרחש קרב ימי).

לאור הדברים הללו, ניתן להציג שתי אפשרויות להבין את השיטה שיש ברירה, ומתוכן גם את הדעה שאין ברירה:

1. <u>יש ברירה</u>. כלפי שמיא גליא מיהי שתצא בפתח תחילה, כלומר יש כאן ביטוי לתפיסה דטרמיניסטית. חוסר הוודאות באשר למי שתצא בפתח תחילה מחר הוא רק אצלנו, בגלל המגבלות האנושיות שמונעות מאיתנו לדעת את העתיד להתרחש. כאשר מתרחש האירוע העתידי (היציאה בפתח, או הגעת החכם), המידע שהיה קיים עוד קודם מגיע גם לידיעתנו, אבל במציאות עצמה הוא היה נכון כבר בעת החלת החלות.

כפי שכבר הזכרנו, הדבר דומה למי שמחיל חלות לשמה על האישה הצעירה ביותר בין נשותיו, והוא עדיין לא יודע את גיל נשותיו. לאחר מכן הוא מברר ונודע לו שרחל הקטנה היא הצעירה ביותר, וכך מתברר שהיא זו שהגט נכתב לשמה. כאן ברור שהיא תהיה מגורשת גם אם נסבור שאין ברירה, שהרי העובדה שגט נכתב לשמה של רחל הקטנה היתה נכונה כבר בעת כתיבת הגט, אלא שהבעל עדיין לא ידע זאת. אין כאן בכלל בירור למפרע, אלא תהליך של היחשפות מידע קיים.

<u>אין ברירה</u>. השיטה שאין ברירה חולקת על הדטרמיניזם, וסוברת שלא נכון לומר שכבר כיום המידע קיים (זה לא דומה למקרה של

כתיבת גט לשם הצעירה יותר). בדיוק בגלל זה היא רואה את
החלות באופן קוונטי, כלומר היא חלה על עצם לא מבורר.

2. <u>יש ברירה</u>. אפשרות נוספת היא לטעון שאמנם המידע לא נמצא
עדיין בעולם (התמונה אינה דטרמיניסטית), אבל די לנו בקיום ערך
האמת הלוגי. כלומר כדי שהגט ייחשב ככתוב לשם רחל הקטנה (זו
שבסוף יצאה ראשונה בפתח), די לנו בטענה שהמשפט 'רחל הקטנה
היא שיוצאת בפתח תחילה ביום ג בבוקר', היה נכון כבר ביום א
(יום הכתיבה), גם אם המידע עצמו לא קיים עדיין. לפי הסבר זה,
התבררות לוגית מספיקה כדי להחיל חלות, ואין צורך שהמידע
עצמו יהיה קיים. הגט נכתב לשם X, והעתיד נותן פשר קונקרטי
למשתנה X, וקובע שזו היתה רחל הקטנה.

<u>אין ברירה</u>. השיטה שאין ברירה סוברת שלא די בהתבררות לוגית
כדי להחיל חלות. כדי שחלות תחול על עצם מסויים, נדרש מצב בו
המידע עצמו כבר קיים (כמו המקרה של כתיבת גט לשם הצעירה
יותר). בעצם השיטה הזו לא מקבלת את המכניזם של הקריסה,
ולכן מצב הספק הקוונטי נותר על כנו גם בהמשך הזמן.

כאמור, לפי רש"י השיטה שאין ברירה היא חד משמעית: יש חלות קוונטית
על המכלול. יתר על כן, שיטה זו גם מניחה את שתי ההנחות: המידע לא
קיים כעת, ולא די בהיקבעות לוגית כדי להחיל את החלות.

לעומת זאת, בהבנת השיטה שיש ברירה, ראינו שתי האפשרויות: לפי
אפשרות 2, גם השיטה שיש ברירה מסכימה שהמידע עדיין לא קיים בזמן
כתיבת הגט, כלומר שאפילו בשמים לא יודעים אותו. כאמור, היא מסתפקת
בהיקבעות לוגית. אם כן, ברור שלא ניתן להבין כמו שהבנו באפשרות
הקודמת, שרחל הקטנה היא המתגרשת כבר מעת הכתיבה. אפשרות זו
גורסת שבעת הכתיבה יש חלות קוונטית שחלה על שתי הנשים. מה קורה
כשרחל הקטנה היא היוצאת בפתח ראשונה? כעת ישנה 'קריסה' של

פונקציית הגל', כלומר אנחנו עוברים למצב שבו רחל הקטנה היא האישה המתגרשת.

טיב הקריסה הקוונטית לפי אפשרות 2 בהסבר יש ברירה

לכאורה אפשרות 2 מתארת מכניזם דומה למסלולים המקבילים במודל של רש״פ בתנאי (ראה על כך בחלק השני). היציאה בפתח, כמו מילוי תנאי, מעבירה אותנו בין מסלולים. אלא שהדבר אינו לגמרי ברור. בעצם עולות כאן שלוש אפשרויות. השתיים הראשונים תלויות בשתי הפרשנויות לניסוי שני הסדקים שהצענו למעלה:

א. הקריסה של פונקצית הגל למצב בו רחל הקטנה היא המתגרשת, מתרחשת למפרע. זוהי באמת תמונה דומה למסלולים המקבילים של רש״פ. מעת שרחל הקטנה יצאה בפתח, זה מברר למפרע שכבר מעת כתיבת הגט היינו על מסלול שבו רחל הקטנה היא האישה המתגרשת. היציאה החוצה של רחל הקטנה מגדירה מסלול שמתחיל בעבר עד עתה והלאה.

ב. הקריסה מתרחשת רק כעת, ולא פועלת למפרע. קודם היה מצב של סופרפוזיציה קוונטית, ורק כעת אנחנו עוברים למצב שבו רחל הקטנה היא המתגרשת.

לפי הצעה זו עלינו להבין מדוע הגירושין שלה באמת חלים, הרי בעת הכתיבה הגט לא נכתב לשמה? התשובה לכך היא שגם במצב הקודם הגט נכתב לשמה של רחל הקטנה, ובו בזמן גם לשמה של רחל הגדולה. הכתיבה לשמה של רחל הגדולה לא מפריעה לנו, כל עוד זה כתוב גם לשם רחל הקטנה (הדרישה שהגט יהיה כתוב לשם המתגרשת, ולא שהוא לא יהיה כתוב גם לשמה של אחרת).

אמנם במצב הקודם עדיין לא ניתן היה לגרש אותה, שכן המצב היה קוונטי, כלומר דין לשמה היה קלוש, או חלקי. רק לאחר הקריסה (יציאתה בפתח) הגט נחשב ככתוב לגמרי לשמה של רחל הקטנה.

הדברים נראים ברורים יותר במקרה של לוקח יין מבין הכותים. בעת ההפרשה חל שם תרומה באוסן קוונטי על כל הלוגים (כלומר יש סופרפוזיציה של מצבים טהורים, שבכל אחד מהם יש אוסף מולקולות אחר (בסך הכל שני לוגין) שחל עליו שם תרומה. לאחר שהוא שותה את היין, מה שנשאר הוא שני לוגין מסויימים, וכעת יש קריסה קוונטית למצב שאלו הם שני הלוגין של התרומה.

כיצד מותר היה לשתות את היין קודם? האם אין חשש שהוא שותה תרומה (הרי ספק קוונטי גם הוא ספק). לכאורה כאן רואים שהקריסה נעשית למפרע, כלומר לאחר שנשארים שני הלוגין הללו מתברר למפרע שמלכתחילה הם היו התרומה.

אבל ייתכן שגם כאן ניתן לומר שבאמת המצב הקודם היה קוונטי, ואין כאן בירור למפרע. אבל לאחר שנשארו שני הלוגין הללו, זה הופך את ההתייחסות שלנו מכאן ולהבא לכך שאלו שני לוגי התרומה, והשאר היו חולין. אנחנו מתייחסים רק לאחד המצבים הטהורים שהרכיבו את הסופרפוזיציה.

אפשרות דומה עולה גם ביחס לגט. בעצם ההשפעה אחורה היא רטרוספקטיבית ולא רטרואקטיבית. כלומר מעת שרחל הקטנה יצאה ראשונה בפתח, אנחנו רואים את העבר באור שונה. ההשלכות הן רק מכאן והלאה, אך יסודן הוא בתמונה שונה אודות מה שהיה בעבר. אין כאן השפעה סיבתית אחורה בזמן, שכן ההשלכות הן רק מכאן והלאה. אך יש ראיה שונה של העבר, מכאן והלאה. בדומה למכניזם שמכונה אצל רש״ש 'מכאן ולהבא למפרע', שהוצג בחלק השני.

כאמור, שתי האפשרויות שהוצגו עד כאן הן ביטוי לשתי פרשנויות שונות לתורת הקוונטים. פרשנות אחת רואה את הקריסה כמשהו שמתרחש מעתה ואילך. שינוי בפונקצית הגל, ותו לא. הפרשנות השנייה רואה את הקריסה כמשהו שמתרחש למפרע, כלומר מעת שמדדנו את מיקומו של החלקיק, הוברר שזה היה מיקומו גם לפני הניסוי.

גם בניסוי שני הסדקים ראינו שאם מדדנו שהחלקיק עבר דרך הסדק א, אזי הוברר לנו שהמסלול בו הוא נע עד שהגיע אל הסדק היה המסלול שמוביל אל הסדק הזה, ולא המסלול השני. אם כן, המדידה משנה גם את העבר. לפי הפרשנות השנייה ראינו שם שהמדידה והקריסה שבעקבותיה משנות רק את העתיד.

כעת נגיע לאפשרות שלישית, שככל הידוע לנו לא עולה במסגרת הפרשנויות השונות לתורת הקוונטים:

ג. אפשרות שלישית היא של קריסה מתמשכת. כדי להבהיר זאת, ניטול כדוגמא את היין. השיטה שיש ברירה רואה את המצב כסופרפוזיציה קוונטית, אך האפשרויות השונות לוקחות בחשבון אך ורק את הלוגין שעשויים להישאר אחרונים. לכן בעת האמירה עצמה (קריאת השם), כל היין הוא מועמד להישאר אחרון, ולכן הסופרפוזיציה הקוונטית כוללת את כל האפשרויות לגבי כל לוגי היין. לאחר שאני שותה לוג יין כלשהו, הוא כבר ודאי לא יהיה משני הלוגין האחרונים, ולכן הוא יוצא מהחשבון של הסופרפוזיציה. מה שנשאר הוא מצב קוונטי שמכיל סופרפוזיציה של כל הלוגים שנמצאים עדיין בכד. וכך הדבר ממשיך, עד שמגיעים לשני הלוגין האחרונים. בסיטואציה הזו המצב הקוונטי הוא ששני הלוגין הללו הם התרומה. זוהי סופרפוזיציה שמשאירה אללמנט אחד. בתהליך שתואר כאן הקריסה הקוונטית ממצב של סופרפוזיציה למצב שוונטי טהור נעשתה בתהליך מתמשך. דבר דומה היה קורה אם אדם היה מגרש את מי שתצא אחרונה בפתח, וכל אחת שהיתה יוצאת החוצה לא היתה נכללת יותר בסופרפוזיציה של אלו שמועמדות להישאר לסוף.

לאור הדברים הללו נוכל כעת להבין גם את שיטת רש״י כפי שהיא מוצגת בפרק הזה. ראינו שלשיטתו ההבדל בין ברירה לתנאי אינו מהותי. כל תנאי שאינו עומד בוודאות קרובה להתקיים שייך לדין ברירה, ולגביו נאמרה

המחלוקת האם יש או אין ברירה. השיטה שאין ברירה עושה את ההבחנה הזו, והשיטה שיש ברירה לא רואה הבדל בין שני המקרים.

מדוע באמת זה כך? ראינו למעלה שהסיבה שאין ברירה היא שזיהוי לוגי אינו מספיק כדי לייחד עצם מסויים שעליו תחול החלות. לשם כך דרוש לנו קיומו של המידע עצמו. בכל מצב אחר נוצרת חלות קוונטית שהיא סופרפוזיציה של מצבים פשוטים. גם לגבי תנאי עשויה להתעורר אותה בעייה. כשאדם מקדש אישה בתנאי שיירד גשם, יש שתי אפשרויות: או שהגשם יירד ואז היא מקודשת, או שהוא לא יירד ואז היא אינה מקודשת. אין כרגע אפשרות 'מסומנת', שהרי המידע האם יירד או לא יירד גשם עדיין לא קיים. לכן במצב כזה נוצר מצב שהוא ספרפוזיציה קוונטית של מצבים טהורים (שהיא מקודשת ושהיא לא מקודשת).

אך אם התנאי הוא כזה שבידו ובדעתו לקיימו, כלומר שהוא המצב הצפוי להתרחש, אזי אחת האפשרויות היא צפויה ומסומנת כבר מראש. במקרה כזה, אנחנו כן מתייחסים למצב ההלכתי שמתאים לאפשרות הצפויה, כתוצאה הלכתית שניתן להתייחס אליה כבר מעת החלת החלות. רק אם מתברר במפתיע שזה לא התרחש, היא נעקרת (כמו במנגנוני התנאי שתוארו בחלק השני).

חשוב להבין שאין בכוונתנו כאן לומר שאם יש אפשרות מסומנת אז המידע על העתיד קיים כבר בהווה. הדבר אינו נכון, שהרי גם במקרה כזה שתי האפשרויות עדיין יכולות להתרחש (שהתנאי יתקיים או שלא). מה שיש כאן הוא רק הערכה של הצפוי להתרחש, שקובעת מה בכוונתו של המתנה לעשות. אם יש לו תכנית מוגדרת, אז ההנחה היא שהוא מחיל את החלות בהנחה שהתכנית אכן תתממש, ואם זה לא יקרה החלות תיעקר (כפי שראינו בחלק השני לגבי תנאי).

יש שתי אפשרויות להבין את התנאי לאור ההסבר הזה:

1. במצב הראשוני יש סופרפוזיציה קוונטית. כשהתנאי מתקיים או לא, יש קריסה לאחת משתי האפשרויות. אם התנאי לא מתקיים

ישנה קריסה לכיוון השני, כלומר כעת אנחנו מתייחסים רק למצב
הטהור שהיא לא מקודשת בסופרפוזיציה שנוצרה.

נזכיר שבחלק השני ראינו שרש״ש כותב לגבי תנאי ששתי התוצאות
צריכות להיגרם על ידי התנאי. כלומר הוא שולל את האפשרות
שהחלות מוחלת מהתחלה ואי קיום התנאי עוקר אותה, או
שהחלות לא מוחלת וקיום התנאי הוא שמחיל אותה. טענתו היא
ששני הצדדים קיימים באופן קלוש בהתחלה, ותיקופו של כל אחד
מהם נגרם על ידי קיום או אי קיום התנאי. זהו בדיוק המצב
הקוונטי שתואר כאן.

2. רש״ש בחידושיו לכתובות סי׳ ב מסביר את שיטת רש״י אצלנו בכך
שאם התנאי לא מתקיים בסוף, זה מגלה שהמחשבה מלכתחילה
שהוא עומד להתקיים היתה שגויה. כלומר האפשרות המסומנת
סומנה רק בטעות, ולכן החלות לא חלה (זוהי חלות בטעות).

כאן הוא מניח שהאפשרות המסומנת חלה מלכתחילה, ולא שיש
סופרפוזיציה קוונטית. זה לא בדיוק כפי שהסברנו כאן. אנחנו
הסברנו שהאפשרות המסומנת היא רק מצב אחד מתוך
הסופרפוזיציה הקוונטית, אלא שאנחנו מתייחסים רק אליה כי היא
האפשרות הצפויה.

סיכום שיטת רש״י

סוגיות תנאי וברירה עוסקות במצבים שבהם אדם מתנה תנאי שבורר בין
אפשרויות שונות (בעצם אחד או בשניים, לרש״י אין הבדל). ההבחנה
היסודית שממנה אנחנו יוצאים נעוצה בשאלה האם אחת האפשרויות צפויה
להתרחש (לא בוודאות, אלא בתכניתו של המתנה). אם כן, אזי אנחנו
נמצאים במסגרת של דיני תנאים, והדיון הרלוונטי באלו נערך בחלק השני.
אם אין אפשרות צפויה מראש, אזי אנחנו בשדה הדיון של ברירה.
מה קורה בשדה הדיון הזה? המ״ד שאין ברירה סובר שהמידע על העתיד לא
קיים לפני התרחשות האירוע המברר. עוד הוא סובר שהיקבעות לוגית אינה

מספיקה כדי לקבוע חלות מוגדרת שתתממש בעתיד. במצב כזה נוצרת חלות קוונטית, והמ״ד הזה שולל את האפשרות של הקריסה.

השיטה שיש ברירה, סוברת אחת משתי אפשרויות יסודיות, והשנייה מחלקת גם היא לשלוש:

1. המידע קיים עוד לפני התרחשותו של האירוע המברר (דטרמיניזם). בשמים יודעים אותו, והחלות חלה על האופציה הנכונה. רק האדם נמצא עדיין בספק, אבל זה לא מפריע לחלות להיווצר.

2. גם המ״ד שיש ברירה מסכים שהמידע לא קיים לפני התרחשות האירוע המברר. הוא סובר שלשם יצירת חלות די לנו בזיהוי לוגי ולא נדרש קיומו של המידע. בעת ההתנייה עצמה נוצרת מצב של ספק קוונטי. מה שקורה לאחר מכן הוא קריסה קוונטית, וזו יכולה להיות מתוארת בשלוש דרכים:

א. קריסה מעתה ואילך. המצב הקוונטי משתנה רק מעת האירוע המברר (היציאה בפתח). ובכל זאת הסטטוס של האישה משתנה (כפי שהסברנו למעלה).

ב. קריסה למפרע. לאחר שהאירוע המברר מתרחש, רחל הקטנה היא האישה המתגרשת. וכעת הוברר שהיא היתה האישה המתגרשת מאז ומעולם.

ג. קריסה מתמשכת. שתיית היין הולכת ומגבילה את לוגי היין שמשתתפים בסופרפוזיציה, עד שבסוף אנחנו נשארים עם שני הלוגים האחרונים, ואז מסתיים תהליך הקריסה.

יישוב הקשיים על שיטת רש״י

כעת נוכל להבין את ההסבר לשלוש הקושיות על שיטת רש״י.

1. הקושי הראשון היה שלפי רש״י יש זהות בין המושג 'ברירה' לבין 'תולה בדעת אחרים', בעוד שבסוגיא נראה שזוהי חלוקה בתוך המושג ברירה. עוד

הערנו שתולה בדעת עצמו בגמרא היא סיבה ליתר בעייתיות, ואילו אצל רש״י בדעתו לקיים הוא דווקא המצב הפחות בעייתי.

אך לאור מה שראינו כאן, רש״י אינו מתכוין לזהות את ברירה עם תליה בדעת עצמו, אלא עם תנאי שצפוי להתקיים. זהו חילוק שנוגע לאופיו של התנאי ולמצבים הצפויים, ולא לשאלה האם דעת המתנה התגבשה כבר או לא. כפי שראינו, בתולה בדעת עצמו אין ברירה כי הוא עצמו עדיין לא החליט. כלומר כשהוא תולה בדעת עצמו זוהי אינדיקציה לכך שאין כרגע מצב צפוי ומסומן. אם כן, זה בדיוק הפוך מהמצב אליו מתכוין רש״י שבדעתו ובידו לקיימו. במקרה כזה ברור שיש מצב מסומן, כי הרי בדעתו לקיים, והעובדה שזה גם בידו נועדה רק לוודא שזה אכן יתממש. כלומר העיקר הוא שבדעתו לקיים, ויש תנאי שיהיה בידו. ובחילוק של הגמרא תולה בדעת עצמו הוא החילוק היסודי.

2. הקושי השני הוא שאם אכן ברירה היא סוג של תנאי, אזי למ״ד אין ברירה הדין היה צריך להיות שתנאי בטל ומעשה קיים. אך למ״ד הזה הדין הוא שהמעשה בטל (החלות כלל לא חלה, או שהיא חלה קוונטית). אם היה מדובר בכמה עצמים אזי ניתן היה להסביר שאי אפשר להחיל חלות על כמה עצמים (או שמוחלת כאן חלות קוונטית, וזהו בעצם המצב של תנאי בטל ומעשה קיים במקרה כזה). אבל לשיטת רש״י ראינו שלא זהו החילוק בין תנאי לברירה, וברירה קיימת גם בחפץ אחד.

אך לאור מה שראינו לעיל, דומה כי הקושי כלל לא עולה. ראינו שברירה היא תמיד מצב שבו אין צפי מסומן מראש, ובמצב כזה ברור שלא ייתכן שהמעשה יהיה קיים. על איזו אפשרות נחיל זאת? האם במקרה כזה הגט יהיה כתוב לשמה של רחל הקטנה או הגדולה? האם במקרה כזה הקידושין בתנאי יחולו או לא (במקרה שהתנו 'על מנת שירצה אבא', והרי לא ברור מה יהיה רצונו של האב)? מכיון שאין אפשרות מסומנת אזי אין כאן אפשרות לקבוע שהחלות תחול. לעומת זאת, בתנאי שיש אפשרות מסומנת כסבירה מראש, שם ההנחה היא שהמעשה חל באופציה שהתנאי התקיים, ואם התנאי נוסח שלא לפי משפטי התנאים – אזי התנאי בטל.

3. הקושי השלישי היה שמצאנו בתלמוד תנאים שלא בידו או לא בדעתו לקיימם, ובכל זאת ההלכה היא שהתנאי הוא כן תקף. ולפי רש״י הרי זה צריך להיות תלוי במחלוקת האם יש או אין ברירה, ולהלכה שאין ברירה התנאי הזה אינו אפשרי.

את הקושי הזה כבר יישבנו למעלה, כשאמרנו שכוונת רש״י אינה לומר שהתנאי צריך להיות בידו אלא רק שזוהי האפשרות הצפויה והמסומנת מראש. ובאמת ראינו שבתנאים שמהם הקשו על רש״י (כמו 'על מנת שתתני לי מאתים זוז', שאינו בידו), שם עדיין יש אפשרות מסומנת מראש, ולכן גם זה שייך למסגרת המושגית של תנאי ולא למסגרת המושגית של ברירה.

שיטת הראשונים שאינם מקבלים את החלות הקוונטית

ההנחה עד כאן היתה שאם אין בעת ההתנייה חפץ מוגדר ומסומן מראש, או אפשרות צפויה ומסומנת, אזי למ״ד שאין ברירה – החלות חלה באופן קוונטי. זוהי שיטת רש״י והרמב״ם וסיעתם. אך כבר הבאנו שיטה של ראשונים אחרים (**הטור**, הר״ן, תוס׳ בעירובין ועוד), שלמ״ד אין ברירה החלות לא חלה כלל. כיצד, אם בכלל, זה משפיע על תפיסת המחלוקת האם יש אין ברירה?

ניתן לומר שהתמונה נותרת בעינה, בדיוק כמו בשיטת רש״י, אלא שלפי הראשונים הללו גם המ״ד אין ברירה מסכים שלא ניתן להחיל חלות על עצם לא מבורר, כלומר גם הוא שולל את אפשרותה של חלות קוונטית. לכן לדעתו במצב כזה החלות אינה חלה כלל.

ומה על השיטה הסוברת שיש ברירה? נראה שהיא נותרת כפי שהיתה בתמונה של רש״י. אם נאמץ את האפשרות שלשיטה שיש ברירה המידע כבר קיים, זה ודאי אפשרי לטעון שהאירוע העתידי מברר את המידע שכבר היה קיים, וכנ״ל. אך האפשרות השנייה היא לכאורה בעייתית, שכן אם אין חלות קוונטית בהתחלה, אזי גם הקריסה של פונקצית הגל בעקבות התקיימות האירוע העתידי לא תועיל להחיל את החלות למפרע. לכן

האפשרות הזו נותרת קיימת רק אם המ״ד שיש ברירה דווקא הוא כן מקבל את אפשרותה של חלות קוונטית.

אך סביר יותר שלשיטות אלו ההבחנה בין ברירה לתנאי דומה יותר למה שמצאנו ברמב״ן ולא לתמונה של רש״י. אם ההבחנה היא בין עצם מוגדר לשני עצמים, אזי סביר שההנחה של המ״ד אין ברירה היא שלא ניתן להחיל חלות כאשר אין עצם מוגדר בעת ההחלה, ולכן הוא סובר שאין חלות כלל (אפילו לא קוונטית). והמ״ד יש ברירה סובר שכן ניתן להחיל חלות כזו, באחד משני המכניזמים שתיארנו למעלה. נראה כעת את התמונה העולה מדברי הרמב״ן וסיעתו.

הסבר המחלוקת לשיטת הרמב״ן

ראינו למעלה שהרמב״ן אינו מקבל את שיטת רש״י. לדעתו ההבחנה היסודית בין ברירה לתנאי היא שברירה קיימת רק בסיטואציות של בחירת עצם אחד מתוך כמה עצמים, ותנאי קיים רק כשמדובר בעצם מוגדר. לפי הסבר זה לא ברור מהו היסוד הבעייתי במצב של ברירה, שלא קיים בתנאי (לפחות לשיטה שאין ברירה). יתר על כן, הרמב״ן מחריג את נושא הרצון, ולדעתו אם אנו תולים את החלות ברצון אנושי, בין של המתנה ובין של אחרים, זה יהיה תלוי במחלוקת לגבי ברירה גם כשמדובר בגוף אחד. גם החריגה הזו טעונה הסבר.

נתחיל אולי בהסבר החריגה, מפני שהיא יכולה להאיר את תפיסת הרמב״ן בכלל. הרש״ש ב**שערי ישר** ש״ז פ״ח וה**חזו״א** בפירושו לסוגיית גיטין,[46] כותבים בדומה למה שראינו בדברי רש״י למעלה על הגמרא של ״תולה בדעת עצמו״: כאשר המתנה תולה זאת ברצון, פירוש הדבר הוא שכעת רצונו אינו מגובש. לכן זה לא מועיל, אלא אם אנחנו סוברים שיש ברירה. תנאי מועיל אך ורק כאשר הרצון שלו מגובש, אלא שהוא תלוי במשהו אחר. רש״ש מנסח זאת כאילו שיש כאן מחלוקת האם יש התבררות של רצון או לא.

---

[46] דבריהם מובאים בחידושי **ברכת אברהם** לסוגיית גיטין, בתחילת הפרק ׳בענין ברירה ותנאי׳.

לכאורה זו תפיסה דומה לזו שראינו למעלה בשיטת רש״י, שכן גם הוא רואה את התנאי שתלוי ברצון כסוג של ברירה בגלל שאין היקבעות של המצב מראש.

אך הדברים הללו קשים, שהרי אם הוא תולה את החלות ברצון של מישהו אחר (״על מנת שירצה אבא״), פירוש הדבר שרצונו שלו כן מגובש. הוא רק תולה זאת בהסכמתו של האבא, וזה לא אמור להיות שונה מתנאי שתולה את החלות בירידת גשמים. זהו רצון מגובש מצדו, תוך תלות בהתקיימות של תנאי עתידי. לשון אחר: מדוע יש מחלוקת לגבי התבררות של רצון ולא של דברים אחרים? ואם יש מחלוקת, מדוע זו אותה מחלוקת כמו המחלוקת לגבי ברירה בתנאי רגיל בשני עצמים? קשה לקבל את הטענה שגם אם הוא תולה ברצונו של אביו זהו רצון לא מגובש, שכן לפי זה גם תלייה בירידת גשמים יכולה להיות כזו. ההבחנה בין תלייה ברצון לתלייה באירוע אינה ברורה. לא בכדי, רש״י בגיטין הביא את ההסבר הזה כאשר הוא רצה להבחין בין תולה בדעת עצמו לתולה בדעת אחרים. תלייה בדעת אחרים אינה מוסברת באופן הזה, ולכן הסבר זה אינו סביר בדעת הרמב״ן שמדבר גם על תנאי של ״על מנת שירצה אבא״.

נראה לנו סביר יותר להסביר את דברי הרמב״ן אחרת. בפרקים השלישי והרביעי למעלה ראינו שיש הבדל מהותי בין פעולות שיסודן ברצון אנושי לבין התרחשויות אחרות. פעולות שקשורות לרצון אנושי הן פעולות שיסודן בבחירה של בני אדם. ככאלה, הן פעולות שיוצרות מידע חדש שלא היה קיים קודם לכן. זאת להבדיל מפעולות פיסיקליות רגילות, שנקבעות על ידי חוקי הטבע, ולכן המידע אודותן היה קיים עוד קודם להתרחשותן (על פעולות פיסיקליות אכן ניתן לומר שכבר מראש כלפי שמיא גליא שכך יהיה). לפי הצעתנו, הרמב״ן סובר שכאשר המידע קיים מראש אין מחלוקת שהתנאי יכול לחול. המחלוקת האם יש או אין ברירה קיימת רק במקום שבו המידע עצמו עדיין לא קיים, אלא לכל היותר יש היקבעות לוגית (שכן גם במצב כזה המשפט ׳מחר יהיה כך וכך׳ יש לו ערך אמת כבר היום).

ראינו בהסבר שיטת רש״י, שניתן להסביר את המחלוקת לגבי ברירה בשתי צורות: האם גם זה ידוע בשמיים מראש או לא, או האם יש קריסה של פונקצית הגל או לא.[47] לפי הרמב״ן ברור שהמ״ד אין ברירה ודאי נוקט כך רק במקרים בהם המידע אינו ידוע מראש. המ״ד שיש ברירה יכול לחלוק עליו בכל אחת משתי הדרכים הללו: או שהוא סובר שגם במקרים כאלה המידע ידוע מראש, או שהוא סובר שיש קריסה של פונקצית הגל.

נעיר כי בתנאי של 'על מנת שתתני לי מאתים זוז', לכאורה גם יש תלות ברצונה של האישה. הרמב״ן רואה תנאי כזה כתלייה באירוע פיסי ולא בבחירה, אף שיש לאישה בחירה האם לתת את הכסף או לא. ייתכן שלדעתו זו לא בחירה ממשית, שכן מדובר במעשה פשוט שאינו תלוי בשיקול דעת או הכרעה ערכית. ובכל זאת, הדברים צ״ע.

עד כאן עסקנו בחריגה של תנאים לגבי רצון בגוף אחד. כעת עלינו לשאול מדוע הרמב״ן מבחין בין התנייה על עצם אחד לבין התנייה על שני עצמים? כיצד זה נכנס לתמונה שהוא מציג לגבי המחלוקת אם יש או אין ברירה? לשון אחר: מדוע כשמדובר בשני עצמים אזי גם אם התלייה היא בדבר שאינו קשור לרצון יש לגביה מחלוקת האם יש או אין ברירה?

השיטה שיש ברירה כנראה גורסת שאם המידע קיים אזי החלות מוחלת על אותו עצם שבעתיד יוברר שהוא היה הנכון (מה שבשמים ידעו כבר כעת). בעצם במצבים בהם המידע ידוע כבר כעת מדובר בבעייה עם עצם בודד ולא עם שני עצמים, ולכן לא מתעוררת בעייה של ברירה.

ומה סוברת השיטה שאין ברירה? נראה שלפי הרמב״ן כאשר יש שני עצמים, אזי גם אם ברמה העקרונית המידע ידוע מראש, עדיין לא ניתן להחיל את החלות מיידית, מפני שאין עצם מובחן שעליו היא חלה. בתנאי (על גוף בודד) כאשר המידע ידוע החלות מוחלת על אותו גוף, ולכל היותר אם התנאי מופר

---

[47] כאנקדוטה, יש פרשנים של תורת הקוונטים שטוענים שקריסה יכולה להתבצע רק בעקבות מדידה על ידי בן אדם, כלומר על ידי עצם בעל בחירה/רצון. אין לכך קשר לנושא שלנו כאן כמובן, שכן אם בכלל תוצאה זו היא נכונה זוהי תוצאה פיסיקלית אזוטרית, ובודאי אינה צפויה להימצא בחשיבה הלכתית קדומה. זאת להבדיל מעצם ההסתכלות הקוונטית שתוארה כאן, שנראית בהחלט מבוססת על היגיון אנושי סביר כפי שראינו למעלה.

היא נעקרת. אבל במצב של שני גופים, גם אם המידע ידוע מראש, בכל זאת לא ניתן להחיל את החלות על אחד מהם, כל עוד המחיל עצמו לא יודע על איזה מהם היא אמורה לחול.

האם במצב כזה אין חלות כלל, או שיש חלות קוונטית? סביר יותר שבמצב כזה אין חלות כלל, שהרי המידע קיים והקושי הוא טכני: לא ניתן להחיל חלות כאשר אין ידיעה מיהו העצם שעליו היא חלה. אם כן, סביר שלפי הרמב"ן למ"ד אין ברירה במצב כזה החלות כלל לא חלה.

האם הרמב"ן יאמר דברים דומים על מי שמגרש את הצעירה בנשותיו? זהו מידע שקיים כבר כעת, אלא שהמגרש עצמו עדיין לא יודע אותו. מסתבר ששם לא תהיה בעייה, שכן גם אם המגרש לא יודע אותו יש אחרים שיודעים. המידע קיים באופן ממשי ולא באופן פוטנציאלי, וזה מספיק לכל הדעות כדי לייחד את העצם שעליו תחול החלות. רק כאשר המידע תלוי באירוע עתידי, אזי למרות שבשמים כבר יודעים זאת מראש, ביחס לבני אדם זה לא נחשב עצם מוגדר כבר כעת.

ההבדל בין הרמב"ן לרש"י: היחס לציר הזמן

מהו, אם כן, ההבדל בין הרמב"ן לבין רש"י? ההבדל ביניהם בפועל מופיע בשתי סיטואציות:

א. תנאי על עצם בודד שאינו תלוי ברצון והוא לא צפוי להתרחש. לפי הרמב"ן זהו תנאי ולא ברירה, ולרש"י זוהי ברירה.

ב. ברירה על שני עצמים שהבחירה ביניהם צפויה להתרחש ולא תלויה ברצון. כאן לפי הרמב"ן זה שייך לברירה ולרש"י לא.

אמנם מצב כזה בדרך כלל לא קיים, כי כשמדובר על בחירה בין שני עצמים זה בדרך כלל לא בידו (אלא כשתולה זאת בדעת עצמו, אבל אז נוצרת הבעייה הקודמת).

ייתכן שהמחלוקת היא מקומית, כלומר הם חולקים בשאלה האם המידע במצבים כאלה קיים בשמיים גם קודם להתרחשות או לא.

אך יותר סביר שהמחלוקת ביניהם היא עקרונית: לפי רש״י המדד הוא האם העצם מסומן מראש, ולא בהכרח בשאלה האם המידע קיים בפועל, שהרי גם אם האפשרות מסומנת מראש, עדיין יש אפשרות שהתנאי לא יתקיים והחלות תיבטל. חשוב להבין ששאלת הסימון מראש אינה קשורה לשאלת הדטרמיניזם אלא לשאלת איכות ההערכות מראש למה שיקרה (בכל מקרה ההערכות הללו אינן וודאיות). כפי שראינו למעלה, זהו היסוד להסבר מדוע דברי רש״י לא סותרים את הבחנת הגמרא בין תולה בדעת אחרים ועצמו (קושי 1 למעלה).

ואילו הרמב״ן רואה את ההבדל היסודי בשאלה האם המידע קיים מראש, ולכן הוא תולה זאת דווקא ברצון, כי שם המידע לא קיים מראש.

אם הבחנה זו נכונה, אזי לפי רש״י בעיית הברירה למ״ד אין ברירה היא שבמצב שבו האופציה לא מסומנת בעת ההתנייה יש להחיל חלות קוונטית על כל האופציות. אופציה לא מסומנת היא בבכל מצב בו יש תנאי שאינו צפוי מראש להתקיים או להיבטל. ולפי הרמב״ן המ״ד אין ברירה סובר שכאשר אין עצם מוגדר להחיל עליו את החלות (או כשהמידע לא קיים, או כשהעצם לא מוגדר) אי אפשר להחיל חלות.

היחס לציר הזמן ולתנאי

נראה שרש״י והרמב״ן שניהם מסכימים שאין כאן בעייה של סיבתיות הפוכה. השאלה היא מה עושים במצב בו עומדות בפני המתנה שתי אופציות שקולות, ואין צפי מה משתיהן יתממש בסוף.

מסיבה זו ראינו בפרק הקודם שבסוגיית ברירה הגמרא לא עושה חילוק בין תנאי רטרוספקטיבי (כמו בגט) לבין תנאי רטרואקטיבי (כמו בלוקח יין). להיפך היא משווה ביניהם, ואף מסיקה מסקנות מהשוואת דעות התנאים בין שני המקרים הללו. אם עיקר דין ברירה היה נובע מהבעייה של היפוך סיבתי, אזי היה מקום לחלק ולומר שהרטרוספקטיבי הוא אפשרי (כי אין שם באמת סיבתיות הפוכה בזמן) ורק הרטרואקטיבי הוא בעייתי (כי שם באמת מדובר בהיפוכיות סיבתית). זוהי עוד אינדיקציה לכך שלא זוהי

הבעייה היסודית של ברירה, בניגוד לדיני תנאי שלפחות לפי רש"ש יש שם בעייה של לוגיקה של זמן. למעשה, סוגיית ברירה קשורה יותר לתמונה של רש"פ לגבי תנאים, שכן גם שם מדובר באופציות שונות שקיימות במקביל (בחלק השני תיארנו זאת דרך בחירה בין מסלולים אפשריים).

אמנם שיטתו של הסובר יש ברירה, היא מזכירה את עניין המסלולים המקבילים של רש"פ. ראינו שלפחות לפי אחת האפשרויות עיקר שיטתו מתבססת על קריסה קוונטית למפרע, שהיא בעצם בחירת מסלול אפשרי מבין המסלולים שהיו כלולים בסופרפוזיציה שלפני קיום התנאי.

נזכיר כי בפרק הקודם עסקנו בשאלה האם בעיית ברירה קשורה לציר הזמן, וראינו שיכול להיווצר מצב של ספק קוונטי גם בסיטואציה שכלל אינה קשורה לעתיד. לדוגמא, כאשר אדם מקדש אחת מחמש נשים, שם ראינו שהמצב שנוצר הוא ספק ודאי, כלומר מצב ספק קוונטי. נציין כי בסיטואציה הזו אין שום תלות בעתיד, וזה מחדד עוד יותר את המסקנה אליה הגענו כאן, שהבעייה של ברירה אינה קשורה לציר הזמן. אמנם ראינו שם שייתכן שבמצב שאין תלות בעתיד, ההלכה לא תאפשר חלות קוונטית אלא תקבע שאין חלות כלל. רק במצב בו העתיד אמור לברר את המציאות אזי בטרם זו התבררה נוצר מצב של חלות קוונטית.

אמנם בעל **אמרי בינה** שראינו את דבריו שם כנראה כן קושר את ברירה להיפוך סיבתי. ראינו שהוא מסביר בדעת הרשב"א שאם התנאי ניתן למימוש בזמן האירוע המברר, אזי הוא יחול גם למפרע (והבאנו את הסברו של רש"פ לכך). ואם הוא לא ניתן למימוש באותו רגע, אז שייכת המחלוקת האם יש או אין ברירה, ולהלכה שאין ברירה הוא לא יחול למפרע.

הסבר שיטת התוס'

ראינו למעלה שהתוס' משלב את שתי השיטות, של רש"י ושל הרמב"ן. תוס' סוברים שברירה היא בשני מצבים: 1. כאשר מחילים חלות על עצם לא מבורר (מבין כמה עצמים). 2. כאשר מדובר בעצם מוגדר אבל אין אפשרות שמסומנת מראש. ההבדל בינו לבין רש"י הוא שבשני עצמים אנחנו נמצאים

בסוגיית ברירה גם אם יש אפשרות מסומנת. וההבדל בינם לבין הרמב"ן
הוא שגם בעצם אחד ובתנאי שאינו תלוי ברצון אם אין אפשרות מסומנת,
זה שייך למחלוקת לגבי ברירה.

כיצד ניתן להבין את התמונה הזו? נראה שלפי תוס׳ ההסבר הוא כמו
הרמב"ן, אלא שהם לא מקבלים את ההחרגה של תנאים שתולים ברצון.
כאשר יש שתי אפשרויות שאף אחת לא מסומנת (ובשני עצמים זה בדרך כלל
לא מסומן), לא ניתן להחיל חלות. מאותה סיבה כפי שראינו ברמב"ן, נראה
שהם יסברו שהחלות כלל לא חלה, ולא יקבלו את המצב הקוונטי.

ואם אחת האפשרויות מסומנת מראש בגוף בודד, שם תוס׳ יאמרו כמו רש"י
שהמתנה מחיל את החלות על האפשרות הזו, ורק אם התנאי לא מתקיים
היא נעקרת. זהו בעצם תנאי. זו בעצם שיטתו היסודית של הרמב"ן, בלי
ההחרגה של תנאים שתלויים ברצון.

פרק עשרים וחמישה

סוף טומאה לצאת

מבוא

בפרק זה נסיים את הדיון בסוגיית ברירה, בעיון קצר בסוגיית 'סוף טומאה לצאת'. זוהי סוגיא שעוסקת לכאורה בדין ברירה, אך כפי שנראה מייד היא חריגה מכמה וכמה בחינות, ולכן הותרנו אותה לסוף. על אף חריגויותיה, הרעיונות עליהם עמדנו בפרקים הקודמים יסייעו לנו להבין היבטים שונים שמפרשי הסוגיא התחבטו מאד לגביהם.

דין הכנת יונים לאכילה ביו"ט: המחלוקת במשנה

המשנה בביצה י ע"א עוסקת בשאלה כיצד ניתן להכין יונים לאכילה ביו"ט כדי שלא תהיינה אסורות מדין מוקצה. מובאת במשנה מחלוקת בין ב"ש וב"ה האם כדי להכין את היונים נדרש מעשה, או שדי בדיבור בלבד:

משנה. בית שמאי אומרים: לא יטול אלא אם כן נענע מבעוד יום, ובית הלל אומרים: עומד ואומר זה וזה אני נוטל.

אם כן, לפי ב"ש נדרש מעשה ולפי ב"ה די בדיבור.

הדיון לגבי ברירה

הגמרא בהמשך הסוגיא דנה בנוסח האמירה של ההכנה לפי ב"ה:

ובית הלל, למה ליה למימר זה וזה אני נוטל? לימא מכאן אני נוטל למחר!

הגמרא שואלת מדוע נדרש להצביע ספציפית על היונים שאותן הוא רוצה לאכול מחר, ולא די לו באמירה שמתוך השובך הוא ייקח יונים לאכילה?

מדוע הגמרא מניחה שדי לנו באמירה הכללית? מהמשך הסוגיא עולה שההנחה כאן היא שיש ברירה, כלומר שהאמירה הכללית של אותו אדם

תועיל מפני שאם הוא ייקח יונה כלשהי מחר זה יברר למפרע שמראש הוא התכוין ליונה שנלקחה.

חשוב להדגיש שההכנה של החפצים לשימוש ביו״ט צריכה להיעשות מבעוד יום, ולכן אנו נזקקים כאן לדין ברירה. הלקיחה מחר אינה יכולה להועיל לנו מאותו רגע והלאה, אלא היא חייבת להמשיך את ההכנה שנעשתה מבעוד יום, ולברר שההכנה חלה על היונה שנלקחה מחר (כמו שהגט נכתב לשם האישה שיצאה בפתח תחילה ביום שלמחרת).

ההנחה זו של הגמרא היא תמוהה מאד, מכמה בחינות:

א. כיצד הגמרא מניחה שיש ברירה, הרי להלכה קי״ל שאין ברירה? דוחק הוא לומר שסתימת הסוגיא כאן היא שיש ברירה, בניגוד להלכה (לרוב שיטות הפוסקים).

אמנם על כך ניתן לענות שמדובר כאן בדין דרבנן של הכנת מוקצה, וכפי שראינו לרוב הדעות בדרבנן קי״ל להלכה שיש ברירה.

ב. הרי מדובר כאן בתולה בדעת עצמו, שהרי אותו אדם תולה את ההכנה במה שהוא יחליט לעשות מחר, ובתולה בדעת עצמו אין ברירה לכל הדעות.

נראה שגם כאן עלינו להמשיך את הדיון הקודם, ולומר שבדין דרבנן יש ברירה אפילו אם הוא תולה בדעת עצמו. כל החילוק בין תולה בדעת עצמו ותולה בדעת אחרים נאמר רק בברירה בדאורייתא, אבל בדרבנן יש ברירה בכל אופן.

אם כן, המסקנה שלנו היא שמה שעומד כאן לדיון הוא דין ברירה בדרבנן.

והנה, כעת הגמרא נכנסת לבחון את דין ברירה:

וכי תימא: בית הלל לית להו ברירה,

הגמרא מעלה באופן מובלע אפשרות שאולי לב״ה אין ברירה, ולכן נדרשת אמירה מפורטת על היונים שיילקחו ולא די באמירה כללית.

כיצד זה מתיישב עם טענותינו הקודמות? אם מדובר בדין דרבנן אזי לא סביר לטעון שלב״ה אין ברירה כאן, שאם לא כן היה עלינו לפסוק כמותם שגם בדרבנן אין ברירה. ייתכן שהגמרא באמת מעלה כאן אפשרות לפסוק

שגם בדרבנן אין ברירה. אך מסתבר יותר להסביר שהגמרא באמת יכלה לדחות זאת בטענה שלא ייתכן להעמיד את ב"ה נגד ההלכה, אבל עדיף היה לה להביא מקור מפורש שממנו עולה בצורה ישירה שלב"ה אין ברירה, וזה מה שהיא עושה כעת.

משנת אוהלות

הגמרא מביאה את המשנה אוהלות פ"ז מ"ג (וכן הוא בתוספתא אוהלות פ"ח ה"ד):

והתנן: המת בבית ולו פתחים הרבה - כולן טמאים, נפתח אחד מהן - הוא טמא וכולן טהורין. חשב להוציאו באחד מהן, או בחלון שיש בו ארבעה על ארבעה - מצלת על כל הפתחים כולן. בית שמאי אומרים: והוא שחשב להוציאו עד שלא ימות המת, ובית הלל אומרים: אף משימות המת.

הגמרא מביאה כאן הוכחה שלב"ה יש ברירה, והיא עושה זאת ממשנת 'סוף טומאה לצאת'. מדובר במת שמונח בבית שיש בו כמה פתחים (כולם פתוחים או סגורים בינתיים), ומתחת לכל פתח יש כלים. המת מטמא באוהל את כל הכלים שאיתו בבית מתחת לאותו גג. כאן הדיון הוא על הכלים שנמצאים במקום יציאת המת (פתח או חלון) כשמוציאים אותו החוצה. הפתח שדרכו הוא אמור לצאת מטמא את הכלים שתחתיו, אף שהוא אינו תחת אותו גג שמאהיל על המת.

לפי ב"ש הכלים שתחת הפתח נטמאים רק אם המחשבה להוציא את המת מהפתח הזה נחשבה לפני שהמת מת. כשהוא מת הכלים תחת אותו פתח נטמאו. אבל אם הוא חשב אחרי שהמת כבר מת, אזי הכלים לא נטמאים למפרע, כי אין ברירה. וב"ה סוברים שהכלים תחת הפתח נטמאים גם אם הוא חשב להוציא את המת מהפתח הזה רק אחרי שהמת כבר היה מת. זה פועל למפרע, ולכן מוכח מכאן שלב"ה יש ברירה.

האם מדובר בטומאה דאורייתא או דרבנן: סתירת הסוגיות

ראשית, עלינו לברר האם מדובר כאן בטומאה דאורייתא או דרבנן. רש״י בסוגיא כאן כותב:

כולם טמאים - כל כלים המונחים בחלל הפתחים תחת עובי התקרה של פתח - טמאים, ואף על פי שאינו תחת הגג המאהיל על המת, שגזרו חכמים טומאה על מקום שהוא דרך יציאת הטומאה, שסופו לצאת דרך שם, וכאן אין אנו יודעים באיזה יוציאנו - הלכך כולם טמאים.

רואים שרש״י רואה זאת כגזירת חכמים, כלומר כטומאה דרבנן (וכן הוא בברטנורא על המשנה באוהלות). זה מתיישב היטב עם דברינו למעלה, שהרי ראינו שהדיון בסוגיא הוא לגבי ברירה בדרבנן, והגמרא רצתה להביא ראיה שלב״ה יש ברירה בדרבנן. ייתכן שזה גם מה שאילץ את רש״י לפרש שמדובר בטומאה דרבנן.

המשנה הזו מובאת גם בסוגיית ביצה לז ע״ב. שם הדיון נערך בנושא ברירה (זה נושא הסוגיא שם). בתחילת הסוגיא שם מובאת מחלוקת אמוראים האם יש או אין ברירה:

מאי הוי עלה? רבי הושעיא אמר: יש ברירה, ורבי יוחנן אמר: אין ברירה.

כעת הגמרא מוכיחה שלר׳ הושעיא אין ברירה:

וסבר רבי הושעיא יש ברירה? והתנן: המת בבית, ולו פתחים הרבה - כולן טמאים, נפתח אחד מהן - הוא טמא וכולן טהורים. חשב להוציאו באחד מהן, או בחלון שיש בו ארבעה על ארבעה - מצלת על הפתחים כולן. בית שמאי אומרים: והוא שחשב עליו עד שלא ימות המת, ובית הלל אומרים: אף משימות המת. ואתמר עלה, אמר רבי הושעיא: לטהר את הפתחים מכאן ולהבא. מכאן ולהבא - אין, למפרע - לא!

ר׳ הושעיא סובר שב״ה באו לטהר את הפתחים האחרים (אלו שהמת לא יצא דרכם) רק מעת שהוא חשב והלאה, אבל עד אז שאר הכלים כבר היו

489

טמאים. רואים שלר' הושעיא אין ברירה. דברי ר' הושעיא מובאים גם בהמשך הסוגיא שלנו.

כעת מתרצת הגמרא שם:

- אפוך, רבי הושעיא אמר: אין ברירה, ורבי יוחנן אמר: יש ברירה.

כלומר יש להפוך את דעות האמוראים.

אלא שכעת עולה קושיא הפוכה. הגמרא שם מוכיחה שגם לריו"ח אין ברירה:

- ומי אית ליה לרבי יוחנן ברירה? והאמר רב אסי אמר רבי יוחנן: האחין שחלקו - לקוחות הן, ומחזירין זה לזה ביובל. וכי תימא כי לית ליה לרבי יוחנן ברירה - בדאורייתא, אבל בדרבנן - אית ליה. ובדרבנן מי אית ליה? והתני איו: רבי יהודה אומר: אין אדם מתנה על שני דברים כאחד, אלא אם בא חכם למזרח - עירובו למזרח, למערב - עירובו למערב. ואילו לכאן ולכאן - לא. והוינן בה: מאי שנא לכאן ולכאן דלא - דאין ברירה, מזרח ומערב נמי - אין ברירה! ואמר רבי יוחנן: וכבר בא חכם. אלמא: לית ליה לרבי יוחנן ברירה!

מסוגיית האחים שחלקו מוכח שלריו"ח אין ברירה בדאורייתא ומסוגיית עירוב מוכח שלריו"ח אין ברירה בדרבנן. אם כן, ההיפוך שעשתה הגמרא לעיל אינו אפשרי. חזרנו כעת לקושי על ר' הושעיא שמחד נראה שהוא סובר שיש ברירה, ואילו במשנת סוף טומאה לצאת הוא מסביר אותה כאילו שאין ברירה.

כעת הגמרא שם מסבירה:

- אלא, לעולם לא תיפוך. וכי לית ליה לרבי אושעיא ברירה - בדאורייתא, אבל בדרבנן - אית ליה. דרש מר זוטרא: הלכה כרבי אושעיא.

כלומר ר' הושעיא סובר שאין ברירה בדאורייתא, ויש ברירה בדרבנן, וכך גם נפסק להלכה בגמרא כאן, וכפי שראינו הדבר אומץ גם על ידי רוב הפוסקים.

אלא שכעת עולה בעייה, שהרי ראינו ברש״י בסוגיית י שדין סוף טומאה לצאת הוא דין דרבנן ולא דאורייתא, אז כיצד ר׳ הושעיא סובר בו שאין ברירה?

עיון ברש״י בסוגיא שם (לח ע״א) מעלה שהוא מפרש שם שהטומאה הזו היא הלמ״מ, כלומר טומאה דאורייתא:

בדאורייתא - כגון טומאת מת - לית ליה ברירה, ודרך יציאתה הלכה למשה מסיני, כדאמרינן בסוכה (ו, א): דהלכות טומאה הכי גמירי להו.

הוא מסביר שסוף טומאה לצאת הוא דין דאורייתא מהלמ״מ. זאת בניגוד למה שהוא כותב בסוגייתנו.

ובאמת כבר הקשו זאת עליו כמה אחרונים. לדוגמא, הרדב״ז שהובא בשטמ״ק בסוגיית י ע״א כותב:

ומה שפירש רש״י ז״ל כאן שטומאה זו מדרבנן מפני שסוף טומאה לצאת אינו עיקר והעיקר כמו שפירש בפרק משילין שהלכה למשה מסיני היא וכדמוכח סוגיא דהתם דבדאורייתא לית ליה לרב הושעיא ברירה אלמא מדאורייתא היא.

כלומר הוא מקשה סתירה בדברי רש״י, וטוען שדבריו בסוגיית לז-לח הם עיקר. אמנם הוא מתעלם מן העובדה שהסתירה היא בין הסוגיות ולא בין דברי רש״י, שהרי כפי שראינו בסוגיא כאן עולה בבירור שמדובר בטומאה דרבנן. אם כן, נראה שיש כאן מחלוקת בין הסוגיות בשאלה האם זו טומאה דאורייתא או דרבנן, וסוגייתנו סוברת שהיא מדרבנן.

וראה **פנ״י** כאן, ד״ה ׳בפירש״י ד״ה ׳כולם טמאים׳ ׳, שכתב זאת בפירוש:

בפרש״י בד״ה כולם טמאים וכו׳ שגזרו חכמים טומאה על מקום שהוא דרך הפתח עכ״ל. ויש לתמוה דהא לקמן בפרק משילין [ל״ח ע״א] מייתי הש״ס האי סוגיא גופא ומסיק תלמודא דהא דלית להו לב״ה ברירה הכא לענין טומאה למפרע היינו משום דהוא דאורייתא אבל בדרבנן אית ליה ופרש״י שם דהא דמטמא דרך יציאתה הלכה למשה מסיני היא כדאמרינן בסוכה דכל הלכות

טומאה הכי גמירי להו עכ"ל. וא"כ למה כתב כאן דגזירת חכמים הוא. ונראה לענ"ד ליישב עפ"י מה שכתבתי לעיל דקושיא זו דוקא אדר' חנן וא"כ קשיא לרש"י מאי ס"ד להקשות דטעמא דב"ה גבי טומאה משום ברירה הוא דא"כ בלא דרב חנן תקשי ליה בפשיטות אכל הני תנאי טובא דפליגי לענין ברירה אטו מוקמי נפשייהו כב"ש ולא כב"ה כדמקשה הש"ס בדוכתי טובא, לכך פרש"י דהמקשה סבר דטומאה זו אינה אלא גזירת חכמים וא"כ ס"ד דוקא בדרבנן אית להו ברירה לב"ה והני תנאי דלית להו ברירה היינו בדאורייתא דבאמת לא משכח הש"ס בפרק בכל מערבין [עירובין ל"ז ע"ב] שום תנא דס"ל אפילו בדרבנן אין ברירה אלא תנאי דפליגי בערובי תחומין,

הוא מסביר שהצורך לבאר את הסוגיא שלנו הוא שאילץ את רש"י להסביר שהסוגיא כאן סוברת שסוף טומאה לצאת הוא דין דרבנן.[48]

המשך הסוגיא בדף י

ראינו שהגמרא מביאה ראיה שלב"ה יש ברירה ממשנת סוף טומאה לצאת. אם כן, כעת חוזרת השאלה מדוע במשנת ההכנה של היונים ב"ה דורשים אמירה קונקרטית ולא די להם באמירה כללית.

כעת הגמרא דוחה ואומרת:

[48] הסברנו למעלה שבדרבנן יש ברירה כי דין רבנן הוא דין בגברא, בניגוד לדין דאורייתא. כלומר במקום שבו לא נדרש בירור במציאות עצמה, אנחנו מוכנים לקבל שיש ברירה. לפי זה ניתן לומר שגם הלמ"מ היא דין בגברא, על אף שהיא דין דאורייתא, ולכן גם בהלמ"מ יש ברירה. ראה בספר הרביעי בקוורטט של מיכאל אברהם, שם הוא עומד על כך שלפי הרמב"ם הלמ"מ היא הלכה מדברי סופרים מפני שמדובר בדין בגברא ולא בחפצא. זוהי כנראה גם הסיבה לכך שהדין הזה לא נכתב בפירוש בתורה. אמנם בסוגיית לז-לח זה לא מתיישב, שכן שם מסווגים את ההלמ"מ הזו כדין דאורייתא שבו אין ברירה. וראה בתוי"ט על משנת אוהלות שם שכתב שקוראים להלמ"מ 'דברי סופרים' (ואף הביא את דברי הרמב"ם הנ"ל), וכך יישב את הסתירה ברש"י. אך כאמור זה לא מסביר את סתירת הסוגיות.

- הא אתמר עלה, אמר רבה: לטהר את הפתחים מכאן ולהבא. וכן אמר רבי אושעיא: לטהר את הפתחים מכאן ולהבא. מכאן ולהבא - אין, למפרע - לא.

כלומר לדעת האמוראים הללו באמת הדין שהפתחים האחרים טהורים רק מכאן ולהבא. לכן אין מכאן ראיה שלב"ה יש ברירה, ולכן גם במשנתנו הם סוברים שנדרשת אמירה ספציפית.

אמנם זה מותיר אותנו עם קושי אחר, שהרי יוצא מכאן שגם בדרבנן אין לב"ה ברירה. ייתכן שכאן הגמרא חוזרת בה, וסוברת שבאמת סוף טומאה לצאת זהו דין דאורייתא, כמו בסוגיית לז-לח.

ורבא כאן חולק על ר' הושעיא:

רבא אמר: לעולם למפרע, והכא היינו טעמא: דלמא מטלטל ושביק, מטלטל ושביק, וקא מטלטל מידי דלא חזי ליה. - והא אמרת בעומד ואומר זה וזה אני נוטל סגיא! - הני מילי מערב יום טוב.

כלומר בטומאה הוא מפרש כפשוטו שהטומאה מסתלקת למפרע, והכל כמו בהו"א. ומה שביונים צריך להצביע על יונים ספציפיות בגלל החשש שהוא יטלטל כמה ויימלך ויבחר אחרות שמנות יותר. כלומר הוא יטלטל שלא לצורך ושלא מן המוכן. לכן שם צריך להצביע על יונים ספציפיות. לשיטתו יש ברירה בדרבנן, ואין צורך לחזור בנו מהתפיסה שסוף טומאה לצאת הוא דין דרבנן. זה כמובן מתאים להכרעת ההלכה שבידינו.

קשיים בסוגיא

עד כאן עברנו על עיקר הסוגיא. אלא שכעת עולים כמה קשיים שמופיעים באחרונים על אתר.

במשנה מופיעים שלושה מצבים שונים:

- כל הפתחים באותו מצב (סגורים או פתוחים), והאדם לא חשב מאומה – כל הכלים בכל הפתחים טמאים.

- כשיש פתח אחד פתוח – רק הכלים שתחתיו טמאים, והשאר טהורים.
- אם האדם חשב (לפני או אחרי, מחלוקת ב"ש וב"ה) להוציא את המת דרך אחד הפתחים – הוא מציל את השאר.

אם כן, הדין הבסיסי הוא שאם האדם לא חשב להוציא את המת אזי כל הפתחים טמאים. רש"י, שדבריו הובאו למעלה, מסביר זאת כך:

> ***כולם טמאים - כל כלים המונחים בחלל הפתחים תחת עובי התקרה של פתח - טמאים, ואף על פי שאינו תחת הגג המאהיל על המת, שגזרו חכמים טומאה על מקום שהוא דרך יציאת הטומאה, שסופו לצאת דרך שם, וכאן אין אנו יודעים באיזה יוציאנו - הלכך כולם טמאים.***

כלומר הוא טוען שזה מפני שלא ידוע לנו מאיזה פתח המת ייצא, לכן כולם טמאים. מדובר בדיני ספיקות.

המפרשים מעלים כאן כמה קשיים:

א. מדוע הגמרא והמשנה אינן מחלקות בין פתח שפתוח לרה"י או לרה"ר? הרי מדובר כאן בספק טומאה (כי לא יודעים מאיזה פתח הטומאה תצא), ובדין ספק טומאה קי"ל שברה"ר טהור וברה"י טמא.

   היה מקום לחלק שכאן מדובר בטומאה דרבנן, ובטומאה דרבנן לא נאמרו הכללים הללו. אך הנחת הקושיא הזו היא שכל דתקון רבנן כעין דאורייתא תקון, ולכן גם בטומאה דרבנן חלים כללי הספיקות הרגילים של הטומאה.

   בברכת אברהם כאן מסביר שמדובר בטומאה וודאית ולא בספק. כלומר גזרו טומאה על הפתח שהמת אמור (ולא: עתיד) לצאת דרכו. אלא שלשיטתו לא ברור מדוע בכלל סוגיא זו נקשרת כאן לדין ברירה?

ב. יתר על כן, אם אכן מדובר כאן בדיני ספיקות, אזי גם אם נתעלם מהעובדה שמדובר בטומאה ונניח שזה סתם איסור, הרי מדובר בדין דרבנן (ראינו שדין סוף טומאה לצאת הוא דין דרבנן לפי רש״י ולפי מהלך הסוגיא כאן), ובדרבנן בספק יש ללכת לקולא. אז מדוע כל הפתחים טמאים?

ג. אם אכן אין ברירה כפי שסוברים ב״ש, מדוע כל הפתחים טמאים (הפתח שממנו עתיד המת לצאת אינו מציל את שאר הפתחים)? הרי יש כאן ספק מאיזה פתח המת עתיד לצאת, וזהו מצב מסופק. אם כן, חלות הטומאה כלל לא חלה על אף פתח, ולכן כל הכלים צריכים להיות טהורים.

נראה שעלינו לדון בקשיים הללו לפי שתי סיעות הראשונים שהובאו בפרקים הקודמים. ראינו שם שהראשונים נחלקו האם מצב של אין ברירה הוא מצב של ספק, כלומר של חלות מסופקת (רש״י וסיעתו), או שאין חלות כלל (הר״ן וסיעתו).

הסבר הקשיים: שיטת רש״י וסיעתו

לפי רש״י וסיעתו הדברים כאן פשוטים וברורים. ראינו שלפי רש״י כשאדם מפריש תרומה במכניזם של ברירה (שני הלוגין שיישארו), הרי כל צמדי הלוגין הם תרומה מספק (ולא כדברי סיעת הראשונים האחרת, שגורסת שהכל טבל). אם כן, באמת גם אצלנו כל הפתחים טמאים מספק.

אמנם כעת חוזרת השאלה מדוע אנחנו מטמאים את כל הפתחים הרי זה ספק טומאה, וזה תלוי אם זה ברה״ר או ברה״י? יתר על כן, גם אם לא היינו עוסקים כאן בטומאה, הרי מדובר בדין דרבנן וספיקו לקולא?

לאור מה שראינו בפרקים הקודמים בביאור שיטת רש״י וסיעתו, ברור שאין כוונתם לטעון שמדובר בספק רגיל (ספק ודאי) אלא בספק קוונטי (ודאי ספק), כמו זה של הרש״ש (במקדש אחת מחמש נשים). אם כן, זה אינו מצב של ספק אלא מצב של ודאי קלוש, וממילא לא חלים כאן דיני הספיקות הרגילים (כמו שראינו שלא יחול ביטול ברוב על מצב כזה). מסיבה זו אין

ליישם כאן את הדין שספק טומאה ברה"ר טהור, שכן מדובר בודאי ולא בספק.
עוד הסברנו שם שמה שנקטו כאן את המונח 'ספקי' זה רק כדי לומר שהולכים תמיד לחומרא, אבל זה נכון גם בדרבנן ולא רק בדאורייתא. ראינו שאין הכוונה כאן באמת לדיני ספיקות, אלא להליכה אחר הדין היישי (ולא אחרי ההיעדר). כאן הדין היישי הוא שהכלים טמאים, ולכן הם טמאים מוודאי, גם אם באמת מדובר כאן בטומאה דרבנן. לכן כל הפתחים טמאים.

הסבר הקשיים: שיטת הראשונים החולקים

לפי שאר הראשונים אכן הקשיים בעינם. אמנם כאן עלינו לשים לב לכך שבסוגיא זו מדובר במקרה חריג מאד, ששונה באופן מהותי מכל שאר סוגיות ברירה שבש"ס. בדרך כלל, מצב של ברירה נוצר כאשר אדם מתנה תנאי כלשהו, לפיו החלות תחול על עצם לא מבורר (כמו גט לשם אחת משתי נשים, או תרומה על צמד לוגים, או עירוב לאחד משני כיוונים וכדו'). אולם כאן האדם כלל לא התנה מראש משהו שמתממש לאחר זמן. גם המחשבה של האדם להוציא את המת מפתח כלשהו אינה הפעולה שמפעילה את מכניזם הברירה. להיפך, זוהי הפעולה המבררת (כמו היציאה בפתח).
אז מי הכניס אותנו כאן לתוך המצב של הברירה? הדבר נעשה כאן על ידי התורה (לפי סוגיית לז-לח, שזוהי הלמ"מ) או חכמים (לפי הסוגיא כאן, שזוהי גזירה דרבנן). הדין הוא שקבע כי הפתח שדרכו הטומאה תצא הוא טמא, והבירור העתידי (הרצון האנושי או ההוצאה בפועל) רק קובע מיהו הפתח הזה.
אם כן, ייתכן שבאמת כאן החלות אכן חלה בכל מקרה, וכל השאלה היא על איזה פתח היא חלה. גם לפי הראשונים שהחלות אינה יכולה לחול על מצב לא ודאי (לא מבורר, או ספק קוונטי), זה רק במקום שמי שמחיל את החלות הוא אדם (כמו ביין, בגט, או בעירוב). אדם לא יכול להחיל חלות על מצב לא מבורר. אך במקום שבו הדין עצמו עושה זאת, אין מניעה כזו. אם לא נאמר כך, אז הקביעה של חכמים שהפתח שדרכו הטומאה תצא הוא טמא,

מאבדתא כל משמעותה לפי המ"ד שאין ברירה, כי שום פתח לא ייטמא. אם הדין קבע שהפתח כן טמא, אזי החלות ודאי חלה, וכעת השאלה היא רק על איזה מהפתחים היא חלה.

אם כן, במצב כזה לכל הדעות יש חלות על מצב מסופק קוונטית[49], ולכן כאן גם הראשונים הללו יסכימו לדברי רש"י. ולכן כל הקושיות שהעלינו מיושבות גם לשיטתם שלהם.

תולה בדעת עצמו ואחרים

למעלה הקשינו כיצד הגמרא כאן מניחה שיש ברירה, כאשר הסיטואציה היא תולה בדעת עצמו. הרי סוגיית גיטין קובעת שגם למ"ד שיש ברירה, אם הוא תולה בדעת עצמו אז ברור שאין ברירה.

לאור דברינו עד כאן נוכל להבין גם את הקושי הזה. הרי כאן מי שמחולל את הסיטואציה של הברירה אינו האדם אלא הדין. האדם הוא רק הגורם המברר (כמו היציאה בפתח בגט). הפתח שדרכו הוא יוציא את המת או יחשוב להוציא אותו, הוא הפתח שהוברר מלכתחילה להיות הפתח הטמא. אם כן, הדין יצר כאן סיטואציה של ברירה, והדין תולה זאת בדעת האדם. זה אינו מצב של תולה בדעת עצמו.

תולה בדעת עצמו הוא כאשר המתנה (כותב הגט) תולה את הבירור בדעתו שלו עצמו במועד מאוחר יותר. ראינו למעלה ברש"י בסוגיית גיטין שההסבר לכך הוא שאם הוא תולה בדעת עצמו זהו סימן לכך שהוא לא סיים את פעולתו כעת (רצונו לא נגמר כעת), ולכן לכל הדעות אין אפשרות לומר שהוא סיים את מה שמצדו ומה שנותר הוא רק לברר את החפץ שעליו תחול התוצאה. בתולה בדעת עצמו הרצון שלו מושהה לעתיד ולא הסתיים כעת, ולכן לכל הדעות אין ברירה.

---

[49] תיתכן ישימות של מודל המסלולים של פיינמן עבור מקרה זה. המודל אותו הציע פיינמן (1948) הוא של סכימת כל המסלולים האפשריים של האלקטרון בניסוי שני הסדקים. לכל למסלול יש משקל כלשהו בתחשיב המתמטי (עם רכיב פאזה הקובע את תורמתו בהתאם לעקרון המינימיזציה של הפעולה). במקביל, ישנו קיום פוטנציאלי של חלות הלכתית לכל אחד ממסלולי היציאה של הטומאה.

כאשר הדין מחולל את מצב הברירה, והבירור תלוי ברצון של אדם, האדם הוא גורם אחר מזה שהתנה את התנאי, ולכן כאן זה לא תולה בדעת עצמו.

הקשיים שמעלה רעק״א

רעק״א כאן מעיר כמה הערות על הסוגיא, שכולן מתיישבות גם הן לפי דרכנו:

שם המת בבית ולו פתחים הרבה כולם טמאים, פי׳ רש״י כל הכלים המונחים תחת הפתחים טמאים שחכמים גזרו טומאה על מקום שסוף הטומאה לצאת דרך שם, וכאן אין אנו יודעים באיזה פתח יוציאנו הלכך כולם טמאים, בפשוטו משמע כיון דמספקינן באיזה פתח יוציאנו כל פתח ופתח הוא בספק טומאה דשמא סוף הטומאה לצאת דרך שם, ולזה קשה, כיון דסוף סוף לא נטמאו רק כלים שבפתח אחד, א״כ יבטלו הכלים אלו בכלים שתחת הפתחים אחרים, ואף דהוי דברים חשובים דלא בטלי, מ״מ למ״ש האו״ה דכל הדברים החשובים דלא בטילי, מ״מ אם לא נולד האיסור רק בתערובת בטלי, [אב״ה והרמ״א פסק כן לענין דבר שיל״מ לחוד], וה״נ אם מת המת בשעה שהיו הכלים כולם תחת הפתחים, א״כ נולד האיסור בתערובת ולבטלי.

וב**ברכ״א** כאן הקשה על פתח ולא רק על הכלים: שהפתח ייבטל ברוב (לגבי כל פתח אנחנו נתלה שהוא אינו הפתח שהטומאה תצא ממנו).

אמנם יש לדחות שכאן זה דבר שיש לו מתירין, שהרי בסוף יתברר הפתח שממנו תצא הטומאה. הספק הוא רק בינתיים. אמנם למ״ד שאין ברירה זה לא מתברר, אבל אז לא ברור מהו הספק כאן, וכמושנ״ת למעלה.

ולפי דרכנו למעלה זה לא קשה כלל. כבר הזכרנו שרש״ש עצמו אומר שבספק קוונטי אין ביטול ברוב, שהרי ביטול ברוב קיים כאשר יש מיעוט מול רוב, ומדובר בשני סוגי עצמים. אבל כאן הרי כל העצמים (=הפתחים) הם באותו סטטוס הלכתי, ולכן יאן כאן מקום לביטול.

רעק״א ממשיך להקשות:

גם עכ"פ כשנפתח אח"כ פתח אחד מהם נהי דאין ברירה, מ"מ כיון דעתה עכ"פ הכלים שבפתח ההוא שנפתח בודאי נטמאו, נתלה דבאותו פתח היה עומד סוף הטומאה לצאת, דהוי כמו טבעת ע"ז שנתערב בטבעות, ונפל אחד מהן לים דתולין דאיסורא נפל, כיון דמה"ת ברובא בטל, ואין אנו צריכין עוד לדון על הטבעת שנפל ה"נ נימא דהנך כלים הן הן שנתפשט הטומאה לשם, דדרך אותו פתח עמד הטומאה לצאת. גם איך אמרינן בביצה (דף לו) כי לית ליה לר"א ברירה בדאורייתא כו' הא מה"ת בטילי בשאר כלים והוי רק בדרבנן ונימא דיש ברירה, זולת שנאמר ביסוד הענין דכיון שא"י באיזה פתח יוציאנו הוי כאלו סוף טומאה לצאת בכולם, וכאלו כולם פתוחים, וכולם טמאים בודאי, וכדמורה לשון הר"ש והרא"ש באהלות, ועדיין צ"ע.

לבסוף גם הוא מסיק שמדובר בדין וודאי. אלא שהוא נותר בצ"ע, כי לפי זה לא ברור מהו הקשר לסוגיית ברירה (מה שהקשינו לעיל על דברי ה**ברכ"א**). אך לפי דרכנו מדובר בספק קוונטי ולא בודאי רגיל, וזה גופא הנושא של סוגיית ברירה, כפי שהתבאר למעלה.

כעת הוא ממשיך להעיר עוד שתי הערות (השנייה דומה להערתו הקודמת):

שם נפתח א' מהן כולן טהורי'. והיינו משום דיש ברירה בדרבנן והטומאה רק דרבנן דסופו לצאת הוא רק דרבנן כך פירש"י. וע' בהראשונים דיש ברירה בדרבנן, היינו דספק דרבנן להקל, וא"כ יקשה אף קודם שנפתח א' מהם יהיו טהורים כולם כל א' וא' מספק דרבנן, וע' בתוס', ואפשר לכוון כן בקושייתם ועי' בפ"י...

ויש לע' דלכאורה קודם שנפתח יהא בטל כל כלים ברוב. דרך משל שיש כאן ג' פתחי' ואין סופו לצאת רק בפתח א', אם כן יתבטל כלים שבפתח אחד בשני פתחים אחרים, וכמ"ש הכו"פ הסברא לענין קליפה היכא דאין ידוע באיזה צד נגע דבטל חד קליפה בחברתה. גם יש לע' דבכל כלים שרוצה להשתמש נימא דהם מן

הרוב שלא יוציא בפתחיהם והוי קבוע שא״נ דלא הוי קבוע כמו צא וקדש לי אשה. ועיין.

גם בקושיות הללו הוא מניח שמדובר במצב של ספק, ולפי דברינו הקשיים הללו נפתרים מאליהם (בקטע החסר הוא מציע יישוב לקושיא הראשונה, אבל גם זה מתבסס על ההנחה שמדובר כאן בספיקות, ולכן השמטנו את דבריו).

קושיית התוס׳ על ב״ה

עד כאן עסקנו בבירור דעת ב״ש שסוברים שאין ברירה. ראינו שהסוגיא הזו היא חריגה לשיטתם. בהמשך התוד״ה 'ב״ש' אנו מוצאים בירור לגבי שיטת ב״ה:

אבל תימה לב״ה דאית להו ברירה היכי משכחת כשמת בבית ולו פתחים הרבה דכולן טמאים הא איכא למימר לבסוף כשמוציאין בההוא פתח הוברר הדבר מתחלה דסופו לצאת דרך שם.

תוס׳ מקשה כאן כיצד ייתכן מצב שבו כל הפתחים טמאים (שלזה מסכמים גם ב״ה (על אף שלדעתם יש ברירה). הרי לאחר שהפתח נפתח והמת יצא דרכו הוברר למפרע שזהו הפתח שדרכו הטומאה תצא, ומכאן שכל שאר הפתחים טהורים למפרע, שהרי לשיטתם יש ברירה.

תוס׳ מביאים שני תירוצים:

וי״ל כגון שעשאו פתח חדש והוציאו המת דלא שייך ברירה א״נ מיירי דנשאר המת במקומו.

התירוץ הראשון מניח שאם הפתח הוא חדש (כלומר הוא לא היה קיים לפני המיתה) אז ודאי שאין ברירה. מדוע לא? כי הפתח עצמו עוד לא היה קיים. ולתירוץ השני מדובר שהמת נשאר בתוך הבית ולא יוצא ממנו. וגם כאן יש הנחה שבמצב כזה ודאי אין ברירה, וכל הפתחים טמאים.

כעת עולות כאן כל הקושיות שעלו למעלה בדעת ב״ש:

א. מדוע בשני המצבים הללו הפתחים כולם טמאים? לכאורה אם אין ברירה אז כל הפתחים טהורים כי הטומאה לא חלה על אף אחד מהם.

האחרונים הקשו זאת כך: אם אכן המת יוצא דרך פתח חדש, או שאינו יוצא כלל מהבית, אז הוברר שהוא לא יוצא דרך אף אחד מהפתחים הללו והם צריכים להיות טהורים (גם למ״ד יש ברירה וגם למ״ד אין ברירה). אז מדוע המשנה אומרת שכולם טמאים?

הצל״ח ו**משנה אחרונה** תירצו שברירה שייכת רק במקום שעומד לכך מעיקרא. אבל כאן שמעיקרא לא היה הפתח החדש, לא נכון לומר ששאר הפתחים התבררו למפרע כטהורים (ושזה רק מכאן ולהבא). והנה, אם מדובר שעשה פתח חדש זו אכן אפשרות חדשה שנוצרה כעת, אבל מדוע האפשרות שהמת לא ייצא כלל לא היתה קיימת מהתחלה? דבריהם לא מיישבים את הקושי.

וב**ברכ״א** כאן בסק״ד הקשה עליהם היכן מצאנו בברירה שצריך שיעמוד לכך מראש? וראה שם את חידושו (שכבר הוזכר לעיל) שדין סוף טומאה לצאת הוא דין על מקום שהיא עומדת לצאת ולא על מה שתצא בפועל. וכבר הקשינו על דבריו לעיל שלשיטתו נראה שאין למשנת אוהלות קשר לדין ברירה.

ב. מדוע בספק לא הולכים כאן אחרי דיני ספק טומאה?

ג. מדוע בספיקות לא מקילים כאן, הרי מדובר בספק דרבנן? כלומר מדוע כל הפתחים טמאים?

אך לפי דרכנו למעלה בביאור הסיטואציה לדעת ב״ש, כל הקשיים הללו כלל אינם עולים. ראינו למעלה שבמצב בו לא הוברר דרך איזה פתח תצא הטומאה, אזי כל הפתחים הם במצב של ספק קוונטי: לפי רש״י כמו כל ברירה (וכמו מקדש אחת מחמש נשים), וגם לראשונים שחולקים עליו כאן המצב הוא של ספק קוונטי שהרי הדין עצמו יוצר את החלות (שהרי הדין קובע שהפתח שדרכו הטומאה תצא הוא טמא) על אף שהמצב אינו מבורר

כעת. אם כן, לא מדובר כאן בספק אלא בוודאי, ולכן אין מקום ליישם את דיני ספיקות. יתר על כן, יש להחמיר כאן גם באיסורי דרבנן.

התפיסה שהמידע קיים

עד כאן הנחנו שיש כאן מצב של ספק קוונטי, וספציפית כאן החלות חלה על מצב כזה לכל הדעות כי הדין הוא שמחולל את החלות הזו ולא התנייה של אדם.

אמנם ראינו בפרקים הקודמים שיכולה להיות תפיסה דטרמיניסטית שלפיה המידע כבר קיים כעת,[50] ולכן הפתח שדרכו תצא הטומאה הוא טמא כבר כעת, אלא שאנחנו לא יודעים זאת עדיין (אבל בשמים כן יודעים זאת).

ראינו שבאופן כזה ניתן אולי להסביר את השיטה שיש ברירה, אבל השיטה שאין ברירה ודאי לא רואה זאת כך, שהרי אם היה כאן אובייקט שהשמים יודעים שהחלות חלה עליו, אזי כשהאובייקט הזה מתברר גם לעינינו צריכים כולם להסכים שיש ברירה (כי הספק הוא אפיסטמולוגי, והוא דומה למי שכותב גט לשם אשתו שנולדה בתאריך מסויים שאינו ידוע לו עדיין, שלכל הדעות הגט כשר).

ייתכן שזה גופא הביאור בקושיית הגמרא בסוגייתנו. הרי כאן הדין מחיל את הטומאה, ולא אדם כלשהו. אם כן, כאן ברור שהטומאה חלה, אלא שהפתח שעליו היא חלה עדיין לא ידוע לנו. אם כן, זהן ספק רגיל ולא ספק קוונטי, ולכן הגמרא כאן מניחה שלפי ב״ה יש כאן ברירה. למעלה הקשינו כיצד ניתן להניח זאת, אם להלכה אנחנו פוסקים שאין ברירה בדאורייתא והכרחנו מכאן שמדובר בדין דרבנן. אבל כעת ניתן לראות שזה לא הכרחי. כאן לכל הדעות יש ברירה גם בדאורייתא, כי כאן מדובר בספק ולא בוודאי (ובזה מתיישבת גם סוגיית לז-לח, שהניחה שזהו דין דאורייתא).

---

[50] כאמור תפיסה כזו קיימת גם בפרשנויות למכניקת הקוונטים, אך לא עסקנו בה ישירות. מדובר בפרשנות של דייויד בוהם לפונקציית הגל, ובתפיסה שהמידע הוא חסר אפיסטמולוגית אך לא אונטולוגית (ישנם משתנים חבויים, ולכן זה נראה לנו כאילו יש אי וודאות).

הערה: בכל זאת תפיסה של סיבתיות הפוכה

בחלק השני ראינו שסוגיית תנאי עוסקת בהשפעה סיבתית הפוכה בזמן (לפחות לפי רש״ש), ובחלק הנוכחי ראינו שסוגיית ברירה אינה קשורה לשאלת היפוך ציר הזמן, אלא לשאלה של אי וודאות קוונטית (האם אפשר להחיל חלות על מצב לא ודאי). גם כאן בסוגיא נראה לכאורה שהדיון הוא בדין ברירה הרגיל, כלומר באי וודאות, אך בתוס׳ נראה עולה כאן לפחות הצעה לתפיסה שונה.

בתוד״ה ׳ב״ש׳, כאן בסוגיא, כתבו:

ותימה אדפליגי בחשב ליפלגו בנפתח ובכלים דלמפרע?

תוס׳ מקשה מדוע המחלוקת היא רק במצב בו אדם חשב להוציא את המת דרך פתח כלשהו (אחרי שהוא מת), מדוע לא חלקו במצב בו נפתח אחד הפתחים בשלב כלשהו, שלפי ב״ה הכלים תחת הפתחים האחרים נטהרים ולפי ב״ש לא. למה צריכה הסוגיא להכניס כאן את חשיבתו של האדם?

תוס׳ מתרצים:

וי״ל דנקט חשב משום רבותא דב״ה דאפי׳ במחשבה דעלמא פליגי דמועיל להציל כל הפתחים אחרים.

כלומר נקטו מחשבה כדי להודיע כוחם של ב״ה, שאפילו במחשבה לבד זה מתברר ולא רק במעשה - בדיוק כמו המשנה לגבי הכנת יונים, שגם שם לב״ה די באמירה ולא נדרש מעשה.

מדוע באמת היתה הו״א שמחשבה תועיל פחות ממעשה? אם אכן מדובר בעניין של ברירה, אזי ראינו שהסיטואציה של הברירה לא נוצרה על ידי דיבורו של האדם אלא על ידי הדין (דאורייתא או דרבנן). המחשבה או המעשה של האדם הם רק האירועים המבררים. אם כן, לא אמור להיות הבדל האם האירוע המברר הוא דיבור/מחשבה או מעשה.

לכאורה עולה מדברי התוס׳ שהדיון כאן נסוב סביב שאלת הסיבתיות ההפוכה (מהעתיד לעבר), ולא בשאלת האי וודאות של הברירה. תוס׳ רואה את המחשבה או המעשה של האדם כגורמים סיבתיים, לבירור למפרע, ולכן

הוא מסביר שהיתה הו״א שמעשה יצליח לעשות את מה שמחשבה לא מצליחה לעשות. מעשה מצליח לפעול תוצאות שמחשבה לא מצליחה. כאמור, אם הדיון היה בברירה רגילה, אין נפ״מ האם הבירור נעשה במחשבה או במעשה.

ייתכן שגם זה קשור למה שראינו למעלה, שהסוגיא הזו היא חריגה, שכן מי שיוצר את הסיטואציה של ברירה הוא הדין ולא האדם. במצב כזה הדין ודאי חל ואין שאלה של תחולתו על מציאות מסופקת. לכן השאלה שעולה כאן היא שאלת ההשפעה הסיבתית ההפוכה, כי אם האדם לא עשה מעשה שיצר כאן מכניזם של ברירה אז התוצאה של הטומאה כנראה נגרמת מהמעשה המברר ולא מההתנייה מלכתחילה (שלא קיימת כאן). אולי זוהי הסיבה לכך שתוס׳ רואה את שורש הדיון בסוגיא בשאלת הגרימה הסיבתית ההפוכה, ולא בשאלת אפשרותה של החלת חלות על מצב לא ודאי.

אמנם בסופו של דבר באמת אין הבדל בין מחשבה למעשה, ולכן יש מקום לומר שלמסקנת התוס׳ הדיון כאן הוא באי וודאות ולא בשאלה של השפעה הפוכה בזמן. בשורה התחתונה המחלוקת בסוגיא היא בין בנפתח הפתח ובין במצב שהאדם רק חשב להוציא דרכו.

והנה, **בפנ״י** כאן בסוגיא הקשה על החלק השני של דברי התוס׳ שהובאו למעלה (החלק שעוסק בב״ה):

> ***בא״ד אבל תימה לב״ה היכי משכחת לה וכו׳. וקשיא לי דהא משכחת לה שפיר לענין שאין הכהן רשאי ליכנס דרך שום אחד מהפתחים עד שיפתח אחד מהם או עד שיחשוב להוציא דרך אחד מהם לדעת ב״ה וכן אין להשתמש בכלים שנמצאו שם עד לאחר שיפתח או שיחשוב וצ״ע:***

הפנ״י מקשה על קושיית התוס׳ מדוע הם לא כותבים שבכל מקרה (גם בלי יש פתח חדש, וגם אם המת כן עתיד לצאת מאחד הפתחים הקיימים ולא להישאר שם) לכהן אסור להיכנס בינתיים דרך כל הפתחים, וגם אסור לו להשתמש בכלים עד שנפתח הפתח והמת יצא דרכו?

הוא מניח שגם אם יש ברירה זה קורה רק רטרוספקטיבית אבל לא רטרואקטיבית. אבל כפי שראינו בפרקים הקודמים לרוב הדעות אין חילוק בין שני אלו, והברירה קיימת מעיקרא (כי די לנו בהיקבעות לוגית). אמנם בסוגיית עירובין יש מקום לראות זאת כרטרוספקטיבי, כי רק מרגע שהחכם הגיע אנחנו רואים את העירוב שהונח לכיוונו כאילו הוא זה שחל למפרע בבין השמשות. כך גם לגבי גט, שמרגע שהרחל הקטנה יצאה ראשונה בפתח אנחנו רואים את הגט כאילו הוא נכתב לשמה למפרע כבר בשעת הכתיבה. אבל בסוגיות אחרות לא זה המצב. לדוגמא, אדם שותה את היין בכך על סמך ההנחה שהוא כבר הפריש תרומה. הוא עושה זאת עוד לפני שהוברר מהי התרומה, כלומר הפעולה שמניחה את הברירה מתבצעת עוד לפני האירוע המברר. אם היה מדובר כאן רק ברטרוספקטיביות ולא ברטרואקטיביות של ממש, אסור היה לו לשתות את היין עד שמתברר מהי התרומה.

ייתכן שה**פנ"י** הוא מניח שיש כאן סיבתיות הפוכה, כמו המנגנון של הגרש"ש בתנאים - שיש גרימה מכאן ולהבא למפרע. ובאמת ראינו בחלק השני שלפי רש"ש אין להסתמך על תוצאת האירוע המברר בזמנים שקדמו לו, שכן גם אם האירוע אכן יתרחש זה יהפוך את המצב סיבתית למפרע, ולא ישנה אותו רטרואקטיבית (כפי שהבין רש"פ).

כפי שראינו כאן, ההנחה שכאן מדובר בסיבתיות הפוכה ולא בחלות על מצב מסופק (כמו בסוגיות ברירה הרגילות) אכן עולה מתוך החלק הראשון של דברי התוס', שכפי שראינו מניחים שיש כאן סיבתיות הפוכה (לכן לדעתם מחשבה היא חידוש גדול יותר מאשר מעשה). אם כן, צודק ה**פנ"י** שמניח תפיסה כזו בקושייתו גם על המשך דברי התוס'.

505

חלק חמישי

היבטים במשפט הכללי

בחלק זה נעסוק בהיבטים שונים של היפוך זמני במשפט הכללי. אנו נראה כיצד מתייחסים משפטנים לתהליכים סיבתיים הפוכים, וניווכח שבעולם המשפטי בן ימינו יש נטיה להתנגד לחשיבה מושגית, אשר יוצרת עמימות לא פשוטה בפרשנות של תנאים, ובאופן כללי יותר ביחס לתהליכי היפוך זמני (כמו חקיקה רטרואקטיבית). החשיבה הלא-מושגית היא שמשבשת את האפשרות של הפרשן המשפטי ליצור תמונה קוהרנטית של תנאים ותהליכים אחרים של היפוך זמני.

לאור התמונה שהוצגה בחלקים הקודמים, אנו נטען שחשיבה מושגית, אשר מבוססת על צורות החשיבה ההלכתיות אותן פגשנו, עשויה לספק אמצעים לוגיים שיסייעו לחשיבה המשפטית ליצור תמונה קוהרנטית יותר, ולהתמודד עם העמימות הפרשנית בתחום התנאים.

ראש לכל, ננסה לסקור כמה תחומים בעולם המשפט שבהם יכול להופיע היפוך זמני, ולבחון במונחי המודלים שכבר הוצגו עד כאן באיזה סוג היפוך מדובר. בפרק הראשון נבחן את הנושא של חקיקה רטרואקטיבית ורטרוספקטיבית. אלו הן תכונות של מערכת המשפט בכלל, וההיפוכים הזמניים נוצרים כאן על ידי המוסדות המשפטיים (הרשות המחוקקת והרשות השופטת). בפרק שאחריו ניכנס לדיני חוזים, ושם נפגוש היפוכים זמניים במישור של המשפט הפרטי, כלומר היפוכים שנוצרים על ידי סוכנים (agents) שהם אזרחים פרטיים, ולא על ידי המוסדות המשפטיים.

הדיון כמובן יהיה קצר ולא ממצה, ומטרתנו אינה להציע חיבור משפטי
מקיף, אלא לבחון את ההשלכות של כל מה שראינו עד כאן בהקשרים
משפטיים.

פרק עשרים ושישה

היפוכים זמניים במשפט: חקיקה רטרואקטיבית

מבוא

כאמור, בפרק זה נעסוק בשאלת ההיפוך הזמני המוסדי, כלומר בחקיקה
רטרואקטיבית שנעשית על ידי המחוקק, ובפרשנות שנעשית על ידי הרשות
השופטת. אנו נבחן התייחסויות שונות בהגות היוריספרודנטית לשאלת
הרטרואקטיביות, ונראה שרובן נוגעות לשיקולים פרקטיים, ולא לשיקולים
לוגיים ופילוסופיים אודות סיבתיות. נציע שורש אפשרי לתופעה זו בתורת
המשפט הרווחת בימינו, אשר מצויה בתווך בין חשיבה של משפט טבעי לבין
מסגרת פוזיטיביסטית.

חקיקה רטרואקטיבית

המקום העיקרי בו ניתן לפגוש היפוכים זמניים ברמה המוסדית הוא חקיקה
רטרואקטיבית. בדרך כלל חקיקה היא 'צופה פני עתיד' (פרוספקטיבית),
כלומר משנה את המצב המשפטי מכאן והלאה. אולם ישנם מקרים בהם
המחוקק מנסה לשנות את המצב למפרע, כלומר גם בזמן שקדם להשלמת
החקיקה.

דוגמא לחקיקה רטרואקטיבית כזו היא המקרה של אורית ארביב, אשר
הורשעה בשוד מזוין וסיוע לבריחה, ונשפטה לשמונה שנות מאסר. לאחר
שחלפו שני שלישים מהמאסר היא קיבלה רשיון לצאת לחופשות במהלך
השליש הנותר. באחת החופשות היא נתפסה נושאת נשק שלא כדין והורשעה
(אחרי ערעור). נוספו לה חמש שנות מאסר מהן שנתיים בפועל. לאחר מכן
פנתה נציגת היועץ המשפטי לממשלה לועדה לבטל את רשיון החופש שניתן
לה, ונענתה בחיוב. מעורבת כאן רטרואקטיביות בשני מישורים שונים:
ההחלטה הזו ניתנה לאחר תום תקופת הרשיון (כלומר תום שמונה שנות

המאסר), וגם הסמכות שהוענקה לועדת השחרורים לעשות זאת התקבלה אחרי מועד ביצוע העבירה. רשיון החופשה נשלל ממנה על פי הוראה שלא היתה קיימת בעת ביצוע העבירה. עתירתה של ארביב כנגד הרטרואקטיביות נדחתה, אבל זה רק משום הטענה שלא היתה לה זכות מוקנית להלך חופשייה, כלומר שזו היתה רק פריבילגיה שניתנה לה לפנים משורת הדין.[51] אם כן, ברמה העקרונית בית המשפט אינו מוכן לקבל פעולה רטרואקטיבית של הממשל.

כדי לחדד יותר את הדברים נזכיר כאן שני חריגים שבהם אין לראות חקיקה רטרואקטיבית. דוגמא ראשונה, היא עתירתו של השר לשעבר אריה דרעי, שרצה להגיש את מועמדותו לראשות עיריית ירושלים לאחר שהורשע בדין וישב בכלא. הוא סיים לרצות את עונשו שש שנים ושלושה חודשים לפני הגשת המועמדות, ובעת שהחל לרצות את העונש החוק (חוק הרשויות המקומיות (בחירות)) קבע תקופת צינון של שש שנים לאחר תום ריצוי העונש. דא עקא, במהלך תקופת מאסרו החוק שונה, ותקופת הצינון הועמדה על שבע שנים. דרעי עתר לבית המשפט לעניינים מנהליים בדרישה שלא יחילו עליו את השינוי לחוק, מפני שיש כאן חקיקה רטרואקטיבית. בית המשפט דחה את העתירה וקבע שלא מדובר בהוראה עונשית אלא בקביעת תנאי כשירות, וזו מוחלת ברגע בו היא נדונה. הרגע הקובע הוא רגע הבחירות, ועל פי אמות המידה הנוהגות כעת הוא אינו כשיר לעמוד לבחירה. חריג דומה ניתן למצוא בפס״ד של השפט זילברג,[52] אשר כתב:

> ***לגבי חוק פרוצסואלי, המשנה את דרכי הדין של בית המשפט, ההנחה היא כי הוא פועל למפרע, זאת אומרת: מחייב את בתי המשפט לנהוג על-פיו גם כלפי עניינים שכבר הוחל בהם לפני צאת החוק החדש... הטעם הוא כי הפרוצדורה אינה***

---

[51] ראה ע״א 1613/91 **אורית ארביב נ 'מדינת ישראל** ,מו (2) 765.

[52] ראה ע״א 239/53 **אהרן כהן ואח' נ' היועץ המשפטי לממשלת ישראל** ,פ״ד ח 4, עמ' 16-17. לדיון מפורט יותר, ראה אהרן ברק, **פרשנות במשפט** , נבו, ירושלים 1994 (הדפסה שנייה), כרך ב (להלן: ברק), החל מעמ' 636. דברי זלברג מופיעים שם בעמ' 638.

עניינו האישי של המתדיין; היא, כביכול, עניינו וקניינו של בית המשפט, ולכן משנשתנתה צורתה על ידי המחוקק, יפעל השינוי גם כלפי אלה שהחלו להתדיין לפני חול השינוי.

הוא קובע שהוראות דיוניות, כלומר כאלה שנוגעות לסדר הדין, כלל אינן נחשבות כחקיקה רטרואקטיבית, שכן מדובר בהוראות לבית המשפט ולא לבעל הדין. זוהי דוגמא דומה לעניין דרעי שהובא לעיל.[53]

כבר כאן נקדים ונאמר שבמשפט הפלילי מקובל ברוב ככל השיטות המשפטיות שלא עושים חקיקה כזו, מפני שזה סותר עקרונות חוקתיים. פירוש הדבר הוא שיש כאן פגיעה בזכויות העבריין, שכן הוא לא יכול היה לדעת בעת שעבר את העבירה את החוק, וזה פוגע בזכויותיו ("אין עונשין אלא אם כן מזהירין"). אבל גם בשאר ענפי המשפט ישנה רתיעה מפני חקיקה רטרואקטיבית, ולהלן ננסה להסביר זאת יותר.

חקיקה רטרואקטיבית ורטרוספקטיבית[54]

נסיים את ההגדרות הבסיסיות בהבחנה משפטית מקובלת כיום בין חקיקה רטרואקטיבית לבין חקיקה רטרוספקטיבית.[55] חקיקה רטרואקטיבית היא חקיקה שמחילה חוק למפרע, גם בזמן שקודם להשלמתה. לעומת זאת, חקיקה רטרוספקטיבית אינה משנה את המצב החוקי למפרע, אלא רק נותנת תוקף חוקי שונה מכאן והלאה למעשים שכבר נעשו בעבר. לדוגמא, חוק שירות המילואים שנחקק בשנת 2008 קובע מתן תגמול גבוה יותר למשרתי המילואים ותוקפו הוחל בינואר 2007.

---

[53] גם ברק בעמ' 624 בהערה 87 עומד על כך שאין מדובר כאן ברטרוספקטיביות מותרת, אלא זו כלל אינה רטרוספקטיביות (הוא מפרט זאת בעמ' 638 והלאה). ראה שם את הדיון בהגדרת הרטרוספקטיביות, החל מעמ' 624.

[54] דיון על ההבחנה הזו עצמה בקשר לדין ברירה, ראה למעלה בפרק עשרים ושלושה.

[55] בעבר היו שהשתמשו במינוח הזה עבור חקיקה רטרואקטיבית, אך כיום השתרשה ההבחנה כפי שהיא מוצגת כאן בדברינו. ראה על כך אצל ברק, בעמ' 4-622, ואצל יניב רוזנאי, 'רטרואקטיביות – יותר מאשר "רק עניין של זמן"! מחשבות על ניתוח חקיקה רטרואקטיבית בעקבות בג"ץ גניס', **משפט ועסקים** ט, ספטמבר 2008, עמ' 458-395 (להלן: רוזנאי). ראה שם מהערה 10 ואילך.

נעיר כי ההגות משפטית נוהגת לראות בחקיקה רטרוספקטיבית בעייתיות פחותה (אם כי עדיין קיימת חזקה שחוק אינו רטרוספקטיבי), שכן הדבר אינו משנה את המצב החוקי למפרע אלא רק מחיל מעתה השלכות שונות על התוצאות המשפטיות של מעשים שכבר נעשו בעבר. הדבר נכון בפרט בחוק שמשמעותו היא הטבת מצבם של האזרחים, ולא הרעתו.

עד כאן עסקנו בנורמות שיוצרות או מסיימות מצב משפטי. לעומת זאת, ישנן נורמות שקובעות תוצאות של מעשה קיים, כגון קביעה של נפקויות משפטיות של נישואין, ואלו ודאי אינן נורמות רטרוספקטיביות (ההבחנה היא של ג'יסטין. ראה אצל ברק החל בעמ׳ 630). כאן הזוג היה נשוי והוא עדיין נשוי, אלא שהחובות שחלים על בני הזוג משתנים מכאן ואילך. זו קביעת תוצאות למצב משפטי קיים, ולא שינוי של המצב עצמו (ראה אצל ברק, בעמ׳ 630 והלאה). במצב כזה אין שום רטרוספקטיביות, שכן חוק כזה הוא לגמרי צופה פני עתיד. החוק קובע שזוג נשוי חייב כך וכך מכאן והלאה. בדיוק כמו שראינו למעלה בעניין דרעי. ברק מכנה זאת נורמה אקטיבית (ולא רטרוספקטיבית. ראה בעמ׳ 630, ודוגמאות לכל האורך הלאה).[56]

לעומת זאת, חוק שיקבע תנאים חדשים, שלפיהם מכאן והלאה הזוג הזה כלל אינו נחשב נשוי, הוא חוק רטרוספקטיבי, שכן הוא משנה את המשמעות של מעשים שכבר נעשו בעבר, אך הוא עושה זאת מכאן ולהבא (ולכן הוא לא רטרואקטיבי). אולם אם החוק יקבע שנישואין הם עבירה, אזי החלתו למפרע תהיה בגדר חקיקה רטרואקטיבית, שכן החוק הזה משנה את עצם המצב המשפטי בעבר, ולא רק מכאן ולהבא.

הבעייתיות הלוגית-פילוסופית

מדוע באמת חקיקה רטרואקטיבית היא בעייתית כל כך? לכאורה יש מקום לראות כאן בבואה של הבעייה הפילוסופית-לוגית בה אנו עסוקים בספר זה, שכן יש כאן היפוך זמני של יחס הסיבתיות: כיצד ייתכן שהחקיקה, שהיא

[56] להבדיל משני אלו, חוק פרוספקטיבי לפי ברק הוא חוק שחל רק על זוגות שנישאו מכאן והלאה.

סיבת תחולת החוק, תתבצע אחרי המסובב (תחולת החוק עצמה)? יש כאן פרדוכס במובן הלוגי. לאור מה שראינו בשני החלקים הראשונים, ניתן לנסח את הפרדוכס הזה בצורה נוספת: לא ייתכן שלגבי אותה נקודת זמן יחולו שתי הוראות חוק שונות. אם חוק מחוקק באוקטובר 2010, ותחולתו היא החל מינואר 2008, אזי בכל משך הזמן שבין שני המועדים הללו (לדוגמא, באוגוסט 2009) יש שתי הוראות חוק סותרות. יש את המצב החוקי שחל לפני החקיקה, ולאחריה משתנה המצב למפרע, וכעת חלות על הזמנים בשלב הביניים שתי הוראות חוק שונות.[57]

כפי שכבר הערנו, הנימוק הלוגי-פילוסופי נעדר כמעט לחלוטין מהדיון אודות חקיקה רטרואקטיבית. עולים בדיון אך ורק נימוקים טכניים שונים (שיפורטו להלן). אינדיקציה ברורה לכך שהלוגיקה אינה שיקול משמעותי בהקשר זה היא שימוש בהוראות מעבר או הוראות תחילה.[58]

בדרך כלל, אם לא מצויין בחוק מועד אחר, החוק חל מעת שהוא יוצא (מחוקק, או מתפרסם). אולם אם המחוקק רוצה לשנות את מועד התחולה, להקדים או לאחר, הוא מכניס לתוך החוק סעיף ובו הוראת תחילה, שקובעת את זמן התחולה של החוק. ישנו סוג אחר של הוראות, והוא הוראות מעבר, אשר מגדירות ואת המצב החוקי אחרי כניסת החוק לתוקף (כיצד עלינו להתייחס למעשים שנעשו טרם היכנס החוק לתוקף).

נעיר כי ישנן מדינות (כמו צרפת) שבהן החוק אוסר במפורש חקיקה רטרואקטיבית או רטרוספקטיבית, ובהן לא ניתן לקבוע הוראות תחילה או מעבר. יש מדינות (כמו גרמניה וישראל) שבהן הדבר נהוג רק ביחס לחוק הפלילי (מהסיבות שנמנו לעיל).

הדיון בדבר חקיקה רטרואקטיבית מתנקז לפעמים לשאלה האם ישנה חזקה על היותו של החוק פרוספקטיבי (ראה על כך בפירוט אצל רוזנאי,

---

[57] ראה אצל רוזנאי בהערת שוליים 2, על 'ניגוד הדינים הבין זמניים' (Intertemporal Conflicts). ובהערה 40 שם הוא מביא ש-Marmor מתייחס לחקיקה רטרואקטיבית כאוקסימורון, ואחרים מתייחסים לזה כאבסורד (דינשטיין, Nash ו-Dwarris).

[58] ראה אצל ברק עמ' 610 ואילך.

ואצל ברק בעמ׳ 617 ואילך), ועד כמה חזקה זו מחייבת בפרשנות החוק. ככל שהחזקה הזו נתפסת כמחייבת יותר, על הוראות המעבר והתחילה שפועלות כנגדה להיות מפורשות יותר בלשון החוק עצמו.

התמונה הזו מעידה כאלף עדים שההגות היוריספרודנטית אינה רואה בעייתיות לוגית מהותית בחקיקה הרטרואקטיבית. השאלה היחידה בה עוסקים היא האם המחוקק אכן התכוין לחקיקה כזו, והאם מערכת המשפט הספציפית אכן מאפשרת אותה. אבל אין כאן בעייה לוגית עקרונית, והוראה משפטית תקפה בהחלט מאפשרת חקיקה כזו. אם היתה כאן בעייתיות לוגית, אזי גם אמירה מפורשת של המחוקק (קביעת הוראת תחילה מפורשת) לא היתה יכולה להחיל חוק למפרע.

ניתן לראות את הדברים בהתבטאויות של שופטים בפסקי דין שונים. לדוגמא, השופט לוין קובע: ״אין עיקרון האוסר חקיקה רטרוספקטיבית״.[59] והשופט זוסמן אומר: ״הכלל לפיו אין תקפו של חיקוק אלא מכאן ולהבא אינו אלא כלל של פרשנות״.[60] ועוד הרבה כאלה.[61]

וכך מסכם זאת ברק:[62]

> ***כל נורמה משפטית חלה במקום ובזמן. כאשר הנורמה המשפטית היא חוק, עשוי החוק לקבוע במפורש את חלותו בזמן. בהיעדר נורמה חוקתית המסדירה זאת... חופשי המחוקק הרגיל לקבוע במפורש כי חלותו בזמן של החוק היא רטרואקטיבית או רטרוספקטיבית... אפילו לא נקבע בחוק במפורש כי חלותו היא רטרוספקטיבית, עשויה מסקנה זו להשתמע... התשובה לשאלה, אם אכן משתמעת כוונה שכזו נקבעת על פי פרשנותו של החוק בהתאם לכללי הפרשנות המקובלים.***

---

[59] ר״ע 231/86 ״הדר, חברה לביטוח בע״מ נ׳ פוני, פ״ד מ(4) 160, 162.

[60] ר״ע 3/73 גלעד נ׳ סופר, פ״ד כז(1) 596, 600.

[61] ראה אצל ברק, עמ׳ 616.

[62] עע״א 1613/91 ארביב נ׳ מדינת ישראל פ״ד מו(2) 775.

513

מדברים אלו ניתן ללמוד שהבעייה עד כדי כך לא מטרידה את אנשי תורת המשפט, שהחוק אפילו לא צריך לקבוע בפירוש שתחולתו היא רטרואקטיבית. לפעמים גם אם הדבר רק משתמע מלשון החוק, די בכך.

נימוקים פורמליים אחרים

על אף האמור עד כאן, יש לציין שבספרות המשפטית עולים נימוקים פורמליים שמתקרבים למישור הלוגי (ראה אצל רוזנאי מעמ' 422 והלאה). לדוגמא, ישנן טענות שחוק שנחקק רטרואקטיבית כלל אינו בגדר חוק. אולם ההנמקות לכך אינן ההנמקות הלוגיות (בדבר קדימת המסובב לסיבה), אלא הנמקות טכניות. לדוגמא, הובס וקרמייקל טוענים שהגדרת חוק היא שהוא כללי, פומבי וידוע לאזרחים. לפי הגדרה זו, חוק רטרואקטיבי הוא בעצם חוק נסתר, שהרי הוא מחייב בעת שעדיין אף אחד (כולל המחוקק) לא יודע עליו. לכן חוק רטרואקטיבי כלל אינו חוק (ראה רוזנאי הערה 143).

אמנם התנגדות זו היא פורמלית וכללית, כלומר לא מאפשרת חריגים ולא זוקקת הנמקות הנורמטיביות (כגון אלו שיובאו להלן), אך יש לשים לב שעדיין היא אינה מתייחסת למישור הסיבתי-לוגי. החוק הזה אינו חוק בגלל הגדרות של חוק ולא בגלל שהתהליך של חקיקתו הוא בלתי אפשרי לוגית. פולר (ראה שם בהערה 146) מביא הנמקה לפיה חוק רטרואקטיבי הוא דיבור על משתנה ריק, כלומר הוא מניח מחוייבות מוסרית לקיים חוק שעדיין אינו קיים. אמנם אפילו הוא מדבר על חוק שאינו קיים, אבל בו בזמן הוא עצמו מצדד בחקיקה רטרואקטיבית כאמצעי מתקן וכדו'. כלומר בסופו של דבר גם הוא לא שולל את החקיקה הזו ברמה הלוגית.[63]

Eule טוען כי חוק רטרואקטיבי חורג מהסמכות שנתן העם למחוקק, ולכן הוא נעשה שלא בסמכות. הסיבה לכך היא שהמחוקק בעל הסמכות לגבי העבר הוא המחוקק שהיה באותה תקופה (ראה רוזנאי, עמ' 426). גם שיקול זה הוא פורמלי וכללי, אבל גם הוא לא נזקק למישור הסיבתי-לוגי. לפי

---

[63] נראה כי רוזנאי שם לב לנקודה זו (ראה שם בהערה 147).

ההנמקה שלו, אם אכן יימצאו נסיבות שבהן סביר שהעם כן מעוניין לתת
למחוקק את הסמכות הזו, כי אז באמת לא יהיה פסול בחקיקה כזו.

יש בנותן טעם לציין שברק לכל אורך הפרק בספרו שעוסק בחקיקה
רטרואקטיבית, כלל לא מביא את כל הנימוקים הללו. כלומר לא רק
הנימוקים הלוגיים נדחים כלא רלוונטיים, אלא אפילו הנימוקים המשפטיים
הפורמליים שהוצגו כאן אינם נראים לו משמעותיים. זהו חלק מדחיית
החשיבה המושגית במשפט בן ימינו, שתידון להלן.

בין משפט טבעי ופוזיטיביזם

על פניו נראה שיש מקום לתלות את שאלת החקיקה הרטרואקטיבית
בשאלה מטא-משפטית אודות מקורותיו של המשפט ואופיו. ישנה מחלוקת
בין הוגים משפטיים לאורך ההיסטוריה, האם מקורו של המשפט הוא טבעי,
בנורמות שמחייבות מאליהן (בגלל תוקפן המוסרי, או הצדק שבהן), או
שמקורו הוא בפעולת החקיקה הפורמלית (גישה פוזיטיביסטית). הגישה
הראשונה מכונה גישת 'המשפט הטבעי', או 'משפט הטבע', והיא גורסת
שתוקפו של המשפט הוא מחמת היותו צודק ומוסרי (לפעמים זה נקשר
לאמונה דתית, ולמקור אלוהי של המוסרי והצודק). לעומת זאת, לפי הגישה
הפוזיטיביסטית-פורמליסטית אין קשר הכרחי בין הצודק והמוסרי לבין
שאלת התוקף המשפטי, ושאלת התקפות היא פורמלית במהותה (האם זה
נחקק או לא? האם יש תקדים מחייב?). הפוזיטיביסט עוסק בשאלה
העובדתית האם יש נורמה, ומבחין היטב בינה לבין השאלה הערכית האם
ראוי שתהיה נורמה כזו. במשפט הטבעי שתי אלו הן שאלות כמעט זהות.

אם אנו דוגלים בגישה טהורה של משפט הטבע, אזי מימד הזמן נראה פחות
חשוב. אם זהו החוק הנכון אז זהו גם החוק התקף. לכן אם החקיקה נעשתה
בשנת 2000, הדבר אינו משמעותי, שכן לפחות כעת ברור לנו שזהו גם החוק
הנכון, וממילא יש להחיל אותו גם על העבר, שכן הוא היה נכון גם אז.
ובודאי הדברים נכונים במצבים בהם אנחנו דנים היום על מה שהיה אז.

לעומת זאת, לפי הגישה הפוזיטיביסטית הטהורה תוקפו של המשפט הוא מכוח החקיקה, והיא המקור המחייב עבורו. לפי גישה זו, החקיקה היא הסיבה לתוקפו של החוק, וככזו היא אינה יכולה להופיע אחרי זמן התחולה שלו (=המסובב). גישה כזו תראה בעין רעה חקיקה רטרואקטיבית, לא רק בגלל שיקולים טכניים, אלא בגלל שיקולים מהותיים שמחייבים את קדימת הסיבה למסובב.

אמנם נכון שבעולם המשפט, כמו בהלכה, אנו עוסקים בנורמות ולא בתהליכים או ביישים פיסיקליים, ולכן יש אולי מקום לגישה לפיה אין מניעה עקרונית לקבל הופעה של סיבה אחרי המסובב, כל עוד הדבר מתאים למטרותיה של המערכת המשפטית. כאשר אנחנו מחוקקים חוק בעל תחולה רטרואקטיבית ומתייחסים אליו כחוק תקף, אזי הוא תקף. בסופו של דבר זה תלוי אך ורק בנו (בניגוד לעובדות פיסיקליות), ולכן אין מניעה עקרונית לעשות זאת, והבעייה היא פילוסופית בלבד. הדבר שונה מהשפעה סיבתית הפוכה בתחום הפיסיקלי. שם הדבר פשוט אינו אפשרי עובדתית. לעומת זאת, בהקשר המשפטי-נורמטיבי זה לכל היותר מגונה, אולם אין מניעה מהותית לעשות זאת על אף הכל. אם המחוקק או בית המשפט פשוט יקבעו את התוצאה הרטרואקטיבית והקהילה תקבל זאת, אזי בזאת יסתיים הדיון.

ייתכן שמסיבה זו אנשי תורת המשפט באמת אינם רואים קושי מהותי בחקיקה רטרואקטיבית, כלומר הם לא שוללים אותה רק בגלל הכיוון הזמני של הסיבתיות. מאידך, אנשי 'מדע המשפט' שנוטים להתייחס גם למשפט כסוג כלשהו של עובדות (גישה ריאליסטית, או אפלטונית, למשפט), ודאי לא יאהבו את הרעיון של סיבה שקודמת למסובב גם ברובד הלוגי-פילוסופי. אך דומה כי אפילו בגישה שנוטה יותר למשפט טבעי לא היינו מצפים להתעלמות כה בולטת משיקולים לוגיים.

מדוע, אם כן, ישנה התעלמות מהקשיים הלוגיים שנוגעים לכיוון הסיבתי? מדוע ההגות המשפטית מתמקדת בעיקר בשאלות הפרקטיות? נראה כי הדבר נובע מהסתייגות של הזרם המרכזי בהגות המשפטית בת ימינו

מחשיבה מושגית, ומהטלת אילוצים פילוסופיים ולוגיים על המשפט. ההגות המשפטית כיום נוטה לחשיבה תכליתית, אשר מפרשת ומעצבת את החוק על פי מטרותיו, כלומר על פי מה *שראוי* ולא על פי מה *שנכון*. נכון הוא מה שמתאים למטרות, ולא מה שאיתן ומוצק ברמה הפילוסופית-לוגית.

מסיבה זו, החשיבה על חקיקה רטרואקטיבית אינה נזקקת לשאלות הפילוסופיות-לוגיות (האם סיבתיות הפוכה בזמן היא אפשרית? האם זה 'נכון'?), אלא לשאלות פרקטיות (האם זה מועיל לנו? האם זה מה שאנחנו רוצים? האם זה לא יוצר בעיות?).

משפט טבעי ופוזיטיביזם: מבט היסטורי

ננסה כעת לשים את הדברים בקונטכסט רחב יותר. רבים כבר עמדו על כך שבמהלך המחצית הראשונה של המאה העשרים החל הפוזיטיביזם להיות דומיננטי בהגות המשפטית. כחלק מהתפתחות המדע, גם המשפט ראה עצמו כדיסציפלינה מדעית, ויש שכינו זאת 'מדע המשפט'. אולם בעקבות השואה, אבד האמון בחקיקה הפורמלית כמדד מוסרי, והמשפט הבין שהחקיקה אינה יכולה להוות בסיס משפטי מספק (במסגרת פוזיטיביסטית טהורה לא ניתן היה לתבוע את הנאצים על כך שצייתו לחוק שנחקק כדין בגרמניה). לכן במחצית השנייה של המאה העשרים החל המוסר הטבעי לזחול בחזרה להגות ולפרקטיקה המשפטית.

כיום כבר ברור לכל כי בניגוד לאמונה הנאיבית של הדוגלים בפוזיטיביזם משפטי נוקשה, לא ניתן להעמיד מערכת משפטית על מערכת כללים פורמליים וכללי גזירה דדוקטיביים. זה לא נותן מענה לחלק ניכר מהבעיות המשפטיות, ואף יוצר בעיות אחרות (כגון: כיצד מטפלים במעשים בלתי מוסריים בעליל, שהחוק לא אסר אותם במפורש, או בחוקים שמצווים לעשות מעשים לא מוסריים בעליל). יתר על כן, מקרים רבים לא ניתנים לגזירה דדוקטיבית מתוך החוקים הקיימים, ולא סביר שהמערכת המשפטית תתייחס אל כולם כאילו היו נייטרליים מבחינה משפטית (לאקונות). כך החלו רעיונות של משפט טבעי לזחול בחזרה לשדה המשפטי,

בצורות שונות. הוגים כמו דוורקין ואחרים, מכניסים לתוך המסגרת הפוזיטיביסטית עקרונות שונים שיסודם אינו בחקיקה אלא במכניזמים שדומים יותר ויותר למשפט טבעי.

בפסיקה בישראל יש ביטוי בולט לתהליך הזה בפס״ד ירדור,[64] שם נדונה פסילתה של 'רשימת הסוציאליסטים' על ידי ועדת הבחירות המרכזית. השופט חיים כהן סבר שכל עוד אין עיגון פוזיטיבי מפורש בחוק לפסילתה של רשימה אין הצדקה לעשות זאת.[65] לעומת זאת, שופטי הרוב סברו שיש לאשר את פסילת הרשימה מתוך הסתמכות על נורמות שאינן חקוקות במפורש. זוסמן בדבריו העלה מפורשות שיקולים של משפט טבעי, ואילו אגרנט הציג תמונת ביניים שמערבבת שיקולים 'דוורקיניים' בגישה פוזיטיביסטית.

השלכה לדיני חוזים

ניתן להצביע על בבואה של התופעה הזו בדיני חוזים בישראל. דוקטרינת תום הלב ופרשנות החוזים של השופט אהרן ברק, שלוקחת את פרשנות החוזה מהשדה הפורמלי (הפרשנות שמעוגנת בלשון החוזה ובחוק) למחוזות אינטואיטיביים של צדק ויושר ושל כוונות הצדדים, מבטאת גם היא חזרה כלשהי למשפט טבעי. גם התופעה הזו מעוררת קשיים דומים לאלו שהתעוררו בגישת המשפט הטבעי (היעדר וודאות במשפט),[66] ולכן כיום יש נסיגה כלשהי ממנה. המצב עדיין לא מגובש, אך ברור שיש כאן תמהיל בין פוזיטיביזם לבין משפט טבעי.

---

[64] ע״ב 1/65 ירדור נ. יו״ר ועדת הבחירות המרכזית לכנסת השישית, פ״ד יט (3), 365.

[65] יש שרואים בגישתו זו נגזרת של חינוכו ה'ייקי', על ברכי 'מדע המשפט' הגרמני. אולם אחרים מצביעים על פסיקות אחרות שלו, שהיו רחוקות מחשיבה פורמליסטית. סביר יותר שכהן השתמש כאן בחשיבה פורמלית כדי לקדם אג'נדה ליברלית. הוא לא רצה לפסול את הרשימה משיקולים של ליברליזם, ועיגן זאת בשיקולים משפטיים פורמליסטיים.

[66] דניאל פרידמן מבקר את הגישה הזו באמצעות הדוגמא הבאה. אדם נכנס למסעדה ומזמין דג. המלצר מביא לו סלט, ומסביר שכוונתו בהזמנה היתה ודאי לאוכל בריא ומזין, והסלט הוא יותר בריא ומזין מדגים. זוהי הדגמה לפרשנות תכליתית לחוזה, שמוציאה אותו ממשמעותו המילולית, ומפרשת אותו דרך היזקקות לכוונות לא מנוסחות של הצדדים.

לענייננו, הגישה ששוללת חשיבה מושגית אינה מתאימה לפוזיטיביזם, שרואה את המשפט כסוג של מדע. גם כאן ישנה זחילה כלשהי של המשפט הטבעי לתוך השדה הפוזיטיביסטי. כאשר מיישמים צורת חשיבה כזו על מבנים מורכבים כמו היפוכיות זמנית, צפויים להתעורר קשיים. דיני חוזים יידונו ביתר פירוט בפרק הבא, ושם נראה שקשיים כאלו אכן מתעוררים. אך כבר כאן נאמר שלא נכון לנתק את הדיון בהם ואת הרקע שלהם מהקונטכסט המשפטי הכללי יותר שנדון בפרק הזה.

סיכום ביניים: בחזרה לשאלת החשיבה המושגית

ההתנגדות לחשיבה המושגית צריכה להיתפס על רקע העימות בין פוזיטיביזם לבין משפט הטבע. כאשר האידיאולוגיה המשפטית מתנגדת לפורמליזציה של המשפט, וכאשר המשפט פועל על בסיס עקרונות לא פורמליים, אין פלא שיש גם התנגדות לחשיבה מושגית.

לכן גם חקיקה רטרואקטיבית אינה מבוקרת במישור המושגי-לוגי, אלא אך ורק במישור הטכני. הנימוקים עוסקים בשאלה האם זה מועיל או מזיק, והאם זה מקדם את מטרותיה של מערכת המשפט, ולא האם זה נכון, עקבי, או תקף, במובן מופשט כלשהו. אנו נראה היבטים נוספים של התופעה הזו בהמשך החלק הזה, ונדון בה ישירות בפרק האחרון שלו.

אם כן, הנסיגה של ההגות המשפטית מהפוזיטיביזם הבוטה של תחילת המאה העשרים משפיעה על הדיון בהיפוכיות זמנית בשני מישורים שונים:

2. בתמונה פוזיטיביסטית, החקיקה היא הסיבה לתוקף של החוק. לכן דווקא בתמונה כזו מתעוררת הבעייתיות של קדימת הסיבה למסובב. במשפט הטבע החוק הוא תקף מעצם טבעו, ולכן החקיקה אינה הסיבה לכך שהוא תקף, וממילא פחות מפריע לנו להחיל את החוק בזמן שקודם לחקיקה. הדרישה לקדימה זמנית של הסיבה למסובב אינה רלוונטית לכאן.

3. בחשיבה פוזיטיביסטית ישנה נטייה לבחינה מושגית של מערכת המשפט. היחסים בין רכיביה הם לוגיים, והקוהרנטיות מאד

חשובה. לעומת זאת, בחשיבה של משפט הטבע, הנטייה היא לבדוק מה צודק ולא מה קוהרנטי ומה תקף במובן הפילוסופי. לכן בעיות כמו היחס הזמני בין סיבה למסובב (גם אם הן היו קיימות, ראה בסעיף הקודם), פחות מפריעות לנו בשיח של משפט טבעי.

נימוקי ההתנגדות לחקיקה רטרואקטיבית[67]

כאמור, ההנמקות הרווחות כנגד חקיקה רטרואקטיבית מתמקדות יותר בנימוקים נורמטיביים, ולא בבעייה הלוגית-סיבתית. משפטנים טוענים שאדם צריך לדעת בעת שהוא עובר עבירה, הן שמדובר בעבירה והן מה עונשה (גם בהלכה, ההתראה, שהיא תנאי הכרחי לענישה, חייבת לכלול את העבירה ואת העונש. ראה רמב״ם הל׳ סנהדרין פי״ב ה״ב). השאלה הסיבתית, כיצד בכלל ניתן להחיל חקיקה למפרע על העבר אינה מטרידה את החשיבה המשפטית. מהם הנימוקים שעולים בהקשר זה? אנו מוצאים בספרות המשפטית לא מעט נימוקים, ונביא כאן כמה מהם:

א. ההוגנות והצדק. לא צודק ולא הוגן הוא שאדם לא יודע את כללי ה׳משחק׳ שאליהם הוא כפוף. יתר על כן, יש משהו מדאיג בכך שהמחוקק יכול לשנות את כללי המשחק רטרואקטיבית, ובכך לשנות את מעמדנו בלי שנדע על כך ובלי שתהיה לנו יכולת להתחשב בכללים החדשים. משטרים דיקטטוריים עשו שימוש נרחב בחקיקה רטרואקטיבית (ראה אצל רוזנאי בהערות 33 ו-36. וכן שם בפירוט והרחבה רבה מעמ׳ 422 והלאה, שם הוא מדבר על פגיעה בזכות לכבוד ועוד).

ב. פגיעה במטרות החוק. מטרתו של החוק היא לכוין פעולות עתידיות, ולכן חקיקה רטרואקטיבית פוגעת בייעוד הזה.

ג. שיקולים של יציבות וביטחון. אדם שפועל עושה זאת מתוך ציפיות מסויימות, ועל המערכת המשפטית להגן עליהן ככל האפשר. ההסתמכויות

---

[67] לפירוט, ראה אצל רוזנאי, פרק ב, ואצל ברק החל בעמ׳ 619.

של האזרח ביודעו את תוצאות מעשהו הן חלק מהשיקולים שמלווים את המעשה, הן במישור הפלילי והן במישור האזרחי, ולכן אין לפגוע בהן.

ד. אמון הציבור במוסדות השלטון. חקיקה רטרואקטיבית פוגעת באמון שרוחש הציבור למחוקק ולמוסדות השלטון, ובמוטיבציה שלו להסתמך על החוק. זוהי פעולה שרירותית שנוטלת מהאזרח את השליטה על מעשיו ועל תוצאותיהם.

יתר על כן, בהחלה רטרואקטיבית של החוק ידוע מראש איזו קבוצת אזרחים תיפגע ממנו, וכך נפתחת הדרך לחוקק חוקים שמטרתם לפגוע באוכלוסיות מסויימות. כך נפגע גם השוויון בפני החוק, ונפתחת הדרך לעריצות הרוב כלפי המיעוט.

ה. ישנן תוצאות כלכליות לחקיקה רטרואקטיבית. הן במובן של מניעת השקעות חוץ בגלל אי וודאות (האייק טוען שעדיפותן של ארצות המערב נובעת בעיקר בגלל הוודאות והיציבות של המערכות המשפטיות שלהן), והן בגלל מצבם המשתנה של האזרחים שעושים פעולות תחת הנחות שמתבררות כשגויות. אזרחים כאלה ייטו פחות ליזום ולהשקיע ביוזמות משמעותיות, בגלל החשש שחקיקה עתידית עלולה להפר את תכניותיהם.

ו. שיקולים פסיכולוגיים. אנשים סובלים יותר במצב שלוקחים מהם מאשר במצב שלא נותנים להם, ולכן הם מעדיפים יציבות על שינוי. חקיקה רטרואקטיבית היא לקיחה יותר מאשר אי נתינה.

משמעות הדברים היא שחקיקה רטרואקטיבית אינה נדחית על הסף, כלומר שההגות המשפטית לא רואה את הבעייתיות הלוגית כבעייה אמיתית, ולכל היותר יש כאן בעיות נורמטיביות. מסיבה זו, ההתייחסות לרטרואקטיביות היא כאל חזקה מכלל החזקות המשפטיות: יש חזקה שחוק אינו רטרואקטיבי (וגם לא רטרוספקטיבי). אבל חזקה זו היא רק בגדר חזקה במישור הפרשני, וכשיעמדו מולה חזקות אחרות (כגון פגיעה בזכויות מוקנות. ראה אצל ברק החל מעמ' 633, פרק 11) זוהי בעייה פרשנית שעל

השופט להיזקק לה כמו בכל מקרה של הוראות חוק סותרות (ראה ברק, עמ' 643-645).

מסיבה זו, כאשר נזקקים לשאלת הרטרואקטיביות, השאלה העיקרית היא פרשנית: האם יש ראיה לכך שהמחוקק אכן התכוון לתחולה רטרואקטיבית. משאלה זו נענית בחיוב, החוק תקף (אלא אם הוא סותר עקרונות אחרים). לדוגמא, בבג"ץ גניס (ראה אצל רוזנאי פרק ד), הכנסת חוקקה חוק שמעודד הרחבת דירות בירושלים באמצעות מתן מענקים וסיוע. לאחר כחמישה שבועות נכנס לתוקף חוק ההסדרים שהקפיא את יישום החוק הזה. בפני בג"ץ הובאה השאלה מה דינם של אלו שהיו זכאים בתקופה שבין חקיקת החוק לבין חוק ההסדרים. כפי שקבע בית המשפט, במישור הפרשני ברור שהכנסת התכוונה שם לתחולה רטרואקטיבית, שהרי כל מטרת הסעיף הזה בחוק ההסדרים לא היתה אלא לנטרל את החוק הקודם.

הבסיס הלוגי של הנימוק מכוח פגיעה בעקרון החוקיות

ברבות מן ההתייחסויות לחקיקה רטרואקטיבית (אם כי לא אצל ברק ולא אצל רוזנאי), אנו מוצאים שההתנגדות היסודית אליה מתבססת על עקרון החוקיות. עקרון החוקיות הוא הכלל הקובע שמעשה של אזרח אינו אסור אלא אם הוא נאסר בחוק (להבדיל ממעשה של הרשות השלטונית, שהוא אינו מותר אלא אם נקבע בחוק שבסמכותה לעשות זאת). ההשלכה לגבי החוק הפלילי היא שאם החקיקה היא רטרואקטיבית אזי בעת שנעשה המעשה הוא עדיין לא היה אסור, ולכן אין אפשרות להעניש עליו. רבים משתמשים כאן בעיקרון החז"לי "אין עונשין אלא אם כן מזהירין" (אף שמשמעותו המקורית היא שונה מעט).

אך ההנמקה הזו נראית על פניה בעייתית. אם איננו רואים בעייה לוגית בחקיקה רטרואקטיבית (אלא רק בעיות נורמטיביות), אזי ניתן לישם את הלוגיקה של חזרה בזמן על עקרון החוקיות. ומכאן שחקיקה בזמן t_1 יכולה

להחיל חוק למפרע החל מזמן t_0. אם כך, בזמן t_0 החוק כבר אוסר את המעשה הזה. ולפיכך, כאשר אדם עושה את המעשה בזמן t_0 הוא אכן עושה מעשה שהחוק אוסר אותו, ולכן יש הצדקה להעניש אותו. אם כן, אין בכאן פגיעה בעקרון החוקיות, שכן אותו אדם נענש על עשיית מעשה שהחוק אוסר.

לכאורה נראה שהקישור הרווח בין עקרון החוקיות לבין חקיקה רטרואקטיבית מתבסס במובלע על ההנחה הלוגית שלא תיתכן סיבתיות הפוכה, כלומר שחקיקה בזמן t_1 איננה יכולה להחיל חוק למפרע מזמן t_0. לכן ישנה כאן הנחה שבזמן t_0 המעשה לא היה אסור, ומכאן הפגיעה בעקרון החוקיות. אם כן, נראה שלפחות במובלע ההגות המשפטית בהחלט מודעת לבעייתיות של סיבתיות הפוכה, ואף קושרת אותה לעקרון החוקיות.

אלא שכעת לא ברור מדוע לא מסתפקים כאן בהנמקה הלוגית, כלומר שוללים את החקיקה הרטרואקטיבית בנימוק הלוגי שהמסובב כאן קודם לסיבה? מדוע נזקקים כאן לתוספת לפיה יש כאן פגיעה בעקרון החוקיות? דומה כי השימוש בעקרון החוקיות בהקשר זה הוא במשמעות שונה. ההגות המשפטית אכן אינה מוטרדת מהבעייתיות הלוגית, ומבחינתה ברמה העקרונית חקיקה מאוחרת יכולה להחיל חוקים למפרע. הבעיות שנוצרות כאן היא בעיות נורמטיביות, כגון צדק והוגנות (כפי שראינו למעלה), כלומר אין לקבל שאדם נענש בלי שהוא יכול היה לדעת שיש במעשהו משום עבירה על החוק. אם כן, השימוש בעקרון החוקיות אינו מבוסס על הבעייתיות הלוגית, אלא זהו מינוח כולל למכלול הבעיות המשפטיות והנורמטיביות שמעוררת חקיקה רטרואקטיבית.

מקורם של הנימוקים הללו: אינטואיציה ורציונליזציה

אחרי סקירת מכלול הנימוקים שהובאה למעלה, עולות שתי הערות:

1. הנימוק הלוגי, שסיבה חייבת להופיע לפני המסובב, אינו עולה כלל. אמנם נכון שראינו שהוא טמון במובלע מאחורי הנימוק של עקרון

החוקיות, אך כפי שהערנו למעלה לא לגמרי ברור עד כמה עושים בו שימוש, ועוד יותר עד כמה רואים בו כשלעצמו נימוק לגיטימי.

2. מגוון הנימוקים, שרובם אינם אלא ביטויים שונים של אותו עניין, וחלקם נראים מלאכותיים למדיי (ראה, לדוגמא, את הביקורת עליהם אצל רוזנאי בעמ׳ 440), מעיד על כך שעוד לפני כל הנימוקים הללו ישנה אינטואיציה קודמת, ששוללת אפריורי את החקיקה הרטרואקטיבית. כל הנימוקים הללו אינם אלא רציונליזציה שבדיעבד של התחושה האפריורית הזו.

שתי ההערות הללו מצטרפות יחד למסקנה אפשרית אחת: האינטואיציה ששוללת אפריורית את החקיקה הרטרואקטיבית מבוססת אכן על הבעייתיות הלוגית. אך בגלל הרתיעה מפני חשיבה מושגית, אנשי תורת המשפט אינם מוכנים להתייחס לבעייתיות הסיבתית-לוגית כנימוק מספק. מסיבה זו הם עושים רציונליזציה של האינטואיציה הזו, ורק אז הם מעלים אוסף של נימוקים נורמטיביים כפי שראינו.

רוזנאי בהערת שוליים 2, מביא התבטאויות בדבר ׳ניגוד הדינים הבין זמניים׳ (Intertemporal Conflicts), שמצביעים על הסתירה שקיימת בחקיקה רטרואקטיבית, מפני שהיא מצמידה שתי הוראות חוק סותרות לאותו רגע בזמן. גם בהערה 40 שם הוא מביא ש-Marmor מתייחס לחקיקה רטרואקטיבית כאוקסימורון, ושדינשטיין, Nash ו-Dwarris, מתייחסים לזה כאבסורד. כל אלו מלמדים על תחושה שיש כאן בעייתיות לוגית, ולא רק מוסרית או טכנית.[68]

גם בהערה 4 של רוזנאי, מובאת התבטאות לפיהן החקיקה הרטרואקטיבית ״מנוגדת לחושיו הטבעיים של האדם״. וכן שם סביב הערות 30-33, אנו

---

[68] לעומת זאת, פולר (**The morality of Law**, revised ed. 1969, p. 53) מתבטא כאילו חקיקה רטרואקטיבית היא ״מפלצתית״ (monstrosity). זהו ביטוי שמבטא שאט נפש מוסרי, כלומר שיקולי צדק, אך לא בהכרח אינטואיציה לוגית.
הוא הדין להתבטאות של בנתהם, שאמר על חקיקה רטרואקטיבית שהיא ״דין הכלבים״, כמו מאלף שמחכה שהכלב יעשה משהו ואז הוא מצליף בו (ראה אצל ברק, עמ׳ 621 הערה 74).

מוצאים ביטויים כמו "חקיקה ברברית", או ביטוי כמו "נפשו של המחוקק סולדת מהם" וכדו'.

כל אלו מלמדים אותנו שישנה אינטואיציה אפריורית שסולדת מחקיקה רטרואקטיבית, עוד לפני הנימוקים המפורשים שמובאים לכך. לפי טענתנו ביסוד ההנמקות המשפטיות/נורמטיביות עומד בעצם הנימוק הלוגי. ההנמקות הנורמטיביות הן רציונליזציה בדיעבד לבעייתיות הלוגית.

כדי לחדד יותר את הטענה הזו, נביא כאן שתי דוגמאות למכניזם דומה, בו ישנה תחושה אפריורית שאקט משפטי כלשהו אינו נכון, או אינו קביל, וכשמנסים לעשות לו רציונליזציה מציגים אותו על בסיס עקרונות שונים שאינם משקפים את מקור ההתנגדות האמיתי.

א. הפללה עצמית. הכלל "אין אדם משים עצמו רשע" מתקבל במערכות משפטיות רבות, ששוללות את ההפללה העצמית (מקרה מפורסם הוא פס"ד מירנדה, בארה"ב).[69] גם כאן, ההנמקות אליו הן שונות ומגוונות. יש (כמו השופט וורן, בפס"ד מירנדה) שמצטטים את המשפט העברי כמקור הקדום להלכה זו, אך בדרך כלל מוציאים אותו לחלוטין ממשמעותו המקורית. לדוגמא, וורן ורבים אחרים בעקבותיו קושרים זאת ל'זכות השתיקה'.

בהלכה הכלל הזה מובא כגזירת הכתוב, כלמר כדין ללא נימוק רציונלי. על פי ההלכה, הפללה עצמית לא מתקבלת בשום מצב, גם אם אין שום חשש, ובוודאי שלא היתה שם חקירת משטרה. אמנם נכון שהרמב"ם במקום אחד (הל' סנהדרין פי"ח ה"ו) מציע הנמקה כלשהי לכלל הזה, אך דבריו סותרים אלו את אלו (במקומות אחרים הוא לא מסתמך על הנימוק הזה, ואף סותר אותו), וגם אינם עומדים במבחן המקורות, וכבר הוצעו לכך לא מעט הסברים. דבר אחד ברור, אין לכלל הזה שום קשר למה שמכונה כיום 'זכות השתיקה'. זכות השתיקה היא זכות של הנאשם, ואילו במשפט העברי הכלל

---

[69] ראה על כך בהרחבה בספרו של אהרן קירשנבאום, **הרשעה עצמית במשפט הפלילי**, הוצאת מאגנס והאוניברסיטה העברית, ירושלים, 2004.
ראה על כך גם בשני חיבורים נוספים שלו: ' "אין אדם משים עצמו רשע" - הלכה פרדוקסלית במשפט הפלילי העברי', **פלילים**, כרך ז, התשנט ; 'הכלל "אין אדם משים עצמו רשע" במצוות בני נח', **דיני ישראל**, כרך ב, התשלא.

״אין אדם משים עצמון רשע״ אינו זכות של הנאשם, אלא כלל בדיני ראיות שפונה לבית הדין. אין חולק על כך, שעל פי ההלכה גם כשאדם מוותר על זכותו ואינו שומר על שתיקה, הדיין אינו יכול להסתמך על דבריו כראיה. בהלכה זו אינה זכות אלא כלל מנדטורי.

דומה כי גם כאן ישנה אינטואיציה אפריורית שלא נכון להפליל אדם על סמך הודאתו. הפללה של אדם אמורה להיעשות על בסיס ראיות חיצוניות, ולא על פי דבריו שלו. זה כנראה היה גם הבסיס לקביעה ההלכתית.[70] הרציונליזציות שקושרות את הכלל הזה למה שקרוי ׳זכות השתיקה׳, באות רק לאחר מכן, שכן אנשי תורת המשפט אינם מוכנים לקבל תחושות לא מנומקות כבסיס לחוקים ולפרשנות משפטית. ישנה תחושה שזוהי מיסטיקה, ולכן היא אינה קבילה בספירה המשפטית. מסיבה זו מנסים לחפש הסברים רציונליים לעיקרון האינטואיטיבי.

בשלב של הרציונליזציה עולים כמה הסברים, כגון החשש מפני לחצים בחקירת המשטרה, או החשש שהוא אינו שפוי לגמרי (שאם לא כן, מדוע הוא מודה), אך כל אלו לא מסבירים את מלוא התחושה האינטואיטיבית. ההבדלים בין ההסברים השונים, ומערכות משפט שדוחות את העיקרון הזה (ורואות בהודאה את ׳מלכת הראיות׳), או כאלה שמפרשות את הכלל הזה כזכות של הנאשם ולא ככלל מנדטורי, הן תוצאה של הרציונליזציה שבדיעבד. הפיצול בין הגישות מופיע רק כאשר מנסים לתת ביטוי ונימוק רציונלי לתחושות האינטואיטיביות הללו. כשמנסים לנסח ולהמשיג את ההתנגדות להפללה עצמית, שם עולים כל מיני נימוקים שונים, וכל אחד בוחר בנימוק שונה, ומסיק ממנו את המסקנות המתבקשות, גם אם הן עומדות בניגוד לאינטואיציה הראשונית, או חורגות אל מעבר לה.

---

[70] לפירוט נוסף, ראה מאמרו של מ. אברהם, ׳האם ההלכה היא משפט עברי׳, **אקדמות** טו, מרחשוון תשסה, עמ׳ 141, בעיקר בפרק ב סעיף 2.

ב. ניסיון לעבירה.[71] מקובל ברוב ככל מערכות המשפט שהענישה על ניסיון לרצח אינה כמו הענישה על רצח. הוא הדין לגבי גניבה וכדו׳. השאלה היא מדוע? לכאורה מידת העבריינות שכרוכה בניסיון לרצח היא בדיוק כמידת העבריינות ברצח שהצליח. ההבדל בין המקרים הוא רק בחוסר מזל. מדוע חוסר המזל אמור להשפיע על העונש? אם ברצוננו להרתיע אזי יש להרתיע את הציבור מפני עשיית המעשים שמוליכים לרצח, בין אם הם הצליחו ובין אם לאו. אם ברצוננו להעניש את האדם על רשעותו, אזי היה עלינו להעניש גם את מי שמנסה לרצוח. הוא רשע באותה מידה, אלא שמזלו לא שפר.

נראה שגם כאן ישנה אינטואיציה אפריורית שיש בעונש סוג של נקמה, או כפרה, על המעשה שנעשה. לכן אם המעשה לא הצליח אין על מה לנקום או לכפר. אמנם מונחים כמו כפרה או נקמה אינם פופולריים במערכות משפט ליברליות מודרניות, ולכן התחושות הללו עוברות גם הן רציונליזציה. תורת המשפט אינה מוכנה לקבל מושגים כמו ׳כפרה על הדם שנשפך׳, או ׳נקמה׳, שנראים כשאובים מעולמות מיסטיים אפלים, או מחשיבה דתית, ולכן הם מחפשים נימוקים רציונליים בכדי לבסס את התחושות האינטואיטיביות הללו. ועדיין, אין מערכת משפט שמוותרת על ההבחנה המושגית והעונשית בין ניסיון לעבירה לבין ביצוע עבירה בפועל.

השלכות של הרציונליזציה

במקרים בהם לא מוצאים נימוקים רציונליים מספיקים, לפעמים מערכות המשפט מוותרות על האינטואיציות הללו. במקרים אלו הרציונליזציה האפילה על המקור האינטואיטיבי. לכן בשנים האחרונות ישנה נטייה להחמיר בעונשו של המנסה לרצוח, גם אם מעשהו לא הצליח. מאותה סיבה ישנה נטייה כיום לראות בכלל ״אין אדם משים עצמו רשע״ זכות של הנאשם

---

[71] ראה על כך במאמרו של אהרן קירשנבאום, ׳ moral luck , ניסיון פלילי והמזל שבמוסר במקורות היהדות׳, **מחקרי משפט**, כרך כ, התשסג-התשסד.

שלא להפליל את עצמו, אף שזו לא כוונת הכלל המקורי והאינטואיציה האפריורית.

גם בהקשר שלנו, כלומר בדיון לגבי חקיקה רטרואקטיבית, אנו מוצאים השלכות של הרציונליזציות הללו, שמתעלמות מהאינטואיציה הסיבתית, ותולות את ההתנגדות לחקיקה הרטרואקטיבית בשאלות נורמטיביות. נראה כעת כמה מתוכן.

השלכה ראשונה: הסדר והמתודולוגיה של הדיון

ההשלכה הראשונית, שמצויה עדיין במישור התיאורטי, או המטא-משפטי, היא לעניין הדיון בשאלת הרטרואקטיביות עצמה. ישנה מחלוקת בין אנשי תורת המשפט כיצד יש להגדיר חקיקה רטרואקטיבית, והאם להקדים את הדיון הנורמטיבי לדיון הקונספטואלי או להיפך (ראה אצל רוזנאי, בתחילת פרק א. ראה שם בהערת שוליים 8).

Munzer סבור שהגדרת הרטרואקטיביות צריכה להידון אפריורי, עוד לפני הדיון בשאלה איזה חוק ייחשב בעל תחולה רטרואקטיבית, ובוודאי לפני הדיון בשאלה מה פגום בתחולה כזו. לעומתו, Eule סבור בדיוק להיפך: ראשית, יש להגדיר את הנורמות החוקתיות שנפגעות מחקיקה רטרואקטיבית, ורק לאחר מכן ניתן לדון בהגדרת הרטרואקטיביות עצמה. הגדרת הרטרואקטיביות מושפעת מהשאלה מה רע ברטרואקטיביות (הרע ייחשב רטרואקטיבי, ומה שלא רע אינו רטרואקטיבי). לדעתו הדיון הנורמטיבי ישפיע על הדיון הקונספטואלי, וטוב שכך. אין צורך לציין שברק מצטרף לעמדתו של Eule, אך במובן מעט שונה (ראה בעמ' 628 והלאה). הוא טוען שהדיון הנורמטיבי אינו מכריע בשאלה האם יש כאן רטרוספקטיביות, אלא בשאלה האם יש להפעיל כאן את חזקת הפרוספקטיביות (החזקה שכל חוק אמור לחול רק על הזמן שלאחר צאתו). במקום שתכליתו של החוק מצדיקה זאת, כותב ברק, ניתן להתעלם מחזקת

הפרוספקטיביות של החוק. במובן זה ברק אינו מצטרף ל-Eule במובן
המתודולוגי, אלא רק מבחינת ההשלכות המעשיות.

שורשו של הויכוח המתודולוגי הזה הוא בשאלה האם אכן מדובר במושג
ששייך לספירה הלוגית-מושגית, או שמא מדובר בדיון שבמהותו הוא
נורמטיבי. אם הפגם בחקיקה רטרואקטיבית הוא פגם לוגי, אזי ודאי
שהדיון הקונספטואלי-מושגי הוא הקודם. אולם אם הפגם הוא נורמטיבי,
אזי ברור שהגדרת המושג תהיה כפופה לדרישות הנורמטיביות.

ברור שאם הדיון המושגי הוא הראשון, אזי אין מקום לחריגות שמאפשרות
חקיקה רטרואקטיבית. אם הסיבה חייבת להופיע לפני המסובב, אזי מדובר
בכלל לוגי, והוא תקף תמיד ולא יכולים להיות לו יוצאים מן הכלל. אולם
אם הפגם הוא נורמטיבי במהותו, והלוגיקה כשלעצמה היא אפשרית, אזי יש
מקום לאפשר חריגות כאלה. בחריגות כאלה נדון בקצרה בסעיף הבא.

השלכה שנייה: חריגות מעקרון החוקיות

כפי שראינו, ההתנגדות לחקיקה רטרואקטיבית מבוססת על שיקולים
טכניים (כמו עקרון החוקיות), ולא על שיקולים לוגיים-סיבתיים. אולם
דווקא בגלל שההנמקות הללו הן טכניות ולא לוגיות, יש מקום לחריגות
מהעיקרון הזה.

החוק לעשיית דין בנאצים ובעוזריהם חוקק בשנת 1950, אף שהוא עוסק
במעשים שנעשו בתקופת השלטון הנאצי (1933-1945). ההצדקה לחקיקה
הרטרואקטיבית במקרה זה היא מחמת האינטרס הציבורי (שדרש עשיית
דין נאותה בנאצים ועוזריהם, אף שמעשיהם נעשו בזמן שמערכת המשפט
הישראלית כלל לא היתה קיימת).

ניטול דוגמא נוספת. בשנת 1992 נזקקה ממשלת ישראל לחוק תשריר (=חוק
שנותן תוקף למעשים שנעשו בעבר). בעקבות פסק דין של בית המשפט
העליון, שבו נפסק כי סכום אגרת הרדיו והטלוויזיה שגבתה רשות
השידור מתושבי המדינה במהלך כמה שנים היה מופרז ועמד בניגוד לחוק,

נתבקשה רשות השידור להחזיר לציבור את הסכומים המופרזים שגבתה. כדי להימנע מכך, נתקבל בכנסת חוק רשות השידור (אישור תקפן של אגרות רדיו וטלוויזיה), התשנ״ג-1992. חוק תשריר זה, שהוצע על ידי הממשלה, נתן תוקף למפרע, משנת 1985 עד שנת 1992, לגובה האגרה כפי שהיא נגבתה בפועל. בעקבות זאת, נדרש בג״ץ להכריע בשאלת חוקתיותו של חוק רטרוספקטיבי זה. בית המשפט קבע כי האינטרס הציבורי מצדיק את האישור למפרע של גובה האגרה, כי אם לא כן, הרשות תקרוס.[72]

ניתן ללמוד על הגישה העקרונית כלפי חריגות מהכלל ששולל חקיקה רטרואקטיבית, מדבריו של פרופ׳ אהרן יורן, שכותב:[73]

> ***חקיקה רטרואקטיבית פוגעת בקניין ובזכויות מוגנות. מעתה תעמוד בעינה חקיקה פיסקאלית למפרע, רק אם תצליח המדינה לשכנע, שהיא הולמת את ערכיה של מדינת ישראל, נועדה לתכלית ראויה, ומידתה אינה עולה על הנדרש. ערכיה של מדינת ישראל הוגדרו בסעיף 1 לחוק היסוד כערכים של ׳מדינה יהודית ודמוקרטית׳.***

רואים שהוא אינו שולל על הסף את אפשרותה של חקיקה רטרואקטיבית. אפשר לשקול חקיקה כזו, כל עוד הדבר הולם את ערכיה של המדינה, נעשה לתכלית ראויה ובמידה שאינה עולה על הנדרש. מכאן ברור כיצד התאפשרה חקיקה כזו ביחס לרשות השידור.

מגדיל לעשות ברק, אשר מקדיש פרק להיבטים החיוביים שישנם בחקיקה הרטרואקטיבית. הוא מדבר על ביטול של עבירה פלילית שהיתה קבועה בחוק. במצב כזה לא נפגעת הוודאות, ההוגנות והצדק, ואולי אף מתבטל עוול שהיה במצב החוקי הקודם (שהרי הוא הגביל את חירות הפרט בהטילו עבירה על מעשה כלשהו, בלי סיבה מוצדקת). דוגמא נוספת היא חוק שקובע הסדר מגן חדש בדיני העבודה, שאמנם פוגע בחוזים הקיימים, אך מגשים

---

[72] יחד עם זאת, בית המשפט ביטל את ההוראה המאפשרת גביית קנסות על פיגורים בתשלום. ראה בג״ץ 4562/92 **אליעזר זנדברג נ׳ רשות השידור ואח** ,׳פ״ד נ(2) 793.

[73] ראה מאמרו, ׳חקיקת המס הצפויה׳, **ידע למידע**, ספטמבר 1992.

ציפיות של העובדים שההסדר החוקי הקודם לא הגשים אותן. יתר על כן, פלר כותב[74] שמטרתה של הענישה, בין היתר, היא חינוכית, כדי לכוין את הציבור להתנהגות על פי החוק. אך אם החוק השתנה, מה טעם לענוש את מי שעבר על החוק הקודם לפני השינוי?[75] הוא הדין לגבי חוקים שמיטיבים את מצב האזרח שלא על חשבון אזרח אחר (ראה אצל ברק, עמ׳ 635 והלאה, והרחבה ומקורות נוספים אצל רוזנאי בפרק ג1 סעיף ב).

הערה על פרשנות רטרואקטיבית

עד כאן עסקנו בחקיקה רטרואקטיבית. אולם ניתן היה לחשוב שבעיות של רטרואקטיביות עולות גם ביחס לשאלות של פרשנות. כיצד עלינו להתייחס לפרשנות משפטית שנעשית לחוקים קיימים? האם ניתן להחיל אותה על העבר?

אך בהקשר הפרשני נדמה שהבעייה היא מדומה. פרשנות לעולם נעשית רטרואקטיבית, שהרי הפרשן המוסמך לחוק הוא השופט, והשופט לעולם דן בשאלה שעוסקת במעשה שכבר אירע (למעט פסקי דין הצהרתיים). אחרי שהוא יפרש את החוק הוא ייישם אותו על המעשה, וכך הוא יכריע את הדין לגביו. אם העבירה בה מדובר נעשתה בחודש ינואר, ובחודש אוקטובר מגיע העבריין לפני השופט, אזי השופט עשוי לפרש את החוק (באוקטובר), ולאחר מכן ליישם אותו לגבי העבירה שנעשתה בחודש ינואר. לכאורה גם כאן יש מימד רטרואקטיבי.

אך במקרים הרגילים הדבר אינו נכון. הפרשנות של השופט אינה חדשה. הוא דולה מתוך החוק את מה שהיה טמון בו כבר מאז שנחקק. אמנם רק עתה נזקקו להיבטים הללו, ולכן המעשה הפרשני נעשה עכשיו, אולם הפרשנות מגלה לנו את התוכן שהיה בחוק הזה מאז ומעולם, ולא משנה את התוכן הזה.

---

[74] ש״ז פלר, **יסודות בדיני עונשין** כרך א 1984, עמ׳ 226.

[75] יש בהחלט מקום לחלוק על הטיעון הבעייתי הזה. העונש תפקידו לחנך את הציבור לא לעבור על החוק, ולאו דווקא על חוק מסויים. ובמובן הזה יש בהחלט טעם בענישה גם על עבירה שבוטלה.

שונה הדבר אם השופט מבצע פרשנות שמשנה את ההתייחסות הקיימת לחוק, כלומר משנה את הפרשנות שהיתה מקובלת עד אותו זמן. במצב כזה, השופט למעשה עוסק בחקיקה ולא בפרשנות, ולכן מתעוררות כל הבעיות עליהן הצבענו למעלה.

למרבה האירוניה, נראה שדווקא הבעייה הלוגית אינה קיימת כאן. הסיבה לכך היא שהשופט אינו עוסק בחקיקה, ולכן הוא אינו משנה את המצב המשפטי למפרע. באופן פורמלי הוא עוסק בפרשנות, כלומר בחילוץ של תוכן החוק. לכן גם אם הדבר נעשה לאחר מעשה (כמו כל פרשנות), אין כאן רטרואקטיביות של ממש. לכל היותר יש כאן רטרוספקטיביות (מתן משמעות חדשה למעשים שכבר נעשו).

האם יש כאן סיבתיות הפוכה? בחזרה לרש״פ ורש״ש

אחרי שהצגנו את עיקרי התמונה, אנחנו יכולים לשאול האם ניתן לראות בתמונה הזו מכניזמים של סיבתיות הפוכה? התשובה לכך אינה לגמרי ברורה.

למעלה עמדנו על כך שבתפיסה הפוזיטיביסטית מעשה החיקוק הוא סיבתה של תחולת החוק. אם כן, חקיקה רטרואקטיבית היא אכן סיבתיות הפוכה במובן המלא של המילה. הדברים בודאי נכונים אם מאמצים תמונה ריאליסטית (או אפלטונית) של המשפט, לפיה הנורמות הן סוג של יישים מופשטים, או אידיאות, שמעשה החקיקה יוצר אותם. בתמונה כזו ודאי ישנה בעייתיות ממשית בחקיקה רטרואקטיבית, שכן נוצרים כאן יישים מהעתיד לעבר. אך דומה כי גם אם לא נקבל את הגישה הריאליסטית למשפט, עדיין אמורה להיות זיקה סיבתית בין החקיקה לתחולת החוק, לפחות במישור הנורמטיבי. אם כן, בהחלט ניתן לראות כאן ממדים של סיבתיות הפוכה.

נציין כי לא סביר כאן להציע את המודל של רש״פ, שרואה את ההשפעה העתידית כמעבר למסלול אחר מבין כמה מסלולים שקיימים במקביל, שכן אין היגיון בהנחה אודות קיומם של כמה מסלולים כאלה. כפי שראינו,

התנייה עשויה ליצור מקבילות כזו בין אפשרויות שונות, ובעצם הרי זה תפקיד התנאי לפי רש״פ (לכן נדרש תנאי כפול ומשפטי התנאי בכלל). אבל החקיקה שנעשתה בשעתה לא לקחה בחשבון אפשרויות מקבילות, והיא לא נעשתה על תנאי. היא קבעה חוק כלשהו, ומבחינתה זהו החוק שחל מכאן ואילך. כעת מגיעה חקיקה מאוחרת יותר, ומשנה את המצב למפרע. אין כאן מכניזם שיוצר אפשרויות שונות במקביל, ולכן סביר יותר שזוהי השפעה סיבתית למפרע מהעתיד לעבר, לפי המודל של רש״ש. אירוע החקיקה גורם סיבתית את תחולת החוק למפרע.

מה קורה לפי התפיסה של משפט הטבע? כאן יש בהחלט מקום לראות את המצב לפי המודל של רש״פ. משפט הטבע רואה את החוק כביטוי למה שנכון. אז כיצד ניתן להסביר חקיקה מאוחרת שמשנה את החוק? האם חל שינוי ערכי במהלך הזמן? מה השתנה בין החקיקה הקודמת לזו הנוכחית? מסתבר שהמוסר אינו חד ערכי, ובתקופות ונסיבות שונות רואים אותו אחרת. אם כן, יש כאן ממש תפיסה של כמה מסלולים אפשריים שקיימים במקביל, והחקיקה בוחרת מסלול אחד מביניהם. היא אינה מקור התוקף של החוק, אלא רק מצביעה על החוק הטבעי המחייב. אבל תוקפו הוא מעצם היותו טבעי. לפי עמדה זו, החקיקה היא בדיוק ברירה בין מסלולים משפטיים אפשריים, ולא גרימה סיבתית למפרע.

אם כן, נראה שלפי הפוזיטיביסטים החקיקה הרטרואקטיבית יכולה להיתפס כגרימה למפרע במודל של רש״ש, ולפי אנשי המשפט הטבעי היא פועלת במכניזם של ברירת מסלול, לפי המודל של רש״פ.

נראה שאופיה הלא מושגי של החשיבה המשפטית בימינו, גורם לה להתעלם מסוג זה של שאלות. היא אינה מוצאת לעצמה חובה להתייחס אליהן, ולכן לא נמצא בה הכרעה לטובת המודל של רש״ש או רש״פ. ההנמקות הן תכליתיות ונורמטיביות ולא לוגיות ופילוסופיות. נראה זאת כעת בדוגמא נוספת, שתחדד יותר את ההשלכות הללו.

דוגמא להמחשה

עד כאם עסקנו ביחס בין החקיקה לבין הנורמה שהחקיקה הזו יוצרת. אולם כעת נתבונן ביחס בין חקיקה לבין השלכה ספציפית שלה. נתמקד לצורך הדיון בדוגמא הבאה. על פי החוק הקיים צוואה זוקקת שני עדים כדי לשכלל אותה (כדי שהיא תהיה תקפה). לאחר זמן נכנס לתוקפו חוק שמסתפק בעד אחד. כעת מתעוררת השאלה מה יהיה דינה של צוואה שנעשתה בפני עד אחד במועד שקודם לכניסת החוק השני לתוקף. אם נחיל את החוק החדש על הצוואה ההיא יש כאן פעולה רטרוספקטיבית, שכן מעתה ואילך אנחנו רואים בצורה שונה מעשה שנעשה בעבר. אף שעד עתה הצוואה לא היתה תקפה, מבחינתנו כעת הצוואה הופכת להיות תקפה.

אם נתבונן על מצב כזה מנקודת מבט ריאליסטית של המשפט, עולה כאן שאלה מה החיל את הצוואה? המעשה שנעשה בפני העד האחד בזמנו לא היה בו כדי להחיל אותה. האם כעת מתברר שהמעשה הקודם כן החיל את הצוואה (כלומר שטעות היתה בידינו עד עתה), או שמא מי שמחיל אותה הוא פעולת החקיקה, כלומר כעת נוצרת למפרע החלות הזו?

מנקודת מבט לא ריאליסטית ניתן אולי להתעלם מהבעייה, שכן השאלה היא נורמטיבית: אילו זכויות יהיו או לא יהיו בידי המוטבים של הצוואה. ניתן לקבוע שמה שנראה לנו סביר הוא החוק התקף. אבל מנקודת מבט ריאליסטית לא ברור מהו הגורם לתחולת הצוואה, וכיצד זה קורה. מי הגורם שחולל את תקפותה של הצוואה הזו.

יש כאן שתי אפשרויות לראות זאת: או שהחקיקה היא זו שהחילה את הצוואה למפרע, או שכתיבת הצוואה כשלעצמה החילה אותה, וזה הוברר לנו רק כעת. כאן כבר ניתן לראות ביטויים ברורים למודלים של רש״ש ורש״פ. רש״ש יאמר שהחיקוק (במקביל לביצוע התנאי, שתואר בחלק השני) הוא שהחיל את הצוואה למפרע, ויש כאן גרימה סיבתית הפוכה בזמן. ורש״פ יאמר שיש כאן גילוי מילתא, כלומר הוברר לנו שאנחנו על המסלול שצוואות שנעשות בפני עד אחד הן תקפות, ועל המסלול הזה הן היו תקפות

מאז ומתמיד (לשיטה זו הכתיבה היא הגורם לתחולת הצוואה, ולא החיקוק. החיקוק הוא שבורר את המסלול הרלוונטי).

יש לשים לב שאנחנו לא עוסקים כאן ביחס בין החיקוק לבין החוק, אלא בין החקיקה לבין יישום שלה במקרה ספציפי. כעת נוכל גם לראות השלכה מעשית שעולה מכאן, לגבי הסטטוס במצב הביניים. לדוגמא, הקרקע שניתנה בצוואה הוחזקה על ידי אשתו של הנפטר. הנפטר כתב צוואה שנותנת את הקרקע לבניו, ועשה זאת בפני עד אחד. כעת יצא חוק שדי לנו בעד אחד כדי להחיל את הצוואה. מה יהיה דינם של הפירות שאכלה האישה עד כה (לדוגמא, היא השכירה את הקרקע למישהו וקיבלה תמורה כספית)? האם עליה לשלם את תמורתם לבנים, שכן היא אכלה משלהם, או שמא הקרקע הופכת להיות שלהם רק מעתה? אם נתייחס לחקיקה הזו כרטרוספקטיבית, אזי עד עתה הפירות היו של האישה. מעתה ואילך אנחנו רואים את הקרקע כאילו היא שייכת לבנים מכוח הצוואה דאז. אבל זה לא חל על זמן עבר, אלא מכאן ואילך. אך אם החקיקה היא רטרואקטיבית, אזי האישה תצטרך לשלם לבנים את תמורת הפירות שאכלה.

במקרה זה נראה שבין אם נאמץ את המודל של רש״ש ובין אם נאמץ את המודל של רש״פ, היא צריכה לשלם את מחיר הפירות, שכן השלכות החוק חלות למפרע (כמו תנאי 'על מנת', מהחלק השני). ההבדל הוא האם השכרתה נעשתה כדין (לפי רש״ש) או שלא כדין (לפי רש״פ, אף שהיא כמובן אנוסה, ואין להעניש אותה על כך).

נתבונן כעת בשאלה נוספת, שלגביה כן יהיה הבדל בין המודל של רש״פ לבין המודל של רש״ש. האישה מכרה את הקרקע בזמן הביניים, בעת שהחוק קבע שהצוואה אינה בתוקף והקרקע היא שלה. האם לאחר החקיקה החדשה המכר חוזר, או לא? כאן ייווצר הבדל בין רש״ש לרש״פ, שכן לפי רש״פ המכר ודאי חוזר. כעת הוברר שלמפרע שהקרקע לא היתה שלה והמכר בטל. אבל לפי רש״ש החקיקה היא שגרמה לתחולת הצוואה. אם כן, יש מקום לומר שהחקיקה בבואה להחיל את הצוואה ולהעביר את הקרקע לבנים, לא מוצאת לעצמה על מה לחול. כעת הקרקע כבר אינה כאן, ולכן

החקיקה אינה יכולה לעשות מאומה לגביה. מצב דומה יהיה בנכס מיטלטל, אם האישה כילתה אותו בצורה כלשהי לפני חקיקת החוק החדש. גם אז החוק אינו יכול כבר להעביר את הנכס למוטבים החדשים.

למיטב הבנתנו (ראה אצל ברק שם, בעמ׳ 630-633), המצב המשפטי (לפחות בישראל) הוא שהחוק רואה את הצוואה כחלה מעת החקיקה (לכן זה רטרוספקטיבי, ולא רטרואקטיבי). כלומר כל מה שקרה קודם לכן, הן אכילת פירות (השכרה) והן מכירת הקרקע, נדונות לפי המצב המשפטי הקודם. כלומר נראה שהחוק אינו מקבל לא את המודל של רש״ש ולא את המודל של רש״פ, על שתי השלכותיהם, ובודאי אינו מוכן לראות גרימה סיבתית הפוכה. אך שוב מסתבר שהשיקולים כאן אינם לוגיים, אלא נורמטיביים, כפי שראינו למעלה. זוהי אינדיקציה נוספת לכך שהחוק לא חושב באופן מושגי. הוא אינו מוטרד מהשאלה הסיבתית פילוסופית מה מחיל את הצוואה, אלא אך ורק מהשאלה מה ראוי לקבוע מבחינה נורמטיבית. השאלה בעלת האופי הריאליסטי, מה מחיל את הצוואה, היא שמוליכה אותנו לאחד משני המודלים הנ״ל (רש״ש או רש״פ). אולם מי שכלל אינו שואל את השאלה הזו, ודאי לא נזקק להם. מבחינתו אין שום פעולה אחורה בזמן, אלא אם הדבר הוא לתכלית ראויה וכדו׳.

סיכום ומסקנות: בין ההלכה למשפט

ראינו שהחשיבה המשפטית אינה רואה בבעייתיות הלוגית-פילוסופית שבחקיקה הרטרואקטיבית בעייה של ממש. היא מתייחסת לכך כאל חזקה שלפיה כל חוק אינו רטרוספקטיבי, אלא אם יש סיבות טובות לסתור את החזקה הזאת.

עמדנו על כך שחשיבה מושגית, ובודאי ריאליזם משפטי, מחייבים התייחסות לבעייתיות הלוגית הזו. גישת משפט הטבע תוליך אותנו למודל של רש״פ, והגישה הפוזיטיביסטית תוליך אותנו לגישתו של רש״ש. אולם במשפט לא מצאנו לא את זו ולא את זה, וזאת מפני שהחשיבה המשפטית כלל אינה נזקקת לבעיות שמחייבות את בניית המודלים הללו.

כאן המקום להביא יוצא דופן בולט (ראה אצל רוזנאי הערה 200). אחד ההוגים הפוזיטיביסטים הבולטים ביותר, הנס קלזן, אינו רואה פסול בחקיקה רטרואקטיבית. הוא מסביר זאת בכך שאי ידיעת החוק לא פוטרת מעונש, ולכן העובדה שלא יודעים את החוק אינה צריכה להטריד אותנו. זהו ביטוי מרתק לכפל הפנים הפוזיטיביסטי בסוגיא זו. קלזן מתייחס לחוק כאילו ברור לגמרי שהוא חל רטרואקטיבית, כנראה מפני שחשיבה פוזיטיביסטית-מושגית מוליכה אותו לאמץ לוגיקה של סיבתיות הפוכה ביחס לנורמות. מכאן הוא מסיק שאם היתה חקיקה כדין, אזי החוק אכן חל למפרע. כל הבעייה היתה עם ידיעת החוק של האזרחים, ואם זה לא בעייתי, הוא אינו רואה בעייה בחקיקה רטרואקטיבית.

מאידך, ראינו שהגישות הרווחות במשפט בן ימינו אינן מוכנות לקבל החלה רטרואקטיבית של נורמות, אלא לכל היותר החלה רטרוספקטיבית של נורמות מכאן ולהבא (ללא השלכות לעבר). כלומר גם אם התקבל חוק רטרוספקטיבי, התוצאות שלו יחולו רק מכאן ולהבא. אין טוב מאשר להציג זאת בדבריו של השופט חשין:[76]

> ***נורמות במשפט, ככל מעשי אנוש והוויות החי, פניהן פני-עתיד ופני-עתיד בלבד:***
>
> ***את העבר אין ביכולתנו לשנות (כך הוא, למגינת לבם של אחדים ולשמחת לב אחרים). מעשים שהיו - היו, מחדלים שנחדלו - נחדלו, מאורעות שאירעו - אירעו, נדרים שנגדרו - נגדרו, נדרים שהופרו - הופרו. כל אלה כמו קפאו על מקומם והיו לנציבים, ואת הנעשה אין להשיב. אין בכוחנו אלא לתאר ולתעד דברים שהיו – או שלא היו – ולשנותם לא נוכל. חופש הבחירה והברירה והמיון עשוי להתקיים אך ורק באשר לעתיד, ואילו באשר לעברהבחירה כבר נעשתה, והברירה והמיון – כברירה ומיון – אינם עוד.***

---

[76] ע״פ 4912/91 תלמי נ׳ מדינת ישראל, פ״ד מח(1) 581, 619 (1993).

537

כך בעולם הגשמי וכך גם בעולם הנורמות, בעולם שבראנו אנו הוא
פרי רוחו של האדם. נורמות שהיו בעבר – ובהן עקרונות משפט
וכללי משפט – לא נוכל לשנותן לעבר: מה שהיה היה ומה שלא
היה לא היה. עוולה שנעשתה לא נוכל לכחד כי נעשתה, וטקס
נישואין שהוכר על פי דין כיוצר קשר בין בני זוג יישאר כקשר
שהוכר בעבר. עד שנגיע לעשיית צדק עלינו לומר אמת, ואמת בעבר
היא אחת.

זהו ביטוי בולט לכך שהמשפט אינו רואה עצמו רשאי לשנות את העבר.
אמנם אין מניעה לחקיקה רטרוספקטיבית, אולם תחולה רטרואקטיבית
נתפסת כבלתי אפשרית, כמו בעולם הפיסיקלי.

מכאן עולה שגם אם המשפט מכיר באפשרות להחיל חוקים
רטרוספקטיבית, אין כאן לוגיקה של היפוך זמן כמו שראינו בחלק השני
לגבי ההלכה (רש״פ ורש״ש). זוהי עמדה נורמטיבית ולא לוגית. החשיבה
המופשטת והפורמלית שמוכנה לקבל גרימה סיבתית הפוכה בזמן כמכניזם
משפטי אפשרי אינה מקובלת בהגות היוריספרודנטית.

אמנם עמדנו על כך שמכלול הנימוקים שמועלה כנגד חקיקה רטרואקטיבית
ורטרוספקטיבית מעיד על כך שישנה כאן אינטואיציה אפריורית, ואולי זוהי
האינטואיציה הלוגית-פילוסופית. עוד הצענו שהנימוקים הנורמטיביים הם
בבחינת רציונליזציה שבדיעבד לאינטואיציה הזו. אך בשורה התחתונה
נראה שההגות המשפטית אינה מקבלת את ההיבט הלוגי כבעייתי, והחשיבה
שלה עוסקת במישור הנורמטיבי. פסיכולוגיזציה, גם אם אנחנו צודקים
בהצעתנו, אינה קבילה במישור הדיון המשפטי.

לא ייפלא שהמצב שמתקבל מחשיבה לא מושגית שכזו הוא עמום למדיי.
בכל מקרה ומקרה מתעורר מחדש הדיון הנורמטיבי, מה ראוי לעשות ומה
לא, ומה המחירים שיהיו לכל החלטה. כשאין חשיבה מושגית התשובות הן
מקומיות ולא כלליות, והמצב מעורפל יותר.

רוזנאי פותח את מאמרו הנ״ל במשפטים הבאים:

בעיית הרטרואקטיביות בחקיקה העסיקה את בתי המשפט ואת הכתיבה המשפטית במשך מאות שנים. אף על פי כן, ניתוח נושא הרטרואקטיביות לוקה בחוסר קוהרנטיות, בעיקר לנוכח המחסור בהגדרה סדורה של רטרואקטיביות.

בפרק ה רוזנאי מביא כמה וכמה דוגמאות ומקורות שבהם מופיעה העמימות הזו (ראה אצלו בהערה 193, שם מובאים פסקי דין סותרים ביחס לחקיקה רטרואקטיבית).

זהו המחיר שמשלמת החשיבה המשפטית על הויתור שלה על חשיבה מושגית שיטתית, והבחירה בחשיבה טלאולוגית שבוחנת נורמות לפי תוצאותיהן ותכליתן, ולא לפי מהותן הן.

אין כאן בהכרח ביקורת. ברמה הנורמטיבית, רוזנאי עצמו שדוגל בחיזוק החזקה נגד הרטרוספקטיביות שולל את האפשרות לאסור באופן קטגורי חקיקה רטרואקטיבית (עמ' 452 סעיף 4. ראה שם את נימוקיו). יתר על כן, כפי שראינו בהקשרים ההלכתיים סיבתיות הפוכה בהקשרים נורמטיביים היא בהחלט אפשרית. הסיבה לכך היא שלא מדובר כאן ביישום פיסיקליים, אלא בקביעות נורמטיביות, ואלו עשויות להיווצר למפרע. חוק הסיבתיות הפיסיקלית לא בהכרח חל עליהן. המורכבות שמחליפה את הפורמליזם הקשיח עשויה להוביל לתוצאות משפטיות טובות וצודקות יותר, אם כי נראה שהיא מקטינה את הוודאות והיציבות המשפטית (שהרי אין תשובה אחת ברורה מראש לכל שאלה, ויש לא מעט ויכוחים ועמימויות).

בלי לנקוט עמדה שיפוטית כלפי שתי המערכות (המשפט וההלכה), ניתן להצביע על היבט אחד שעולה מכאן בבירור. ישנו הבדל בין החשיבה המשפטית הכללית לבין החשיבה של ההלכה בשאלת החשיבה המושגית. ההלכה נוטה יותר לפוזיטיביזם, ולחשיבה מושגית. ההגדרות של דיני התנאים, של ייאוש שלא מדעת, ושל שאר הסוגיות שפגשנו בחלק השלישי, הן הגדרות מנגנוניות קשיחות, ושיקולים טלאולוגיים ונורמטיביים (של הראוי והצודק) לא נכנסים לדיון ההלכתי. השאלות אותן שואלים חכמי ההלכה הן: האם זה חל או לא? הם בהחלט לא שואלים: האם זה צודק? מה

ההשלכות? וכדו׳. מבחינה הלכתית הכללים הללו הם בבחינת עובדה
משפטית, ולא משהו שהיא יכולה לעצב לפי שיקולים של צדק וסבירות. לכן
בהלכה ישנה התייחסות ללוגיקה של יחסים סיבתיים הפוכים, שכן הלוגיקה
הזו מתארת את המכניזם ההלכתי של העובדות ההלכתיות-משפטיות.
לעומת זאת, המשפט אינו בוחן את הדברים במישור הלוגי אלא במישור
הנורמטיבי. הוא מעצב את הנורמות שלו על פי המטרות והתכליות
המשפטיות של החברה. על נקודה זו נעמוד ביתר הרחבה בפרק האחרון של
החלק הזה.[77]

---

[77] ראה על כך גם במאמרו של מ. אברהם, ׳משמעותה של בעלות על ממון: בין הלכה
למשפט׳, **שנות חיים**, קהילת ׳מקור חיים׳, פתח תקווה תשס״ח, עמ׳ 13.

פרק עשרים ושבעה

היפוכים זמניים במשפט הפרטי: תנאים בדיני חוזים[78]

מבוא: מבט כללי על התנאי – הלכה ומשפט

בפרק זה נעסוק בתנאים במשפט. בחלק השני ראינו שבהלכה התנאים מופיעים בהקשרים שונים ומגוונים. ניתן להתנות כמעט על כל חלות הלכתית (למעט מקרים חריגים, כמו חליצה), כגון הפרשת תרומה, קידושין וגירושין, נזירות וכדו'. כמובן שעל פי ההלכה ניתן גם להתנות על חוזים שנכרתים בין שני בני אדם.

עוד ראינו שברוב הגישות ההלכתיות התנאי נתפס כחידוש, שנלמד מפרשת בני גד וראובן. נגזרות מכך השלכות שונות, כגון הצורך להתנות על פי משפטי התנאי. לפי גישות לא מעטות, לא די לנו בהבהרות אודות כוונת המתנה, אלא נדרשים תנאים פורמליים לחלותו של התנאי. ראינו שבגלל התפיסה הזו, כאשר אדם מתנה באופן שאינו נכון הלכתית, המעשה קיים (על אף שהוא לא רוצה בו) והתנאי בטל.

שני המאפיינים הללו לא קיימים בהתניות במערכות המשפט הרגילות. בגלל אופיה של מערכת המשפט הכללית, שאינה עוסקת בהקשרים הלכתיים שנוגעים לאדם הפרטי אלא ביחסים אזרחיים בין בני אדם, התנאי הוא פרשה מצומצמת מאד. הוא מופיע בעיקר בהקשר של דיני חוזים (התנייה על נישואין או גירושין אינה מוכרת למשפטנים עמם שוחחנו). יתר על כן, היכולת להתנות אינה חידוש של המחוקק, אלא נובעת מחופש ההתקשרות בין שני צדדים לחוזה. לכן המשפט הכללי מתייחס לתנאי כמכשיר להבהרת כוונותיהם של הצדדים. אם ברור לנו שהם מעוניינים בחוזה על תנאי, אזי הוזה יחול על תנאי ללא מגבלות לגבי צורת ההתנייה. במערכת משפט רגילה לא יהיה חוזה שיחול אם אחד הצדדים לו אינו רוצה בו.

---

[78] ברצוננו להודות לפרופ' אייל זמיר מן האוניברסיטה העברית על שיחות שקיימנו עמו בנושאים הנדונים כאן, ועל הפניות שקיבלנו ממנו למקורות ביבליוגרפיים ומשפטיים. אין צורך לציין שהטעויות, באם ישנן, כולן שלנו.

שורש הדברים הוא בכך שההלכה רואה את התנאי כפעולה הפוכה בזמן. קיום התנאי גורם למפרע לחלות לחול, או להיעקר. יש כאן פגיעה בעקרון הסיבתיות, ולכן נדרש חידוש מיוחד של התורה שניתן לעשות פעולה כזו. המשפט אינו מוכן לבחון את התנאים בכלים לוגיים-סיבתיים. השאלה היא מה כוונת הצדדים, ולא מה ניתן או לא ניתן לעשות. גם אם תהא כאן סיבתיות הפוכה, הדבר לא ייתפס כבעייתי כלל ועיקר. נכון הוא, שבדרך כלל התנאי בעולם המשפטי אינו פועל אחורה, אבל רק בגלל שזו הערכת כוונת הצדדים, ולא בגלל אילוצים מטפיסיים או אחרים.

בפרק זה אנו נרצה לבחון כיצד מערכת המשפט מתייחסת לתנאים? האם היא מכירה בכל ההבחנות ההלכתיות שהוצגו אצלנו בחלק השני? מהו המודל הלוגי שמונח ביסוד ההתייחסות המשפטית לתנאים, האם זה של רש״פ או זה של רש״ש, או אולי מודל אחר? הדיון שלנו עוקב אחר ספרם של דניאל פרידמן ונילי כהן, **חוזים**.[79]

תנאים והתליות במשפט הפרטי

שני צדדים שחותמים על חוזה יכולים להתנות את חלותו או רכיבים מסויימים שלו בהתקיימות תנאי כלשהו. לדוגמא, אדם מוכר בית כלשהו לחברו, ומתנה זאת בכך שמדד כלשהו של המניות בבורסה יירד בחודש הבא. אם מדד המניות ירד – הבית מכור (מעכשיו, או מאז), ואם מדד המניות לא ירד – הבית אינו מכור.

כאמור, האפשרות ליצור כל חוזה כזה נובעת מחופש ההתקשרות. אך גם החופש הזה אינו בלתי מוגבל, מה שמוליך לתופעות נוספות של התלייה. לפעמים ישנם תנאים מתלים מן הדין, כלומר שהחוק עצמו מתלה פעולה כלשהי באישור שלטוני או בדבר אחר. לדוגמא, בחוק הכשרות המשפטית והאפוטרופסות תשכ״ב בסעיף 7 נקבע: ״פעולה משפטית של קטין טעונה אישור בית המשפט אם היתה טעונה אישור כזה אילו נעשתה בידי נציגו;

---

[79] דניאל פרידמן, נילי כהן, **חוזים**, חלק ג, ״אבירם״ הוצאה לאור, 2003, פרקים 22-23 (פרקים אלו נכתבו על ידי פרידמן, ולכן להלן: פרידמן)

ואין תוקף לפעולה כל עוד לא בא עליה אישור בית המשפט". בהמשך דברינו נדון בהבדל בין שני סוגי ההתליות הללו.

דניאל פרידמן במאמרו 'הערה למשמעות המושג "חוזה על תנאי" שבסעיף 27 לחוק החוזים',[80] עומד על ההבדל בין תנאי להתלייה מן הדין והתליות אחרות, ומגדיר את מושג התנאי. לטענתו ישנו הבדל מהותי בין תנאי להתלייה: חוזה בתנאי הוא חוזה שנכנס לתוקף מייד עם חתימתו. תוכן החוזה הוא שזכות כלשהי מוענקת עו עוברת אם יתקיים תנאי כלשהו. אם התנאי לא יתקיים – הזכות אינה עוברת. לעומת זאת, התלייה מן הדין ודומותיה, גורמת לכך שהחוזה כלל לא נכנס לתוקף כל עוד לא התקיים מה שהחוק דורש (לגבי פעולה של קטין, אישור בית המשפט). ישנה כאן תפיסה דומה לזו ההלכתית, שכן הוא רואה את התנאי כמגיע ופועל אחרי החלת החלות.

גד טדסקי, לעומתו,[81] חולק על פרידמן בנקודות שונות. הוא מעלה אפשרות לראות את החוזה כבלתי שלם, וגוזר מכך אפשרות של הצדדים לחזור בהם במקרים מסויימים (ואף מפנה למשפט ההלכתי). אמנם למסקנה הוא מסכים עם פרידמן בנקודה זו. אך הוא טוען שמדובר בחוזה שלם אך לא תקף (ראה בפ"ג ממאמרו). הוא מגדיר חוזה תקף כחוזה שמחולל את תוצאותיו. מייד לאחר מכן הוא מבחין בין חוזה בלתי תקף מחמת אי שלימות (או הימצאות פגם בכריתתו וכדו'), לבין חוזה בלתי תקף בגלל קיומו של תנאי. חוזה בתנאי, לפי טדסקי, הוא חוזה שלם שעדיין אינו תקף. בפ"ד של מאמרו עומד טדסקי על כמה השלכות משפטיות נוספות של תפיסתו.

טדסקי גם טוען שהתנייה מן הדין דומה יותר להתנייה החוזית. לדוגמא, בעסקה של קטין לפני אישור בית המשפט, הצדדים אינם יכולים לחזור בהם, בדיוק כמו במקרה של חוזה על תנאי. זאת בניגוד לעמדתו של פרידמן

---

[80] **עיוני משפט** ח, 1981/82, עמ' 578.

[81] בתוך: גד טדסקי, **מסות נוספות במשפט**, הפקולטה למשפטים ירושלים, תשנ"ב 1992, עמ' 59.

שסבור כי הצדדים יכולים לחזור בהם עד שניתן האישור, כי במקרה זה החוזה עדיין אינו שלם. זאת בניגוד לחוזה על תנאי, שהוא חוזה שלם ולא ניתן לחזור ממנו גם לפני התקיימות התנאי.

על רקע דברינו למעלה, מעניין לציין שהויכוח הזה בין פרידמן לטדסקי נתפס על ידי משפטנים רבים כאנקדוטה פילוסופית כמעט אזוטרית. הדיון הלוגי-פילוסופי נראה בעיניהם כהשתעשעות שאין בה ערך ועניין משפטי. זוהי הדגמה נוספת לנקודה עליה הצבענו למעלה, לפיה המשפט אינו מוכן לחשיבה לוגית-מושגית, אלא בוחן את הדברים במבט טלאולוגי (מה ראוי שיהיה, ולא מה אפשרי שיהיה). אם שני הצדדים מעוניינים בחוזה שלא מתאים לדפוסים האפריוריים שכופה עליו החשיבה המושגית, הם אומרים, אין שום סיבה שהדבר לא יעלה בידם. משפטנים אינם מוכנים לראות את הלוגיקה כאילוץ על המשפט. "החשיבה המושגית היא משרתת הדין ולא אדוניתו", כדבריו של ברק שיובאו גם להלן.

התוצאה של תפיסות אלו היא שבעולם המשפט שוררת מבוכה ואי בהירות רבה ביחס לתנאים. הוראות החוק הן לקט של הסדרים שונים מרחבי העולם שאינם בהכרח הרמוניים. אם כי בשנים האחרונות חל שינוי לטובה מבחינה חקיקתית בנושאים אלו.

נסיים בכך שבדרך כלל תפיסתו של פרידמן היא שהתקבלה בסופו של דבר במשפט הישראלי, ולכן אנחנו נניח אותה מכאן והלאה. לפי פרידמן, חוזה בתנאי הוא חוזה שלם ותקף, שקיומו של התנאי מאשרר אותו למפרע. אין זה אומר שהזכויות עוברות ומוקנות למפרע מעת חתימת החוזה, אלא רק שהחוזה תקף מעת חתימתו. שאלת הרטרואקטיביות של הזכויות שמועברות בחוזה, כלומר האם הנכס נקנה לקונה מרגע חתימת החוזה או מרגע התקיימות התנאי, תידון להלן.

לשון החוק

חוק החוזים (חלק כללי), תשל"ג-1973, מתייחס לחוזה על תנאי, בסעיפים 27-29 שלו (סעיף 30 מובא כאן לצורך ההמשך):

27. חוזה על תנאי

(א) חוזה יכול שיהיה תלוי בהתקיים תנאי (להלן – **תנאי מתלה**) או שיחדל בהתקיים תנאי (להלן – **תנאי מפסיק**).

(ב) חוזה שהיה טעון הסכמת אדם שלישי או רישיון על פי חיקוק, חזקה שקבלת ההסכמה או הרשיון הוא תנאי מתלה.

(ג) חוזה שהיה מותנה בתנאי מתלה, זכאי כל צד לסעדים לשם מניעת הפרתו, אף לפני שהתקיים התנאי.

28. סיכול התנאי

(א) היה חוזה מותנה בתנאי מתלה וצד אחד מנע את קיום התנאי, אין הוא זכאי להסתמך על אי קיומו.

(ב) היה חוזה מתנה בתנאי מפסיק וצד אחד גרם לקיום התנאי, אין הוא זכאי להסתמך על קיומו.

(ג) הוראות סעיף זה לא יחולו אם היה התנאי דבר שהצד היה, לפי החוזה, בן חורין לעשותו או לא לעשותו, ולא יחולו אם מנע הצד את קיום התנאי או גרם לקיומו שלא בזדון ושלא ברשלנות.

29. בטלות החוזה או ההתנאה

היה החוזה מותנה בתנאי והתנאי לא נתקיים תוך התקופה שנקבעה לכך, ובאין תקופה כזאת – תוך זמן סביר מכריתת החוזה, הרי אם היה זה תנאי מתלה – מתבטל החוזה, ואם תנאי מפסיק – מתבטלת ההתנאה.

30. חוזה פסול

חוזה שכריתתו, תכנו או מטרתו הם בלתי חוקיים, בלתי מוסריים או סותרים את תקנת הציבור – בטל.

להשלמת הרקע הדרוש, נוסיף עוד כי חוק החוזים (תרופות בשל הפרת חוזה), תשל"א-1970, קובע לגבי חוזה שהופר: "הופר חוזה, זכאי הנפגע לתבוע את אכיפתו או לבטל את החוזה, וזכאי הוא לפיצויים...".

התליית החוזה עצמו והתליית זכות

ישנן שני סוגי התליות בדיני חוזים: ישנה התלייה של החוזה עצמו בתנאי, וישנה התלייה בתנאי של זכות כלשהי שמעניק החוזה (פרידמן, עמ' 32). אדם יכול לבטח בית ולהתנות עם חברת הביטוח שהחוזה יחול רק אם הוא יקנה את הבית עד תאריך כלשהו. במקרה זה החוזה עצמו תלוי בקיום התנאי. אם הבית לא נקנה, החוזה אינו נכנס לתוקף, ולכן אם המבוטח שילם משהו לחברת הביטוח היא צריכה להחזיר לו את הכסף. לעומת זאת, אם נכרת חוזה ביטוח שקובע שהמבוטח יקבל סכום כלשהו אם הוא יחלה עד תאריך מסויים, והוא לא חלה. במקרה כזה מה שמותנה בתנאי הוא הזכות לקבל כסף, ולא החוזה עצמו. לכן אם הוא לא חלה בתקופה האמורה, אין הוא זכאי לתשלום, אבל החוזה נותר בתוקף. ולכן הוא אינו זכאי להשבת הכסף שהוא שילם מחברת הביטוח (שכן הוא שילם על הסיכון שלקחה החברה). כאן לא ניכנס להבחנה הזו כי אין בה תוכן לוגי מהותי לנדון דידן.

התלייה חוזית והתלייה מן הדין

יש לשים לב שתפיסת החוק היא שחוזה על תנאי הוא חוזה שנכנס לתוקף מהרגע הראשון, והוא כולל מחוייבות לקיום התנאי. לדוגמא, כאשר יש חוזה שתוקפו תלוי בתנאי מתלה, אזי לכאורה היה מקום לטענה שכל עוד לא קויים התנאי החוזה לא נכנס לתוקף. אך על פי חוק החוזים חוזה כזה נכנס לתוקף מייד, והוא מחייב את הצדדים לקיים את התנאי. לכן אף צד אינו רשאי לסכל את החוזה על ידי קיום התנאי (ראה לעיל סעיף 28), וכל אחד מהצדדים אף זכאי לסעדים לשם מניעת הפרתו או סיכולו עוד לפני שנתקיים התנאי (ראה סעיף 27(ג) לעיל).[82]

[82] ראה דיון על משמעויות הענין גם אצל פרידמן וטדסקי במאמריהם הנ"ל.

השלכה אחת של ההבחנה הזו היא הדיון המשפטי לגבי תליות שבדין (ראה אצל פרידמן, עמ' 36). הזכרנו למעלה שישנם מצבים, כמו בחוזים שנעשים על ידי קטינים או פסולי דין, בהם המחוקק תולה את תוקף החוזה באישור בית המשפט, או אפוטרופוס או נציג. גם פעולה של כונס נכסים שממונה על ידי בית המשפט, טעונה אישור של בית המשפט.

אנגלרד, בספרו **חוק הכשרות המשפטית והאפוטרופסות**,[83] טוען שהתליה כזו נכנסת לגדר תנאי מתלה. פירוש הדבר הוא שיש חובה לקיים את החוזה ולא לסכלו, ובודאי שאין רשות לאף צד לחזור בו מהחוזה. אך פרידמן אוחז במה שהוא מכנה 'גישת הבטלות', לפיה אין כל תוקף לחוזה כזה כל עוד לא ניתן האישור הדרוש, ולכן בשלב זה כל צד רשאי לחזור בו. זה אפילו אינו בגדר תנאי מתלה. נציין כי טדסקי אינו מסכים להבחנה בין התלייה מן הדין והתלייה חוזית, אך כבר הערנו שתפיסתו של פרידמן היא שהתקבלה בדרך כלל.

אם כן, חוזה שתוקפו תלוי בתנאי מתלה (לא מן הדין) הוא חוזה שנכנס מיידית לתוקף, ויש חובה על הצדדים לקיים אותו ואת התנאים שהוא כרוך בהם. וכך אכן כותב פרופ' הדרי, בספרו **מיסוי מקרקעין**:[84]

> ***לפי סעיף 27(א) לחוק החוזים (חלק כללי), חוזה יכול שיהיה תלוי בהתקיים תנאי מתלה או שיחדל מלהתקיים אם היה תלוי בתנאי מפסיק. הדעה הרווחת היא שבחייו של חוזה עם תנאי מתלה יש 2 נקודות זמן עיקריות: האחת היא מועד כריתת החוזה, והאחרת, היא מועד קיום התנאי. לפי סעיף 27 לחוק החוזים, החוזה תקף לכל דבר ועניין מרגע כריתתו, אלא שאין הוא פעיל (לא אופרטיבי), שכן, הצדדים הסכימו שהוא יוקפא כל עוד אין התנאי המתלה מתקיים.***

---

[83] צחק אנגלרד, **חוק הכשרות המשפטית והאפוטרופסות**, תשכ"ב- 1962, מהדורה שנייה, המכון למחקרי חקיקה ולמשפט השוואתי ע"ש הרי ומיכאל סאקר, הפקולטה למשפטים, האוניברסיטה העברית בירושלים, תשנ"ה 1995, עמ' 108-111, 128-130

[84] כרך א (מהדורה שניה), יונתן הוצאה לאור, עמ' 337-338.

נציין כי בהלכה זו אינה התפיסה המקובלת, אם כי היא עולה במקורות שונים לגבי תנאים מסויימים (שבהם נובע בבירור מההקשר שזו היתה הכוונה). על פי ההלכה, זהו ההבדל בין תנאי לבין זכות מוקנית. התנאי הוא מעשה שכל צד רשאי להחליט האם הוא עושה אותו אם לאו. בחלק השני עסקנו בשאלה לגבי אישה שהתגרשה על תנאי שלא תשתה יין, ולאחר מכן נישאה ונולדו לה ילדים, האם היא רשאית לשתות יין, שהרי החוזה לא חייב אותה שלא לשתות, אלא רק התנה את תוקף הגירושין באי שתייה. גם לצד שאוסר את שתיית היין, הדבר אסור רק בגלל ההשלכות, שהילדים הופכים לממזרים והבעילה היא בעילת זנות, אבל לא בגלל ההתנייה בחוזה (אמנם בגירושין זהו תנאי שבא מצד מהגרש, שכן אין צורך להסכמת האישה. ייתכן שבחוזה דו-צדדי, תהיה גם מחוייבות לקיים את התנאים שבחוזה).

האם יש הבדל בין תנאי מתלה ומפסיק?

ראינו בסעיף 27 שהחוק מבחין בין תנאי מתלה ותנאי מפסיק. שורשה של הבחנה זו הוא בהבחנה האנגלית בין תנאי מוקדם (condition precedent) לתנאי מאוחר (condition subsequent), שמוחלת הן לגבי חוזים על תנאי והן לגבי זכויות על תנאי (פרידמן, עמ' 38).

מהי ההבחנה בין שני התנאים הללו? לכאורה חוזה על תנאי מתלה כלל אינו בתוקף כל עוד לא קויים התנאי, ואילו חוזה על תנאי מפסיק נכנס מיידית לתוקף ואי קיום התנאי מסכל/מפקיע אותו. אך כפי שראינו למעלה, המצב אינו בדיוק כזה. גם תנאי מתלה אינו משהה את תוקף החוזה. גם במצב של תנאי מתלה החוזה נכנס לתוקף מיידית, לפחות במובן שיש חובה לקיים אותו והצדדים אסורים לחזור בהם מהחוזה. לכאורה המשמעות הזו מרוקנת מתוכן את ההבחנה בין תנאי מתלה לתנאי מפסיק.

לכן השופט הולמס מערער לגמרי על ההבחנה הזו. בשעת התביעה, שהיא השעה הקובעת לדעתו, תקפותו של החוזה תלויה בשאלה האם תנאי התקיים או לא. הדבר נכון בין אם התנאי הוא מתלה ובין אם הוא מפסיק.

כאשר אנחנו מתנים חוזה מכירה בתנאי שיירד גשם בשבוע הבא, בין אם ננסח זאת כתנאי מתלה או כתנאי מפסיק, אזי אם ירד גשם השדה מכורה, ואם לא ירד גשם השדה לא מכורה. ובכלל, לא נראה שניתן להסיק מתוך נוסח התנאי האם מדובר בתנאי מתלה או מפסיק. ההבדל הוא רק בשאלה האם תנאי מבטא את הצד של סיכול החוזה (אם לא יירד גשם השדה לא מכורה) או את הצד של קיומו (אם יירד גשם השדה מכורה). מעניין לציין שבהלכה נדרש תנאי כפול, ולכן לעולם לא ניתן להבחין בצורה כזו בין שני סוגי התנאים הללו.

יש לציין כאן כי השקילות הלוגית בין שני הניסוחים, שאחד מתייחס לצד החיובי והשני לשלילי אינה מדויקת. בספר השלישי בסדרה שלנו, שעסק ביחס בין לאו לעשה, עמדנו שם בהרחבה על הבדל לוגי בין ניסוח חיובי ושלילי. ראינו שם שמצווה שמורה לנו להניח תפילין, שונה במובן הלוגי והנורמטיבי ממצווה שאוסרת עלינו להיות בלי תפילין. ראינו שם שהלוגיקה הדאונטית המקובלת, הן בהקשר האתי והן בהקשר המשפטי, כלל אינה מודעת להבחנה הזו. נראה שכאן ישנה בבואה של אותה בעייה. המשפט אינו רואה הבדל בין הפקעה לבין החלה, ושני אלו נראים לו כדיבורים על שני צדדים של אותו מטבע.

מאידך, מכיון שהמחוקק הישראלי כן מבחין בין שני סוגי התנאי הללו, עלינו לצקת תוכן להבחנה זו. ההבחנה המתבקשת בין שני סוגי התנאים היא לעניין מועד הבטלות/התחולה. אם המכירה נעשית בתנאי מתלה החוזה כלל לא נכנס לתוקף בעת קשירת החוזה. אם התנאי לא התקיים אז החוזה מעולם לא היה בתוקף, ואם התנאי התקיים החוזה נכנס לתוקף מעת קיום התנאי. אולם אם המכירה נעשתה בתנאי מפסיק, אזי החוזה נכנס לתוקפו מיידית. אם התנאי התקיים המכירה היתה בתוקף עד מועד ההפסקה. ואם הוא לא התקיים המכירה נותרת בתוקף גם לאחר מכן.

חשוב להבין שבשני התנאים הללו לא מתרחש שום דבר למפרע. ההבדל הוא בשאלה האם החוזה נכנס מיידית לתוקפו וקיום התנאי (המפסיק) עוקר אותו, או שהחוזה תלוי ועומד עד התקיימות או אי התקיימות התנאי

(המתלה). גם כאן אין עדיין הבחנה עקרונית בין עקירה של חלות לבין אי
החלתה. ההבדל הוא רק בשאלת התוצאות לגבי מועד תחולת החוזה.
פרידמן (עמ' 39) מעיר שגם ההבחנה הזו היא בעייתית, שכן בתנאי מפסיק
שהתקיים וסיכל את החוזה, זכאים הצדדים להשבת כל מה שניתן על פי
החוזה בתקופה שקדמה לקיום התנאי. יתר על כן, כפי שראינו למעלה גם
בתנאי מתלה החוזה נכנס לתוקפו מיידית. שוב נותרנו ללא הבחנה ממשית
בין שני התנאים הללו.

ובאמת שאלת הרטרואקטיביות של תחולת החוזה עם התנאי מעוררת
פולמוסים לא מוכרעים ואי בהירות רבה בעולם המשפטי (ראה לדוגמא אצל
טדסקי בהערת שוליים 9). זו אחת התוצאות של חשיבה לא מושגית.
בהלכה, כנגד זה, ישנה חשיבה מושגית בבסיס דיני התנאי, ולכן שוררת שם
הבחנה חדה בין תנאי 'אם' לתנאי 'על מנת'. ההשלכות של שני סוגי התנאי
הן מובחנות ומוגדרות היטב מבחינה הלכתית, ושאלת הרטרואקטיביות כלל
אינה מתעוררת.

זכות העקיבה

אנו חוזרים כעת לדיון המשפטי. בנקודה זו אנו עומדים במצב בו כלל לא
ברור ההבדל בין תנאי מתלה ותנאי מפסיק. אם הרטרואקטיביות אינה
הקריטריון להבחין ביניהם, מהי ההבחנה? פרידמן מציע הבחנה שונה בין
שני סוגי התנאי הללו, הנוגעת לזכות העקיבה (נראה שלדעתו זהו ההבדל
היחיד בין שני הסוגים. ראה על כך עוד להלן).

מקובל לחשוב שחוזים שבוטלו למפרע עקב פגם בכריתתם קיימת בהם זכות
עקיבה. לדוגמא, פלוני העביר נכס בחוזה מכר לאלמוני, והתברר שהחוזה
נקשר עקב מרמה של אלמוני (הקונה). פלוני תובע כעת לבטל את החוזה,
והחוזה מופקע למפרע כאילו לא נקשר כלל. במקרה כזה הנפגע זכאי לזכות
השבה אישית מהקונה ובנוסף לזכות עקיבה אחרי הנכס, אם הקונה כבר
העביר אותו בינתיים לפלמוני (אלא אם הצד השלישי קנה אותו בתום לב
ושילם את תמורתו).

לעומת זאת, אם הנכס נמכר בחוזה שהופר על ידי הקונה לאחר קשירתו, ופלוני תובע לבטל את החוזה, וכך קמה לו זכות להשבה. במצב כזה החוזה מתבטל מעת ההפרה, אך לא למפרע. לכן במקרה זה אין לנפגע זכות לעקוב אחר הנכס (כלומר להוציאו מפלמוני), לפחות לא יותר מנושים אחרים של אלמוני (הקונה).

זה היה הבדל בין פגם בכריתת החוזה, שמפקיע אותו למפרע, לבין הפרה שלו שמבטלת אותו מעת ההפרה. פרידמן טוען שאותו הבדל יהיה גם בין אי קיום תנאי מתלה לבין קיום תנאי מפסיק. ביטול מכוח אי קיום תנאי מתלה, שהיא בטלות למפרע, ולכן היא נותנת זכות עקיבה. זאת בניגוד לבטלות מחמת קיום תנאי מפסיק, שמבטלת את החוזה מכאן ולהבא, ולכן אינה נותנת זכות כזאת.

סיבת ההבדל הזה היא שבמקרה של קיום תנאי מפסיק הנכס שייך לקונה עד קיום התנאי המפסיק, ולכן הוא גם נמכר לפלמוני כדין. מסיבה זו פלוני אינו יכול כעת להוציא את הנכס מידיו של פלמוני. לעומת זאת, בתנאי מתלה החוזה מעולם לא חל, ולכן אם התנאי לא קויים אזי הנכס לא היה של אלמוני כבר בעת שהוא מכר אותו לפלמוני, ולכן פלוני יכול להוציא את הנכס מידי פלמוני. כך קמה לפלוני זכות העקיבה.

מעניין לציין שפרידמן (עמ' 41) מפקפק בשאלה האם בתנאי מתלה באמת קמה למוכר זכות עקיבה. טענתו היא שבמקרה זה הפגם בחוזה אינו פגם ברצון הצדדים, ולכן החוזה הוא תקף (כפי שראינו למעלה) והפרתו עוקרת אותו, גם אם היא עושה זאת למפרע. אמנם יש להעיר שבמקרה כזה החוזה אכן תקף, אבל רק במובן שלצדדים אין אפשרות לחזור בהם מהחתימה עליו. אבל המכר כשעלצמו ודאי לא נכנס לתוקף, שהרי זו מהות ההתלייה החוזית.

פרידמן מביא את הדברים כהצעה שלו להבחנה בין שני סוגי התנאי, ונראה שהוא מודע לכך שזו אינה תזה הכרחית. ואכן משפטנים מפקפקים גם בכיוון ההפוך של הצעה זו, כלומר בקביעה שבתנאי מפסיק אין לנפגע זכות

551

עקיבה. גם שם הדבר תלוי יותר בשאלות נורמטיביות מאשר בשאלות לוגית.
אנו נשוב להיבטים אלו בהמשך הפרק.

דמי תיווך

נעיר כי בהצעת הקודכס האזרחי, בסעיף 226(ב) נקבע הבדל בין דמי תיווך
בחוזה עם תנאי מתלה ותנאי מפסיק:

*היה החוזה בין הלקוח לאדם השלישי מותנה בתנאי מתלה, אין
המתווך זכאי לדמי התיווך אלא בהתקיים התנאי. היה החוזה
מותנה בתנאי מפסיק, אין בכך כדי לגרוע מזכות המתווך לדמי
תיווך.*

הרי לנו הבחנה קטגורית נוספת בין שני סוגי התנאים. שורשה של ההבחנה
הזו היא שבתנאי מפסיק החוזה נכרת מיידית, ולכן המתווך זכאי לדמי
התיווך. לעומת זאת, בתנאי מתלה החוזה עדיין אינו כרות אלא בהתקיים
התנאי.

האם יש בחוק גרימה סיבתית למפרע?

תנאי מתלה שלא התקיים גורם לכך שהחוזה מלכתחילה כלל לא נכנס
לתוקף. אך אין כאן גרימה סיבתית הפוכה, שהרי החוזה מעיקרו לא חל,
וכשלא התקיים התנאי המתלה הוא ממשיך לא להתקיים. אם כן, אין כאן
שום גרימה למפרע. גם במקרה של תנאי מתלה שהתקיים, הוא מכניס את
החוזה לתוקף רק מעת שהתקיים התנאי (כך עולה גם מלשון החוק. ראה
סעיף 27(ג) לחוק החוזים שהובא למעלה). אם כן, גם כאן אין גרימה סיבתית
למפרע.

מה קורה בתנאי מפסיק? שם החוזה חל מהתחלה. אם התנאי לא התקיים,
זה גורם למצב שהחוזה ממשיך גם מכאן ולהבא. ואם התנאי המפסיק כן
התקיים, הדבר הפסיק את החוזה מכאן והלאה. במצב כזה החוזה חל מעת
שהוא נכרת, וקיום התנאי המפסיק הפקיע אותו מכאן ואילך. אמנם ראינו
למעלה שחלה חובת השבה גם על כל מה שניתן מכוח החוזה בתקופה שהוא

היה בתוקף, אז זה לא מכוח בטלות של החוזה למפרע אלא מכוח 'מקח טעות'. התשלומים ניתנו על דעת שהתמורה תינתן בהמשך, וזה לא קרה. כאמור, זוהי חובת השבה ולא בטלות של החוזה. יתר על כן, ראינו שבמקרה כזה לא קיימת זכות עקיבה, שכן החוזה אכן היה בתוקף עד קיומו של התנאי המפסיק.

פרידמן (עמ' 41) טוען שיכול להיות תנאי מפסיק מסוג שונה. הסוג הקודם מכונה אצלו 'תנאי מפסיק מפקיע', ואילו הסוג השני הוא 'תנאי מפסיק מסיים'. בסוג השני קיומו של התנאי המפסיק לא מפקיע את החוזה למפרע, אלא מכאן ולהבא. משמעות הדבר היא שאין חובת השבה על מה ששולם עד עתה. לדוגמא, אדם השכיר לחברו דירה לתקופה של 12 חודש, בדמי שכירות חודשיים. החוזה הותנה בתנאי מפסיק אם יודיע אדם שלישי כלשהו (כגון שכן) על התנגדותו. כעבור ארבעה חודשים הודיע השכן שהוא מתנגד לחוזה, וממילא החוזה פוקע. האם נחייב את המשכיר להשיב לשוכר את דמי השכירות ששולמו עד עתה? ודאי שלא, שהרי התקבלה התמורה עבורם.

אולם ההבדל בין שני התנאים המפסיקים במקרים אלו אינו מהותי. במקרה הרגיל החוזה בטל מכאן ולהבא, ולא למפרע. אלא שחלה חובת השבה על התשלומים (מכוח מקח טעות, וכנ"ל). גם בתנאי מהסוג השני החוזה בטל מכאן ולהבא, אלא שכאן גם לא חלה חובת ההשבה. הסיבה לכך היא שאין כאן מקח טעות (שכן התמורה ניתנה). כלומר זה לא סוג שונה של תנאי, אלא נסיבות שונות שבהן אנו מפעילים את התנאי המפסיק. חובת ההשבה לא קיימת כאן מכוח החוזה, אלא מכוח הנסיבות. כמו שהמשכיר חייב להשיב את הכסף, השוכר חייב לשלם לו דמי מגורים של ארבעה חודשים (ראה אצל פרידמן, עמ' 42). הקיזוז בין שתי המחוייבויות הללו מוליך לתוצאה שאין חובת השבה. לא סוג ההתנייה עושה זאת. אין כאן סוג שונה של תנאי, אלא אותו תנאי עצמו בנסיבות שונות. נעיר כי בהלכה מתייחסים לשכירות כחוזה מיוחד שמתנהל באופן מתמשך, והמינוח הוא: "ישנה לשכירות מתחילה ועד סוף" (ראה קידושין סג ע"א ומקבילות).

פרידמן מנמק את ההבחנה שהוא מציע בדיספוזיטיביות של החוק, ובחופש ההתקשרות החוזית שמאפשר לצדדים לעצב את החוזה כרצונם (גם לא לפי השבלונות שהחוק קובע). כלומר הוא טוען שאמנם זוהי סכימה לא מוגדרת היטב באופן לוגי, אך הצדדים רשאים לקשור חוזה כרצונם. אך לדברינו אין כאן צורך להשתמש בהנמקה הזו, שכן לא מדובר בחוזה בעל עיצוב שונה מזה של חוזה עם תנאי מפסיק כפי שהוא מוגדר בחוק. ניתן לומר שזהו חוזה מתמשך. הנמקה כמו זו של פרידמן כן יכולה לעלות במקום בו הצדדים מסכמים בחוזה מכר בתנאי מפסיק (לדוגמא, שיירד גשם בשבוע הבא), שלא תהיה חובת השבה גם אם יתקיים התנאי. כלומר הכסף ששילם הקונה יישאר אצל המוכר, על אף שהמכר בטל. כאן יכול לבוא לידי ביטוי חופש ההתקשרות החוזית. גם חוזה כזה יהיה תקף, וזאת מפאת חופש ההתקשרות (שכל שני אנשים יכולים להתקשר ביניהם בכל חוזה שימצאו לנכון).

ניטול כעת דוגמא נוספת, הנוגעת לעסקאות נוגדות (פרידמן, עמ' 43). בתאריך 1.1 פלוני חתם עם אלמוני הסכם למכירת מגרש, בתנאי שיינתן תוך 90 יום רישיון בנייה על המגרש הזה. כעבור חודש, בתאריך 1.2, פלוני מתחייב למכור את המגרש לפלמוני. כעבור עוד חודש, בתאריך 1.3, ניתן היתר בנייה על המגרש. במצב כזה המגרש שייך לאלמוני, כי הוא בעל העסקה הראשונה. פרידמן מנמק זאת בכך שתוקף החוזה הוא מעת קשירתו ולא מעת התקיימות התנאי. נראה שהוא רואה בזה תנאי מפסיק ולא תנאי מתלה, ולכן החוזה בתוקף כבר מהתחלה. אולם הדבר נכון גם לתנאי מתלה, שהרי גם בתנאי כזה תוקף החוזה הוא מעת קשירתו, ורק המכר הוא שמותנה בתנאי המתלה. ומכיון שהחוזה עם אלמוני קדם, ידו של אלמוני על העליונה גם אם נבין זאת כתנאי מתלה.

יש לשים לב שבשני המקרים אין לראות כאן גרימה סיבתית למפרע. הקדימה של אלמוני היא אך ורק מפני שהחוזה שלו נקשר קודם, ולכן גם נכנס לתוקף לפני החוזה של פלמוני.

רק לשם השוואה, ההסתכלות ההלכתית במצב כזה תולה את הכל בחלות
המכר, ולא בתוקף הסכם ההתחייבות למכור אותו. אלמוני יהיה קודם
לפלמוני אך ורק אם השדה אכן הופכת להיות שלו כבר מתאריך 1.1, לפני
שנעשתה העיסקה עם פלמוני. הקדימה שלו אינה דין בדיני חוזים, אלא
פשוט מפני שאדם (במקרה זה, פלוני) לא יכול למכור נכס שכבר אינו שלו.
לכן בתנאי מתלה, שבו אמנם ההסכם הוא בתוקף אך הקניין על המגרש
נעשה רק מעת התקיימות התנאי (ראה למעלה לעניין זכות העקיבה), על פי
ההלכה פלמוני יהיה קודם לאלמוני. בתנאי מפסיק, לעומת זאת, גם ההלכה
תראה את אלמוני כקודם, שכן בתנאי כזה המגרש עצמו כבר שייך קניינית
לאלמוני מתאריך 1.1 (ולא רק שהחוזה ביניהם נכנס אז לתוקף), ולכן פלוני
מכר לפלמוני מגרש שאינו שלו.

כלומר החוק באופן עקבי אינו מוכן לקבל גרימה למפרע. יתר על כן, החוק
אינו מוכן לקבל אפילו את המודל של רש״פ, שרואה את ההתנייה כאילו היא
יוצרת שני מסלולים שקיום או אי קיום התנאי בורר ביניהם. מבחינת החוק
שום דבר לא קורה למפרע, אלא הכל מעת התקיימות הסיבה והלאה. בתנאי
מפסיק הסיבה היא כריתת החוזה בעת קשירתו, ובתנאי מתלה הסיבה היא
התקיימות התנאי שכורתת את החוזה מכאן ואילך.

בין תנאי מתלה ותנאי מפסיק לבין תנאי ׳מעכשיו׳ ותנאי ׳אם׳
בהלכה ראינו הבחנה בין תנאי ׳על מנת׳ (שחל מעכשיו) לבין תנאי ׳אם׳ (שחל
מעת התקיימות התנאי). לכאורה זוהי אותה הבחנה כמו בין תנאי מפסיק
לתנאי מתלה: תנאי מעכשיו הוא תנאי מפסיק, שהרי הוא חל מעכשיו ואי
התקיימות התנאי מפקיעה אותו. ואילו תנאי ׳אם׳ הוא תנאי מתלה, שהרי
הוא לא חל מעכשיו, וקיום התנאי מחיל אותו מאז ולהבא. אך כפי שראינו
בחלק השני, הדמיון בין הצמדים הללו אינו מלא.

תנאי מעכשיו הוא תנאי שבו המכר חל מעכשיו, ולא רק שהחוזה
(=ההתחייבות למכור) נכרת מעכשיו. יתר על כן, בתנאי מעכשיו הרש״ש
רואה את קיום התנאי כסיבה שמחילה את החלות מכאן ולהבא למפרע,

כלומר כגרימה סיבתית למפרע. מעת שהתקיים התנאי החלות חלה למפרע. עד קיום התנאי החלות כלל לא חלה, ולכן אם מת המגרש בזמן שבינתיים, לפי רש״ש הגירושין בטלים. אם כן, לפי רש״ש מדובר בתנאי מתלה, על אף שהוא פועל למפרע. קיום התנאי פועל סיבתית את החלות, אף שהיא חלה למפרע. ראינו גם השלכות של התפיסה הזו (כגון אם מת המגרש בזמן שבינתיים, שהגירושין לא יחולו, כי בעת שמתחוללת הסיבה כבר אין מגרש). בחלק השני גם ראינו שרש״פ רואה את התנאי הזה באופן שונה מרש״ש, לא מדובר כאן בגרימה למפרע אלא בבחירת מסלול מבין שניים אפשריים. לשיטתו תנאי 'על מנת' הוא לא תנאי מתלה ולא תנאי מפסיק. ועדיין הוא ודאי תופס שהמכר עצמו חל למפרע, על כל ההשלכות הנגזרות מכך.

לעומת זאת, תנאי 'אם', הוא בפירוש תנאי מתלה. החלות חלה רק אם ומעת התקיימות התנאי. במקרה כזה שום דבר לא נכרת בעת קשירת החוזה, זאת בניגוד לתפיסה המשפטית שראינו כאן, שלפיה החוזה כן נכרת (אף שהבעלות עצמה מושהית).

לסיכום, הזיהוי בין תנאי 'אם' לתנאי מתלה אינו נכון, שכן לפי ההלכה בתנאי 'אם' לא קורה מאומה עם קשירת החוזה. תנאי 'אם' הוא אכן תנאי מתלה, אך לא בפרשנות המשפטית המקובלת (לפיה נכרת החוזה מלכתחילה). וגם הזיהוי בין תנאי 'על מנת' לתנאי מפסיק אינו הכרחי, שכן לפי רש״ש תנאי 'על מנת' הוא תנאי מתלה שפועל למפרע. ולפי רש״פ ראינו שתנאי 'על מנת' אינו מתלה וגם לא מפסיק, אלא מכניזם שונה משניהם (אמנם בדבריו שם ניתן לראות בפירוש הבחנה בין שני סוגים של תנאי: מקיים ומפסיק, לפי כוונת הצדדים).

נבחן את הדברים לאור הדיון על זכות העקיבה. האם בתנאי 'על מנת' יש זכות עקיבה? פלוני מוכר שדה לאלמוני בתנאי 'על מנת' שיירד גשם באותו יום בחודש הבא. לאחר שבוע אלמוני מוכר את השדה לפלמוני. עוברים עוד שלושה שבועות ומתברר שלא ירד גשם. במצב כזה השדה נותרה בבעלותו של פלוני, ואלמוני כלל לא קנה אותה. לכן המכר לפלמוני בטל, ויש זכות עקיבה. אם ירד גשם, המכר לאלמוני אמנם חל, וגם מכירתו של אלמוני

לפלמוני חלה, שכן על אף שהוא עשה זאת עוד בטרם השדה עבר לבעלותו על ציר ה- τ, בציר t זה היה קודם (המכירה מוחלת במהלך המעבר השני על פני t).

מה קורה באותו מקרה בתנאי 'אם'? המכר לאלמוני חל רק בעוד חודש, אם ירד גשם. אם כן, המכר לפלמוני היה מכר של שדה שאינה שלו, ולכן הוא לא חל בשום מקרה. בין אם ירד גשם ובין אם לאו, השדה אינה של פלמוני. אם ירד גשם השדה הוא של אלמוני (החל מעוד חודש), ואם לא ירד גשם השדה נשאר שייך לפלוני.

כפי שראינו למעלה, אם פלוני עצמו מכר את השדה לפלמוני לאחר שבוע, אזי בתנאי 'אם' המכר לאלמוני מתחיל לחול מאחרי חודש, אלא שאז השדה כבר אינה שלו.

אנו שוב רואים שההלכה פועלת במסגרת של חשיבה מושגית, וקובעת את הלכות הקניין על פי המכניזמים והלוגיקה של התנאי. הכל נקבע עלפי העובדות המשפטיות, האם השדה שייך למי שמכר אותו, ואז המכר חל, או לא. ואילו המשפט קובע זאת לפי אמות מידה של צדק והוגנות, לפיהן לאחר שנכרת חוזה מכירה, גם אם הבעלות מכוח המכירה עדיין לא נכנסה לתוקף, הקדימה נותרת לקונה הראשון.

ראינו שלפי רש"ש תנאי 'על מנת' הוא תנאי מתלה שפועל למפרע. האם ייתכן מצב של תנאי 'על מנת' שיהיה תנאי מפסיק? נראה שהדבר אפשרי, אם אדם יתנה תנאי שעוקר את החוזה למפרע (ולא שמחיל אותו למפרע). זה יהיה תנאי שבו החוזה נכנס לתוקף מרגע קשירתו, אבל אם התנאי לא מתקיים הוא נעקר למפרע כאילו מעולם הוא לא היה קיים.

האם ייתכן תנאי 'אם' שיהיה תנאי מפסיק? גם זה נראה אפשרי במישור העקרוני, אם כי מלאכותי יותר. כאשר אדם מוכר נכס החל מעוד חודש ללא תנאי, אך הוא מתנה את המכירה בכך שאם יתקיים משהו היא תיעקר מייד. במצב כזה המכירה אינה תלויה בקיום התנאי, והיא חלה אוטומטית בעוד חודש. אבל אם לא יתקיים אותו משהו, היא תיעקר ברגע שהיא מוחלת.

557

הדבר דומה לדברי הר"י בתוס' כתובות נה, שלשיטתו תנאי 'על מנת' בעצם עוקר את החלות מרגע שהיא חלה, ועדיין הוא עוקר אותה, ולא רק מונע את תחולתה. כזכור, מסיבה זו לדעתו נדרש תנאי כפול, שכן בלעדיו זהו דיבור בעלמא שאינו יכול לעקור מעשה. אם התנאי אינו כפול, החלות תחול על אף שלא התקיים התנאי, כי אין לו כוח לעקור אותה.

המסקנה היא שקיים חוסר תלות מוחלט בין ההבחנה המשפטית בין תנאי מפסיק לתנאי מתלה, לבין ההבחנה ההלכתית בין תנאי 'על מנת' לתנאי 'אם'. ההלכה מגדירה מכניזמים, ובמישור הפורמלי ודאי כל האפשרויות קיימות. ואילו המשפט פועל על פי כללים של היגיון והוגנות, ולכן הוא אינו עושה את ההבחנות הללו. נציין כי חופש ההתקשרות המשפטי אומר שאם הצדדים ירצו להגדיר ביניהם חוזה שמשמעותו תהיה משמעות הלכתית כלשהי, כגון חוזה מתלה למפרע או עוקר מכאן ולהבא, אין כל מניעה לעשות זאת. הקביעות המשפטיות שראינו הן דיספוזיטיביות (כלומר ברירות מחדל, או חזקות פרשניות לחוזים שלא כתבו בפירוש כוונה אחרת).

הבדלים נוספים בין המשפט להלכה

א. ההלכה מגדירה נוסחים שונים שיסייעו לנו להבחין בין תנאי מעכשיו ('על מנת') לתנאי מושהה ('אם'). יתר על כן, ההגדרה של אופי התנאי ושל היותו תנאי, גם היא נעשית באופן פורמלי וכללי על ידי ההלכה (אלו הם משפטי התנאים). לעומת זאת, המשפט מפרש את התנאים לפי הנסיבות (פרידמן, עמ' 46):

השאלה האם האירוע הוא בגדר תנאי (מתלה או מפסיק) או שהוא בגדר התחייבות של אחד הצדדים תחתך בהתאם לתוכן החוזה.

אנו רואים כאן גישה פורמלית-מושגית של ההלכה, מול גישה לא מושגית של מערכת המשפט האזרחית.

כך אנו מוצאים גם בפס"ד של אהרן ברק, בו הוא קובע:[85]

---

[85] ע"א 1662/99 חיים נ' חיים פ"ד נו(6) 295, 347.

> ***...הקביעה אם עניין לנו בחוזה על תנאי מתלה, אם לאו, יכולה להילמד מאומד דעת הצדדים לו, כפי שהיא משתקפת מלשונו ותכליתו (הסובייקטיבית והאובייקטיבית).***

ב. כפי שראינו, התפיסה ההלכתית היא שתנאי אינו יכול לעקור מעשה, לולא חידוש התורה. זוהי הסיבה שמחייבת אותנו לנסח את התנאי בדיוק כפי שדורשת התורה (כלומר לפי משפטי התנאי). לעומת זאת, במשפט הכללי הזכות להתנות תנאים היא חלק מחופש ההתקשרות החוזית.

אחת ההשלכות שהיינו מצפים לה מתוך ההבדל בין שתי התפיסות היא משמעותו של החוזה במצב שההתנייה עומדת בניגוד לחוק. בהלכה ראינו שהתנייה על מה שכתוב בתורה, פירושה שהתנאי בטל והמעשה קיים. לדוגמא, אדם שמתנה עם אדם שהוא ילווה לו על מנת שהשביעית לא תשמט אותו, או שאין לו עליו דין אונאה, ההלוואה עצמה קיימת ורק התנאי מתבטל. ראינו את ההסבר שמציע לכך ר״י, שללא חידוש התורה לא היתה לנו כלל אפשרות להתנות על מעשים כלשהם, ולכן אם מתנים שלא על פי משפטי התנאי המעשה נותר קיים והתנאי אינו יכול לעקור אותו.

כעת נשאל את עצמנו מה קורה באותו מצב במשפט הכללי? מדובר במצב שהצדדים קובעים בחוזה תנאי שביצועו מנוגד לחוק. על כך כותב פרידמן (עמ׳ 51):

> ***חזקת החוקיות ניתנת לסתירה. ואם יוכח שהצדדים אכן התכוונו לבצע את החוזה ללא רשיון הדרוש מכוח חיקוק לשם ביצועו, עלול ההסכם להיות בטל מחמת אי חוקיות. במקרה כזה יחולו עליו הוראות סעיפים 31-30 לחוק החוזים*** (ראה ציטוט למעלה)***...***

אם כן, כאשר ההתנייה היא בלתי חוקית החוזה בטל, בדיוק כמו במקרה שהחוזה עצמו הוא בלתי חוקי. במינוח ההלכתי פירוש הדבר הוא שהתנאי בטל והמעשה גם הוא בטל. זאת בניגוד להלכה שהתנאי בטל אך המעשה קיים. זהו שיקוף של ההבדל בין החשיבה המושגית-פורמלית של ההלכה, שהתנאי נכנס לתוקף רק מכוח ההיתר ההלכתי, לבין התפיסה המשפטית הלא פורמלית שרואה בזכות להתנות חלק מחופש ההתקשרות החוזית.

ג. הבדל נוסף שכבר הוזכר למעלה בין המשפט האזרחי להלכה הוא שבהלכה התנאי הוא פעולת רשות. אדם שחתם על חוזה בתנאי אינו חייב לקיים את התנאי. אם הוא מקיים אתץ התנאי החוזה נכנס לתוקף, ואם לא – אז החוזה אינו תקף. הרשות ביד כל אחד מהצדדים לעשות כרצונו. לעומת זאת, החוק רואה את התנאי כמחוייבות חוזית (לכן גם במקרה של תנאי מתלה החוזה נכנס לתוקף מעת קשירתו, וניתן אף לאכוף את הצדדים שלא לסכל אותו). הצדדים מחוייבים שלא לסכל את החוזה (כלומר לא לקיים תנאי מפסיק ולא לבטל תנאי מתלה). גם כאן נראה שהחוק הוא פחות פורמלי והולך אחר כוונות הצדדים. בדרך כלל תנאי הוא מעשה שהצד המתנה רוצה בביצועו, ועל דעת כן הוא נכנס להתקשרות החוזית. לכן המשפט רואה את החתימה על החוזה כהתחייבות לקיים את התנאים. ואילו ההלכה רואה את התנאי כאקט פורמלי, שמתנה את ההתקשרות החוזית.

ד. הבדל נוסף הוא שההלכה מכירה באפשרות של תנאי שעוקר או מחיל חלות למפרע. כלומר ההבחנה הלוגית בין עקירה לאי חלות, שלא קיימת במחשבה המשפטית הרגילה, קיימת בהלכה. טענתם של הולמס ופרידמן, לפיה אין הבדל בין תנאי שמתנה חוזה בקיום X לבין תנאי שעוקר את החוזה מחמת אי התקיימות X, אינה נכונה בהלכה. תנאי 'מעכשיו' לפי ר"י הוא תנאי שעקירת החלות נעשית בו למפרע, ובכל זאת לא מדובר באי החלה מעיקרא אלא בעקירה. בחלק השני ראינו את ההשלכות של קביעה זו (מעבר לצורך במשפטי התנאים כדי לעקור חלות קיימת).

תנאי שמפסיק למפרע ותנאי שמתלה למפרע

עד כאן נוכחנו לראות שבהקשר המשפטי אין פעילות שמתרחשת למפרע. ההנחה היתה שתנאי מפסיק פועל מכאן ולהבא, כלומר עד ההפסקה החוזה היה בתוקף, ומעת שהופסק ואילך הוא בטל. וגם תנאי מתלה פועל רק מכאן

ולהבא (החוזה נכרת ברגע ההתקשרות, והזכויות שהוא מצמיח חלות רק מרגע קיום התנאי). אין בהקשר המשפטי שום תוצאה שמופעלת למפרע.

אך ישנן סיטואציות חריגות. הסוג הראשון הוא מצבים שבהם מדובר בתנאי מפסיק למפרע, כלומר שאם התקיים התנאי המפסיק החלות פוקעת למפרע. לכאורה זהו מצב דומה מאד למה שקורה בתנאי מתלה, ובכל זאת מדובר בתנאי מפסיק. כמו כן, ישנן סיטואציות שבהן יש תנאי מתלה שקיומו מחיל את החלות למפרע. במובן זה הדבר דומה לתנאי מפסיק, אך מדובר בתנאי מתלה. נדגים כעת כל אחד משני המכניזמים הללו.

תנאי מפסיק למפרע. ניטול כדוגמא את פס״ד ברקוביץ נגד קלינר, פד״י לו(4) עמ׳ 57. אישה נתנה מתנה לבתה וחתנה בהנחה שהיא תוכל לגור איתם בדירה. הבת מתה, החתן מירר את חיי החותנת, והיא נאלצה לעזוב את הדירה שלו. השאלה היתה האם המתנה פוקעת במצב כזה. די ברור שהתנאי אינו תנאי מתלה, שהרי המתנה היתה מיידית (עוד לפני מילוי התנאי), ובכל זאת היא היתה תלויה ועומדת בהתנהגות המצופה מבתה וחתנה. אם כן, מחד ברור שזהו תנאי מפסיק. מאידך, כאשר החתן התנהג כלפיה שלא כמצופה, אי אפשר להפסיק את המתנה מכאן והלאה, שהרי המתנה כבר ניתנה. לכל היותר ניתן לדרוש את החזרתה. לכן אם המתנה מופסקת – זה קורה למפרע. אם כן, זוהי דוגמא לתנאי מפסיק, שפועל למפרע.

נחדד זאת יותר. היה מקום לראות את המצב כחוזה שהופר, ואז הוא בטל מכאן ולהבא. ראייה כזו היתה מוליכה את בית המשפט לחייב את החתן בפיצוי לחותנתו בגובה דמי המגורים לאורך תוחלת החיים שנותרה לה. אולם השופט ברק החליט שברצונו לסייע לה יותר, ולכן הוא קבע שזהו אכן תנאי מפסיק, אולם הוא מפסיק את החוזה רטרואקטיבית. הוא חייב את החתן להשיב את המתנה כולה לחותנת.

תנאי מתלה למפרע. דוגמא רווחת למכניזם השני, הוא עיסקת קומבינציה. בערעור מס שבח בביהמ״ש המחוזי בתל-אביב עלתה שאלה לגבי בני אדם שמכרו קרקע לחברת בנייה, והמכירה הותנתה בכך שייחתם חוזה עם אחד היושבים בקרקע שלא היה שותף לחוזה המכירה, שיסכים להתפנות ממנה.

לאחר זמן מה הלה הסכים לפנות את השטח, והחוזה הוחל. כעת התעוררה השאלה על מי מוטלת החובה לשלם מיסי שבח על הקרקע בתקופת הביניים. מיסים אלו מוטלים על בעל הקרקע, והשאלה היא ממתי חלה הבעלות של חברת הבנייה על השטח. ועדת הערר קבעה כי חובת התשלום מוטלת על חברת הבנייה, שכן החוזה חל כבר מעת שהוא נחתם.

האם מדובר כאן בתנאי מתלה או בתנאי מפסיק? לא לגמרי ברור. יש מקום לראות זאת כתנאי מפסיק, שהרי הבעלות אינה מותנה בהסכמת הצד השלישי, אלא מופקעת אם הוא לא יסכים. לכן הבעלות חלה מיידית, והיא לא הופקעה מפני שהדייר הסכים להתפנות. מאידך, ברור שהכוונה היתה שאם הדייר לא יסכים להתפנות אין טעם להחיל את החוזה בכלל, כלומר זהו תנאי מתלה. אלא שאם זה תנאי מתלה, אזי החוזה נכנס לתוקף רק עם התקיימות התנאי.

בפסק הדין השופטים רואים זאת כתנאי מתלה, שהרי אם הדייר לא היה מסכים להתפנות, החוזה כלל לא היה נכנס לתוקף. ובכל זאת הם קובעים שמכיון שהוא הסכים להתפנות הבעלות של חברת הבנייה על השטח חלה למפרע. כלומר ההסכמה של הדייר מחילה את הבעלות כבר מעת קשירת החוזה.[86]

מה היו נימוקי השופטים להחלטה זו? אם אכן מדובר בתנאי מתלה, אז לכאורה הבעלות עוברת אך ורק עם קיום התנאי. הם מביאים מדברי השופט שמגר בפס״ד אלדר שרון, אשר כותב כך:

> ***אין זה רצוי כי חוזה ייחשב כחוזה שלם מההיבט החוזי ואילו לצורך מס שבח נראה בו חוזה בלתי שלם ולא מחייב...לפי עקרונות אלו [של ההרמוניה החקיקתית ויחסי הגומלין שבין דיני החוזים לבין דיני המיסים – י.ה.], יום המכירה' לעניין החיוב במס שבח הינו יום כריתת החוזה.***

---

[86] ראה על כך בערעור האזרחי בפני ביהמ״ש המחוזי בתל-אביב, ועדת ערר מס שבח, 4/8/2003, **וע 001064/00**.

כלומר התפיסה היא שכריתת החוזה נעשית בעת החתימה, ולשם ההרמוניה החקיקתית יש להחיל כבר אז גם את הבעלות (השלכותיו של החוזה). זה מצטרף לדבריו של פרופ׳ הדרי שהובאו לעיל (ומופיעים גם הם בפסה״ד הזה):

הדעה הרווחת היא שבחייו של חוזה עם תנאי מתלה יש 2 נקודות זמן עיקריות: האחת היא מועד כריתת החוזה, והאחרת, היא מועד קיום התנאי. לפי סעיף 27 לחוק החוזים, החוזה תקף לכל דבר ועניין מרגע כריתתו, אלא שאין הוא פעיל (לא אופרטיבי), שכן, הצדדים הסכימו שהוא יוקפא כל עוד אין התנאי המתלה מתקיים.

כלומר הוא קושר את התחלת הבעלות על הנכס עם כריתת החוזה. יש לשים לב לכך ששמגר נזקק כאן לנימוקים אודות הרמוניה חקיקתית. כלומר המכניזם של התנאי אינו מכתיב את התוצאה המשפטית, ולהיפך הוא מכתיב את התוצאה הלא נכונה. תנאי מתלה אמור להתחיל את הבעלות בעת מילוי התנאי, ובכל זאת הדבר יוצר דיסהרמוניה חקיקתית, שמאלצת את בית המשפט לתת לתנאי פרשנות שמרוקנת אותו מתוכנו. כעת תנאי מתלה מתחיל גם הוא את הבעלות (ולא רק את תוקף החוזה, כפי שראינו למעלה) מעת קשירת החוזה.

לסיכום, גישת פרידמן הנהוגה הלכה למעשה הינה כי חוזה מתקיים מרגע חתימתו והתנאי המתלה מאשררו למפרע. זו הפרשנות המקובלת אף לעניין חבות במיסי מקרקעין (כפי שרואים בפס״ד אלדר שרון בו קבע השופט שמגר כי ״יום המכירה״ לצרכי חבות במס בגין חוזה עם תנאי מתלה הוא יום חתימת החוזה). נעיר כי לאחרונה ניכרת נגיסה במגמה זו, למשל בפס״ד של ועדת ערר (אינסטנציה ברמה של פסיקה מחוזית) שניתן ביולי 2010 בעניין משכית (ביתה של בני הזוג זוגלובק מנהריה), שם קבעה הועדה כי בנסיבות

המקרה שם יום המכירה יהיה ביום התקיים התנאי (מתן אישור מטעם הממונה על ההגבלים העסקיים) ולא ביום חתימת החוזה.[87]

האם עדיין יש הבדל בין שני סוגי התנאי?

מה נשאר כעת מההבדל בין תנאי מתלה לתנאי מפסיק? משפטנים לא מעטים יאמרו שלא נשאר ממנו מאומה. ההבחנה הזו נראית בעיניהם שרירותית (כפי שראינו אצל הולמס למעלה). אם תנאי מתלה שהתקיים מחיל את הבעלות מיידית (מעת קשירת החוזה), וקיומו של תנאי מפסיק עוקר אותה למפרע (ולא רק מעת התקיימות התנאי), אזי שני התנאים הופכים להיות זהים: בשניהם החוזה בתוקף מעת קשירתו, והזכויות הקנייניות שנגזרות ממנו חלות מייד אם התנאי מתקיים, ולא חלות אף פעם אם התנאי לא התקיים.

לכאורה המשפט חוזר ומקבל כאן את האפשרות של גרימה למפרע, אך עושה זאת לא מתוך היזקקות למכניזם לוגי קוהרנטי כפי שהוגדר אצלנו בחלק השני, אלא מתוך שיקולים נורמטיביים (כפי שראינו גם בפרק הקודם). מבחינות מסויימות יש כאן אפילו התעלמות מהבעייתיות הלוגית של גרימה הפוכה, והכל נשקל במאזניים נורמטיביות.

בשלב זה, המכניזם המשפטי מתאיין, ומה שתופס את מקומו הוא שיקולים נורמטיביים של צדק, שיקול דעת משפטי טלאולוגי (ראה בפרק הבא) ואומדן כוונות הצדדים. ההבדל בין תנאי מתלה ומפסיק אינו בצישור המכניסטי לוגי, אלא בהגדרות נורמטיביות, וככאלה הן גם כפופות לפרשנות נורמטיבית, ולאו דווקא לוגית.

---

[87] רק להשלמת התמונה, ראוי לדעת כי אף כאשר החבות במס קמה קודם להתקיימות התנאי המתלה, עדיין אין הדברים אומרים שהנישום יחוב בתשלום המס בפועל ברגע זה. להלכה, הנישום יחוב במס. למעשה, מכוח סעיף 51 לחוק מיסוי מקרקעין הנישום לא יחוב במס כל עוד לא התקיים אחד משלושת התנאים המפורטים בסעיף והם: 1. מסירת החזקה לקונה 2.תשלום 50% מהתמורה או 3. מתן ייפוי כח בלתי חוזר לקונה לרשום הנכס על שמו. במילים אחרות - גם אם תיאורטית הנישום חב במס, לא יחוייב הנישום בתשלומו עד שלא מועברת לו תמורה חוזית משמעותית. תודתנו לעו״ד פנינה נויבירט על הבהרת התמונה בנושא זה.

במצב כזה לא ברור האם ההשלכות עליהן הצביע פרידמן לגבי זכות העקיבה
נותרות בעינן. לפי הפרשנות המרחיבה הזו, לפחות משיקולים של
קוהרנטיות לוגית יוצא שגם בתנאי מתלה ייתכן שהחלות נעקרת למפרע
ולכן אין זכות עקיבה. זהו בעצם ויתור על ההבחנה בין מועד כריתת החוזה
לבין מועד תחילת הבעלות וההשלכות המשפטיות של החוזה הזה. אמנם
ייתכן שההבחנה הזו תיוותר על כנה משיקולים נורמטיביים, על אף אי
העקיבות הלוגית.

לא ייפלא איפוא, שבחלקים ניכרים מהספרות המשפטית שעוסקת בתנאים
כלל לא נמצא את המושגים 'תנאי מפסיק' ו'תנאי מתלה' באופן מובחן.
השימוש בהם נעשה לפעמים במשמעויות מחולפות, ולפעמים מוזכר רק
תנאי מתלה ומתעלמים בכלל מתנאי מפסיק, כאילו שיש כאן מושג אחד של
תנאי (תואר הלוואי 'מתלה' הוא רק אנכרוניזם להבחנה שהיא כבר אות
מתה). יתר על כן, הרושם שנוצר אצלנו הוא שהדיון בהבחנה בין שני סוגי
התנאי נראית למשפטנים רבים כטרחנות פילוסופית מיותרת. ההבחנה הזו
היא מושגית, וככזו היא לא חשובה. מה שחשוב הוא כוונות הצדדים,
הוראות החוק, ושיקולי צדק וסבירות.

חשוב להבין שזוהי התמונה העקרונית. במישור הנורמטיבי ההבחנה בין
תנאי מתלה לבין תנאי מפסיק נותרת על כנה, לפחות בהיעדר שיקולים
נורמטיביים שגורמים ליישומים שונים שלה. כלומר התפיסה המשפטית
הרווחת היא שתנאי מתלה אכן מתחיל את הצמחת הזכויות הקנייניות רק
מעת קיום התנאי, ואילו בתנאי מפסיק הן מתחילות כבר מרגע החתימה על
החוזה. אך בתי המשפט נוטלים לעצמם את החופש לקבוע שתנאי מפסיק
ומתלה יכולים לפעול רטרואקטיבית. אין הגדרה קשיחה ומחייבת של
התנאים הללו, אלא לכל היותר תפיסה דיספוזיטיבית שלהם. כלשונו של
ברק, החשיבה המושגית היא משרתת הדין ולא אדוניתו.

השלכות על חופש ההתקשרות

לשם השוואה, נתבונן בהשלכות על התפיסות הללו על חופש ההתקשרות. בהלכה חופש ההתקשרות הוא מוגבל. אדם לא יכול לכרות חוזה כפי שהוא רוצה, אלא אם הוא עושה זאת בדפוסים שמוגדרים על ידי ההלכה. לדוגמא, אדם לא יכול להקנות דבר שלא בא לעולם, גם אם שני הצדדים מסכימים לכך. דבר כזה אינו בר הקנאה. אמנם יש מקום להתנות על דיני הממונות, או לתקן תקנות שעוקפות אותם, אך גם החופש הזה הוא מוגבל. אם נמשיך את הדוגמא הקודמת, לא לכל הדעות ניתן להקנות דבר שלא בעולם גם אם אנו מצויים בחברה שמאפשרת זאת (כלומר שזה המנהג).

לעומת זאת, מבחינת החוק אין מגבלות כאלה, ואם הצדדים ירשמו בפירוש את התוכן החריג בחוזה שביניהם, הוא בהחלט ייחשב כחוזה בר תוקף. בעולם המשפטי החשיבה המושגית היא לכל היותר חזקה פרשנית (איך ראוי לפרש את החוזה, כמו שראינו בפרק הקודם לגבי החוק), אבל לא הכרח מוחלט. אם יש שיקולים של צדק וסבירות וכוונות הצדדים, הפרשנות המושגית תיעקר ממקומה.

המסקנה היא שבמשפט הכללי האנליזה המושגית אינה אדוניתו של הדין אלא שפחתו. זאת בניגוד להלכה, בה ניתן לומר שהמושגיות היא אדוניתו של הדין ולא שפחתו (היא לא רק חזקה פרשנית לחוזה, אלא מסגרת שבתוכה הוא מתנהל). כאמור, זה לא מוחלט, שכן גם בהלכה ישנן אפשרויות להתנות על הדין הממוני, או לתקן תקנות. אך עיקר הדין כפוף לסכימות הלוגיות, וגם אפשרויות ההתנייה עליהן אינן בלתי מוגבלות.[88]

השלכה בקנה מידה מצומצם יותר להבחנות הללו ניתן לראות בהבדלים בין חוזים שנערכים במסגרת המשפט הקונטיננטלי לבין אלו שנערכים במסגרת המשפט האמריקאי. מן המפורסמות הוא שחוזים במשפט האמריקאי הם הרבה יותר מפורטים מאשר חוזים אירופיים. האחרונים הם קצרים ותמציתיים יותר, שכן השיטה האירופית היא פורמלית ומושגית יותר מזו

---

[88] על ההבחנה בין שני החלקים הללו של ההלכה, ראה מאמרו הנ״ל של מיכאל אברהם, ׳האם ההלכה היא ׳משפט עברי׳׳?׳.

האמריקאית, ולכן שם יש משמעות ברורה יותר לכל כלי משפטי. אין צורך לפרט עד הסוף את כוונות הצדדים, ודי בשימוש בכלי המשפטי ה'נכון'. לעומת זאת, במשפט האמריקאי, כמו גם בזה הישראלי שהולך בעקבותיו, החוזה בדרך כלל מפורט הרבה יותר, שכן על הצדדים לכתוב בפירוש כל מה שהם מתכוונים אליו. בשיטות משפט אלה, השימוש בכלי משפטי מסויים אינו מבטיח את התוצאה המקווה. הפרשנות הסופית לחוזה היא בידי בית המשפט, והוא אינו נצמד בהכרח למשמעות הקשיחה ולסכימות הלוגיות של המושגים והכלים המשפטיים המעורבים בחוזה.

נושאים והקשרים נוספים

לסיום, נעיר שישנם היבטים נוספים שבהם ניתן היה לבחון את קיומם של מכניזמים של סיבתיות הפוכה במשפט. לדוגמא, יש דיון במעמדן של טרנזקציות שעשה שלטון כובש, לאחר שהכיבוש שלו בשטח תם. דיונים מקיפים יותר קיימים לגבי ביטול חוזה עקב פגמים בכריתתו (בד״כ הביטול הוא למפרע), או עקב הפרה שלו (בד״כ הביטול הוא מעתה והלאה). נעיר כי בתחומים אלו מתבטא השופט ברק בהאי לישנא:[89]

> ***ההבחנה בין החלה רטרואקטיבית לבין החלה פרואקטיבית היא שפחת הדין ולא אדונו.***

כלומר ההבדלים האנליטיים מושגיים קיימים בעולם המשפט, אולם עניינם הוא לשרת את המישור הנורמטיבי, ולא להגדיר, לכונן, או להגביל אותו. הדברים נאמרו ביחס להפרות ולפגמים בעת הכריתה, אך כפי שראינו דינם יפה גם לשאלת התנאים. בכל ההקשרים המשפטיים כמעט לא נמצא דיון לוגי, ובודאי לא דרישה לעקביות לוגית שנוגעת למכניזמים המשפטיים המעורבים בדיון. השיקולים שעולים הם בעיקר נורמטיביים, ואין התייחסות ממשית למישור הלוגי-מכניסטי.

---

[89] ראה כלנית השרון נ׳ הורוביץ, פד״י לה(3), עמ׳ 540. וכן אבו גיובה, פד״י נג(1), עמ׳ 502.

אין ענייננו כאן בסקירה מקיפה, שכן ברצוננו רק להדגים את התופעה, ולמקד את הדיון בהקשר של דיני התנאי. אלו מהווים דוגמא מובהקת להיעדר חשיבה מכניסטית-לוגית-מושגית בעולם המשפט, ולחסרונות של המאפיין הזה. מאידך, אין להתעלם כמובן מן היתרונות של חשיבה שאינה מושגית, כמו שמירה על צדק והוגנות ועל כוונות הצדדים. אי כניעה למכניסטיות פורמלית ודאי מביאה גם לתוצאות חיוביות, אולם ישנה נטייה להתעלם מהבעייתיות הלא פשוטה הכרוכה בה. מטרתנו כאן אינה מסקנית אלא הצגת האפשרויות ושתי הגישות זו מול זו.

כבר הערנו שבעולם המשפטי שאלות אלו עולות בעיקר בקשר לדיני חוזים, והדברים נוגעים בדרך כלל לשאלות ממוניות-אזרחיות, ולא לשאלות של מעמד אישי (כמו נישואין או ממזרות), כפי שראינו בהלכה. בהקשרים ממוניים בדרך כלל ניתן להשיב את הגלגל אחורנית, על ידי קציבת פיצוי כספי, או השתת חיוב כספי, ולכן לא נראה שיש פוטנציאל גדול לדיון במישור הלוגי. פרדוכסים שקשורים להיפוך הסיבתי, כגון אלו שהוצגו למעלה (שאלת האחריות הפלילית, ושינויי סטטוס למפרע), יופיעו בהגות המשפטית במינון נמוך יותר (לדוגמא, בחקיקה רטרואקטיבית שנדונה בפרק הקודם).

מסיבה זו לא ברור האם בכלל נדרש מכניזם של סיבתיות הפוכה אונטולוגית כדי להסביר תופעות משפטיות, או שמא די לנו בסיבתיות אפיסטמולוגית לשם כך. לעומת זאת, כפי שראינו למעלה, בהלכה ישנם כמה וכמה הקשרים בהם מופיעה סיבתיות הפוכה אונטולוגית.

סיכום: שוב על חשיבה מושגית

בשורה התחתונה אנו רואים, בדיוק כמו בפרק הקודם, שהחשיבה המשפטית מסתייגת מאד מצורות ניתוח והתייחסות מושגיות, ובודאי אינה רואה את עצמה כפופה להן. היא אינה מכירה בהבחנה הלוגית המהותית בין עקירה לבין אי החלה. היא אינה רואה בתנאים מכניזם לוגי חד משמעי,

אלא כלי שעומד לרשות הצדדים, ועוד יותר לרשות בית המשפט, כדי להוציא את הצדק הנורמטיבי לאור.

כמו שראינו בפרק הקודם בדיון על חקיקה רטרואקטיבית, גם כאן אנחנו רואים שהמשפט שם את הדגש על שיקולים נורמטיביים, ולא לוגיים. מערכת המשפט משלמת על כך מחיר יקר במטבע של וודאות ויציבות. הצדדים שחותמים על חוזה אינם יכולים לדעת מראש מה תהיה תוצאת השימוש בכלים משפטיים נתונים, שכן המכניזם המשפטי אינו קובע את התוצאה. מה שקובע אותה הוא ראות עיניו הנורמטיבית של בית המשפט, מה שכמובן שנוי במחלוקות בין הרכבים שונים וערכאות שונות. זהו אחד החסרונות הבולטים של חשיבה לא מושגית. החיסרון השני הוא שהפרשנות המשפטית מתעלמת ממשמעותה הפשוטה של החקיקה, שכן מבחינה בין שני סוגי התנאי.

מסיבה זו, קשה מאד לדבר על מודלים לוגיים עבור החשיבה המשפטית. בבואנו לנתח את היחס בין הכלים המשמשים בחוזה לבין התוצאות המשפטיות שלו, אנו פוגשים תמונה לא אחידה ולא חד משמעית. כר מאד לא פורה לניתוח לוגי. אין פלא שהחקר הלוגי של המשפט כמעט לא קיים, וכמעט לא ניתן למצוא ניתוח לוגי של החשיבה המשפטית. ההגות של תורת המשפט היא בעיקרה פנומנולוגיה, כלומר ניסיון לתאר למיין ולסווג את צורות החשיבה הנוהגות במישור המשפטי, אך בהחלט לא לחדור לרובד הלוגי שבתשתיתן (שהרי אין רובד כזה), ובודאי לא להנחות אותן וליצור קוהרנטיות לוגית (להבדיל מנורמטיבית) שלהן.

בפרק הבא נעסוק בקצרה בעניין זה עצמו של ההבדל בין החשיבה ההלכתית לחשיבה המשפטית. כדי לחדד את הדברים נעשה זאת במקום בו הדיון עולה בצורה יותר מפורשת, כלומר בתחום דיני הקניין.

פרק עשרים ושמונה

חשיבה מושגית בהלכה ובמשפט

מבוא

בשני הפרקים הקודמים עמדנו על שני הקשרים בהם עשויה להופיע היפוכיות סיבתית במשפט: חקיקה רטרואקטיבית, והתנייה בדיני חוזים. בשני המקרים ראינו שהחשיבה הלוגית-מושגית אינה אדוניתו של הדין אלא שפחתו, כלומר שמגבלות אנליטיות מושגיות אינן נתפסות כמחייבות במשפט הכללי. זאת לעומת מעמדה המוחלט של חשיבה מושגית ואנליטית בתחום ההלכתי. בפרק זה נעסוק בנושא הכללי הזה ישירות, כשהבסיס לדיון מצוי בעיקר בשלושה מקורות: מאמריהם של מיכאל אברהם,[90] שי ווזנר,[91] וחנוך דגן[92].

מושגים ראשוניים: פורמליזם, נטורליזם ואונטולוגיה[93]

ווזנר פותח את מאמרו בטענה שהחשיבה המשפטית שהתפתחה בישיבות ליטא החל מסוף המאה ה-19 (ובפרט אצל רש"ש, שהוא נושא לכמה ממחקריו של ווזנר),[94] מאופיינת בתפיסות אונטולוגיות ונטורליסטיות של המשפט. תפיסות אונטולוגיות רואות את הנורמות המשפטיות כנגזרות של

---

[90] מיכאל אברהם, "משמעותה של בעלות על ממון: בין הלכה למשפט (תפיסת הבעלות והזכויות הממוניות בהלכה לעומת המשפט הכללי)", **שנות חיים**, אליעזר שלוסברג (עורך), פתח תקווה, תשסח, עמ' 13. להלן: אברהם.

[91] שי עקיבא ווזנר, "חשיבה אונטולוגית ונטורליסטית במשפט התלמודי ובישיבות ליטא", **דיני ישראל** כה, תשסח. עמ' 41. להלן: ווזנר.

[92] חנוך דגן, **קניין על פרשת דרכים**, רמות, תל-אביב 2005, בעיקר בפרק השני. להלן: דגן.

[93] לגבי הפורמליזם במשפט הישראלי, ראה' מנחם מאוטנר, **ירידת הפורמליזם ועליית הערכים במשפט הישראלי**, מעגלי דעת 1993. וכן במאמרו בספר **עיונים חדשים בפילוסופיה של ההלכה**, עורכים: אבינועם רוזנק ואביעזר רביצקי.

[94] אמנם צודק ווזנר בטענה שהתפיסות הללו התחדדו ונוסחו באופן חד משמעי יותר בספרות התורנית החל מסוף המאה ה-19, אולם כפי שהוא עצמו מציין (ראה אצלו בהערה 5) אין ספק ששורשיהן נעוצים בספרות קדומה יותר, בודאי בתקופת הראשונים ואפילו בתלמוד עצמו.

מצבי עניינים במציאות, מצבים שקודמים לקביעות המשפטיות ואינם תלויים בהן. תפיסות נטורליסטיות מיישמות על מצבי העניינים הללו חוקים דומים לאלו של מדעי הטבע, כאילו מדובר בהתרחשויות פיסיות, שחלים עליהן כללים ומגבלות שחלים על התרחשויות פיסיקליות. הקשר בין שני המאפיינים הללו, האונטולוגיזות והנטורליזם, הוא מובן מאליו, וכמה דוגמאות מובהקות של הדפוסים הללו פגשנו בחלקים הקודמים.

בעקבות הבחנתו של דייויד יום בין המצוי (is) לבין הראוי (ought), החשיבה המשפטית נוטה לראות את הנורמות כספירה מושגית נפרדת ובלתי תלויה בספירה העובדתית. גזירת נורמה ממצב עניינים עובדתי לוקה בכשל המכונה בעקבות מור[95] 'הכשל הנטורליסטי'.

בהקשר המשפטי אנו עוסקים בהבחנה בין הנומוס (=החוק) לבין הפוזיס (=המציאות הפיסית). מערכות משפט רואות את עצמן כנומינליסטיות, כלומר מתכוננות על ידי חקיקה וקביעות נורמטיביות של חוקים, ולא על ידי מצבי עניינים עובדתיים כלשהם, ובוודאי לא מצבים פיסיים. מסיבה זו, כפי שראינו, להגות היוריספרודנטית אין כל בעיה עם השפעות סיבתיות שפועלות אחורה בזמן, למעט שיקולים של צדק ויעילות. שאלות מטפיסיות של השפעה סיבתית הפוכה אינן מטרידות את הספרות הזו. כל עוד החקיקה אכן מאפשרת השפעה כזו – אין כל מניעה להכיר בה משפטית.

הדברים באים לידי ביטוי גם בהקשר הקנייני (שם הדבר בולט במיוחד, ראה בהרחבה אצל אברהם ואצל דגן). המשפט רואה את הקניין כביטוי לקביעה נורמטיבית, ולא כשיקוף של מצב עניינים מטפיסי. כשאני אומר שפלוני הוא בעליו של חפץ X כוונתי לומר שהחברה/המחוקק מכירות בזכויותיו של פלוני על החפץ הזה. לעומת זאת, בתפיסה אונטולוגית של דיני הקניין, הקביעה הזו מתפרשת כאילו יש קשר מטפיסי בין פלוני לבין החפץ. לפי

---

[95] ראה: George Edward Moore, *Principia Ethica*, Cambridge University Press 1903, § 12

תפיסה זו, פעולת הקניין אינה יצירת נורמה משפטית גרידא, אלא קשירת קשר מטפיסי בין האדם לבין החפץ שבבעלותו.

דגן מעמיד זו מול זו שתי תפיסות משפטיות של זכות הקניין:

- התפיסה הפורמליסטית, מוניסטית וליברטריאנית, רואה את זכות הקניין כערך משפטי חברתי, ולכן את הכרעתו של בעל הקניין לגבי מה ייעשה בקניינו כסופית. לפי תפיסה זו, זכות הקניין אינה ניתנת לעיצוב על פי צרכים או העדפות ערכיות של החברה, שכן היא כעין עובדה משפטית שכפויה עלינו, ולא תוצאה של החלטה נורמטיבית. יש כאן כעין אונטולוגיה שאינה בשליטתנו. האפשרות לפגוע בזכות הקניין כמובן מצטמצמת מאד לפי התפיסה הזו.
- לעומתה עומדת התפיסה הריאליסטית, פלורליסטית וליברלית, אשר רואה את זכות הקניין כקטגוריה משפטית שיצרו בני אדם, ושביכולתם לעצב אותה על פי צרכיהם והעדפותיהם הערכיות.

נציין כי אפילו כאשר דגן מתאר את התפיסה הפורמליסטית, הוא אינו מרחיק לכת עד כדי ראייתה כעובדה משפטית שממש כפויה עלינו. הוא נזקק בעיקר להשלכות של התפיסה הזו, ולא לבסיס האונטולוגי-מטפיסי שביסודה. הסיבה לכך היא שתפיסתו של דגן (שדוגל בתוקף באופציה השנייה, ולכך הוא מקדיש את כל ספרו), כמו גם של רוב ככל הוגי תורת המשפט, היא תפיסה נומיסטית של המשפט, ולא תפיסה אונטולוגית-נטורליסטית.

לכן כשאנחנו מדברים על תפיסה אונטולוגית, כוונתנו היא לתפיסות יותר רדיקליות מזו שאותה תוקף דגן בספרו. אנו נחדד את הנקודה הזו להלן. בהערה 4 ווזנר מתאר את המתקפה של בעלי התפיסות הריאליסטיות של המשפט על בעלי העמדות הפורמליסטיות. הריאליסטים מתייחסים לתפיסות הפורמליסטיות כאילו היתה שם מאגיה, כלומר תמונת עולם שבה מושגים אבסטרקטיים שאין להם קיום נתפסים כיישים. ניתן לומר שדגן מתמודד מול תפיסות פורמליסטיות, שרואות את הנורמה המשפטית

כקבועה ולא ניתנת לשינוי, אך עדיין תוצאה של פעולות של בני אדם, ואילו אנחנו מדברים כאן על תפיסה אונטולוגית, שרואה את הנורמות המשפטיות כחלק מטבע העולם עצמו, ולכן כעובדות שכפויות עלינו.[96]

חשוב להבין שגם בתפיסה האונטולוגית-נטורליסטית של המשפט, אין מדובר בראיית הנורמות כנגזרות של עובדות פיסיקליות. המישור העובדתי-אונטולוגי הוא מכלול של נורמות מטפיסיות, כעין עולם אידיאות אפלטוני. לכן הכשל הנטורליסטי אינו בהכרח ישים לגבי תפיסות משפטיות כאלה. מדובר על קשר בין עובדות נורמטיביות לבין נורמות, ולא בין הפיסי לנורמטיבי. בסוף הפרק העשירי למעלה, ראינו את ההבחנה בין חלות בעלות לבין הבעלות, או בין חלות קידושין לבין קידושין. הסברנו שם שחלות היא יש מטפיסי שרובץ על אדם או חפץ, וכתוצאה ממנו נוצרות נורמות משפטיות לגבי אותו אדם או חפץ. כשיש על האישה חלות אשת איש, ההשלכה הנורמטיבית היא שקמות לגביה הנורמות של אישה נשואה.

ההשלכה העיקרית של ההבחנה הזו כפי שהיא הוצגה בחלק השני היתה אפשרותו של קיום בו-זמני של נורמות סותרות. בזמן שבין ההתנייה לבין קיום או ביטול התנאי ראינו שרש״ש טוען שהאישה היא מגורשת ואשת איש בו-זמנית. כיצד הדבר אפשרי? הסברנו שם שבניגוד לאינטואיציה הראשונית, דווקא התפיסה האונטולוגית של המשפט מאפשרת את חלותן של שתי חלויות סותרות בו-זמנית. הסיבה לכך היא ששתי חלויות לעולם אינן סותרות זו לזו. סתירות קיימות רק בין נורמות ולא בין יישויות. כמו שאין סתירה בין מלח וסוכר, אלא רק בין הטעמים שנלווים אליהם (מלוח ומתוק), ולכן תבשיל אמנם אינו יכול להיות מלוח ומתוק בו-זמנית, אבל הוא יכול להכיל בו-זמנית מלח וסוכר. לכן אין מניעה שעל אישה יחולו בו-זמנית גם חלות אשת איש וגם חלות גרושה, אף שהיא כמובן אינה יכולה להיות בשני המצבים המשפטיים הללו גם יחד (אשת איש וגרושה). לעומת זאת, תפיסה נומיסטית של המשפט, שרואה במצבים נורמטיביים כמו אשת

[96] על ההבחנה הזו, ראה אצל ווזנר בהערה 20.

איש או בעלות קביעות נורמטיביות גרידא, אינה יכולה לקבל מצב בו יש
שתי קביעות נורמטיביות סותרות לגבי אותו מצב עניינים בו-זמנית.

אונטולוגיה וקונוונציה: דיני הקניין בהלכה ובמשפט
אברהם במאמרו מראה שהתפיסות הקנייניות של ההלכה שונות מאד מאלו
הרווחות בעולם המשפטי, ויסוד ההבדל ביניהן הוא בכך שההלכה רואה את
דיני הקניין בתפיסה אונטולוגית, והמשפט רואה אותם באופן קונוונציונלי
סטי (כמוסכמה שמעוצבת על ידי החברה). הוא עוסק בשתי דוגמאות: קניין
רוחני (זכויות יוצרים) והשבת אבידה.
לגבי זכויות היוצרים, רבים מבעלי ההלכה מודעים לכך שיש חשיבות רבה
לקבוע זכות של היוצר על יצירתו, ובכל זאת הם אינם מוצאים דרך לעשות
זאת. על פי ההלכה אין אפשרות להיות בעלים על יישות מופשטת, ולכן
קיימות רק אפשרויות של תקנה חדשה, או הסתמכות על תקנות קיימות, או
אולי דינא דמלכותא. העובדה שהפוסק רואה חשיבות ביצירת מוסד משפטי
כלשהו, אין די בה כדי לקבוע שמוסד כזה קיים, או אפילו שהוא אפשרי.
העובדה המשפטית היא שאין בעלות על דברים כאלה, הקשר המטפיסי לא
קיים. עובדה זו כפויה עלינו, ואינה בידינו.
לעומת זאת, בעולם המשפט הכל מסור למחוקק. ההגות המשפטית שעוסקת
בזכות היוצרים מדברת על החשיבות והיעילות של המוסד הזה, על יתרונות
וחסרונות שלו, ועל התוצאות שיהיו לקיומו או להיעדרו. השיקולים הם
טלאולוגיים. ברגע שהמחוקק השתכנע שזהו מוסד הלכתי חשוב ונחוץ, הוא
מייסד אותו. אין עליו שום אילוצים, והוא שיוצר את הנורמה המשפטית.
הדוגמא השנייה שמובאת שם היא ההבדל בתפיסות לגבי השבת אבידה.
המשפט רואה את סוגיית השבת האבידה כאינטרס חברתי של השבת החפץ
למאבד. מכאן הוא גוזר את פרטי הנורמות המשפטיות הרלוונטיות, כולל
זמן ההשבה, צורת ההשבה, ובעיקר את דיני הקניין (למי שייכת האבידה,
אם לא נמצא המאבד). הייאוש הוא כמעט חסר חשיבות בחשיבה המשפטית
על השבת אבידה.

לעומת זאת, בהלכה התשתית לדיון הם דיני הקניין. ההלכה קובעת שהמאבד הוא בעל האבידה, כל עוד הוא לא התייאש. יתר על כן, אם הוא מתייאש אחרי שהמוצא הרים את האבדה, היא עדיין נותרת שלו, ויש על המוצא חובת השבה. אך אם הוא התייאש בטרם המוצא הרים את האבידה, היא כבר לא שייכת למאבד, והמוצא רשאי לקחת אותה לעצמו. בהלכה דיני הקניין קובעים את דיני השבת האבידה, ואילו במשפט דיני השבת האבידה קובעים את דיני הקניין. המשפט רואה את הקניין כמסור לנו לעשות כטוב בעינינו. אנחנו קובעים את דיני הקניין כדי לקדם ערכים וצרכים חברתיים. לעומת זאת, ההלכה רואה את דיני הקניין כבלתי תלויים בנו. הם בבחינת עובדה משפטית שכפויה עלינו. מדיני הקניין נגזרים גם דיני השבת האבידה. אברהם מוכיח שם שאין כאן הבדל בתפיסות ערכיות. גם חכמי ההלכה מכירים בכך שהשבת האבידה למאבד אחרי ייאוש היא הצעד הנכון יותר מבחינה מוסרית. הם אף קובעים חובה כזו, ויש דעות שכופים על כך. אבל ההלכה הטהורה נותרת כפי שהיא: מבחינה קניינית, אחרי ייאוש האבידה לא שייכת למאבד. ומכאן שהחובה להשיב לו אותה מוגדרת 'לפנים משורת הדין'. מדוע, אם כן, ההלכה אינה קובעת את דיני הקניין ודיני השבת האבידה לפי עקרונות הצדק והמוסר, כפי שעושה החוק? הסיבה לכך היא שההלכה אינה רואה את המשפט כביטוי לערכים ואינטרסים חברתיים, אלא כביטוי למצב עניינים עובדתי. מבחינה מטפיסית, אחרי ייאוש האבידה אינה שייכת למאבד, ולכן אין אפשרות לחייב את המוצא להשיב לו אותה. לכל היותר ניתן לדרוש זאת ממנו על בסיס חובה מוסרית של 'לפנים משורת הדין'.

אם כן, ההבדל בין המשפט להלכה אינו נובע מתפיסות ערכיות שונות. ההלכה רואה את המצב המוסרי עין בעין עם המשפט, ובכל זאת היא כפויה לעקרונות המשפטיים האפריוריים שקובעים את היחס בין אדם לממונו, גם אם הם סוטים מעקרונות של צדק ומוסר. ההבדל בין ההלכה למשפט יסודו בתפיסה האונטולוגית של ההלכה, לעומת התפיסה הקונוונציונליסטית של המשפט.

במאמר קודם מתאר אברהם הקשרים נוספים שבהם ניתן לראות את התפיסה האונטולוגית של דיני הקניין בהלכה.[97] לדוגמא, ההלכה מחייבת את האדם לדאוג לכך שבהמתו לא תחלל שבת, גם אם מי שעובד איתה הוא גוי. יש חובה של שביתת בהמתו, שמוטלת על הבעלים כלפי בהמה שהיא רכושו. בדומה לכך, ישנה חובה על הבעלים של בהמה לשלם לאדם שממונו הוזק על ידיה. יש שרואים את החובה הזו כתוצאה של הרשלנות בשמירה, אולם גישה הלכתית רווחת רואה זאת כהשלכה של עצם הבעלות. עצם העובדה שבהמה שהיא רכושי הזיקה, מחייבת אותי לפצות את הניזק, גם ללא שיקולי הרשלנות (אמנם הרשלנות היא תנאי הכרחי, אבל לא הסיבה המחייבת בתשלום).[98]

דוגמא נוספת מובאת במאמרו של אברהם שכבר הוזכר למעלה, ׳מהי ׳חלות׳׳. הוא עומד שם על כך שהקשר הקנייני בין אדם לבין עבד כנעני שלו, שהוא בסטטוס של מעוכב גט שחרור (כלומר אינו שייך לבעלים מבחינת זכויות קנייניות, אבל עדיין אינו משוחרר מבחינת מעמד אישי), גם הוא אינו פוקע. כלומר ייתכן מצב שיש קשר קנייני ביני לבין עבד שאין לי בו שום זכות ממונית. זוהי אינדיקציה לכך שהקשר הזה הוא מטפיסי, והוא קיים מעבר להשלכות המשפטיות שנגזרות ממנו. בעולם המשפטי, משמעותה של בעלות היא אגד של זכויות שיש לבעלים ברכושו. בהלכה זיקה קניינית היא קשר מטפיסי, והזכויות הן נגזרות של הזיקה המטפיסית הזו.

משמעות הדברים שהבאנו כאן היא שההלכה נוטה לראות את דיני הקניין במבט אונטולוגי, ולא רק פורמליסטי. כלומר אין כאן רק מאפיין שקשה לשנות את דיני הקניין, או שקשה מאד לפגוע בזכות הקניין. הטענה היא מרחיקת לכת יותר: דיני הקניין הם ביטוי לעובדות משפטיות, וככלל אינם ניתנים לעיצוב על פי ערכים וצרכים חברתיים.

---

[97] מיכאל אברהם, ״בעניין חיוב תשלומין על ממונו שהזיק״, **משפטי ישראל**, עורך: שלמה גרינץ, פתח-תקוה תשסג, עמ׳ 95.

[98] ראה על כך פירושו של רבי יוסף רוזין מרוגאטשוב בספר **צפנת פענח**, ב״ק דף יז.

השלכות נוספות הן מגבלות על קניינים, כמו 'דבר שלא בא לעולם'. ההלכה אינה מוכנה לקבל הקנאה של דבר שעדיין לא קיים. זכות בחפץ שעתיד להיוולד אינה ניתנת להקנאה. התפיסה המקובלת בהלכה להסביר את המגבלה הזו היא אונטולוגית-נטורליסטית: גם אם נכיר בצורך ובחשיבות של העניין, אי אפשר לקנות דבר שלא בא לעולם שכן מטפיסית אין לקניין על מה לחול. הקניין אמור להיתפס בחפץ שנקנה, וכל עוד החפת לא קיים בעולם אין לקניין על מה לחול. אמנם יש שרואים במגבלה הזו ביטוי להיעדר גמירות דעת של הצדדים (כל עוד החפץ לא בעולם, קשה לראות בפעולת הקניין ביטוי לגמירת דעת מלאה לגביו).[99] אחת ההשלכות למחלוקת הזו נוגעת לשאלת סיטומתא ומנהג בדבר שלא בא לעולם.

ישנם בהלכה כלים שיכולים לטפל בהיבטים של צרכים וערכים חברתיים, כמו קניין הסיטומתא, או תוקפו של מנהג משפטי. שני הכלים הללו נותנים תוקף הלכתי לדרכי קניין שנוהגות בחברה מסויימת, ולכן אם יש חברה שבה נהוג להקנות דברים באופן שונה ממה שההלכה הרגילה מכתיבה, היא מכירה בבעלות שנוצרת כך.

מדוע, אם כן, לא נפתור את בעיית זכות היוצרים באופן כזה? אם יש חברה שבה יש מנהג להכיר בזכות היוצרים, מדוע שלא יהיה לזה תוקף הלכתי? רוב הפוסקים לא מוכנים להכיר במנהג כבסיס לזכות היוצרים, והסיבה לכך היא שלפי ההלכה אין אפשרות להיות בעלים על זכות יוצרים. לא מדובר כאן בדרך הקנאה שונה, אלא בחפץ שלפי ההלכה אין אפשרות להיות בעלים עליו. גם לגבי דבר שלא בא לעולם, לרוב הדעות גם במקום בו יש מנהג להקנות דבר שלא בא לעולם ההלכה לא תכיר בכך.[100] הסיבה לכך היא שדבר שלא בא לעולם אינו בר הקנאה. דומה כי תפיסות כאלה אינן מתיישבות עם ההסבר שתולה את אי האפשרות לקנות דבר שלא בא לעולם

---

[99] ראה **דרישה** חו"מ סי' רט ס"ג, **לבוש** שם ס"ד, **נוב"י** מהדו"ת אבהע"ז סי' נד סק"ב, **נתיה"מ** סי' רז סק"ח, הגר"ח בסטנסיל נדרים בעניין 'מושבע ועומד מפי אחרים', **קו"ש** ב"ב סי' רעו ועוד.

[100] ראה **קצוה"ח** סי' רא סק"א, **ונתיה"מ** שם, **ופת"ש** שם סק"ב **ודבר אברהם** ח"א סי' א אות טז, **וקו"ש** ב"ב סי' רעו ועוד.

בהיעדר גמירת דעת. כאן רואים תפיסה אונטולוגית, שהקניין הוא מציאות מטפיסית כלשהי, וכשהחפץ אינו קיים לא ניתן ליצור עמו קשר מטפיסי. מנהג לא יוכל לפתור את הבעייה הזו.

ההשלכות שהובאו בסעיף זה נוגעות בעיקר להיבט האונטולוגי של התפיסה ההלכתית. עימתנו את התפיסה הזו מול קונוונציונליזם, שרואה את הנורמות המשפטיות כתוצר של החלטה ומוסכמה חברתית. כעת נראה השלכות של ההיבט הנטורליסטי של תפיסת המשפט ההלכתית, ונעמת גם אותו מול הקונוונציונליזם של המשפט הכללי.

נטורליזם וקונוונציה

אם אכן אנו מתייחסים לנורמות המשפטיות כביטויים למצבי עניינים מטפיסיים, אזי לא נתפלא שההלכה גם מחילה על המצבים הללו חוקים ומגבלות כמו אלו שחלים על תהליכים ויישים פיסיים. לעומת זאת, המשפט שנוטה יותר לקונוונציונליזם, פחות מתרשם משיקולים מטפיסיים, וממגבלות שנובעות מהם.

כבר ראינו למעלה את העובדה שההלכה מוטרדת מהשפעה סיבתית הפוכה בזמן, וגם אם היא מכירה באפשרותה של השפעה כזו (בתנאי או בברירה), היא נותנת דין וחשבון על כך, ומסייגת זאת מאד, ומתנה זאת במודלים לוגיים קשיחים יחסית. לעומת זאת, המשפט אינו מוטרד ממגבלות אלו, שכן נורמות שהן תוצאה של קונוונציות ניתנות לקביעה כרצוננו, גם אם מופיעה שם השפעה סיבתית הפוכה. אם המחוקק רוצה בכך, אין שום מניעה שחקיקה תיצור חוק שיחול על תקופה קודמת (ראה בשני הפרקים הקודמים בחלק זה). השיקולים המשפטיים הם נורמטיביים-טלאולוגיים (לאור התוצאות) בלבד. בהלכה, לעומת זאת, השיקולים הם מטפיסיים-סיבתיים (האם זה אפשרי לאור הסיבות).

אם נאחד כעת את שני המאפיינים של ההלכה בהם עסקנו: האונטולוגיות והנטורליזם, נבין שהחשיבה ההלכתית נוטה להיות מושגית ולוגית יותר מהחשיבה המשפטית. ההלכה בוחנת את המושגים והעקרונות המשפטיים

שלה בכלים שמתאימים לבדיקת עובדות ויחסים ביניהן, כמו שנהוג במדע. הניתוח המושגי קובע את אפשרותו של מושג הלכתי, את הרכבו, תכונותיו, ואת היחסים בינו לבין מושגים אחרים.

לעומת זאת, המשפט הוא בעל מאפיינים קונוונציונליסטיים יותר, ורואה את עצמו סוברני לקבוע את המושגים, את אפשרותם, ואת היחסים ביניהם, לפי ערכים וצרכים, ולא מתוך ניתוח מושגי. הוא גם לא כפוף לאילוצים מושגיים. לכן החשיבה המשפטית אינה נוטה לניתוח מושגי, ובדרך כלל היא אף נרתעת ממנו, שכן היא רואה בו כעין 'מאגיה'. יש כאן, כביכול, תפיסה פרימיטיבית, שרואה אידיאות ונורמות כאילו היו יישים קיימים.

ראינו בפרק הקודם שחופש ההתקשרות המשפטית מוליך לתפיסה שכל חוזה בין הצדדים הוא אפשרי, כל עוד ברור שלזה היתה כוונתם. בהלכה ישנם חוזים שהם בלתי אפשריים, גם אם יוכח שזו היתה כוונת הצדדים (כמו שראינו לגבי דבר שלא בא לעולם, או תנאים שלא הותנו לפי משפטי התנאים ההלכתיים). ההלכה שוללת את אפשרותם של חוזים מסויימים בגלל שמושגית היא לא מוכנה לקבל את תקפותם. זה לא אפשרי עובדתית ליצור מטפיסיקה שתתבטא בחוזה כזה. המשפט, לעומת זאת, אינו מוטרד ממגבלות כאלה, וכל עניינו הוא לוודא את כוונות הצדדים.

דוגמא מובהקת ביותר לתופעה זו, היא ההבחנה אותה עשינו בין תנאי לברירה. בחלק הקודם ראינו שכמה מפרשים עומדים על כך שאותו מצב משפטי עצמו יכול להיעשות בכלי של תנאים, ואילו בכלי של ברירה הדבר אינו אפשרי (ראה בתחילת פרק 24). לדוגמא, אדם מניח שני עירובים לשני צדדים (מזרח ומערב), ומתנה על כל אחד מהם שהוא יחול אם החכם יבוא לצד ההוא, וייבטל אם לא. במקרה זה העירוב יחול לאותו צד שהחכם מגיע אליו בשבת. לעומת זאת, אותה מטרה עצמה לא יכולה להיות מושגת אם משתמשים בכלי של ברירה, כלומר מניחים שני עירובים ומתנים תנאי אחד שהעירוב התקף יהיה זה שפונה לצד שהחכם הגיע אליו.

בחשיבה המשפטית תופעה כזו היא כמעט בלתי אפשרית. אם המשפט יהיה מוכן להכיר במצב כזה, אזי לא ממש חשוב לו באיזה כלי משפטי השתמשנו

כדי ליצור אותו. כל עוד ברור שלזה התכוונו, אזי זהו המצב שייווצר. לעומת זאת, ההלכה מתעניינת גם בצורת הפעולה שלנו, שכן המצב שנוצר הוא מציאות מטפיסית שיש ליצור אותה בכלים הנכונים. אם השתמשנו בכליע לא מתאים לא הצלחנו ליצור את המציאות הרצויה, גם אם מאד רצינו בה.

גם בתנאים ראינו תופעה דומה, בחלק השני. ר״י בתוס׳ בכתובות נה ע״א דן באדם שמקדש אישה בתנאי על מנת שאין לה עליו שאר כסות ועונה. אותו אדם ודאי מתכוין שלא לקדש אותה אם התנאי לא יתקיים (כלומר אם הוא כן יתחייב לה את החיובים הללו). ובכל זאת, כפי שמסביר ר״י, המבנה ההלכתי מכתיב שעל אף שהתנאים הללו בטלים (וגם זה בגלל מכניזם הלכתי) היא בכל זאת מקודשת לו. כיצד ייתכן שהאישה מקודשת לו על אף שהוא לא התכוין לקדש אותה במצב כזה? ההלכה רואה בזה תוצאה של אופן הפעולה השגוי שלו (הוא התנה על מה שכתוב בתורה). הוא הפעיל מכניזם שהוא אל התכוין אליו, והמכניזם גובר על המשמעות המהותית שהוא התכוין אליה. המטפיסיקה מכתיבה את התוצאה המשפטית. למטפיסיקה ההלכתית יש התנהלות משלה, ולא תמיד כוונות הצדדים הן שיוצרות את החוזה ביניהם.

גם לגבי דבר שלא בא לעולם, הסיבה לכך שלא ניתן להקנות דבר כזה היא חשיבה נטורליסטית. על נקודה זו כבר עמד משה זילברג (ראה אצל ווזנר, עמ׳ 55), שכתב:

מדוע לא יתפוס הקניין לאחר זמן, כאשר הדבר, נשוא הקניין, כבר יהיה בעולם? ועל כך אין תשובה אלא אחת, והיא: הגישה הנטורליסטית של המשפט. כי אם הכוחות הפועלים בעולם המשפט חייבים להיות רפליקה של הכוחות הטבעיים הפועלים בעולם המציאות, הרי תוצאה ׳דחויה׳ של פעולה פיסית איננה בנמצא בחיי המציאות [...] הכוח שהופעל, אם הוא עתיד להוליד משהו, מוכרח להיות רצוף למעשה. כי אין הפסק זמן בטבע בין סיבה ומסובב, ומה שאינו פועל מיד – אינסטנטיבית – אינו פועל

כלום. משום כך אין הקניין יכול לחכות עד שהדבר, נשוא הקניין,
יבוא לעולם.

זוהי דוגמא להפעלה של קטגוריות שנכונות ביחס לחוקי הטבע על נורמות משפטיות. ראה שם כמה וכמה דוגמאות נוספות.

היעדרם של מודלים לוגיים לחשיבה משפטית

כעת נוכל להבין מדוע קשה למצוא ניתוח לוגי-מושגי של שיקולים ומושגים משפטיים. המשפט נרתע מאד מן הסד הלוגי-מושגי, שכן הוא נתפס כתוצאה של אילוצים שלא באמת קיימים. אין להגביל את המחוקק, וגם לא את חופש ההתקשרות בין שני גורמים משפטיים, רק בגלל הזיות מאגיות כאלה או אחרות.

חשיבה כזו היא אקלקטית מאד, תלויית נסיבות והקשרים, והיא אינה מוכנה להכפיף את עצמה לכללים קשיחים כלשהם. כפי שהזכרנו למעלה, אהרן ברק אמר שהחשיבה המושגית היא שפחתו של הדין ולא אדוניתו. הלוגיקה והניתוח המשפטי הם כלים מסויימים בארגז הכלים של הפרשן המשפטי, שמטרתם לסייע לו להגיע לתוצאה הרצויה מבחינה נורמטיבית. בהלכה, לעומת זאת, הלוגיקה והחשיבה המושגית הם גבירותיו של הדין ולא שפחותיו. גם אם מאד היינו רוצים לחייב את האדם להשיב אבידה למאבד אחרי ייאוש, החשיבה המושגית אינה מאפשרת לנו זאת. כך גם לגבי זכויות היוצרים, קניית דבר שלא בא לעולם וכדו'.

על כן, המודלים הלוגיים אותם בנינו בחלקים הקודמים כדי להסביר את המכניזמים ההלכתיים היסודיים שנוגעים לציר הזמן, אינם רלוונטיים למשפט הכללי. הוא אינו מוכן לעבוד על פי סכימות לוגיות-מושגיות, ובפרט כאשר הן לוקחות אותו למחוזות לא רצויים מבחינה נורמטיבית. לא פלא שקשה מאד למצוא במחקר המשפטי בימינו ניתוחים מושגיים ולוגיים של החשיבה המשפטית. היא ממאנת להיכנס לסד הזה.

השלכות של היעדר ה'מאגיה' הלוגית-מושגית

לתפיסה ריאליסטית של המשפט ישנם כמובן לא מעט יתרונות. הראשון שבהם, כפי שמפרט דגן, הוא הצדק. המגבלות הלוגיות והמושגיות עלולות להביא אותנו להכרעות לא צודקות שנכפות עלינו. אם הצדק הוא המטרה העיקרית של המערכת הנורמטיבית – אזי העקרונות הלוגיים הם בעלי חשיבות משנית, אם בכלל.

בהקשר המשפטי אין הבדל מהותי בין הצודק והמוסרי לתקף, ואם יש הבדל כזה – מדובר בתאונה שיש לתקנה. לעומת זאת, בהלכה זהו מאפיין אינהרנטי, ולא בכדי ההלכה יצרה מערכת מונחים מסועפת כדי לבטא את ההבחנה הזו. לדוגמא, 'לפנים משורת הדין', 'מידת חסידות', 'לצאת ידי שמים', 'חייב בדיני שמים' ועוד. אנחנו נוטים להסביר את היעדרם של מושגים כאלה במערכות משפטיות כלליות, באופי החילוני שלהן. המחוקק אינו מוצא לנכון לקבוע חובות שהן 'לפנים משורת הדין', שכן תפקידו לקבוע מה חייבים לעשות, ועל מה מוטלת סנקציה. הוא אינו רואה עצמו כמחנך המוסרי של האזרח.[101]

אבל כאן אנחנו רואים שיש לכך סיבה עמוקה יותר: בעולם המשפטי ההבדל הזה הוא מקרי, ואם הוא נוצר יש לתקנו. בעולם ההלכתי, לעומת זאת, ההבדל הזה הוא פרמננטי, ובלתי ניתן לאיחוי. לעולם יהיה הבדל בין הצודק והמוסרי, לבין התקף. אין אפילו שאיפה בהלכה לסגור את הפערים הללו, שכן הם נובעים מעצם ההבדל בין המציאות המטפיסית שאינה תלויה בנו לבין המציאות החברתית שבתוכה אנחנו חיים.

אמנם ישנם כלים כמו תקנות וגזירות חכמים, או מנהגים, שעשויים לצמצם מעט את הפער הזה, ולהכניס את הצדק והיושר לתוך הספירה המשפטית. אך גם אם תתוקן תקנה כלשהי להשיב אבידה גם לאחר ייאוש של המאבד,

---

[101] בהקשר זה אנחנו מפנים את הקורא לספר השלישי בסדרה, בפרק הששה-עשר. שם עסקנו בהבחנה בין מצוות עשה ולא-תעשה בעולם המשפטי, וראינו שבאופן עקרוני המשפט מכיל רק מצוות לא-תעשה. יש לזכור שמצוות לא-תעשה קובעות מעשים שעל עשייתם מוטל עונש, בעוד מצוות עשה קובעות מעשים שהעושה אותם מקבל שכר. גם שם ראינו, שהמשפט הכללי קובע נורמות מינימליות ומחייבות, ואינו מרשה לעצמו לחרוג לכיוונים מחנכים.

היא אינה משנה את עיקר הדין שקובע שעקרונית מדאורייתא אין חובה כזו. לכן גם אם כופים את המוצא להשיב את האבידה, לא יעשו זאת במצב שהמוצא הוא עני, אלא רק כשהמוצא הוא עשיר.

עד כאן היתרונות של החשיבה הריאליסטית. אך גם חסרונותיה בצדה. חשיבה שאינה לוגית-מושגית, היא פחות עקבית. הדוגמאות הבודדות שהבאנו בפרק הקודם, מצביעות על עמימות גדולה בנושא תנאים בחוזה. איזה תנאי חל למרפע ואיזה חל מכאן ולהבא, זו שאלה שאין לפרשן המשפטי תשובה ברורה לגביה. כל מקרה נדון לגופו, ונוצרת אי וודאות גדולה בשאלות אלו. אדם לא יכול לדעת האם תנאי שהוא התנה בחוזה כלשהו יוחל רטרואקטיבית, רטרוספקטיבית, או פרוספקטיבית. בהלכה הדבר ברור לגמרי מתוך ניסוח התנאי ומשפטי התנאים.

גם שאלת החקיקה הרטרואקטיבית שנדונה פרק קודם לכן, היא סוגיא עמומה ולא ממש קוהרנטית. אדם, או גוף כלשהו, לא יכולים לצפות מה יחליט השופט בשאלות אלה. גם השופט עצמו, משבאה לפניו שאלה כזו, לא בהכרח יודע מה עליו לעשות, שכן הוא אמור לקבל החלטות כשהוא עצמו קובע חלק נכבד מהכללים. השאלה האם חוק כלשהו חל רטרואקטיבית, רטרוספקטיבית, או פרוספקטיבית, נתינה בידיו, ותלויה בשאלות נורמטיביות שהוא עצמו אמור להכריע לגביהן.

בכל המקרים הללו הוודאות והצפיאות המשפטית ניזוקה מאד. אדם לא יכול לצפות לתוצאה כלשהי ולתכנן את צעדיו בהתאם. הוא מסור לידיו ולפרשנותו של השופט שלפניו יבוא העניין.

גם ההבחנה בין פרשנות לחקיקה מאבדת הרבה ממשמעותה בגישה כזו, שכן בהיעדר כללי פרשנות ברורים השופט הופך להיות מחוקק בזעיר אנפין. המחוקק אמור לקבוע את הנורמות ולקבל החלטות ערכיות, והשופט אמור לפרש את דברי המחוקק. בפועל, בגלל היעדר כללי פרשנות ועקביות פרשנית, מה שקורה הוא שהפרשן מקבל לא מעט מן ההחלטות הערכיות במקום המחוקק. בתוך המעשה ה'פרשני' שלו טמונה מידה לא מבוטלת של חקיקה (כלומר שיקולים ערכיים ולא רק פרשנות צרופה).

לעומת זאת, ההלכה שפועלת בכלים לוגיים-מושגיים סובלת פחות מהקשיים הללו. ראשית, היא עקבית יותר. אמנם גם בהלכה ישנן מחלוקות, אבל הן לא מובְנות במערכת, אלא תוצאה של זוויות מבט שונות. באופן עקרוני, ניתן להסיק מסקנות קוהרנטיות ולשמור על עקביות בהלכה, מפני שהיא כן מבוססת על חוקים לוגיים כלשהם (שבדרך כלל לא מובעים בה בפירוש). ראינו שההבנות השונות לגבי תנאים מוליכות למודלים שנותנים לפרשן כלים לוגיים לשמור על עקביות.

גם ההבחנה בין חקיקה לפרשנות היא ברורה הרבה יותר בהלכה. בעולם ההלכתי בדרך כלל ברור לכל פרשן, דיין, או פוסק, מתי הוא עוסק בפרשנות של חוק קיים ומתי הוא מחוקק חוק חדש. כאשר הוא מפעיל כללי ניתוח על מקורות קיימים הוא פרשן, וכשהוא מחליט לתקן תקנות חדשות הוא מחוקק. הלוגיקה היא כלים פרשניים והשיקול הטלאולוגי-נורמטיבי הוא כלי של המחוקק. הפוסק שואל את עצמו למה התכוונה התורה, או התלמוד, ואילו השופט שואל את עצמו מה ראוי ונכון להשיג בפסיקה הזו. באופן עקרוני, שאלות כאלה אמורות להעסיק את המחוקק ולא את הפרשן המשפטי.[102]

הדילמה בין ההיצמדות לכללים מושגיים נוקשים לבין שיקולי צדק ותכלית, מתעוררת בשנים האחרונות באופן מאד חזק בדיני חוזים. הדוקטרינה של תום לב בפרשנות חוזים מרשה לעצמה לחרוג בצורה חופשית למדיי מהתוכן הכתוב של החוזה, כדי להגיע לתוצאה צודקת יותר. בשנים האחרונות ישנה נסיגה כלשהי מהתפיסה החופשית, בדיוק בגלל המחירים הכבדים במונחים של וודאות משפטית. זוהי סוגיא רחבה וקשה, ולא ניכנס אליה כאן. באנו כאן רק להעיר לגביה, שכן היא באה לידי ביטוי בשאלות שנוגעות ללוגיקה של הזמן, שכמעט לא קיימות בעולם המשפטי.

---

[102] ברור שהתיאור כאן הוא פשטני משהו, שכן הפרשנות ההלכתית מערבת לא מעט שיקולים מוסריים. ראה על כך בספרו של משה הלברטל, **מהפכות פרשניות בהתהוותן**, מאגנס, ירושלים תשסד. יתר על כן, מיכאל אברהם, בספרו **מעשה במשפט** (עומד לצאת בהוצאת ספריית בית-אל, בשנה הקרובה), עומד בהרחבה על היחס הלא דיכוטומי בין חקיקה לבין פרשנות, ועל כל פאזות הביניים שמערבות את שני סוגי הפעילות המשפטית-הלכתית הללו. ועל אף הכל, ההבחנה שנעשית למעלה בעינה עומדת.

סיכום: אונטולוגיה וריאליזם – בין הלכה למשפט

לסיום נחזור ונעיר כי ההלכה פועלת מתוך תפיסה אונטולוגית-נטורליסטית
ולא קונוונציונליסטית, לא רק בגלל היתרונות של התפיסה הזו, אלא גם
משום שכך באמת היא רואה את המציאות. ההלכה רואה את הנורמות
כמבוססות על עובדות משפטיות שכפויות עלינו, ולכן היא אינה מרשה
לעצמה לחרוג מהמגבלות הללו. לא מדובר רק בשיקולי רווח והפסד, יעילות
וצדק, אלא לא פחות בשיקולים של אמת ועובדות. ההלכה מקבלת את
קיומן של עובדות משפטיות פשוט מפני שבעיניה אלו באמת עובדות. אנחנו
לא מחליטים האם לקבל או לדחות עובדות מתוך שיקולי רווח והפסד. ניתן
לומר שגם את השאלה של קונוונציונליזם מול נטורליזם ההלכה מכריעה
בכלים אונטולוגיים-נטורליסטיים, ולא בכלים קונוונציונליים.

לעומת זאת, המשפט פועל בדיוק בשיטה ההפוכה. גם את השאלה האם
לבחור בגישה מושגית-אונטולוגית או בגישה ריאלית גמישה יותר, הוא בוחן
מתוך הכלים של היעילות והתכליתיות. גם אם הוא יאמץ חשיבה
אונטולוגית זה לא יהיה מתוך תפיסה שבאמת קיימים יישים כאלה בעולם,
אלא רק מפני שזה יהיה מועיל יותר להניח את קיומם.

המשפט בוחן את שאלת היעילות מול האמת במונחים של יעילות ולא
במונחים של אמת. ואילו ההלכה בוחנת גם את השאלה הזו עצמה בכלים
של אמת ולא בכלים של יעילות. נראה שמדובר כאן במחלוקת יסודית מאד,
ובעצם בשתי נקודות מוצא שונות. גם כאשר מדברים על דברים דומים,
הדבר נעשה מתוך נקודות מוצא ובמשמעויות שונות בתכלית.

סיכום והשלכות

מטרתנו בספר הזה היתה בירור של יחס התלמוד והלכה לזמן וללוגיקה של הזמן. שתי הסוגיות הטבעיות לבחון את השאלה הזו הן סוגיית תנאי וסוגיית ברירה. לכאורה בשתי הסוגיות הללו משתקפת השפעה מהעתיד לעבר, כלומר סיבתיות מהופכת.

בחלק השני עמדנו על סוגיית התנאי, וראינו שם שאכן ישנה תפיסה הלכתית לפיה התנאי הוא מכניזם שבו ישנה גרימה אחורה בזמן, כלומר לפי רש״ש קיום או אי קיום התנאי מחולל או עוקר את החלות למפרע.

בחלק האחרון עמדנו על כך שהחשיבה המשפטית אינה מוטרדת מהבעייתיות הזו, מפני שהיא אינה עוסקת בחשיבה מושגית ובניתוח פילוסופי. מבחינת המשפט בן ימינו כל חוזה וכל חלות משפטית הם אפשריים, כל עוד מובן שהנוגעים בדבר מודעים לכך ורוצים בזה. ההיתכנות הלוגית והפילוסופית אינה חשובה, ולכן גם היפוך של ציר הזמן אינו נתפס כמטריד.

לעומת זאת, ההלכה נוטה לחשיבה מכניסטית-מושגית, ובהחלט אמורה להיות מוטרדת משאלות כגון אלה. מסיבה זו, המפרשים כולם בוחנים את שאלת ההשפעה ההפוכה שעולה בדיני התנאי בשבע עיניים. כפי שראינו, חלקם (רש״פ וסיעתו) מנסים להטות את הכף נגד הגרימה הסיבתית ההפוכה, ויוצרים פרשנות דומה לזו של יקומים מקבילים (כפי שניתן למצוא בתורת הקוונטים). זוהי הדרך שלהם להימנע מגרימה מהופכת. הרש״ש וסיעתו אינם מקבלים זאת, וראיותיהם עמם. על כן הם מוצאים את עצמם נאלצים לבנות מודל לוגי עקבי להשפעה מהופכת. כך נוצר המודל שתיארנו בחלק השני, שמתאר את ההשפעה המהופכת באמצעות תמונה ובה שני צירי זמן שונים, שהאחד זורם על גבי השני. כפי שהערנו, התמונה הזו שאובה מפרשנויות שונות לתורת היחסות.

יש לתמונה הזו השלכות הלכתיות שונות, שאנחנו לא מוצאים אותן בעולם המשפט, ולא בכדי. כאמור, גם בעולם המשפט יש מוכנות לקבל השפעה מהופכת, אך זאת רק מפני שהחשיבה המשפטית אינה נוטה להתייחס לנורמות וליישים המשפטיים כבעלי משמעות אונטולוגית. דברים שאינם באמת קיימים, אין כל מניעה להגדיר אותם באופן שיהיו ביניהם יחסי גרימה מהופכים בזמן. לכן לא נמצא שם מודל שיטתי מסודר לגרימה כזו, ובדיוק בגלל זה שוררת שם עמימות מביכה לגבי פרשנות לתנאים שונים. לפעמים הם מתפרדים כחלים למפרע ולפעמים לא. הכל לפי ראות עיני הפרשן (השופט), מה שפוגע מאד בוודאות וביציבות המשפטית.

החשיבה המושגית והלוגית, מעבר לטענה שהיא אכן נכונה, כלומר שהיישים המשפטיים הם אכן יישים במובן כלשהו, יש בה גם יתרונות של וודאות ויציבות. אם יש מודל שיטתי מסודר – ניתן להסיק ממנו מסקנות פרשניות לגבי השלכות שונות. אדם שחותם על חוזה, או שופט עו עו"ד שמנסה להבין מה משמעותו של חוזה כזה, ומה יכריע לגביו בית המשפט באם הוא יגיע להידון בפניו, מסתייע במודל הזה כדי להבין את המשמעות לגביו. בעולם שפועל ללא מודל שיטתי, לא ניתן לצפות את התוצאות ואת ההשלכות של חוזה מותנה כזה.

בחלק השלישי עסקנו בסוגיות נוספות בהן עולה מראית עין של היפוך ציר הזמן, וראינו שבחלקן אכן ישנו היפוך כזה. המודל הלוגי להיפוכים אלו מצוי בחלק השני (בסוגיית תנאים), ולכן אין משמעות לוגית ייחודית לסוגיות שנדונו שם.

בחלק הרביעי עסקנו בסוגיית ברירה. על פניה סוגיא זו עוסקת גם היא בהיפוכיות זמנית, ורבים רואים בשאלה זו את מוקד הסוגיא, ואת יסוד המחלוקת האם יש או אין ברירה. אך כפי שראינו, מרוב המפרשים והסוגיות עולה תמונה שונה בתכלית. הבעייתיות במושג הברירה אינה היפוך הכיוון של הגרימה הסיבתית, אלא האפשרות להחיל חלות על מצב מסופק (בעיקר בספק קוונטי). השיטה שגורסת אין ברירה סוברת שלא ניתן להחיל

חלויות על מצב לא וודאי (אונטולוגית). הבעייה אינה הבירור מהעתיד לעבר, אלא אי הוודאות.

ניתן לומר שאם הבעייה של תנאים ושל הסוגיות שנדונו בחלק השלישי קשורה לסיבתיות, כלומר לחריגות מכיוון הזרימה הרגיל של ציר הזמן, הבעייתיות של סוגיית ברירה קשורה לאי וודאות (אונטולוגית או אפיסטמולוגית). אם ההן עוסקות בתורת היחסות (שעוסקת בזמן, ובאפשרות ומשמעות היציאה מחוץ ליקונוס האור', כלומר מחוץ למסגרת הנגישה מבחינה זמנית), זו עוסקת בתורת הקוונטים (שמטפלת באי הוודאות האונטולוגית).

בשני סוגי הבעיות הללו יש שלקחו את הדיון למישור הסובייקטיבי-אפיסטמולוגי (ההכרתי), ותלו זאת בשאלה איך אנחנו (בני האדם) תופסים את הסיטואציה. ויש שלקחו את הדיון למישור האונטולוגי (היישותי).

בהקשר של תנאים ראינו שרש״פ וסיעתו פירשו את הדברים במישור אפיסטמולוגי, כלומר המידע כבר קיים כעת אלא שאנחנו נמצאים בעולם שאינו נגיש אליו. זה מקביל לפרשנות של הר״ן וסיעתו לברירה, שם הם טוענים שלפי הדעה שאין ברירה המדובר במידע שכלל אינו קיים ולדעה שיש ברירה מדובר במידע קיים אלא שאף אחד לא יודע אותו. מבחינתם אין מצב של ספק אונטולוגי, וכל ספק נמצא אך ורק בתודעתם של בני האדם. יש גם פרשנויות כאלה שמוצעות לתורת הקוונטים, אך ככל שעובר הזמן מתברר שיש פחות ופחות סיכויים שהן נכונות.

לעומת זאת, רש״י והרמב״ם וסיעתם מסבירים שהספק בסוגיית ברירה הוא אונטולוגי. המצב המציאותי הוא עצמו מסופק (ולא רק שאנחנו לא מצויידים במלוא המידע). זהו הספק הקוונטי שהוגדר בחלק הרביעי. גם בהקשר של תנאים, הרש״ש הציע הסבר אונטולוגי. המצב בזמן הביניים, בין המעשה לבין קיום או אי קיום התנאי, הוא מצב של ספק קוונטי: האישה היא גם מגורשת וגם אשת איש. עם קיום התנאי יש קריסה של פונקציית הגל למפרע. זה מה שקורה גם בברירה, כלומר שיש מצב של ספק קוונטי, אלא ששם להלכה אין קריסה למפרע. כפי שהסברנו, בהלכות דרבנן להלכה

588

יש ברירה רק מפני שבמישור דרבנן לא נדרש בירור מציאותי (כי הלכות
דרבנן הן בגברא ולא בחפצא).

www.ingramcontent.com/pod-product-compliance
Lightning Source LLC
Chambersburg PA
CBHW070858140426

R18135300001B/R181353PG42812CBX00007B/13

* 9 7 8 1 8 4 8 9 0 0 2 3 3 *